U0618212

国泰安职业教育与产业发展研究院
GTA Vocational Education and Industry Development Research Institute

中国职业教育年鉴

（2018）

陈工孟　主编

CHINA
VOCATIONAL
EDUCATION
■ YEARBOOK ■
2018

经济管理出版社
ECONOMY & MANAGEMENT PUBLISHING HOUSE

图书在版编目（CIP）数据

中国职业教育年鉴（2018）/陈工孟主编．—北京：经济管理出版社，2018.6
ISBN 978 - 7 - 5096 - 5846 - 8

Ⅰ．①中…　Ⅱ．①陈…　Ⅲ．①职业教育—中国—2018—年鉴　Ⅳ．①G719. 2 - 54

中国版本图书馆 CIP 数据核字（2018）第 141058 号

组稿编辑：魏晨红
责任编辑：魏晨红
责任印制：黄章平
责任校对：张晓燕　陈　颖

出版发行：经济管理出版社
　　　　　（北京市海淀区北蜂窝 8 号中雅大厦 A 座 11 层　100038）
网　　　址：www. E - mp. com. cn
电　　　话：（010）51915602
印　　　刷：北京玺诚印务有限公司
经　　　销：新华书店
开　　　本：880mm×1230mm/16
印　　　张：41. 75
字　　　数：1122 千字
版　　　次：2018 年 7 月第 1 版　　2018 年 7 月第 1 次印刷
书　　　号：ISBN 978 - 7 - 5096 - 5846 - 8
定　　　价：980. 00 元

·版权所有　翻印必究·
凡购本社图书，如有印装错误，由本社读者服务部负责调换。
联系地址：北京阜外月坛北小街 2 号
电话：（010）68022974　　邮编：100836

《中国职业教育年鉴（2018）》专家顾问委员会

刘占山　中国职业技术教育学会常务副会长、秘书长

毕结礼　中国职工教育和职业培训协会副会长、中华职教社专家委员会专家

汤　敏　国务院参事

李家华　中国青年政治学院教授、原副校长

梁美智　香港联合国教科文组织协会副会长

吕新荣　香港理工大学前副校长、香港生产力促进局前副总裁

苏志刚　中国职业技术教育学会副会长、宁波工程学院党委书记

邬宪伟　中国职业技术教育学会副会长

陈秋明　深圳职业技术学院党委书记

孙　湧　深圳信息职业技术学院院长

钱吉奎　南京铁道职业技术学院党委书记

顾名宇　安顺职业技术学院党委书记

吴建新　中山职业技术学院院长

朱家勇　广东岭南职业技术学院院长

张连绪　广州城市职业学院院长

陈玉欢　广东邮电职业技术学院院长

赵鹏飞　广东建设职业技术学院院长

卢坤建　广东轻工职业技术学院院长

庄伟廉　福建水利电力职业技术学院党委书记

唐　宁　厦门城市职业学院院长

林松柏　泉州轻工业职业技术学院院长

周　翔　云南经贸外事职业学院院长

周　文　荆州职业技术学院院长

龙泽玉　毕节职业技术学院院长

董从华　玉溪农业职业技术学院院长

《中国职业教育年鉴 (2018)》编撰委员会

主　　编

　　陈工孟　国泰安职业教育与产业发展研究院院长

　　　　　　上海交通大学金融学教授、博士生导师

副　主　编

　　俞仲文　中国职业技术教育学会副会长

　　　　　　全国民办职业教育分会会长

　　　　　　深圳职业技术学院创校校长

　　丁　艳　国泰安职业教育与产业发展研究院常务副院长

编委会委员（以姓氏拼音为序）

毕晓峰　房巧红　冯朝印　冯　诚　傅海茫　付银锋　高　宁

高思凯　高苑鑫　管　平　黄惠青　黄绍勇　贺泉龙　金志涛

蒋国华　李　刚　李红洲　李佳圣　李　盈　李永志　刘东波

刘合行　鲁加升　卢　明　马海峰　仇旭东　石国华　苏永东

唐锡海　万国栋　王春雷　王　屹　吴　勇　鲜于钧　解福泉

许　芳　徐锡志　杨德岭　杨天仪　杨元挺　杨篑立　余俊杰

张安宁　张道勇　张化军　张　玲　张宁东　张建平　张　捷

张荣瑞　张松林　张学高　赵　刚　赵彦奇　周国庆　周　忠

朱晓敏　朱永君　訾　鸣

编 辑 人 员（以姓氏拼音为序）

方　磊　高琳娜　金　秀　李金钱　刘微娜　罗国军　钱沛文

盛　洁　时昌玉　谭俊平　陶　娜　王　慧　魏丽萍　吴海燕

吴曼丽　杨玉洁　袁　媛　张　芬　张金霞　赵　龙　周　珣

《中国职业教育年鉴（2018）》组织机构

理事长单位

  中国教育创新研究院

  深圳国泰安职业教育与产业发展研究院

  昆明泛亚职业教育与产业发展研究院

理 事 单 位（按行政区划代码排序，排名不分先后）

内蒙古商贸职业学院	东胜现代服务业管理学校
泰安市岱岳区职业中等专业学校	河南交通职业技术学院
河南工业贸易职业学院	郑州财经技师学院
郑州交通技师学院	郑州铁路技师学院
郑州市国防科技学校	郑州市商贸管理学校
河南省外贸学校	河南省工业设计学校
河南省新密市职业教育中心	河南化工技师学院
开封市文化旅游学校	安阳职业技术学院
安阳中等职业技术学校	濮阳职业技术学院
许昌电气职业学院	许昌幼儿师范学校
漯河技师学院	漯河市第一中等专业学校
商丘职业技术学院	湖北交通职业技术学院
武汉船舶职业技术学院	武汉交通职业学院
武汉铁路职业技术学院	襄阳汽车职业技术学院
荆州职业技术学院	长沙市信息职业技术学校
深圳市宝安区职业训练局	深圳市龙岗区职业训练中心
深圳市龙岗区第二职业技术学校	四川高等职业教育研究中心
贵州农业职业学院	贵州轻工职业技术学院

贵州工业职业技术学院	贵州省财政学校
云南林业职业技术学院	云南文化艺术职业学院
云南商务信息工程学校	腾冲市第一职业高级中学
云南红河技师学院	西藏职业技术学院
兰州职业技术学院	兰州石化职业技术学院
兰州园艺学校	庆阳职业技术学院
平凉机电工程学校	青海高等职业技术学院
新疆维吾尔自治区物流学会	新疆石河子工程技术学校

前言

　　党的十九大报告指出中国特色社会主义进入新时代，我国社会主要矛盾已经转化为人民日益增长的美好生活需要和不平衡不充分的发展之间的矛盾。必须坚持质量第一、效益优先，以供给侧结构性改革为主线，推动经济发展质量变革、效率变革、动力变革，提高全要素生产率。

　　职业教育同样如此，我国已经建成了世界上规模最大的职业教育体系，成功解决了作为最大的发展中国家，如何造就一支高素质的劳动大军，将世界第一的人口大国转变为人力资源大国，从而支撑经济高速增长的问题。但是，我国职业教育的发展与中国制造2025、"一带一路"倡议等国家战略的要求还有很大的差距。在新一轮世界科技革命和产业变革下，我国经济与产业的转型升级催生了人才教育供给与产业需求重大结构性矛盾。中国要实现产业迈向中高端、建设制造强国，需要职业教育培养大批高素质、高技能、创新型的技术技能人才。这迫切需要我国的职业教育加快转型升级步伐，构建起适应新时代的"新职教"。

　　大力发展"新职教"，是全面提升"中国制造"含金量的唯一出路，也是打造高水平职业教育的必由之路。但是应该看到，我国的职业教育体系是在"世界工厂"的背景下进行整体设计和发展起来的，因此在职业教育的培养规格、教学模式、课程内容、评价标准等都带着一定的"世界工厂"的痕迹。今天告别和清理落后于时代发展的职教理念和陈旧模式，树立符合未来产业变革需求的新思想、新观念，构建新标准、新专业、新课程不仅非常重要，而且非常迫切。我们提出新经济、新业态、新技术正呼唤着新职教的观点，正是为全国有特色、高水平的优质校和优质专业的建设提供了一个总思路，要按照从中国制造到中国创造、从合格制造到优质制造的总要求，对职业院校定位、培养规格、培养模式、考核标准、校企合作等诸方面进行重新定义，培养既具有高质量的再现能力，又具有高质量的再创能力的复合型、创新型技术技能人才。这是各级各类职业院校面临的一项十分紧迫和十分重要的任务，也是中国职业教育必须承担的使命与责任。

　　《中国职业教育年鉴（2018）》（以下简称《年鉴》）及时反映了新时代我国职业教育改革发展的这一新动向，记录了2017年我国职业教育发展的主要轨迹和取得的重要成果，精心设计了发展篇、统计篇、国际篇、产业发展与职业教育篇、研究篇、案例篇和附录篇，重点分析了网络游戏、工业互联网、可穿戴设备、智能语音、新型显示等新兴产业与职业教育发展情况，并详细介绍了国外社区教育、师资培养和农业职业教育的先进模式，同时对我国职业教育发展存在的问题提出了思考和建议，希望对促进我国职业教育发展有所裨益。

《年鉴》的编撰和出版得到了许多职教界和产业界专家、学者的大力支持和指导，衷心感谢他们对《年鉴》的编撰和出版工作提出的宝贵意见和建议。同时感谢政府部门、行业企业协会、众多职业院校的大力支持和配合。

由于编撰工作的复杂性，在资料搜集和文稿编写过程中依然存在一些疏漏，敬请各位读者给予批评指正，争取在今后加以改进，进一步提高编撰质量。

《中国职业教育年鉴（2018）》编委会

2018 年 5 月

目　　录

发展篇

统计篇

国际篇

产业发展与职业教育篇

研究篇

案例篇

附录篇

发展篇

第一章　2017 年职业教育发展环境分析

　　2017 年是实施"十三五"规划的重要一年，是供给侧结构性改革和精准扶贫精准脱贫的深化之年，也是中国现代职业教育诞生 100 周年。职业教育作为面向人人、面向社会的教育，自中共十八大以来，得到了党中央的高度重视，被摆在了前所未有的突出位置。2017 年，国家出台了一系列支持职业教育发展的政策文件，社会资本加快涌入职业教育市场，新兴技术逐步应用于职业教育等，这些良好的发展条件促进了职业教育快速发展，推动了职业教育信息化和现代化。本章系统梳理了 2017 年国家出台的职业教育相关政策法规，分析了职业教育面临的经济环境，并重点剖析了以人工智能、大数据等技术为代表的职业教育技术环境的变化，以期准确把握职业教育发展方向，全面了解职业教育发展形势。

一、职业教育发展的政策环境

　　职业教育是现代国民教育体系的重要组成部分，在实施科教兴国战略和人才强国战略中具有重要的地位。国家高度重视发展职业教育，习近平总书记在中共十九大报告中指出，要完善职业教育和培训体系，深化产教融合、校企合作，办好继续教育，加快建设学习型社会，大力提高国民素质。在报告中，习近平总书记发出了建设教育强国的伟大号召，指出教育是中华民族伟大复兴的基础工程，必须把教育事业放在优先位置，加快教育现代化，办好人民满意的教育。建设职业教育强国，实现职业教育的现代化，办人民满意的职业教育是落实习近平总书记号召的重要环节。原国务院副总理刘延东在推进职业教育现代化座谈会上强调，要加快推进职业教育现代化，重点抓好提高认识水平、服务国家战略、全面深化改革、坚持内涵发展、完善条件保障、坚持依法治教六个方面的工作。为推进职业教育的全面发展，各级政府不断制定和完善相关政策，为职业教育的发展营造了良好的政策环境。2017 年国家出台的主要职业教育类政策法规如表 1 - 1 所示。

表 1 - 1　　　　　　　　　2017 年国家主要职业教育类政策法规一览表

成文时间	文件名	发布机构
2017 年 1 月 4 日	关于印发原国务院副总理刘延东在推进职业教育现代化座谈会上讲话的通知	教育部
2017 年 1 月 5 日	关于印发《进一步减少和规范职业资格许可和认定事项改革方案》的通知	人力资源和社会保障部
2017 年 1 月 8 日	关于深化职称制度改革的意见	中共中央办公厅、国务院办公厅
2017 年 1 月 9 日	关于遴选全国职业院校装备制造类示范专业点的通知	教育部办公厅、中国机械工业联合会

成文时间	文件名	发布机构
2017 年 1 月 10 日	关于印发《国家教育事业发展"十三五"规划》的通知	国务院
2017 年 1 月 12 日	关于遴选全国职业院校邮政和快递类示范专业点的通知	教育部办公厅、国家邮政局办公室
2017 年 1 月 13 日	高等学校领导人员管理暂行办法	中共中央组织部、教育部
2017 年 1 月 16 日	关于遴选全国职业院校旅游类示范专业点的通知	教育部办公厅、国家旅游局办公室
2017 年 1 月 16 日	关于遴选全国职业院校交通运输类示范专业点的通知	教育部办公厅、交通运输部办公厅、民航局综合司、中国铁路总公司办公厅
2017 年 1 月 22 日	关于印发《教育部 2017 年工作要点》的通知	教育部
2017 年 1 月 25 日	关于"十三五"时期高等学校设置工作的意见	教育部
2017 年 1 月 25 日	关于印发《2017 年教育信息化工作要点》的通知	教育部办公厅
2017 年 1 月 26 日	关于印发《"十三五"促进就业规划》的通知	国务院
2017 年 2 月 2 日	关于启用全国高等学历继续教育专业管理和公共信息服务平台并做好 2017 年拟招生专业申报工作的通知	教育部办公厅
2017 年 2 月 10 日	关于公布 2016 年全国职业院校信息化教学大赛获奖名单的通知	教育部办公厅
2017 年 2 月 24 日	关于印发《职业教育与继续教育 2017 年工作要点》的函	教育部职业教育与成人教育司
2017 年 3 月 12 日	关于转发文化部等部门中国传统工艺振兴计划的通知	国务院办公厅
2017 年 3 月 24 日	关于印发《高中阶段教育普及攻坚计划（2017～2020 年）》的通知	教育部、国家发展和改革委员会、财政部、人力资源和社会保障部
2017 年 3 月 31 日	关于深化高等教育领域简政放权放管结合优化服务改革的若干意见	教育部、中央机构编制委员会办公室、国家发展和改革委员会、财政部、人力资源和社会保障部
2017 年 3 月 31 日	关于印发《职业院校教师素质提高计划项目管理办法》的通知	教育部办公厅
2017 年 4 月 6 日	关于做好 2017 年度现代学徒制试点工作的通知	教育部办公厅
2017 年 4 月 13 日	中长期青年发展规划（2016～2025 年）	国务院
2017 年 4 月 14 日	关于 2016 年《高等职业教育创新发展行动计划（2015～2018 年）》执行情况及有关工作完成情况的通报	教育部职业教育与成人教育司
2017 年 4 月 18 日	关于做好 2017 年职业教育活动周相关工作的通知	教育部、中央宣传部、人力资源和社会保障部、工业和信息化部、共青团中央、中华职业教育社

续表

成文时间	文件名	发布机构
2017 年 5 月 27 日	关于做好职业教育专业教学资源库 2017 年度相关工作的通知	教育部办公厅
2017 年 6 月 1 日	关于商请推荐全国教师企业实践基地的函	教育部办公厅
2017 年 6 月 12 日	关于做好 2017 年职业院校人才培养工作状态数据采集工作的通知	教育部职业教育与成人教育司
2017 年 6 月 13 日	关于报送《教育部等九部门关于进一步推进社区教育发展的意见》贯彻落实情况的通知	教育部办公厅
2017 年 6 月 14 日	关于印发《普通高等学校健康教育指导纲要》	教育部
2017 年 7 月 20 日	关于成立现代学徒制工作专家指导委员会、设立专家库（2017~2020 年）的通知	教育部职业教育与成人教育司
2017 年 8 月 24 日	关于发布《交互式电子白板》系列两项教育行业标准的通知	教育部
2017 年 8 月 31 日	关于进一步推进职业教育信息化发展的指导意见	教育部
2017 年 9 月 7 日	职业教育东西协作行动计划滇西实施方案（2017~2020 年）	教育部办公厅
2017 年 9 月 8 日	关于编制和发布 2017 年度中等职业学校质量年度报告的通知	教育部职业教育与成人教育司
2017 年 9 月 12 日	关于公布国家职业资格目录的通知	人力资源和社会保障部
2017 年 9 月 24 日	关于深化教育体制机制改革的意见	中共中央办公厅、国务院办公厅
2017 年 10 月 10 日	2016 年全国教育经费执行情况统计公告	教育部、国家统计局、财政部
2017 年 10 月 20 日	关于印发《高校教师职称评审监管暂行办法》的通知	教育部、人力资源和社会保障部
2017 年 10 月 23 日	关于编制、发布和报送高等职业教育质量年度报告（2018）的通知	教育部职业教育与成人教育司
2017 年 10 月 26 日	关于进一步落实职业院校网络安全工作的通知	教育部职业教育与成人教育司
2017 年 12 月 7 日	关于职业院校专业人才培养方案制订工作的指导意见（征求意见稿）	教育部
2017 年 12 月 19 日	关于深化产教融合的若干意见	国务院办公厅

资料来源：根据中央人民政府门户、教育部门户等网站整理。

综观 2017 年国家出台的职业教育相关政策法规，涉及中等职业教育、高等职业教育、继续教育等领域，内容主要涵盖职业教育的总体规划、内涵建设、质量监控与管理等方面。2017 年职业教育政策关注的重点如下：

（一）深化改革创新，激发职业教育办学活力

改革创新是发展的根本动力。国家不断深化职业教育综合改革，将顶层设计与实践探索有机结合，创新体制机制和人才培养模式，通过改革创新解决职业教育发展难题、激发职业教育活力、推动职业教育发展。2017 年 5 月 23 日，在习近平总书记主持召开的中央全面深化改革领导小组第三十五次会议上审议通过了《关于深化教育体制机制改革的意见》（以下简称《意见》），《意见》指出，到 2020 年教育基础性制度体系基本建立，形成充满活力、富有效率、更加开放、有利于科学发展的教育体制机制，为发展具有中国特色、世界水平的现代教育提供制度支撑。总体来看，2017 年国家在职业教育领域的改革主要集中在以下几个方面：

1. 深化产教融合、校企合作

《职业教育与继续教育 2017 年工作要点》指出要推进产教融合、校企合作，重点推进职业教育校企深度合作示范项目，启动第二批现代学徒制试点，召开深化校企合作推进会等。2017 年 4 月 6 日，教育部办公厅《关于做好 2017 年度现代学徒制试点工作的通知》进一步明确校企双方的职责与分工，推进校企紧密合作、协同办学。2017 年 12 月，国务院办公厅发布《关于深化产教融合的若干意见》，指出深化产教融合的主要目标是逐步提高行业企业参与办学程度，健全多元化办学体制，全面推行校企协同育人，总体形成教育和产业统筹融合、良性互动的发展格局，需求导向的人才培养模式健全完善，人才教育供给与产业需求重大结构性矛盾基本解决，职业教育、高等教育对经济发展和产业升级的贡献显著增强。在此总目标指导下，将从构建教育和产业统筹融合发展格局、强化企业重要主体作用、推进产教融合人才培养改革、促进产教供需双向对接以及完善政策支持体系等方面采取措施推动实施。《关于深化产教融合的若干意见》是中共十九大之后印发的首个推动教育综合改革的政策性文件，也是首次以国务院办公厅名义发布的专门关于产教融合的纲领性文件，其将产教融合上升为国家教育改革和人才开发的整体制度安排，推动产教融合迈向了新阶段。

2. 推动管理体制改革

管理体制改革要优化职业院校治理结构，形成依法办学、自主管理、民主监督、社会参与的现代职业学校制度。2017 年 1 月 5 日，人力资源和社会保障部《关于印发〈进一步减少和规范职业资格许可和认定事项改革方案〉的通知》，指出在"十三五"时期，构建起科学设置、规范运行、依法监管的国家职业资格框架和管理服务体系。2017 年 1 月 8 日，中共中央办公厅、国务院办公厅印发《关于深化职称制度改革的意见》，从健全职称制度体系、完善职称评价标准、创新职称评价机制、促进职称评价与人才培养使用相结合和改进职称管理服务方式等方面深化职称制度改革，通过 5 年努力，基本形成设置合理、评价科学、管理规范、运转协调、服务全面的职称制度。2017 年 3 月，教育部等五部门发布《关于深化高等教育领域简政放权放管结合优化服务改革的若干意见》，指出要完善高校学科专业设置机制，改革高校编制及岗位管理制度，改善高校进人用人环境，改进高校教师职称评审机制，改革薪酬分配制度，完善和加强高校经费使用管理，完善高校内部治理等，破除束缚高等教育改革发展的体制机制障碍，让学校拥有更大办学自主权，激发广大教师的积极性和主动性，创造有利于高等教育发展的良好制度环境。2017年 9 月，中共中央办公厅、国务院办公厅印发《关于深化教育体制机制改革的意见》指出，要健全教育宏观管理体制，完善教育标准体系，建立健全教育评价制度，完善教育督导体制，完善教育立法和实施机制，提升教育法治化水平。

3. 推进人才培养改革

人才培养改革要求更新人才培养观念，创新人才培养模式。在人才培养改革中，应注重因材施教，关注学生不同特点和个性差异，发挥每一个学生的优势和潜能。2017 年 6 月，教育部职业教育与成人教育司发布《关于做好 2017 年职业院校人才培养工作状态数据采集工作的通知》，推进职业院校人才培养工作状态数据采集和管理系统建设与应用，更好地支撑大数据分析，服务教育教学部门因材施教和教育行政部门宏观决策，促进学生个性化发展，提高职业院校教学和管理的精细化和规范化。为进一步规范职业教育教学管理，创新育人体制机制，提高人才培养质量，2017 年 12 月，教育部职业教育与成人教育司印发了《关于职业院校专业人才培养方案制订工作的指导意见》（征求意见稿），指出专业人才培养方案是职业院校落实党和国家人才培养有关总体要求，应依据国家教学标准，对专业人才培养目标与培养规格、课程体系、教学实施进行总体设计，画好人才培养方案改革的"施工图"。这些政策文件的出台为职业教育人才培养的改革提供了方向和目标。

（二）提高教育质量，增强职业教育吸引力

当前，职业教育已进入从规模量变到质量提升的关键时期，提升职业教育发展质量是适应我国经济发展阶段上升的必然要求。国家高度重视职业教育的教育教学管理和质量监控，在专业建设、教学资源建设和质量监控等方面出台系列政策，保障职业教育质量，增强职业教育吸引力。

1. 推动专业建设与产业对接

专业建设是职业院校特色办学的起点，是对接社会需求、适应经济发展和产业升级的桥梁和纽带，是强化内涵、提升人才培养质量的突破点和着力点。职业院校应根据各省产业转型升级新常态，按照专业精准对接产业发展要求，深化校企合作，明确专业培养目标、定位，调整优化专业结构，优先设置各省、市重点发展产业相关专业，加强内涵建设，深化教育教学改革，提高精准育人水平。为做好专业建设工作，发挥示范专业的带头效应，2017 年，教育部办公厅联合各相关单位印发遴选全国职业院校示范专业点的通知，旨在提升各专业的技术技能人才培养质量。示范专业点涉及装备制造类、邮政和快递类、旅游类以及交通运输类。经省级教育行政部门和有关行业组织推荐、专家会议遴选和征求有关部门意见，确定了 344 个全国职业院校有关专业类示范专业点。《关于深化产教融合的意见》提出要推动学科专业建设与产业转型升级相适应，建立紧密对接产业链、创新链的学科专业体系。大力发展现代农业、智能制造、高端装备、新一代信息技术、生物医药、节能环保、新能源、新材料以及研发设计、数字创意、现代交通运输、高效物流、融资租赁、电子商务、服务外包等产业急需紧缺学科专业。积极支持家政、健康、养老、文化、旅游等社会领域专业发展，推进标准化、规范化、品牌化建设。加强智慧城市、智能建筑等城市可持续发展能力相关专业建设。大力支持集成电路、航空发动机及燃气轮机、网络安全、人工智能等事关国家战略、国家安全等学科专业建设。适应新一轮科技革命和产业变革及新经济发展，促进学科专业交叉融合，加快推进新工科建设。

2. 加快教学资源库建设

现代信息技术与教育深度融合，促进了教育信息化的发展。职业教育信息化是职业教育现代化的重要内容和主要标志，是各类职业院校跨越式深化发展、走向职业教育现代化的必由之路。《2017 年教育信息化工作要点》指出要规范引导教育资源公共服务体系建设，提升教育资源公共服务体系协同服务能力。2017 年 8 月，教育部发布《关于进一步推进职业教育信息化发展的指

导意见》，强调了职业教育信息化发展的重要性，并指出要推动优质数字教育资源共建共享，继续推进建设国家级职业教育专业教学资源库，进一步扩大优质资源覆盖面，强化优质资源在教育教学中的实际应用。随着教育信息化的逐步拓展，在线教学资源越来越丰富。教学资源的有效管理成为促进教育信息化的关键，为各类学习内容对象提供高效的存储管理。教育部办公厅印发《关于做好职业教育专业教学资源库 2017 年度相关工作的通知》，组织专家对 2017 年度申请备选资格的职业教育专业教学资源库项目进行了评审，确定快递运营管理等 69 个资源库为年度国家级备选资源库。

3. 加强教育质量监控

职业教育的质量直接影响劳动者的素质，影响职业教育的声誉和吸引力。2017 年，国家制定相关政策、采取相关措施保障职业教育质量，提升职业教育的质量和国家竞争力。为保障中等职业学校的教育质量，教育部组织开展中等职业学校质量年度报告，印发《关于编制和发布 2017 年度中等职业学校质量年度报告的通知》，旨在全面展示人才培养状况、教育教学、学生德育、学校党建等情况，并基于此总结提炼教育教学改革的经验做法、分析存在的困难和问题、提出改进的措施和办法。高等职业教育质量年度报告是推进高等职业院校履行责任担当、加强自觉自律、宣传发展成绩、接受社会监督的制度安排。教育部职业教育与成人教育司积极做好高等职业教育年度质量报告的规划工作，于 2017 年 10 月印发了《关于编制、发布和报送高等职业教育质量年度报告（2018）的通知》，监督各地统筹和加强对年报编制和发布工作的领导，通过年报梳理展示高职院校服务全面建成小康社会，服务"中国制造 2025""脱贫攻坚"等国家战略，"一带一路"倡议，培育工匠精神，促进就业创业，主动服务地方和行业需求的典型经验和典型案例。

（三）加强师资建设，提升师资队伍发展水平

教师是学校的主体，加强职业师资队伍建设是提高职业学校教学质量和办学水平的关键。为此，构建一支"师德高尚、专业能力突出、结构合理、技术精湛、专兼结合"的高水平职业教育师资队伍，对职业教育发展尤为重要。

为促进职业院校教师培养，2017 年 3 月，教育部办公厅制定了《关于印发〈职业院校教师素质提高计划项目管理方法〉的通知》，对教师培训项目各环节的工作做出安排，明确职责分工和组织实施，确保培训经费到位，保障整个培训计划有效开展。2017 年 6 月，为促进教师生产实践能力的提高，教育部办公厅印发了《关于商请推荐全国教师企业实践基地的函》，商请有关行业主管部门、行业组织、有关单位推荐一批大型企事业单位，建立全国教师企业实践基地，承担职业院校、应用型本科高校教师国家级培训任务，接纳教师定期到企业进行工程技术实践、专业技能实训，与合作院校互派人员交流兼职、开展产教研发合作。

为促进高校人才管理，2017 年 10 月，教育部、人力资源和社会保障部印发《关于印发〈高校教师职称评审监管暂行办法〉的通知》，旨在落实高等学校办学自主权，做好高校教师职称评审权下放后的监管工作，激发教师教书育人的积极性和创造性，促进优秀人才脱颖而出；国家积极加强高等学校领导班子的建设和管理，提升整个教师队伍的水平。中共中央组织部、教育部印发《高等学校领导人员管理暂行办法》，在领导的任职资格、选拔任用、日常管理、职业发展和激励保障，以及监督约束等方面做出规定，加强和改进高等学校领导人员管理，完善选拔任用和管理监督机制。

二、职业教育发展的经济环境

在经济新常态下，经济的转型升级，首先表现在劳动者的转型升级。通过深化职业教育供给侧结构性改革，提供大量高素质劳动者和技术技能人才，才能从根本上加快经济转型的步伐。为适应经济发展对技术技能型人才需求的增加，国家和社会资本加大对职业教育的资金投入，职业教育市场规模不断扩大，职业教育发展面临着良好的经济环境。

（一）职业教育支撑国家战略

1. 经济结构转型升级亟须人才支撑

中共十九大报告指出，我国经济已由高速增长阶段转向高质量发展阶段，正处在转变发展方式、优化经济结构、转换增长动力的攻关期，发展速度放缓，转型升级加速，创新驱动发展战略深入实施，供给侧结构性改革持续推进。2017 年 8 月 25 日，李克强总理主持召开推动制造强国建设、持续推进经济结构转型升级座谈会，指出我国制造业仍处在国际分工的中低端，大而不强等问题突出，推动制造业提质升级任务紧迫。中国制造提质升级最终要依靠"人"，要大力弘扬企业家精神和精益求精的工匠精神，加快培养各类各专业技术人才、经营管理人才，改革完善职业教育育人方式，建立有利于吸引人才、激励人才的分配方式，为各类人才施展才干创造环境，造就高素质的产业工人大军和不断追求卓越的企业家队伍。

我国经济的快速发展和产业的转型升级离不开专业人才。2017 年 10 月，国务院印发《国家教育事业发展"十三五"规划》（以下简称《规划》），提出要加快培养战略性新兴产业急需人才，同时，加强现代服务业和社会管理服务人才培养。《规划》提出，要根据产业发展对技术技能人才的需求优化职业教育体系结构；根据各主体功能区的定位，推动区域内职业学校科学定位，使每一所职业学校集中力量办好当地经济社会发展需要的特色优势专业（集群），服务产业结构调整优化。因此，职业教育应加快供给侧改革，调整办学思路，将职业教育的发展方向、办学宗旨、专业结构与国家产业结构升级紧密对接，全面提升人力资源的整体素质，为可持续发展提供坚实的人才和智力支持。

2. 精准扶贫脱贫亟须职业教育助力[①]

中共十八大以来，以习近平同志为核心的党中央把解决农村贫困问题提升到巩固党的执政基础、保持国家长治久安和全面建成小康社会的高度，实施精准扶贫战略，全力推进农村扶贫。我国多数特困地区贫困程度深、脱贫难度大、返贫率高，这其中固然有自然环境、历史遗留等因素存在，但各地教育观念落后、教育水平低下、教育资源匮乏，普遍不重视青少年教育问题也是导致贫困的关键因素。因此，新时期的精准扶贫不仅要从产业扶持、经济扶持等方面下功夫，更要从发展教育入手，通过提高贫困地区教育水平，开发人力资源，阻断贫困代际传播。职业教育对接产业、对接岗位的特点切合了贫困地区的发展需求：既为发展贫困地区产业培训技术工人、新型职业农民和其他相关人才，又为剩余劳动力转移提供各类专项技能培训活动，还可以为当地民众开阔视野、提升自我提供教育与培训服务。大力发展面向精准扶贫的职业教育，使贫困人口掌握脱贫致富的知识和技能，进而摆脱贫困，为打赢脱贫攻坚战、全面建成小康

---

① 唐智彬：《发展面向精准扶贫的职业教育》，中国社会科学网，2017 - 06 - 01。

社会提供重要保障。

（二）职业教育市场快速扩张

1. 市场规模快速增长

在经济高速发展和产业结构逐步转型的背景下，我国人才需求愈加旺盛，教育投入规模也持续扩大。2017 年，中国教育市场总规模约 2.24 万亿元，其中幼儿教育的市场规模约 3800 亿元，中小学教育（课外辅导＋民办学校）市场规模约 6800 亿元，高等教育市场规模约 2530 亿元，职业教育市场规模约 6000 亿元，语言培训市场规模约 900 亿元，才艺培训市场规模约 600 亿元，企业培训市场规模约 1500 亿元，教育出版市场规模约 350 亿元。预计 2018 年教育市场规模会达到 3 万亿元。如图 1 - 1 所示。

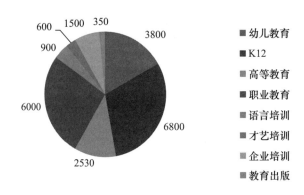

图 1 - 1　2017 年中国教育市场规模（亿元）

资料来源：亿欧网。

我国职业教育市场规模稳定增加。2015 年职业教育市场规模为 4535.9 亿元，同比增长 10.56%（见图 1 - 2）。其中，学历教育市场规模为 1430.4 亿元，占职业教育市场总规模的 31.53%；非学历教育市场规模为 3105.5 亿元，同比增长 16.4%，占职业教育市场总规模的 68.47%（见图 1 - 3）。受益于政策推动、科技发展和需求提升等因素影响，近年来，职业教育的市场规模持续保持快速增长，2017 年已达到 6000 亿元，预计 2020 年将达到 11619.6 亿元。如图 1 - 2 所示。

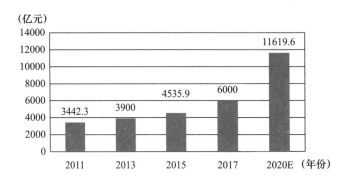

图 1 - 2　中国职业教育市场规模

资料来源：智研咨询。

图 1-3　我国职业学历和职业非学历教育市场规模

资料来源：智研咨询。

2. 教育投入投资增多

随着职业教育的重要性日益凸显，国家对职业学历教育和职业非学历教育的资金投入不断增加。为实施现代职业教育质量提升计划、职业教育产教融合工程，中央财政累计投入近 700 亿元，打造了一批骨干学校、专业和师资，职业院校办学活力和发展能力不断增强。中央财政专项投入还带动了地方和其他方面的投入，2016 年，全国职业教育财政性经费达 3089 亿元，比 2012 年增加了 697 亿元，增长 29.14%，年均增长 5.83%[①]。2017 年 12 月 7 日，国务院教育督导委员会发布《2016 年全国中等职业学校办学能力评估报告》和《2016 年全国高等职业院校适应社会需求能力评估报告》，报告显示，在办学条件方面，无论中等职业教育还是高等职业教育，都有明显改善和提升。中等职业学校生均教学仪器设备值超过 3000 元的比例达到 67%，已有 94% 的学校建有校内实践基地。其中，企业提供的校内实践教学设备资产总值较 2014 年增长 76.6%。高等职业院校生均教学仪器设备值明显增加，近 400 所院校超过 1 万元。如图 1-4 所示。

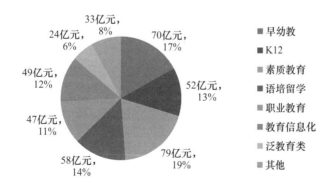

图 1-4　2017 年教育行业一级市场细分赛道融资情况（单位：亿元）

资料来源：鲸媒体。

---

①《数据看变化：周为介绍十八大以来我国职业教育与成人教育情况》，http：//www.tech.net.cn/web/articleview.aspx？id = 20170929105628942&cata_ id = N002。

教育作为资本市场长期的风口产业，社会资本不断涌入。无论从行业整体规模还是市场活跃度来看，皆处于快速发展阶段。2015 年，中国教育产业的总体规模为 1.6 万亿元，至 2020 年，这个数字预计增长至 3 万亿元，实现 12.7% 的年均复合增长率。从刚需以及中国社会发展需求的维度来看，职业非学历教育（职业培训）将成为未来教育市场成长的主力之一。同时，随着国内社会经济结构的转型以及科技创新的不断普及，高端职业教育或将成为资本市场风口中的风口。从最新统计的 2017 年教育行业一级市场的投融资情况可知，职业教育领域获得了资本市场的青睐（见图 1-5）。2017 年，职业教育领域获得 47 起融资，占教育行业融资数量的 11%，融资总金额达到 52.13 亿元（见图 1-6）。

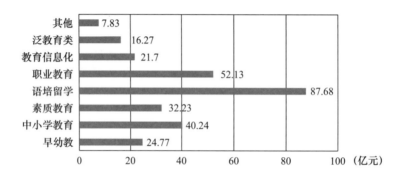

图 1-5　2017 年教育行业一级市场细分赛道融资金额

资料来源：鲸媒体。

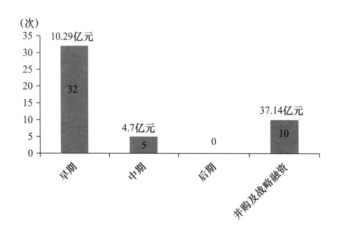

图 1-6　2017 年职业教育赛道融资情况

资料来源：鲸媒体。

（三）职业教育个人需求增加

人均收入增长叠加消费升级，教育市场需求再次升温。近年来，我国人均可支配收入实现快速增长，2012～2016 年人均可支配收入以 10% 的年均复合增速增长，2016 年达到 2.4 万元。人均收入的增长带动居民消费水平不断提升，越发重视精神需求，居民在教育、文化和娱乐上的人均支出也将随之增加。2016 年教育、文化和娱乐支出同比增长 11.1%，占居民人均消费支出的

11.2%，实现快速增长，这将进一步催生对高质量、高品质教育的需求①。

高技能人才缺口与就业压力催生海量市场空间。随着信息技术和计算机服务、金融、电子商务等现代制造和服务业的快速发展，传统产业行业加速转型升级，企业对员工文化水平要求提高，对高素质人才的需求日益迫切。大量的人才需求促使个人和家庭的职业教育意识不断增强，进而不断加大职业教育方面的投入。在职业学历教育方面，个人需要通过高等教育提升自己的职业技能，在竞争日益激烈的社会中为自己创造更好的生存环境和更大的发展空间。在职业非学历教育方面，越来越多的成年人加入进来，他们学习的目的性强，并且支付能力也强。

三、职业教育发展的技术环境

信息技术高速发展，应用广泛。以计算机为核心的信息技术应用于教育教学，促进了教育技术的迅猛发展。现代教育技术已引起了教育领域的深刻变革，给教育观念、教学方法和教学组织形式等方面带来了深远的影响。"十二五"以来，特别是《教育信息化十年发展规划（2011 ~ 2020 年）》发布和首次全国教育信息化工作会议召开以来，教育信息化工作始终坚持促进信息技术与教育教学深度融合的核心理念。深刻认识现代教育技术的发展环境，准确把握现代教育技术对职业教育的影响，是发展现代职业教育的需要。

近年来，新技术层出不穷，诸如人工智能、大数据、虚拟现实、云计算等技术在教育领域的应用将进一步推动教育的创新和发展。

（一）人工智能在职业教育中的应用

人工智能是计算机科学的一个分支，它企图了解智能的实质，并生产出一种新的能以与人类智能相似的方式做出反应的智能机器，该领域的研究包括机器人、语言识别、图像识别、自然语言处理和专家系统等。人工智能从诞生以来，理论和技术日益成熟，应用领域也不断扩大。人工智能在各行各业的应用已是随处可见：在生产制造业，人工智能技术可以极大地提高生产效率，节省劳动成本，提升产品质量；在服务业，可以优化行业现有产品和服务，提升其质量和劳动生产率；金融、医疗、教育等领域也因人工智能技术的加入而越发繁荣，人们的生活也因此更加便利。

1. 发展概述

人工智能技术在教育中的应用尚处于起步阶段。近年来，人工智能受到越来越多教育企业的青睐，教育企业相继公布人工智能的推进计划。以语言教育为例，以科大讯飞、网龙、清睿教育等为代表的上市公司通过语音测评、语意分析提升语言学习效率。新东方、好未来等上市公司引进的分级阅读通过机器和算法制定标准，对学生与读物测定评级，完善自适应阅读。综观中国互联网教育行业，细分领域众多，包括学前教育、中小学教育、高等教育、留学教育、职业教育、语言教育、兴趣教育以及综合平台等，人工智能在教育行业的应用具有巨大的市场前景。

2017 年 7 月，国务院印发的《新一代人工智能发展规划》中指出，应用人工智能开展全民智能教育项目，人工智能在图像识别、语音识别、人机交互等方面的优势，以及与大数据、互联网智能制造等技术的结合，将更好地实现智能化教学。Technavio 市场分析师预测，到 2020 年，

①《2017 年我国教育经费支持及占比分析》，中国报告网，http://free.chinabaogao.com/wenti/201712/1213301212017.html。

全球教育领域人工智能市场将呈指数级增长，复合增长率将超过 39%。推动市场增长的主要原因之一是在学习过程中采用智能教学系统。智能教学系统能解释复杂的人类反应，与此同时传授各种学科的知识，如数学、语言、物理、法律和医学。此外，这些系统还能针对学生的思想、错误、反馈、更正提供个性化学习。巨大的优势将吸引供应商投资于这些产品的研究和开发，反过来又促进教育市场的增长。

2. 应用场景

目前人工智能在教育领域的应用技术主要包括图像识别、语音识别、自然语言处理、个性化学习等，这些技术可应用于不同的教育场景。

（1）图像识别技术。图像识别技术可以减轻教师工作负担、促进学生自主学习、提高教学效率。一方面，基于图像识别技术，将手写的试题/图片转成计算机可以理解的文本，既可以将教师从繁重的作业批改和阅卷工作中解放出来，也可以帮助学生从在线题库中搜索到习题答案，促进自主学习。另一方面，利用图像识别技术，对课堂上学生的动作、表情进行捕捉，通过情感识别来判断学生的专注度、与老师的互动程度等指标，在一定程度上通过计算机实现课堂教学效果评估，提升教学管理水平。

（2）语音识别技术。语音识别技术可以辅助教师对学生进行英语口语测试，纠正学生的英语发音，很好地解决了老师的水平和时间投入对学生发音练习的影响。

（3）自然语言处理技术。随着自然语言处理技术的进步，计算机可以实现对作文的评分，并且评分水平已经接近专业老师的能力，方差更小。依赖于自然语言处理技术，计算机可以在一定程度上对老师的演讲表情、语言表达的生动连贯性、知识点的覆盖度等基础指标进行客观评估。

（4）个性化学习技术。实现个性化学习要有两个辅助条件，一是能有效评估学生的学习效果，二是学生可以进行有针对性的练习。通过有针对性的题库设计，能为老师提供学生多维度的学习报告，对学生进行画像，为以后有针对性的课程设计提供数据支撑。个性化技术可以根据学生的学习兴趣和学习水平推荐合适的教学视频和课后作业。

（二）大数据技术在职业教育中的应用

Gartner 公司将大数据定义为"其大小超出了常用硬件环境和软件工具在可接受时间内为其用户收集、管理和处理数据的能力"。IBM 则将大数据的特征归纳为四个"V"，即体量（Volume）、多样（Variety）、价值（Value）、速度（Velocity）[①]，包含四个层面：第一，数据体量巨大；第二，数据类型繁多，如网络日志、视频、图片、地理位置信息等；第三，价值密度低，商业价值高；第四，处理速度快。由于大数据详细记录着不同属性的人的每一次行为，相较于传统数据碎片化程度很高，且多为半结构数据，甚至非结构数据。

1. 发展概述

数据是国家基础性战略资源，是 21 世纪的"钻石矿"。随着我国信息化发展水平日益提高，教育数据资源的采集、挖掘和应用水平不断深化。"十二五"以来，特别是《教育信息化十年发展规划（2011 ~ 2020 年）》发布和首次全国教育信息化工作会议召开以来，教育信息化工作坚持

---

①Barwick H., *The "four Vs" of Big Data*, *Implementing Information Infrastructure Symposium*, http：// www. computerworld. com. au/ article/396198/iiis_ four_ vs_ big_ data，2012 – 10 – 02.

促进信息技术与教育教学深度融合的核心理念，以"三通两平台"为主要标志的各项工作取得了突破性进展。网络教学环境大幅改善；优质数字教育资源日益丰富，信息化教学日渐普及；全国 6000 万名师生已通过"网络学习空间"探索网络条件下的新型教学、学习与教研模式；教育管理公共服务平台基本建成覆盖全国学生、教职工、中小学校等信息的基础数据库，并在应用中取得显著成效。各级各类教育信息化也都取得丰硕成果，基础教育、职业教育、高等教育和继续教育等领域结合各自需求，在扩大资源覆盖面、促进教育公平和提高教育教学质量等方面涌现出一批利用信息技术解决教育改革发展问题的应用典型，积累沉淀了大量的数据资源，如图 1 - 7 所示。

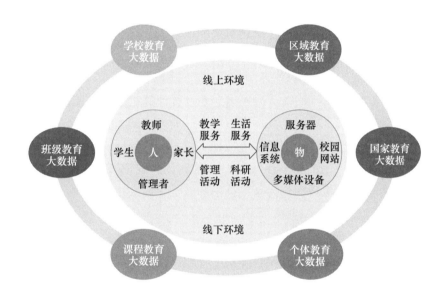

图 1 - 7　教育大数据类型

党中央、国务院高度重视大数据在经济社会发展中的作用，中共十八届五中全会提出"实施国家大数据战略"。2015 年 8 月，国务院印发《促进大数据发展行动纲要》，明确提出开展大数据应用示范，实施教育文化大数据工程。2016 年 6 月，教育部制定的《教育信息化"十三五"规划》明确指出要积极利用云计算、大数据等新技术，创新资源平台、管理平台的建设、应用模式。2017 年，教育部颁发《关于进一步推进职业教育信息化发展的指导意见》，明确提出要加大大数据在职业教育领域的应用。近年来，大数据在教育领域的应用也受到相关机构组织和专业人员的关注。根据路透社报道，2015 年教育行业的大数据应用市场规模占据全球总体应用市场规模的 8%，并且正在以每年 10% 的速度持续增长，预计到 2020 年，教育行业将发展成为全球大数据应用的第八大市场。

2. 应用场景

大数据在教育领域的应用日益广泛和深入。针对不同层次的需求，教育大数据应用形成了相应的产品和服务，从适应性教学到动态跟踪测评，从管理模型构建到数据共享门户，各种类型的应用体现出了大数据影响教育教学的应用场景。

（1）促进适应性教学。一方面，大数据可以支持学生的适应性学习。在各种学习管理系统和在线学习平台中，学习者的学习过程能够得到完整记录，结合学习者的特征数据，进行诊断和推荐，开展具有针对性的教学。另一方面，大数据可以支持教师的适应性教学。在大数据技术支持下，教师可以根据自身的需求对学生的学习进行监测，并通过自己设定的标准，对学生进行自动化或半自动化的评价。

（2）发现教育规律。大数据技术可以运用于教育规律的发现。在大数据的驱动下，教育研究将出现不同的态势，通过挖掘、分析教育大数据，研究者可以量化学习过程，表征学习状态，发现影响因素，找到干预策略，从更深的层次揭示教育规律。

（3）支持教育精准管理。大数据技术还可以支持教育精准管理。在学校和教育机构中，管理者时常面对无法及时掌握教学与管理综合状况的困境。在大数据支持下，教育管理者能够通过系统化数据采集，对学校和机构的管理状况进行持续动态监控和综合性评价，更容易发现管理和教学问题，设计可能的解决方案，并追踪问题解决的成效。

（三）虚拟现实技术在职业教育中的应用

虚拟现实技术在 20 世纪 60 年代被首次提出，是一种计算机仿真系统，通过对三维世界的模拟创造出一种崭新的交互系统。在国家推动虚拟现实产业发展的大背景下，各地为促进虚拟现实产业的发展，纷纷建立虚拟现实产业基地。虚拟现实技术被广泛地应用于医学、娱乐、军事、工业仿真等领域，有着巨大的应用前景。在线教育这种新的教育模式已经成为未来发展的关键方向，具有广阔的市场，其中虚拟现实作为新的技术和教学手段必定会在教育信息化中发挥更为重要的作用。

1. 发展概述

利用虚拟现实技术辅助教育培训可以将复杂的知识点生动地展示出来，将现实中无法直接观测的景象用虚拟的手段直观地模拟出来，还可将一些在时间、空间上无法操作或有操作危险的教学和实验场景真实地还原，进行仿真实验。目前，虚拟现实技术已在博物馆展示讲解、中小学生教学辅导和科普领域有了较广泛的应用。由于教育领域对虚拟现实技术在交互、成像以及感官仿真方面的要求不像影视和游戏领域的要求那么高，当前虚拟现实技术在软硬件的发展程度决定了其在教育领域的应用仍有很大的潜力可供挖掘。

目前，虚拟现实技术在教学上的具体表现形式可概括为以下四种：模拟训练、虚拟学习环境、虚拟实验室、仿真虚拟校园[①]。

（1）虚拟现实技术在教育领域的一大成功应用是开发和研制模拟训练系统。虚拟现实技术在国防领域的空间探索和军队战争训练方面可以发挥巨大的价值。随着计算机技术和网络的普及，以及虚拟现实技术的发展，虚拟现实也逐渐应用到了一般的医学教学、电器维修教学、汽车驾驶教学等需要培养各种操作技能的领域。

（2）虚拟现实技术的应用可以构建虚拟学习环境，虚拟现实系统可以虚拟历史人物、教师、学生等各种人物形象，创设交互式学习环境。

（3）利用虚拟现实技术可以建立各种虚拟实验室。在虚拟实验室中，学习者可以在跟真实实验室几乎相同的学习环境中学习，相互讨论学习到的概念。

（4）仿真虚拟校园主要借助虚拟现实的相关理论与技术加以构建，具有交互性与沉浸性。

[①]胡卫红、刘道光、王倩、李萌：《虚拟现实技术在教育教学中的应用与研究》，《山东省青年管理干部学院学报》2007 年第 6 期，第 139 - 141 页。

目前，我国高校的三维虚拟化校园的建设还没有达到虚拟化校园生活的程度，模拟、仿真校园的教学环境还有待进一步提升，真正意义上的虚拟校园建设还需要多方面的努力。

2. 应用场景

（1）搭建虚拟现实课堂教学管理云平台。虚拟现实技术可用于搭建虚拟现实课堂教学管理云平台。第一阶段，完成针对单个客户的校内版虚拟现实课堂教学管理平台的开发与建设，并部署到客户的校内服务器。校内版虚拟现实课堂教学管理平台将实现客户已购买的虚拟现实课堂软件的使用和管理，老师的线上编辑课件、备课、考评以及学生的在线预习、复习、拓展自学、提交作业等功能。第二阶段，搭建全国云平台，将各校内的平台对接到云平台，进行数据的打通和共享，将虚拟现实课堂软件和虚拟现实模型素材库统一上传到云平台，实现所有用户的统一入口、统一界面和统一权限管理。第三阶段，在云平台上打造开放的虚拟现实教育模型素材库平台，允许老师、学生及社会人士自行制作虚拟现实教学模型，并自定义插入虚拟现实课件。对于制作较为精良的虚拟现实模型素材，可纳入标准模型素材库，并向云平台上所有客户推广。

（2）构建高清图形图像显示系统。虚拟现实技术可以构建高清图形图像显示系统。其中的核心技术包括视觉跟踪技术、力反馈技术、三维投影技术。视觉跟踪技术通过虚拟现实设备与追踪眼镜之间的红外激光感应，追踪人的视线角度，使用户在不同角度下都有清晰的观测效果。力反馈技术通过加在操作器的传感器，感知人手部的动作形态和力度，同时根据设定好的操作内容给予模拟真实的力反馈。三维投影技术满足学生在大屏幕上同步观看老师在虚拟现实设备上的操作，且能观测到虚拟现实效果。

（3）搭建虚拟现实课件编辑器。虚拟现实技术可以搭建虚拟现实课件编辑器。虚拟现实课件编辑平台客户端技术架构大致可以分为五个模块：消息机、数据访问层、视图层（MVC 控制层和视图层）、业务逻辑层（MVC 数据层）、对 Unity 中 Monobehaviour 类的封装。消息机主要就是对事件、委托的封装，用来做数据的传递、事件的调用等。数据访问层可帮助获取网络或本地数据。视图层包括传统 MVC 框架的控制层和视图层，如可控制系统设定的人物模型的行走、攻击以及被击打这样一系列的动作。业务逻辑层跟业务数据相关，针对不同的项目业务需求设定项目开发的逻辑关系。最后一部分是对 Unity 中 Monobehaviour 类的封装。Update 函数的执行机制是通过反射来完成的，且每帧都会执行。如果脚本过多，那么在处理反射执行上的开销就会比较大。通过进行一次封装，使得只有一个 Monobehaviour 类的 Update 被反射，其余的需要每帧更新的函数都放在这里面进行更新。

（四）云计算技术在职业教育中的应用

云计算是由分布式计算、并行处理、网络计算发展而来的一种新型商业计算模型[①]。云计算技术可以将计算机软件资源和硬件资源集中在拥有庞大规模和计算能力的分布式计算机上，由分布在不同地点的计算机通过网络发送需求信息，再由这个拥有庞大规模的网络服务器集群将结果反馈到本地计算机上，从而实现用户能够根据需求访问计算机和存储系统的最终要求。云计算自2008 年引入我国后得到众多领域学者的追捧。国家"十二五"规划把云计算作为新一代信息技术产业研发与应用的重要领域之一，部分先行的政府机构、企事业单位和教育机构在研究的基础上构建了独有的政府云、企业云和教育云，尤其是教育云引起了社会的广泛关注，教育行业成了

---

① 郑晓萍：《云计算在教育领域的应用初探》，《计算机教学与教育信息化》2015 年第 1 期，第 99 – 101 页。

云计算最先"落地"的几个领域之一。

1. 发展概述

2007年10月，Google和IBM联合宣布推广"云计算"计划，包括卡耐基梅隆大学、斯坦福大学、麻省理工学院、加州大学伯克利分校在内的多所高校都参加了该项计划，我国的清华大学也于2008年3月加入此项计划[①]。云计算为学校教育提供了新的机遇：云计算将有限的资源集中起来提供无限的服务，不但可以以低廉的价格引进需要的技术，还可以降低运行维护成本，使得无限资源随时可用，按需扩展，为终端用户提供了便利；云计算将终端用户从计算机烦琐的使用和维护中解放出来，以虚拟化技术建立基础设施资源池。当前我国的云计算教育应用还处于初级阶段，发展现状受区域经济发展水平和教育程度的影响，研究机构主要以高校院系为主，研究内容主要集中在云计算技术的应用开发方面，云计算技术的教育应用模式主要体现在高等教育和通用教育中[②]。

云计算在职业教育领域有其独特的应用潜力。一方面，云计算很适合职业教育这种技能式的培训，学生可以在视频教程中更直观地去理解和学习；另一方面，教育云可以涵盖所有的职业教育领域，面向所有需要学习的人，促进可持续教育的开展。《教育信息化十年发展规划（2011~2020年)》中明确提出了建设中国教育信息化云服务平台的任务和行动计划。教育云服务的发展是推进我国教育信息化向纵深发展的一次机遇，教育云有希望解决"教育不平等"和"资源浪费"等问题。在今后的发展过程中，国家应出台相应的激励政策，加大资金投入。各高校院系应加强与科研机构的合作，发挥各自优势，加强云计算教育应用的技术开发研究以及在基础教育、高等教育、通用教育实践阵地的应用探索，以促进理论与技术、理论与实践更好地融合。

2. 应用场景

（1）促进教育信息化建设。教育云是利用先进的云计算技术，将教育资源和系统进行整合和信息化，在云平台上进行统一部署和实现，通过互联网提供给广大师生乃至社会人员服务的系统。云计算促进教育信息化体现在以下几个方面：把教育资源储存在云上节省了购买这些硬件资源所需要的成本，减少了服务器及所需基础设施的更新维护、人工管理和能源消耗费用，降低了信息化教育的成本；借助云教育平台使学校管理者能够更高效地了解学校的教学和管理工作状况；云教育平台也有助于改变教学方法，使学习更加自由灵活。

（2）促进云学习理念的形成。云学习通过合理地运用云计算技术来开展互动学习，实现了学习资源的共享。随着云学习理念的逐渐成熟，能够为教师顺利地开展教学工作提供很大帮助，最大限度地减少教师的工作量，从而更多地将主要精力放在教学设计方面，有效地提高了教学效率。目前，移动学习、终身学习在教育领域很受青睐。通过对多种学习方式的合理运用，不仅可以使教学变得更加具有趣味性，而且可以为学习者提供更加个性化的发展途径。此外，云学习能够使学生获取知识的途径变得更多，学生可以根据自己的实际情况，自主规划学习进度，从而实现个性化学习。

（3）支持实践教学。实践教学是职业教育教学中的重要环节。实践教学是学生调动自己的多种感官去进行学习，在这个过程中，学生的思维能力和操作能力必须紧密结合在一起，久而久

---

①孙剑华：《未来计算在"云端"——浅谈云计算和移动学习》，《现代教育技术》2009年第8期，第61-62页。

②牛丽、陈珂、李金祥：《基于云计算的远程教育学习环境构建研究》，2011年高等职业教育电子信息类专业学术暨教学研讨会，2011年5月1日。

之，就会形成一种综合性的素养教育，加深职业教育的纵深感，让学生能够获取更多的知识和探索新的领域。但是，职业院校的硬件设施不可能保证每一个学生都有充分的资源去进行实践运用，云计算可以通过共享与开发帮助各种资源在虚拟空间中实现，也就是说我们可以搭建虚拟的实验室，通过标准化的流程，科学实时地进行监控，完成学生实践能力的培养，教师可以远程控制、评价教学实践的过程与效果。

第二章 2017年职业教育发展分析

2017年1月，国务院印发了《国家教育事业发展"十三五"规划》，推进教育各个领域的变革。在政策上，职业教育推陈出新，新政策、新思路、新方向不断涌现；在思想上，新的教学制度、考核制度接连呈现；在技术上，人工智能等新技术以迅雷不及掩耳之势渗入到教育的方方面面。在国家和社会力量的共同推动下，2017年我国职业教育亮点不断，如职业教育和培训体系不断完善、职业教育体制升级、职业教育德育工作不断加强、世界技能大赛再创佳绩、工匠精神继续弘扬、产教融合进一步深化、职教脱贫攻坚取得重要进展等。本章在回顾2017年中国职业教育发展概况的基础上分析了这一年我国职业教育的发展特征以及存在的不足。

一、2017年职业教育发展概述

2017年是贯彻中共十九大精神的开局之年，是决胜全面建成小康社会、实施"十三五"规划承上启下的重要一年，基本实现教育现代化进入全面攻坚阶段。这一年，职业教育与继续教育向着现代化目标加速前进，成绩显著。

2017年1月13日，教育部在北京召开全国教育工作会议，部署2017年教育工作。会前，刘延东副总理专门听取了教育部党组工作汇报，充分肯定了教育系统一年来的成绩，对2017年教育工作提出明确要求。会议强调，要坚持以服务经济发展需求为根本导向，增强职业教育服务发展支撑力，培养技术技能人才。2017年全国职业院校技能大赛于5月8日至6月29日在天津主赛区和吉林、江苏、浙江、安徽等19个分赛区分别举行。李克强总理作重要批示，强调要坚持工学结合、知行结合、德技并修，努力造就源源不断的高素质产业大军。刘延东副总理在开幕式上强调要加快推进职业教育现代化，为培养高素质劳动者，推动动能转换和产业升级作出更大贡献。2017年10月，我国在第44届世界技能大赛中再创佳绩，我国52名选手在47个项目的比赛中勇夺15金7银8铜12优胜奖，列金牌榜首位，创造了我国参加世界技能大赛以来的最好成绩。同月，中共十九大召开，对职业教育和培训工作提出一系列新任务新要求：大规模开展职业技能培训，完善职业教育和培训体系，建设知识型、技能型、创新型劳动者大军，弘扬劳模精神和工匠精神，营造劳动光荣的社会风尚和精益求精的敬业风气。2017年12月，全国职业教育与继续教育工作推进会在北京举行。会议强调，要突出服务大局，打造中国特色高水平职业院校和专业，形成人才培养高地；突出脱贫攻坚，实施好职业教育东西协作行动计划；要突出质量核心，进一步深化产教融合、校企合作；要突出协调发展，注重补齐继续教育短板，建设学习型社会。

在技工教育领域，2017年，人社部采取了一系列措施促进技工院校招生。2017年3月，教育部、人社部等四部门共同印发《高中阶段教育普及攻坚计划（2017~2020年）》，健全教育、人社等相关部门招生工作协同机制，促进技工院校招生。2017年6月，人力资源和社会保障部、共青团中央等六部门共同印发《关于做好2017年世界青年技能日宣传活动的通知》，组织开展世界青年技能日宣传活动，重点宣传工匠精神、政策措施、先进典型、技工教育、技能大赛等内容。2017 年 8 月，人社部对技工院校各地招生情况进行调研，截至 2017 年 10 月底，全国技工院校完成招生 120 万人的目标，达 127.8 万人，比 2016 年增长 0.6 万人，招生规模实现连续增长。为拓展专业技术人才的职业发展空间，激发创新创造创业活力，2017 年 11 月，人力资源和社会保障部办公厅印发《关于在部分系列设置正高级职称有关问题的通知》，明确技工院校教师系列增设正高级讲师、正高级实习指导教师。2017 年 12 月，人力资源和社会保障部印发《关于深化技工院校教师职称制度改革的指导意见》，明确技工院校教师职称制度改革工作在全国范围内全面推开，实现职称制度与用人制度的有效衔接。同月，人社部正式发布《中国技工院校发展报告（2017）》，首次系统地梳理了技工院校年度发展情况，包括技工院校发展情况、宣传发展成效、研判发展形式、明确发展目标，致力于推动全国技工院校改革创新发展。

二、2017 年职业教育发展现状

职业教育是国家分层次教育中的一种重要形式，是实体经济发展的重要引擎。李克强总理曾指出，"中国制造"享誉全球，但产品和服务还不够"精"、不够"细"，职业教育不仅要培养职业技能，更要培养职业精神。2017 年，随着"工匠精神"的反复强调和"大国工匠"的深入人心，职业教育也被推到一个快速发展、全民认可的阶段。职业教育需要紧跟产业和科技发展新趋势，完善职教体系、健全人才培养模式、促进国际交流合作，实现教育公平，以崭新的发展态势适应经济和社会发展。

1. 完善职业教育和培训体系

"完善职业教育和培训体系，深化产教融合、校企合作"是中共十九大对新时代我国职业教育工作做出的新部署。"完善"体系是重要任务，"深化"改革是基本手段。中共十八大以来，我国基本形成了世界上规模最大的职业教育和培训体系。目前，全国共有 1.25 万所职业学校，年招生总规模近 950 万人，在校生 2700 万人，非学历教育注册学生 5287 万人，共开设约 1000 个专业、近 10 万个专业点，基本覆盖国民经济各领域。人才培养质量稳步提高，中职毕业生就业率连续 10 年保持在 95% 以上，高职毕业生半年后就业率超过 90%，就业质量持续向好，近 70% 的职业学校毕业生在县市就近就业[①]。

我国按照"适应需求、面向人人、有机衔接、多元立交"的思路，各级各类职业教育统筹发展，职业教育、普通教育、继续教育沟通衔接，高职学校与普通高校考试招生相对分开，初步构建了人才成长的"立交桥"。在高职教育方面，国家加强《高等职业教育创新发展行动计划（2015～2018 年）》落实情况监管，推动完善高等职业教育考试招生制度。在中职教育方面，国家稳定中职招生规模，会同有关司局实施普及高中阶段教育攻坚计划，印发《关于做好 2017 年高中阶段学校招生工作的通知》。

我国终身教育体系不断完善。社区教育、老年教育蓬勃发展，学习型社会建设不断加快。社区教育方面，按照《教育部等九部门关于进一步推进社区教育发展的意见》方向引导，我国建设了一批全国和省级社区教育实验区、示范区，社区教育参与率和满意度逐步提高。在老年教育方面，以扩大老年教育供给为重点，整合社会资源、激发社会活力，让更多老年人在老年大学等

---

① 《教育部关于印发刘延东副总理在推进职业教育现代化座谈会上讲话的通知》，2017 年 1 月 4 日。

机构学习，或通过社区教育、远程教育等各种形式参与学习，提升老年教育现代化水平。同时，推动职业院校面向行业企业开展职工继续教育，实施职业院校职工继续教育品牌创建计划；开展学习型城市测评工作；召开加快学习型社会建设座谈会；推进国家级农村职业教育和成人教育示范县创建工作。

2. 注重工匠精神培育

2017 年 3 月 5 日，李克强总理继两会之后，在政府工作报告中再次提及工匠精神，并将其与质量相联系，引发了代表委员的共鸣。工匠精神是我国由制造大国变成制造强国进程中不可或缺的因素，是推动供给侧结构性改革，实现企业从外延再生产向内涵再生产转变的重要推手，也是劳动者实现全面发展和自我价值的重要途径。在产业转型升级、"中国制造"迈向"中国智造"的关键时期，培育"大国工匠"精神，提升人才的职业素养已成为职业教育关注的重点。

国家层面，先后出台政策要求培育学生的工匠精神。《国家教育事业发展"十三五"规划》提出，着力提升职业学校人才培养质量，加强职业精神培育，推进产业文化、优秀企业文化、职业文化进校园进课堂，促进职业技能和职业精神高度融合，着力培养崇尚劳动、敬业守信、精益求精、敢于创新的工匠精神。《关于深化教育体制机制改革的意见》指出，在育人机制上，要健全德技并修、工学结合的育人机制，坚持以就业为导向，着力培养学生的工匠精神、职业道德、职业技能和就业创业能力，坚持学中做、做中学，推动形成具有职业教育特色的人才培养模式。

学校层面，在教学活动、育人机制、文化建设等方面逐步渗透工匠精神。在教学中，根据专业的不同特点，分析专业职业岗位应具备的职业精神，将其渗透到专业教学的目标、内容以及考核中。在人才培养方面，持续开展现代学徒制试点，校企共同培养社会所需要的技能型人才，努力培育学徒形成一丝不苟、专业专注、精益求精的工匠意识。在活动开展方面，广泛开展大国工匠进校园、劳模进校园，让学生在与大国工匠交流的过程中强化对工匠精神的认知，发挥大国工匠的榜样模范作用。在技能大赛方面，学校积极参加第十届全国职业院校技能大赛和第 44 届世界技能大赛，取得优异的成绩，促进了工匠精神的弘扬。

3. 深化国际合作交流

2017 年职业教育国际研讨会上，教育部职业教育与成人教育司王继平司长指出，加强国家交流与合作是各国职业教育改革的重要内容，是提升职业教育质量的重要途径。中国职业教育改革发展正处于"中国制造 2025""一带一路"建设、京津冀协同发展、长江经济带发展、"大众创业，万众创新""互联网＋"、精准扶贫等国家重大战略的实施中，需要进一步加强与国际职业教育领域的交流与合作，在吸收借鉴国际优秀经验的同时展示中国特色并提供中国经验。2017年 7 月 5 日，国际职业技术教育大会在我国成功召开，会议形成的标志性成果《唐山声明》进一步凝聚了职业技术教育对全球可持续发展重要贡献的共识，为推进各国职业技术教育的加快发展、融合发展和创新发展提供了新的机制，同时也开启了职业技术教育国际合作的新征程。

2017 年 5 月，第一届"一带一路"国际合作高峰论坛在北京举行，对推动国际和地区合作具有重要意义。"一带一路"倡议的实施为职业教育的国际化发展提供了良好的机遇。职业院校要伴随中国企业"走出去"，为中国企业在海外发展及时提供所需要的高素质职业技术技能人才。利用现代化手段和"互联网＋"等把中国职业教育的优势传播出去，促进与沿线国家的文化交流。国家鼓励职业教育配合高铁、电信运营等行业企业"走出去"，探索开展多种形式的境外合作办学，合作设立职业院校、培训中心，开展多层次职业教育和培训。

4. 从"单纯扶贫"转向"综合扶智"

2016 年 12 月 16 日，教育部等六部门发布《教育脱贫攻坚"十三五"规划》。该规划指出打赢脱贫攻坚战是党中央、国务院做出的重大决策部署，是实现全面建成小康社会目标的重要标志。2017 年是推进脱贫攻坚战的重要一年，是精准扶贫精准脱贫的深化之年。扶贫工作从单纯扶贫转向了综合扶智。脱贫攻坚的实践充分证明，职业教育扶贫是见效最快、成效最显著的扶贫方式。近年来，职教扶贫已取得重要进展，逐步实现了建档立卡贫困学生职业教育自主全覆盖。其中，中等职业教育已对所有农村学生、涉农专业学生和家庭经济困难学生免除学费，补助每生每年 2000 元的国家助学金；高等职业教育建立了"奖助贷勤工助学"多元资助体系，奖学金、助学金分别覆盖 30%、25% 的学生，同时，国务院扶贫办还对建档立卡贫困学生按照每生每年 3000 元左右的标准给予资助[①]。

三、职业教育发展问题分析

随着我国经济发展格局的变化及产业的转型升级，对技术技能人才的需求量越来越大，国家对职业教育也越来越重视。经过多年的发展，职业教育取得了显著的成绩，但仍存在着许多亟待解决的问题，跟不上某些产业转型升级的步伐。这些问题具体表现为职业教育吸引力不足、区域发展不均衡、国际交流合作不充分、校企合作不深入和教育信息化有待进一步提升。

1. 职业教育吸引力不足

职业教育吸引力的强弱在很大程度上决定着人们对职业教育的选择与否，同时也关系到职业教育的长远发展。我国职业教育产生至今，受到很多阻碍，一直处于缓慢发展的阶段。吸引力不足是我国职业教育目前甚至长期面临的一大困境[②]。首先，从家长和学生的角度出发，家长以及学生对职业教育存在偏见，"重学历，轻技能"的观念依旧很浓，他们主动选择职业教育的意愿不高。其次，从政府角度出发，现阶段，虽然国家对于职业教育给予高度重视，但某些地方政府仍旧存在忽视职业教育的现象，导致教育资源分配不合理，基础建设资金不足。一些地方财政对职业教育投入能力有限，仅能维持正常运转，无力改善办学条件，学校达不到国家办学基本标准。最后，从职业院校的角度出发，职业院校师资力量薄弱也是导致其吸引力不足的重要原因，国家下拨的教育经费无法满足职业学校师资建设和人才引进的需求，并且多数教师没有企业工作经验或者经验不足，对企业发展不够了解，所讲授内容很多并不实用。

2. 区域发展不均衡

当前我国各地区职业教育发展很不均衡，东中西部地区存在明显的经济发展水平的梯度，农业经济、工业经济和知识经济等多种形态并存，区域间各级各类教育在办学理念、投入、条件、标准等方面都差异较大。经济较为发达的东部地区职业教育发展水平较高，经济相对落后的中西部地区职业教育发展水平较低。此外，长期形成的城乡二元结构对教育的影响巨大，城市教育和农村教育面对的问题差异较大。中共十九大报告指出，要普及高中阶段教育。这是我国继普及九年义务教育之后进一步提升国民整体素质、劳动力竞争能力，建设人力资源强国的重大举措。技术进步、工业化水平的提高、技能型人才的培养都与职业教育息息相关。过去国家一直是"非

①教育部：《发展职业教育，助力脱贫攻坚》，http：//www.sohu.com/a/198367754_806948。
②陈健、钱彩秀：《我国职业教育吸引力存在的问题及提升对策》，《教育理论研究》2018 年第 1 期，第 212－213 页。

均衡"地发展职业教育,这在一定程度上促进了职业教育示范区域的产生。但由于缺乏有效的宏观协调,职业教育的区域发展呈现出不平衡,且有进一步加剧的趋势。教育部基础教育司司长吕玉刚指出,职业教育区域发展不平衡,西部贫困地区、民族地区、边远地区和革命老区受经济社会发展水平制约,教育资源不足,普及程度较低[1]。

3. 国际交流合作不充分

职业教育国际交流与合作的开展可以为国际市场培养具有国际通用标准的技术人才。教育部发布的《高等职业教育创新发展行动计划(2015～2018年)》明确指出,新时期新形势下我国高等职业教育要引进境外优质资源,探索中外合作办学的新途径、新模式。虽然职业教育的国际交流与合作受到越来越多的关注,但是其在发展过程中还存在一些问题,主要表现为以下三个方面。第一,虽然我国的国际交流与合作项目的数量与日俱增,但是在全国范围内参与其中的院校并不广泛,发展也不平衡。截至2017年7月28日,地方审批报教育部备案的中外合作办学机构与项目(含内地与港台地区合作项目)共819个,其中西部12个省份项目总和为112个,仅为江苏省的一半[2]。第二,国际交流与合作的目的不明确,院校之间存在盲目跟风的行为。我国现阶段国际交流与合作还处在借鉴阶段,北方向南方借鉴,国内向国外借鉴,很多院校对于为什么要开展国际交流与合作不甚了解,在追求合作数量的道路上渐行渐远,未能深入地开展职业教育。第三,现有的国际交流与合作的模式较为单一。对于职业院校来说,跨境合作的信息较少,对国外院校的教学水平、师资、优势专业等情况了解不够,不能充分合理地建立国际交流与合作的模式。

4. 校企合作不深入

经济发展对高技能型人才的需求不断提高,职业教育必须加强和企业的合作,才能培养更多的技能型人才,满足经济发展的需要。在职业教育校企合作的过程中,存在多个利益合作主体,各主体具有不同的利益诉求,导致合作过程中存在问题[3]。第一,校企合作机制不完善。目前,国家针对校企合作办学没有制定完善的法律法规,没有充分缓解校企合作办学的压力,无法满足企业与学校的合理诉求;相关的利益导向机制尚未建立,导致校企双方资源浪费;校企合作共育人才给予的财政补贴不足,人才培养缺乏稳定性。第二,企业过于注重自身利益需求。在校企合作共育人才过程中,企业希望培养的学生能够为己所用,学生毕业后能够进入企业岗位,为企业创造生产效益。企业把学生作为廉价劳动力,没有充分认识到合作办学教育的功能价值。第三,职业院校对人才培养的意愿过于强烈。职业院校希望企业能够配合自己开展教学活动,甚至不惜牺牲企业的利益,促进学校达到教学目标,这也导致了企业在校企合作中的积极性降低。

5. 教育信息化有待进一步提升

职业教育中信息化的应用成为提高教学质量的一个重要手段,信息化成为今后十年职业教育系统整体改革与创新发展的战略选择[4]。然而,当前我国职业教育信息化仍然存在诸多问题亟须解决。第一,缺乏对职业教育信息化的深刻认识。信息化对职业教育的影响不够清晰具体,还没有一整套理论语义阐释,也没有系统的方法指导实践。政府信息化政策的制定、院校信息化改革

---

①《普及高中教育,质与量要同步》,《人民日报》,http://www.gov.cn/xinwen/2018-01/26/content_ 5260758.htm。
②李萍:《职业教育跨境协同教学问题研究及对策》,《课程教育研究》2018年第4期,第245-246页。
③曾璇、刘柳青:《浅析职业教育校企合作中的问题与对策》,《教育科研》2017年第59期,第70页。
④《信息化融入职教创新发展的问题和对策》,中国教育新闻网—中国教育报,http://www.jyb.cn/zgjyb/201705/t20170506_ 629649.html。

的进行、企业行业信息化服务的提供都在不断摸索中。第二，职业院校整体规划与持续实施的能力欠缺。职业院校的信息化虽然取得了明显进步，但是很少有院校能将信息化与其长期发展战略有机结合，制定清晰的发展路线。在教学资源方面，虽有不少数字化资源，但大多是孤立于教学情景的资源，缺乏教学效力；在人员能力方面，有信息化领导力的领导团队欠缺，管理人员信息化管理能力达不到要求，技术人员信息化支撑力不足，一线教师对职业教育信息化模式的认识与掌控能力欠缺。第三，职业教育信息化应用水平较低。信息化技术往往仅用于展示教学内容，没有与课程和教学内容相整合，特别是有些教学内容并不适合应用信息化技术展示。此外，单纯地使用信息化技术展示教学内容不能很好地激发学生的学习积极性。

第三章　职业教育发展展望

中共十九大报告提出，我国要优先发展教育事业，加快推进教育现代化，完善职业教育和培训体系，深化产教融合、校企合作；建设知识型、技能型、创新型劳动者大军，弘扬劳模精神和工匠精神，营造劳动光荣的社会风尚和精益求精的敬业风气。这为职业教育发展指明了方向，规划了前景。当前，职业教育已由"规模扩张"阶段转入"质量提升"阶段，"在改革中发展、在发展中提升"成为时代主旋律。在新一轮经济发展、科技变革和产业转型升级的浪潮下，我国职业教育要对新产业、新业态、新职业、新岗位的发展趋势及其对现有职业教育所产生的冲击进行深入研究，在此基础上促进全面深化改革，着力提高教育质量，加快推进职业教育现代化，建设教育强国，培养大批高素质创新人才和技术技能人才，为全面建成小康社会和实现中华民族伟大复兴的中国梦作出更大贡献。

一、加快现代职业教育体系建设

《国家中长期教育改革和发展规划纲要（2010～2020年)》提出到2020年基本建成现代职业教育体系。7年来，围绕这一战略目标而进行的系统培养人才的改革探索，取得了阶段性成果。教育部等六部门制定了《现代职业教育体系建设规划（2014～2020年)》，顶层设计了从中职到研究生的培养体系，打破了技术技能型人才成长"天花板"。不过现阶段我国现代职业教育体系仍不健全，亟须进一步完善和改进。

1. 更新职业教育发展理念

当前世界正处在第四次工业革命的前沿，云计算、物联网、大数据、智能化等技术正以前所未有的规模和速度影响着传统职业的生存和发展，原有的劳动岗位、内容、标准、对体力智力支出的要求都发生了很大改变，职业教育的定位、培养规格、专业建设、课程内容和考核标准等需要重新定义。在院校定位上，职业院校不仅要成为技术技能人才的培养基地，还要成为技术革新能手的培养基地，成为企业的技术应用源、技术创新源和新技术信息源。在培养规格上，职业教育应培养熟悉云计算、物联网、大数据、智能化等技术的技术技能人才，以适应新岗位的要求。在专业建设上，要建立同新经济、新产业、新业态、新技术高度跨界、嫁接和融合的新兴专业。在课程内容和考核标准上，要建立课程专题制作或专题报告、学期专题制作和专题报告制度，培养学生的创新思维能力，将具备一定的技术革新、改良和应用能力或创业能力作为考核内容。

2. 推动职业教育纵向贯通、横向融通

现代职业教育体系应是包含中职、专科、应用技术型本科和专业学位研究生在内的完整系统。当前，中高职衔接工作已经普遍开展，但是中职与普通教育、高职与本科的人才成长"立交桥"仍在探索中。因此，在国家职教体系设计框架指导下，加快推进普通本科与高职教育、专业学位研究生的考试招生制度改革，积极引导部分地方普通本科高校向应用型转变，探索中职与普通本科"3＋4"分段培养、高职与普通本科"3＋2"分段培养等人才培养模式改革试点，

系统构建从中职、专科、本科到专业学位研究生的职业教育人才培养体系，让学生根据自身意愿灵活地在职业教育与其他类型教育之间、大专层次高等职业教育与本科层次职业教育之间实现升学和转学，不断提高职业教育的吸引力。

3. 加快职业教育与终身教育对接

当前我国正处于从劳动密集型向技术与知识密集型产业转变的转型升级时期，产业结构不断调整，新技术、新工艺、新方法、新设备的不断涌现对企业员工的理论知识和技能水平都提出了新的要求，促使员工参加技能培训，进行终身学习。同时，我国经济和社会的若干重点问题，如现代职业农民培育、养老服务体系建设等，都需要加快职业教育与终身教育的对接。树立大职业教育观，将在职培训、继续教育等都纳入职业教育的范畴，使得职业培训与学历教育互相补充、城市职业教育与农村职业教育有机融通，为各类学习者更好地接受职业教育提供渠道，以满足现代产业的不断发展对于从业者知识和技能提出的新要求。

二、深化产教融合、校企合作[①]

当前，我国人才的教育供给和产业需求在结构、质量、水平上还不能完全适应，特别是随着新增劳动年龄人口增速下降，人才供需的结构性矛盾凸显。深化产教融合是推进人才和人力资源供给侧结构性改革的迫切任务，是同步推进教育与经济协调发展、培养产业企业所需人才的关键。

1. 发挥政府宏观指导职能

在产教融合、校企合作的过程中，政府的宏观指导将会发挥重要作用。首先，通过立法的方式明确产教融合主体责任，构建教育、产业、财政多层面的国家法律政策框架，为职业教育产教融合制度的实施提供法律保障。其次，做好统筹规划、合理部署、管理监督、经费保障等工作。将产教融合融入经济转型升级各环节，贯穿人才开发全过程，形成政府、企业、学校、行业、社会共同推进的工作格局。

2. 推动职业院校创新发展

职业院校在职业教育中的主体地位是毋庸置疑的，产教融合的意愿也更为迫切，在产教融合、校企合作过程中能够积极承担、主动推进。然而，要深化产教融合，职业院校要拓宽思路，切实推进校企合作，实现创新发展。

第一，深化体制改革。职业院校应主动接洽社会力量，以资本、知识、技术、管理等要素参与职业教育人才培养，探索混合所有制、股份制办学。

第二，职业院校要充分发挥科研服务职能，瞄准区域行业企业，特别是中小微企业，面向企业实际、整合科研资源，在技术研发、技术创新、人才培训、共建共享实训基地等方面实现与产业的深度合作。

第三，职业院校和企业共建技术中心或工程技术中心，成为引领行业和社会的新产品、新技术、新工艺和新设备的研发、推广基地，成为先进技术的消化、吸收、反求、转移及再创新的基地，提升职业教育对现代化发展的直接贡献率。

第四，实践教学基地的功能需要创新。实训室应改为实训创研室（文科）或实训技研室

---

①刘斌、邹吉权：《从十九大报告看我国职业教育发展的方向和重点》，《天津职业大学学报》2017年第26卷第5期。

（工科），使其成为将创新教育全面引入专业教育的重要抓手。

第五，专业设置要与产业紧密对接。面对层出不穷的新材料、新能源、新装备、新业态，职业院校应紧跟科技进步与产业发展状况，动态调整专业建设、人才培养目标和人才培养模式等。同时，专业设置、课程设置等要积极与行业企业沟通合作，培养真正适应区域产业发展的人才。

3. 强化企业重要主体作用

行业企业在职业教育中的非公益性行为常常使人淡化其在职业教育中的主体地位。首先，通过产教融合国家法律政策框架的构建，确立企业在职业教育中的主体地位，鼓励企业以独资、合资、合作等方式依法参与举办职业教育。其次，发挥行业协会的重要作用，保证产教双方充分沟通，降低企业参与教育公益行为的风险并约束企业行为。最后，行业协会承担行业标准制定职能、发布产业信息、开展职业资格考核与科技成果鉴定、与职业院校协作开展相关培训，完善职业培训体系。

三、以职业教育信息化推动现代化

"十二五"以来，职业教育信息化发展取得了较大的进展。信息化的战略部署初步形成，基础设施建设进一步加强，管理规范和技术标准持续健全，数字教育资源开发和应用不断深入，教育资源和教育管理平台建设扎实推进，教师信息化意识与能力显著增强。然而，与世界数字化、网络化、智能化发展的趋势相比，与国家"互联网＋"的战略相比，与实现职业教育现代化的需求相比，职业教育信息化发展水平还有待提升。

教育信息化是教育现代化的核心特征，加快教育信息化发展，是全面推动教育现代化的有力支撑。信息化发展的目标是，到 2020 年，基本建成与国家教育现代化发展目标相适应的教育信息化体系，基本实现教育信息化对学生全面发展的促进作用、对深化教育领域综合改革的支撑作用和对教育创新发展、均衡发展、优质发展的提升作用，基本形成具有国际先进水平、信息技术与教育融合创新发展的中国特色教育信息化发展路子[1]。中共十九大报告强调了教育信息化对发展教育现代化的重要作用，指出必须要把教育事业放在优先位置，加快教育现代化，办好人民满意的教育。中共十九大代表、教育部副部长杜占元指出，教育信息化必将带来教育理念的创新和教学模式的深刻革命，必将成为促进教育公平和提高教育质量的有效手段，必将成为泛在学习环境和全民终身学习的有力支撑，必将带来教育科学决策和综合治理能力的大幅提高[2]。因此，进一步推进我国职业教育的信息化发展，是适应当今以及未来教育变革和信息技术创新应用趋势的重要举措。

四、推进职业教育国际化

面对经济全球化不断深入、人才竞争日趋激烈的世界大势，加快发展现代职业教育过程中，必须进一步坚持以开放促进改革发展，加快推进职业教育国际化，全面提升技术技能人才的国际

①教育部：《教育信息化"十三五"规划》，http：//www.edu.cn/xxh/focus/zc/201606/t20160621_1417428.shtml，2016 - 06 - 07。

②《教育部副部长杜占元：以教育信息化全面推动教育现代化》，《中国教育报》，http：//edu.people.com.cn/n1/2017/1023/c1053 - 29604314.html，2017 - 10 - 23。

能力。近年来，国家对职业教育改革和开放的重视程度前所未有，职业教育的国际化迎来了历史性的发展机遇。与国际职业教育发展相比，我国职业教育有明显的后发优势，面向世界舞台时，已经有了一定的积累和经验。在未来的发展中，我国职业教育要加强和相关国家的交流合作，积极引进先进教育模式和理念，输出优质教育资源，探索多样的合作办学模式，实现教育资源国际化的良性循环，进而取得自身跨越式发展。

推进职业教育国际化要加快"走出去"。职业教育更好服务"一带一路"倡议，必须紧跟产业"走出去"的步伐。一是以"一带一路"重大项目和重点工程为依托，通过鲁班工坊等多形式、多渠道在"一带一路"沿线国家设立分校和培训机构，以满足项目工程建设和后期运行对技术技能人才的持续需求。二是建立和完善国际职业资格认证制度。政府部门加快建立与国际接轨的技能标准和职业资格质量标准，逐步实行评估标准国际化。这样可以使职业院校学生适应国际人才质量认证标准，获得更好的就业资格，实现国际化就业。

推进职业教育国际化要实施"请进来"。我国职业教育要加强和相关国家的交流合作，积极引进先进教育模式和理念，共享优质教育资源，实现自身跨越式发展。一是通过组织访学游学、联合培养、国际合作办学等多种方式开展国际交流，吸收和借鉴国际先进教育理念和成功实践经验，促进学校的内涵建设和特色发展。二是根据国情和职业院校自身实际情况，探索国际经验的本土化管理模式，实现教育管理与国际对接。三是开展广泛多元的交流与合作，让教师学习了解国际先进职教经验和教育理念，打造具有国际意识和沟通能力、了解本专业国际发展态势、洞悉国际化人才培养标准、熟练掌握外语的高素质教师队伍。[①]

五、加强思想政治教育[②]

立德树人是职业教育的根本任务。职业教育培养的不仅是具备高素质技术技能的人，而且是德智体美全面发展的社会主义事业合格的建设者和接班人。中共十九大报告指出，中国特色社会主义已进入新时代，当前一项重大战略命题是培养担当民族复兴大任的时代新人。职业院校的学生作为时代新人，承担着接力奋斗实现中国梦的责任。职业院校学生需要从思想上坚定理想信念，从行动上践行社会主义核心价值观，努力学习专业知识，掌握实践本领，争取早日成为报效祖国的建设者。

一是在学生的培养中，职业院校应把握学生思想脉搏，把习近平总书记新时代中国特色社会主义思想融入教育全过程，引导学生掌握新时代中国特色社会主义思想的理论精髓，在学生中开展中国梦教育实践活动，激发学生的理想追求。

二是将社会主义核心价值观融入职业教育全过程，以学生为中心、时时刻刻关心学生、全身心服务学生，努力提升学生思想政治觉悟、道德和文化的品质与素养，把学生培养成为新时代的建设者和生力军。

三是职业院校还应把社会主义核心价值观作为职业院校学生思想政治教育的重要内容，对学生的思想和行为进行引导，使其树立正确的思想信念，从本质上领悟社会主义核心价值观的真正

---

①李敏：《"一带一路"助力职教国际化发展》，《光明日报》，http://news.gmw.cn/2018-03/19/content_28024691.htm，2018-03-19。

②刘斌、邹吉权：《从十九大报告看我国职业教育发展的方向和重点》，《天津职业大学学报》2017年第26卷第5期。

内涵，自发、主动地去践行社会主义核心价值观。

四是除了按照社会主义核心价值观对学生进行教育之外，还应结合行业产业的行规行风进行职业素质养成教育。例如，可对学生进行羞耻文化教育，让学生树立不做假账、不做赝品、不坐地起价、不坑蒙拐骗、不偷工减料、不非法牟利等意识，让诚信、仁爱、守法、遵约成为中国优秀产业大军的一张亮丽的名片。

参 考 文 献

［1］唐智彬：《发展面向精准扶贫的职业教育》，中国社会科学网，2017 - 06 - 01。

［2］《数据看变化：周为介绍十八大以来我国职业教育与成人教育情况》，http：//www. tech. net. cn/web/articleview. aspx？id = 20170929105628942&cata_ id = N002。

［3］《2017 年我国教育经费支持及占比分析》，中国报告网，http：//free. chinabaogao. com/wenti/201712/1213301212017. html。

［4］Barwick H.，*The "four Vs" of Big Data*，*Implementing Information Infrastructure Symposium*，http：// www. computerworld. com. au/article/396198/iiis_ four_ vs_ big_ data/，2012 - 10 - 02。

［5］胡卫红、刘道光、王倩、李萌：《虚拟现实技术在教育教学中的应用与研究》，《山东省青年管理干部学院学报》2007 年第 6 期，第 139 - 141 页。

［6］郑晓萍：《云计算在教育领域的应用初探》，《计算机教学与教育信息化》2015 年第 1 期，第 99 - 101 页。

［7］孙剑华：《未来计算在"云端"——浅谈云计算和移动学习》，《现代教育技术》2009 年第 8 期，第 61 - 62 页。

［8］牛丽、陈珂、李金祥：《基于云计算的远程教育学习环境构建研究》，《2011 年高等职业教育电子信息类专业学术暨教学研讨会》，2011 年 5 月 1 日。

［9］《教育部关于印发刘延东副总理在推进职业教育现代化座谈会上讲话的通知》，2017 年 1 月 4 日。

［10］教育部：《发展职业教育，助力脱贫攻坚》，http：//www. sohu. com/a/198367754_ 806948。

［11］陈健、钱彩秀：《我国职业教育吸引力存在的问题及提升对策》，《教育理论研究》2018 年第 1 期，第 212 - 213 页。

［12］《普及高中教育，质与量要同步》。《人民日报》，http：//www. gov. cn/xinwen/2018 - 01/26/content_ 5260758. htm。

［13］李萍：《职业教育跨境协同教学问题研究及对策》，《课程教育研究》2018 年第 4 期，第 245 - 246 页。

［14］曾璇、刘柳青：《浅析职业教育校企合作中的问题与对策》，《教育科研》2017 年第 59 期，第 70 页。

［15］《信息化融入职教创新发展的问题和对策》，中国教育新闻网—中国教育报，http：//www. jyb. cn/zgjyb/201705/t20170506_ 629649. html。

［16］刘斌、邹吉权：《从十九大报告看我国职业教育发展的方向和重点》，《天津职业大学学报》2017 年第 26 卷第 5 期。

［17］教育部：《教育信息化"十三五"规划》，http：//www. edu. cn/xxh/focus/zc/201606/t20160621 _ 1417428. shtml，2016 - 06 - 07。

［18］《教育部副部长杜占元：以教育信息化全面推动教育现代化》，《中国教育报》，http：//edu. people. com. cn/n1/2017/1023/c1053 - 29604314. html，2017 - 10 - 23。

［19］李敏：《"一带一路"助力职教国际化发展》，《光明日报》，http：//news. gmw. cn/2018 - 03/19/content_ 28024691. htm，2018 - 03 - 19。

统计篇

第一章　职业教育统计分析①

职业教育是国家教育体系的重要组成部分，它为我国经济社会发展培养了数以亿计的高素质劳动者和技术技能型人才，为建设教育强国和人力资源强国作出了重要贡献，为国家长远发展提供了更加强有力的人才支撑；也为广大人民群众提供了更多的优质教育资源，为更多人提供了人生出彩的机会。本章通过对职业院校数量、学生情况、师资情况、教育经费、热门专业等方面进行系统统计分析，全面了解和把握当前我国职业教育发展的现状。

一、高等职业教育发展情况统计分析

（一）院校情况

1. 院校数量

高等职业院校数量最能直观地反映我国高等职业教育的规模。2008～2017 年我国高职院校数量如表 1-1、图 1-1 所示。

表 1-1 　　　　　　　　　2008～2017 年我国高职院校数量　　　　　　　　　单位：所

年份	2008	2009	2010	2011	2012	2013	2014	2015	2016	2017
数量	1184	1215	1246	1280	1297	1321	1327	1341	1359	1388

资料来源：2008～2016 年的数据来源于教育部各年的教育统计数据；2017 年的数据根据教育部公布的 2017 年全国普通高等学校名单（截至 2017 年 5 月 31 日）整理而来。

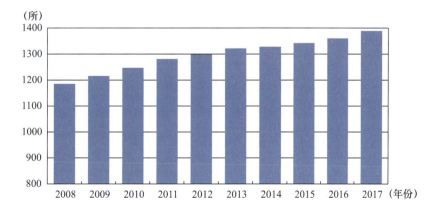

图 1-1　2008～2017 年我国高职院校数量

---

① 本章参考资料主要来源于教育部各年的教育统计数据、《全国教育事业发展统计公报》和《中国教育经费统计年鉴》。截至本年鉴组稿完成时，2016 年、2017 年的部分指标数据尚未公布，故统计到 2015 年或 2016 年。

从表1-1、图1-1可以看出，2008~2017年全国高职院校数量呈现逐年增长的趋势。2017年我国已有高职院校1388所，比2008年增长了17.23%。

2. 地区分布①

职业院校的地区分布情况可以反映出我国职业教育发展的区域性差异。2017年，我国高职院校的地区分布情况如表1-2、图1-2所示。

表1-2   2016~2017年我国高职院校的地区分布

地区		东部	中部	西部
2017年	数量（所）	556	458	374
	比例（%）	40.06	33.00	26.95
2016年比例（%）		40.25	33.04	26.71

资料来源：根据教育部2016年教育统计数据和2017年全国普通高等学校名单（截至2017年5月31日）整理。

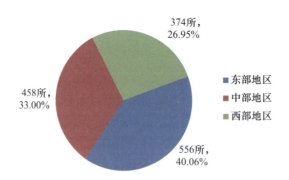

图1-2　2017年我国高职院校的地区分布

从表1-2、图1-2可以看出，我国东部、中部、西部地区高职教育发展水平存在一定程度的不均衡。东部地区依托于区位和经济优势，教育发达，高职院校数量最多。2017年，东部地区高职院校数量最高为556所，占比为40.06%；中部地区高职院校458所，占比为33.00%；西部地区高职院校数量最少，为374所，占比仅为26.95%。

3. 办学类型

从办学单位的性质来看，我国职业院校的办学类型主要分为公办院校和民办院校两类。我国公办、民办高职院校的数量及占比如表1-3、图1-3、图1-4所示。

---

①本年鉴中，全国区域划分采用2000年国家对东部、中部和西部三大区域划分标准。西部地区包括12个省（市、区），分别是四川、重庆、贵州、云南、西藏、陕西、甘肃、青海、宁夏、新疆、广西、内蒙古；中部地区包含8个省，分别是山西、吉林、黑龙江、安徽、江西、河南、湖北、湖南；东部地区包括11个省（市），分别是北京、天津、河北、辽宁、上海、江苏、浙江、福建、山东、广东、海南。下同。

表1－3　　　　　　　　　　2013～2017年我国公办、民办高职院校数量及占比

类型		公办	民办
2017年	院校数量（所）	1068	320
	比例（％）	76.95	23.05
2016年比例（％）		76.67	23.33
2015年比例（％）		76.88	23.12
2014年比例（％）		77.04	22.96
2013年比例（％）		75.40	24.60

　　资料来源：根据教育部2013～2016年各年的教育统计数据和2017年全国普通高等学校名单（截至2017年5月31日）整理。

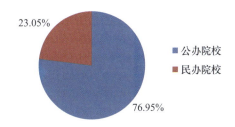

图1－3　2017年我国公办、民办高职院校所占比例

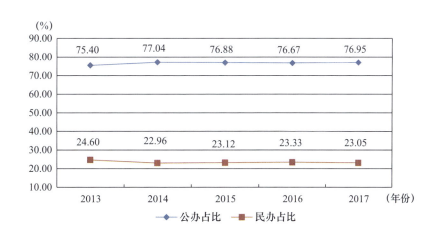

图1－4　2013～2017年我国公办、民办高职院校所占比例

　　由表1－3、图1－3、图1－4可知，公办院校占绝对的数量优势，政府始终是高职教育的主要办学力量。2017年，我国公办高职院校有1068所，占76.95％，比2016年增加了0.28个百分点；民办高职院校所占比例仍然偏低，但却是我国职业教育不可或缺的重要组成部分。我国应该立足国情与现实需要，通过对现有职业教育办学体制进行改革，合理配置教育资源，充分调动社会各方面的积极性，以促进办学主体多样化。

（二）学生情况

1. 学生数量

（1）在校生数量。2007 ~ 2016 年，我国高职院校在校生人数有所增长，但增幅较小，年均增长率为 2.59%。2016 年在校生人数达到 2007 年以来的最高值，为 10828898 人，如表 1 - 4 和图 1 - 5 所示。

表 1 - 4   2007 ~ 2016 年我国高职院校在校生数量   单位：人

年份	在校生数量	年份	在校生数量
2007	8605924	2012	9642267
2008	9168042	2013	9736373
2009	9648059	2014	10066346
2010	9661797	2015	10486120
2011	9588501	2016	10828898

资料来源：教育部历年教育统计数据。

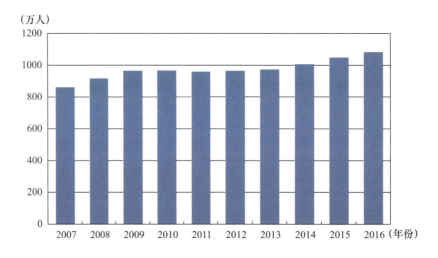

图 1 - 5   2007 ~ 2016 年我国高职院校在校生数量

（2）招生数量。2007 ~ 2016 年我国高职院校招生数量如表 1 - 5 所示。

表 1 - 5   2007 ~ 2016 年我国高职院校招生数量   单位：人

年份	招生数量	年份	招生数量
2007	2838223	2012	3147762
2008	3106011	2013	3183999
2009	3133851	2014	3379835
2010	3104988	2015	3484311
2011	3248598	2016	3432103

资料来源：教育部历年教育统计数据。

2007～2016年高职院校招生人数呈现波动式增减变化，2015年招生数达到近年来最高值，为3484311人；2016年招生数有小幅下降。如图1-6所示。

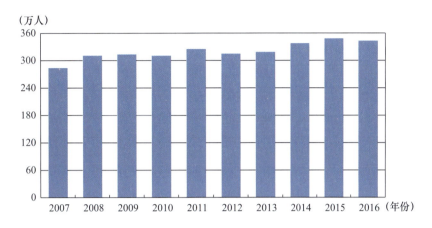

图1-6　2007～2016年我国高职院校招生数量

（3）毕业生数量。毕业生数量可以反映职业教育向社会输送的人才量。2007～2016年我国高职院校毕业生数量同样呈现波动式增减变化。2011年、2016年高职院校毕业生数量达到最高值，接近330万人，如表1-6、图1-7所示。

表1-6　　　　　　　　　　　2007～2016年我国高职院校毕业生数量　　　　　　　　　　单位：人

年份	毕业生数量	年份	毕业生数量
2007	2481963	2012	3208865
2008	2862715	2013	3187494
2009	2855664	2014	3179884
2010	3163710	2015	3222926
2011	3285336	2016	3298120

资料来源：教育部历年教育统计数据。

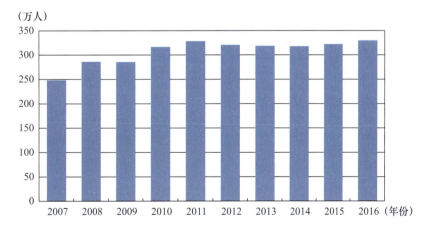

图1-7　2007～2016年我国高职院校毕业生数量

2. 结构分析

通过对比高职院校在校生数量和本科院校在校生数量可以从一定程度上反映出目前高等教育的结构。2007～2016 年我国高职院校与本科院校在校生规模之比如表 1 – 7 所示。

表 1 – 7　　　　　　2007～2016 年我国高职院校与本科院校的在校生规模之比

年份	2007	2008	2009	2010	2011	2012	2013	2014	2015	2016
比例	0.84	0.83	0.82	0.76	0.71	0.68	0.65	0.69	0.67	0.67

资料来源：根据教育部历年教育统计数据整理。

从图 1 – 8 可以看出，2007～2016 年高职院校与本科院校的在校生规模之比总体上呈现下降态势。这表明高等职业教育规模与本科教育规模差距变大，高等职业教育远未占到高等教育规模的一半以上，高等教育结构有待优化。

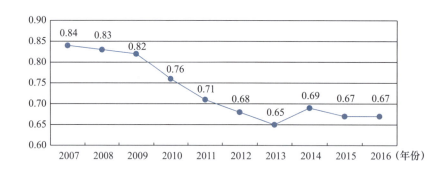

图 1 – 8　2007～2016 年我国高职院校与本科院校的在校生规模之比

（三）师资队伍

1. 教师数量

我国高职院校专任教师总数逐年增加，从 2007 年的 35.48 万人增加到 2016 年的 46.69 万人，10 年间增加了 11 多万人，年均增长率为 3.1%。结合前面的分析可知，高职院校专任教师数量的增长与高职院校数量和学生数量的增长呈一定的正相关关系。如表 1 – 8、图 1 – 9 所示。

表 1 – 8　　　　　　　　2007～2016 年我国高职院校专任教师数量　　　　　　　　　单位：人

年份	2007	2008	2009	2010	2011	2012	2013	2014	2015	2016
数量	354817	377137	395016	404098	412624	423381	436561	438300	454576	466934

资料来源：教育部历年教育统计数据。

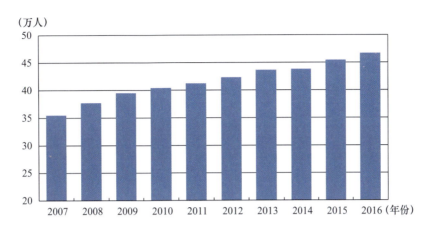

图1-9 2007~2016年我国高职院校专任教师数量

2. 生师比

合理的生师比有利于学校办学结构的不断优化、办学效益的逐步提高和教育教学质量的稳步提升。2007~2016年我国高职院校生师比如表1-9所示。

表1-9 2007~2016年我国高职院校生师比

年份	2007	2008	2009	2010	2011	2012	2013	2014	2015	2016
生师比	17.20	17.27	17.35	17.21	17.28	17.23	17.11	17.57	17.77	17.73

资料来源：2007~2014年数据来自教育部各年度教育统计数据，2015年、2016年数据来自《全国教育事业发展统计公报》。

由图1-10可知，近3年来高职院校生师比相对较高，2015年达到2007年以来的最高值。2016年高职院校生师比比2015年略有下降，但仍高于2016年普通高校生师比（17.07）和本科学校生师比（16.78）。这说明我国高等职业教育的师资队伍还需要进一步充实。

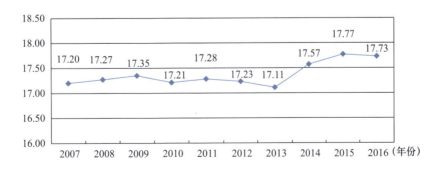

图1-10 2007~2016年我国高职院校生师比

（四）教育经费①

1. 全国高职院校教育经费收入情况

经费收入是职业教育得以开展的重要资金保障。根据《中国教育经费统计年鉴》的数据，2007～2015 年我国高职院校教育经费收入情况如表 1-10 所示。

表 1-10　　　　　　　　　2007～2015 年我国高职院校教育经费收入　　　　　　　单位：亿元

年份	总计	国家财政性教育经费	民办学校中举办者投入	捐赠收入	事业收入	其他教育经费
2007	631.58	232.39	8.48	2.60	353.41	34.71
2008	802.79	334.99	12.64	2.65	413.45	39.05
2009	921.12	396.97	17.66	2.93	463.99	39.56
2010	1051.49	491.63	14.57	2.93	499.33	43.04
2011	1250.79	674.82	14.10	2.67	507.31	51.89
2012	1410.44	831.92	12.13	2.99	508.74	54.65
2013	1452.39	823.67	19.83	3.96	538.63	66.31
2014	1517.77	909.58	8.84	1.87	549.67	47.81
2015	1726.26	1089.09	10.83	2.77	571.44	52.13

资料来源：2008～2016 年《中国教育经费统计年鉴》。

从总量上来看，我国高职院校的经费收入在稳步增长，2007～2015 年的年均增长率约为 13.4%。如图 1-11 所示。

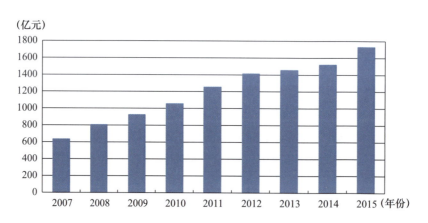

图 1-11　2007～2015 年我国高职院校教育经费收入总额

从经费收入来源来看，国家财政性教育经费和事业收入是高职院校教育经费收入的主要来源。2007～2015 年，事业收入占比呈现下降态势，国家财政性教育经费占比则呈现上升态势，2011 年国家财政性教育经费占比首次超过事业收入占比，且 2014～2015 年两者的占比差距在不断扩大。民办学校中举办者投入、捐赠收入及其他教育经费的占比始终较低，三者之和不超过 10%。如图 1-12 所示。

_____

①《财政部关于印发〈政府收支分类改革方案〉的通知》（财预〔2006〕13 号）决定自 2007 年 1 月 1 日起全面实施政府收支分类改革。为此，教育部对全国教育经费统计部分指标做了相应的调整，自编制《中国教育经费统计年鉴（2008）》起开始执行。因而，本章职业教育经费统计分析以 2007 年为起点。

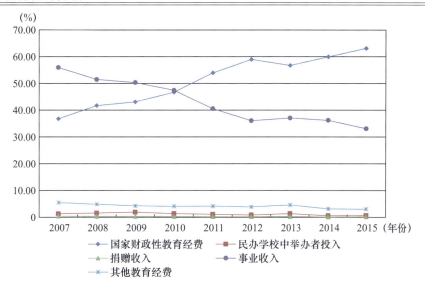

图 1 - 12 2007 ~ 2015 年我国高职院校教育经费收入各类来源占比

2. 各地区高职院校教育经费收入情况

各地区的经济社会发展水平、高职院校教育经费收入、高职院校学生数量均存在差异，下面从各地区高职院校教育经费收入、占全国高职院校教育经费收入的比例、在校生生均教育经费收入三个维度，分析 2015 年各地区高职院校教育经费收入情况。如表 1 - 11 所示。

表 1 - 11   2015 年各地区高职院校教育经费收入

地区	教育经费收入总计（亿元）	占比（%）	在校生生均教育经费收入（元）	地区	教育经费收入总计（亿元）	占比（%）	在校生生均教育经费收入（元）
全国	1726.26	100.00	16462.33	河南	89.90	5.21	11654.95
北京	46.36	2.69	47362.50	湖北	77.77	4.51	14223.04
天津	44.64	2.59	24972.14	湖南	80.38	4.66	16002.09
河北	58.05	3.36	11689.91	广东	163.05	9.45	19991.77
山西	40.93	2.37	14197.39	广西	49.79	2.88	13693.22
内蒙古	45.32	2.63	24972.43	海南	11.38	0.66	14787.14
辽宁	44.96	2.60	15251.82	重庆	49.24	2.85	18024.13
吉林	25.03	1.45	15511.53	四川	70.61	4.09	11685.71
黑龙江	39.68	2.30	17940.34	贵州	35.15	2.04	16038.82
上海	41.14	2.38	28494.36	云南	30.48	1.77	13334.08
江苏	154.66	8.96	22636.31	西藏	5.72	0.33	51891.17
浙江	98.19	5.69	25651.97	陕西	59.13	3.43	14737.57
安徽	67.87	3.93	13381.03	甘肃	35.00	2.03	21924.09
福建	61.67	3.57	23125.48	青海	5.73	0.33	26004.50

地区	教育经费收入总计（亿元）	占比（%）	在校生生均教育经费收入（元）	地区	教育经费收入总计（亿元）	占比（%）	在校生生均教育经费收入（元）
江西	50.46	2.92	10562.34	宁夏	10.19	0.59	25218.21
山东	100.20	5.80	10835.34	新疆	33.57	1.94	23506.26

资料来源：根据《中国教育经费统计年鉴》（2016）、教育部 2015 年教育统计数据整理。

2015 年高职院校教育经费收入占全国比例最高的地区是广东，其次是江苏；占比最低的地区是西藏和青海。如图 1 - 13 所示。

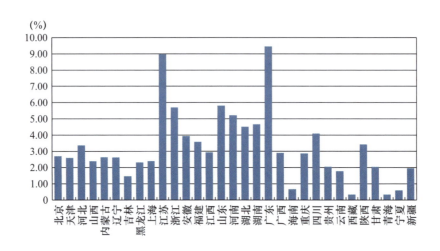

图 1 - 13　2015 年各地区高职院校教育经费收入占比

2015 年高职院校在校生生均教育经费收入最高的地区是西藏，其次是北京；有 16 个地区低于全国平均水平，最低的是江西。如图 1 - 14 所示。

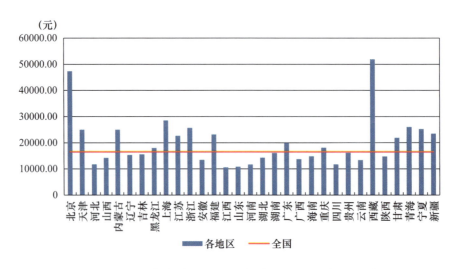

图 1 - 14　2015 年各地区高职院校在校生生均教育经费收入

（五）专业招生

根据教育部颁发的《普通高等学校高等职业教育（专科）专业目录（2015）》，我国高职院校开设的专业分属 19 个专业大类，较为齐全，涵盖了社会生产、生活的各个方面，能够为学生提供较多的选择。2016 年我国高职院校分专业大类招生数量如表 1－12 所示。

表 1－12　　　　　　　　　　2016 年我国高职院校分专业大类招生数量　　　　　　　　　单位：人

专业大类	招生数量	专业大类	招生数量
总计	3432103	交通运输类	210564
农林牧渔类	57727	电子信息类	408656
资源环境与安全类	41521	医药卫生类	425334
能源动力与材料类	38928	财经商贸类	729323
土木建筑类	268687	旅游类	114986
水利类	13389	文化艺术类	163211
装备制造类	393597	新闻传播类	30620
生物与化工类	31234	教育与体育类	351902
轻工纺织类	16364	公安与司法类	47069
食品药品与粮食类	56278	公共管理与服务类	32713

资料来源：教育部 2016 年教育统计数据。

2016 年高职院校招生人数位居前五的专业大类依次是财经商贸、医药卫生、电子信息、装备制造、教育与体育，如图 1－15 所示。

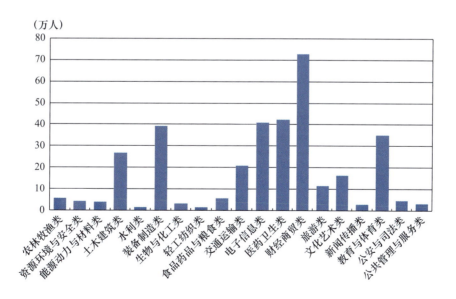

图 1－15　2016 年我国高职院校分专业大类招生情况

二、中等职业教育发展情况统计分析①

（一）学校情况

1. 学校数量

中等职业学校数量的变化最能直观地反映我国中等职业教育的规模。2007～2016 年我国中职学校数量如表 1-13、图 1-16 所示。

表 1-13   2007～2016 年我国中职学校数量   单位：所

年份	2007	2008	2009	2010	2011	2012	2013	2014	2015	2016
数量	11837	11744	11324	10864	10169	9762	9380	9060	8657	8367

资料来源：教育部历年教育统计数据。

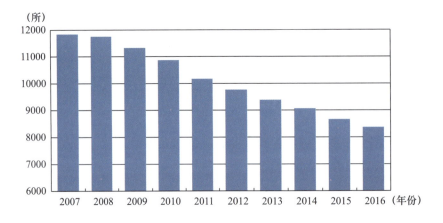

图 1-16   2007～2016 年我国中职学校数量

从表 1-13、图 1-16 可以看出，自 2007 年以来，我国中职学校数量不断减少，到 2016 年减至 8367 所，平均每年减少约 386 所。与高等职业教育相比，我国中等职业教育总体规模比较大，但整体办学水平较低，政府应加强对职业教育资源的整合力度，提升中等职业教育水平。

2. 地区分布

2016 年我国中职学校的地区分布情况如表 1-14、图 1-17 所示。2016 年中部地区的中职学校数量最多，达 3129 所，占比 37.40%。东部、西部地区分别有 2839 所、2399 所，占比分别为 33.93%、28.67%。

---

①本年鉴对中等职业教育的统计分析，包括普通中等专业学校、成人中等专业学校、职业高中学校等的相关数据，不包括技工学校和其他中职机构的相关数据。

表 1 - 14　　　　　　　　　　　2016 年我国中职学校的地区分布

地区	东部	中部	西部
数量（所）	2839	3129	2399
比例（%）	33.93	37.40	28.67

资料来源：根据教育部 2016 年教育统计数据整理。

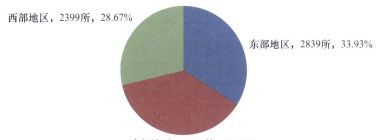

图 1 - 17　2016 年我国中职学校的地区分布情况

3. 办学类型

2012 ~ 2016 年我国公办、民办中职学校数量及比例如表 1 - 15 所示。

表 1 - 15　　　　　　　2012 ~ 2016 年我国公办、民办中职学校数量及比例

类型		公办	民办
2016 年	学校数量（所）	6252	2115
	比例（%）	74.72	25.28
2015 年比例（%）		74.30	25.70
2014 年比例（%）		73.58	26.42
2013 年比例（%）		73.54	26.46
2012 年比例（%）		72.86	27.14

资料来源：根据教育部历年教育统计数据整理。

如图 1 - 18 所示，2012 年以来我国公办中职学校占比一直呈现小幅上升趋势，而民办中职学校占比呈现略微下降趋势，两者数量差距依旧偏大。

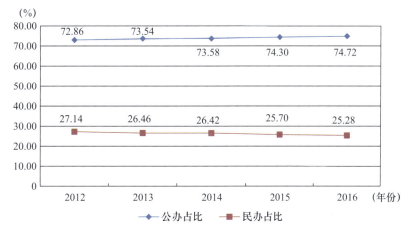

图 1 - 18　2012 ~ 2016 年我国公办、民办中职学校所占比例

（二）学生情况

1. 学生数量

（1）在校生数量。2007 年以来，我国中职学校在校生数量呈先增后减趋势，2010 年达到最高值，之后逐年减少。到 2016 年，我国中职学校在校生数量减至约 1276 万人，比 2010 年减少了 540 多万人，如表 1 - 16、图 1 - 19 所示。

表 1 - 16　　　　　　　　　　　2007 ~ 2016 年我国中职学校在校生数量　　　　　　　　　　单位：人

年份	在校生数量	年份	在校生数量
2007	16198590	2012	16898820
2008	16882421	2013	15363842
2009	17798473	2014	14163127
2010	18164447	2015	13352414
2011	17749068	2016	12758604

资料来源：教育部历年教育统计数据。

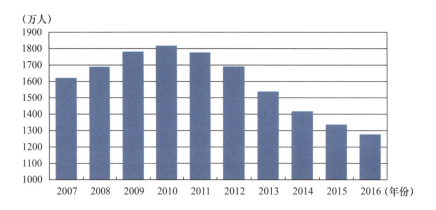

图 1 - 19　2007 ~ 2016 年我国中职学校在校生数量

（2）招生数量。2007 年以来，我国中职学校招生数量呈现先增后降的态势，在 2009 年达到最高值，之后逐年减少。到 2016 年，我国中职学校招生数量减至 466 万余人，比 2009 年减少了近 246 万人，如表 1 - 17、图 1 - 20 所示。

表 1 - 17　　　　　　　　　　　2007 ~ 2016 年我国中职学校招生数量　　　　　　　　　　单位：人

年份	招生数量	年份	招生数量
2007	6514754	2012	5970785
2008	6502739	2013	5412624
2009	7117770	2014	4953553
2010	7113957	2015	4798174
2011	6499626	2016	4661428

资料来源：教育部历年教育统计数据。

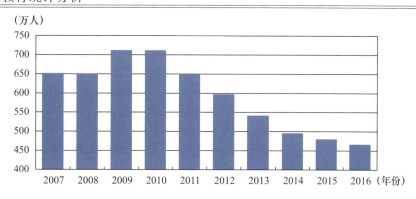

图 1 - 20　2007 ~ 2016 年我国中职学校招生数量

（3）毕业生数量。2007 年以来，我国中职学校毕业生数量呈现先增后降的态势，在 2013 年达到最高值，之后逐年减少。到 2016 年，我国中职学校毕业生数量减至约 441 万人，比 2013 年减少了约 117 万人，如表 1 - 18、图 1 - 21 所示。

表 1 - 18　　　　　　　　　　2007 ~ 2016 年我国中职学校毕业生数量　　　　　　　单位：人

年份	毕业生数量	年份	毕业生数量
2007	4312433	2012	5543840
2008	4710924	2013	5575587
2009	5096654	2014	5161519
2010	5436524	2015	4732654
2011	5411252	2016	4405572

资料来源：教育部历年教育统计数据。

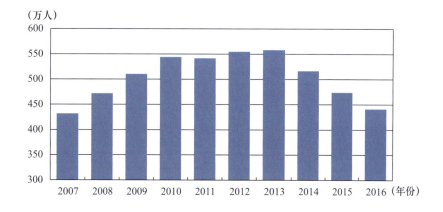

图 1 - 21　2007 ~ 2016 年我国中职学校毕业生数量

2. 结构分析

中职学校招生途径单一，普通初中毕业生是中职学校的最大生源，因此通过中职学校招生规模与普通高中招生规模的对比来分析中职学校的社会吸引力。2007 以来，中职学校与普通高中招生数量之比先增长，并在 2009 年达到最高值，之后逐年降低。到 2016 年，中职学校与普通高中招生数量之比降至 0.58，反映出我国中职学校的社会吸引力在减弱，如表 1 - 19、图 1 - 22 所示。

表1-19 2007~2016年中职学校与普通高中招生数量之比

年份	2007	2008	2009	2010	2011	2012	2013	2014	2015	2016
比例	0.78	0.78	0.86	0.85	0.76	0.71	0.66	0.62	0.60	0.58

资料来源：根据教育部历年教育统计数据整理。

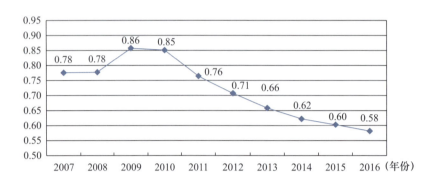

图1-22 2007~2016年中职学校与普通高中招生数量之比

（三）师资队伍

1. 教师数量

2007~2016年我国中职学校专任教师数量总体呈现为先升后降态势。2007~2009年是中职学校专任教师数量增长阶段，2010年中职学校专任教师数量小幅下降，2011年有所增长并达到近10年来的最高值，之后逐年减少。到2016年，全国中职学校专任教师数量减至64万余人，比2011年减少了约4.6万人，如表1-20、图1-23所示。

表1-20 2007~2016年我国中职学校专任教师数量 单位：人

年份	2007	2008	2009	2010	2011	2012	2013	2014	2015	2016
数量	654600	674169	682151	680954	689363	684071	668754	663782	652447	643143

资料来源：教育部历年教育统计数据。

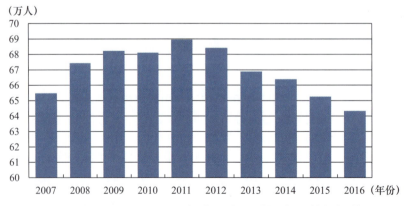

图1-23 2007~2016年我国中职学校专任教师数量

2. 学历、职称

学历和职称的结构比例是体现教师队伍素质的重要指标。2012～2016 年我国中职学校专任教师的学历和职称分布情况如表 1-21、图 1-24、图 1-25 所示。

表 1-21　　　　2012～2016 年我国中职学校专任教师学历、职称分布

	年份	学历					职称				
		博士研究生	硕士研究生	本科	专科	高中阶段及以下	正高级	副高级	中级	初级	无职称
数量（人）	2012	792	34425	559588	85177	4089	4018	153165	277495	191865	57528
	2013	915	37383	549795	76891	3770	3383	155455	268628	182596	58692
	2014	736	40666	551305	67982	3093	3179	158175	266321	176856	59251
	2015	705	43304	544070	61795	2573	2869	157931	261890	171569	58188
	2016	552	45476	538134	56569	2412	2602	158549	256446	165371	60175
占比（%）	2012	0.12	5.03	81.80	12.45	0.60	0.59	22.39	40.57	28.05	8.41
	2013	0.14	5.59	82.21	11.50	0.56	0.51	23.25	40.17	27.30	8.78
	2014	0.11	6.13	83.06	10.24	0.47	0.48	23.83	40.12	26.64	8.93
	2015	0.11	6.64	83.39	9.47	0.39	0.44	24.21	40.14	26.30	8.92
	2016	0.09	7.07	83.67	8.80	0.38	0.40	24.65	39.87	25.71	9.36

资料来源：根据教育部历年教育统计数据整理。

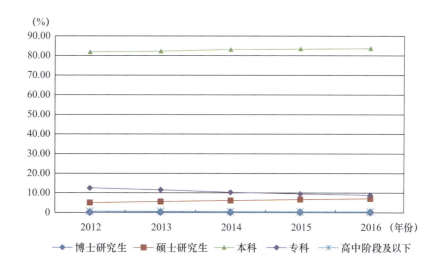

图 1-24　2012～2016 年我国中职学校专任教师学历层次分布

从表 1-21、图 1-24 可以看出，2012～2016 年，我国中职学校专任教师中，具有本科学历的教师占大多数，占比不断提高，但其数量自 2014 年起开始减少；具有专科、高中阶段及以下学历的教师的数量及占比均逐年下降，而具有硕士研究生学历的教师的数量及占比则不断提高；具有博士研究生学历的教师的数量及占比在 2013 年达到最高值，之后逐渐下降。

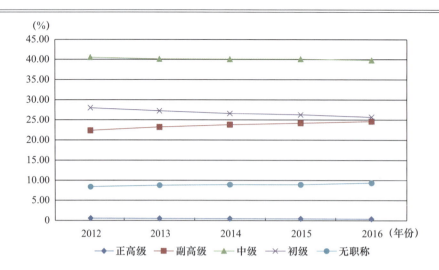

图 1 - 25 2012 ~2016 年我国中职学校专任教师职称分布

从表 1 - 21、图 1 - 25 可以看出,2012 ~2016 年,我国中职学校专任教师中,拥有中级职称的教师数量最多,占比也最高,但其数量和占比均逐年下降;拥有初级职称的教师数量及占比仅次于拥有中级职称的,但其数量和占比也逐年下降;拥有副高级职称的教师数量总体呈现增长趋势,占比也不断上升,与拥有初级职称的占比差距不断缩小;拥有正高级职称的教师数量及占比均不断下降,而无职称的教师数量及占比则逐年增长。

3. 生师比

2012 ~2016 年,我国中职学校生师比在持续下降,说明我国中职学校生师结构在不断改善。但与普通高中生师比相比,差距依然较大,中职学校的师资队伍建设仍需进一步加强。如表 1 - 22、图 1 - 26 所示。

表 1 - 22   2012 ~2016 年我国中职学校生师比

年份	2012	2013	2014	2015	2016
生师比	24. 19	22. 97	21. 34	20. 47	19. 84

资料来源:教育部历年全国教育事业发展统计公报。

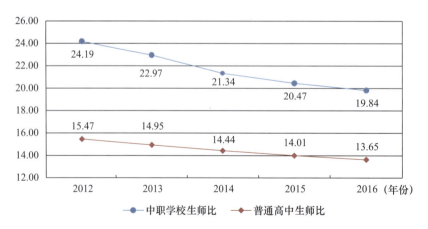

图 1 - 26 2012 ~2016 年我国中职学校、普通高中生师比

（四）教育经费

1. 全国中职学校教育经费收入情况

2007～2015 年我国中职学校教育经费收入情况如表 1 - 23 所示。

表 1 - 23　　　　　　　2007～2015 年我国中职学校教育经费收入　　　　　　单位：亿元

年份	总计	国家财政性教育经费	民办学校中举办者投入	捐赠收入	事业收入	其他教育经费
2007	752.35	460.31	6.66	2.79	253.10	29.50
2008	934.40	618.19	9.12	2.98	275.88	28.23
2009	1052.66	726.35	12.02	3.63	282.70	27.96
2010	1187.67	861.19	11.85	2.51	278.22	33.90
2011	1453.03	1135.43	12.13	2.30	270.40	32.77
2012	1686.49	1396.06	10.10	1.37	245.10	33.86
2013	1782.01	1550.20	8.54	3.88	173.61	45.79
2014	1677.64	1468.62	5.10	1.94	153.09	48.89
2015	1862.64	1644.38	7.45	2.57	151.36	56.88

资料来源：根据 2008～2016 年《中国教育经费统计年鉴》整理，其中不包括技工学校和其他中职机构的相关数据。

从总量上来看，2007～2015 年我国中职学校教育经费收入总额总体保持稳步增长，仅 2014 年比 2013 年略微下降。如图 1 - 27 所示。

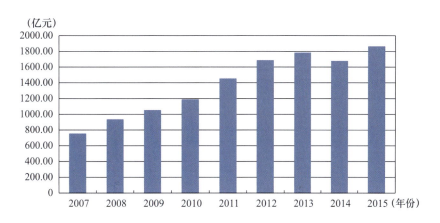

图 1 - 27　2007～2015 年我国中职学校教育经费收入总额

从经费收入来源来看，国家财政性教育经费是中职学校教育经费收入的最大来源，并且占比逐年上升；事业收入是第二大来源，但其占比不断下降。民办学校中举办者投入、捐赠收入及其他教育经费的占比始终较低，三者之和不超过 10%。如图 1 - 28 所示。

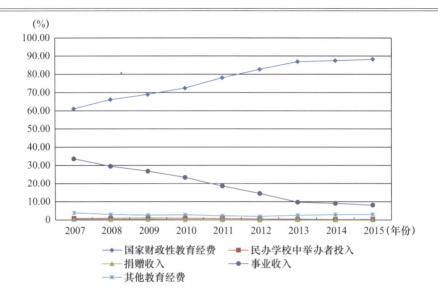

图1-28　2007~2015年我国中职学校教育经费收入各类来源占比

2. 各地区中职学校教育经费收入情况

　　各地区的经济社会发展水平、中职学校教育经费收入、中职学校学生数量均存在差异，下面从各地区中职学校教育经费收入、占全国中职学校教育经费收入的比例、在校生生均教育经费收入三个维度，分析2015年各地区中职学校教育经费收入情况，如表1-24所示。

表1-24　　　　　　　　2015年各地区中职学校教育经费收入

地区	教育经费收入总计（亿元）	占比（%）	在校生生均教育经费收入（元）	地区	教育经费收入总计（亿元）	占比（%）	在校生生均教育经费收入（元）
全国	1862.64	100.00	13949.83	河南	88.54	4.75	8509.75
北京	62.48	3.35	64892.63	湖北	55.45	2.98	15194.90
天津	25.33	1.36	25931.90	湖南	68.99	3.70	10646.64
河北	81.30	4.36	13264.86	广东	157.77	8.47	13459.82
山西	50.80	2.73	13849.38	广西	51.60	2.77	7007.96
内蒙古	43.74	2.35	20388.39	海南	17.15	0.92	14644.61
辽宁	52.68	2.83	16194.30	重庆	46.74	2.51	14248.75
吉林	35.49	1.91	26440.29	四川	86.50	4.64	8759.19
黑龙江	38.39	2.06	16736.61	贵州	50.90	2.73	8447.91
上海	65.01	3.49	54311.32	云南	59.08	3.17	12201.80
江苏	150.13	8.06	22071.58	西藏	6.75	0.36	42758.99
浙江	116.63	6.26	22275.70	陕西	33.30	1.79	10331.41
安徽	73.62	3.95	8787.55	甘肃	35.94	1.93	15671.77
福建	52.20	2.80	13160.72	青海	11.76	0.63	15402.51

地区	教育经费收入总计（亿元）	占比（%）	在校生生均教育经费收入（元）	地区	教育经费收入总计（亿元）	占比（%）	在校生生均教育经费收入（元）
江西	45.88	2.46	10640.08	宁夏	11.84	0.64	14422.19
山东	148.42	7.97	17313.78	新疆	38.20	2.05	17228.80

　　资料来源：根据《中国教育经费统计年鉴》（2016）、教育部2015年教育统计数据整理，其中不包括技工学校和其他中职机构的相关数据。

　　2015年中职学校教育经费收入占全国比例最高的地区是广东，其次是江苏，占比最低的地区是西藏。如图1-29所示。

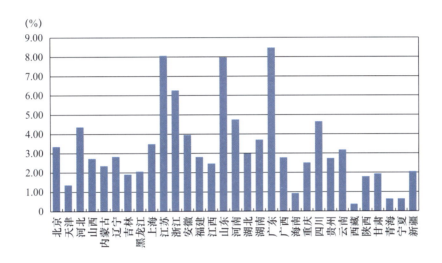

图1-29　2015年各地区中职学校教育经费收入占比

　　2015年中职学校在校生生均教育经费收入最高的地区是北京，其次是上海；有13个地区低于全国平均水平，最低的地区是广西。如图1-30所示。

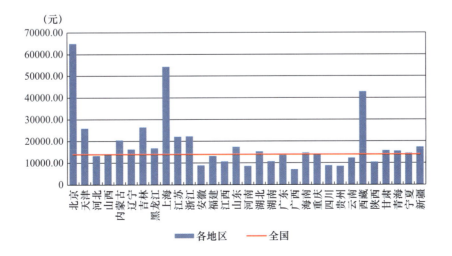

图1-30　2015年各地区中职学校在校生生均教育经费收入

（五）专业招生

根据教育部 2010 年修订的《中等职业学校目录》，我国中职学校开设的专业分为 19 个科类，较为齐全，能够满足不同学生的多样化需求。2016 年我国中职学校分科类招生情况如表 1-25 所示。

表 1-25　　　　　　　　　**2016 年我国中职学校分科类招生数量**　　　　　　　　　单位：人

科类	招生数量	科类	招生数量
总计	4661428	医药卫生类	450903
农林牧渔类	293260	休闲保健类	33024
资源环境类	7344	财经商贸类	556876
能源与新能源类	12688	旅游服务类	269571
土木水利类	151149	文化艺术类	249656
加工制造类	569330	体育与健身类	49960
石油化工类	15747	教育类	523940
轻纺食品类	39428	司法服务类	19745
交通运输类	534680	公共管理与服务类	55386
信息技术类	784499	其他	44242

资料来源：教育部 2016 年教育统计数据。

2016 年我国中职学校招生数量位居前五的专业分别为信息技术、加工制造、财经商贸、交通运输和教育，如图 1-31 所示。

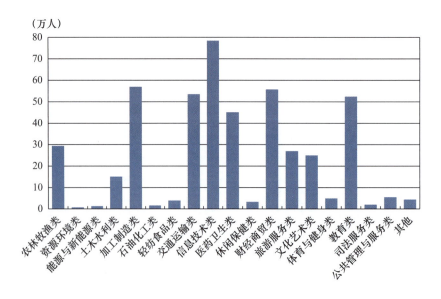

图 1-31　2016 年我国中职学校分科类招生数量

第二章 职业培训与技能鉴定统计分析[①]

技工学校归属人力资源和社会保障部门主管，属于中等教育层次，旨在培养各类实用型的技术技能人才；职业培训与技能鉴定则旨在为社会各层次人才提供职业技能培训与鉴定考核，它们都是我国现代职业教育体系的重要组成部分，对技术技能人才培养和培训发挥了重要作用。本章重点统计分析我国技工学校、就业训练中心、民办培训机构发展概况以及我国职业技能鉴定工作的开展情况，以期为读者展现职业教育体系发展的全貌。

一、技工学校发展情况统计分析

（一）学校数量

2007~2016 年我国技工学校数量如表 2-1、图 2-1 所示。

表 2-1　　　　　　　　2007~2016 年我国技工学校数量　　　　　　　　单位：所

年份	2007	2008	2009	2010	2011	2012	2013	2014	2015	2016
数量	2995	3075	3064	2998	2914	2892	2882	2818	2545	2526

资料来源：2007~2015 年的数据来源于 2008~2016 年《中国劳动统计年鉴》，2016 年的数据来源于教育部 2016 年教育统计数据。

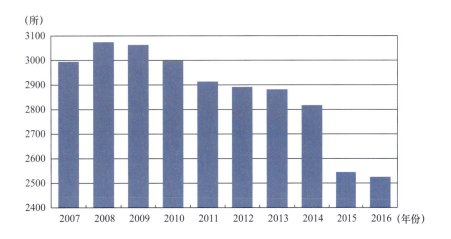

图 2-1　2007~2016 年我国技工学校数量

①本章参考资料主要来源于《中国劳动统计年鉴》。截至本年鉴组稿完成时，2017 年、2018 年《中国劳动统计年鉴》尚未出版，故多数指标的数据统计到 2015 年。

从表 2 - 1 和图 2 - 1 可以看出，技工学校数量在 2008 年达到最高值 3075 所；之后，技工学校数量逐年减少，2016 年减至 2007 年以来最低值 2526 所，比 2008 年减少了 549 所。

（二）学生情况

2007~2016 年，我国技工学校招生数、在校生数及毕业生数如表 2 - 2 所示。

表 2 - 2   2007~2016 年我国技工学校学生数量   单位：人

年份	招生数量	在校生数量	毕业生数量	年份	招生数量	在校生数量	毕业生数量
2007	1585487	3671475	996599	2012	1567530	4228216	1202123
2008	1613506	3975203	1089970	2013	1334957	3865864	1168809
2009	1563781	4142578	1151633	2014	1244065	3389696	1067944
2010	1586055	4209752	1213353	2015	1214316	3214610	946179
2011	1635282	4293723	1189161	2016	1271983	3231523	930668

资料来源：2007~2015 年的数据来源于 2008~2016 年《中国劳动统计年鉴》，2016 年的数据来源于教育部 2016 年教育统计数据。

1. 招生数量

2007~2011 年，我国技工学校招生数量较大，波动幅度较小。2011 年之后招生数量逐年减少，2015 年减至最低值，2016 年招生数量又有所增长。如图 2 - 2 所示。

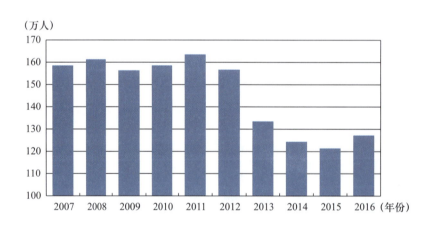

（万人）

图 2 - 2   2007~2016 年我国技工学校招生数量

2. 在校生数量

我国技工学校在校生数量在 2007~2011 年不断增长，2011 年达到最高值。2011 年以后，随着招生数量的下降，在校生数量也开始下降，且下降幅度较大，2015 年降至最低值，2016 年在校生数量小幅增长。如图 2 - 3 所示。

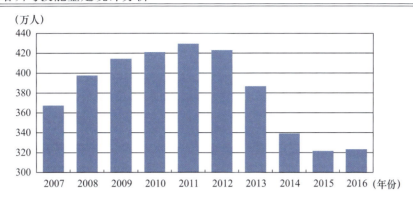

图 2-3　2007~2016 年我国技工学校在校生数量

3. 毕业生数量

2007~2010 年我国技工学校毕业生数量不断增长，之后呈下降态势。因前几年招生数量和在校生数量的减少，2015 年毕业生数量下降幅度较大。2016 年毕业生数量继续下降，降至 2007 年以来的最低值。如图 2-4 所示。

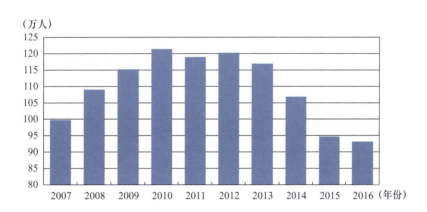

图 2-4　2007~2016 年我国技工学校毕业生数量

（三）教师数量

2006~2015 年我国技工学校教师数量如表 2-3、图 2-5 所示。

表 2-3　　　　　　　　　2006~2015 年我国技工学校教师数量　　　　　　　　　单位：人

年份	教师总数	专任教师	兼职教师	年份	教师总数	专任教师	兼职教师
2006	182192	146519	35673	2011	234777	191968	42809
2007	199195	161818	37377	2012	239264	196214	43050
2008	216208	175236	40972	2013	239801	199189	40612
2009	228831	185718	43113	2014	236360	194631	41729
2010	233412	189877	43535	2015	232326	191639	40687

资料来源：根据 2007~2016 年《中国劳动统计年鉴》整理。

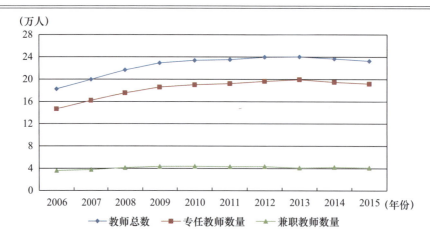

图 2 - 5 2006 ~ 2015 年我国技工学校教师数量

从表 2 - 3、图 2 - 5 可以看出，2006 ~ 2013 年我国技工学校教师总数持续稳步增长，之后 2 年连续减少。专任教师数量的变化趋势与教师总数基本保持一致。兼职教师数量在 2006 ~ 2010 年连续缓慢增长，2011 ~ 2015 年上下波动，但波动幅度较小。

（四）经费来源

技工学校经费来源主要有财政补助、事业经费和公司经费。2006 ~ 2015 年我国技工学校经费来源情况如表 2 - 4 所示。

表 2 - 4   2006 ~ 2015 年我国技工学校经费收入   单位：亿元

年份	2006	2007	2008	2009	2010	2011	2012	2013	2014	2015
数额	143.1	198.2	204.4	237.3	260.4	271.5	306.1	289.7	303.5	332.4

资料来源：2007 ~ 2016 年《中国劳动统计年鉴》。

由图 2 - 6 可知，2006 年以来，我国技工学校经费收入总体保持稳步增长。除 2013 年经费来源环比下降之外，其他各年度均环比上升，并在 2015 年达到最高值。

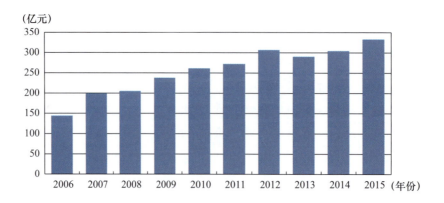

图 2 - 6 2006 ~ 2015 年我国技工学校经费收入

（五）社会培训

1. 培训规模

2006～2015 年我国技工学校社会培训规模如表 2-5 所示。

表 2-5　　　　　　　　　　2006～2015 年我国技工学校社会培训规模　　　　　单位：人

年份	培训社会人员人次	培训社会人员结业人数	年份	培训社会人员人次	培训社会人员结业人数
2006	3376851	3302128	2011	5274538	4161035
2007	3807237	3697940	2012	5512989	4415681
2008	3999540	3897843	2013	5253073	3970809
2009	4840846	3829483	2014	5084877	3722944
2010	4684099	3712771	2015	4765672	3789340

资料来源：2007～2016 年《中国劳动统计年鉴》。

2006～2012 年我国技工学校的社会培训规模稳步上升，2012 年后呈逐步下降趋势。培训社会人员结业人数的整体变化趋势与培训人次的基本保持一致，如图 2-7 所示。

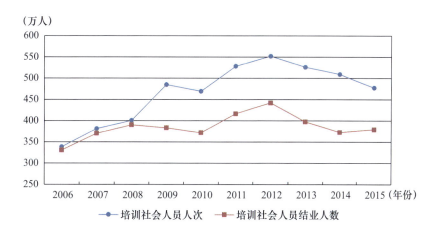

图 2-7　2006～2015 年我国技工学校社会培训规模

2. 培训对象

我国技工学校社会培训对象主要有四类：失业人员、劳动预备制人员、在职职工、农村劳动者。2006～2015 年我国技工学校社会培训对象分类情况如表 2-6 所示。

表 2-6　　　　　　　　　　2006～2015 年我国技工学校社会培训对象分类　　　　　单位：人

年份	失业人员	劳动预备制人员	在职职工	农村劳动者
2006	509101	248011	1553211	706536
2007	428559	357480	1726309	1185611
2008	510869	285896	1737565	1166359

年份	失业人员	劳动预备制人员	在职职工	农村劳动者
2009	513700	390134	2092023	1323319
2010	469435	398943	2125779	1279196
2011	578359	324349	2485983	1359526
2012	467857	329995	2751436	1343955
2013	401200	350568	2685924	1087300
2014	364906	250119	2710665	936692
2015	314892	235636	2717723	847333

资料来源：2007~2016 年《中国劳动统计年鉴》。

在技工学校四类主要社会培训对象中，在职职工人数最多，2015 年占比达到 66.03%；其次是农村劳动者，2015 年占比为 20.59%；失业人员和劳动预备人员的培训人数相对较少。如图 2-8、图 2-9 所示。

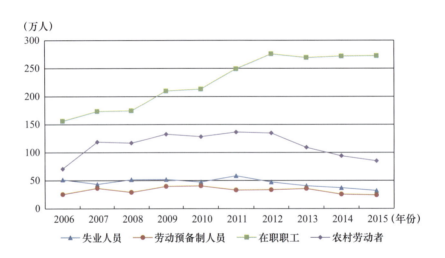

图 2-8　2006~2015 年我国技工学校社会培训对象分类

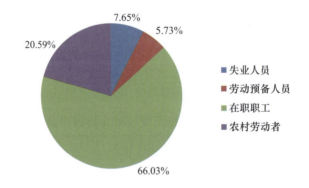

图 2-9　2015 年我国技工学校各类社会培训对象占比

二、就业训练中心发展情况统计分析

就业训练中心是人力资源和社会保障部门为城镇失业人员、农村进城务工人员和其他求职人员培训职业能力、准备就业条件而成立的独立的教学实体，在实施技能培训、促进就业方面发挥了示范带头作用。

（一）中心数量

2006～2015 年我国就业训练中心数量如表 2-7 所示。

表 2-7　　　　　　　　　2006～2015 年我国就业训练中心数量　　　　　　　单位：个

年份	2006	2007	2008	2009	2010	2011	2012	2013	2014	2015
数量	3212	3173	3019	3332	3192	4083	3913	3001	2635	2636

资料来源：2007～2016 年《中国劳动统计年鉴》。

从图 2-10 可以看出，我国就业训练中心数量在 2011 年之前呈现波动增长态势，之后逐步下降，2014 年降至最低，仅有 2635 个，比 2011 年减少了 1448 个。2015 年我国就业训练中心数量仅比 2014 年增加 1 个。

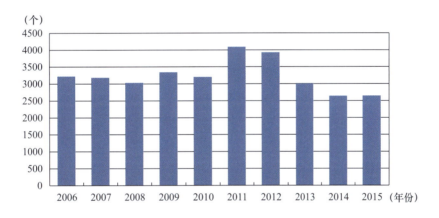

图 2-10　2006～2015 年我国就业训练中心数量

（二）教师数量

就业训练中心的师资由专任教师和兼职教师两部分构成。2006～2015 年我国就业训练中心教师数量如表 2-8 所示。

表 2-8　　　　　　　　　2006～2015 年我国就业训练中心教师数量　　　　　　　单位：人

年份	教师总数	专任教师	兼职教师	年份	教师总数	专任教师	兼职教师
2006	55188	24314	30874	2008	62726	27903	34823
2007	58845	25790	33055	2009	62669	29803	32866

年份	教师总数	专任教师	兼职教师	年份	教师总数	专任教师	兼职教师
2010	61865	30674	31191	2013	57843	30284	27559
2011	106336	40133	66203	2014	47057	23986	23071
2012	98729	40118	58611	2015	47399	24833	22566

资料来源：2007～2016 年《中国劳动统计年鉴》。

如图 2 - 11 所示，我国就业训练中心教师总数在 2006～2011 年持续增长，并于 2011 年达到最大值；2012～2014 年数量连续下降，2014 年为 47057 人；2015 年出现小幅增长，为 47399 人。专任教师数量的变化趋势与教师总数的基本保持一致。兼职教师数量在 2006～2010 年先增后降，增减幅度较小；2011 年，数量急剧增长，增幅高达 112%；2012 年起，数量开始连续下降，2015 年降至 2006 年以来的最低值。

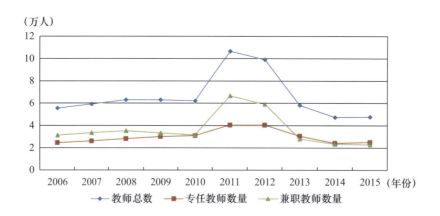

图 2 - 11　2006～2015 年我国就业培训中心教师数量

另外，2006～2012 年专任教师数量均少于兼职教师数量，2013 年首次超过兼职教师数量，且 2014 年、2015 年专任教师数量继续高于兼职教师数量。

（三）经费来源

就业训练中心经费来源分为三个部分：财政补助、职业培训补贴及其他。2006～2015 年我国就业训练中心经费来源情况如表 2 - 9 所示。

表 2 - 9　　　　　　　　　2006～2015 年我国就业训练中心经费来源　　　　　　　　　单位：亿元

年份	经费来源总计	财政补助	职业培训补贴	其他
2006	19.2	5.4	9.1	4.7
2007	22.7	6.7	11.7	4.2
2008	23.0	6.1	13.3	3.7
2009	22.3	5.7	13.9	2.7

续表

年份	经费来源总计	财政补助	职业培训补贴	其他
2010	19.1	5.2	12.0	1.9
2011	22.8	4.6	16.2	2.0
2012	26.8	7.4	17.3	2.1
2013	29.1	4.2	21.5	3.4
2014	17.9	2.8	13.4	1.7
2015	16.0	3.4	12.0	0.6

资料来源：2007～2016 年《中国劳动统计年鉴》。

从图 2-12 可以看出，我国就业训练中心经费总体规模在 2006～2010 年先增后减，增减幅度较小；2011～2013 年大幅增长，于 2013 年达到最高值；2014 年大幅减少，2015 年继续减少，减至 2006 年以来的最低值。从经费来源构成来看，职业培训补贴占比最高，其次为财政补助。

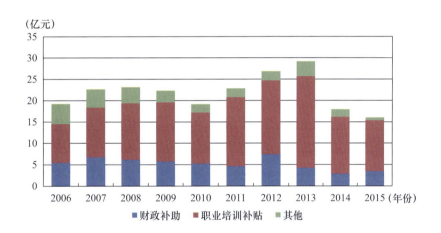

图 2-12　2006～2015 年我国就业训练中心经费来源

（四）培训情况

1. 培训规模

2006～2015 年我国就业训练中心培训规模如表 2-10 所示。

表 2-10　　　　　　　　　　2006～2015 年我国就业训练中心培训规模　　　　　　　　　单位：人

年份	培训人数	结业人数	就业人数
2006	9014039	8896578	6488160
2007	9581041	9184327	7166297
2008	9489569	8632205	7044980
2009	9833527	7710226	6607821

年份	培训人数	结业人数	就业人数
2010	8179266	7257643	5995558
2011	8328494	7441632	5942559
2012	8505094	7558849	6925624
2013	6450222	5840449	4534446
2014	5609363	5023349	3710579
2015	4760349	4242993	3178178

资料来源：2007～2016 年《中国劳动统计年鉴》。

如图 2-13 所示，就业训练中心的培训人数、结业人数和就业人数从 2008 年开始呈现波动下降趋势，到 2015 年，各项数据均降到 2006 年以来的最低值。

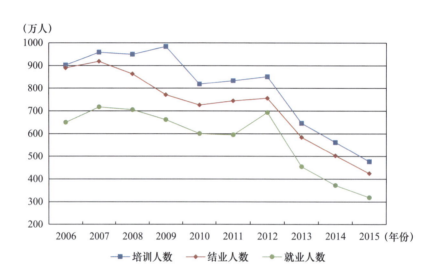

图 2-13　2006～2015 年我国就业训练中心培训人数

2. 培训对象

就业训练中心的培训对象主要有四类，即劳动预备制学员、失业人员、农村劳动者、在职职工。2006～2015 年我国就业训练中心培训对象分类情况如表 2-11、图 2-14 所示。

表 2-11　　　　　　　2006～2015 年我国就业训练中心培训对象分类　　　　　　单位：人

年份	劳动预备制学员	失业人员	农村劳动者	在职职工	其他人员
2006	689496	3434235	3760311	—	1012536
2007	728873	3032841	4308813	—	395631
2008	652107	3164755	4306801	—	592125
2009	1192002	2926939	3645721	—	898847

年份	劳动预备制学员	失业人员	农村劳动者	在职职工	其他人员
2010	514968	2532846	3351752	1028749	624911
2011	501947	2405454	3216972	1242473	801601
2012	407221	2868924	2894812	1109981	995059
2013	269369	1773395	2586998	948779	738804
2014	203670	1403614	2354587	902851	637237
2015	134551	1214390	1866054	834132	600226

资料来源：2007～2016 年《中国劳动统计年鉴》，其中未统计 2006～2009 年的在职职工培训数量。

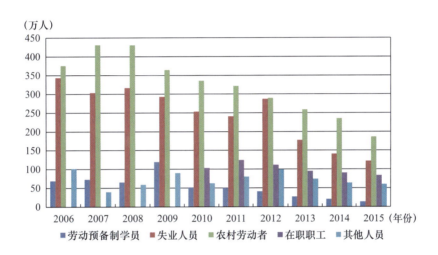

图 2－14　2006～2015 年我国就业训练中心培训对象分类

由表 2－11 和图 2－14 可知，我国就业训练中心的培训对象中，农村劳动者的数量最多，其次为失业人员，这两者之和已超过培训总人数的一半。2015 年我国就业训练中心的培训对象中，农村劳动者占比为 40.14%，失业人员占比为 26.12%，如图 2－15 所示。

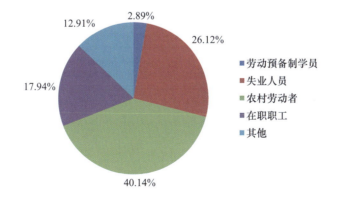

图 2－15　2015 年我国就业训练中心各类培训对象占比

三、民办职业培训机构发展情况统计分析

（一）机构数量

2006～2015 年我国民办职业培训机构数量如表 2 - 12 所示。

表 2 - 12　　　　　　　2006～2015 年我国民办职业培训机构数量　　　　　　单位：个

年份	2006	2007	2008	2009	2010	2011	2012	2013	2014	2015
数量	21462	21811	20988	20854	20144	19287	18897	19008	19136	18887

资料来源：2007～2016 年《中国劳动统计年鉴》。

由图 2 - 16 可以看出，民办职业培训机构数量于 2007 年达到最高值 21811 个，之后逐年下降；虽然 2013～2014 年出现小幅增长，但 2015 年数量再次下降，并降到 2006 年以来的最低值。

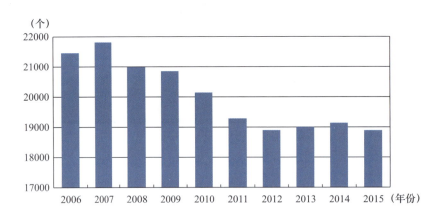

图 2 - 16　2006～2015 年我国民办职业培训机构数量

（二）教师数量

民办职业培训机构师资主要由专任教师和兼职教师构成。2006～2015 年我国民办职业培训机构的教师数量如表 2 - 13 所示。

表 2 - 13　　　　　　　2006～2015 年我国民办职业培训机构教师数量　　　　　　单位：人

年份	教师总数	专任教师	兼职教师	年份	教师总数	专任教师	兼职教师
2006	237650	159691	77959	2011	273336	176262	97074
2007	247304	162666	84638	2012	287977	189564	98413
2008	247416	163979	83437	2013	280785	179645	101140
2009	265173	177711	87462	2014	288400	181500	106900
2010	264181	174785	89396	2015	293272	181549	111723

资料来源：2007～2016 年《中国劳动统计年鉴》。

　　从图 2 - 17 可以看出，2006～2012 年我国民办培训机构教师总数持续稳步增长，2013 年有所下降，但 2014～2015 年连续 2 年保持增长；2015 年教师总数达到 2006 年以来的最高值。专任教师数量在 2006～2012 年总体呈现增长态势，并在 2012 年达到最高值 189564 人，2013～2015年数量略有减少。兼职教师数量则不断增长，与专任教师数量的差距日渐缩小。

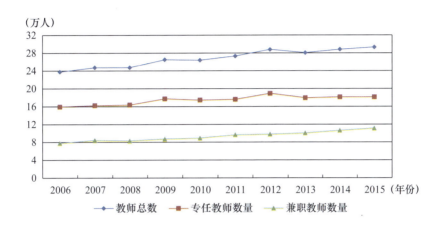

图 2 - 17　2006～2015 年我国民办职业培训机构教师数量

（三）经费来源

　　民办职业培训机构的经费来源主要分为财政补助、职业培训补贴和有偿培训收入三部分。2005～2016 年我国民办职业培训机构经费来源如表 2 - 14 所示。

表 2 - 14　　　　　　　　　2005～2016 年我国民办职业培训机构经费来源　　　　　　　单位：亿元

年份	经费来源总计	财政补助	职业培训补贴	有偿培训收入
2006	565.9	—	—	392.5
2007	66.6	—	—	46.8
2008	213.3	—	—	118.3
2009	89.26	—	—	46.01
2010	92.0	6.0	42.7	43.3
2011	72.3	4.6	20.8	46.9
2012	81.8	10.9	23.9	47.0
2013	86.7	4.0	32.6	50.1
2014	123.0	3.6	68.8	50.6
2015	146.8	3.47	97.2	46.13

　　资料来源：2007～2016 年《中国劳动统计年鉴》。

如表2－14和图2－18所示，从经费规模来看，2006～2009年，我国民办职业培训机构经费总规模波动较大，之后增长趋于平稳，但2015年与2006年的经费规模相差很大。从经费来源构成来看，2006～2009年，有偿培训收入占比最高；而2014年和2015年，职业培训补贴占比最高；财政补助始终占比最低。

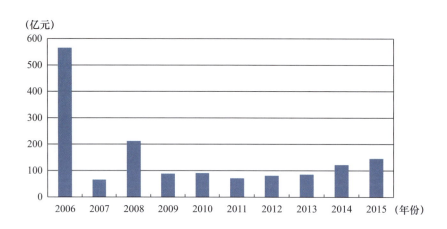

图2－18　2006～2015年我国民办职业培训机构经费收入

(四) 培训情况

1. 培训规模

2006～2015年我国民办职业培训机构培训规模如表2－15所示。

表2－15　　　　　　　2006～2015年我国民办职业培训机构培训规模　　　　　　单位：人

年份	培训人数	结业人数	就业人数
2006	9551818	8931684	7464084
2007	10380217	9674440	7184380
2008	11041554	10159509	7510151
2009	11047391	9765334	7820818
2010	11556951	10052775	7291335
2011	12537757	10762156	10523200
2012	13538584	11381265	8861012
2013	12443451	10513223	7763259
2014	12140636	10299046	7393261
2015	11869270	10248395	7343347

资料来源：2007～2016年《中国劳动统计年鉴》。

如图 2 - 19 所示，2006 ~ 2012 年，我国民办职业培训机构的培训人数、结业人数整体呈现增长态势，2012 年达到最大值，之后逐年下降。我国民办职业培训机构的就业人数在 2006 ~ 2010 年波动较小，2011 年急剧增长，达到最高值，之后逐年下降。除 2011 年外，其他各年份的就业人数与结业人数差距较大，2015 年就业人数占结业人数的比例仅为 71.65%。

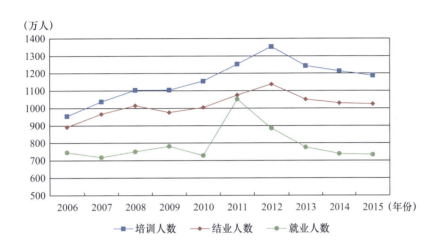

图 2 - 19　2006 ~ 2015 年我国民办职业培训机构培训规模

2. 培训对象

民办职业培训机构的培训对象主要有劳动预备制学员、失业人员、农村劳动者、在职职工及其他。2006 ~ 2015 年我国民办职业培训机构培训对象分类情况如表 2 - 16 所示。

表 2 - 16　　　　　　　2006 ~ 2015 年我国民办职业培训机构培训对象分类　　　　　单位：人

年份	劳动预备制学员	失业人员	农村劳动者	在职职工	其他人员
2006	850955	1604299	3723628	—	2752802
2007	841118	1588486	4136569	—	1758133
2008	740677	1562666	4519187	—	1650972
2009	759061	1444038	4767814	—	1568377
2010	641062	1577428	4709193	2565979	1810069
2011	633727	1486570	4667553	3434215	2057453
2012	572700	1422911	4636587	4301481	2356337
2013	523390	1331893	4227064	3876920	2276447
2014	544588	1343256	3996997	3607509	2136311
2015	496417	1355909	4148718	3539303	2039566

资料来源：2007 ~ 2016 年《中国劳动统计年鉴》，其中未统计 2006 ~ 2009 年的在职职工培训数量。

从表 2 - 16 和图 2 - 20 可以看出，民办职业培训机构的各类培训对象中，农村劳动者的数量最多；将在职职工纳入统计后，其数量仅次于农村劳动者。

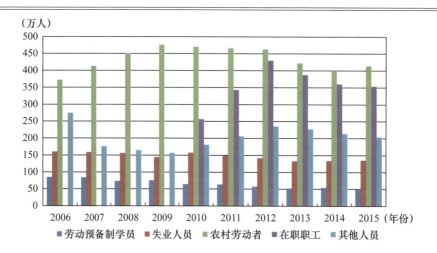

图 2-20　2006~2015 年我国民办职业培训机构培训对象分类

如图 2-21 所示，从各类培训对象所占比例来看，2015 年农村劳动者和在职职工占比分别为 35.83%、30.56%，两者之和超过 66%。

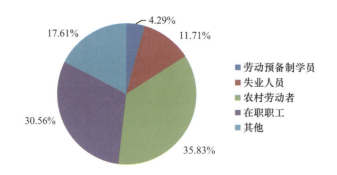

图 2-21　2015 年我国民办职业培训机构各类培训对象占比

四、职业技能鉴定情况统计分析

（一）鉴定机构数量

职业技能鉴定机构有鉴定所、鉴定站以及工考委和中央企业试点单位三类。2006~2015 年我国职业技能鉴定机构数量如表 2-17 所示。

表 2-17　　　　　　　　2006~2015 年我国职业技能鉴定机构数量　　　　　　　单位：个

年份	鉴定机构总数	鉴定所	鉴定站	工考委和中央企业试点单位
2006	7998	3860	4002	136
2007	7794	4251	3378	165
2008	9933	4096	4662	1175

续表

年份	鉴定机构总数	鉴定所	鉴定站	工考委和中央企业试点单位
2009	9538	4825	4486	227
2010	9803	4612	5058	133
2011	10677	5533	4977	167
2012	10963	5321	5441	201
2013	9865	5067	4664	134
2014	9521	4387	4701	433
2015	12156	5750	5578	828

资料来源:《中国劳动统计年鉴》(2016)。

从图2-22可以看出,2006~2015年我国职业技能鉴定机构总数波动较大,2015年达到2006年以来的最高值。鉴定所、鉴定站是我国职业技能鉴定机构的主要组成部分,数量较多,2015年两者分别占47.30%、45.89%;工考委和中央企业试点单位数量较少,2015年仅占比6.81%。如图2-23所示。

图2-22 2006~2015年我国职业技能鉴定机构数量

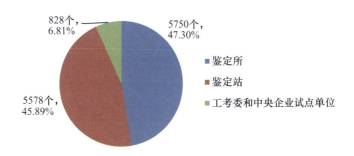

图2-23 2015年各类鉴定机构占比

（二）鉴定考核情况

职业技能鉴定机构鉴定考核的等级分为五类：初级、中级、高级、技师及高级技师。2006～2015 年我国各级职业技能鉴定考核人员情况如表 2 –18 所示。

表 2 –18 　　　　　　　　2006～2015 年我国各级职业技能鉴定考核人员 　　　　　　　单位：人

人员类别	年份	2006	2007	2008	2009	2010	2011	2012	2013	2014	2015
初级	鉴定考核人数	4140894	4389046	5104213	6029998	6768836	7254275	7538797	6934618	7752500	7079392
	获取证书人数	3124130	3687419	4492273	5251357	5899097	6533022	6655352	6094580	6766044	5915465
中级	鉴定考核人数	5269104	5422375	5758542	6110523	6531792	6579593	6611139	6745021	6355360	6986241
	获取证书人数	4390924	4518674	4891989	5134383	5544598	5464700	5604790	5707155	5372332	5831396
高级	鉴定考核人数	1909269	1907654	2029246	2126028	2722092	3098462	3476563	3930805	3514734	4006089
	获取证书人数	1440591	1429235	1606473	1516357	2097432	2464290	2760639	3117737	2728517	3092249
技师	鉴定考核人数	432423	442715	403738	544210	453762	428247	503134	654415	577770	659634
	获取证书人数	260830	274176	318047	336623	316663	286769	336187	429024	376144	416439
高级技师	鉴定考核人数	65401	69605	78968	110002	98975	98750	175837	275133	185365	209800
	获取证书人数	35384	46575	63323	81331	71587	71723	130866	194270	123627	136746
总计	鉴定考核人数	11821552	12231413	13374707	14920761	16575457	17459327	18305470	18539992	18385729	18941156
	获取证书人数	9252416	9956079	11372105	12320051	13929377	14820504	15487834	15542766	15366664	15392295

资料来源：《中国劳动统计年鉴》（2016）。

由图 2 –24 可知，2006～2012 年初级职业技能鉴定考核人数不断增长，随后 3 年仅 2014 年人数增长，并达到 2006 年以来的最高值；2010 年，初级职业技能鉴定考核人数首次超过中级职业技能鉴定考核人数，此后各年初级职业技能鉴定考核人数占鉴定考核总人数的比例一直最高。2006～2013 年中级和高级职业技能鉴定考核人数不断增长，2014 年人数减少，2015 年人数再次增长，并达到 2006 年以来的最高值。技师和高级技师的鉴定考核人数稍有波动，且规模始终较小。

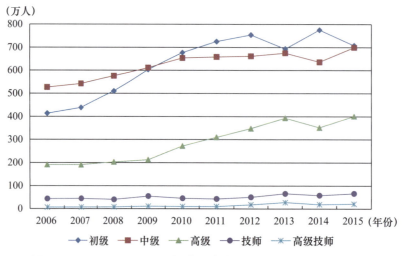

图 2 –24 　2006～2015 年我国各级职业技能鉴定考核人数

　　从各级技能鉴定考核通过率（见图2-25）来看，历年来初级通过率在五个等级鉴定考核中一直是最高的，呈上升态势，其次是中级技能鉴定考核通过率，技师鉴定考核通过率最低，并且波动幅度最大，而初级和中级技能鉴定通过率变化较为平稳。

图2-25　2006~2015年我国各级技能鉴定考核通过率

第三章　职业供求统计分析

现代职业教育的实质是"面向职场需求"的专业教育，掌握职场需求，才能培养出与市场岗位相匹配的人才，才能打破人才供需错配的尴尬局面。本章着重分析当前国内大中城市职业供求状况，包括整体规模、区域分布、行业分布、技术等级等方面，并选取部分省份职业供求数据进行分析，以便了解我国职业供求现状，为职业教育人才培养提供方向指引。

一、大中城市职业供求概况统计分析

每一季度，中国人力资源市场信息监测中心对约100个大中城市的公共就业服务机构市场供求信息进行统计分析，发布各季度部分城市公共就业服务机构市场供求状况分析报告。以此为基础，本部分统计分析部分大中城市职业供求概况。

（一）供求总体情况

2015～2017年部分大中城市各季度职业供求总体情况如表3-1所示，整体来看供需双方呈现同步变化趋势。

表3-1　　　　　2015～2017年部分大中城市各季度职业供求总体情况[1]

季度	需求人数（万人）	求职人数（万人）	岗位空缺与求职人数的比率
2015Q1	525.0	469.0	1.12
2015Q2	560.0	528.0	1.06
2015Q3	505.0	462.0	1.09
2015Q4	439.0	400.0	1.10
2016Q1	520.0	487.0	1.07
2016Q2	497.0	472.0	1.05
2016Q3	475.0	432.0	1.10
2016Q4	433.5	384.5	1.13
2017Q1	590.3	523.4	1.13
2017Q2	523.1	472.9	1.11
2017Q3	498.0	429.4	1.16
2017Q4	433.7	354.2	1.22

资料来源：中国人力资源市场信息监测中心各季度部分城市公共就业服务机构市场供求状况分析报告。

---

[1]需求人数表示当季度人力资源市场提供的所有岗位总和；求职人数表示入场求职登记人数总和。岗位空缺与求职人数的比率（以下简称"求人倍率"）＝需求人数/求职人数，表明市场中每个求职者所对应的岗位空缺数，如0.8表示10个求职者竞争8个岗位。

如图 3 - 1 所示，自 2015 年以来求人倍率始终大于 1，说明市场需求大于供给的现象一直存在。从变化趋势看，2015 年以来，求人倍率总体呈现 "W" 形变化趋势；2016 年第二季度以来求人倍率呈现明显上升态势，并保持在高位，尤其是 2017 年第四季度达到最大值 1.22。

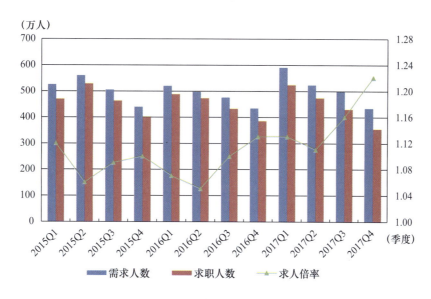

图 3 - 1　2015 ~2017 年各季度职业供求总体情况

（二）区域分布情况

由于统计数据的缺乏，本年鉴只采用求人倍率一项指标来分析职业供需区域性差异情况。2015 ~2017 年各季度东部、中部、西部地区求人倍率如表 3 - 2 所示。

表 3 - 2　　　　　　　　　　　2015 ~2017 年各季度分区域求人倍率

季度 \ 地区	东部地区	中部地区	西部地区
2015Q1	1.09	1.14	1.16
2015Q2	1.03	1.11	1.08
2015Q3	1.08	1.11	1.12
2015Q4	1.08	1.13	1.13
2016Q1	1.02	1.11	1.13
2016Q2	1.02	1.07	1.15
2016Q3	1.09	1.07	1.18
2016Q4	1.09	1.15	1.21
2017Q1	1.08	1.16	1.20
2017Q2	1.05	1.12	1.26
2017Q3	1.13	1.16	1.24
2017Q4	1.22	1.18	1.29

资料来源：中国人力资源市场信息监测中心各季度部分城市公共就业服务机构市场供求状况分析报告。

从表 3 – 2 和图 3 – 2 可以看出，2015～2017 年，除了 2016 年第三季度、2017 年第四季度外，中部地区其他各季度的求人倍率都稍高于东部地区；除了 2015 年第二季度和第四季度外，西部地区其他各季度的求人倍率均稍高于中部地区；西部地区各季度的求人倍率都高于东部地区。

图 3 – 2　2015～2017 年各季度分区域求人倍率

（三）行业需求情况

从行业需求看，企业用人需求主要集中在制造业、批发和零售业、住宿和餐饮业、居民服务和其他服务业、租赁和商务服务业、信息传输计算机服务和软件业、建筑业等行业。2017 年部分城市各季度分行业用人需求占比如表 3 – 3 所示。

表 3 – 3　　　　　　　　　2017 年部分城市各季度分行业用人需求占比　　　　　　　　　单位：%

行业 季度	制造业	批发和 零售业	住宿和 餐饮业	居民服务和 其他服务业	租赁和商务 服务业	信息传输计算机 服务和软件业	建筑业
2017Q1	35.2	12.9	10.5	10.1	5.7	4.2	4.0
2017Q2	32.7	13.6	10.1	9.7	7.0	5.1	4.5
2017Q3	34.0	13.4	10.2	9.5	7.0	4.7	4.3
2017Q4	33.4	12.3	10.2	9.4	7.8	5.4	4.1

资料来源：中国人力资源市场信息监测中心各季度部分城市公共就业服务机构市场供求状况分析报告。

由表 3 – 3 可以看出，用人需求最多的行业为制造业，其次为批发和零售业、住宿和餐饮业。

（四）技术等级供求情况

尽管人力资源市场整体需求略大于供给，但需求方秉持宁缺毋滥的原则，部分用人需求对劳动者的技术等级或专业技术职称提出了明确要求；与此对应，越来越多的求职者拥有技术等级或专业技术职称。2015～2017 年技术等级、专业技术职称供求情况如表 3 – 4、表 3 – 5 所示。

表3-4　　　　　　　　　　2015~2017 年技术等级供求情况　　　　　　　　单位:%

季度	2015Q1	2015Q2	2015Q3	2015Q4	2016Q1	2016Q2	2016Q3	2016Q4	2017Q1	2017Q2	2017Q3	2017Q4
需求	33.3	34.7	35.2	35.8	33.8	34.5	34.5	34.5	32.0	34.8	34.4	34.2
供给	32.6	34.3	35.0	36.5	32.6	34.6	35.1	35.7	31.9	34.1	33.9	35.1

资料来源:中国人力资源市场信息监测中心各季度部分城市公共就业服务机构市场供求状况分析报告。

表3-5　　　　　　　　　2015~2017 年专业技术职称供求情况　　　　　　单位:%

季度	2015Q1	2015Q2	2015Q3	2015Q4	2016Q1	2016Q2	2016Q3	2016Q4	2017Q1	2017Q2	2017Q3	2017Q4
需求	26.5	21.3	21.3	22.0	19.0	20.3	19.8	19.7	18.9	20.2	20.3	19.2
供给	19.3	20.4	20.4	21.0	17.9	19.9	18.7	18.3	18.0	18.8	20.5	20.0

资料来源:中国人力资源市场信息监测中心各季度部分城市公共就业服务机构市场供求状况分析报告。

如表3-4和表3-5所示,以2017年第四季度为例,从需求侧来看,53.4%的用人需求对劳动者的技术等级或专业技术职称有明确要求,其中,对技术等级有要求的占34.2%,对专业技术职称有要求的占19.2%。从供给侧来看,55.1%的求职人员具有一定的技术等级或专业技术职称,其中,具有一定技术等级的占35.1%,具有一定专业技术职称的占20%。

二、部分省份职业供求状况统计分析

本部分从东部、中部和西部三大地区分别选取福建省、江西省和四川省作为分析对象,重点分析其职业供求情况及差异性。本部分相关数据主要来源于各省人力资源和社会保障厅发布的2017年各季度人力资源市场供求情况分析报告。

(一) 供求总体情况

2017年,福建、江西和四川三个省份的人力资源市场职业供求情况如表3-6所示。

表3-6　　　　　　　　2017 年福建、江西和四川职业供求情况　　　　　　单位:万人

省份	第一季度		第二季度		第三季度		第四季度	
	需求人数	求职人数	需求人数	求职人数	需求人数	求职人数	需求人数	求职人数
福建	146.39	131.39	128.65	116.64	120.23	97.66	122.15	92.32
江西	103.83	91.07	82.60	73.07	69.50	59.56	70.74	60.74
四川	74.52	70.39	60.00	53.93	56.17	51.35	59.54	50.54

资料来源:各省2017年各季度人力资源市场供求情况分析报告。

从表3-6可以看出,2017年福建、江西和四川三个省份的人力资源市场基本都是需求大于供给。分季度来看,三个省份均是第一季度的用人需求最旺盛,求职人数最多。这可能是因为第一季度一般是企业招聘的旺季,也是员工跳槽寻求更好工作机会的高峰期。分区域来看,福建省

各个季度的用人需求和求职人数最多,江西省次之,四川省最少。这在一定程度上反映出区域经济发展水平差异给企业分布和劳动力流动带来的影响。

(二) 分产业人才需求情况

福建、江西和四川三个省份 2017 年第四季度三大产业及代表行业用人需求占比情况如表 3 - 7 所示。

表 3 - 7   **2017 年第四季度三大产业用人需求占比**   单位:%

省份	第一产业	第二产业	第三产业	需求占比较大的行业及比例
福建	2.43	50.43	47.14	制造业 (47.60)、居民和其他服务业 (15.24)、住宿和餐饮业 (7.17)
江西	7.31	48.16	44.53	制造业 (38.34)、批发和零售业 (12.66)、住宿和餐饮业 (11.09)、建筑业 (8.20)
四川	3.25	37.27	59.48	制造业 (28.27)、批发和零售业 (14.14)、住宿和餐饮业 (10.92)、居民服务和其他服务业 (8.13)、建筑业 (5.28)

资料来源:各省 2017 年第四季度人力资源市场供求情况分析报告。

从表 3 - 7 可以看出,2017 年第四季度,福建省、江西省第二产业的用人需求占比最高,四川省则是第三产业用人需求占比最高。从细分行业来看,三个省份用人需求最多的行业均是制造业,尤其是福建省,其制造业用人需求占比高达 47.60%。随着"中国制造 2025"战略的实施,各地制造业用人需求(尤其是高端人才需求)或将进一步增加。

(三) 分类别职业供求情况

从各类职业供求情况来看,所选的三个省份中,仅福建省做了详细的统计分析。如表 3 - 8 所示,福建省 2017 年第四季度人力资源市场需求大于求职缺口最大的前十个职业(职业小类)是裁剪缝纫工、电子器件装配工、营业员、鞋帽制作工、纺织针织印染工、推销展销人员、针织人员、电子器件制造工、生产运输简单体力工、普工;需求小于求职缺口最大的前十个职业(职业小类)是计算机操作人员、行政业务人员、计算机技术员、秘书、财会人员、机动车驾驶员、治安保卫人员、物业管理人员、保管人员以及营业人员、收银员。

表 3 - 8   **福建省 2017 年第四季度缺口最大的前十个职业类别**

需求大于供给缺口最大的前十个职业		需求小于求职缺口最大的前十个职业	
职业	求人倍率	职业	求人倍率
裁剪缝纫工	1.86	计算机操作人员	0.32
电子器件装配工	1.84	行政业务人员	0.37
营业员	1.78	计算机技术员	0.38
鞋帽制作工	1.60	秘书	0.46

需求大于供给缺口最大的前十个职业		需求小于求职缺口最大的前十个职业	
职业	求人倍率	职业	求人倍率
纺织针织印染工	1.59	财会人员	0.49
推销展销人员	1.57	机动车驾驶员	0.50
针织人员	1.48	治安保卫人员	0.51
电子器件制造工	1.36	物业管理人员	0.51
生产运输简单体力工	1.30	保管人员	0.53
普工	1.12	营业人员、收银员	0.57

资料来源：福建省 2017 年第四季度人力资源市场供求情况分析报告。

江西省 2017 年第四季度人力资源市场供求情况分析报告显示，该省 2017 年第四季度商业和服务类岗位求人倍率为 1.32，生产运输操作类岗位求人倍率为 1.12，农林牧渔类岗位求人倍率为 1.07，管理岗位求人倍率为 1.04，专业技术岗位求人倍率为 0.92。

四川省 2017 年第四季度人力资源市场供求情况分析报告显示，该省 2017 年第四季度市场销售服务管理人员、普工、保安等比较紧缺，较容易实现就业；而驾驶员、行政管理人员、财务会计助理、出纳员等相对过剩，较难找到工作。

（四）求职人员构成分析

从求职人员构成来看，所选三个省份中，仅福建省统计了相关数据，具体如表 3 - 9 所示。江西省 2017 年第四季度求职者主要来自失业（流动）人员，占求职总人数的 39.76%，其次是农村人员，占求职总人数的 21.49%；在所有的类别分组中，求职人员数量由大到小依次排列是失业（流动）人员、农村人员、城镇人员、应届高校毕业生、就业转失业人员等。四川省并未涉及对此项数据的统计。

表 3 - 9　　　　　　　　　　福建省 2017 年第四季度求职人员构成

求职人员类别	数量（人）	占比（%）
新成长失业青年	65685	7.11
其中：应届高校毕业生	44063	67.08
就业转失业人员	58225	6.31
其他失业人员	17594	1.91
在业人员	20989	2.27
下岗职工	35145	3.81
离退休人员	2424	0.26
在学人员	7591	0.82
本省农村人员	72498	7.85
外埠人员	643097	69.66
合计	923248	100.00

注：新成长失业青年是指城镇登记失业人员中从未就业人员；新成长失业青年≥应届高校毕业生。合计 = 以上各项之和（不包含应届高校毕业生一栏）。

资料来源：福建省 2017 年第四季度人力资源市场供求情况分析报告。

从表 3 - 9 可以看出，福建省 2017 年第四季度的求职主体是外埠人员、本省农村人员、新成长失业青年以及就业转失业人员，他们构成了福建省经济建设的主力军。这是由于福建省为解决本地劳动力供给不足问题，采取各种措施吸引外埠人员及本省农村劳动力就近就地转移就业。另外，新成长失业青年中应届高校毕业生占大多数，这是因为每年第四季度都是高校毕业生求职的高峰期。

（五）招聘要求分析

从招聘要求来看，所选的三个省份中，仅福建省做了详细的统计分析，具体情况如表 3 - 10 所示。江西省说明了文化程度供求对比情况，即该省 2017 年第四季度各学历层次的市场需求均大于求职供应人数，市场整体供不应求；需求、求职与学历依然呈倒三角状态。四川省说明了技能等级和职称要求，即该省 2017 年第四季度 16.84% 的岗位对职称或技能等级提出了明确要求，其中，对技能等级有要求的占 8.88%；对职称有要求的占 7.96%。

表 3 - 10   福建省 2017 年第四季度招聘要求统计

年龄	占比（%）	文化程度	占比（%）	技术等级	占比（%）
16～24 岁	50.91	初中及以下	41.86	职业资格五级（初级技能）	1.85
				职业资格四级（中级技能）	0.83
25～34 岁	37.48	高中	46.64	职业资格三级（高级技能）	0.41
				职业资格二级（技师）	0.22
35～44 岁	5.06	大专	5.31	职业资格一级（高级技师）	0.12
				初级专业技术职务	1.39
45 岁以上	1.58	大学及以上	2.09	中级专业技术职务	0.36
				高级专业技术职务	0.14
无要求	4.97	无要求	4.10	无技术等级或职称	0.73
				无要求	93.94

注：高中包括普高、中专、职高、技校等。

资料来源：福建省 2017 年第四季度人力资源市场供求情况分析报告。

如表 3 - 10 所示，福建省 2017 年第四季度用人需求以 16～34 岁的青壮年劳动力为主，多数用人需求对文化程度要求并不高，且仅有 5.31% 的用人需求对技术等级做了要求。这与表 3 - 8 中"需求大于供给缺口最大的前十个职业"存在一定的对应关系。

国 际 篇

第一章　国外职业教育师资培养研究

　　国将兴，必贵师而重傅。职业教育师资水平是影响职业教育办学质量的关键因素，是推动职业教育科学发展的根本保证。打造高素质的专业化职教师资队伍对于提高职业院校的办学水平和人才培养质量、完善现代职业教育体系具有十分重要的意义。我国于2016年10月提出实施职业院校教师素质提高计划，并于2018年2月发布《教师教育振兴行动计划（2018~2022年）》，加强职业院校"双师型"教师队伍建设，推动职业教育发展实现新跨越。德国、美国、澳大利亚、新加坡等发达国家很早就开展了职教师资培养工作，积累了广泛而有效的经验。

一、国外职业教育师资培养概况

　　职教师资培养起源于19世纪德国的职业学校或进修学校。随着德国工业化进程的加快，"双元制"职业教育模式逐渐形成，新兴职业学校开始出现，并逐渐趋向制度化、组织化。该类型的学校在教育体制中的地位日渐彰显，人们开始关注职教教师的资格和教育质量，随之而来的便是职教师资培养培训的制度化、组织化。进入20世纪，美国、澳大利亚、新加坡、英国等国家开始重视职教师资培养，纷纷制定相关法律法规以及政策明确职教教师地位、资格、标准等。例如，美国于1917年颁布了《史密斯—休斯法案》，这是美国首个对职教教师培养提出给予联邦政府资助的法案，也是美国历史上首次对职教教师的资格做出规定，将职教教师培养上升到国家制度层面。[①]

　　当前，国际主流职教师资培养模式主要有三种。一是整合模式。"整合"是指对新教师同时进行专业知识、技能的培养与教育教学知识的培养。整合模式的职教师资培养，不要求新教师必须具备工作经验，只要求其在高等教育机构进行为期3~4年的全日制课程学习，课程内容包括专业知识和技能、教育教学知识和技能、普通科学文化知识和教学实践，课程结束并通过考核后将取得相应等级的职业教育教师资格。二是附加模式。"附加"是指在专业技能经验的基础上，补充教育教学专业知识的培训，使有经验的专业技术人员成为合格的职教师资。附加模式的职教师资培养，要求新教师具备一定的学历背景和工作经验，在指定培训机构进行全日制的脱产学习，其课程内容为教育教学理论知识和教学实践，课程结束通过考核后将取得职业教育教师资格。三是结果导向模式。"结果"指的是教师职业标准，为教师职业生涯的发展提供了方向，它是随着教师专业化发展以及教师职业标准的确立而出现的。通过结果导向模式的职教师资培养，达到职业教育教师标准，才能取得相应的职业资格。结果导向模式主要用于职教师资的在职培训，使教师在职业生涯中始终与不断更新的职业标准保持一致。在这种模式的培训课程中，学习者具有较大的灵活性和自主性。[②]

---

①汤霓：《英、美、德三国职业教育师资培养的比较研究》，华东师范大学博士学位论文，2016年。
②罗嗣安：《主要发达国家职教师资培养的比较及其对我国的启示》，《学理论》2010年第4期，第254~255页。

二、国外职业教育师资培养分析

德国、美国、澳大利亚、新加坡等国家至少采用两种以上的职教师资培养主流模式①，不仅拥有健全的职前培养体系和严格的准入制度，还建立了职教师资职后培训制度和培训体系，确保职教师资队伍适应现代科技和生产发展的需要，从而有效地促进了职教师资的专业化发展，巩固了职教教师的专业地位。

（一）德国职教师资培养

德国职业教育发展有着悠久的历史，建立了"双轨制"职业教育体系，即企业与学校两条学习通道并行，实际工作与理论学习两种学习方式并行。双轨制最大的特点是通过边学边干（Learning by Doing）的方式来传授职业技能。② 与之相适应，德国职教师资培养采用"双元制"，培养对象既包括职业学校的教师，又包括职业学校之外的教育培训机构（主要是企业）的实训教师，其中职业学校的教师又可分为理论课教师和实践课教师两种。

1. 德国职教师资培养历史变迁③

（1）萌芽期。17世纪至18世纪末期，德国最早的职教师资培养模式主要是手工业作坊中的"师徒制"。当时的手工业行会为了适应赖以生存的封建生产关系，实行严格的社会化等级制度，师傅处于行会等级制度中的最高级别，成长为师傅必须经历"学徒—伙计—师傅"的过程。

（2）发展期。进入19世纪，快速发展的工业化进程促使德国的教师教育走向制度化，学校作为专门的教育机构参与到职业培训中。学生不但要在手工作坊里跟随师傅学习工艺技能，还要在星期日到学校接受普通文化知识及制图等训练。由此逐渐形成了职业学校专业教师这一职业及相应的职教师资培训。在此期间，由于德国实行联邦制，各地形成了独具特色的师资培养模式，其中最具代表性的是巴登—符腾堡模式、普鲁士—巴伐利亚模式、图林根—汉堡模式。巴登—符腾堡模式立足实际，与地区职业促进机构紧密联系，服务地区行业，教师的科学知识结构组织较好；普鲁士—巴伐利亚模式高度重视教师的实际工作经验，并将"学术性"作为考查内容；图林根—汉堡模式规定职教师资考试涉及教育科学、专业科学和社会科学三方面内容，侧重对未来教师进行教育教学能力的培养。

（3）成熟期。21世纪以后，德国联邦政府陆续颁发了一系列职业教育师资培养的相关法律法规。2005年4月1日，新的《联邦职业教育法》颁布，规定德国职教师资培养包括职前教育和在职进修两个阶段。《实训员资格条例》《培训员资格条例》等的颁布，意味着德国在重视职教师资专业化培养的同时，越来越注重基础知识特别是专业教学法、职业教育学、社会学等的教学。这些法律法规共同构成了德国职业教育的基本法，为培养职教师资保驾护航。目前，德国已经拥有了一套周密而又完整的职教师资培养法律法规体系，开启了职教一体化的培养进程。

2. 德国职教师资培养分析

（1）师资培养结构。德国"双元制"师资培养结构中，由不同主体分别承担职业学校教师

---

① 如前文所述，目前职教师资培养主要是整合、附加、结果导向三种模式。
② 夏明国：《德国双轨制职业教育的内涵及启示》，《科学技术创新》2012年第7期，第204页。
③ 梁杰：《中等职教师资培养模式研究——基于三性合一的视角》，河北科技师范学院硕士学位论文，2015年。

和企业实训教师的培养任务（见图 1 - 1）。职业学校的教师主要由应用技术性大学、综合性大学和部分专业学院培养，在柏林洪堡大学（Humboldt - Universität zu Berlin）、德累斯顿工业大学（Dresden University of Technology）、波茨坦大学（Potsdam University）等德国最著名的大学均设有职业教育师范专业。① 实训教师的培养属于继续教育的范畴，培养机构既有各种公、私立学校，也有行业协会、工会等组织的办学机构，还有企业举办的培训班。虽然培养任务不同，但各培养主体之间并不是孤立的，而是紧密联系、互为支持的，如职业学校教师要通过企业培训完成职后进修，企业培训师也必须进入大学或专业学院进修和深造，提升教学管理能力，并及时掌握相关专业技术领域最新发展动态。

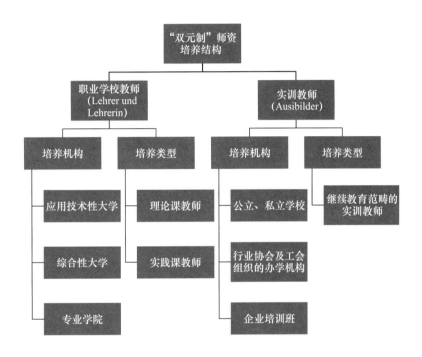

图 1 - 1　德国"双元制"职教师资培养结构

（2）师资培养过程。在德国，无论是理论课教师、实践课教师还是实训教师，都需要经过一系列严格的培训和考核才能取得相应的任职资格，其典型培养过程如图 1 - 2 所示。①理论课教师的培养过程可以分为两个阶段，以两次国家考试为节点：第一阶段为大学培养，完成中等教育的毕业生（包括职业高中、文理中学、综合高中毕业生），经过职业培训或者至少 6 个月的实践工作，进入综合性大学或应用技术性大学，完成本科三年、硕士两年学习后，参加第一次国家考试。这一阶段理论课教师的培养涵盖 13 个专业门类，每个专业门类又设若干个专业。学习的内容由三部分组成，即教育科学、职业技术专业、普通教育副专业，三部分的课时比例约为 1∶2∶1，总共约 2300 学时。大学期间，准教师要参加为期一年的企业实习，以获得本专业范围内的实践知识和技能，了解企业的组织管理和工作方式，熟悉未来学生的职业环境及行业状况。第二阶段为预备实习，通过第一次国家考试的毕业生要接受为期两年的实习，主要在职业学校和教师进修学院进行。实习期满后通过第二次国家考试，完成职教师资的职前培养过程，才有资格受聘担任

①唐志彬、石伟平：《国际视野下我国职教师资队伍建设的问题与思路》，《教师教育研究》2012 年第 3 期，第 57 - 62 页。

职业教育教师。②实践课教师在德国职业院校中所占的比例较小，主要接受的教育是普通中小学教育与职业教育，师傅或技术员培训（即一年制师傅学校学习考试合格或两年制技术员学校考试合格）；职业教育学培训（即1～2年有关教育学、心理学和教学法等方面课程的学习）。实践课教师需在大学毕业时通过工程师资格考试或第一次国家考试，此后还要到企业进行2～3年的实习。③实训教师的培养主要分为两个方面，即业务资格培训、职业教育学和劳动教育学进修。业务资格培训就是在国家认可的各种培养机构接受相同职业及就业方向的职业教育。职业教育学和劳动教育学进修内容是联邦职业教育研究所根据《实训教师资格条例》而制订的教学大纲及内容。

　　德国《职业教育法》《教师培养法》规定，无论是实训教师还是职业学校的教师，都可以带薪参加各种形式的继续教育。根据德国各联邦州法律规定，职业学校的教师每5年至少有2周时间到企业实习。教师进修方式有全州集中、地区性和学校内部三种：第一种由州文教部组织，培训时间为一周左右；第二种由地区政府组织，时间为1～2天；第三种由学校根据发展需要灵活组织，时间不定。实训教师进修因所在企业规模大小有所不同。大型企业一般有教育培训部门定期举办实训教师进修班和研讨会，部分企业常安排实训教师和生产部门的技术人员参加同一个进修班，以保证实训教师的专业技术进修能与企业的实际技术水平相适应。进修期间，企业照常支付教师的工资。中、小企业则常根据需要派实训教师到相应的机构去进修，由企业承担全部或部分学费。

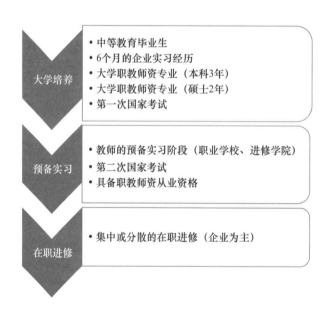

图1-2　德国职教师资培养流程

　　（3）教师能力标准[1]。德国从教育科学和专业科学两个视角制定职教教师的能力标准，对教师教育的大学培养阶段、预备实习阶段、进修和继续教育阶段需要获得的能力进行了描述。其中，大学阶段的培养重点在于学科专业的专业知识、认知手段、工作方法及专业教学法知识；预备实习阶段的培养目标在于使学生获得与教学实践相关的能力；进修和继续教育阶段则需要提高

---

[1]汤霓：《英、美、德三国职业教育师资培养的比较研究》，华东师范大学博士学位论文，2016年。

教师的专业和个性素养。《企业培训师能力要求》则对企业实训教师应当具备的能力和知识做出了详细的规定。具体能力要求如表 1 - 1、图 1 - 3 所示。

表 1 - 1　　　　　　德国职业学校教师《专业学科与教学法标准》能力要求

学习阶段	能力	具体要求
大学培养阶段	掌握贯通性的专业知识	(1) 具备与其专业领域有关的扎实的和结构化的专业知识（支配性知识） (2) 可以借助概括性的介绍（导向性知识）了解本学科当前的基本问题 (3) 可以反思并使用有关本学科的知识（元知识，包括职业实践获取的经验），并可以追溯其主要的思想史和科学理论 (4) 能够通过接触其他学科进一步扩展自己的专业知识并由此开发跨学科的技能
	掌握认知手段和工作方法	(1) 熟悉所选学科专业的认知手段和工作方法 (2) 能够在学科专业的核心领域应用这些方法
	掌握贯通性的专业教学法方面的知识	(1) 具备有关专业教学法理论方面的扎实的和结构化的知识，能够从教学法的角度分析专业知识内容及其教育效果 (2) 了解并且能够使用与其专业有关的教学法和学习心理学的研究成果 (3) 了解其专业的成绩评价的基本原则 (4) 了解能促进或阻碍学习的学生特征，并能够有针对性地设计和构建差异性的学习环境
预备实习阶段		(1) 设计及构建学科教学 (2) 处理复杂的课堂情境 (3) 促进学习的可持续性 (4) 掌握其学科专业的成绩评价方法
进修阶段		从专业和个性两个方面发展教师的专业能力

资料来源：孙进：《德国教师教育标准：背景·内容·特征》，《比较教育研究》2012 年第 8 期，第 30 - 36 页。

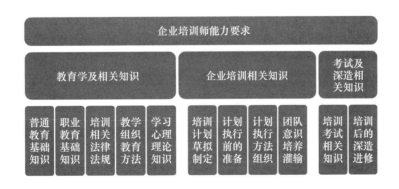

图 1 - 3　德国企业培训师能力要求

资料来源：陶扉：《德国企业培训师制度研究》，天津大学硕士学位论文，2007 年。

　　（4）课程设置。在大学教育阶段，德国职教师资培养课程的开展形式以全日制课程为主，同时教育实践贯穿始终；而在预备实习阶段，则由教育学院和教师实习所在的职业学校采取"师傅带徒弟"的方式共同培养，内容包括跟班听课、独立开展教学活动、在师范学院学习教育理论和教学法等。以职教师资培养领域久负盛名的德国不来梅大学（Universität Bremen）为例，该校金属技术与车辆技术教育专业课程分为本科层次（6 个学期）和硕士层次（4 个学期）两个阶段。本科层次需完成 180 学分，课程包括 7 个模块，分别是职业教育学、职业科学、专业方向重点课程、专业基础知识、专业理论知识、专业选修、结业模块；硕士层次需完成 120 学分，包括 5 个模块，分别是职业类专业教学法、职业教育学、关键能力、第二专业方向、硕士论文。[①]具体课程如表 1 - 2、表 1 - 3 所示。

表 1 - 2　　　　　　德国不来梅大学职教教师教育金属与车辆技术专业本科层次课程

模块	课程		学分	开设学期
职业教育学 （各专业相同，共 30 学分）	职业教育与培训的基础		6	1
	学习者及其学习过程的伴随		6	2
	学习进度的掌握和评价		6	3
	教育管理的行动领域		6	4
	项目管理：教育项目的设计		6	5
职业科学（30 学分）	职业及其组织方式		6	1
	职业科学研究方法 1		6	2
	职业科学研究方法（应用）2		6	3
	职业教育实践研究：项目研讨 1		6	4
	职业教育实践研究：项目研讨 2		6	5
专业方向重点课程 （汽修和金属技术方向 任选，30 学分）	—	人、机器和组织	6	1
		房屋、楼宇系统及可持续发展（环保技术）	6	2
		诊断及维修方法	6	3
	汽修深化课	汽车、诊断、维修	6	4
		汽车及零部件	6	5
	金属技术深化课	机电一体化系统	6	2
		CNC（数控机床）技术	6	5
专业基础知识（30 学分）	数学基础		6	1
	电子技术、信息技术及控制技术		12	2
	交叉的专业或学科内容		12	3/4
专业理论知识（30 学分）	工程力学		6	1
	设计和制造技术		12	3/4
	生产技术和工艺设备		6	3
	工艺流程学与自动化技术		6	4

①汤霓：《英、美、德三国职业教育师资培养的比较研究》，华东师范大学博士学位论文，2016 年。

续表

模块	课程	学分	开设学期
专业选修（18学分）	选修课	18	1~5
	研讨班		6
结业模块（12学分）	论文	12	6

资料来源：Universität Bremen，*Musterstudienplan Bachelor Berufliche Bildung mit der beruflichen Fachrichtung Metall-technik – Fahrzeugtechnik*，2015 – 12 – 30.

表1–3　　　德国不来梅大学职教教师教育金属与车辆技术专业硕士层次课程

模块	课程	学分	开设学期
职业类专业教学法（24学分）	职业类专业的教学法和教学理论	6	1
	职业类专业的工作和技术	6	2
	专业教学项目（实习）	12	2/3
职业教育学（12学分）	职业教育学导论	6	1/2
	学习、发展和社会化	6	2/3
关键能力（9学分）	科学论文	3	1
	异质性交往	3	2
	自选	3	1~4
第二专业方向（60学分）	专业科学	45	1~4
	专业教学论	15	
硕士论文（15学分）	硕士论文	15	4

资料来源：Universität Bremen，*Mastetstudiengang Lehramt an beruflichen Schulen*，2015 – 12 – 30.

3. 德国职业教育师资培养的特点

（1）师资培养法规体系完善。德国的职业教育不但有宏观的国家发展政策为指引，而且有一整套内容丰富、互相衔接、便于操作的职业教育法规体系作为切实保障，使整个职业教育界和企业界都有法可依。在职业学校教师培养方面，德国制定了一系列法律法规，如《联邦职业教育法》（1969年）、《扩大职业培训促进法》（1976年）、《职业教育促进法》（1981年）、《联邦职业教育法》（2004年）、《职业训练法》、《联邦职业教育保障法》等。德国对实训教师的要求也做了明确而详细的规定，其中包括由联邦劳动和社会秩序部通过的《实训教师资格条例》，具体到行业则更为严谨，如《工业行业实训教师资格条例》《农业实训教师资格条例》《公共事业实训教师资格条例》等。德国还明确了职业教师进修培训方面的法规，即《培训师资质规定》，另外还有370多种国家承认的培训职业的培训条例，对于培训师的学历资格、考核、继续教育等方面都有具体而严格的法律规定。值得一提的是，德国联邦政府对于实施教师培训的企业给予了相当多的优惠政策，由此吸引了大量企业参与到职教师资培训中来，大大保障了教师培训对于设备、环境的要求，提高了实践环节的可操作性和有效性，为教师进修培训提供了强有力的支持。

（2）教师培养过程一体化。德国早在 20 世纪 70 年代就已经关注职业教育教师培养一体化进程。当时的德国教育学会就曾明确指出："独立开设并与相关学科相协调（而不是对应）的大学专业教育，是职教师资专业化的基础。"① 基于这一理念，德国在职教师资培养方面形成了一体化的培养途径，简单而言就是开设专门的教师培训机构和职教教师师范专业，招收经过至少 12 个月的实习工作或者参加过职业培训的高中毕业生，进入大学学习阶段，学制为 5 年，通过第一次国家考试毕业，获得硕士学位；然后经过为期两年的实习期，再通过第二次国家考试，完成一次职教师资的培养过程，才有资格受聘担任职业学校教师工作。可见，德国通过专门设置职教教师教育专业，按照专业的基本要求设置培养目标，开设有关课程；开设教育学院或技术和教育研究所的专门培养机构，以及授予准职教教师学士和硕士学位等方式，实现了德国职教师资一体化培养。

（3）培养目标体现综合职业能力导向。如前文所述，德国职教师资培养从教育科学和专业科学双视角对专业标准进行划分，体现了综合职业能力导向的培养目标。教育科学视角的专业标准提出了专业目标，即培养从事职业教育与培训的某专业领域的具有专业和职业能力、专业教学能力和教育能力的人员。专业科学视角的专业标准则提出了课程目标，即在教师的各个工作领域和能力框架下培养和促进未来职教教师各方面的职业行动能力。② 两种专业标准都特别提到了专业教学知识，可见德国对专业教学能力培养尤其重视，这保证了在扎实的技术基础之上的教育教学水平。为顺利完成职教师资培养中的专业教学能力培养，德国采取"系统授课学习理论知识＋实践培养专业教学能力"的培养方式。职教教师通过在校专题研讨、分组讨论、角色扮演、互动式教学方法演练、校外参观、职业学校实习，实现理实一体的教学模式，掌握教学方法，提高职业能力。

（二）美国职教师资培养

美国实行地方分权制，因此形成了各州相对独立、各具特色的"开放式"职教师资培养方式，各种教师专业组织和团体积极发挥作用，参与了职教师资专业标准制定和资格认定等教师培养活动。同时，美国职教师资培养也有规范化的管理体制，在资格认证方面实行职业技术教育教师证书制，高度重视培养师范生的师范性、技术性与学术性。③

1. 美国职教师资培养发展历程

（1）萌芽期。19 世纪末期，随着工业革命的发展，传统的学徒制已经不适应甚至阻碍了规模化生产，美国社会兴起了一场"手工培训运动"（Manual Training Movement），手工培训学校作为一种新的教育形式开始出现。1880 年，密苏里州的圣路易斯市（St. Louis）建立了美国第一所手工培训学校（作为华盛顿大学的分部）。随后，伊利诺伊州的芝加哥市（Chicago）、路易斯安那州的新奥尔良市（New Orleans City）、俄亥俄州的托莱多市（Toledo）以及纽约州也纷纷建立了手工培训学校。④ 但是，此时的手工培训学校几乎没有教师培训，仅仅是从工厂中挑选一

①Deutscher Bildungsrat, *Empfehlungen der Bildungskommission: Stmkturplan für das Bildungswesen. Lehrerbildung für berufliche Schulen.* Stuttgart: Klett, 1973, pp. 242 - 244.

②谢莉花：《德国职业教育师资培养的三性融合课程及启示》，《外国教育研究》2014 年第 5 期，第 24 - 32 页。

③梁杰：《中等职教师资培养模式研究——基于三性合一的视角》，河北科技师范学院硕士学位论文，2015 年。

④Lynch R. L., & Ruhland, S. K., "Careerand Technical Teachingand Teacher Education in the United Statesof America", In P. Grollmann & F. Rauner (Eds.), *International Perspectiveson Teachersand Lecturersin Technicaland Vocational Education.* Springer Netherlands, 2007, pp. 277 - 306.

些"实干家"来担任教师，因为人们不相信经过学术训练的教师能够胜任职业指导课程。[1]

（2）法规完善期。1914年，美国职业教育国家资助委员会（US Congressional Commission on National Aid to Vocational Education）向国会提交了关于国家对熟练工人的需求情况、职业教育的需求与资助等问题的调研报告。[2] 委员会的调研结果直接促成了1917年《史密斯—休斯法案》的颁布，这是美国第一部对职教教师培养提出给予联邦政府资助的法案，要求在政府资助的职业教育学校中，教师必须具备一定的实践工作经验方能上岗。该法案的颁布标志着美国职教师资培养走向制度正规化。随后，美国联邦政府出台了一系列关于职业教育的法案，将职业教育视为有别于学术教育的独立体系延续下来，在此背景下，职教教师培养的双重体系也逐步形成。

经过实践检验，《史密斯—休斯法案》的实施造成了美国职业教育与学术教育的分离，这种分离并没有满足美国教育发展的现实需求。美国社会由此引发了关于如何提高学生学业要求和教师绩效的政策讨论，并掀起了一场"基于标准的改革运动"（Standard - based Reform Movement）[3]。20世纪80年代末，美国对教师的入职标准和在职标准进行研究、制定与实施，进一步推动了职教教师专业标准的出台。如美国工业与技术教师培养者国家协会（National Association of Industrial and Technical Teacher Educators，NAITTE）下属的研究会于1995年制定了《贸易与工业教育教师资格准备质量标准》（*Standards of Quality for the Preparation of the Certification of Trade and Industrial Education Teachers*），美国教师教育认证委员会（National Council for the Accreditation of Teacher Education，NCATE）制定了《技术教师培养标准》（*Program for Initial Preparation of Teachers of Technology Education*）。此外，各州政府也纷纷制定了各州的职教教师专业标准和教师资格认定方面的法律法规。20世纪90年代初期，美国实施教师证替代政策，极大地充实了职教教师队伍。另外，还有许多学校采用专业学校的形式培养职教师资，即师范院校与职业学校合作开展师资培养或培训工作。

（3）成熟稳定期。进入21世纪，美国教育标准化的改革运动持续"升温"，对职教师资培养工作进行了一系列的改革。如《共同核心州立标准》的颁布，标志着美国进入了基于共同标准的课程改革时期，对职教教师知识整合能力的提高起到了进一步的推动作用。2012年，美国教育部颁发了《投资美国的未来——生涯与技术教育变革的蓝图》（*Investing in America's Future a Blueprint for Transforming Career and Technical Education*），该文件明确提出鼓励职教教师的聘用、专业发展和评价体系的运用，鼓励以替代性路径的方式支持专业人员从工业界到职教教师岗位的过渡，与行业协会合作培养职教教师，确保职教教师工业界知识和技能的更新，鼓励运用现有的职教教师评价体系，使用合适的标准化的方式来评价教师的有效性等。[4]

总体而言，美国职教师资培养的趋势是要求职教教师在入职前就要获得一定的学位（最低要求学士学位），或者是在入职后一段时间内（如5～10年）获得学士或以上学位。另外，在职

①Kliebard H. M. , *Schooledto Work：Vocationalism and the American Curriculum*，1876 - 1946. New York：Teachers College Press，1999.

②McClasin, N. L. , & Parks, D. , *Teacher Educationin Careerand Technical Education：Background and PolicyImplications for the New Millennium.* Columbus, OH：National Dissemination Center for Careerand Technical Education, 2002.

③付强：《基于标准的美国教育改革运动简论》，《青岛大学师范学院学报》2011年第3期，第25 - 29页。

④U. S. Departmentof Education, *Investingin America's Future：A Blueprintfor Transforming Careerand Technical Education.* Washington D. C. ：U. S. Department of Education, Office of Vocational and Adult Education, 2012.

教师还需接受职前教师教育项目或当地学校、州教育部门资助的学校本位的培训项目进行提升。[①]

2. 美国职教师资培养分析

（1）师资培养途径。美国对职教教师实行的是开放式培养，人们可以通过两种途径获得职业教育教师资格：一种是拥有学士以上学位者，可以通过接受学院或大学教育成为职教教师；另一种是通过积累工作经验获得职教教师资格，这让有丰富工作经验却没有学士学位的申请者有机会成为职业教育教师。

针对接受学校教育的师范生，其培养过程是：首先，学生要在综合性大学的专业学院学习专业知识，获得学士学位。其次，在综合性大学或者教育学院设立的职业教育、工业技术教育、应用技术教育等专业修学规定的教育课程或学分，并且对所学专业课程要有 1 年以上的实际教学工作经验，方能到职业学校任教。为了丰富学生的实践教学经验，美国的社区学院为大学的在校学生提供大量的教育见习和实习的机会，以及全面的职前教育课程。这种培养过程被称为"传统"途径。

针对有丰富工作经验却没有学士学位的申请者，美国很多大学的教育学院、研究生院提供教师证或认证培训。这些培训主要采取业余或函授的方式，课程涉及教学法、成人教育、教学管理、教育实习、计算机运用、课程开发以及测量与评价等，学完这些课程后可以获得职业教育教师职业资格证书。这种培养过程被称为"备选"途径，较有特色的是南卡罗来纳州推出的"以工作为基础的生涯和技术教育教师资格证书项目"（Career and Technology Work – based Certification Program，CTWCP）。

美国职业院校根据新进教师是否受过师范教育而设定不同的引导期：受过师范教育的教师，引导期为一年；没有受过师范教育的教师，引导期为 5~6 年。在引导期内，准教师要接受与教学相关的多种培训，培训内容包括资深教师的指导、参考其他教师的教案、对职教学生情况的了解、对学校整体工作与政策的了解、新教师手册、开设新教师求助热线等。[②]

美国的社区学院将兼职教师的专业发展与本学院的发展联系起来，专门为兼职教师开发了专业化发展计划，内容包括：教学发展——侧重教学技能的改善与提高，优化教学过程，提升教学效果；组织发展——强调个人的发展与组织的发展战略的结合，增强兼职教师的归属感，为其创造一个有效的工作环境；个人发展——增进个体人际交往技能，包括人际交往技巧、压力管理、时间管理等。这些内容往往通过课程发展研讨、同事互助、校企合作等途径来实现，同时辅助以研讨班、工作坊、良师指导、发展性休假、兼职教师手册的方式来具体实施。[③]

（2）入职资格。美国职教教师资格类型众多，从不同的维度划分有不同的类别，颁发机构也有所区别（见表 1 – 4）。美国对专职的职教教师学历要求很高，必须是大学本科毕业生或者硕士研究生，并经过教育学院和实践环节的专业培训，一些技能性较强的行业工种的教师还要有理

① Lynch R. L. , & Ruhland S. K. , "Careerand Technical Teachingand Teacher Education in the United States of America", In P. Grollmann & F. Rauner（Eds. ）, *International Perspectiveson Teachersand Lecturersin Technicaland Vocational Education* Springer Netherlands，2007, pp. 277 – 306.

② 徐国庆：《美国职业教育教师职业资格证书制度研究》,《外国教育研究》2011 年第 1 期，第 90 – 91 页。

③ 中国高职发展智库：《兼职教师管理，我们该向美国社区学院学习什么?》, http：//www. zggzzk. com/infoview. php? d = 336, 2016 – 05 – 23。

科辅助学位和6年的全职专业工作经历才能担任。① 社区学院是美国比较常见的一种学制短、学科综合、多功能的普通高等教育形式，承担基本的职业教育培训。根据教育特点和要求，社区学院要求从事学术性课程教育的教师必须具备博士或硕士学位，从事职业教育或技能性课程教育的教师可以是学士或副学士学位，但要求具有2~6年专业工作经验和相关技术、技能资格证书等。② 此外，美国十分重视职教师资的职前培养和职后教育的协调，实行"职业教育教师证书制"。③ 教师入职后，每2.5年要参加一次教师资格考核，取得所在州教育主管部门颁发的任教合格证书才能上岗教学，考核体系如表1-5所示。由于美国职教师资中有大量的兼职教师，因此对聘请兼职教师有严格的要求，比如要求高职教师必须是硕士以上学历，并且必须是本行业优秀的工程师和技术专家。④

表1-4　　　　　　　　　　　　　　美国职教师资认证类别

划分维度	认证类别	认证要求
颁发机构和功能	执照（Licensure）	由各州政府制定标准并颁发，代表当地某一职教领域任教所要达到的最低知识、技能与能力要求，是职教教师准入资格证
	证书（Certification）	由相关的教师专业组织制定标准并颁发，不具备强制性，代表其拥有者达到了专业领域内的优秀水准，需要在获得州政府颁发的执照后，经过一段时间的工作和进修才能申请
层级划分	初级/临时教师资格证书（Initial/Provisional Licensure/Certification）	颁发给新教师，有效期一般为1~4年，目的是进一步考察其能否成为一名合格的职教教师
	专业教师资格证书（Professional Licensure/Certification）	在职教师获得初级教师资格证书并完成一定的进修和培训且通过相应考察程序即可申请，有效期一般为5年，期满需重新认证
	高级教师资格证书（Senior Professional Educator License）	专业教师资格证书期满后可进一步申请，需要定期更新认证。例如，在俄亥俄州，可申请高级专业教师证书（Senior Professional Educator License）或领先专业教师证书（Lead Professional Educator License）
专业领域	农业教育、商务教育、家庭与消费科学教育、市场营销教育、健康卫生教育、贸易与工业教育。也有的州根据十六大职业生涯群来命名资格证书的专业领域	

资料来源：整理自汤霓：《英、美、德三国职业教育师资培养的比较研究》，华东师范大学博士学位论文，2016年。

---

① 周秀峰、李伟华、任雪浩：《德、美、澳三国职业教育师资培养的主要特点及启示》，《职业教育研究》2014年第11期，第174-177页。
② 龙鸥：《国外职教师资教育要求对我国教师培养的启示》，《湖北函授大学学报》2017年第9期，第1-3页。
③ 罗嗣安：《主要发达国家职教师资培养的比较及其对我国的启示》，《学理论》2010年第4期，第254-255页。
④ 王昊：《德、美、澳职教师资职前培养模式比较研究》，《中国职业技术教育》2012年第12期，第80-83页。

（3）教师专业标准。美国根据教师资历和学科专业的不同制定了不同的教师标准。一方面，自 2006 年美国用生涯与技术教育（CTE）替代职业与技术教育（VTE）后，逐步形成中等 CTE 教师专业标准。该标准分为初任中等 CTE 教师专业标准（以新任教师为对象）和优秀中等 CTE 教师专业标准（以拥有数年教学经验的教师为对象）。另一方面，美国在 CTE 通用标准之上，针对各学科特点制定出 CTE 学科教师专业标准。美国专门建立并不断优化针对新教师的评价体系，还组建了"州际新教师评估与支持联合会"，以推动新任教师的专业发展。美国对专业课教师的要求最为细致和严格，要求其在符合 CTE 通用教师专业标准（从职业教师宏观角度要求应达到的专业能力）的基础上，还要达到 CTE 学科教师专业标准（从本学科的微观角度要求应达到的专业能力）。①

（4）课程设置。美国职教师资培养课程一般包括传统路径课程和替代路径课程，所谓传统路径即指全日制在校课程，替代路径则是针对专业技术人员获得临时教师资格证之后开展的职后教育课程。美国开设职教教师教育课程的机构通常为四年制大学和两年制社区学院，包括大型研究型州立学术机构、州政府支持的学术机构和私立学术机构（见表 1-5）。其中，绝大多数的相关课程都开设在州政府支持的学术机构中。

表 1-5　　　　　　　　　　　　美国开设职教师资培养课程的机构类型

机构类型	举例
大型研究型州立学术机构	俄亥俄州立大学（The Ohio State University）、宾州州立大学（Penn State University）、明尼苏达大学（The University of Minnesota）
州政府支持的学术机构	北伊利诺伊大学（Northern Illinois University）、西密歇根大学（Western Michigan University）
私立学术机构	阿什兰大学（Ashland University）、杨百翰大学（Brigham Young University）

资料来源：整理自汤霓：《英、美、德三国职业教育师资培养的比较研究》，华东师范大学博士学位论文，2016 年。

在美国，经过传统路径培养的职教师资，不仅需要接受专业训练，而且要广泛学习职业技术教育课程。学生通过学习职业技术教育课程，除了提升专业技能外，还能够掌握理论知识与实践、相关职教领域、与普通教育类课程之间的关系等方面的内容，提升教学的理论水平与实践技能。美国俄亥俄州立大学的职教教师教育在美国一直久负盛名，以该校商务教育专业为例，其课程结构分为通识类、教育类和专业类，具体课程内容、学分及开设学期安排如表 1-6 所示。

---

①薛晓瑜、胡业华：《国外职教师资培养特点及对我国的启示》，《湖南科技学院学报》2014 年第 6 期，第 61-63 页。

表1-6　　　　　　　　　　　美国俄亥俄州立大学商务教育专业课程设置

课程类别	课程名称	学分	开设学期
通识类课程（46~50学分）	写作（英语/第二阶段写作）	6	1/4
	文学	3	2
	艺术	3	1
	数学（逻辑分析）	3~7	1/2
	数据分析	3	3
	科学（物理/生物）	10	2、4/3
	历史学	3	7
	社会学（心理学导论/微观经济学原理）	6	1/2
	文化与理念或历史学	3	6
	公开课（宏观经济学原理/人力开发周期）	6	3/2
	教育、人类生态与规划导论	1	1
	选修课	0.5~4.5	—
教育类课程（46学分）	生涯与技术教育现场实践1	2	5
	生涯与技术教育现场实践2	2	6
	教师与培训者教育技术应用导论	3	5
	教师与培训者高级教育技术应用	3	6
	劳动力开发与教育基础	3	5
	生涯与技术教育教学法或商务教育教学法	3	5
	工作本位学习或工作场所中的成人教学	3	6
	特殊儿童教育导论	3	4
	生涯与技术教育课程/教学与评价	3	6
	成人的终身教育	3	4
	教育心理学	3	3
	跨课程领域中的阅读教学	3	7
	生涯与技术教育中的教育实习	12	8
专业类课程（22.5学分）	会计基础	3	3
	财政基础	3	5
	商务法律环境	1.5	6
	家庭财政管理或个人财政	3	4
	运营管理基础	3	3
	管理与人力资源基础	3	7
	市场营销基础	3	4
	商务专业写作	3	7

资料来源：Ohio State University，*Bachelor of Science in Education*，*Technical Education and Training Business Education Teacher Education Program Sheet*，http：//ehe. osu. edu/downloads/academics/program - sheets/business - education - teacher - education - specialization - in - technical - education - and - training. pdf，2015 - 12 - 30.

3. 美国职教师资培养的特点

（1）教师管理机制完备且周密。美国职业教育教师管理机制完备且周密，这体现在三个方面：一是严格的考核评价机制。美国职业院校每年对在职教师进行教学、科研和社会服务三方面的考核与评价，具体考核内容如表 1 – 7 所示。二是规范的评聘机制。美国实行评聘分开，在职称评审方面，职业学校享有较大的自主权，凡符合条件的教师都可参加职称评审，但是是否聘用还需综合考量。职称层级分为讲师、助理教授、副教授、教授四个级别，其中副教授和教授都要求具备博士学位，评审过程一般要经历个人申请、国内外同行专家鉴定、评审委员会投票表决、学术委员会讨论裁决（有的还要上报州教育系统主管审批）等程序。除了职称晋升外，在校任教超过五年的教师可以申请终身教职。终身教职的评审要求申请者独立完成过多项科研任务、在高水平的期刊上发表过一定数量的论文、成功地指导过博士研究生等，且要经过个人申报、本系全体教员投票、晋级评委会审查及选举等程序。由于终身教职制度的特点是"非升即走"，符合条件的教师若连续两年申请终身教职失败，则不能在校继续留任，一旦获得即可享有众多的福利待遇，因此最能激发青年教师斗志。[1] 三是内容丰富的激励机制。美国高校设置了种类繁多的奖励和荣誉项目，以提高教师的工作积极性，如明尼苏达大学的奖励和荣誉项目有"杰出教学或杰出科研奖""明尼苏达大学校友协会奖""校长杰出服务奖""杰出社区服务奖"等。[2]

表 1 –7   美国职业院校教师考核与评价内容

考核项目	主要内容
教学情况	教课门数、课时数、学生数量、学生评价、教学方法创新等
科研情况	在州、地区、全国或国际会议上所做的学术报告和所发表的学术论著，参加学术研究活动情况，申请到的科研经费等
社会服务	在校内参加各级委员会的次数和贡献；在校外各团体中或其研究成果用于开发并为社会服务的情况

资料来源：邓敏：《新德美澳等典型国家高职教师培养培训的启示》，《教育教学论坛》2014 年第 11 期，第 41 –43 页。

（2）实行"双元制"培养模式。国内学者将美国的职教师资培养模式总结为"双元制"培养模式（见图 1 –4），具体而言即是大学培养与教师在职工作、实践经验累积同时进行，二者紧密配合，按计划分阶段实施，以取得相应教师职业资格证书为目标，实现教师实际工作能力有效发展的职业教师培养模式。[3] 美国的职教师资培养采用"双路径"的培养结构，即通过接受学院或大学教育获得证书的"传统路径"和通过积累工作经验获得证书的"替代路径"。其中，"替代路径"更加体现了开放式的培养方式。这两种路径培养的教师都只是获得临时的或初级的教师资格证书，此后还需在担任实际教学任务的同时，接受四年的在职培训，才能获得专业教师资格证书，因此称其为"双元制"培养模式。"双元制"培养模式是美国职业教育师资培养极具特色的部分，也是每个职教教师在获得专业教师资格证书之前必须经过的系统培训，能够让教师在

①薛晓瑜、胡业华：《国外职教师资培养特点及对我国的启示》，《湖南科技学院学报》2014 年第 6 期，第 61 –63 页。
②邓敏：《新德美澳等典型国家高职教师培养培训的启示》，《教育教学论坛》2014 年第 11 期，第 41 –43 页。
③徐国庆：《美国双元制职业教师培养模式研究》，《全球教育展》2011 年第 8 期，第 87 –91 页。

教学的同时及时对教学问题进行反思，也更加有利于教师职业教育专业教学能力的生成。

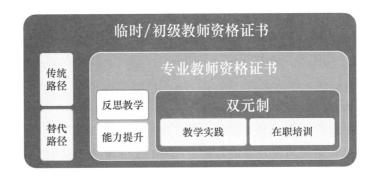

图1-4　美国"双元制"职教师资培养模式

（3）课程体系与培养模式相配套。由于采用"双元制"模式培养职教师资，因此美国为其传统路径和替代路径分别设计了配套的课程体系，课程设置也具有一定的针对性。传统路径课程主要针对的是农业教育、商务教育、市场营销教育、家庭和消费科学教育、技术教育领域中的职业教育教师，课程体系设计重视学生的通识教育；专业课程基础宽厚，侧重学生应变能力培养；教育类课程内容更加精深。而替代路径课程的培养内容不区分专业背景，更关注职教教师的教学论与教学法方面的培训，课程设置更加重视教师的教学实践。以南卡罗来纳州的 CTWCP 项目为例，其培养内容十分重视基础知识和技能、专业知识和技能、教学知识和技能之间的整合，注重课程结构的平衡。CTWCP 项目的"教学技能课程"按照联邦政府的 InTASC 核心课程标准，在内容设置、课程讲授、成绩考核、课程评价等各方面都设立了严格的实施标准。此外，考虑到学员多为在职人员，项目在课程设置和培训方式上体现出了极大的灵活性。培训内容精简了理论学习内容，缩短了修业年限；"教学技能课程"的培训时间集中在一周或分散在几个周末，既不影响学员的正常工作，也保证了学员获得必要的教学知识和技能；学员既可以通过网络进行学习和考试，也可以通过参加学习班、研讨会等方式进行学习；既可以在职业培训学院接受专门的理论学习和技能培训，又可以在企业或工厂接受实操性训练。①

（三）澳大利亚职教师资培养

澳大利亚职教师资主要由高等教育学院和大学培养，其培养途径有两种：一是通过高等院校培养高学历、高素质的专任教师；二是面向社会选聘具有丰富实践经验的专业技术人员，使其接受师范教育而成为兼职教师。通过专兼结合、优势互补的培养方式，保证了职教师资队伍结构的完整性，同时，澳大利亚在培养过程中严格控制质量，培养了一批又一批的高素质职教师资，促进了本国职业教育的快速发展。

1. 澳大利亚职教师资培养发展历程

（1）发展初期。19 世纪 50 年代初，澳大利亚模仿英国的"模范学校"（Model School）与"导生制"（Monitorial or Apprenticeship Scheme），开始了最早的师资培养。在接下来的 40 年间，

---

①顾钧、顾俊：《美国职教教师资格证的备选途径——以南卡罗来纳州 CTWCP 项目为例》，《职业技术教育》2012 年第 4 期，第 85－89 页。

以上两种形式相结合的师资培养方式在澳大利亚东部人口最多的三大殖民地——新南威尔士、维多利亚、昆士兰一直并存。这一时期，职业教育教师的任职标准并不高，只要拥有适合的大学基础文凭（A Suitable University – based Diploma）或教育毕业文凭（Graduate Diploma in Education）即可，对教师文化知识水平的重视程度高于技能水平。

（2）发展转折期。1901 年，澳大利亚联邦政府成立，实行教育分权制。联邦政府主要负责制定统一的教师专业标准和评估体系，而州政府则根据实际情况，制定符合本州的教师管理措施和方法。20 世纪 60 年代以后，澳大利亚各州政府通过制定教师专业资格标准等措施，提高教师的社会地位。1978 年，澳大利亚康甘委员会成员彼得·弗莱明向国会提交了一份《弗莱明报告》[1]，这是第一份专门研究澳大利亚职业教育教师培养的报告，明确指出职业教育师资培养不同于普通教育，必须注重教师的动手操作能力。这份报告开辟了澳大利亚职业教育教师培养的先河。

20 世纪 80 年代被澳大利亚国内学者视为该国教师教育发展的一个转折点。联邦政府对教师教育的关注点逐渐由职前教育转向在职教育、继续教育，对教育质量的关注度也直线上升。联邦教育质量审查委员会发布了一项重要的教育报告——《澳大利亚教育质量报告》（Quality of Education of Australia）。该报告为后来政府制定、推行教师专业发展举措起到了前瞻性的预测作用。同期，联邦教育部下设的学校委员会经过调查，出台了《教师素质：一份议题文件》（Teacher Quality: An Issues Paper），指出澳大利亚应该在教师教育活动开展的数量、职前教育课程、专业发展、研究与数据搜集及合作等诸多方面投入更多的努力，联邦政府的作用有待加强。

（3）成熟期。20 世纪 90 年代中期，澳大利亚联邦政府制定了一系列政策措施，推动职教师资培养，保障教师专业化发展。例如，1991～1994 年开展的"教学质量全国计划"（National Project on Quality of Teaching and Learning），主要解决教师流动、教师地位与权力及教师在职教育和评价等问题；1993～1996 年开展的"全国专业发展计划"（National Professional Development Program）主要目的是根据教师的实际需求制定个性化、人性化和高质量的培训内容及方式；2000 年开始实施的"澳大利亚政府优质教师计划"（Australia Government Quality Teacher Program）旨在提高全国教师的专业能力和水平，进而提升教师的社会地位。

近年来，澳大利亚在全国统一的、高质量的职业教育师资培养体系框架内，致力于吸收来自产业界的意见，更好地满足教师的需要，建立起更明晰、更高质量的培养标准。澳大利亚职业教育师资中兼职教师比例上升，教师结构日趋合理，教师实践操作能力及信息技术教学能力增强。

2. 澳大利亚职教师资培养分析

（1）师资培养方式。澳大利亚 TAFE 学院的师资队伍的一个鲜明特点是以兼职教师为主，专兼职共同参与教学，队伍中多数是合同制（1～5 年）和临时性的教师，"终身雇佣"性质的已经很少。澳大利亚的职业教育专任师资主要由高等教育学院和大学采取"端连法"或"平行法"的方式培养。前者是指先开设三年的专业学位课程，再开设一年的教育专业课程（又叫"教育证书"课）；后者是指教育专业课程和专业学位课程同时开设。在 20 世纪 90 年代之前，"端连法"一直被视为职业教育师资培养的最佳方法，但是随着教育实践的深入开展，从 20 世纪 90 年代中期，澳大利亚若干所大学引进了四年制本科教育学士学位课程，采取高等教育学院的"平

---

① Kangan Myer, *Technical and Further Educationin Australia*, Canberra: The Government Printer of Australia, Vol. 11, 1975, p. 49.

行法"来培养未来的职业教育专任师资,"平行法"逐渐成为澳大利亚专任职教师资培养的主流方式。

澳大利亚职教师资培养的另一个重要方式是按照标准选聘具有丰富实践经验的专业技术人员。被招聘录用的专业技术人员,一边在 TAFE 学院从教,一边到高校的教育学院或职业教育学院接受为期 1~2 年的师范教育,以获取教师职业资格证书。[①]

(2)入职资格。澳大利亚拥有非常健全的教师资格认证体系,对教师的从业资格有很高的要求。进入职业院校任教的教师必须具备三个基本条件:第一,获得专业技术资格证书。职业教育的教师必须达到某一水平的技术资格等级,才能教授其等级以下的课程。第二,获得职业教育教师资格证书。澳大利亚国家资格认证框架(Australian Qualification Framework,AQF)中规定职业教育与培训可以颁发八种证书:Ⅰ级至Ⅳ级(1~4 级)证书、文凭、高级文凭、职业教育硕士证书、职业教育硕士文凭。职业教育教师资格证书即 AQF 4 级证书,是澳大利亚 TAFE 学校任课教师的职业准入资格证书,其核心思想是使职业教育教师树立"以学习者为中心"的教学思想。第三,具备 3 年以上的行业工作经历。应用技术大学的教师还要求具备博士以上学历、5 年以上的职业实践经验(含 3 年企业专业工作经历)。因此,从事职业教育的教师不仅要有学历文凭,更要有专业实践技能,兼具教学能力和技能鉴定能力,以保证职业教育"能力本位"(Competency-based Training)的课程实施和学生技能鉴定的质量。

(3)教师专业标准。澳大利亚联邦政府在 20 世纪末开始研究并开发符合本国特色的职业教育教师专业标准,并将职业技术教育规范化发展纳入国家工作规划。2003 年,澳大利亚通过了第一个统一的国家教师专业标准,即《全国教师专业标准框架》(*National Framework for Professional for Teaching*)。标准框架规定了教师应具备四种专业要素:专业知识(Professional Knowledge)、专业实践能力(Professional Practice)、专业价值观(Professional Values)、专业合作关系(Professional Relationship),并逐条进行阐述,具有可操作性,充分体现了教师与教学工作的地位。2010 年 6 月,澳大利亚颁布了专门针对职业教育教师的"培训与教育"培训包(Training and Education,TAE10)。TAE10 培训包将职业教育教师专业标准划分为七个模块,即项目设计、教学实施、设计和实施高级培训项目、学习项目评价、培训咨询服务、国际教育管理、可持续发展能力的构成分析,每个模块又细分为多个具体的能力标准。这七大模块规定了职教教师应具备的专业知识、专业能力、专业品质等,通过专业标准衡量教师专业的发展情况,并为教师专业发展指明了方向。由此标准可以看出,澳大利亚重视教师的核心能力,重视满足学生的需求,同时重视教师标准的实施结果即教师能力的评价。[②]

澳大利亚职教教师专业能力标准是在联邦政府国家质量委员会(NQC)的统筹监管下,以行业技能委员会(ISC)为开发主体联合注册培训机构、相关企业代表以及国家培训局等利益相关者联合开发的。澳大利亚负责职教教师专业能力标准认证的权威机构经历了从行业培训顾问机构(ITAB)到行业技能委员会(ISC)再到国家质量委员会(NQC)的演变。为保证专业设置和课程设计能够满足职业和岗位的需要,行业技能委员会和行业利益相关者拥有对所有需要批准的意见书进行验证和初步认证的权力。[③]

①赵玉:《澳大利亚职业教育教师专业发展探析》,《职教论坛》2010 年第 27 期,第 91-96 页。

②张素霞:《基于国际经验的高等职业教育教师标准指标体系构建》,《天津职业院校联合学报》2017 年第 10 期,第 3-10 页。

③李丽:《澳大利亚职业教育教师专业能力标准开发与认证研究》,《职教论坛》2013 年第 30 期,第 89-92 页。

（4）培养内容。澳大利亚重视教师的综合能力培养，分阶段对教师进行职业素养和教学能力、人文素质，以及实践能力的培养。为保证职教教师培训课程的科学化和规范化，澳大利亚职教专业化师资培训课程是以与职业资格证书和学位证书相挂钩的"培训包"形式出现的，涵盖了有关教师培训和资格认证的课程设置和标准。职教教师现有可修读并取得证书的课程包括从国家资格框架四级（Certificate IV TAE，AQF4）到九级（AQF9，硕士水平的课程项目）的一系列培训包和证书课程①。在获得与 AQF4 级相对应的"培训和评估"TAE40110 四级证书以后，教师还可以选择高级别培训包继续深造，以拓宽知识面、提高技能。此外，澳大利亚高度重视职业教育师资的行业工作经验，不仅在任职资格中对此做出明确规定，还要求入职后持续地、定期地到企业实践，以保证教师及时更新知识和技能，跟上专业和技术发展的步伐，同时向院校和学生实时反馈劳动力市场的需求。在专业发展过程中，教师逐渐发掘自身潜能，全面提高科学探索和科技创新意识。②

培训和评估 TAE40110 培训包涵盖了与教学工作相关的评估、计划和组织、学习的引导和促进、语言文字和数理、培训咨询服务等内容。③TAE40110 四级证书支持多样化的行业需求，重视教师关键能力培养，并规定了获得四级证书要接受的培训单元，具体内容如表 1 - 8 所示。

表 1 - 8　　　　　　　　　　澳大利亚培训和评估 TAE40110 四级证书就业能力要求

单元类别		必修单元（12）＋选修单元（10 选 2）
必修单元	教学环境	在职业教育环境中有效地工作
		营造包容性的学习文化
		确保学习和实习实训场所的安全
	教学设计	利用培训包资源设计课程实施方案
		利用培训包资源设计授课方案
	课堂授课	设计和组织小组/班级授课
		组织工作现场的学习
		促进个人学习
	技能鉴定	设计和组织鉴定
		评价学生技能
		设计鉴定工具
		参与鉴定效度的确认

①③李一：《澳大利亚卓越的职业教育专业化师资培养路径探析》，《职业技术教育》2014 年第 4 期，第 83 - 88 页。
②张莹：《中澳职教师资队伍建设的比较研究》，《广州广播电视大学学报》2016 年第 2 期，第 50 - 56 页。

续表

单元类别	必修单元（12）＋选修单元（10 选 2）	
选修单元	课堂授课	展示技能
		协调并组织远程教学
	培训咨询服务	提供学习建议
	语言、文字和数理训练	在教学和技能鉴定中及时提出相关的语言、文字和数理问题
	从其他培训包中引入的单元	建立良好的（师生）关系
		培养团队精神
		注重个性发展
		查询、分析并呈报信息
		推销（教学）产品与服务
		参与（教学）质量评估

资料来源：闫辉、李国和、蔡玉俊：《澳大利亚 TAFE 师资培养模式探究》，《职业教育研究》2016 年第 6 期，第 88－92 页。

3. 澳大利亚职教师资培养的特点[①]

（1）形成国家层面统一的认证和培训体系标准。澳大利亚本着技术立国的原则，致力于打造"技能化的澳大利亚"，并以"标准化"的模式完善劳动力的技能化[②]。通过制定国家培训框架体系（National Training Framework，NTF），并从国家战略的高度推动该体系的实施，澳大利亚形成了资格框架（AQF）和培训包（TP）等国家层面统一的认证和培训体系标准。AQF 4 级证书和 TAE40110 培训包是国家培训框架体系内职教教师职业资格框架的具体体现。澳大利亚根据经济社会发展需求与时俱进地对职教政策进行修订、完善和补充。为应对新技术的变化，澳大利亚国家资格委员会还与相关行业合作，对证书标准和培训包进行及时更新，通过与行业利益相关主体进行协商，提交国家质量委员会许可和公布。澳大利亚职业教育顶层设计的标准化，保证了技能化劳动力培养的质量和水平，为澳大利亚培养高素质专业化职教师资提供了体系和制度上的保障。

（2）重视培养教师的关键能力。澳大利亚对职教教师的专业资质要求非常严格，只有具有教学所需专业技术的大学本科文凭并具备 3~5 年行业、企业工作经历和国家四级资格证书者才能应聘该岗位。在不同的州，职教教师岗位的入职规定会有所区别，但是实践经验、技能证书、教育学习始终是任教的重要条件。[③] 澳大利亚针对不同学科、不同类别的职教教师制定了相应的专业标准，其显著特征就是重视职教教师的关键能力。这一特征也是 TAE10 培训包的精髓，在培训包规定的能力单元中得到了全面体现。澳大利亚的高等教育学院和大学提供了从普通教育证书到本科、硕士、博士专业学位证书的完备的证书体系。专任职教教师可以根据不同的需求和学习时间，自行选择项目和培训包，获取不同层次的职业资格证书，取得更高级别的文凭。

---

①李一：《澳大利亚卓越的职业教育专业化师资培养路径探析》，《职业技术教育》2014 年第 4 期，第 83－88 页。

②陈玥、李洋：《新世纪以来澳大利亚职业教育"标准化运动"：背景、演变及特征》，《职业技术教育》2013 年第 20 期，第 84－88 页。

③周秀峰、李伟华、任雪浩：《德、美、澳三国职业教育师资培养的主要特点及启示》，《职业教育研究》2014 年第 11 期，第 174－177 页。

（3）大力支持教师专业化发展。澳大利亚职业教育重视新入职教师的专业化培养和教师个人的专业化发展，对于不同阶段教师的培训均有所侧重：在初始阶段，通过对新教师提供入门级课程培训和资深同行指导实践，促进新教师的专业化成长；在职业生涯上升阶段，通过高级教学、学习和评估理论的学习巩固教师的先进性和创新性教学实践能力；在教师事业发展的巅峰阶段，以培养专家型资深教师为目标，提高职教教师职业的吸引力，激励教师持续提升。另外，澳大利亚建立了一系列专门从事教师发展项目的机构，其中包括维多利亚州政府教育和培训部资助下的职业教师发展中心（Vocational Education and Training Development Centre）。该中心通过开展教师持续发展项目、奖学金计划、职业教师相关研究、定制发展项目、专业发展项目评估等工作，针对职业教师的特点，提供对口服务，满足不同教师的专业化发展需求。[①]

（四）新加坡职教师资培养

新加坡有完善的职业教育体系，新加坡理工学院、南洋理工学院、淡马锡理工学院、共和理工学院、义安理工学院相当于我国的高等职业院校，由工艺教育学院实施中等职业教育。新加坡教育体系呈立交桥式，不同的教育层次之间是互通的。[②] 新加坡政府高度重视职教师资培养，为经济建设提供了大量能掌握和运用现代科学技术的熟练技术工人和高级管理人才。

1. 新加坡职教师资培养发展进程[③]

1961 年，新加坡政府根据《职业与技术教育报告书》的建议，开始建立职业教育机构，如新加坡工艺学院和义安工艺学院等。1963 年，新加坡实施"全职业计划"，要求职业院校教师参加为期两年的工厂脱产培训，并派职业教育教师到英国、澳大利亚、加拿大以及新西兰等英联邦国家留学，旨在提高职业院校教师的教学技能。20 世纪 70 年代开始，新加坡加强与西方发达国家合作，成立不同层级的人才培养机构、中心以完善人才培养模式。为提高教师的专业化程度，新加坡职业和技术教育委员会要求他们每隔五年必须到国外世界级的工厂系统学习业务知识，一年之后他们要对本国的课程设置和教学实践提出改进建议。20 世纪 90 年代，新加坡政府提出新学徒制（New Apprenticeship System），这标志着新加坡旧的职业教育体系被彻底推翻，同时职业教育机构对自身教学方式、手段和目标等内容做出调整。此外，新加坡特别强调创新和创业能力对学生发展的重要性，因此，在职业教育师资培养方面侧重创新创业能力。

2. 新加坡职教师资培养分析

（1）入职资格。新加坡的教师资格制度非常严格，职业教育教师的身份是国家公务员，实行政府统一公开招聘。教育部每年按照事业发展需要将职教师资招聘的信息（人数、科目、条件、时间、地点、要求等）在网站和报纸上公布，面向世界网罗优秀人才。考核分笔试和面试，两试合格者才可以得到教育部的派遣，到南洋理工大学国立教育学院接受专业的师范教育，考核合格取得教师资格证后才能担任教师，成为国家公务员。学校也可以根据自身需求灵活设计招聘环节。[④]

新加坡重视职业院校教师的实践经历，选拔重点是考核其是否具备胜任本专业的工作经验和

---

①黄芳、罗先锋：《澳大利亚职业教育教师发展中心的特点及启示——以维多利亚州职业教师发展中心为例》，《职业教育研究》2016 年第 8 期，第 84 - 88 页。

②牛红军等：《新加坡职业教育发展现状及对我国的启示》，《教育评论》2014 年第 4 期，第 162 - 164 页。

③高燕林：《新加坡职业教育的历史变迁与发展特征》，《深圳职业技术学院学报》2016 年第 5 期，第 57 - 62 页。

④王松柏：《新加坡南洋理工学院办学经验及其启示》，《黎明职业大学学报》2016 年第 9 期，第 50 - 60 页。

项目合作开发能力,绝大部分的职教教师都曾是企业的高级管理人员或业务骨干。新加坡国立理工学院教师选聘要求主要有五个方面:一是学历,职教从业教师需要有本科以上的学历,但并不盲目追求名牌大学毕业和高学历;二是工作经历,从业教师必须要有3~5年在相关企业重要岗位工作的经验和一定的教学培训经验;三是品德素质;四是语言能力;五是健康状况。其中后三项是作为教师的基本要求。[①] 工艺教育学院要求应聘者必须具有3~5年的企业经验,从而增强师资队伍整体的技能水平。

(2)教师专业发展。新加坡国立理工学院教师每年的人均培训成本约4000新元,教师每年都会被安排12~30天的时间参加新课程学习、学院内培训、企业或国外培训等各种提升教师专业水平的培训。此外,国立理工学院与企业共同开展项目开发与研究,专业教师每隔2~3年就要参加产业项目研制,及时了解行业与企业的最新前沿技术,同时提升专业技术水平、教学技能和科研能力。工艺教育学院为确保教师的专业技能与时俱进,至少每三年重新审核一次课程,对一些知识变化和更新较快的课程,每年重新审核一次,这就要求教师也需要不断地进行反思,以更新自己的专业知识,提高专业水平。

南洋理工学院针对教师专业发展提出了"教学工厂"和"无货架寿命"两大理念,并制订了教师技能转型计划。新加坡职教教师专业发展过程如图1-5所示。"教学工厂"模式将"工业项目"作为教学的主要形式,使核心教学及项目活动紧密联系,能够不断更新教师的知识结构,成为其专业能力和实践能力提升的重要途径。职教教师"无货架寿命"的实质就是终身学习(保鲜)理念,不论年龄大小、专业类别,在职业教育岗位上必须不断学习、不断进取、不断挑战。主要体现为:一是系主任有计划、有制度地安排教师专业提升;二是教师出于职业意识自觉提升。[②]

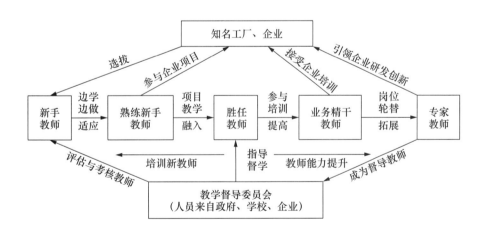

图1-5　新加坡南洋理工学院"双师型"教师培养方案

资料来源:王松柏:《新加坡南洋理工学院办学经验及其启示》,《黎明职业大学学报》2016年第9期,第50-60页。

另外,南洋理工学院注重预测市场变化和社会需求态势,在教师转型和新专业师资储备方面

①龙鸥:《国外职教师资教育要求对我国教师培养的启示》,《湖北函授大学学报》2017年第9期,第1-3页。
②阮彩霞:《新加坡高职院校教师专业发展的特色及启示》,《南方职业教育学刊》2011年第1期,第35-38页。

有着强烈的危机意识和超前意识。在某个专业招生出现萎缩趋势时，学院会在第四、第五学期对该专业的"种子教师"进行培训，使之完成专业转型。具体做法是：制定配套的教师技能转型计划，有目标地将相关教师选送到国内外知名学府研修，并让他们参与企业的项目研发。通过超前的教师转型，缓解了招生规模萎缩与教师课时量不足的矛盾，并使选中的"种子教师"能在较短的时间内进入新的角色，保证了新开设专业的建设质量。

（3）科研创新机制。新加坡职业教育将"无界化"管理的理念贯穿于职教师资培养的各方面，以科技中心或创新中心为载体统筹教学和科研工作。职业院校各系部都设有若干个科技中心，分别对应若干专业或研究方向，专业中心也叫项目中心。项目中心负责人按企业习惯被称为经理，通常由具有企业工作经验并有良好学术背景的人士担任，负责教学与科研双重管理工作。每个科技中心根据所承接的科研项目，将人员分配到各专业的项目中心和岗位。项目中心除了完成相应的科研工作外，还要参与教学工作及学生的实践指导工作。① "无界化"模式本质上是打破院系、学科、专业、课程之间的壁垒，实现相互融合、协调发展、合作互助、资源共享。在这种模式下，教师的工作是无界的，是多项教学任务的承担者；教师所属的部门是无界的，不受部门的限制，自由组合进行项目开发；教学团队是无界的，根据项目专业需要组建项目组；所用的资源是共享的，根据教学和项目需要，选择教学场所；自由分享经验知识库积累的经验。"无界化"管理使学校教师在岗位轮替方面更具有灵活性，获得更多事业增值机会，在符合学院办学目标的同时，也能充分发挥教师的潜能。②

（4）校企流动机制。新加坡政府鼓励企业与相关院校进行深度合作，建立了职业教育教师在校企之间顺畅的双向流动机制。相关企业与学院在人员互聘互用甚至是人才流动等方面都非常顺畅。学院可以从小型高新技术企业或者世界500强企业吸收优秀的员工充实到教师队伍，同样企业也可以经常从学院"借用"教师。"借用"通常有两种形式：第一种是企业向学院"租借"教师。"租期"通常为半年或更长时间，被租借的教师在企业从事科技研发工作，领取企业发放的薪水，同时企业还要向学院支付相关费用，用以弥补学校工作岗位调度产生的费用。第二种是企业全职引进学院的教师。学院对这种流动持开放包容的态度，认为这是增加一条联系企业与学校的纽带。③ 如前文所述，新加坡职业教育教师入职两年和五年后分别要接受考核才能决定是否续签合同，在两个合同之间，教师一般都要回到企业再工作一段时间，以了解最新的行业发展信息和技术变革，从而为下一阶段任教打下良好的基础。在新加坡，教师在企业与学校的工作经历都是得到相互认可并鼓励的，薪酬级别也是相互承认的。因此，校企之间人员的流动是畅通无阻的。④

新加坡南洋理工学院按照"源于企业，成果分享，师生提升，用于企业"的理念，创建了AES（Accumulated Experience Sharing）经验积累与分享系统，该系统是一个"经验积累→分享→应用→再积累"的知识和经验管理网络系统，保存了南洋理工学院所有企业项目的开发理念、技术方案、实施细则、成果文件和相关的知识、技能与经验等，保证了项目教学经验的积累

①王松柏：《新加坡南洋理工学院办学经验及其启示》，《黎明职业大学学报》2016年第9期，第50–60页。
②邹厚民、余靖中：《新加坡南洋理工学院师资队伍建设对广东省高职院校的启示》，《中国校外教育》2013年第7期，第149–150页。
③张立：《新加坡高职教师培养与激励的经验与启示》，《高等职业教育探索》2017年第4期，第40–45页。
④符家庆、孙建波：《新加坡职教师资培养对我国"双师型"教师培养的借鉴与启示》，《常州大学学报》（社会科学版）2014年第1期，第118–121页。

与分享不受教师流动的限制。①

3. 新加坡职教师资培养的特点

（1）协同管理体系精简高效。新加坡职业教育创建的精简干练、科学决策、高效快捷的协同管理体系具有极其鲜明的特色。以南洋理工学院为例，实行董事会领导下的院长负责制，其最高管理机构为校董会，并建立了校董会和专业管理双重管理架构。一方面，在校董会架构中，70%的校董来源于政府各有关管理部门，30%来源于企业高管。这些校董往往具有多重身份，既是政府管理部门官员或企业管理人员，又是学院管理者，部分还兼任专业咨询委员会主席。另一方面，在专业管理架构中，南洋理工学院设立了专业咨询委员会，成员主要来自企业，由其针对新专业设置或专业修改建议提供咨询意见。② 校董会和专业咨询委员会成员多元化的身份，将政府政策导向、市场需求导向、新兴产业导向与学院发展及专业建设相统一。

（2）校企合作贯穿师资培养全过程。校企合作是新加坡职教师资培养的重要特点，贯穿"双师型"教师成长的全过程。新加坡职业教育教师首先来自企业，因此大多具有资深的实践经验和企业背景。在专业发展进程中，教师依托"教学工厂""校企合作项目"平台，受益于"无界化"科研创新机制和无障碍岗位流通机制，由新手教师成长为专家教师，其价值不断得到提升。③ 校企合作一方面能吸引更多更好的企业高技术高技能人才加入到职业教育教师队伍，另一方面还加强了学校与企业的联系与沟通，将高水平的应用型开发项目带到学校，形成了良性互动，支撑和保持了新加坡职业教育教师队伍的高技术、高技能与高水平。

（3）考评晋升注重综合能力。新加坡将职教教师的级别划分为讲师和工程师两大类，并按相关制度区分层次，通过完善的考核评价机制实现教师级别升迁。讲师类从高到低依次划分为L1～L5五级，其中L1和L2分别为首席讲师、高级讲师，L3、L4、L5为讲师。工程师类从高到低依次分为DE1～DE5五级。④ 以新加坡理工学院为例，学院每年年终对员工进行考核，考核结果决定教师晋升与否。国立理工学院非常注重对教师能力的考核，对教师的能力评估包括工作态度及表现、教学工作表现、非教学工作表现三个方面。工作态度及表现包括献身精神、工作态度、团队精神、可靠性及进取精神、领导潜能；教学工作表现包括教学能力、沟通能力、学生管理、专业及课程开发；非教学工作包括与企业的联系和非教学任务、应变能力、资源规划与应用以及工作质量。正是由于内外结合、注重能力的考评晋升机制，最大程度地激发了教师的工作热情，形成互相学习、互相促进的工作氛围。

三、国外职教师资培养经验总结

德国、美国、澳大利亚、新加坡等国家在职业教育师资的准入机制、在职进修以及专业发展、培养过程、兼职教师队伍、协同主体等方面形成了广泛而有效的经验。

（一）建立了规范的准入机制

师资队伍建设是提高教育质量的关键，国外职业教育之所以取得卓越的发展成就，有一条共

---

①张朝晖、腾勇：《新加坡职教师资培养对我国双师型教师培养的借鉴与启示》，《陕西教育》（高教版）2017年第12期，第44－46页。

②蒋庆荣：《新加坡高职师资增值培养的启示与思考》，《新课程研究》2012年第12期，第29－31页。

③孟娜：《借鉴新加坡经验探寻我国职教师资队伍培养新路》，《中国培训》2013年第7期，第60－61页。

④邹瑞睿：《新加坡国立理工学院师资队伍建设对我国高职院校的启示》，《机械职业教育》2016年第8期，第54－56页。

同的经验就是都建立起严格的师资准入制度，都强调教师应有丰富的实践经验。在获得教学资格前，教师必须经历雇佣试用期，期限长短不一，目的在于获得相关工作经验，而只有在取得教师资格证书之后才有可能进入职业学校任教。德国应用技术大学的教授除了拥有博士学位，还必须拥有相关领域不少于五年的实践工作经历，并且其中至少有三年是学术性机构之外的工作。这就保证了教师的学术研究与企业实践的紧密联系。澳大利亚新聘教师要具备专业资格证书和教师资格证书，3~5 年的工作经验，且优先录取行业人员；招聘程序非常严格，由学院申请，再公开招聘，经评委会选定，还要做好申请人后期的咨询工作；新入职教师要经过学院的培训才能上岗。① 这种严格的准入机制为高水平的教育质量提供了保障。

（二）重视职教师资在职进修

职教发达国家一般都构建了健全的职教师资培训体系，包括设立专门的职教师资进修、培训机构；制定合理的培训激励制度等，推动教师专业发展。如在美国，职业教育师资的培训体系非常完备，许多社区学院每年提供专项经费用于教师进修培训，还为教师提供短期或长期的国外访学机会，教师可以参加各种教学研讨会或课程进修班以及其他培训，并且可以报销相关费用。各国设计了有利于职教教师专业发展的培训内容，这主要体现在培训内容具有较强的针对性和时效性。澳大利亚举办职教教师培训的机构主要有教育部门的大学教育学院和劳动部门的培训员培训中心，其培训内容既有学历学位培训、教师资格证书和现代教育技术培训内容，也有新知识、新技术培训等多种培训内容，另外企业也为教师提供专业技术实践的场所。这些培训内容基本满足了各类教师的培训需求。② 在职进修培训能够帮助教师及时了解社会对人才的需求，这样培养出的职教师资为"双师型"，既掌握扎实的专业理论知识，又是熟练的技师，能对未来的学生实践进行指导。③

（三）师资培养以能力为导向

职业教育以就业为导向，强调能力的重要性。发达国家在对职业教育教师培养的过程中以能力为导向，尤其重视职教师资专业实践能力的养成。美国强调能力本位的职业教育，在职教师资培养过程中对能力提出了更高的要求，强调教师必须接受专业技能训练，加强对师范生专业技术能力的培养，特别注重理论与实践的联系、不同领域之间的联系等。另外，职教师范生还必须进入职业学校见习，锻炼自身从事教育教学的能力。可见，美国对职业教育教师的培养以能力为导向，突出教师的专业技能及教育教学能力的重要性。以能力为本位，加强职教师资实践能力的培养，能更好地适应未来的职业教育教学工作的客观要求。④

（四）形成了稳定的兼职教师队伍

兼职教师队伍在职业教育人才培养中处于重要的地位，各国在发展兼职教师队伍的实践中形成了丰富的经验。如新加坡为了能及时把行业企业的前沿技术和标准规范引入学校课堂，各理工

---

① 闫辉、李国和、蔡玉俊：《澳大利亚 TAFE 师资培养模式探究》，《职业教育研究》2016 年第 6 期，第 88 - 92 页。

② 徐英俊：《发达国家职教师资职前培养与职后培训的主要特点》，《职教论坛》2010 年第 9 期，第 89 - 91 页。

③ Karl Heinz Arnold usw, *Schulpraktika in der Lehrerbildung Pedagogical Field Experiences in Teacher Education Individuelle Forderung in der Ganztagsschule*, Waxmamn, 2014.

④ 江军：《发达国家职教师资职前培养特点的聚焦及启示》，《教育与职业》2016 年第 4 期，第 17 - 20 页。

学院以每小时 80 新元左右的课时费聘请企业兼职教师;[①] 在德国，职业学校中职业性与实践性较强的学科都是由来自企业等职业实践领域有丰富经验的专业人员担任，兼职教师承担的课时量约占总课时量的 80%[②]。在兼职教师的任职资格上，各国的要求都比较严格，澳大利亚 TAFE 的专业技术兼职教师在教学期间，要到大学教育学院接受为期 1 ~ 2 年的教师教育，以获得教师资格证书；德国职业教育对兼职实践教师有严格规定，必须是有一定教育理论基础的技术专家，且要通过规定的考试。此外，各国对兼职教师队伍实行专门的管理规定和严格的考评制度，对兼职教师的从教资格要求不亚于专职教师。正是由于拥有实力较强的兼职教师队伍，各国职业教育在培养过程中，能够体现最新职业内容和前沿技术，兼职教师的职场经验也能弥补学校教育中学生缺乏真实工作环境体验的缺陷，保证了学生所学与用人单位所需的对接。[③]

（五）激发相关主体协同培养职教师资

职业教育具有跨界性，因此，职业教育教师要具备跨界的能力。职教师资的培养不仅需要大学，还需要企业、职业学校的参与。发达国家职业教育的蓬勃发展均离不开一条重要的经验，那就是积极利用企业、职业学校的资源优势，与大学联合培养职教师资，建立了政府支持下职业教育的多元协同发展机制，即政府、学校、企业、行业，以及其他社会力量，发挥各自优势共同办学的共赢机制。其中，政府承担着重要的职责，包括制定相关政策法规，协调各主体之间的关系，投入培养经费等；企业提供进修场所，为实训教师支付工资和进修费用；行业协会通常制定师资培养标准，监督培养过程等。新加坡教育部门负责制定职教师资培养的相关政策并实施管理，但由贸易与工业部根据经济发展的远景目标负责制定职教师资发展规划，该部门与企业充分沟通，同时参考学术界的意见，最后再由经济发展委员会指导专业与技术教育委员会对发展规划进行相应的调整。这种多部门、多主体间的协作，能保证职教师资培养规划与工商业发展对人才培养的需求相吻合。[④]

参 考 文 献

［1］顾明远：《教育大辞典》，上海教育出版社 1998 年版。

［2］汤霓：《英、美、德三国职业教育师资培养的比较研究》，华东师范大学博士学位论文，2016 年。

［3］龙鸥：《国外职教师资教育要求对我国教师培养的启示》，《湖北函授大学学报》2017 年第 9 期，第 1 - 3 页。

［4］谢勇旗：《校企合作培养"双师型"职教师资机制研究》，天津大学博士学位论文，2014 年。

［5］唐智彬、石伟平：《国际视野下我国职教师资队伍建设的问题与思路》，《教师教育研究》2012 年第 3 期，第 57 - 62 页。

［6］罗嗣安：《主要发达国家职教师资培养的比较及其对我国的启示》，《学理论》2010 年第 4 期，第 254 - 255 页。

［7］梁杰：《中等职教师资培养模式研究——基于三性合一的视角》，河北科技师范学院硕士学位论文，

---

①张朝晖、腾勇：《新加坡职教师资培养对我国双师型教师培养的借鉴与启示》，《陕西教育》（高教版）2017 年第 12 期，第 44 - 46 页。

②邓耀彩：《高职院校师资的国际比较》，《高教探索》2003 年第 2 期，第 44 - 47 页。

③唐智彬、石伟平：《国际视野下我国职教师资队伍建设的问题与思路》，《教师教育研究》2012 年第 3 期，第 57 - 62 页。

④管弦：《国外高职教育卓越发展的典型经验——以美国、德国、瑞士、澳大利亚、新加坡为例》，《教育学术月刊》2015 年第 8 期，第 33 - 39 页。

2015 年。

[8] 贺文瑾:《部分发达国家职教师资培训的特点》,《中国职业技术教育》2007 年第 23 期,第 54 - 55 页。

[9] Karl Heinz Arnold usw, *Schulpraktika in der Lehrerbildung Pedagogical Field Experiences in Teacher Education Individuelle Forderung in der Ganztagsschule*, Waxmamn, 2014.

[10] 孙进:《德国教师教育标准:背景·内容·特征》,《比较教育研究》2012 年第 8 期,第 30 - 36 页。

[11] 谢莉花:《专业科学视角下的德国职业学校教师教育标准》,《世界教育信息》2015 年第 8 期,第 34 - 37 页。

[12] Universität Bremen, *Musterstudienplan Bachelor Berufliche Bildung mit der beruflichen Fachrichtung Metalltechnik - Fahrzeugtechnik*, 2015 - 12 - 30.

[13] Deutscher Bildungsrat, *Empfehlungen der Bildungskommission: Stmkturplan für das Bildungswesen. Lehrerbildung für berufliche Schulen*. Stuttgart: Klett, 1973, pp. 242 - 244.

[14] 谢莉花:《德国职业教育师资培养的三性融合课程及启示》,《外国教育研究》2014 年第 5 期,第 24 - 32 页。

[15] 付强:《基于标准的美国教育改革运动简论》,《青岛大学师范学院学报》2011 年第 3 期,第 25 - 29 页。

[16] U. S. Department of Education, *Investing in America's Future: A Blueprint for Transforming Career and Technical Education*, Washington D. C. : U. S. Department of Education, Office of Vocational and Adult Education, 2012.

[17] Lynch R. L. , & Ruhland S. K. , "Career and Technical Teaching and Teacher Education in the United States of America", In P. Grollmann & F. Rauner (Eds.). *International Perspectives on Teachers and Lecturers in Technical and Vocational Education*, Springer Netherlands, 2007, pp. 277 - 306.

[18] 徐国庆:《美国职业教育教师职业资格证书制度研究》,《外国教育研究》2011 年第 1 期,第 90 - 91 页。

[19] 中国高职发展智库:《兼职教师管理,我们该向美国社区学院学习什么?》, http: //www. zggzzk. com/infoview. php? d = 336, 2016 - 05 - 23。

[20] 周秀峰、李伟华、任雪浩:《德、美、澳三国职业教育师资培养的主要特点及启示》,《职业教育研究》2014 年第 11 期,第 174 - 177 页。

[21] 王昊:《德、美、澳职教师资职前培养模式比较研究》,《中国职业技术教育》2012 年第 12 期,第 80 - 83 页。

[22] 薛晓瑜、胡业华:《国外职教师资培养特点及对我国的启示》,《湖南科技学院学报》2014 年第 6 期,第 61 - 63 页。

[23] Ohio State University, *Bachelor of Science in Education*, *Technical Education and Training Business Education Teacher Education Program Sheet*, 2015 - 12 - 30.

[24] 邓敏:《新德美澳等典型国家高职教师培养培训的启示》,《教育教学论坛》2014 年第 11 期,第 41 - 43 页。

[25] 顾钧、顾俊:《美国职教教师资格证的备选途径——以南卡罗来纳州 CTWCP 项目为例》,《职业技术教育》2012 年第 4 期,第 85 - 89 页。

[26] Kangan Myer, *Technical and Further Educationin Australia*, Canberra: The Government Printer of Australia, Vol. 11, 1975, p. 49.

[27] 赵玉:《澳大利亚职业教育教师专业发展探析》,《职教论坛》2010 年第 27 期,第 91 - 96 页。

[28] 张素霞:《基于国际经验的高等职业教育教师标准指标体系构建》,《天津职业院校联合学报》2017 年第 10 期,第 3 - 10 页。

[29] 李丽:《澳大利亚职业教育教师专业能力标准开发与认证研究》,《职教论坛》2013 年第 30 期,第 89 - 92 页。

[30] 李一:《澳大利亚卓越的职业教育专业化师资培养路径探析》,《职业技术教育》2014 年第 4 期,第 83 - 88 页。

［31］张莹:《中澳职教师资队伍建设的比较研究》,《广州广播电视大学学报》2016年第2期,第50－56页。

［32］陈玥、李洋:《新世纪以来澳大利亚职业教育"标准化运动":背景、演变及特征》,《职业技术教育》2013年第20期,第84－88页。

［33］黄芳、罗先锋:《澳大利亚职业教育教师发展中心的特点及启示——以维多利亚州职业教师发展中心为例》,《职业教育研究》2016年第8期,第84－88页。

［34］高燕林:《新加坡职业教育的历史变迁与发展特征》,《深圳职业技术学院学报》2016年第5期,第57－62页。

［35］王松柏:《新加坡南洋理工学院办学经验及其启示》,《黎明职业大学学报》2016年第9期,第50－60页。

［36］阮彩霞:《新加坡高职院校教师专业发展的特色及启示》,《南方职业教育学刊》2011年第1期,第35－38页。

［37］邬厚民、余靖中:《新加坡南洋理工学院师资队伍建设对广东省高职院校的启示》,《中国校外教育》2013年第7期,第149－150页。

［38］张立:《新加坡高职教师培养与激励的经验与启示》,《高等职业教育探索》2017年第4期,第40－45页。

［39］符家庆、孙建波:《新加坡职教师资培养对我国"双师型"教师培养的借鉴与启示》,《常州大学学报》(社会科学版)2014年第1期,第118－121页。

［40］张朝晖、腾勇:《新加坡职教师资培养对我国双师型教师培养的借鉴与启示》,《陕西教育》(高教版)2017年第12期,第44－46页。

［41］蒋庆荣:《新加坡高职师资增值培养的启示与思考》,《新课程研究》2012年第12期,第29－31页。

［42］孟娜:《借鉴新加坡经验探寻我国职教师资队伍培养新路》,《中国培训》2013年第7期,第60－61页。

［43］邹瑞睿:《新加坡国立理工学院师资队伍建设对我国高职院校的启示》,《机械职业教育》2016年第8期,第54－56页。

［44］闫辉、李国和、蔡玉俊:《澳大利亚TAFE师资培养模式探究》,《职业教育研究》2016年第6期,第88－92页。

［45］黄礼红、左崇良:《欧美职业教育师资队伍建设的经验及其启示》,《职教通讯》2016年第10期,第49－58页。

［46］管弦:《国外高职教育卓越发展的典型经验——以美国、德国、瑞士、澳大利亚、新加坡为例》,《教育学术月刊》2015年第8期,第33－39页。

［47］江军:《发达国家职教师资职前培养特点的聚焦及启示》,《教育与职业》2016年第4期,第17－20页。

［48］潘玲珍:《基于产教融合的高职教师专业发展研究》,《高等工程教育研究》2015年第2期,第159－163页。

第二章　国外社区教育发展研究

构建终身教育体系与学习型社会已经成为当前国际社会教育发展的主要潮流。社区教育作为终身教育的基础和依托，在推动建设全面学习型社会的进程中有着不可替代的作用，这一新的教育模式已经引起世界各国的重视与关注。从国际范围看，北欧、美国、英国、日本等发达国家和地区的社区教育发展得较为成熟，且特色鲜明，在发展类型上具有代表性，积累了许多成功的经验。我国的社区教育起步相对较晚，但近年来受到政府的高度重视。2016 年 7 月《教育部等九部门关于进一步推进社区教育发展的意见》出台，这是我国多部门联合印发的第一个推进社区教育发展的指导性文件，对推动社区教育发展、建设学习型社会具有重要作用。本章在阐述国外社区教育发展概况的基础上，分析了北欧、美国、英国及日本的社区教育模式，以期能够为我国社区教育的具体实践以及未来发展提供有益的借鉴和启示。

一、国外社区教育发展概况

社区教育（Community Education）在不同国家和地区具有不同的表现形式，但这一教育活动的实质内容和特征基本一致，即在一定地域范围内，充分利用、开发各类教育资源，旨在提高社区全体成员整体素质和生活质量，促进区域经济建设和社会发展的教育活动[①]。当今世界，越来越多的国家开始重视社区教育，以社区教育为载体构建终身教育体系，并把它融入社区发展之中，推进社区乃至整个社会的可持续发展。

（一）国外社区教育的发展历程[②]

一般认为，国外的社区教育以丹麦柯隆威等于 19 世纪中叶在罗亭创办的"民众中学"为起点，成熟于 20 世纪中叶的美国，经过多年的发展后，形成以北欧各国的"民众教育"、美国的"非正规的社会教育服务"和日本的"社会教育"等为代表的格局。

1. 源起于北欧

社区教育最早起源于北欧。1844 年，丹麦民众教育家柯隆威（N. Grundtvig）在一个名叫罗亭的乡村创办了世界上第一所民众中学，以青年和成人为教育对象，开展以提高人文素质为主要目的的、灵活多样的教育活动。以"为民众启蒙、为民众教育"为宗旨的民众中学是近代以来世界上最早的、有组织的社区教育模式。民众教育的兴起，是同这一地区的社会化大生产的发展、城市化运动和工人运动的兴起紧密联系在一起的。20 世纪初，北欧民众教育取得了比较稳固的地位，各种各样的运动纷纷为其所属团体提供社区化教育，并建立了以闲暇教学为目的的独

---

①梁艳萍、黄大乾：《发达国家社区教育比较研究》，《中国成人教育》2009 年第 15 期，第 95 - 97 页。
②李训贵：《中外社区教育发展模式的比较与借鉴》，《教育与职业》2009 年第 32 期，第 85 - 87 页。

立的民众教育组织。目前，民众中学遍布北欧。北欧民众教育的理念和办学模式开辟了社区成人教育的新方向，不仅推动了北欧社区和社会教育的发展，也影响到德、法、英、俄等国，以及北美和亚非一些国家，对近现代世界各国的社区教育乃至整个世界教育的发展和变革产生了深远的影响。

2. 成熟于美国

严格的"社区教育"一词是20世纪初美国人德威（Deway）提出的，社区学院是美国社区教育的标志性产物。19世纪末，随着科学技术的不断发展，职业结构的不断变化，为满足日趋旺盛的成人教育需求，美国第一所初级学院于1896年成立。初级学院迅猛发展，不断增设为社区服务的课程和系科，逐渐成为以社区为中心的教育机构。为了突出初级学院为社区服务的宗旨，19世纪40年代后期，公立初级学院更名为"社区学院"。1947年，美国高等教育委员会在全国各大报纸的头版宣传"社区学院"这一新概念，对社区学院的宗旨与目标做了明确的描述。社区学院有着与传统的正规大学不同的教育职能，它是一种非正规社会教育服务，其最根本的责任在于根据国家经济和社会发展趋势对劳动力市场和技能开发的需要做出反应，是工作场所人力资源开发的主要提供者。在政府的推动下，社区学院经历了20世纪50年代和60年代的高速发展期，确立了其在社区教育中的核心地位，美国特色的社区教育模式基本形成。

3. 蓬勃于各国

19世纪40年代末开始，联合国先后制订了各种计划，并采取了一系列措施，以推动社区教育在各国进一步发展。1948年，联合国提出"以社区为基础的社会发展"，告诫居民要加强社区的自助力量。1951年，联合国修改了390D号决议，以"社区发展计划"代替了原来的"社区福利中心计划"，认为"只有开展全面的地方建设运动，以基层社区为单位，由政府的有关机构同社区内部的民间团体、合作组织、互助组织等通力合作，发动居民自发地投身于社区建设，才能使发展中国家的社会问题得到有效的解决，经济有较大的发展"。为了推进"社区发展计划"的实施，1952年，联合国成立了"社区组织与社区发展小组"，并于1954年改为"联合国社会局社会发展组"。这一组织在亚、非、拉美等地区的不发达国家推行社区建设和发展运动，取得了很好的成效。1955年，联合国发布了《通过社区发展促进社会进步的报告》，其中心内容是：在一个社区里，组织和教育群众，从社区的共同利益和共同需要出发，有计划地引导社区居民和组织共同参与，以自身的努力和政府联合一致，合理地利用社区资源和外来援助，以改善社区的经济、社会和文化状况。在联合国组织的积极倡导下，各国的社区教育蓬勃发展，并建立了各具特色的社区教育模式。

（二）国外社区教育主要模式

受社会生产力发展水平、社会政治经济制度、历史文化传统等多种因素的影响和制约，不同国家和地区的社区教育具有不同的发展模式。国外典型的社区教育发展模式的代表形式、理念、性质及特点如表2-1所示。

表 2 - 1　　　　　　　　　　　　　　国外典型的社区教育模式

国家 （地区）	代表形式	理念	性质	特点
北欧	民众中学 （Folk High School）	人文主义理念	介于基础教育和高级高等教育之间的中等教育和初级高等教育，一般是寄宿制学院，提供非正规教育，不提供（或极少提供）职业培训，通常提供全日制的成人教育课程	教育目标突出人文性，侧重人格的培养；没有考试制度；享有最大限度的办学自主权，没有统一的教学大纲和强制性指令；对学生的入学年龄要求是至少年满 18 岁；每个人都得培养异于别人的个性和特长
美国	社区学院 （Community College）	实用主义理念	是一种非正规的社会教育服务形式，以为社区发展服务为最高宗旨；社区学院招生基本无"门槛"，教育对象不受肤色、国别、宗教信仰、年龄等的限制	侧重实用性，既重视职业技能教育，也具备向普通大学转型的职能；最大限度地满足社区居民的要求；开设菜单式的课程供学生自由选课，学员完成相应的课程之后，可向学院申请结业证书、学历文凭或准学士学位证书；深受社区居民的欢迎
英国	开放大学 （Open University）、 社区学院 （Community College）	人力资源 开发理念	是将正规教育与非正规教育相结合的一种教育形式，社区教育由政府主导；从人力资本开发的角度出发，为当地居民提供不同层次的教育服务，并向社区开放各种教育资源，提高居民生活质量	侧重全面性，强调家庭教育、社会教育与学校教育的统一；英国产业大学面向全体社会民众，致力于远程学习的开发和推行，帮助他们认清自己的学习需要和提供最合适的学习资源；英国社区学院具有职业教育、衔接教育、补偿教育等多种职能，满足当地经济、社会和文化等多方面的发展需求
日本	公民馆	民众教化理念	日本战败后作为普及民主主义、搞活地区文化生活、振兴产业等地区各种活动的基地，由政府从地区教育经费中拨款建造，有立法保障，是一种非正规的社会教育	侧重于民众教化，旨在提升国民素质；结合某一特定地域的居民实际生活进行教育、学术、文化方面的活动，以使居民提高教养、增强体质、陶冶情操、振兴生活和文化，充实社会福利

　　资料来源：根据李训贵：《中外社区教育发展模式的比较与借鉴》，郝美英、桂雪梅：《国外社区教育理念及其对我国的启示》，赵小段、李媛：《国外不同类型教育机构承担社区教育之比较分析》，郝美英：《国外社区教育的成功经验及其对我国的启示》等文献资料整理。

二、国外社区教育发展分析

现代意义的社区教育是伴随着社会化大生产的发展而陆续出现和不断发展的，它孕育于率先揭开工业化帷幕的欧洲，继而向拉美国家拓展，而后在东南亚及其他地区得以生存和发展。由于社会政治经济制度与社区教育发展阶段的不同，各地对社区教育也有着不同的认识和理解，其社区教育的发展各具特色。下面以北欧、美国、英国、日本为例，详细分析国外的社区教育模式。

（一）北欧社区教育

1. 北欧社区教育发展历程①

北欧的社区教育又被称为民众教育。民众教育模式是北欧国家实施的，依托形式多样的社区教育机构，组织动员广大民众根据需要参与教育培训活动，旨在培训全面发展的现代公民的社区教育模式。②

北欧现代民众教育的成就首先要归功于其创始人，丹麦著名的民众教育家、思想家和政治家柯隆威（Nikolai Frederik Severik Grundtvig，1783—1872）。19 世纪 30 年代，他提出了"民众中学"（Folk High School）概念，强调用教育的力量激发民族精神，唤起民族自强，达到改善人民生活的目的，用人文主义精神弥补人民受教育不足的缺陷。1844 年，柯隆威在丹麦建立了世界上第一所民众中学，标志着民众教育的出现，成为未来北欧社区教育的雏形。

19 世纪中叶，资本主义国家社会化大生产、城市化运动、工人运动逐渐兴起。这在很大程度上提高了广大人民群众的政治意识，也使人们的生活理念发生了变化，极大地推动了民众教育的发展。

此后，民众教育在北欧逐渐发展开来，北欧各国纷纷建立民众学校和学习小组。民众学校包括民众中学和民众大学两种社区成人教育机构。学习小组是群体在有计划的基础上对预先规定的课题内容共同学习的组织，其最初的形式是阅读小组，后来逐渐发展为内容丰富的自主学习单位。除此之外，成人教育协会和大学推广部、函授大学、寄宿制青年学院、寄宿制家政学院、面向青少年的俱乐部以及民间和个人也逐渐开始开展面向成人的闲暇教育活动。民众教育深刻影响了北欧教育，并将北欧各国带入了发达国家行列，形成了一个教育—个人发展—社区教育—国家发展的良性循环。

2. 北欧社区教育分析

（1）教育理念。③ 北欧民众教育是在教育水平低下、广大民众无法享受高等教育的情况下产生并发展起来的，其目的是保障每个人学习知识、获得发展的权利，最终实现教育平等。因此，北欧各国倡导的社区教育从一开始就践行人文主义理念，其人文主义倾向主要源于丹麦的民族思想、民族意识的觉醒。150 多年前，丹麦是一个贫穷的农业国，屡屡遭受别国的侵略和欺凌。为了寻求强国之路，柯隆威等爱国人士提出了"失之于外，须自求补偿于内"的民众教育战略。他们认为，"教育是一种精神的激励和心灵的启迪。目的在于解除思想的束缚，追求个人的发

---

① 赵小段、李媛：《国外不同类型教育机构承担社区教育之比较分析》，《成人教育》2017 年第 9 期，第 84 – 86 页。
② 孙侠：《国内外社区教育模式相关研究综述》，《宁波职业技术学院学报》2014 年第 18 卷第 3 期，第 44 – 47 页。
③ 郝美英：《国外社区教育的成功经验及其对我国的启示》，河北师范大学硕士学位论文，2010 年。

展"。主张用人文主义的精神生活来弥补民众受教育太少的缺陷，强调把民众中学办成"为生活而设立的学校"。现代民众中学的教育至今仍然以唤醒民族意识为主要目标，认为各类知识的传授与生活技能的学习并不应成为教育的主要目标，而健康人格的培养才是学校各项教育工作的首要目标。在丹麦，民众教育提倡的人文精神已经渗透到了社会生活的方方面面，尤其体现在关注广大弱势群体方面。另外，丹麦政府还把"在人们需要帮助时不能置之不理"作为社会立法的主导思想。

（2）实施组织。①

1）民众中学。民众中学是北欧地区实施民众教育的核心力量。早期的民众中学，只是为农村地区的青年提供初等教育的一种寄宿制成人学校。随着北欧各国社会经济的发展，这类学校的教育层次不断提高，课程类型也更加多样。经过多年的发展，北欧民众中学形成了三大突出特征：第一，教育目标突出人文性，不以知识与技能的学习为重心，而将人格的培养置于各项教育工作的首位；第二，享有最大限度的办学自主权，学校教学活动的开展不受政府的直接控制；第三，开设的课程多种多样，与此同时，学生在学习某些课程后，还可以获得进入大学学习的资格。

2）研究协会。各种研究协会是北欧地区开展民众教育的重要组织，主要通过学习小组、文化活动等多种形式来开展教育活动。其中，学习小组是自由组合开展民众教育的一种独特形式，一般会得到国家财政上的大力支持。瑞典的《成人教育法》对学习小组的定义为："一群朋友在有计划的基础上对预先规定的科目和课题进行共同学习。"② 学习小组由群众自由组合，采用自学和研讨的学习形式，学习的内容和方式由参与者自行决定，参与者之间互相帮助、共同交流，在一种宽松、合作的氛围中开展各种学习活动。一个学习小组通常由 5 ~ 20 名成员组成，一般一周进行一次 2 ~ 3 小时的聚会，持续时间为 2 ~ 3 个月。学习小组的组长由大家推选产生，组织学习并与所属的成人教育协会联系，负责协调和管理工作。除学习小组这种学习形式外，开展各种各样的文化活动是研究协会的另一项重要内容。例如，瑞典的研究协会每年大约开展 25 万个项目，将近 1500 万人参加，其中讲座（演讲）是文化活动当中最普遍的一种形式。

3）公办正规的地方成人学校。自 20 世纪 60 年代起，随着北欧地区经济的快速发展和社区的不断完善，人们的教育需求逐渐增加，越来越多的青年和成年人开始参与到各类成人教育活动中。这时的民众中学已无法满足北欧地方经济、社会发展对教育的要求。在这种情况下，北欧各国政府创办正规的成人教育，对小学高年级、初中、高中以及高中后教育的教学内容、考试方法等进行修订，以满足不同年龄阶段、不同文化层次的成人的学习需求。较为典型的成人教育学校主要有丹麦的城市青年学校、寄宿补习学校和继续教育学院，冰岛的市政夜校，芬兰的市民学校和工人学校等。这些学校立足于当地经济、社会发展的实际，开展各类教育项目，具有浓厚的地方特色。

（3）教育内容。北欧社区教育在具体的社会实践中实行人文教育、技能教育和社区教育"三位一体"的教学模式，强化人的潜能发展，充分发挥其潜能，增强其自信心和工作的操作技能。在实施民主化办学过程中，办学主体享有最大限度的自主权，以自身的特色办学方式，开设丰富多彩、寓教于乐的技能课程，如利于提升工作技能型课程、提高技能情操的艺术音乐类课

---

① 郝美英：《国外社区教育的成功经验及其对我国的启示》，河北师范大学硕士学位论文，2010 年。
② 杨应崧：《各国社区教育概论》，上海大学出版社 2000 年版。

程、解决社会性的热点难点问题课程、具有环保意识的环境问题课程等。社区学校大多体现自由性的特性，一般课程的教学由学校教师和学生共同商量后开展教学，自由安排课程和教学大纲，教学内容和方法丰富多彩、灵活多样。除了采用传统的演讲、讨论、辩论外，还创造了富有特色的学习班、组织旅行等。

（4）运行机制①。北欧社区教育的运行机制呈现出极大的自治性，社区教育的目标、内容、形式以及微观管理主要受"市场"调节，由社区教育的各实施组织决定。在这种模式中，北欧各国政府既有不干预民众教育组织活动的传统，又有在立法和经费上对民众教育给予坚定支持的责任，由各地方行政机构具体管理民众学校，同时，民众学校在办学形式和办学内容上享有一定的自主权。但就不同国家而言，各自的运行机制因国情不同而略有差异。以瑞典为例，政府并不直接对民众教育进行管理，而只是在相关的法律文件中明确规定了政府应对民众教育予以经费支持，并指出拨款的目的主要是增强人们影响自身生活的能力、培养人们对社会的责任感、推进民主社会的建设以及丰富人们的经验等。瑞典的国家成人教育委员会虽然是民众教育的管理机构，但只是负责向民众教育组织（民众中学和研究协会）拨付经费以及对其所开展的教育情况进行评估，通过这种方式达到间接管理的目的。民众中学作为实施民众教育的主要组织之一，并没有统一的课程大纲，它们可以根据自身以及受教育群体的情况来选择教育内容、确定教育方式。这种运行机制充分体现了民众教育"自由、自愿"的特色。其运行机制框架如图2-1所示。

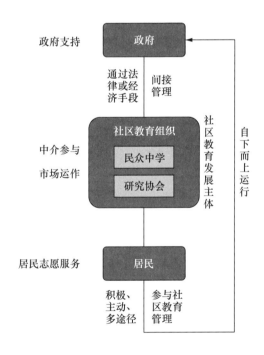

图2-1　北欧社区教育模式运行机制框架

（5）经费来源。在北欧，社区教育的办学经费主要来源渠道是国家和各地区的拨款，学生的学费只占很少一部分。在瑞典，民众大学办学的经费绝大部分由国家资助，中央政府资助50%，其余则是学生的学费。芬兰的民众大学主要是由政府成人教育中心和民众教育协会创办，

①郝美英：《国外社区教育的成功经验及其对我国的启示》，河北师范大学硕士学位论文，2010年。

国家的补贴是 70% ~90%，由地方政府负担的经费是 30% 左右。在挪威，根据法令国家拨款 35%，县和地区拨款 25%，余额由学费补助，不得因经济原因停办。在冰岛，则是由市政当局承担民众大学的大部分经费，国家只提供少量的资助。①

3. 北欧社区教育的特色

（1）人文主义精神。北欧民众教育崇尚人文精神的办学理念，强调先唤醒后启蒙，注重人的发展，发挥其创造潜力，实行人文教育与知识教育相结合的战略。以"培养现代公民"为目标，以"使学生了解个人及公民责任，在活动中加强学生互助合作能力，发展独立思考及批判的能力并激发学生的兴趣"为己任，旨在培养"全面发展的人"，使社区学院的毕业生成为有思想、有创造力、有成效的工作者。

（2）民主自治管理。北欧地区的社区教育实施民主自治的管理模式，政府主要通过立法和财政拨款的方式来支持各地社区教育的发展，不会直接介入社区教育的管理。例如，丹麦政府于 1968 年和 1978 年分别颁布了《闲暇时间教育法》和《成人社会教育法》来对民众教育进行宏观的法律规范。丹麦管理民众教育的中央机构——国家成人教育委员会只负责向民众教育组织（民众中学和研究协会）拨付经费以及对其所开展的教育情况进行评估，并不对民众学校的教学活动进行干预，民众中学享有很大的办学自主权。②

（3）大众化和普及性。社区民众教育活动覆盖了整个北欧地区，各地建立了各种形式的社区教育机构。在北欧国家中，除了政党以外，大量的社区民众运动和组织均建立了独立的教育机构，如农业和渔业协会、家庭主妇社团、体育俱乐部等。北欧国家的许多大学还举办了非正式的被称为"民众大学"的群众教育活动。在丹麦，社区图书馆等公共服务设施遍布各个居民区，为民众的学习和生活带来了方便。由于其高度的普及性和大众化，北欧社区教育逐渐向社区广泛渗透，参与社区教育的学员非常多，覆盖面很广，包括多种层次的社会成员。据调查，在北欧地区，每年平均有 20% ~25% 的成年人参与社区民众教育活动；每年在 50 个左右的社区教学团体中有 170 万~180 万成年人学员；50% ~60% 的成年人一生中至少参与过一项社区教育活动。③

（二）美国社区教育

作为美国教育体系不可或缺的组成部分，社区教育为美国国民素质的提高、教育改革及社区发展做出了巨大贡献。美国社区教育模式逐渐成为终身学习的典范，一度被世界各地效仿学习。

1. 美国社区教育发展历程④

（1）萌芽阶段。17 世纪初，欧洲移民把社区与市镇的观念带到了北美，由于不同民族与国家的居民居住在不同的区域，故逐渐形成了社区的概念，社区教育也随之萌芽。

美国独立初期，当时教育的主要目的是巩固新生政权，所以新政府开始在全国推行美国化的教育。18 世纪末，美国颁布《初等教育法案》，明确规定：无论公民的年龄大小、能力强弱及条件好坏，均享有接受职业教育的机会。此后，美国教育沿着两个不同的方向发展，一是向德国学习，建立以科学研究和研究生教育为主要任务的研究型大学；二是遵循美国的实用主义教育观念，以为社会、人民大众服务为宗旨的社区大学逐渐发展。美国的高等教育从精英教育逐渐向大

①欧斯玛尼·张：《国外社区教育模式及其对我国的启示》，《天津电大学报》2010 年第 14 卷第 1 期，第 7 - 10 页。
②③武洁水：《国外社区教育的特色及其对我国的启示》，《新课程研究·基础教育》2013 年第 2 期，第 4 - 8 页。
④欧庭宇、马文娟：《美国社区教育的变革审视及经验启示》，《高等继续教育学报》2017 年第 30 卷第 2 期，第 53 - 56、61 页。

众化阶段过渡，美国独具特色的初级学院（即社区学院）出现。

（2）成长阶段。19 世纪初美国进入产业革命时期，大量农业人口丧失土地向第二、第三产业转移，自然科学知识和职业技能教育的需求逐渐增加，由此为社区教育的发展注入了强大生命力。

19 世纪 70 年代末，美国完成产业革命，由农业社会转向工业社会，并逐渐实现资本主义现代化。经济的发展与资本主义制度的完善，进一步推动社区教育的发展。联邦政府着重将社区教育视为维护社会稳定的重要工具，出台了一系列法案。如 1917 年的《史密斯—休斯法案》，拨款资助成人职业的各种培训。同时，美国的社区教育不再局限于初级学院的单一教育机构，高级学院逐步发展开来。初级学院承担着为高级学院输送人才的重任。

随着企业协会、福利机构和公私院校等社区教育机构的涌现，社区教育的覆盖面变得越来越广，并广泛运用杜威的实用主义哲学和教育思想，由此引发了气势磅礴的进步主义教育运动，全国性社区教育开始在美国普及。

（3）成熟阶段。20 世纪 20 年代，美国社区教育理念和实践逐步系统化、多样化和规范化。从 19 世纪末到 1950 年，美国的高等教育规模不断扩大，接受高等教育的人数不断增长，其中社区学院作为美国高等教育的一部分起到了重要作用。在这一阶段，教育理论研究日趋深入，社区活动愈加丰富，社区教育研究机构日益增多，美国社区教育发展不断成熟。

值得一提的是，美国并非一开始就有"社区教育"这个名词，而是使用成人教育、社会教育、继续教育等名词，直到 1926 年马托汽车公司建立具有鲜明社区特色的教育机构，"社区教育"的命名才最终确定。根据相关文献考证发现，美国社区大学经过政府的引导和支持，经历了 20 世纪五六十年代的高速发展期，直到步入成熟阶段之后，社区教育蜕变成具有美国特色的高等教育模式，确立了社区教育在美国公民教育中的核心地位。

（4）现代阶段。从 20 世纪 70 年代起，由于城镇化建设、人口老年化、移民大批量涌入等现实问题，美国社区教育重心逐渐从移民教育、城镇化等社会问题转移到高中后教育、老年教育、职业教育等与个人发展息息相关的问题。教育目的更加倾向于社区居民个体的发展，通过提升社区居民的素质，从而促进整个社区的繁荣与发展。美国高等教育最权威的社区教育协会将社区教育的内涵总结为：社区教育属于高等教育方面的哲学范畴，其物质形态是各个社区学院，精神形态是每个公民的多层面的现实需求，辩证过程就是社区学院、政府等组织机构为公民等社会成员提供继续教育的机会和路径，其客体是满足公民教育的实施组织机构，其主体是所有年龄段的社区居民，价值评价是形式多样的社区教育机构为公民提供的教育是否具有先进性、实用性、娱乐性及思想性[①]。自此，美国社区教育立足"以人为本"的理念，把人的全面发展作为教育原则，探索适应于现代社会的知识经济发展道路。

2. 美国社区教育分析

（1）教育理念。美国的社区教育秉行实用主义理念。实用主义理念作为美国文化的核心，强调"以行动求生存、以效果定优劣、以进取求发展"，对美国社会经济的发展产生了深远的影响，贯穿于美国生活的各个方面。在社区教育方面也是如此，教育活动的组织和开展都与当地的实际需要紧密结合。实用主义理念在社区教育中的表现主要体现在三个方面：第一，社区教育补

---

①欧庭宇、马文娟：《美国社区教育的变革审视及经验启示》，《高等继续教育学报》2017 年第 30 卷第 2 期，第 53 - 56、61 页。

偿一般教育，解决社会发展人才需求与个人发展的需求；第二，社区教育通过职业技能培训提高在职人员素质，以适应快速发展和不断变化的社会；第三，社区教育深入居民生活，开设许多与居民的日常生活联系紧密的课程，如舞蹈、音乐、健康与生活、烹饪、食品与营养、护理等，以满足居民多方面的学习需求。在实用主义理念的引导下，美国社区教育不断地发展，其进步也源于不断满足在社会发展中产生的各种教育需求。[①]

（2）实施组织。美国实施社区教育的途径非常广泛，主要有以下几种：①普通公立中小学校在业余时间为社区居民提供多种教育服务；②社区学院和社区学校根据社区和社区居民的学习需求而组织实施一些教育或培训项目；③各类高等教育机构利用自身在科学文化知识等方面的优势开展各种推广计划；④社区内卫生、福利等组织配合各类社团开展多种教育服务；⑤社区内工商业组织为社区部分居民提供教育服务；⑥政府部门组织实施一些公益性较强的社区教育项目；⑦社区内其他组织，如宗教团体、大众传播媒介等为了满足社区居民的学习需求而开展教育服务。[②]

在以上社区教育实施组织当中，社区学院是美国社区教育的主要承担机构，发挥着极为重要的作用，成为美国社区教育的特色所在。经过多年的发展，美国社区学院逐渐成为集社区性、开放性和多元性为一体的教育机构。社区学院具备大学转学教育、职业教育、普通教育、补偿教育和社区教育五大职能。根据美国社区学院协会 2016 年 2 月公布的数据，当前美国有 1108 所社区学院，学生 1200 万[③]。

（3）教育内容。美国社区学院的社区教育项目主要有继续教育、终身学习、社区服务和基于社区的教育四类：①继续教育。继续教育项目是为那些继续发展某方面专业能力的在职人员提供的教育服务形式。②终身学习。为了满足多数社区居民的学习需求，社区学院提供多种多样的终身学习课程，如财务、身体健康、家具装饰、艺术、摄影等。③社区服务。社区服务的种类广泛，包括为当地社区居民提供的各类教育项目和服务。社区服务最普遍的形式包括设施共享、社区会议、社区健康普查、青年和社区领袖培训等。④基于社区的教育。基于社区的教育项目是为了社区的发展而制定的，其假设前提是：社区具有解决自身问题的潜力，通过利用自身的资源，使社区成员获得解决问题的能力。基于社区的教育通常与社区的环境问题、失业问题、民族文化和历史问题、公民参与问题等相联系。[④]

（4）运行机制。[⑤] 美国社区教育的运行机制大体由国家、社会、学校和社区教育专门机构四个要素组成。四要素发挥各自的优势，相互作用、相互影响，从而形成政府主导的支持机制、社会参与的合作机制、以学校为中心的辐射机制和以协调为目标的中介运营机制相结合的横向运行机制；在纵向上，形成从目标制订、目标执行到反馈调节循环往复的运行机制。纵横两方面构成美国"社区教育"模式运行机制的网络系统。在这个系统中，四大要素主体在各自的层次和位置各司其职，严密、有序地运行。如图 2 - 2 所示。

---

①郝美英：《北欧、美国、日本和新加坡社区教育理念探析》，《成人教育》2010 年第 12 期，第 95 - 96 页。
②④郝美英：《国外社区教育的成功经验及其对我国的启示》，河北师范大学硕士学位论文，2010 年。
③美国社区学院协会网站，Fast Facts：http：//www. aacc. nche. edu/AboutCC/Pages/fastfactsfactsheet. aspx。
⑤周琼：《美国社区教育的发展及其运行机制的分析》，《世界教育信息》2007 年第 9 期，第 16 - 19 页。

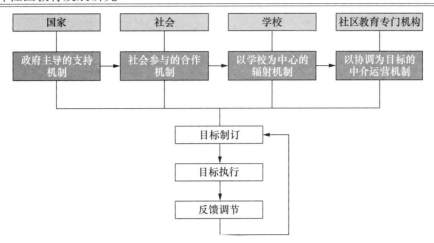

图2-2　美国社区教育模式运行机制框架

下面仅对美国"社区教育"模式的横向运行机制进行详细说明。

1）政府主导的支持机制。美国政府主导的社区教育支持机制具有分级而治的特点，联邦政府宏观调控，各州及地方政府负责社区教育各项工作的具体管理与实施，共同促进社区教育的良性发展。美国联邦政府对社区教育的支持，主要是通过"劝导性"而非强制的政策或立法以及财政援助来引导。州层级的社区教育立法更为繁多且直接有效，对社区教育的财政援助因各州的实际情况不同而有所差异。另外，各州还设立不同的专门管理机构来规范管理本州的社区教育，如社区教育管理委员会、高等教育委员会、社区学院委员会等。地方政府对社区教育拥有更多的决定权，如地方教育委员会、学校董事会等对地方社区教育拥有法定管理权，在支持社区教育上能够发挥积极的作用。

2）社会参与的合作机制。美国社区教育的实质是教育社会一体化，社会力量的广泛参与是社区教育顺利开展和实施的必备条件，包括各部门、各行业、各单位乃至各家庭及每个人，均可以参与到社区教育中。社区学院也积极地通过与商业组织、俱乐部、慈善组织等合作来丰富、提升社区教育的组织形式和学习内容。社会参与的合作机制体现了实用性原则，即只要能为社区教育提供服务与帮助的，就可以成为社区教育的组织者和管理者。

3）以学校为中心的辐射机制。20世纪50年代，美国学者奥尔森提出强化学校在社区教育中的中心地位的观点，目前，这一观点已成为世界范围内的共识。在美国社区教育的发展过程中，学校主动利用自身丰富的教育资源，承担了部分社区教育的职能，引领社区教育的发展。一方面，学校利用师资、设备和场地等优势开展多层面、多时段、多形式的继续教育，为本地居民提供成人教育课程以及诸如法律等方面的咨询服务；另一方面，学校借助家长会、教师会等组织团体，开展丰富的文体活动，加强学校与社区间的联系。

4）以协调为目标的中介运营机制。社区教育中介机构能协调社区教育更加有计划、有组织且形式多样地开展，其作用主要体现在它能够整合各类资源。作为美国社区教育的实施载体，多数社区学院已经逐步把社区教育作为其基本职能之一，并自发成立非官方的社会中介性组织——美国社区学院协会。社区学院还在学院内部设立社区教育部，配备专职行政人员，与当地各种单位合作，联合创办社区教育项目等。①

（5）经费来源。美国社区教育施行政府投入为主、多方参与的多元化经费保障体制。经费来源主要包括：联邦政府的拨款（主要用于社区学院基础设施的建设）、所属州政府的拨款（社区学院办学经费的主要来源）、学生交纳的学费（所占比例较小）、各种社会捐款（私人社团和组织赞助、校友和社会捐赠等）以及学院本身的创收（如考试费用、出售教材费用等）。根据美国社区学院协会 2014 年的统计，美国社区学院资金来源主要有联邦政府（14.1%）、州政府（29.8%）、地方政府（18.1%）、学费（29.5%）、其他来源（8.5%）②。另据美国国家教育统计局 2014 年的统计，2003 ~ 2013 年美国公立社区学院教育经费来源主要是州政府。2003 ~ 2013 年度美国公立社区学院教育经费各主体投入比例如表 2 - 2 所示。

表 2 - 2　　　　　　　2003 ~ 2013 年美国公立社区学院教育经费各主体投入比例　　　　　单位:%

年份	政府			学杂费	附属企业	投资、捐赠及其他
	联邦政府	州政府	地方政府			
2003 ~ 2004	15.49	37.91	20.36	16.06	4.49	5.69
2004 ~ 2005	15.14	38.45	19.62	16.71	4.36	5.73
2005 ~ 2006	14.1	39.53	19.62	16.64	4.22	5.88
2006 ~ 2007	13.09	40.55	19.32	16.21	4.02	6.81
2007 ~ 2008	13.97	40.11	19.25	16.12	4.01	6.56
2008 ~ 2009	16.34	38.35	19.64	16.41	3.78	5.28
2009 ~ 2010	22.98	33.33	18.42	16.27	3.76	5.24
2010 ~ 2011	25.53	31.83	17.59	15.93	3.63	5.49
2011 ~ 2012	24.92	30.87	18.47	16.75	3.63	5.36
2012 ~ 2013	23.76	30.9	19.49	17.03	3.51	5.31

资料来源：U. S. Department of Education National Center for Education Statistics, Digest of Education Statistics 2014, Table 333.10. Revenues of Public Degree – granting Postsecondary Institutions, by Source of Revenue and Level of Institution: 2006 – 2007 through 2012 – 2013.

3. 美国社区教育的特色

美国社区教育内涵不断丰富，已经形成较为成熟的模式与鲜明的特色，主要表现在以下几点：

（1）政府的高度重视与支持。美国政府高度关注和重视社区教育，为社区教育的持续发展提供了一系列的政策支持以及较为完善的法律与经费保障。首先，美国的社区教育行政管理体制具有地方分权、地方主管的鲜明特色，国家不直接管理地方的社区教育事宜，只通过立法和拨款等手段进行宏观调控③。美国各州承担主要的行政管理职能，但是将社区教育的办学权和管理权

---

①张欣：《美国社区教育发展的新趋势》，《职教通讯》2016 年第 1 期，第 42 – 47 页。

②李丽珊：《美国社区学院的发展历程、经验和启示》，《继续教育》2017 第 31 卷第 3 期，第 78 – 80 页。

③杨应菘：《各国社区教育概论》，上海大学出版社 2000 年版。

限交给社区，充分调动地方和居民参与办学和管理的积极性，满足地方社会经济发展及居民自身发展的需要。其次，在美国社区教育发展的各个阶段，中央和地方各级政府都会颁布相应的法律法案，提供有力支撑，如《高等教育设备法》（1963 年）、《成人教育法》（1966 年）、《全面就业与培训法案》（1973 年）、《社区学校法案》（1974 年）、《社区学校和综合社区教育法案》（1978 年）、《教育巩固和改进法案》（1981 年）、《终身学习法》（1992 年）、《全时服务社区学校法案》（2014 年）等。并且一项教育法令的颁布，往往伴随着拨款计划的实施，将教育基金纳入政府预算，由各个州议会通过税法筹措，为社区教育提供有力的资金保障。

（2）以社区学院为教育基地①。社区学院是美国社区教育发展的一大创造，在政府的推动下，已逐渐成为美国社区教育的主要基地，在长期的发展过程中形成了自己的特色。

1）服务性。以为全体学员服务、为社区服务为基点，进而为社会服务，是美国社区学院设立的最高宗旨。社区学院时刻关注社区建设发展以及公众所关心的问题，尽量从教育服务、培训人才、提高民众素养的角度提供多方位的服务。社区学院的课程、系科乃至教学内容都定期更新，以尽力满足社区需要。社区学院的体育场馆、剧场礼堂、图书资料等教育资源都向社区居民开放。社区学院还将社区教育与市场需求结合起来，服务市场需求。另外，社区学院满足学员终身学习的需求，欢迎学员多次返校继续学习，以不断提高自身的知识和能力水平。

2）多功能性。首先，社区学院提供多种教育。如为学院学生提供基础教育与职业教育，为社区居民提供社区教育，为未达到中学文化程度的青年和成人提供补偿教育，为没有机会和能力进入四年制学院和大学学习的学生提供高等学校前两年的转学教育，为退休离职老人提供丰富其精神生活的老年教育等。其次，社区学院的教育形式多样化，能适应各种年龄和各种文化程度学生的需要。最后，社区学院专业和课程设置广泛，涵盖计算机、农业、宗教、经济、管理、医学、艺术、服装设计与裁剪、理发、美容、摄影、手工、家政等各方面的内容，以满足人们的各种需求。

3）开放性。社区学院是一个开放的教育系统，其开放性主要体现在以下几个方面：第一，入学方式。社区学院面向每一个社区居民开放，招生从不进行严格挑选，没有入学考试，年满18 岁的公民都可以入学。第二，低廉的学费。20 世纪 80 年代初社区学院年学费仅为哈佛大学年学费的 4.9%，现在社区学院学生人均培养成本也不足其他大学的 1/3②。第三，与外界交流。社区学院努力创造机会让学生接触现实社会，并且向社区开放校园，为社区服务。

4）灵活性。首先，社区学院的教学计划根据其教育性质灵活设置。其次，社区学院根据学员的文化水平和入学后所选择的专业方向等具体情况，开设灵活多样的课程。最后，为了满足不同学生的需要，社区学院充分利用各种教育技术和教育媒介，不断创新和改革教学方式，如将正规教学和短期讲习班以及集中训练班等教学方式结合并用。

（3）以人为本的发展模式。美国社区教育在很多方面都表现出人本性与实用性，发展以人为本的"实用主义"教育。首先，在教育目标上注重培养学员的独立思考、批判和创新能力，创造适合学员学习发展的环境。其次，在教育内容上从人的全面发展出发，设置多元化、多层次的教育内容以满足不同学员的需求。再次，在教育方式选择上，选择灵活多样的教育方式以满足社区全体成员日益增长的终身学习的需要。最后，在教育过程中尊重每一位学员，注重培养人们

---

① 邓文勇：《美国社区教育的发展特点及其启示》，《职教通讯》2010 年第 5 期，第 50 - 54、73 页。
② 申培轩：《美国社区学院的现状与发展趋势》，《职业技术教育》2000 年第 22 期，第 54 - 56 页。

追求自我成长的能力。

（4）网络化的社区教育形式。随着"互联网＋"时代的到来，以及大型网络公开课（慕课）的发展，美国社区教育充分利用互联网开展网络教学，加快了知识的传播速度，扩大了社区教育的覆盖面，并利用各种教育资源形成社区学习网络，以满足现代社会"时时可学、处处能学"的要求，从而适应建立终身教育体系的现代社会需求。目前，美国社区教育的学习网络是以社区学院和图书馆等为依托建立的。网络化教育使得社区内各种教育资源得到最优化配置，而且还能最大限度地吸纳社区外部资源，从而形成社区教育的庞大体系，实现资源共享、相互学习、共同进步。

（三）英国社区教育

英国是世界上最早开展成人教育的国家之一，并被普遍认为是现代成人教育的发祥地，而社区教育是其成人教育的重要组成部分，发展非常迅速。英国社区教育致力于为社区居民提供各种教育、改善社区环境、提高居民生活质量，其社区教育理念比较先进，以落实终身教育为目标。经过不断地发展实践，英国社区教育形成了其自身的特点与优势，其优秀的经验和做法影响深远。

1. 英国社区教育发展历程[1]

（1）社会教育自发发展阶段。这一阶段的社会教育主要以救世济贫为主要目的，可从1699年算起，到1902年止。如果把18世纪60年代产业革命兴起作为界限的话，可以把这一阶段分为两个时期。

前一时期，宗教界一些人士和组织自发发起了以宗教为动机的救世教育，目的是向贫苦人民传播教义、启蒙扫盲，大批贫民学校和小型图书馆由此建立，开创了教育社会化的先河。

后一时期，随着工业革命的兴起，城市人口不断膨胀，贫民窟大量出现，社会对熟练技术工人的需求急剧增加，引起了职业教育与文化教育的迅速发展。创办工艺学院的运动由此发生。该时期，工艺学院开设的课程是综合性的，包括读、写、算、商业科目和历史、地理、文学、语言、音乐、演说、化学、自然哲学等，并不局限于职业性课程。而在这一时期，有一些人和组织，例如巴莱，更为强调文化教育的重要性，所以创办了人民学院、伦敦工人学院这一类学校，不仅开设普通的基础课程，还开设文学、历史、逻辑、希腊语、拉丁语等课程。

由于这一阶段创办的上述各类学校依靠的是社会各界的自发努力，因此，学校数量虽然不少，但受益面十分有限。据1851年的调查记载，这类学校约有2000所，但学生仅45000人，平均每校不到23人。1870年，标志着英国普及教育开始的《全英教育法案》通过，但尚未使这一状况得到明显的改变。如1867年发端于剑桥大学的推广教育，虽然得到社会的热烈反应，却因为缺少国家和地方当局的财政支持而步履维艰。

（2）立体社会教育网形成阶段。这一阶段以《新教育法案》（1902年）通过为开端，直至1968年辜边肯报告书发表时为止，主要以满足社会需要为目的。

1902年，英国通过《新教育法案》，将地方教育行政机构合并为318个，并赋予很大的权力。地方教育当局可以支持技术教育、师范教育和成人教育，同时负责各类教育的协调。不仅如此，中央政府还增加了对地方教育经费的补助。法律与经费的保障有力地促进了社会教育的

---

[1]杨应崧：《各国社区教育概论》，上海大学出版社2000年版。

发展。

地方教育当局的成立对英国社区教育的发展意义重大。首先，地方教育当局的成立使英国的社会教育走出了自发发展的困境，得到了政府的强大资助，在规模与数量上迅速扩展。1902 年，英格兰和威尔士夜间学校的学员人数猛增到 528000 人。其次，地方教育当局的成立显示了地方分权的特点，各地方可以根据当地的实际情况发展各类教育，有利于地方特色的形成，反映了现代社会教育社区化的走向。最后，地方教育当局成立后不断强调教育的社会目的，加速了全员、全程、全方位立体教育网的形成。当时，英国强调教育的社会目的，一方面是因为民众民主、平等意识不断增强造成的压力，另一方面是出自统治集团试图通过教育缓和社会矛盾的需要。

19 世纪末，英国掀起普及教育和家属选举权运动，平等受教育、平等享受政治权利的意识普遍加强。在此背景下，1903 年，工人教育协会成立，1909 年，劳工学院出现。两者政治主张相左，但是都以提高工人政治意识为目的，有人称之为"参与教育"。1919 年，英国政府发表《重建成人教育委员会的最后报告》，进一步强调成人教育要注意满足整个社会的需要。

第二次世界大战后，英国经济快速发展，随着人民物质生活水平提高、闲暇时间增多，追求精神生活的丰富多彩和生活质量的改善成为时尚，非职业性课程大量涌现，绘画、雕刻、木工、音乐、舞蹈、烹饪、缝纫、园艺、桥牌、驾艇等课程广泛开设于乡间学院、社区学院，以及其他办学机构之中。学习这类课程的学员人数不断增加，1962 年达到 96 万余人，到 1973 年甚至达到137 万人。

在这一阶段中，信息传输技术日新月异，科技进步突飞猛进，既加快了人们的生活节奏和知识更新速度，也凸显了使用新的教育手段的重要性。这就引起远距离教育的进步和发展，导致英国引为自豪的开放学习系统的建立。经过上述两个阶段的发展，一个全员、全程、全方位的社会教育网络已经在英国形成。

（3）社区教育自觉发展阶段。这一阶段的起始点为 1968 年辜边肯报告书的发表，因为这一报告正式确立了社区发展工作的地位，从而开启了社区教育自觉发展的时代。

"自觉发展"标志之一：这一阶段开始了对社区、社区教育、社区工作等观念的自觉认识，以及对社区与社会发展关系的自觉探索。20 世纪 70 年代，英国许多大学纷纷开设有关社区发展工作的课程并颁发文凭，社区工作教育起步，有关社区的研究工作更是蓬勃开展。

标志之二：这一阶段一支社区教育的专门队伍逐步形成。1978 年，社区工作人员协会在英国成立，可见当时在英国，社区教育的队伍已经达到相当的规模，同时也得到了社会的广泛承认。

标志之三：这一阶段地方教育当局重视与支持社区教育，逐渐从社区教育的高度出发来统筹纷繁复杂的社会教育。1969 年苏格兰通过一个教育法案，扩大了继续教育的范围，取消了"未超过入学年龄"字样，从此，非正规继续教育向社区任何成员提供课程。1975 年，亚历山大委员会提出报告，建议将文娱成人教育作为社区教育的一部分，要求教育当局将它纳入社区教育服务。此后，苏格兰组织成立了社区教育苏格兰委员会，其职责是对社区教育各个方面提出意见。1982 年，该委员会被苏格兰社区教育委员会所取代，各地设立社区教育办公室，负责当地的社区教育工作，除此之外不再设置覆盖全境的政府成人教育机构。英格兰、威尔士、北爱尔兰的情况虽与苏格兰有所不同，但发展趋势是一致的。20 世纪 70 年代以来，北爱尔兰地方政府为消除穷困、失业、不安定等众多社会问题，大力推进社区教育发展就是很好的佐证。这正好说明英国社区教育的自觉发展阶段尚在不断深化与延续之中。

此后，英国逐步整合普通大学、开放大学、产业大学、社区学院、地方共同中心与志愿者社团组织等各种教育资源，为当地居民提供不同层次的社区教育服务，并向社区开放各种教育资源，以提高居民生活质量。经过一个多世纪的发展和完善，英国的社区教育形成了一定的规模和特色鲜明的办学风格，兼顾公民教育、职业教育、家庭教育和保健休闲教育，强调家庭教育、学校教育和社会教育的完整性和系统性，在课程设置、教育方式、教育内容等方面也相对灵活。①

2. 英国社区教育分析

（1）教育理念。② 英国的社区教育主张从人力资本开发的角度出发，在教学、社区服务及其他各项工作上以满足社区居民在职业技能方面的需求为着眼点，为社区培养各级各类实用型人才，促进社区经济的发展，体现了"人力资源开发"的理念。英国经济学家哈比森（F. H. Harbison）认为："人是积累资本、开发自然资源、建立社会和经济政治并推动国家向前发展的主动力量，因而人力资源是国民财富的最终基础。"在以"人力资源开发"为主的理念指导下开展的社区教育，无论是对国家，还是对社区居民都具有很重要的意义。从国家发展层面上看，在知识经济时代，要想在激烈的国际竞争中赢得主动地位，就必须重视人力资源的开发，建设人力资源型强国；从社区居民层面上来说，为了获得更好的发展，需要不断地更新知识、提高技能、提高自身在劳动力市场中的竞争力。这两方面的需求共同推进了"人力资源开发"导向的社区教育的发展。

（2）实施组织。③

1）普通大学。在英国，多数大学都向社会开放成人教育课程，但通常不颁发文凭。英国的大学通常都设有大学推广部，直接参与社区教育活动，为社区居民设置各种课程，举办各种讲座、辅导班等。一般较高文化层次的社区教育活动多为大学推广部所提供。

2）开放大学。开放大学是英国20世纪60年代后期发展起来的一种成人教育机构，是英国社区教育的重要载体。开放大学利用远程教学方法向成人提供高等教育课程，使更多的英国民众获得接受高等教育的机会。在课程学习方面，学生需要将70%的时间用于自学，10%的时间用于讨论，10%的时间用于收看或收听广播电视节目，另有10%的时间为作业、实习和考试时间。英国政府和社会各界充分利用开放大学，为社会上所有有兴趣参与的人提供各种受教育的机会。

3）产业大学。英国的产业大学不是传统意义上的大学，而是一种开发和推行开放和远程学习的组织。它提供的学习产品和服务主要面向产业界，但并不局限于服务产业界人士。实际上，产业大学面向所有人，帮助个人和组织认识自己的学习需要，并把他们与最适当的学习资源联系起来。英国政府在1998年发表的《学习时代绿皮书》中，明确提出创建产业大学。此后在政府和社会各界的大力支持下，英国的产业大学迅速由理念转变为现实。为了配合产业大学的运作，英国政府设立了全国电话热线提供学习指导，并建立了全国学习网络。产业大学作为一种比较新的教育组织方式，一方面通过企业营销手段和现代化传媒充分开发学习市场，形成规模经营的效应；另一方面又将各种教育提供者聚集起来，成为更加完善、连贯而有效的整体，从而最大限度地利用和开发教育资源。这种新的教育组织方式大大减少了教育成本，降低了学习费用，使更多人能够承受学习费用，参与到学习中去。

---

① 运文强、吴燕：《英国社区教育初探》，《成人教育》2012 年第 32 卷第 5 期，第 125－126 页。
② 郝美英、桂雪梅：《国外社区教育理念及其对我国的启示》，《继续教育研究》2010 年第 10 期，第 99－100 页。
③ 刘美霞：《英国社区教育简介》，《世界教育信息》2010 年第 2 期，第 60－62 页。

　　4）社区学院。英国早期的社区学院利用具有良好的烹饪、裁缝、工艺等技能教育设备的近代中学开办而成，是一种结合中等学校、青年中心和成人教育的机构。社区学院白天是一所中学，其他时间则提供给青年和成人使用，作为休闲、聚会和进修的场所，从而使学校的教育资源得到充分使用。目前，社区学院在英国得到了广泛发展，其宗旨是致力于把学校内外和学校后的教育及其他社会文化活动密切结合起来，使社区参与学校活动，让学校走入社区，增进居民对社区的归属感，使学校和社区的学习资源得到最充分的利用，以满足当地经济、社会和文化等多方面的发展需求。英国的社区学院具有职业教育、衔接教育、补偿教育等多种职能，如为成人提供职业技能培训、为青少年提供大学衔接教育、为弱势群体提供补偿教育等。同时，社区学院一般具有众多的社区学习中心和辅导中心，可以为民众提供充足的社区教育机会。①

　　5）地方共同中心与志愿者社团组织。在英国，专门为成人提供开放性教育和学习机会的机构多由民间团体设置经营。其中也包括宗教团体，以及曾为促进提高地区居民福利的"贫民救济事业"而成立的机构，它们随着福利事业的充实，重点转向为人们提供接受社区教育的机会。由于这些机构往往是为形成地方成员间的和睦亲善和集体感而设置的，因而有时它们被称为"地方共同中心"。地方共同中心提供包括文化艺术、工艺、语言学、时事问题、体育、文娱等在内的广泛的学习机会，以教育学习活动为重点。此外，各种民间社团也是英国社区教育活动的中坚力量，它们把开展社区教育、加强社区建设视为自己的工作目标。英国青年则是社区教育的积极参与者和服务者，他们大多以志愿团体的形式参与。

　　（3）教育内容。当前英国的社区教育以继续教育为主，主要教育对象是本社区完成义务教育后16岁以上的青年，主要是进行文化教育和职业训练，为社区青年开始职业生涯提供教育服务。继续教育水平分为高层次和低层次，高层次的继续教育由社区商学院、技术学院和农学院等学院组织开展，主要是根据本社区的经济、产业结构向社区待业青年提供仅次于大学水平的部分定时教育；低层次的继续教育则由社区中学开办，仅具有中等技校水平。这两种层次继续教育的主要目的都是帮助社区青年待业者获得技术资格，做好就业准备，促进就业。②

　　此外，英国由地方教育当局、民间团体以及大学推广部单独举办或联办的社区休闲教育搞得也是有声有色，其课程领域广泛，活动极为丰富，形式多样，在帮助社区成员提高文化修养、扩大交往范围、合理安排休闲时间方面发挥了重要作用。值得一提的是，近年来，英国政府和消防部门对社区的消防安全教育工作越来越重视，是社区教育的有力补充，并形成英国社区教育鲜明的特色。英国的城市指定若干名消防官，划片负责各个火灾比较多的居民密集区，每年至少有一周到社区开展消防教育。③

　　（4）运行机制。英国的社区管理是政府主导型的，是典型的自上而下的管理运行机制。这种模式既发挥了政府的行政优势，又充分调动了民间力量参与社区管理的积极性。政府在社区管理中的主导作用主要体现在以下几个方面：首先，政府在社区设立多种形式的社区教育派出机构，对各项社区教育事务进行管理；其次，在政府部门设立专门管理社区组织的机构，对社区教育事务自上而下地进行直接管理，政府机构权责明确、结构严密；再次，政府还通过任命社区组织领导者的方式对社区加以控制和影响；最后，虽然社区居民积极地参与社区建设和社区教育的

　　①赵小段、李媛：《国外不同类型教育机构承担社区教育之比较分析》，《成人教育》2017年第9期，第84－86页。

　　②元焕芳：《国外社区教育的成功模式及对我国农村社区教育的启示》，《农村经济与科技》2011年第22卷第7期，第151－152页。

　　③杨洋：《浅谈英国现代社区教育经验与课题研究》，《中国校外教育：理论》2011年第7期，第40页。

各项活动，但却很少参与这些活动的发起、组织以及各项法规的起草与确立。英国社区教育模式运行机制框架如图 2 - 3 所示。

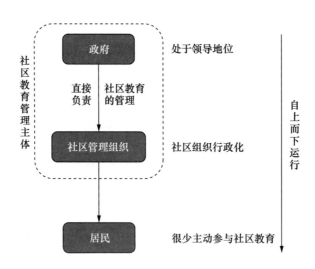

图 2 - 3　英国社区教育模式运行机制框架

（5）经费来源。① 英国社区教育的经费主要来源于政府，中央政府的教育行政部门制订计划和划拨经费，由地方政府负责实施。2000 年通过的《学习和技能法》，规定建立学习与技能委员会（The Learning and Skills Councils，LSC），负责规划和资助社区教育。2001 年，LSC 在取代原有的 72 家培训委员会和英国继续教育拨款委员会的基础上正式成立。所以，早期英国社区教育的经费计划具体由当地的学习与技能委员会（LSC）代表政府来负责执行。以 2006 年为例，LSC 的年度预算高达 104 亿英镑，是英国最大的半官方机构。2010 年，LSC 关闭，由技能资助署（The Skills Funding Agency，SFA）和教育基金署（The Education Funding Agency，EFA）替代。LSC 关闭后，英国社区经费大部分直接由中央拨给地方政府，地方政府将会得到总计约 70 亿英镑的年度经费。这些款项主要用于资助社区学院等社区教育机构的设施建设。将更多的经费和权力划拨到地方政府以后，有利于地方政府肩负起振兴地方的责任。此外，SFA 每年还要投入 40 亿英镑用于院校和培训机构的成人继续教育和技能培训。除了政府的教育经费外，英国的社区学院等社区教育机构也通过向学生收取一定学费、各种社会捐赠和各类创收等，从多方面筹集社区教育经费。

3. 英国社区教育的特色

（1）政府主导。② 政府直接负责管理社区教育的运行模式是英国社区教育的一大特色。英国政府主要从政策法规与经费支持两方面积极采取措施，促进社区教育的发展。从 20 世纪 60 年代起，英国政府先后制定了《教育先行地区计划》《沃克斯豪尔计划》《学习时代绿皮书》《学习成功白皮书》，明确提出："要建立学习化社会，使不同阶层、不同背景的人都能有继续学习和终身学习的机会。"继而于 2000 年实施《学习与技能法》，整合了政府与民间组织的资源，扩大

①乔兴媚：《英国社区学院办学模式及启示——以利物浦社区学院为例》，《现代远程教育研究》2012 年第 5 期，第 65 - 70 页。

②刘美霞：《英国社区教育简介》，《世界教育信息》2010 年第 2 期，第 60 - 62 页。

了财政资助的额度；建立地方性的学习与技能委员会，并加强与社区教育组织的联系。2002 年颁布《为了每个人的成功——继续教育与培训改革》。2006 年，英国教育与技能部发表《继续教育——提高技能并改善生活机会白皮书》，提出继续教育是政府为每个人带来社会公平和经济繁荣的关键。

（2）组织完善。在政府的大力支持下，英国建立了非常完善的社区教育组织机构，包括普通大学、开放大学、产业大学、社区学院、地方共同中心与志愿者社团组织等，既采用正规的教育形式，也采用非正规甚至是非正式的教育形式，以满足社区全体成员多元化、多层次的教育需求。

（3）资源最大化利用。英国的社区教育整合学校、家庭和社区的教育资源，把学校或图书馆办成社区教育文化中心，对教育资源的利用达到了最大化。社区教育资源的充分开发，不仅包括各级各类学校资源，还包括社区内各种人力资源（如专业技术骨干、退休老教师等）、社区内各种组织的内部设施（如体育和文化设施等）。这些有形的和无形的资源均向社区居民开放，每个人都可以根据自己的需要，找到适合自身的教育活动，不仅提高了其技能和生活质量水平，还让居民因归属于社区而产生满足感。此外，英国建立了较为完善的社区学习网络，社区内部的各级各类成人学校、非成人学校及具有各种教育功能的机构，尽管各自独立，性质任务亦不尽相同，但通过社区学习网络，就可以使它们的教育资源得以真正共享。[1]

（四）日本社区教育

社区教育在日本被称为社会教育，是指面对地区内全体成员，实施除《学校教育法》所规定的学校教育活动之外的人生发展各个时期的有组织的社会教育活动[2]。第二次世界大战后，日本逐渐形成了独特的社会教育模式，并不断完善整合了一套完整的社区教育体系。作为国民教育体系的重要组成部分，日本的社区教育正在为日本教育、社会和经济发展发挥着积极的作用，成为很多国家和地区学习和效仿的对象。

1. 日本社区教育发展历程

（1）萌芽阶段。[3] 日本近代意义上的社会教育产生于明治初期。明治五年（1872 年），日本文部省举办了一次博览会。会期结束后，为向一般国民普及科学文化知识，开阔其眼界，文部省试图通过观览实物，进行校外教育，就将博览会的设施和展品按原样保留，改成了博物馆的形式。这就是日本最初的博物馆，也是日本政府第一个以社会教育为目的施行的措施。1872 年 4 月，文部省在博物馆内设置了书籍馆，6 月搜集图书，8 月开放，这就是日本最初的图书馆。此后，在政府的大力支持和鼓励下，日本各地纷纷效法办展览会，开设博物馆，建立图书馆，形成了一个小小的高潮。1872 ~ 1882 年的 10 年间，日本各地共建设了 10 个博物馆，截至 1887 年，图书馆数达到了 17 个。这些博物馆和图书馆的设立，为一般国民提供了良好的获取知识的场所。因此，近代日本社会教育是以博物馆和图书馆的建立为开端的，萌芽阶段的日本社会教育带有明显的民众教化和文明开化的特点，这也是战前日本社会典型的教化形式，意在启蒙人们的思想，对普通民众进行开导教化。

---

①刘美霞：《英国社区教育简介》，《世界教育信息》2010 年第 2 期，第 60 - 62 页。

②日本政府：《社会教育法》，1949 年。

③甘少杰、吴洪成：《近代日本社会教育的发展历程及借鉴》，《渤海大学学报》（哲学社会科学版）2012 年第 5 期，第 100 - 103 页。

受"文明开化"社会思潮的影响，进步民众自愿结社，开展自发的学习活动，日本兴起组办各种"民权学习社"的高潮。这些"学习社"以青年为中心，开展演说，讨论、宣传西洋新知识，开展启蒙教育。这一时期所开展的诸多的社会教育活动，成了此后日本社会教育领域的源流。

（2）成形阶段。① 1886 年，日本文部省在国家教育制度中正式确立了社会教育的地位，当时的社会教育被称为"通俗教育"②。1905 年 12 月，日本以普通学务局局长名义向地方长官发布关于奖励、培育地区青年会等青年团体的通知，以地方教育会为中心，为了将所有儿童纳入国民教育体系之中，开展了以奖励就学为目的的通俗教育活动。"通俗教育"一词在 1908 年 12 月日本文部省下发的文告中首次使用，其后很快被推广开来。

为了规范通俗教育的组织管理及秩序进程，并使其实际成效切实得到保障。1910 年，日本成立了通俗教育调查委员会，下设三个部：第一部主要分管读物的选定、编撰和悬赏募集、通俗图书馆、巡回文库、展览会；第二部主要分管视听教育，负责幻灯、电影片的选定与协调，说明书的编撰；第三部主要分管有关讲演会的事项以及讲演资料的编撰，同时兼负"有关通俗教育事项的调查审议"的任务。③

此后，为了迅速普及通俗教育，日本政府设置了作为内阁总理大臣咨询机关的临时教育会议，以改革教育制度为努力目标，对小学教育、男子高等普通教育、大学教育及专门教育、师范教育、视学制度、女子教育、实业教育、通俗教育、学位制度 9 项加以审查监督，并形成各自提纲挈领的改革建议，其中对改善通俗教育提出了 11 条措施。这些建议对日本社会通俗教育的振兴，尤其是有关行政管理与政策保障方面的充实，影响很大。通俗教育领域不断扩大，学校教育机构也成为社会教育的部分责任者，有义务予以协助及配合。所有的学校设施可直接向社会开放，可在校园内进行公共体育活动和召开公众集会，同时奖励在学校教育机构内成立以通俗教育活动为主的地方青年团体等。

1919 年，日本文部省在普通学务局内新设了"第四课"，同时还设置了处理通俗教育或实业教育的专任事务官。"第四课"负责掌管的事务包括：关于社会教育事项；关于图书馆博物馆事项；关于盲哑教育及特殊教育事项；关于青年团事项；关于教育会事项。1924 年，加藤内阁成立后，将"第四课"改为"社会教育课"，"社会教育"开始作为正式用语取代"通俗教育"，这是法令上使用"社会教育"一词的开端。至此，日本社会教育逐渐成形。

可以看出，该阶段日本的社会教育主要是由政府推动的。日本政府从行政管理及政策法规角度对社会教育加强了控制和指导，从而使社会教育的范围不断扩大，制度逐步得到充实，设施设备不断完善，基本上普及到日本各地。

（3）发展阶段。随着日本政府对社会教育逐渐重视，从中央到地方的社会教育行政管理机构得到了全面确立。1925 年，日本政府发布《地方教育职号官制》的敕令（第 324 号），规定各府县可利用府县的经费设置 60 人以内的社会教育主事，110 人以内的社会教育主事辅佐（即助手）。1932 年，日本政府要求各市镇村设立"社会教育委员"，并规定其人数，镇村为 10 人左右，市为 20 ~ 30 人。至此，日本的社会教育形成了自上而下，层层有人抓、有人管的行政制度；

①甘少杰、吴洪成：《近代日本社会教育的发展历程及借鉴》，《渤海大学学报》（哲学社会科学版）2012 年第 5 期，第 100 – 103 页。

②顾明远、梁忠义：《世界教育大系：社会教育》，吉林教育出版社 2000 年版。

③梁忠义：《日本社会教育》，山西教育出版社 1994 年版。

社会教育的对象日益扩大，从儿童到成人，从妇女到老年人，几乎无所不包；不仅国家对社会教育的投入不断加大，各社会教育团体也都围绕着各自的目的开展多种多样的社会教育活动。

此后，为使社会教育的推行更加有效，日本政府在中心小学校学区内，以小学校为中心，组织专门委员会，对区域内的青年团、妇人会及其他各社会教育团体进行监督指导。同时，这一时期政府还将成人教育作为社会教育的组成部分加以推广，文部省开展了一系列以成人教育为主的各种各样讲座和公开讲演、讲习会等有组织的活动。①

第二次世界大战后，在美国的扶植和帮助下，日本的社会教育进一步发展。政府通过立法将社会教育作为每个国民的权利，社会教育的行政管理部门也将其职能从以往的监督管理转变为指导和扶植。1946 年，日本文部省设立了教育刷新委员会，主要负责对教育改革中的各种重大事项进行调查审议。这一时期，在美国使节团的帮助指导下，根据《日本国宪法》和《教育基本法》的精神，日本教育刷新委员会提出了振兴社会教育的许多具体法规和措施。其中《社会教育法》（1949 年）、《图书馆法》（1950 年）和《博物馆法》（1951 年）被称为"社会教育三法"，使日本的社会教育首次获得了法律依据，成为战后日本社会教育发展的主要支撑力和动力来源。

进入 20 世纪 70 年代后，日本实施了其教育史上第三次教育改革，而社会教育以扩充教育职能和设施为改革的新方向。因此，作为日本社会教育开展的重要设施——公民馆飞速扩充起来。据文部省统计，1971～1980 年，公民馆数由 14249 所增至 16452 所，且日趋大型化。到 1981 年，日本全国 92.9% 的城镇村都设有公民馆，共有 17222 所，比全国的公立初级中学还多，它们拥有 15700 名专职员和 2615 名兼任职员。公民馆的快速扩充和壮大，为日本社会教育的飞速发展提供了有力的支持和保证。②

（4）完善阶段③。伴随着 20 世纪 90 年代日本泡沫经济的崩溃，曾经支撑国家发展的教育制度，尤其是学校教育制度渐露弊端。因此，社会教育受到了更多重视，终身教育成为 20 世纪 80 年代以后日本社会教育的主要内容，如何建立终身教育制度，开展终身教育事业成为日本社会教育领域内亟待研究和解决的课题。1988 年《文教白皮书》明确指出，日本面向 21 世纪教育改革的基本目标就是"实现终身学习社会"。首先，要完善终身教育推进体制，确保提供广泛的学习信息；其次，完善学习咨询服务体制，实现终身学习设施的网络化；最后，对现有的教育、研究、文化、体育设施全面开放。此后，1996 年《文教白皮书》重申了"终身学习社会的课题和展望"及"多样化及高度化的发展"的文教政策。日本教育界特别重视开发广泛的社会教育资源，建立起以公民馆为核心的社区教育资源体系。此外，日本各地区基本都设有图书馆、博物馆、社区文化中心、市民大学、青年之家等众多社会教育设施场所。据 2008 年《文教白皮书》统计，截至 2007 年，日本全国公民馆已达到 17652 所，开设各类讲座达 21 万次。由此，日本社会教育进入了作为终身学习体系主要平台的发展和完善阶段。

2. 日本社区教育分析

（1）教育理念④。日本社区教育的主要目标是振奋国民精神、培养国民性格。因此，其社区

---

①甘少杰、吴洪成：《近代日本社会教育的发展历程及借鉴》，《渤海大学学报》（哲学社会科学版）2012 年第 5 期，第 100 – 103 页。

②梁忠义：《战后日本教育》，吉林教育出版社 1988 年版。

③杨广晖、欧阳珺茜：《日本社会教育的发展特点及对中国的启示》，《日本问题研究》2010 年第 24 卷第 3 期，第 102 – 103 页。

④郝美英：《北欧、美国、日本和新加坡社区教育理念探析》，《成人教育》2010 年第 12 期，第 95 – 96 页。

教育的主要指导理念为"民众教化理念"。在 19 世纪后期到 20 世纪前 25 年这段时间里，为了在激烈的国际竞争中赢得主动地位，日本将社会教育重点放在团结整个民族上。自 1919 年起，日本在全国大范围实施"公共讲座教育计划"。1923 年全国各地普遍开设了公民教育课程。这些措施的实施取得了良好的成效，极大地提高了国民的素质。在第二次世界大战期间，日本发动了一场名为"提倡民族精神总动员"的运动，社会教育局也于 1942 年并入宣传局，沦为了宣传战争政策的工具。1945 年后，为了发展社会教育事业，日本又重新组建社会教育局，为国家培养合格的公民。

（2）实施组织。

1）公民馆。日本的公民馆是由政府投资兴建的多功能社会文化活动中心，是培养合格公民的场所，具有非营利性、非党派性和非宗教性的鲜明特色，在社会教育中发挥着重要的作用。公民馆的创建始于日本战败后的 1946 年，是实践民主理念、振兴地区产业的主要基地。1949 年颁布的《社会教育法》明确规定了创办公民馆的目的："为市镇村或某一特定地域的居民结合其实际生活进行教育、学术、文化方面的活动，以使居民提高教养、增强体质、陶冶情操、振兴生活和文化，充实社会福利。"在公民馆体系形成之初，开展知识、技能教育，让居民拥有可以谋生的"一技之长"是公民馆工作的重点。然而，随着日本社会的发展与社会教育理念的变革，"老年教育""生涯学习"等新概念不断涌现。为了应对新的社会需要，日本公民馆的社会教育职能与时俱进，不断丰富完善①。2016 年 5 月修订的《社会教育法》第 22 条规定，日本公民馆的基本职能有：定期开办讲座；举办各式讨论会、讲习会、讲演会、实习会、展示会；购置并积极利用图书、记录、模型等学习资料；组织体育、娱乐活动；与各社会团体、机关建立合作关系；将公民馆场馆设施提供给居民举办集会或其他公共活动②。公民馆面向所有年龄阶段的公民，开设满足其需要的各种课程，包含体育、家庭教育、职业教育、情感教育等，教育活动逐渐关注居民实际生活及学界的最前沿信息。多年来，日本以法律为依据，不断巩固和壮大公民馆，形成了分布面积最广，覆盖日本全境的公民馆社会教育组织网络体系。据统计，日本全国的公民馆设置比例达 90% 以上③。

2）学校④。除了公民馆，日本的高等学校也在社会教育中发挥着积极作用。在学校假期及普通节假日里，各种综合性大学、短期大学、业余大学及名目繁多的专业技术学校都对社会开放，为学校周围的公民提供利用学校教育资源的机会，并由学校的优质师资为公民提供所需要的教育服务。学校的教职工通常会通过各种讲座与沙龙向社区居民传授知识、分享经验。大学的学术研究团体与地方社会教育团体也会定期共同开展讲座或研讨会，请民众参加，共同讨论当下社会问题。这是日本实施社会教育的又一种创新途径。在学校与社会互动合作的背景下，日本正在实践以"学社联盟"和"学社融合"为基础的社会教育新形式，其目标在于两者相互补充，共享教育资源，构成新的学习体系，力图最大限度地发挥社会教育的潜能。

3）企业。企业内教育与培训是日本社会教育的重要组成部分，因为其在一定程度上更贴近公民的职业生活，因此有社区教育"回归原点"考量方式的美誉。在日本，各大、中型企业几乎都设有企业内部教育与培训制度，并涌现出一批设施先进、教育内容较完备的企业学校，如丸

---

①丁诺舟、张敏：《日本公民馆社会功能的重新审视与评价》，《日本问题研究》2017 年第 31 卷第 1 期，第 34 - 40 页。

②日本政府：《社会教育法第 22 条》，http：//law. e - gov. go. jp/htmldata/S24/S240207. htm，2016 - 05 - 16。

③张剑军、王潇娴：《浅谈日本社区教育的特点》，《佳木斯职业学院学报》2013 年第 9 期，第 498 页。

④赵小段、李媛：《国外不同类型教育机构承担社区教育之比较分析》，《成人教育》2017 年第 9 期，第 84 - 86 页。

善石油工学院、积水化学高等工学院以及松下电器工学院等，它们主要以内部雇员为对象，着眼于企业需求并根据自身特点进行教育活动①。企业设置的社会教育课程凸显技能性，甚至有生存性的特点，这些课程一方面帮助处在职业生活中的公民应对时代变化，另一方面帮助处在职业生活以外的公民获得生存的技能，课程设置门类大都以技能性和生活性为主。② 此外，在日本，企业与开展社会教育的核心机构——公民馆联系紧密，企业为公民馆提供支持与帮助，公民馆对企业提供开放与服务，这是日本社会教育的又一大特色。企业可以依托公民馆开展企业宣传会、商品发布会、职工培训、参观工厂、社会公益等社会活动，从而提升企业知名度及自身形象，吸引专业人才的加入，促进企业实现长期发展，同时为地方的发展做出贡献。公民馆在人才培养方面也对企业给予了积极的援助，这在一定程度上为"产学联合"模式的开发起到了纽带与桥梁作用，促使企业开展社会活动的积极性迅速提高。而公民馆也在企业社会活动开展的过程中向构建"学习型社会"和"公民终身教育体系"的方向前进着。"公企联盟"成为日本社区教育发展的一大趋势。③

4）其他社会教育组织④。图书馆——根据日本《图书馆法》，图书馆是"以收集、整理和保存图书，记录其他必要的资料，供一般公众利用，以促进其教养、调查研究和文娱活动为目的"。日本的图书馆向广大民众开放馆内的各种资料；主办读书会、研究会、鉴赏会、资料展览会等；向公众介绍、提供各类时事信息；与各类学校、公民馆、博物馆、文化馆等组织、机构进行密切的联系与合作，开展社会教育活动等。图书馆的设立使全体国民能够根据实际生活的需要，自主提高文化教养水平。

博物馆——向广大民众展出其保存的各种实物、模型、标本、文献、图表、电影、录音等资料；开展专业性、技术性研究；与学校、公民馆、图书馆及其他学术组织或文化机构进行合作，开展社会教育活动。根据日本的《图书馆法》和《博物馆法》，公立图书馆、博物馆主要由市、町、村设立，并由当地教育委员会管理⑤。

少年自然之家——主要面向正在接受义务教育的中小学生，通过野外活动提高他们对自然的认识，通过集体生活使中小学生获得集体生活的体验，促进他们的身心健康、和谐发展。

儿童文化中心——大力普及科学文化知识，对少年儿童进行情感教育，促进其身心健康成长。

青年之家——主要面向接受义务教育后到25岁左右这一年龄段的青年，通过集体生活使其得到锻炼。

妇女会馆——主要针对妇女群体，以提高妇女的科学文化知识和职业技能水平为主要目的。

（3）教育内容。⑥

1）青少年教育。日本社会教育中的青少年教育，以青少年为对象，主要是采用学级、讲座和集团活动等方式进行，其目的在于提高青年们的实际生活所必需的有关职业和家事方面的知

---

①杨广晖、欧阳珺茜：《日本社会教育的发展特点及对中国的启示》，《日本问题研究》2010年第24卷第3期，第46－50页。

②殷玉新：《国际化社区教育拓展模式的比较研究——基于英、美、日的分析》，《河北大学成人教育学院学报》2013年第4期，第86－90页。

③王梦云、杨苗苗：《美国、日本社区教育与企业结合模式分析》，《职教论坛》2016年第33期，第64－69页。

④郝美英：《国外社区教育的成功经验及其对我国的启示》，河北师范大学硕士学位论文，2010年。

⑤刘佩芸、孟凡君：《日本社区教育活动特征及启示》，《河北师范大学学报》（教育科学版）2012年第14卷第4期，第59－61页。

⑥栾精靓：《美、德、日社区教育发展的成功经验及对我国的启示》，黑龙江大学硕士学位论文，2008年。

识、技能，或一般教养。^① 在日本，青少年教育注重强调：根据自身兴趣自愿地参加学习活动；在教学过程中，注重学生直接经验的获得，让学生主动地去思考、分析并动手解决问题；此外，团体活动中，还要求学生学会如何相互沟通、彼此信任、与人协作完成任务。这种青少年教育旨在提高青少年的生活情趣和能力，掌握与之相关的知识、技能与方法。

2）成人教育。日本的社会教育按受教育对象的性别和年龄的不同，分为以成年男子为教育对象的一般的成人教育，以成年女子为教育对象的妇女教育和以老年人为对象的高龄者教育。这些成人教育主要是采用成人学级、讲座和社会函授教育等方式进行。讲授的课程多为提高文化素质，提升道德修养的课程，还有一些关于家庭教育和家庭生活方面的内容。由于职业知识与技能的学习可以在企业内教育中完成，所以这方面的课程相对较少。

3）社会函授教育。在日本，除在学校内进行的函授教育外，还有一种社会函授教育。社会函授课程涉及的范围十分广泛，有事务类、技术类、生活技术类和文化教养类近 200 种。日本函授教育概括起来有三大优点：学习平等、自主选择和修业时间短。无论年龄、学历层次、学习地点，学习者都可以自主地选择适合自己职业需求的专业进行学习，在较短的时间里掌握所需的职业知识与技能。

（4）运行机制。^② 日本的社会教育运行机制是典型的混合型模式。一方面，日本的社会教育具有较强的行政色彩。在国家、都道府县和市镇村都设有相应的分管社区教育的部门。在国家层面上，社会教育主要由终身教育局主管，体育局中的体育课、终身运动课和竞技运动课，文化厅的文化部和文化遗产部等机构也涉及社会教育管理方面的工作。在地方层面上，都道府县和市镇村的教育委员会一般都设立了社会教育行政部门，具体负责社会教育的管理工作。另一方面，日本的社区组织在社区教育的管理上又具有一定的自主性。以公民馆为例，它遵循"自治"的原则，由社区居民自主策划、自主实施各项活动。学习者在参与过程中，形成了具有自主性质的团体，并以这种团体为单位独立开展各种文化教育活动。日本社区教育模式运行机制框架如图2－4所示。

（5）经费来源。通过国库补助金、国家拨款、地方债为社会教育提供资金，是日本社会教育的基本经费来源。《社会教育法》规定，日本的社会教育经费主要投到公民馆、图书馆、博物馆、体育设施，以及一些其他项目。^③ 日本社会教育费主要由地方政府拨款，其百分比高达98%左右，这也反映了日本社会教育行政中地方分权主义的特色。中央拨款仅2%，主要用于中央直属机构的费用。以 2002 年为例，日本社会教育费为 25147.96 亿日元，其中中央拨款为 578.19亿日元，占2.3%；市镇村负担了 20299.89 亿日元，占80.72%，都道府县负担 42691.77 亿日元，占 16.98%；负担份额最少的是学校法人等，金额为 11 万日元，其所占比例低到可忽略不计。^④ 另外，日本积极探索包括企业补贴、参加者缴费、承办机构出资、地方政府补贴、国家补贴等继续教育经费多渠道筹集方式，并建立了政府、企业、社会、个人共同投入的成本分担机制^⑤。

---

①梁忠义：《战后日本教育》，吉林教育出版社 1988 年版。

②郝美英：《国外社区教育的成功经验及其对我国的启示》，河北师范大学硕士学位论文，2010 年。

③马丽华：《日本公民馆财政补助分析》，《河北大学成人教育学院学报》2008 年第 10 卷第 3 期，第 51－52 页。

④周谊：《近 50 年日本的社会教育经费及其使用效果》，《学术研究》2004 年第 4 期，第 122－124 页。

⑤郑成功、李彬：《日本政府推动技能人才培养的组织体系与政策措施》，《日本研究》2014 年第 2 期，第 12－18 页。

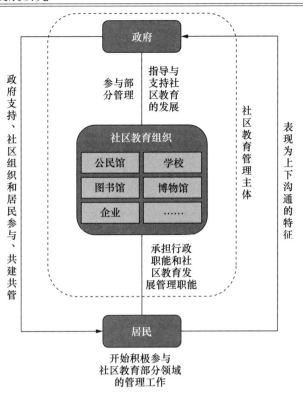

图2-4　日本社区教育模式运行机制框架

3. 日本社区教育的特色

（1）重视社区教育的立法化。通过制定一系列的法律、法规来促进社区教育的发展，是日本社区教育最显著的特征。《日本国宪法》《教育基本法》《社会教育法》《图书馆法》《博物馆法》《关于健全振兴终身学习措施的推进体制的法律》等都有社区教育的相关表述，也是日本开展社区教育的法律依据。《教育基本法》明确提出："在家庭、劳动场所以及其他社会上所进行的教育，理应受到国家和地方公共团体的鼓励。"而《社会教育法》把社会教育定义为面向社会上全体成员所实施的有组织的教育活动并十分重视发挥家长委员会的作用。[①] 此外，为了适应不断变化的社会发展的需要，日本还相继颁布新的有关社区教育的法令，并逐步修改和完善了社区教育的相关法律，保障了民众的社区教育权利，同时以法律形式使国民懂得，发展社区教育是每个社会成员和各种社会力量义不容辞的责任和应尽的义务。[②]

（2）注重培养民众的国民意识。日本的社区教育侧重于政治和社会文化教育，注重发挥"教化"和"教养"功能，培养国民意识，同时也强调国家对社区教育所应承担的责任和义务。随着历史和社会的发展，社区教育发展的侧重点虽然有所改变，但培养合格的公民、满足国家政治发展的需要一直是日本社区教育的重心所在，民众教化理念一直是其中心的理念，指导着日本社区教育顺利地发展。[③]

（3）拥有完善的社区教育设施。教育设施是开展社区教育重要的物质基础，是实施社区教

---

① 张剑军、王潇娴：《浅谈日本社区教育的特点》，《佳木斯职业学院学报》2013年第9期，第498页。
②③ 武洁水、叶飞霞：《国外社区教育的特色及其对我国的启示》，《中国远程教育》2013年第9期，第47-50页。

育的途径和手段。在日本，除了从事社会教育的专门机构，如公民馆、图书馆、博物馆等之外，日本政府也十分重视发挥其他一些社会机构，如青少年教育设施、妇女教育设施、终身教育中心以及社会福利设施、职业训练设施、文化娱乐体育设施等的作用，吸引国民从事并配合社会教育活动。可以说，社会教育设施遍布日本全国各地，有公办的（国立、公立），也有民办的（私立）和公私合办的。① 大量高水平的社会教育设施，也从侧面反映了日本社区教育事业的发展水平。

（4）政府和社区混合管理的模式。实行政府和社区分别进行管理的混合管理模式，是日本社区教育的又一大特色。这种管理模式下的社区教育既有政府主导的一面（国家、都道府县和市镇村都设有相应的分管社区教育的部门），又有自治的一面（社区组织、学习团体等可独立组织和开展各种文化教育活动）。在这种混合型的管理体制下，日本的社区教育上下沟通，国家和居民都能参与到社区教育中，甚至居民可以参与社区教育部分领域的管理工作，使得社区教育得到了有效的实施。

三、国外社区教育发展经验总结

社区教育是提高全民素质的必然道路。我国正处于社会转型的关键时期，全面创建社区教育，对构建终身教育体系、建立学习型社会、促进经济发展意义重大。"他山之石，可以攻玉"。北欧、美国、英国、日本的社区教育的成功经验为我国社区教育发展提供了借鉴。

（一）确立科学的社区教育理念

由以上分析可以看出，由于受社会生产力发展水平、社会政治、经济、历史文化传统、教育发展水平等多种因素的影响，不同国家和地区社区教育理念的主流是不同的。不同理念指导下的社区教育实践侧重点不同，所发挥的功能也不同。如北欧的"人文主义理念"侧重于关注弱势群体的教育状况和生活状况，其成功之处在于体现了教育的人文关怀，具有坚实的群众基础；美国的"实用主义理念"立足社区、服务社区、注重职业教育、以实用性为导向，侧重于与现实生活相结合、针对具体的现实需要培养所需要的专业技术人才；英国的"人力资源开发理念"侧重于从人力资本开发的角度出发，为社区居民提供各类职业教育与技能培训以满足社区经济发展对各级各类人才的需要；日本的"民众教化理念"注重社区教育"教化"和"教养"功能的发挥，侧重于为国家培养合格的公民，以满足国家政治发展的需要。

（二）建立健全社区教育保障体系

政府从顶层规划出发，多方位建立完善的保障体系来推动社区教育持续发展，是北欧、美国、英国、日本的社区教育模式共同的成功经验，值得我国学习和借鉴。

首先是法律保障。在分析和研究了北欧、美国、英国、日本社区教育发展历程及成功经验后，可以清楚地看到，政府在不同时期制定的教育政策和法律法规，对社区教育的发展产生了至关重要的推动作用，是社区教育得以顺利开展的最根本保证。如瑞典的《成人教育法》，丹麦的《闲暇时间教育法》《成人社会教育法》，美国的《高等教育设备法》《社区学校法案》《社区学

---

① 张剑军、王潇娴：《浅谈日本社区教育的特点》，《佳木斯职业学院学报》2013 年第 9 期，第 498 页。

校和综合社区教育法案》《教育巩固和改进法案》《全时服务社区学校法案》，英国的《新教育法案》《教育先行地区计划》《沃克斯豪尔计划》《学习时代绿皮书》《学习成功白皮书》《学习与技能法》《继续教育——提高技能并改善生活机会白皮书》，日本的《日本国宪法》《教育基本法》《社会教育法》《图书馆法》《博物馆法》《关于健全振兴终身学习措施的推进体制的法律》等。

其次是经费保障。北欧、美国、英国、日本社区教育的发展都离不开其较为完善的经费保障体制。虽然各国筹集社区教育经费的方式不同，但都以多元化渠道保证社区教育经费充裕、来源稳定、保障有力。如北欧以中央和各地区政府拨款为主、学生学费为辅的经费体制；美国政府拨款、学生交纳的学费、社会捐款以及学院本身的创收等多元化的经费保障体制；英国主要由中央政府划拨经费，地方政府负责实施，辅以学生学费、各种社会捐赠和各类创收的经费体制；日本政府、企业、社会、个人共同投入的成本分担经费体制等。

（三）建立有用的社区教育实施组织

从国外经验可知，凡是社区教育发展较好的国家和地区都有比较健全的社区教育实施组织和机构，可开展各种类型的社区教育，以满足不同人群、不同阶段的教育需求。例如，北欧的社区教育实施组织以民众中学为核心，以研究协会和公办正规的成人学校为重点；美国的社区教育实施组织以社区学院为社区教育主要承担机构，辅以普通公立中小学校，各类高等教育机构、社区内各种组织、政府部门组织等；英国的社区教育实施组织以开放大学、产业大学为特色，普通大学、社区学院、地方共同中心与志愿者社团组织等不同机构积极参与；日本的社区教育实施组织以公民馆为代表，学校、企业、图书馆、博物馆、文化馆、青年之家、少年之家、妇女会馆等大量多样化组织相配合。

（四）制定有特色的社区教育内容

由北欧、美国、英国、日本四个国家和地区的社区教育分析可见，社区教育的内容都是根据各国（地区）的国情以及居民的实际需求来制定的。如北欧社区教育的内容以劳动市场的需求为导向，课程由学校教师和学生共同商量后开展教学，教学内容和方法丰富多彩、灵活多样，体现了北欧各国高度发达的福利国家特征。美国社区教育的内容主要有继续教育、终身学习、社区服务和基于社区的教育四类，它们之间密切联系、相互渗透，共同构成了社区教育内容的有机整体。英国的社区教育以继续教育为主，并分高、低两个层次，为不同学历水平的人群提供文化教育和职业训练；此外，社区休闲教育和社区的消防安全教育是英国社区教育内容的一大亮点。日本的社区教育主要包括青少年教育、成人教育、社会函授教育三种，内容丰富，形式多样，在居民的社会生活中发挥着重要的作用。

（五）有效整合各类社区教育资源

根据国外社区教育的发展经验，通过开放现有资源，并对其进行重组、改造，可以提高社区资源的利用效率，降低发展社区教育的成本，值得我国借鉴。

首先，注重学校教育资源的开发与利用，实现学校教育与社区教育的融合。根据国内外社区教育发展的实践经验，学校与社区应密切联系，相互沟通，共同担负起推进社区教育发展的职责与任务。北欧、美国、英国、日本四国都注重发挥学校在社区教育中的重要作用，将各类学校纳入社区教育的实施组织。政府大力提倡加强高等学校与社会的联系，追求教育社会化，整合这些教育资源开展社区教育，促进"学社融合"，成为国外开展社区教育时实现资源优化配置的一条重要途径。

其次，注重社会文化组织教育资源的开发与利用。从北欧、美国、英国、日本四国（地区）的经验来看，社区内的各类社会文化组织已成为各国（地区）实施社区教育的重要载体，主要有图书馆、博物馆、文化馆、纪念馆、娱乐中心、文化中心、工会、商会、工商业组织等。这类组织是社会的信息中心，通过向社区居民传播各类信息或知识，在社区文化教育方面发挥着广泛而积极的影响。

再次，加强社区与社会企业的联系，注重企业优质教育资源的开发。由美国和日本的经验可以看出，社区与企业合作共同开展社区教育正在成为社区教育发展的一大趋势。美国的社区学院和日本的公民馆都非常重视与企业的合作互动，如向企业开放社区资源、为企业员工进行职业技能培训、邀请企业专家到社区进行讲座等。这种社区与企业的深度交融互动，不仅使双方达到共赢，还加快了社会经济发展的步伐，更在某种意义上为实现终身教育起到推动作用。

最后，注重发展社区学习网络化。从美国、英国的经验可以看出，未来网络学习模式也将是社区教育发展的必然趋势。利用互联网等最新信息技术，建立社区内的学习网络，可以最大程度地实现资源与信息的共享和流通，使社区内各种教育资源得到最优化配置，还能最大限度地吸纳社区外部资源。

（六）构建合理的社区教育运行机制

从国外社区教育的成功经验来看，科学、合理的运行机制是社区教育成功发挥作用的关键。各国都建立了适合各自国情的社区教育管理运行机制，主要有三种代表模式：一是自下而上的自治型运行机制，如北欧和美国。这种运行机制的优势在于，可调动社区内各类组织、各阶层人员参与社区教育管理的积极性和主动性，充分发挥社区自身的力量，开发和利用各种教育资源，最大限度地满足社会和居民的教育需求。二是自上而下的政府主导型运行机制，如英国。这种运行机制的优势在于，社区教育的规划、资金的筹措、活动的开展、工作人员的安排等都由政府相关部门负责管理，社区教育各项活动的开展具有权威性，在经费和资源方面能得到保障，有利于社区教育的总体规划和顺利实施。三是上下沟通的混合型运行机制，如日本。这种运行机制是介于政府主导型和自治型两种模式的中间形态，兼具这两种模式的优势，主要表现在政府参与与居民参与相结合，既能保证国家的利益，又能保证居民的利益；既能保证社区教育的有效实施，又能保证社区沿着共荣共建的方向发展。

参 考 文 献

［1］梁艳萍、黄大乾：《发达国家社区教育比较研究》，《中国成人教育》2009 年第 15 期，第 95 - 97 页。

［2］李训贵：《中外社区教育发展模式的比较与借鉴》，《教育与职业》2009 年第 32 期，第 85 - 87 页。

［3］赵小段、李媛：《国外不同类型教育机构承担社区教育之比较分析》，《成人教育》2017 年第 9 期，第 84 - 86 页。

［4］孙侠：《国内外社区教育模式相关研究综述》，《宁波职业技术学院学报》2014 年第 18 卷第 3 期，第 44 - 47 页。

［5］郝美英：《国外社区教育的成功经验及其对我国的启示》，河北师范大学硕士学位论文，2010 年。

［6］杨应菘：《各国社区教育概论》，上海大学出版社 2000 年版。

［7］欧斯玛尼·张：《国外社区教育模式及其对我国的启示》，《天津电大学报》2010 年第 14 卷第 1 期，第 7 - 10 页。

［8］武洁水：《国外社区教育的特色及其对我国的启示》，《新课程研究·基础教育》2013 年第 2 期，第 4 - 8 页。

［9］欧庭宇、马文娟：《美国社区教育的变革审视及经验启示》，《高等继续教育学报》2017 年第 30 卷第 2 期，第 53 - 56、61 页。

［10］郝美英：《北欧、美国、日本和新加坡社区教育理念探析》，《成人教育》2010 年第 12 期，第 95 - 96 页。

［11］周琼：《美国社区教育的发展及其运行机制的分析》，《世界教育信息》2007 年第 9 期，第 16 - 19 页。

［12］张欣：《美国社区教育发展的新趋势》，《职教通讯》2016 年第 1 期，第 42 - 47 页。

［13］李丽珊：《美国社区学院的发展历程、经验和启示》，《继续教育》2017 年第 31 卷第 3 期，第 78 - 80 页。

［14］邓文勇：《美国社区教育的发展特点及其启示》，《职教通讯》2010 年 5 期，第 50 - 54、73 页。

［15］运文强、吴燕：《英国社区教育初探》，《成人教育》2012 年第 32 卷第 5 期，第 125 - 126 页。

［16］郝美英、桂雪梅：《国外社区教育理念及其对我国的启示》，《继续教育研究》2010 年第 10 期，第 99 - 100 页。

［17］刘美霞：《英国社区教育简介》，《世界教育信息》2010 年第 2 期，第 60 - 62 页。

［18］元焕芳：《国外社区教育的成功模式及对我国农村社区教育的启示》，《农村经济与科技》2011 年第 22 卷第 7 期，第 151 - 152 页。

［19］杨洋：《浅谈英国现代社区教育经验与课题研究》，《中国校外教育：理论》2011 年第 7 期，第 40 页。

［20］乔兴媚：《英国社区学院办学模式及启示——以利物浦社区学院为例》，《现代远程教育研究》2012 年第 5 期，第 65 - 70 页。

［21］甘少杰、吴洪成：《近代日本社会教育的发展历程及借鉴》，《渤海大学学报》（哲学社会科学版）2012 年第 5 期，第 100 - 103 页。

［22］顾明远、梁忠义：《世界教育大系：社会教育》，吉林教育出版社 2000 年版。

［23］梁忠义：《日本社会教育》，山西教育出版社 1994 年版。

［24］杨广晖、欧阳珺茜：《日本社会教育的发展特点及对中国的启示》，《日本问题研究》2010 年第 24 卷第 3 期，第 34 - 50、102 - 103 页。

［25］丁诺舟、张敏：《日本公民馆社会功能的重新审视与评价》，《日本问题研究》2017 年第 31 卷第 1 期，第 34 - 40 页。

［26］殷玉新：《国际化社区教育拓展模式的比较研究——基于英、美、日的分析》，《河北大学成人教育学院学报》2013 年第 4 期，第 86 - 90 页。

［27］王梦云、杨苗苗：《美国、日本社区教育与企业结合模式分析》，《职教论坛》2016 年第 33 期，第 64 - 69 页。

［28］刘佩芸、孟凡君：《日本社区教育活动特征及启示》，《河北师范大学学报》（教育科学版）2012 年第 14 卷第 4 期，第 59 - 61 页。

［29］栾精靓：《美、德、日社区教育发展的成功经验及对我国的启示》，黑龙江大学硕士学位论文，2008 年。

［30］梁忠义：《战后日本教育》，吉林教育出版社 1988 年版。

［31］马丽华：《日本公民馆财政补助分析》，《河北大学成人教育学院学报》2008 年第 10 卷第 3 期，第 51 - 52 页。

［32］周谊：《近 50 年日本的社会教育经费及其使用效果》，《学术研究》2004 年第 4 期，第 122 - 124 页。

［33］郑成功、李彬：《日本政府推动技能人才培养的组织体系与政策措施》，《日本研究》2014 年第 2 期，第 12 - 18 页。

［34］张剑军、王潇娴：《浅谈日本社区教育的特点》，《佳木斯职业学院学报》2013 年第 9 期，第 498 页。

［35］武洁水、叶飞霞：《国外社区教育的特色及其对我国的启示》，《中国远程教育》2013 年第 9 期，第 47 – 50 页。

［36］张暄：《日本特色的社区教育》，《科技传播》2009 年第 8 期，第 106 – 107 页。

［37］周波：《城乡统筹背景下社区教育模式研究》，《教育理论与实践》2011 年第 24 期，第 29 – 31 页。

第三章 国外农业职业教育体系研究

  农业是人类生存的根本，是工业等其他物质生产部门与一切非物质生产部门存在与发展的必要条件，直接影响着国民经济发展的方向。发达国家农业生产已经进入高度集约化和专业化阶段，农民人力资本的培育和提升为农业现代化的实现提供了重要基础和保障，德国、日本、法国等国家已基本建立起完备的农业职业教育体系。我国是农业大国，"三农"问题一直被置于各项工作的首位，受到高度重视。为更好解决这一问题，发展农业职业教育是一项关键措施。2016年中央一号文件《关于落实发展新理念 加快农业现代化 实现全国小康目标的若干意见》明确提出"加快培育新型职业农民，将职业农民培育纳入国家教育培训发展规划，基本形成职业农民教育培训体系，把职业农民培养成建设现代农业的主导力量"；2017年中央一号文件进一步提出了开发农村人力资源、培育新型职业农民的一系列举措。随着农业现代化的发展，新形势对我国农业职业教育发展提出了新要求和新挑战，建设现代农业职业教育体系迫在眉睫。本章在分析国外农业职业教育发展概况的基础上，总结发达国家农业职业教育体系的经验与特点，以期为国内农业职业教育发展提供借鉴。

一、国外农业职业教育发展概况

  农业职业教育是指对具备一定科学文化知识基础的人员实施的，农业生产或管理所需要的专门知识、技能以及相应的职业教育。农业职业教育不仅是对农业知识或技能的培训，还包含了多领域知识、技能的教育，是一种以农业教育为基础的具有广泛性、应用性、综合性的职业教育，注重人员素质的全面提升。

  德国、英国、日本等发达国家的农业职业教育起步较早，农业职业教育体系相对完善。纵观主要发达国家的农业职业教育，大体经历了兴起、蓬勃发展和全面繁荣三个发展阶段。

  第一阶段：兴起。18世纪到19世纪上半叶，随着欧美农业革命的不断深入，农业职业教育率先在欧美国家兴起，西欧的农场主和地主自发成立农业协会。同时，为了满足对农业科技知识的需求，农场主自发创办农业学校。19世纪上半叶，德国、英国和美国都已建立起农业学校，其中德国的农业学校发展最快。

  第二阶段：蓬勃发展。从19世纪80年代开始，中等农业职业教育和农业补习教育从农业教育中分离出来，分别对普通教育结束后想从事农业者和在职农民施以职业教育。此外，发达国家制定相关法律政策，要求从事农业者和在职农民接受农业职业教育，并对中等农业职业教育和农业补习教育的学制、管理体制、经费来源和师资培训等做了较详细的规定，促使中等农业职业教育和农业补习教育进入蓬勃发展阶段[①]。

  第三阶段：全面繁荣。第二次世界大战后至20世纪六七十年代，各国改革农业职业教育模

---

①《国外农民职业教育研究》，搜狐网，http://www.sohu.com/a/16975488_114835。

式，最终形成集职业学历教育、农民培训和农业推广于一体的农业职业教育体系，同时加大对教育机构建设的投资，使得教育机构数量飞速增长，学校及学生数、服务人员数成倍增加。20 世纪六七十年代后，主要发达国家整合教育资源，在裁并农业学校的同时，调整教育内容与方式，重点提高教育质量和普及率。英国、德国、法国制定法规，强调在普通教育结束后从事农业事业的人员必须进行农业职业教育，通过考核获得相关证书才能从事农业活动①。20 世纪末，主要发达国家在职业学历教育、农民培训和农业推广领域已经基本上形成了具有本国特色的农业职业教育模式。

二、国外农业职业教育分析

农业职业教育是培养职业农民的重要途径之一，德国、日本、法国、韩国等发达国家的农业职业教育起步较早，经过多年发展，已形成完善的、相互衔接的农业职业教育体系。

（一）德国农业职业教育

德国农业在国民经济中所占的比重很低，但仍受到政府的高度重视。2001 年，德国教育部发布《21 世纪农业职业教育发展报告》，提出建立和完善高水平的农业职业教育体系。德国农业职业教育对农业的发展具有决定性作用，正如德国全国性的农业专业组织和农业职业教育主席戈德—荣莱特纳（Gerd Sonnleitner）所说，要使德国的农业及其上下游产业继续发展，农业职业教育是未来发展和时下竞争中的决定性因素。

1. 德国农业职业教育发展概述

德国学校型农业职业教育可追溯到 19 世纪中后期的冬季农业学校，该校最初主要培养中小型家庭农场主，避开两个农忙季进行全日制教学，主要培训农场主的农业知识。冬季农业学校以通过官方考试作为毕业条件，没有学历或学位，于 1935 年统一正式称为农业职业学校。1985 年，德国农业联合会效仿手工业"学徒制"的模式，对农业职业教育建章立制，于 1905 年成立"学徒事项特殊委员"，负责对培训企业资质的认可，并于 1909 年颁布第一部农业考试条例。

1934 年，德国政府将农业领域的职业教育划分为两类：第一，以雇佣农业工人为培养对象的雇农培训，实施主体是农业职业学校，学制是 2 年；第二，以经营农业企业的企业主为培养对象的农业学徒培训，实施主体为农业学校，学制为 2 年。1936 年，在全国范围内统一了农业职业学校的课程建设标准。1938 年，德国正式引入职业义务教育制，农业职业教育也归属其中。

第二次世界大战后，各州政府自主修订有关农业职业教育的规定，目标是培养学徒的实际务农能力，学徒期为 2 年，学徒通过农业考试才能毕业。1948 年，农业职业学校和农业学校的学制由 2 年调整为 3 年，农业学校由原来的基础教育组成部分转化为继续教育学校类型。1951 年，德国在联邦范围内颁布并实施了"农业师傅"证书考试制度。1969 年，政府颁布并实施《联邦职业教育法》，统一各州关于农业职业教育的法律框架，标志着现代意义上的德国农业职业教育体系正式确立。

---

① 《国外农民职业教育研究》，搜狐网，http：//www. sohu. com/a/16975488_ 114835。

2. 德国农业职业教育体系分析

德国农业职业教育体系主要由学校教育机构和农场培训机构组成。

（1）学校农业职业教育。德国学校农业职业教育包括农业职业学校、农业专业学校、高级农业专业学校、高等农业大学四个部分，四个有机结合的农业职业教育层次构成了德国完备的分流，教育，再教育，再提高的农业职业教育体系，满足了社会不同层次、不同岗位的学习者的需求，保证了农业职业教育的连贯性和实用性专业人才的培养（见图3-1）。

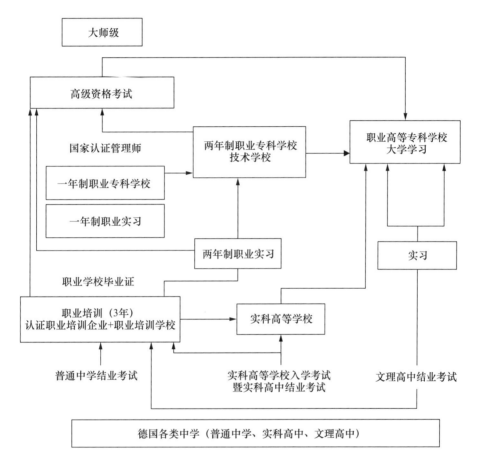

图3-1　德国学校农业职业教育体系①

1）农业职业学校。农业职业学校受州农业行会的管理，业务受州县教育部门管理，学生大部分来自企业，受过5年或6年的普通教育，一般年龄在15~18岁。与其他行业职业学校学制一样，按六个学期分段进行培训，时间为三年。第一年主要是在职业学校学习基础理论知识，每周4天在学校接受培训，1天在企业培训，第二年、第三年主要在企业进行专业技术培训，其中一年到自己所属企业接受培训，每周在企业3~4天，在学校1~2天。

农业职业学校的课程设置由州食品部和县农业局组织安排，教材根据当地农业生产实际编写。其中，农业机械是必修课，要求各专业学员会操作各种机械，掌握多种技能，使学生在职业和社会生活中获得独立和负责的行为能力。在企业学习一年半时，由考试委员会组织一次毕业考

---

①李海峰：《德国农业职业教育的特点及启示》，《中国农业教育》2012年第5期，第13-17页。

试，考试委员会由农业行会、职业学校教师、企业主三方资深人员组成。考试主要有笔试、口试和实际操作三种形式，并以实践操作技能为重点进行现场作业，按培训大纲操作技能标准作出判断，如成绩不合格，可延期培训一年。

农业职业学校采取"双元制"培训模式，培训经费由企业和学校共同承担，企业承担培训设备、培训人员工资、学员的津贴和社会保险费。为鼓励企业参与职业培训，国家规定培训费可以免交利润税。

接受培训学员的企业必须具备三个条件：首先，培训"教师"（企业主）需获得国家认可的"师傅"头衔。其次，企业具有一定规模，专业化强，管理严格。最后，企业声誉良好，在社会上有一定影响力。

2）农业专业学校。在初级职业学校毕业后，可继续进入农业专业学校学习。德国现有62所农业专业学校。农业专业学校的学习共三个学期，主要学习经营管理，主要目的是由生产向经营转变。第一学期是每年11月至第二年的3月，集中学习专业理论。第二学期是4~9月，学生主要在企业接受教育，在学校学习20天。学校8月检查实践情况，即理论与实践结合的程度。第三学期是第二年的10月至第三年的3月，主要学习教育学、心理学、市场学、农村经济学、农业会计、企业管理、法律、法规、税收、农业机械、信息工具等。

3）高级农业专业学校。学生从农业专业学校毕业后，工作一年可继续进入高级农业专业学校学习企业管理和营销。高级农业专业学校学制一年，培养企业管理人才。实行小班教学，一个班10~18人，最多不超过24人。在一年学习中，60%的时间集中上课，40%的时间分成小组按专业方向讨论、实践。毕业后部分学生将成为国家认可的"师傅"或企业主，自己经营或帮助别人经营企业。部分学生还可以继续深造，在企业实际工作中参加超企业培训，即多专业、多技能的实践培训，培训时间3~6周，一般在企业、跨企业培训机构和其他非学校教育机构进行。

德国共有12个超企业培训机构。这些培训机构专业性强，设备先进。许多厂家会免费将尚未推广的新型机械提供给培训机构以供学员训练之用。超企业培训方法灵活、层次较多，培训对象有职业学校和各专业学校毕业生、农民及准备报考工程师的在岗人员。

4）高等农业大学。德国高等农业大学包括专科大学和本科大学，主要培养科学研究人才。德国共有10所农业专科大学，学制为4年，学生主要学习应用技术；农业本科大学7所，学制6年，读完本科可获学士学位，并可继续攻读博士学位。

总之，初、中、高三级农业职业教育体系贯穿了"双元制"教育制度，旨在把学生培养成素质好、专业化、动手能力强的专业人才。

（2）农场培训。德国农业职业教育不断吸引年轻人加入农业培训计划，提高从业者科学与技术水平。农场培训体系主要包括农业职业初级培训、农业职业继续教育和农业在职教育三种类型。

1）农业职业初级培训。德国各类高中毕业生都可以参加为期3年的农业职业初级培训。当学员的生产实践和理论学习达到联邦政府规定的要求后，需要参加统一的职业资格考试，考试合格取得职业资格证书的学员方能成为正式的农民，如耕种员、饲养员。学员取得农民资格后，从事5年生产实践并最终通过国家考试取得农业师傅资格，从而获得独立经营农场和带徒弟的资格。这些学员年轻、有活力，接受系统学习与训练后，成为德国农业生产的主力。

2）农业职业继续教育。经过初级培训的学员，如果要参加农业继续教育，必须经过一两年的农业实践，才可以进入一年制或两年制的职业专科学校学习。继续教育进一步拓宽了学员的知识面，使之不仅技术过硬，而且提高了综合素质，尤其让企业的管理人员不仅具备专业的管理能力，而且能以顾客为导向。学员肄业后可以成为国家认证的初级管理师、农业企业管理师或技术员。获得资质的学员可以管理或自己开办农业企业，也可以参加高级资格考试，取得大师级资格。除此之外，职业培训还与大学教育预留了接口，两者实现无缝连接。

3）农业在职教育。农业在职教育主要为因年龄、工作和时间等因素而不能接受系统职业教育的中年农民提供继续学习机会，面向客户规划课程和设计内容，以满足当今农企对农民更高的要求。农业在职教育传授给学员专业技能，使其能胜任之前不能胜任的高技术工作。

3. 德国农业职业教育体系特点

（1）建立完善的保障体系。德国农业职业教育具有一套完整的法律体系，其法律框架主要包括三个部分：一是由联邦立法机关颁布的《2005 年职业教育法》。此法通过协调资方、劳方、行会和国家机关来组织推进职业教育发展。各州层面包括面向"双元制"职业教育体系内的职业学校颁布的学校教育教学法律，如《巴伐利亚州教育教学法》；农业方面一般由农业部门颁布农林类全日制学校型职业教育法律，如《巴伐利亚州农林类学校职业教育法》。二是农业职业教育实践的框架性法规。联邦及各州政府主管部门根据相关法律颁布的实施性的法律法规，如联邦农业部门商教育部门颁布的 14 个涉农专业的《职业教育条例》、联邦经济部门商教育部门颁布的《培训教师资格条例》《师傅证书考试条例》。三是由各州农业部门及农业行会颁布的实施标准及条例，以及由农业行会在自主权框架内颁布的规章。可以看出，德国政府通过制定多种不同的法律法规支持农业职业教育发展①。

此外，德国农业职业教育原则上不收学费。在德国职教体系内，国家和企业对职业教育经费投入的责任明确。由培训方（培训企业）及联邦政府和州政府通过补助金的形式进行资助，如果培训学校与培训企业形成协作关系，培训企业要承担约 3/4 的费用，职业学校的费用由州政府承担，学校建设费用由地方政府和州政府共同负担，学生享受免费的农业职业教育。并且，接受职业晋升教育及高等教育者，可以根据德国教育资助法相关规定申请助学金。

（2）建立专门的管理机构。德国农业职业教育由德国农业部委托德国农业者联合会（DBV）专门负责。德国农业者联合会是全国性的农业组织，是德国众多农业组织中最重要的一个，下设多个专业的农民协会，包括 18 个地方农业委员会以及德国农业青年协会、德国农业联合经营协会、联邦德国农业职业教育协会。德国农业者联合会积极参与政府工作和农业政策的制定，负责农业职业教育目标的制定与修订，使之既具有联邦层面的统一性，又能弹性适应各地区特有状况。农业者联合会致力于构建统一的人才质量认证体系，促进人才在各地区流动，确保教育目标能满足农业发展。此外，它与企业和各政府机构保持长期合作，在认为联邦政府教育政策不适合农业发展现状时，行使否决权。

（3）多元主体共同参与。德国农业职业教育的参与主体多元化，联邦政府、各州农业部门、农业协会、教育机构分别承担不同的职责。其中，联邦政府主要为农业职业教育发展提供法律和政策供给；各州农业部门是农业职业教育的实际管理者，主要为农业职业教育提供经费支持；农业协会承担农业职业教育的部分管理职责，如教师培训、资格证书发放等；教育机构则主要负责农业职业教育的实施。在教育过程中，农业教育机构、农业协会、联邦和各州农业技术推广中心的主体作用以及家庭农场、农业企业、农业合作社的实践支撑作用将会得到充分发挥，以确保学

---

① 《德国农业职业教育怎么样？》，《光明日报》，http://www.jyb.cn/world/zgsx/201503/t20150324_616900.html。

习者能够将农业生产实践和农业理论学习充分结合，针对性地提升农业技术应用能力及农业创新的思维能力，提高学习的针对性和实用性。

（4）注重人才培养的实用性。德国农业职业教育以贴近企业实际需求为导向，在时间和内容上实施分块培养的质量控制体系。其质量控制是基于企业和工作岗位的框架需求，符合现行德国农业发展状况，有效贴合了新构架与组织模式。德国农业者联合会也不断地使农业职业教育质量控制体系适合新需求，并致力于构建贴近实际的创新性、可行性政策。如果联邦参与设定的预期目标超越了现行体系，不具有可行性，农业者联合会可以否决联邦政府的决议，以保持农业职业教育的可持续性与可接受性。

德国农业职业教育的教学目标是传授给学员尽可能宽泛而结构完善的基础知识，不仅包括工作技能和知识，还囊括企业的理念与运作模式，并要为学员的后续教育奠定基础。同时，农业职业继续教育也把实用化列为重点，例如高级资格考试、职业农艺师考试等。因此，学员在实践学习过程中，不仅可以在工作中获得收益，而且还能学会灵活处理各种事务的技巧和协同组织能力，即现行农业职业教育体系不仅传授学生专业能力，还有与专业相关的能力。

（二）日本农业职业教育

日本农业现代化程度较高，政府高度重视农业职业教育的发展，建立了完善的农业职业教育体系。日本农业职业教育包括教育系统和农业系统两大系统，其中教育系统以学历教育为主，包含初等、中等和高等职业教育以及农业大学本科和研究生教育；农业系统以成人为教育对象，包含成人学历教育、培训和农业推广教育。两大系统相辅相成，共同推动日本农业职业教育的发展。

1. 日本农业职业教育发展概述

日本的农业职业教育模式深受欧洲和美国的影响。1930~1940年，日本农业职业教育主要参照了美国农业职业教育的培养模式，结合自身国情特点形成初等（农业补习学校）、中等（农业学校）、高等（专科、大学）三个层次的教育体系。此后，国家在不同时期颁布系列法律条文，促使农业职业教育不断规范化、具体化，推动农业职业教育的发展。1947年，日本政府颁布《学校教育法》，首次以法律形式确立农业继承者教育的重要地位，阐明农业学校的宗旨，即致力于把拥有高中学历的农民子女培养成为现代农业骨干人才；1948年，日本颁布《农业改良助成法》，规定日本各都道府县必须从事农业技术的教育及普及活动，并规定国家对此项事业予以资助；1953年，政府颁布《青年学级振兴法》，由政府资助村镇组织青年学生对农民进行培训。

20世纪60年代，日本进入全面农业现代化的阶段，逐步形成独具特色的农业现代化发展模式。为保证农业职业教育能够服务农业经济发展，日本政府在1965~1973年的公共教育投资年均增速为17.6%，快速建立起完善的农业职业教育体系，支持并培养了大批现代农民[1]。20世纪末，日本初等农业职业教育广泛开展，中等农业职业教育规模日益增大，高等农业职业教育迅猛发展，农业科技的转化率高达65%~85%，为第二次世界大战后日本经济的崛起奠定了坚实的教育基础。

经过多年发展，日本已基本形成初等、中等、高等（专科）、本科、硕士、博士的多规格、

---

[1] 李凌、何君：《法律与政策保障视角下的职业农民教育培训国际比较研究》，《世界农业》2014年第1期，第152-156页。

多层次，互相衔接，正规教育与业余培训相互补充的农业职业教育体系。

2. 日本农业职业教育体系分析

日本的农业职业教育主要由文部科学省管理的农业学校教育和农林水产省管理的农业研修教育两部分组成（见图3-2），包括学历教育和非学历教育。

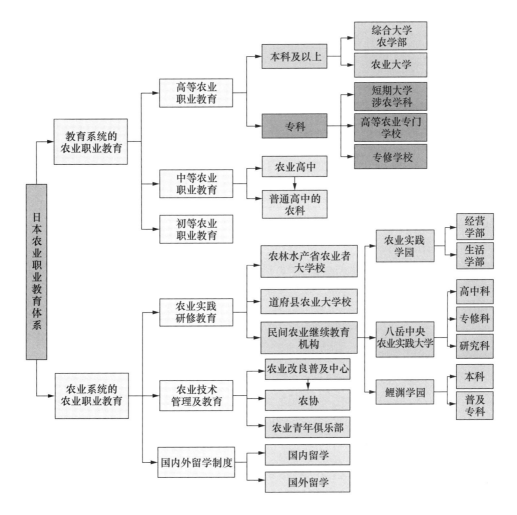

图3-2 日本农业职业教育体系[①]

（1）教育系统的农业职业教育。日本文部科学省系统的农业职业教育是学历教育，由初等农业职业教育、中等农业职业教育、高等农业职业教育组成，实施农业知识性教育。

1）初等农业职业教育。初等农业职业教育属于大众化教育，在日本所有的中小学生中普及，通过开设与农业相关的课程，让学生学习初步的农业知识，也被称为初等农业教育。

小学阶段农业教育。这一阶段主要通过生活科、理科和社会科等课程向学生传授农业知识。具体的学习内容如表3-1所示。

---

①齐美怡、曹晔：《日本现代农业职业教育体系建设及对我国的启示》，《职教论坛》2014年第10期，第85-90页。

表 3 - 1　　　　　　　　　　　　　　**小学阶段农业知识学习**

年级	学习内容
一、二年级	开设生活科,主要通过让儿童饲养动物、栽培植物等具体的体验性活动,了解动植物生长规律和栽培知识,从小培养儿童亲近自然、关心自然的感情
三年级	三年级及以上的学生通过开设社会课和科学课来学习农业知识。通过对身边常见动植物的观察、了解、比较,培养学生爱护生物的态度,了解生物生长规律及生物之间的相关关系
四年级	让学生观察一年四季中动物的活动和植物的生长变化,来了解和认识动植物与环境的关系
五年级	让学生观察和了解植物从发芽到结果的过程以及动物的生长过程,了解生命的连续性,旨在让学生养成尊重生命的态度
六年级	主要学习生物体的构造及各部分的作用,以及生物和环境之间的关系

初中阶段农业教育。主要是以开设选修课的形式向学生传授农业知识,教学内容包括农业的特点、农业生产在国民经济中的作用与地位、农业生产技术演变与进步、农村生活的特点等。此外,在艺术课和家政课上传授农作物方面的知识,包括作物栽培的方法、种植生产技术、人类生活和自然环境、环境保护等。

2) 中等农业职业教育。中等农业职业教育相对专业化,主要包括专业性极强的农业高中和普通高中的农业教育,培养农村劳动力和农业继承者。

普通高中的农业教育是为打算以农业为专业参加更高层次深入学习的学生设置的基础性教育,即预备性教育。

由农林省和文部省共同推进设立的"培养自营者农业高中",是开展中等农业职业教育的主体,招收高中毕业务农者,致力于提高学生解决实际问题的能力和从事农业生产经营的自信,主要培养应用型农业人才,学生毕业后一般直接从事农业生产经营活动。农业高中普遍增设普通课程和专业课程,涉及广泛的农业相关领域,同时重视实践能力培养,针对区域农业发展的实际需求开设大量的农业实习课程。在学习时间安排方面,每周 2 天集中在学校学习,其余 5 天在自家的农场学习实践,最终达到理论服务于实践的教学目标。此外,学校还开展职业资格证书教育。学生根据需要可取得园艺、危险物品操作员、有毒烈性物品操作员、测量士、助理测量士、装饰、造园等方面的职业资格证书[①]。

3) 高等农业职业教育。日本高等农业职业教育主要包括三种类型:其一,在综合性大学设立的农学、生物资源学或园艺学等学部,是日本高等农业教育的主要形式。综合大学农学部主要有两种形成方式:一是由独立的农学院合并到综合性大学,作为综合性大学的农学部;二是在综合性大学中设立农学部,培养农业高科技人才,毕业生一般不直接从事农业生产经营。其二,以农、农工或水产等命名的农科类大学开展的高等农业教育,其在日本高等农业教育中所占比重较小,培养对象是即将就农者。日本农科类大学主要包括国立的带广畜产大学、东京农工大学,公立的东京水产大学,私立的东京农业大学、酪农学院大学,以及公立的宫城县农业短期大学和石川县农业短期大学。其三,短期大学的涉农学科,这是高等农业教育的重要组成部分。这类学校主要包括富山县立大学短期大学部的农业技术学科、秋田县立大学短期大学部的畜产学科、专修

---

① 齐美怡、曹晔:《日本现代农业职业教育体系建设及对我国的启示》,《职教论坛》2014 年第 10 期,第 85 - 90 页。

大学北海道短期大学的农业机械科等①。

日本高等农业职业教育包含专科、本科、硕士、博士四个层次，其中硕士、博士层次的农业职业教育对科研意义重大，推动农业科研成果转化率不断提升。

（2）农业系统的农业职业教育。农林水产省（农业系统）的农业职业教育由农业实践研修教育、农业技术管理及教育、国内外留学制度等组成。

1）农业实践研修教育。农业实践研修教育主体包括农林水产省农业大学校、道府县农业大学校、民间农业继续教育机构等。

农林水产省农业大学校是日本仅有的一所国立农民研修教育机构，主要招收具有高中及高中以上学历并有一年以上农业实践经验的人，传授农业技术、农业经营方法等知识，培养地区农业核心人才和现代农业经营者，服务地区农业、农村发展。学校开设的课程包括人文社会、经济、自然科学等，强调理论与实践相结合的教学模式，即实践—理论—实践—理论—实践—理论，如表3-2所示。

表3-2　　　　　　　　　　农林水产省农业大学校的教学模式

类型	学时	目标
入学前的农业体验	12个月	通过预定入学者制度，使学习者有一年的农业生产生活体验
前期集中教育	15个月	主要学习基础课、农产、畜产、经济、社会、人文、综合生活以及特别讲义
派遣实习	6个月	到全国的优秀农户、经营体、试验研究所等处实习
中期集中教育	6个月	接着前期集中教育进行学习，同时深入学习有关专业的知识、理论
在自己家里实习	3个月	将理论与实践相结合，为后期务农打下基础
后期集中教育	6个月	除了继续前期、中期的学习外，还有国际经济和农政以及论文等，此外，还有一个月的国外农业研修

都道府县立农业大学校是由农场实习室、农业讲习所合并形成的学校，以服务区域农业和农村发展为宗旨，以培养具有现代农业经营知识人才为目标。都道府县立农业大学校主要招收高中毕业生，学制两年，开展实践性的培训和进修教育，讲授农业技术、农业经营管理等方面的知识和技能。学校不仅根据地区农业特色来设置专业，建立校内和校外实习实践场所，还根据农民的不同需求设置培养科、研究科和进修科（见表3-3），打造农业生产经营者终身教育的场所。

表3-3　　　　　　　　　　都道府县立农业大学校终身教育体系

类型	培养目标
培养科	培养学生掌握高水平的经营管理能力，以适应复杂多变的市场经营环境变化
研究科	开展农业生产技术、经营管理方法等实践性的教育，培养农业生产经营者
进修科	针对农业工作者在农业生产的各个阶段的需求实施的短期教育

①齐美怡、曹晔：《日本现代农业职业教育体系建设及对我国的启示》，《职教论坛》2014年第10期，第85-90页。

　　日本主要有三个民间农业继续教育机构，即农业实践学园、八岳中央农业实践大学和鲤渊学园，它们均受国家支持，是整个农业职业教育系统的重要组成部分。农业实践学园创立于 1935年，由日本国民高中协会举办，由经营学部和生活学部两部分组成。八岳中央农业实践大学由农村更生协会举办，主要开展以高寒地区大规模机械化农业为主的设施型农业教育。鲤渊学园由农民教育协会举办，设有本科和普及专科两个层次，对整个农业职业技术教育有示范带头作用（见表 3 - 4）。

表 3 - 4　　　　　　　　　　　　　　　　　　民间农业继续教育机构

类型	构成	招收对象	学制	教学内容及目标
农业实践学园	经营学部	高中毕业生	5~6 年	教学内容主要是平原地区无农药、低农药等有机或绿色农业栽培技术
	生活学部	高中科招收初中毕业生	3 年	专门针对农村女性的教育，培养具有农业实践能力的女性青年
		本科招收高中毕业生和短期大学学生	2 年	
		研究科招收大学毕业生	1 年	
八岳中央农业实践大学	高中科招收初中毕业生		2 年	培养目标是"拥有更温和的人性，以独立自主为目标的农业承担者，能够适应新时代，能够为地区农业做贡献的领导者"
	专修科招收高中毕业生和短期大学学生		2 年	
	研究科招收大学毕业生		1 年	
鲤渊学园	本科招收高中毕业生		3 年	人才培养突出实验与研究一体化，配备有园艺、养猪、养牛等教育实习设施
	普及专科招收本科毕业生		1 年	

　　除此之外，还存在一些教育培训机构，如务农预备校，它是一种民间的农业培训机构，主要存在于东京和部分主要城市，为刚从事农业的各类人员提供最基本的农业知识和技术的培训，并在农户家中开展农业实践、实习，使他们能够尽快从事农业生产经营活动。

　　2）农业技术管理及教育。农业技术管理及教育（农业技术普及事业）是日本农业职业教育的重要组成部分，所有农业从业者均能享受此教育，具有明显的普及性，能有效提高农业劳动者素质。在农业方面，农业技术普及事业以提高农民生产能力为目标，将农场或者农协作为办公场所，通过电影、幻灯片、座谈会、讲习会、展示苗圃等形式对农民进行品种栽培技术、病虫害的防治、肥料和农药的使用等多方面指导。在生活方面，农业技术普及事业从改善农民生活的角度出发，指导农民如何在农忙时期保证营养均衡以及生活时间调整等，旨在提高农民生活质量。农业技术普及事业机构主要有农业改良普及中心、农协、农业青年俱乐部等。

　　农业改良普及中心是由农林水产省指导，通过设置实验样板田、选定示范户、对农户进行巡回技术指导、提供农业知识信息资料等方式，直接为农民的生产生活提供技术指导与支持，普及农业知识。此外，农业改良普及中心还配备了一系列现代化的设备设施，如进修学习室、展示室、视听设备、实验室、会议室等，通过组织讲座、经验交流会和农闲训练等形式开展农业普及教育。

　　日本农协是一个服务于农户、农业与农村的综合性服务体系，是世界公认的最成功的农村合作经济组织之一，是沟通农户和大市场之间的桥梁，代表农民利益，旨在提高农户经营农业的能力和生活水平，支撑着日本现代农业的发展。农协分为全国农协、各县农协和基层农协三个层次（见表3-5）。

表3-5　　　　　　　　　　　　　　　　日本农协系统

类型	结构	目标
全国农协系统	设有中央协同组合学园	负责开展农协职员的本科教育和农协骨干职员的继续教育
各县农协系统	设有教育审议会	负责审议农协的教育基本事项
基层农协系统	设有农业管理中心	配有指导员，对农户开展生产技术、经营管理和生活方面的指导，并积极组织农民开展学习与交流

农业青年俱乐部是一种以市町村为单位的群众性组织，主要举办文化活动、农村青年交流活动和研究学习活动等，受到国家和所在道府县的大力支持。不过随着日本城镇化和工业化的发展，以及农村青少年人口的大幅度减少，俱乐部规模在不断缩减。

3）国内外留学制度。日本农业留学制度包括国外和国内两种形式，主要是由全国农村青少年教育振兴会实施，职业教育培训对象是30岁以下的在农或即将务农的青年，目标是获得实践经验、掌握先进技术。其中，国外留学制度是派遣务农青年到先进国家进修、学习，由国际农业者交流协会与农村青少年教育振兴会组织实施。国外留学有三种形式：一是农业进修生，派往美国、德国、瑞士、丹麦、荷兰等国家。二是农业研究短期生，派往北美、欧洲、大洋洲、东南亚等国家。三是农村妇女海外农业进修生，派往美国、欧洲和新西兰，旨在提高女性务农人员的技能与素质。

3. 日本农业职业教育的特点

（1）提供完善的法律与资金支持。日本非常重视从立法角度保障农业职业教育，通过制定相关法律维护农业职业教育的地位，确保农业职业教育顺利发展。日本的农业教育法规完善且严谨。政府相继颁布《学制令》《农学校通则》《粮食、农业、农村基本法》《教育基本法》《短期大学设备基准》等法律法规，这些法律法规使得农业教育独立于其他教育，突出了农业职业教育的重要地位，更好地规范了农业教育体制、财政拨款及学校培训等问题，极大地促进了农业职业教育的发展。

在教育经费方面，日本政府通过多种途径为农业职业教育提供足够的资金支持，如在《粮食、农业、农村基本法》中规定，国家对即将就农者提供无息贷款，扶持其发展农业生产，同时积极支持农业技术教育，对农业学校进行财政补助。日本农林水产省管辖的农业职业学校实行免费教育，经费来源由国家和地方财政分级拨款。国家对有"认定农业者""青年农业士""模范农户"等荣誉称号的务农者给予资助，对民间农民继续教育组织的设施建设、农业改良普及中心的各项进修活动以及参加国内外留学务农人员提供经费和补助，大力支持农业职业教育发展。

（2）建立多渠道专业化的技术推广体系。日本制定《农业改良助长法》，明确要求各县级和县级以下分别建立普及系和农业改良普及所，有效地保证了其农业技术推广体系的建立。其推广体系主要包括两个部分：一是政府部门的农技推广事业体系，即协同农业普及事业；二是民办合作的农协组织经济体系，民间的农协组织活动是对政府部门农技推广体系的有益补充，被称为日本第二大农业技术推广体系。两大体系相互合作、协同发展。此外，根据地区农业、经济发展情况的不同，农技推广组织可以开展针对性的农业技术推广工作，由农业技术推广工作者为不同地域的农民提供不同的技术服务，促进农民与农技推广机构合作，提高农业科技成果的转化率，促进农业政策的贯彻实施。

（3）形成二元化的行政管理体制。工业化初期，日本农业职业教育主要以学校教育为主，但随着工业化水平不断提高，农村人口大幅度减少，老龄化出现，农业职业学校毕业生"离农"现象严重。因此，政府加大对成年农民的教育，农业系统的职业教育和培训随之快速发展。在此背景下，日本形成了二元化的管理体制，农业职业教育归属文教科学部（教育部）和农林水产部（农业部）两个部门管理。文教科学部主要负责农业职业教育中的学历教育，为社会培养实用型、技术复合型的农业专业人才。农业部主要针对农民在实际生产活动中出现的问题进行相关知识的传授，提升农民的技能。此外，农业系统特别重视提升农村女性的农业实践操作技能和培养核心农户，核心农户是指农村的农业大户、农业强人，他们对周边农户具有极强的辐射效应。通过开展农业职业教育，大力培养核心农户，发挥示范效应，带动其他农户积极接受农业职业教育，从而整体推动农业发展。

（4）重视自营者培养。日本对即将就农者的培养方向很明确，就是培养能扎根农村、志愿务农，能适应现代农业和国际市场竞争需要的高素质的农业经营者，着重培养青年农民。为了解决农业职业教育毕业生的"离农"现象，缓解农业继承者不足的问题，农业职业教育尤其是中等农业职业教育，大力提倡培养自营者。1964 年，日本文部省实施以自营者养成为主的农业职业教育的扩充和改革，并对以自营者养成为主的农业高中提供国家财政补助。围绕自营者养成问题，各都、府、县教育部门加强中学生的升学指导，改革高中入学选拔办法，扩充和完善大型自营者养成高中，调整自营者养成高中的课程结构，改善农业职业学校教师的在职培训。

（三）法国农业职业教育

法国制定了一系列法律法规支持农业职业教育发展，已经建立起多形式、多层次、科学完备的农业职业教育体系。法国农业职业教育为社会培养了大批高级技术人员、各类农业工程师、行政官员、农业院校教师、经营者或生产者，有力地推动了法国现代农业发展。

1. 法国农业职业教育发展概述

法国农业现代化对从事农业生产的人员要求非常高，客观上推动了农业职业教育的发展，使得农业职业教育体系逐步形成和完善。根据法国农业现代化的发展历程，可以将农业职业教育发展划分为三个阶段。

19 世纪 40 年代初至第二次世界大战前，农业职业教育缓慢起步。1848 年 10 月 3 日，法国国民议会批准在图卢兹建立法国历史上第一所农业技术学校，标志着真正意义上的农业职业教育出现。此后，政府颁布《阿斯蒂埃法案》和补充法令，规定青年必须接受职业培训才能被雇佣，在此背景下，法国农业职业教育逐渐发展起来。第二次世界大战前，接受职业培训的人数迅速增加，农业专门学院成为法国高等农业职业教育的主要机构，由政府部门统一管理，主要培养应用技术型人才。

第二次世界大战后至 20 世纪 70～80 年代，农业职业教育快速发展。为恢复和发展因战争而遭受巨大损失的国民经济，以及应对来自欧洲其他传统农业强国的竞争，法国政府相继颁布《农业教育指导法案》《职业训练法案》等一系列有关法案，将加强农业中职教育摆在特殊重要地位，并出台有关农业中职教育补贴等各方面的配套政策，初步形成了公立教育与私立教育并重的发展模式，大大调动了农民参加教育培训的积极性和主动性，推动了农业职业教育的发展。

20世纪80年代至今，农业职业教育体系日趋完善。为配合农业现代化的发展，法国从1985年开始实施农业职业高中会考文凭制度，以"持证上岗"的制度规范了农业中职教育的教学，并为学生毕业与就业衔接搭建了平台。1989年，国家颁布新的《教育方针法》，规定10年内所有适龄青年至少取得"职业能力证书"或"职业学习证书"。1990年，农业职业院校对学制进行改革，如国立农业工程师学校逐渐把原来明3年暗4年（即1年的预备班）的学制改为明3年暗5年。1999年，政府与农业协会签署《青年就业国家宪章》，提出国家筹集专项资金支持对青年农民创业与就业的教育与培训等。此后，法国逐渐形成规模合理，层次齐全，政府、企业和社会互动良好的农业职业教育体系。

2. 法国农业职业教育体系分析

法国农业职业教育体系由中等农业职业教育、高等农业教育、职业培训和成人教育组成，三个部分相互补充、紧密衔接，文凭可以从最低的农业培训证书晋升到博士学位，形成连贯的人才培养通道。

（1）中等农业职业教育。法国中等农业职业教育涵盖职业和技术两类，主要有职业高中、技术高中以及学徒培训中心三种。

1）职业高中。农业职业高中有两种类型，在招收对象、学制、文凭和证书等方面都有不同的规定和要求（见表3－6）。在法国，农业职业能力证书和农业职业学习证书为第五级证书。学员持这两类证书可以直接就业，也可以通过一年的补充学习获得"农业职业证书"。两类证书侧重点不同，农业职业能力证书重视具体职业技能，主要培养农业企业中从事具体操作的工人；农业职业学习证书的学习内容相对更宽泛，着眼于较广泛的农业领域，其课程包括普通教育课、专业基础课、专业课和企业实习，获得该证书说明学员达到农业技术工人或职员的专业水平，便于学员进入技术高中学习相同或相近专业。

表3－6　　　　　　　　　　　法国两种类型农业职业高中对比

类型	类型Ⅰ	类型Ⅱ
学制	两年制	三年制
招收对象	初中毕业生	学完初中二年级课程的学生
文凭	职业高中毕业文凭	农业职业高中会考文凭
证书	农业职业能力证书	农业职业学习证书

此外，农业职业高中还开设农业职业高中会考文凭课程，主要接收农业职业学习证书的获得者，学习时间为两年，其中有4～5个月的企业培训，所设专业有食品加工业、商贸与服务、销售与代理、文秘、农业与园林机械维修等。毕业生成绩合格可获得"农业职业高中会考文凭"，成为中级技术员，可以直接就业或继续接受高等农业职业教育。

2）技术高中。法国的综合高中二年级分为普通班和技术班，后者称为技术高中。技术高中实施中等农业技术教育，学制二年，主要招收义务教育结业的学生，其目标是培养技术员，还为高级技术院校输送人才。技术高中学生毕业后可获得"农业技术员证书"，可以直接就业或继续学习。大部分学生选择继续学习获得"高级农业技术员证书"。学校也设有农业技术高中会考文凭课程，主要有农学和农场生产两类，为短期高等农业技术教育做准备。毕业生具有很强的业务适应能力，毕业后可获得"农业技术高中会考文凭"①。

农业职业高中与农业技术高中的培养目标不同，但两者存在相互补充的关系。持有职业高中的职业学习证书者，成绩足够优秀，可以转入技术高中的二年级继续学习相同或相近专业，考试合格后成为技术员。

3）学徒培训中心。学徒培训中心是一种区域服务性较强的职业教育机构，主办机构一般为地方政府、行会、企业协会等，目标是培养普通工人，是中等职业教育中颇具特色的教育形式。学徒培训中心主要招收接受过十年义务教育、已参加工作、已获得或未获得文凭的 15～26 岁青年，学制为 1～3 年。学生以学徒身份在培训中心和工厂参加半工半读或工学交替的学习活动，在培训中心学习普通文化课、技术理论课和实践课，在企业跟着师傅从事实际工作，锻炼实践能力，并获取一定报酬。

（2）高等农业职业教育②。法国高等农业职业教育主要包括农业高级技术员班、短期大学技术学院和大学职业学院三种。前两者主要接收获得农业高中会考文凭或取得农业技术员证书者，毕业后授予"农业高级技术员证书"。大学职业学院招收学完大学一年级课程的学生或取得大学技术学院毕业文凭或高级技术员证书、具有一定实际工作经验者。

1）农业高级技术员班。农业高级技术员班是设在技术高中里的高等职业教育机构，具有规模小而精、专业性强、教学质量高的特点。入学前需筛选或测试，期间只许留级一次。实行严格的考试制和淘汰制，课程以实践和操作为主，教学形式多样，包括学徒制，通过地方职业见习、企业实习以及撰写实习报告等多种方式对学生进行培训。

农业高级技术员班的机构设置灵活，由中学颁发高等教育文凭，已经成为中等教育和高等教育与企业工厂联系的重要纽带。

2）短期大学技术学院。受美国社区学院影响，1966 年法国创立了与农业高级技术员班相似的另一种教育机构——短期大学技术学院。它是设在大学内的短期高等农业教育机构，实施介于技术高中和大学之间的教育，主要招收高中普通班学生，培养高级技术员，学生毕业可获得"大学技术文凭"。短期大学技术学院的课程设置具有多样性、综合性，课程内容主要涉及生产、加工、商业、环境保护和农业设备等领域，着重培养学生的适应性，两年中有 2～3 个月的教学实习课。1994 年，为满足短期大学技术学院毕业生继续深造的需求，法国新设立了"国家专业技术文凭"，招收"大学技术文凭"或"高级技术员文凭"获得者，学生通过一年学校学习和企业实习可获此文凭。

3）大学职业学院。大学职业学院创建于 20 世纪 90 年代，培养工业和经济领域高水平的技术与管理人才。学生毕业后颁发"大学职业学习文凭""大学职业学院学士文凭"，并可获得"工程师—技师"资格。大学职业学院兴起的时间比较晚，但是它的出现使得法国农业职业教育体系更加完整，其颁发的文凭和普通高校文凭相对应，进一步提升了高等农业职业教育的地位，弥补了农业专门学校中农业经济和管理方面人才培养的不足。

（3）职业培训和成人教育。③ 法国农业职业培训面向义务教育后的青年，学制一般为两年。学员 70% 的时间在雇主农场实习，其余时间在培训中心学习，结业后授予"农业职业能力证

①②③马吉帆、曹晔：《法国现代农业职业教育体系及对我国的启示》，《教育与职业》2012 年第 32 期，第 19－22 页。

书"。培训机构依靠政府制度保障，与企业深度合作，有权颁发国家承认的职业资格证书和学历证书。培训机构和大学互相认可对方颁发的学历证书、培训证书、资格证书、课程学分，且培训机构的证书社会认可度也较高。

成人农业教育的培训对象是成人和离开正规学校的青年，通常的培训方式是实习，根据实习时间可以分为短期实习和长期实习。短期实习是 20～120 小时的实习，大多是专题性培训，以丰富农业生产者知识为目的；120 小时以上的实习为长期实习，目的是使没有受过农业教育、不具备农业经营知识的农民，取得经营农业所必需的基础知识以及使参加农业生产一年以上并受过一定农业教育的农民，进一步提高专业知识和经营管理水平，取得相应的技术证书或晋级。

此外，还有专门针对农场主、农业工人、农业后继者的培训，由农业部制订教学计划，由培训中心组织实施，主要培训内容为农业生产如何适应市场需要，如何适应农民需要。培训的教学形式、时间灵活，实践与理论相结合，费用主要由政府、地方大区负责。

3. 法国农业职业教育特点

（1）国家高度重视和大力支持。法国政府重视新型职业农民培育，出台了一系列的法规保障农业职业教育发展，如 1919 年颁布的《阿斯蒂埃法案》，1960 年颁布的《农业教育法》，1989 年颁布的新《教育方针法》等，明确规定了从事农民的基本条件，如需经过两年理论与实践相结合的学习与培训，至少要取得"职业能力证书"或"职业学习证书"后才能成为农民。同时，政府每年投入大量的经费用于农业职业教育和培训补助，调动农民参加职业教育的积极性与主动性，这都有力地促进了农业职业教育发展。

（2）建立完善的农业职业教育管理体系。在管理体系方面，法国农业部门主管中等农业职业教育、高等农业职业教育，以及学徒培训和在职继续教育等不同层次的农业职业教育，涉及教育经费划拨、专业和课程设置及人员管理等多方面。农业教育体系提供从初中四年级到博士学位培养，主要涉及农艺学、食品及食品加工、环境保护、兽医学、农村土地整合（包括林业和景观）以及花卉培植，文凭种类从国家一级到五级水平。教育部门只负责农业教育文凭与国家基本教育文凭的对等协调及其宏观管理工作，这样有效地强化了农业教育与农业发展的密切联系，满足了农业发展对人才培养和技术服务的有效需求。同时，法国各级各类农业教育单位都有各自不同的培养目标和服务对象，分工非常明确，形成了十分合理完善的管理体系，即从农业工人、农业技师、农业高级技师到工程师及科研人员的培养，都由相应的教育机构来承担。

（3）实行严格的资格准入制度。法国政府规定只有获得农业技师及其以上证书者，或通过农业职业和技术会考的学生，才有资格独立经营农场；获得农业技师以下证书者只能当工人。法国的农业就业准入制，有效保证了农业教育质量。农民一般都经过专业的教育与培训，具有农业技术高中毕业以上的文化程度，不但会耕作，而且有文化、懂科技、会经营，知识全面，现代技术运用娴熟，学历教育与职业能力相匹配。同时，职业准入规定有效地促进了人们特别是农民对接受农业职业教育与培训的重视。这进一步促进了农业职业教育的发展，增强了农业发展的后劲，也造就了法国农业的强大竞争力。

（4）职业文凭真实体现职业能力[①]。法国农业职业教育是政府主导型，办学动机和主体均来自政府。为提高职业教育服务地方经济发展的能力，教育部特设包括农业大类在内的 17 个咨询

---

① 郝婧:《法国农业职业教育》,《世界农业》2008 年第 6 期, 第 63－65 页。

委员会。咨询委员会主要由企业界代表组成，旨在把握职业教育的方向。教育部在制定相关文凭之前，先向咨询委员会咨询该行业的就业岗位是否需要新工艺和新技能、是否需要增加新工人等，得到企业界人士的肯定后，教育部才会制定或改革职业文凭，文凭的唯一有效性保证了农业职业教育的质量。并且法国教育部设立专门机构，管辖整个法国职业文凭的发放，所发放的文凭是"行业标准职业文凭"。颁发文凭的委员会成员以企业界人士居多，包括企业代表、工会组织代表。

（四）韩国农业职业教育

韩国在很长一段时间里都处于小农经营并远离市场的状态，之所以能迅速地从一个贫穷落后的农业国成长为新型工业国，其农业职业教育发挥着不可替代的作用。韩国产业转型历经大约30年，在此过程中政府经常反思工业反哺农业的问题，积极努力构建完整的农业职业教育体系，促使农业职业教育更好地服务经济发展。

1. 韩国农业职业教育发展概述

韩国是一个现代化程度较高的新兴工业化国家，农业属于小农体制下的家庭农业，虽然资源匮乏，但其农业部门已融入世界市场体系，其农业职业教育体系在适应本国农业发展中不断完善。

1950～1970年，韩国农业发展进入粮食增产阶段。产业快速发展对农业职业教育提出更高要求，此时的工作重点是农业技术推广，包括育苗、水肥管理、病虫害防治等相应的栽培技术，目标是提高粮食作物的产量。1952年，韩国文教部决定将初中和高中分离，农业高中成为培养职业农民后备力量的重要基地。1961年，韩国成立现代农协大学，属于培养现代农业人才的专门学校，农业职业教育进一步完善。1963年，明确了农业高中的教育目标，将以升入大学或农业公务员培训为主的教学目标转变为培养核心农业经营人才，课程设置趋于合理。

1970～1980年，韩国农业发展处于产业结构调整阶段。该时期粮食生产可以满足人们消费需求，农业生产结构转向畜牧业和果蔬业。农业产业结构调整要求农业职业教育更加多元化。1972年，政府增加125所专门承担农业职业教育的高中，突出其农业职业培训功能，并通过颁布总统令（第6305号）推出"产学合作审议会"，规定文教部和农林水产部合作扶持农业职业教育，其中农林水产部向农业高中提供财政援助、发放奖学金、提供毕业生就业机会等，农业职业高中把农业专业课时扩至总课时量的70%，用于满足农林水产部用人要求。1979年，鉴于工业化加速和农村人口大量减少，政府决定在全国10所农业高中设立自营农专业，专门选拔具有营农条件，本人同意、父母支持的学生入校，提高农民从事农业的技术技能。

20世纪80年代，韩国"新村运动"进入到持续稳定阶段，政府出台系列政策支持农业职业教育发展，加强农业与科技、教育的紧密联系。1980年，韩国政府制定《农渔民后继者育成基金法》。1981年，韩国政府组织实施农渔民后继者培养工程。1983年5月，政府出台奖励优秀农业高中毕业生的措施，对立志从事农业的农业高中在校生，经省教委主任推荐和担保可提供无息贷款。

20世纪90年代，韩国进入农业国际竞争阶段，着力发展高质量、高附加值、低成本、低公害的现代农业，基本实现农业自动化作业。为适应现代农业的发展新要求，韩国政府、教育部门和农业部门不断加强农业职业教育扶持力度，大力拓展与农业相关专业的教育。1990年，韩国国会通过《农渔民发展特别措施法》，为培养农业后继者和专业农户提供了法律保障，并将农渔民后继者基金更改为农渔村发展基金。至此，韩国形成了一个较为完善的农业职业教育体系。

2. 韩国农业职业教育体系分析

韩国农业职业教育体系以农民协会、农林部、农业职业院校为主，目标在于培养大量高素质的农民和农业技术人才。其中，农林部和农民协会发挥主体作用，积极吸收社会其他力量共同参与农民培训，农业职业院校和综合大学的农学院是政府教育部门实施农民教育的主体。韩国的农业职业教育体系是一个功能齐全、涵盖层次众多的教育体系（见图3－3）。

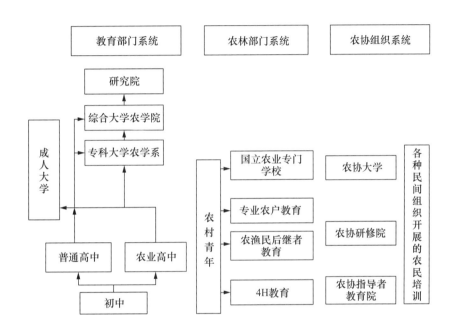

图3－3　韩国农业职业教育体系①

（1）教育系统的农业职业教育。教育系统的农业职业教育主要进行知识、信息密集型教育和培训以及更高层次的中青年农民教育和培训，政府教育部门是实施农民教育的主体。

1）农业高中。韩国高中包括普通高中、职业高中和综合高中三种类型。其中，职业高中是实施中等职业教育的主要形式，主要招收初中毕业生，学制三年，目标是培养经济发展需要的各种技术劳动力。

20世纪40年代到60年代初，韩国教育的重点集中在扫盲和基础教育上，职业教育发展较慢且以农业职业教育为主。20世纪60年代初期韩国开始进入工业化阶段，职业高中由1960年的279所增加到1970年的479所，而农业高中从129所减少到123所。20世纪70～80年代韩国经济进入大发展时期，经济形态由劳动密集型转向技术密集型，逐步实现在技术密集型基础上的工业和科技升级。此后，由于农业产业比例的下降以及农协和农业系统的农业职业教育的发展，韩国农业职业高中的数量逐步减少，并出现以专科学校为代表的高等职业教育②。

2）高等职业教育。1977年7月，韩国文教部提出将初级大学和实业高等专业学校改为专科大学，着重发展高等职业教育，改革过去招收初中毕业的做法，开始招收高中毕业生，将学制从

---

①②王娇娜、曹晔：《韩国现代农业职业教育体系及对我国的启示》，《职教论坛》2013年第25期，第89－92页。

五年改为两到三年，培养高素质农业技术技能型人才。专科大学毕业生可获得二等技师资格，其中成绩优秀的毕业生免试转入四年制本科大学的三年级，两年后毕业可获得本科文凭。韩国专科高等农业职业教育，主要是在非农名称的专科大学农科系及少数农业专科大学中进行，满足经济高速增长对科学技术人才的需求。

3）综合大学的农学院①。韩国综合性的大学称学校，各专业学院称大学。1997 年以前，韩国没有单独的农业大学，所有的农学院均设在综合大学内，是大学的一个组成部分。韩国各大学农学院设有的学科和专业有农科类、林科类、农业工程类、畜牧业和农业生物工程、农业经济等30 多个。各校可以自主设置不同的学科和专业。各农学院的本科新生入学需要参加统一的入学考试，最低录取成绩一般由各学院自主规定。农学院本科毕业生受雇比例为 60% 左右，其中大部分进入非农业企业就职，仅有少部分学院本科毕业生进入农业企业或农业部门工作。同时，农学院还开展高等农业研究生教育。

（2）农林部门系统的农业职业教育②。

根据韩国城乡发展的客观要求，农林部及时调整农业职业教育结构，对农民实行三个层次的、有针对性的职业教育：第一层次是对农村青少年的"4H 教育"；第二层次是对农业后备劳动者的农、渔民后继者教育；第三层次是专业农民教育，重点培养具有较高农业生产经营管理水平、具有国际市场竞争力的专业农业大户。

1）4H 教育。4H 教育是从美国、中国台湾引进的一种面向农村青少年的农民教育形式，其目标是使农民具有聪明的头脑（Head）、健康的心理（Heart）、强壮的身体（Health）、较强的动手能力（Hand）。为满足农业发展与农民的实际要求，韩国政府和农业部门不断加强农业技术教育，通过"学生 4H 会""营农 4H 会""农村指导员会"等形式，定向培养专业农户、农业接班人和农村指导员；同时注重对农村青少年进行民主市民精神、意识和修养教育，向国民宣传农业的重要性，加强城市与农村居民的交流。目前韩国城市有 97% 的居民认为农业非常重要。

2）农渔民后继者教育。1980 年，韩国政府颁布《农渔民后继者育成基金法》，1981 年开始组织实施农渔民后继者培养工程，1990 年韩国国会通过《农渔村发展特别措施法》，规定农渔民后继者和专业农户的培养制度。农渔民后继者教育是农业部专门对农业后备劳动者进行的技术教育，旨在培养和扶持大批年轻力壮的农民从事农业，以缓解韩国农业劳动者的老龄化给农业带来的压力，改善韩国农村劳动力的文化知识结构的一种教育。

对后继农民的培养需要经过严格的筛选，借助多种渠道的宣传教育让农村青年报名，再通过一定程序公开、公平、公正选拔录取；对选拔录取的对象进行针对性的培养培训，使之成为合格的农渔民后继者。韩国农渔民后继者的培训经费由农林部门划拨，各级农业技术中心推广机构等政府组织及农渔民经营者联合会等群众团体具体分工负责，对后继者实施免费教育和培训辅导。此外，韩国对农渔民后继者和专业农户规定了不同的贷款扶持标准，还规定一些科研机构的新成果优先让农渔民后继者使用，通过他们再向广大农业经营者推广。

3）国立农业专门学校。韩国政府于 1997 年拨款预算 50 亿韩元，正式成立农业大学，该大学是由农业振兴厅领导、韩国唯一拨付学生教育经费的大学，主要培养具有较强职业头脑、田间知识、国际眼光、一流农业发展与农村社区管理能力的农业新一代继承人。为吸引年轻人报考农业专门学校，韩国政府制定了一系列优惠政策：第一，政府为农业专门学校的所有学生提供全额

①②王娇娜、曹晔：《韩国现代农业职业教育体系及对我国的启示》，《职教论坛》2013 年第 25 期，第 89 – 92 页。

奖学金和免费宿舍，学生入学后从食宿到服装全部免费，也可以免费使用校内的任何公共教学设施。第二，免服兵役。1993 年，韩国政府修改《兵役法》，即将农业后继者定为产业技能要员，免服兵役。第三，贷款优惠政策。对学生回乡创业提供优惠贷款的福利。

报考农、渔民后继者教育也有一些要求：第一，为了让学生加强专业实践和毕业后在农村从事农业活动并真正在农村就业，该校入学条件首先是要拥有自家农场或农业企业。第二，学生毕业后务农的时间必须是在校学习年限的两倍，如学生不能在农村从事农业活动达 6 年，需要根据情况返还部分在校教育费用。由于学生学习目的明确，学校培养计划的实用性很强，韩国农业专门学校的毕业生 95% 以上从事了与农业生产和经营活动相关的职业，这为韩国农业生产第一线输送了一批高层次的专业人才，极大地促进了农业的可持续发展。

（3）农协组织系统的教育与培训。韩国农业协会联盟（the National Agricultural Cooperative Federation，NACF）成立于 1961 年，是韩国农业教育网络的重要组成部分，是农民组成的团体，90% 的韩国农民是农协会员。目前，农业协会联盟已经形成了以农协大学、农协中央教育院和农村生活指导研修院为骨干，以各地教育院、新农民技术大学和农业经营技术支援团为分支的教育培训体系，承担除政府和部分私立学校外的大部分农业职业教育及农民教育任务。

1）农协大学。韩国的农协大学（Agricultural Cooperative College）成立于 1962 年，属于私立性质，下设学部、经营学院与产学协力教育院、农业开发研究所，培养的对象主要是农协工作人员和农村经济组织的管理者（见表 3 - 7），学员毕业后到农协基层组织中任职。

表 3 - 7　　　　　　　　　　　　　　农协大学人才培养

类型设置	农协会员班、农协工作人员班、农业科技班、农产品营销班、居民女子大学班等
教学内容	经营管理、农产品流通、金融信贷知识、农协组织管理和新兴农业生产技术、（在市民女子大学学习）家政知识、健康知识、汽车修理等
上课方式	每周 2~4 天（含晚上），学制 4~12 个月，基本是半脱产学习
学费制度	教育经费 90% 来自农协中央拨款，10% 来自学生交费，学生象征性交费

2）农协研修院（农协中央教育院）。1971 年，韩国开始实施"新村运动"，新村领袖或新村指导员在新村运动中发挥了重要作用。为了提高新村领袖的素质，韩国政府于 1972 年成立专门的研究机构——中央教育院，对新村运动的指导员进行教育培训，通过新村指导员对农民进行教育，全面推动新村运动的发展。农协研修院主要培养各级农协领导者，对农协中央会所属的数万名职员的能力、素质进行培训，针对管理者进行培训。

3）农协指导者教育院（农村生活指导研修院）。农协指导者教育院有一定规模的校舍、教学设备、实验室、示范园等，主要是培训农民，以短期班为主，每期 3~5 天，类似于中国的农业实用技术培训中心。农协指导者教育院培训教学内容和特点如表 3 - 8 所示。同时，教育院还聘请外国专家学者和当地有经验的农民讲课，组织学员到现场参观实习。农协指导者教育院的教育与培训具有较强的超前性和实用性。

表 3 - 8	农协指导者教育院培训
教学内容	农业生产经营的最新技术、新品种选育、病虫害防治、最佳营农方案的选择、农业贷款程序、农产品流通等
教学特点	教学与生产经营实践紧密结合，直接服务于农业生产和农产品营销
教学方法	实践性教学，广泛利用讨论、交流、经验介绍等方法教学
教学经费	培训费用90%以上由农协支付，学员只承担生活费

3. 韩国农业职业教育的特点

（1）国家实施政策干预。韩国政府高度重视农业，为确保农业经济高质量、高效率运作，不断提高农业劳动力素质，对农业职业教育发展实施了国家干预。主要表现在两个方面：其一，加强农业职业教育立法。从20世纪80年代开始，制订了《农渔民后继者育成基金法》《农渔民发展特别措施法》《职业发展法》和《韩国职业能力发展机构法》等，数部法案的颁布极大地强化了国家对职业教育的干预，使农业职业教育在政策的导向作用下快速发展。其二，提供经费保障。韩国对本国的农业职业教育提供了足够的资金资助，实行免费农业教育，为学习者提供助学金、奖学金，鼓励社会青年学习农业，不断完善农业职业教育体制机制。同时对大中专学生毕业后从事农业生产经营给予政策支持与经费资助，包括农业生产补贴、优惠贷款等。

（2）以农协为主要平台。韩国农业职业教育体系涵盖层次众多，其中农协在农业职业教育中发挥主渠道作用。绝大多数韩国农民都加入了农协。农协组织规模巨大，基层组织遍布全国。农协是分级网络型经济组织，有自己的资本、产业（如银行等），有一定的社团功能，但鲜有政治色彩。韩国农协类似于一个大型农业托拉斯，为农民会员提供各种形式的服务，如成立银行提供贷款服务、收购农产品、提供保险服务和销售服务等。同时，还经常举办培训班，为农民开展职业教育培训，提高农民的职业技术水平，培育新一代农业继承人。

（3）重视文化素质教育。韩国十分重视学生的国格教育，对学生从小进行忧患意识教育，强调国土小，资源贫乏，只有努力工作，提高产品质量，参与国际竞争才能立国生存，致使韩国人的职业责任感和争创世界一流的意识十分强烈。1968年，韩国通过《国民教育法》确立教育的三大目标：其一，建立当代国民的哲学思想支柱；其二，建立一种韩国人的新形象；其三，强化思想教育，努力发挥每个人的积极性、创造性、合作精神，自觉参与国家发展。此外，学校的农业职业教育十分推崇中国的儒家思想，树立以人为本、尊师爱生的风气，重视礼仪、礼貌教育。

（4）完善农业教育体系。韩国在不同的经济发展阶段，建立起不同类型和水平的农业职业教育体系与之相匹配。20世纪40年代至60年代初，韩国工业化刚起步，农业经济占主体，农民人数众多，农业职业教育以农业职业学校教育为主。20世纪60年代后，韩国进入工业化阶段，国民经济进入快速发展时期，而此时中等职业学校规模缩小，农村劳动力大量流入城市，农业发展滞后，农村衰落，为此，农业部门和农协加强了对在职农民的教育和专业农户的培养，使在职农民和专业农户成为农业教育的主体。由此可见，韩国农业职业教育在不断的变革与发展中，已形成层次结构丰富、规章制度比较完善的农业职业教育体系，既包括学历教育，也包括非学历教育，共同培养新一代农业技术技能人才。

三、国外农业职业教育发展经验借鉴

从德国、日本、法国、韩国等发达国家的农业职业教育体系分析看，各国已形成较为完备的农业职业教育体系，在实践中也颇有成效。这里总结各国农业职业教育所具有的共同特点，以期为我国农业职业教育发展提供经验借鉴。

（一）全方位的保障体系

德国、日本、法国等发达国家为保障农业职业教育的顺利开展，都颁布了一系列的农业法律法规，内容涉及经费来源、资格证书、考核制度等多方面。这些法律法规清除了农业职业教育发展阻碍与限制性因素，推动了农业职业教育的发展。德国的《农业教育法》确立的双元制体系，规范了农业职业教育的教育层次、教育内容、资金保障等；日本的《农业改良法》确定了农业职业教育的发展方式、办学模式、资金保障等内容。在农业职业教育经费方面，德国农业职业教育经费投入主要由国家和企业承担，双方责任明确，公共经费和私人经费相互补充，学生免费接受农业职业教育。日本的国家和地方财政为农林水产省管辖的农业职业学校提供财政拨款，对学生实行免费教育，对即将就农者提供无息贷款。

（二）多层次的教育体系

发达国家农业职业教育机制全面而系统、层次多且分明，涉及各种类型。法国农业职业教育体系包括中等农业职业教育、高等农业职业教育、职业培训和成人教育，每个层次的农业职业教育均设立了相应的培养目标和服务对象，并由相应的机构承担培训，保证各个机构各司其职，具有系统性和层次性，进而发展成为一个全面且完整的农业教育机制。日本、德国和韩国的农业职业教育由不同的体系构成，如日本农业职业教育体系分为教育系统的农业职业教育和农业系统的农业职业教育，德国农业职业教育包括学校农业职业教育体系和农场培训体系等，各个农业职业教育系统相互协作，形成了连贯的人才培养通道。

（三）专业化的管理体系

国外农业职业教育一般都由专门的政府机构进行管理和领导负责。法国农业部不仅主管从农民职业教育到高等农业教育、从农民学徒培训到成人教育，而且还负责中等、高等农业学校校长的任命、教育经费的核拨、课程的设置和人员的管理等。德国农业职业教育由德国农业部委托德国农业者联合会负责，农业者联合会下设很多专业的农民协会，积极参与政府工作与农业政策的制定，负责农业职业教育的目标的制定与修订，制定切实的教育内容与目标。专业化的管理体系有效地促进了农民职业教育体系的完整化，保证社会各方力量对农民职业教育的支持与关注。

（四）严格的准入制度

西方发达国家的职业农民都建立了职业准入制度，学员必须经过相应的培训与实践才能成为真正的农民。德国法律规定，学员想成为一个合格的德国农民，必须经过严格的劳动锻炼与理论学习，学生进入农业职业学校便应与有农业师傅管理的农场签订从事农业生产的劳动合同，并按法律要求在农业协会登记备案，在农业师傅的指导下参加农业实践劳动。生产实践和理论学习达到联邦法要求的资格后，学生需参加全德的农业职业资格考试，合格人员取得农业职业资格证书才能成为农业工人。在法国，农业职业资格证书有四种，学员只有获得农业技师及以上证书才有资格独立经营农场，农民均具有高中毕业以上的文化程度。严格的农业准入制度保证了农民的职业素质与技能，促进了本国农业职业教育的发展。

参 考 文 献

［1］苗晓丹：《德国农业教育体系概况》，《中国职业技术教育》2015 年第 10 期，第 53 - 56 页。

［2］李海峰：《德国农业职业教育的特点及启示》，《中国农业教育》2012 年第 5 期，第 13 - 17 页。

［3］刘立新、刘杰：《国（境）外农业教育体系研究》，《中国职业技术教育》2015 年第 12 期，第 20 - 29 页。

［4］孙文学：《国外职业教育为农服务经验及其借鉴》，《职业技术教育》2006 年第 7 期，第 85 - 87 页。

［5］齐美怡、曹晔：《日本现代农业职业教育体系建设及对我国的启示》，《职教论坛》2014 年第 10 期，第 85 - 90 页。

［6］杨铎、宁永红、刘颖：《中日农业职业教育体系的比较分析及启示》，《教育与职业》2015 年第 6 期，第 20 - 23 页。

［7］单武雄：《日本、韩国农业职业教育体系特点及对我国的启示》，《安徽农学通报》2015 年第 21 期，第 121 - 122 页。

［8］马吉帆、曹晔：《法国现代农业职业教育体系及对我国的启示》，《教育与职业》2012 年第 32 期，第 19 - 22 页。

［9］刘益真：《发达国家新型职业农民培育经验及其启示》，《合作经济与科技》2017 年第 3 期，第 144 - 145 页。

［10］冯剑、陈红杰：《法国农业教育培训的思考与启示》，《农民科技培训》2014 年第 6 期，第 23 - 26 页。

［11］王娇娜、曹晔：《韩国现代农业职业教育体系及对我国的启示》，《职教论坛》2013 年第 25 期，第 89 - 92 页。

［12］中国农业职业教育考察团：《韩国农业职业教育》，《世界农业》2000 年第 3 期，第 49 - 50 页。

［13］谷小勇：《主要发达国家农民职业教育的兴起及发展》，《高等农业教育》2008 年第 8 期，第 80 - 83 页。

［14］《国外农业职业教育的共同点有哪些》，土流网，http：//www. tuliu. com/read - 33155. html，2016 - 06 - 24。

［15］《德国农业职业教育体系及其主要特点》，《中国农村经济》2015 年第 6 期，上海农业网，http：//www. shac. gov. cn/kjxn/hwzc/hwjy/201606/t20160615_ 1615338. html，2016 - 06 - 15。

［16］《本春虎：看韩国农业职教如何起步》，《光明日报》，http：//epaper. gmw. cn/gmrb/html/2015 - 03/24/nw. D110000gmrb_ 20150324_ 2 - 15. htm，2015 - 03 - 24。

［17］《韩国的农业职业教育有何特点》，土流网，http：//www. tuliu. com/read - 33967. html，2016 - 07 - 04。

［18］《韩国农业职业教育发展可以分为哪几个阶段》，土流网，http：//www. tuliu. com/read - 33474. html，2016 - 06 - 28。

［19］《德国农业职业教育怎么样》，《光明日报》，http：//www. jyb. cn/world/zgsx/201503/t20150324_ 616900. html，2015 - 03 - 24。

［20］《国外农民职业教育研究》，搜狐网，http：//www. sohu. com/a/16975488_ 114835，2015 - 05 - 29。

［21］万忠、杨小平：《国外农村人力资源开发典型经验及启示》，《广东农业科学》2009 年第 11 期，第 258 - 261 页。

［22］张东英：《日本重视发展农业职业教育》，《中国职业技术教育》2007 年第 4 期，第 42 - 43 页。

［23］夏金星、屈正良、彭干梓：《工业化中期农业职业教育发展策略比较研究》，《教育发展研究》2005 年第 11 期，第 102 - 105 页。

［24］刘英杰、张凯:《日本农业教育的现状、问题与对策》,《世界农业》2001 年第 1 期,第 48 - 50 页。

［25］陈书娴:《法国农业教育对推进我国农民职业化的启示》,《中国农业教育》2013 年第 1 期,第 16 -
18 页。

［26］郝婧:《法国农业职业教育》,《世界农业》2008 年第 6 期,第 63 - 65 页。

［27］郝婧:《法国农业职业教育的启示》,《北京农业职业学院学报》2008 年第 4 期,第 69 - 71 页。

［28］王景妍:《发达国家农业职业教育发展模式的比较与借鉴》,《世界农业》2018 年第 1 期,第 183 -
188 页。

［29］赵恒:《新型职业农民培训的国际比较及经验借鉴》,《继续教育研究》2016 年第 8 期,第 30 - 35 页。

［30］俎文红:《欧美主要发达国家农业职业教育培训体制及启示》,《黑龙江畜牧兽医》2017 年第 14 期,第
264 - 267 页。

［31］谷莘、杨世彦:《国外农业职业教育研究综述》,《世界农业》2009 年第 12 期,第 62 - 64 页。

产业发展与职业教育篇

第一章　网络游戏产业与职业教育发展研究报告

不同于影视、音乐等传统的娱乐方式，网络游戏是一种融合历史、文学、美术、音乐等多种文化元素于一身的现代休闲娱乐方式，拥有数量庞大的年轻消费群体。随着互联网的普及，在国家政策的支持下，我国网络游戏产业发展迅速，目前已初具市场规模，形成了较为完整的产业链，被公认为潜力无限的朝阳产业，成为我国互联网经济中不可或缺的支柱产业，对国民经济其他产业的拉动作用也十分显著，并在推动文化国际合作交流中发挥着重要作用。

网络游戏产业的持续发展离不开网络游戏专业人才的支撑。网络游戏产业涉及行业广泛，需要大量不同类型的人才，尤其是复合应用型人才。职业教育作为培养高技术技能人才的教育形式，应服务产业发展，构建完善的网络游戏人才培养体系。本报告在相关研究成果和产业发展数据的基础上，对我国网络游戏产业发展概况、人才需求情况以及网络游戏专业职业教育现状等进行较为全面的分析，同时介绍了美国网络游戏专业职业教育的发展情况，为我国网络游戏专业职业教育发展提供经验借鉴。

一、我国网络游戏产业发展概况

网络游戏又称在线游戏（Online Game，简称"网游"），是指以互联网为传输媒介，以游戏运营商服务器和用户计算机为处理终端，以游戏客户端软件为信息交互窗口的旨在实现娱乐、休闲、交流和取得虚拟成就的具有可持续性的个体性多人在线游戏。网络游戏产业在我国发展以来，经历了红白机时代、PC 时代、互联网时代到移动互联网时代的变迁，逐渐形成了以移动游戏、客户端游戏、网页游戏为主要细分市场的格局。作为全球网民数量最多的国家，目前我国已经成为全球最大的网络游戏市场；并且随着政策环境逐步优化，网络游戏产业快速发展，产业体系不断完善，正在对经济社会发展及优秀文化的传播发挥着越来越重要的作用。

（一）产业发展现状

1. 政策环境逐步优化

为加快网络游戏产业的健康快速发展，国家先后出台了《关于实施"中国民族网络游戏出版工程"的通知》《关于网络游戏发展和管理的若干意见》《关于推进文化创意和设计服务与相关产业融合发展的若干意见》《网络出版服务管理规定》（见表 1-1）。这些政策的密集出台加上经济回暖，推动我国网络游戏产业呈现出企稳向好的发展态势。

表 1 - 1   国家有关网络游戏产业的政策

名称	颁布时间	颁布单位	重点内容
《关于实施"中国民族网络游戏出版工程"的通知》	2004 年 8 月	出版总署	促进中国网络游戏出版产业结构更加合理，并逐步提高中国民族网络游戏出版产业的整体竞争力，使中国民族网络游戏早日走向世界
《关于向社会各界征求〈国家动漫游戏产业振兴计划〉起草意见的公告》	2004 年 9 月	国家支持动漫和电子游戏产业发展专项工作小组办公室	振兴我国动漫游戏产业，扶植国产原创力量，不断优化产品结构，大力提升文化品位，扩大国际交流与合作，争取用三到五年的时间，让国产原创、健康向上的动漫游戏产品占据国内市场主流，在国际市场占有一席之地
《关于文化体制改革试点中支持文化产业发展若干税收政策问题的通知》	2005 年 3 月	财政部 海关总署 国家税务总局	网络游戏被纳入政府鼓励的文化企业范畴，享受新办企业免征 3 年所得税、出口退（免）税、境外收入免征营业税和所得税、高新技术企业税收优惠
《关于网络游戏发展和管理的若干意见》	2005 年 7 月	文化部 信息产业部	构筑产业支持体系；推动建立游戏产业人才培养体系；实施民族游戏精品工程；积极培育网络游戏产业孵化器；努力开发网络游戏周边产业；规范网络游戏市场秩序；争取在 3 年左右时间内占据国内市场的主导地位，并进一步开拓和占领国际市场
《文化部关于加快文化产业发展的指导意见》	2009 年 9 月	文化部	增强游戏产业的核心竞争力，推动民族原创网络游戏的发展，提高游戏产品的文化内涵。鼓励研发具有自主知识产权的网络游戏技术、电子游戏软硬件设备，优化游戏产业结构，提升游戏产业素质；鼓励游戏企业打造中国游戏品牌，积极开拓海外市场
《网络游戏管理暂行办法》	2010 年 6 月	文化部	我国第一部专门针对网络游戏进行管理和规范的部门规章。明确适用范围，确立了从事网络游戏活动的基本原则，将从事网络游戏上网运营、网络游戏虚拟货币发行、网络游戏虚拟货币交易服务、网络游戏研发生产等形式经营活动的单位纳入管理
《关于推进文化创意和设计服务与相关产业融合发展的若干意见》	2014 年 2 月	国务院	深入挖掘优秀文化资源，推动动漫游戏等产业优化升级，打造民族品牌；推动动漫游戏与虚拟仿真技术在设计、制造等产业领域中的集成应用

名称	颁布时间	颁布单位	重点内容
《网络出版服务管理规定》	2016 年 2 月	国家新闻出版广电总局 工业和信息化部	网络游戏上网出版前，必须先通过审批；出版境外著作权人授权的网络游戏，应当取得著作权合法授权，并办理相关审批手续；未经批准，擅自上网出版网络游戏（含境外著作权人授权的网络游戏），按照相关法规将给予取缔、责令关闭网站等处罚
《关于实施"中国原创游戏精品出版工程"的通知》	2016 年 11 月	国家新闻出版广电总局办公厅	将在 2016～2020 年，建立健全扶持游戏精品出版工作机制，累计推出 150 款左右精品游戏，扩大精品游戏消费，落实鼓励和扶持措施，支持优秀游戏企业做大做强
《文化部关于规范网络游戏运营加强事中事后监管工作的通知》	2016 年 12 月	文化部	简政放权、放管结合，通过强化网络游戏运营主体责任，促进网络游戏公开、透明、理性消费，保障用户特别是未成年人合法权益等方面的一系列措施，有针对性地解决影响和束缚行业健康发展的突出问题
《国家"十三五"时期文化发展改革规划纲要》	2017 年 5 月	中共中央办公厅 国务院办公厅	优化文化产业结构布局，加快发展网络视听、移动多媒体、数字出版、动漫游戏等新兴产业，推动传统文化产业转型升级，鼓励传统业态实现线上线下融合
《关于严格规范网络游戏市场管理的意见》	2017 年 12 月	中共中央宣传部 中央网信办 工业和信息化部 教育部 公安部 文化部 国家工商总局 国家新闻出版广电总局	从统一思想认识、强力监管整治、落实主体责任、加强制度保障、加强教育引导、加强监督举报六个方面，对网络游戏市场集中规范整治作出了全面部署

资料来源：根据相关网站公开资料整理。

2. 产业规模稳步扩大

近年来，我国网络游戏产业的规模呈现稳步增长的态势。从市场规模来看，2017 年我国游戏市场实际销售收入达到 2036.1 亿元，同比增长 23.0%，比同期 GDP 增速高出 16.1 个百分点。其中，客户端游戏市场实际销售收入达到 648.6 亿元，同比增长 11.4%；网页游戏市场实际销售收入达到 156.0 亿元，同比下降 16.6%；移动游戏市场实际销售收入达到 1161.2 亿元，同比增长 41.7% ，移动游戏市场成为推动网络游戏产业发展的重要力量。[1]　如图 1 - 1 所示。

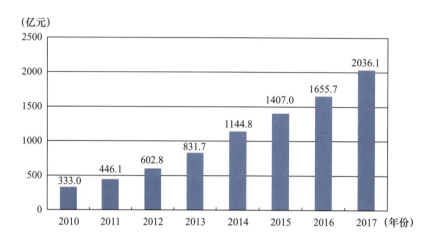

图 1 - 1　2010 ~ 2017 年我国网络游戏市场实际销售收入

资料来源：GPC、CNG、IDC：《2017 年中国游戏产业报告》，2017 年。

从用户规模来看，2017 年我国游戏用户规模达到 5.83 亿人，同比增长 3.1% ，占同期网民总规模的 75.52% ，比 2010 年占比 42.89% 增长了 32.63 个百分点。其中，客户端游戏用户规模达到 1.58 亿人，同比增长 1.7% ；网页游戏用户规模达 2.57 亿人，同比下降 6.6% ；移动游戏用户规模达到 5.54 亿人，同比增长 4.9% ，移动游戏依然是用户增速最快的细分市场。[2]　2010 ~ 2017 年我国网络游戏用户规模如图 1 - 2 所示。

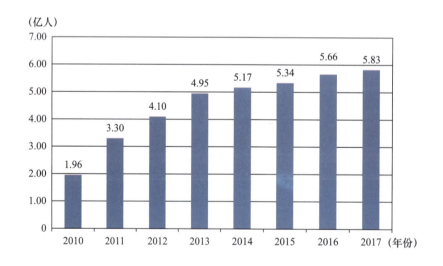

图 1 - 2　2010 ~ 2017 年我国网络游戏用户规模

资料来源：GPC、CNG、IDC：《2017 年中国游戏产业报告》，2017 年。

---

①GPC、CNG、IDC：《2017 年中国游戏产业报告》，2017 年。

②根据 GPC、CNG、IDC：《2017 年中国游戏产业报告》及中国互联网络信息中心发布的第 41 次《中国互联网络发展状况统计报告》相关数据计算。

3. 市场格局逐渐明朗

移动互联网时代的到来，推动了网络游戏产业的技术创新和市场格局更替。近年来，我国网络游戏产业各个细分市场发展格局逐渐明朗，客户端游戏与网页游戏市场份额同时出现下降，2017 年分别占比 31.9%、7.6%；移动游戏市场实际销售收入则一路高歌，2017 年移动游戏市场占据了网络游戏市场的半壁江山，占比达到 57.0%，成为份额最大、增速最快的细分市场；家庭游戏机游戏尚处于布局阶段。如图 1 – 3 所示。[①]

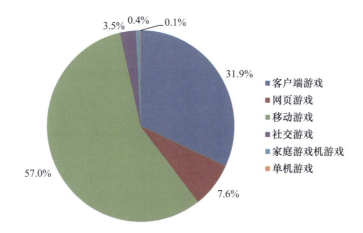

图 1 – 3　2017 年我国网络游戏市场实际销售收入构成

资料来源：GPC、CNG、IDC：《2017 年中国游戏产业报告》，2017 年。

另外，按玩法特征不同，网络游戏产品可分为电子竞技游戏与非电子竞技游戏。2017 年，我国电子竞技游戏市场实际销售收入达到 730.5 亿元，占比 35.9%，电子竞技游戏已经成为网络游戏产业重要的一部分，如图 1 –4 所示。

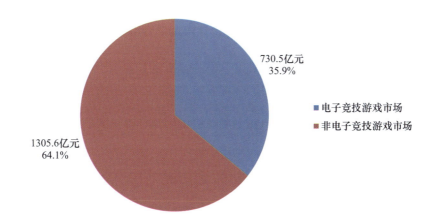

图 1 –4　2017 年我国电子竞技游戏与非电子竞技游戏市场实际销售收入比例

资料来源：GPC、CNG、IDC：《2017 年中国游戏产业报告》，2017 年。

---

① GPC、CNG、IDC：《2017 年中国游戏产业报告》，2017 年。

4. 盈利模式日趋成熟①

我国网络游戏产业经历了从传统计时收费到免费运营增值消费模式，再到最终"计时收费"模式回归与"免费运营"模式同时存在的局面，盈利模式逐渐成熟②。目前，我国网络游戏产业的盈利模式主要有收费游戏、增值业务收费、广告收费、周边产品四种，如表 1 - 2 所示。

表 1 - 2   我国网络游戏产业主要盈利模式

盈利模式	主要特征	常见游戏类型	代表产品
收费游戏	出售游戏版权、销售游戏点卡、包时收费等	端游、页游、手游、主机、VR 游戏等	《仙剑奇侠传》《魔兽世界》
增值业务收费	游戏内道具、装备收费等	端游、页游、手游等	《梦幻西游》《王者荣耀》
广告收费	在游戏内植入广告	页游、手游	《英雄联盟》《DOTA2》
周边产品	开发线下衍生品，获取授权收入	端游、页游、手游	《阴阳师》《花千骨》

资料来源：《2017 年中国网络游戏行业发展趋势及市场规模预测》，中国产业信息网，http：//www. chyxx. com/industry/201702/494498. html，2017 - 02 - 15。

具体来说，各细分市场的盈利模式有所差别。客户端游戏产业链主要由"游戏开发商—游戏运营商—用户"等组成，收费模式主要有按时长收费、按道具收费、按交易收费和游戏内置广告收费。其中，开发商主要是通过研发游戏向运营商提供游戏版本来获取授权金以及后续的运营收入分成；网络游戏运营商主要是通过运营游戏直接从游戏玩家处获得收入或通过收取广告投放费用获得收入。

网页游戏与客户端游戏同属 PC 端，盈利模式与客户端游戏相近，其常见的运营模式包括联合运营与独家代理两种（见表 1 - 3）。网页游戏市场主要涉及页游开发商、页游平台运营商和页游玩家。其中，页游开发商将研发好的网页游戏交由游戏发行商发行及推广，发行商的角色经常会由平台运营商兼任；平台运营商负责产品的营销宣传以及渠道建设，将游戏推广给玩家，玩家体验网页游戏，并在玩游戏的过程中充值付费，企业由此获得经营游戏产品的收益。

表 1 - 3   我国网页游戏产业常见的运营模式

运营模式	操作方法
联合运营	向游戏开发商或者游戏产品的独家代理商取得运营权，在其平台上运营推广，取得游戏收入，与游戏开发商或者独家代理商分成
独家代理	先向游戏开发商支付版权金或者独代费，然后在其平台上或者授权其他运营商联合运营游戏产品，取得游戏收入

资料来源：《2017 年中国网络游戏行业发展趋势及市场规模预测》，中国产业信息网，http：//www. chyxx. com/industry/201702/494498. html，2017 - 02 - 15。

---

①《2017 年中国网络游戏行业发展趋势及市场规模预测》，中国产业信息网，http：//www. chyxx. com/industry/201702/494498. html，2017 - 02 - 15。

②操相亮：《论国内游戏厂商盈利模式》，《现代商贸工业》2017 年第 18 期，第 1 - 3 页。

移动游戏是近些年来快速发展起来的，其在继承 PC 时代网络游戏商业模式的基础上，衍化出自身的产业生态体系，核心分为移动游戏研发商、移动游戏发行商以及移动游戏渠道商、运营商三大环节。其中，手游研发商（简称 CP）是核心的内容提供者，随着市场竞争日趋激烈，产品和内容为王，拥有优质产品的研发商溢价能力不断提升；手游发行商主要是购买获取游戏的发行版权，对接渠道，开展游戏推广和运营，实现产品效益的最大化；渠道商具有连接产品和用户的作用，目前格局较为明朗，享有固定的分成比例。总体看，移动游戏产业的盈利模式主要包括游戏权限收费、增值服务收费、广告收费三种，如表 1-4 所示。

表 1-4 我国移动游戏产业主要盈利模式

盈利模式	地位	具体分析
游戏权限收费	下载收费：国内移动游戏不常见 按游戏时间收费：国外手机网络游戏中较普遍	• 下载收费：是单机游戏主要的收费模式，按下载游戏的数量收费；或是厂商向用户提供免费版游戏试玩，然后根据客户需求收取版权费用 • 按游戏时间收费：通常让用户以包月的形式，购买游戏时间；还可向用户出售虚拟点卡为游戏进行充值
增值服务收费	国内手机游戏使用较多，盈利较稳定	• 销售完整版游戏程序 • 销售虚拟游戏道具：药剂、武器、服装、金币等 • 销售游戏后续的 DLC 内容 • 收取激活关卡费用
广告收费	收入占比不断提升，发展空间较大	• 按 CPA（Cost Per Action，每行动成本）结算，即按照下载、注册、激活计费 • 按 CPC（Cost Per Click，每点击成本）结算，即按照点击计费 • 按 CPM（Cost Per Mille，每千人成本）结算，即按照展示计费的模式，只要展示一次广告就需要计费

资料来源：《2017 年中国网络游戏行业发展趋势及市场规模预测》，中国产业信息网，http://www.chyxx.com/industry/201702/494498.html，2017-02-15。

5. 国际影响力不断提升

近年来，我国网络游戏市场规模在全球市场中的占比不断攀升（见图 1-5），重要性日益凸显。2016 年，我国网络游戏市场规模占全球市场规模比例约为 27%，首次超越美国成为全球最大的网络游戏市场。[1]

目前，我国已出现一批具备全球竞争力的网络游戏公司，其在海外市场的销售收入逐年增长（见图 1-6）。2017 年，我国自主研发的网络游戏在海外市场实际销售收入达 82.8 亿美元，同比增长 14.5%。具体到细分领域，移动游戏已经成为支撑自主研发网络游戏海外收入增长的重要因素。受移动互联网快速普及的影响，中国移动游戏市场逐步成为全球最大的移动游戏市场，这促使中国游戏企业更快地发展，取得先发优势，奠定进军国际市场的基础。[2]

---

[1] 艾瑞咨询：《2017 年中国网络游戏行业研究报告》，2017 年。
[2] GPC、CNG、IDC：《2017 年中国游戏产业报告》，2017 年。

图1-5 2012~2016年我国网络游戏市场规模占全球的比例

资料来源：艾瑞咨询：《2017年中国网络游戏行业研究报告》，2017年。

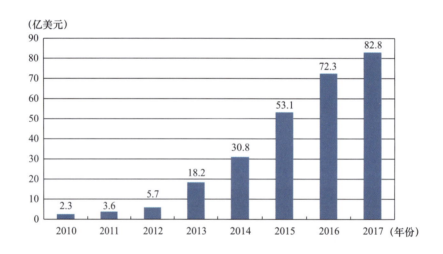

图1-6 2010~2017年中国自主研发网络游戏海外市场实际销售收入

资料来源：GPC、CNG、IDC：《2017年中国游戏产业报告》，2017年。

（二）产业发展存在的问题

1. 政策法规尚不完善，知识产权欠保护

目前，我国网络游戏产业的相关政策法规尚不完善。在针对网络游戏产业的政策法规中，大多数是由行政权力主体制定的通知、通告、制度和政策之类的规范性文件，而如《互联网信息服务管理办法》《网络游戏管理暂行办法》等行政法规较少，专门的人大立法几乎没有。这导致网络游戏立法缺乏系统性和协调性，可操作性也比较差。[①] 例如，2016年《关于移动游戏出版服务管理的通知》的发布进一步明确广电总局对手游的前置审批权限，App Store也发布通知规定

---

①孙司芮：《我国网络游戏监管问题研究》，东北师范大学博士学位论文，2016年。

游戏上传应输入版号信息。但监管部门和各家游戏厂商的实际执行并未到位。据艾瑞咨询对 App Store 畅销榜 TOP100 的统计，2016 年 7~12 月，共有 159 款新游戏上线，其中仅 25 款游戏可以在国家新闻出版广电总局官网查询到版号。① 可见新规的监管作用并未得到快速有效发挥。

政策法规的不完善引发的一个突出问题是我国网络游戏的知识产权保护欠缺，"私服""外挂"等网络游戏侵权问题屡禁不止，严重侵害运营商合法权益、扰乱市场秩序，影响了网络游戏市场的公正性和平衡性，阻碍网络游戏产业的稳定发展。

2. 政府监管力度不足，市场秩序待规范

我国网络游戏的出版审查需要通过新闻出版总署的批准，网络游戏产品投放市场前需要文化部对内容进行审查，而著作权以及进口软件则需信息产业部门的审批。② 各部门都具有一定的管理职能，但没有一个专门的机构管理游戏产业。多头管理，审批手续烦琐，在很大程度上造成网络游戏市场监管力度不够。

法律法规的缺失与政府监管力度的不足，导致我国网络游戏市场秩序较为混乱，主要表现在三个方面：一是违法经营问题，经营单位运营责任不清、私设网络游戏服务器、提供非法游戏内容、违规发行虚拟道具、变相诱导消费等问题仍然存在，甚至还有许多没有资质的不正规互联网企业涌入市场；二是游戏用户权益保护问题，部分网络游戏运营企业在用户合法权益受到侵害或者与网络游戏用户发生纠纷时推诿举证责任，部分运营商通过制定格式化协议将不平等的霸王条款强加给用户，网络游戏用户虚拟财产损失等问题突出；三是未成年人保护问题，部分网络游戏企业发行文化价值观导向偏差的网络游戏产品，相关运营商对未成年人进入网络游戏的时间、场所、消费限制不严，未成年人沉迷游戏导致学业及身心健康受损的现象仍然存在。

3. 产品供过于求，题材同质化问题严重

近年来，资本大量涌入带动国内网络游戏迅速崛起的同时也催生了泡沫。众多小团队成立，同质化加剧，市场出现产能过剩、供过于求的局面。产品供过于求，形成渠道控制市场的现象，导致研发商利益缩水。一方面，代理金从足额到不足，从有到无；研发分成从多到少，从七成到不足两成；另一方面，发行商转向自研、控股研发团队，捆绑优质研发公司，开发 IP 定制化产品，挤压中小研发商生存空间。③

虽然我国网络游戏主流格局渐趋理性，但文化内涵不足、题材过于同质等问题依然存在。以移动游戏为例，艾瑞咨询分析认为，2017 年中国移动网络游戏题材较 2016 年、2015 年相对固定，没有大的波动或创新。文学、动漫、魔幻、棋牌依然占据较大份额，各题材占比波动不大，如图 1-7 所示。④

4. 国产游戏品牌效应不强，竞争压力大

我国虽然成为网络游戏产业大国，但还不是强国。尽管市场上运营的游戏名目繁多，但题材雷同、玩法单一、品种不丰富、技术含量偏低，甚至跟风模仿、直接抄袭等问题相当突出。与韩、日、欧美等游戏大国相比，我国自主研发的网络游戏产品品牌竞争力较弱，国内网络游戏厂商在产品开发、市场运营、升级服务等方面差距明显。因此，韩、日、欧美等国的网络游戏一直占据我国市场的大部分份额，我国运营的大部分网络游戏也都是由国内公司代理的外国游戏。代

①艾瑞咨询：《2017 年中国网络游戏行业研究报告》，2017 年。
②周宏虹、邹倩瑜、邓志强：《中国网络游戏产业的发展现状及对策探讨》，《科技信息》2012 年第 4 期，第 79 页。
③GPC、CNG、IDC：《2016 年中国游戏产业报告》，2016 年。
④艾瑞咨询：《2017 年中国移动游戏行业研究报告》，2017 年。

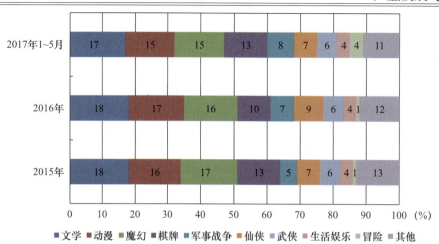

图1-7 2015~2017年中国移动网络游戏题材分布

注：基于对中国应用商店、手机助手等榜单监测数据统计，不包含非榜单类信息。

资料来源：mGameTracker，2017年7月。

理商通常都是以很高的代价买到在国内的自主代理权，并且每年还要向游戏开发公司交付代理费，这使得我国网络游戏产业利润大量外流。例如，第九城市计算机技术咨询（上海）有限公司在代理美国暴雪公司《魔兽世界》期间，每年必须支付暴雪3亿美元的代理费用，还必须负责代理期间中国地区服务器的维护费用。[①] 国外网络游戏产品强有力的竞争，使得我国的代理公司实际利润很低，也制约了我国自主网络游戏的发展。

5. 人才资源匮乏制约自主研发能力提升

人才是创意产业发展的核心资源，但目前我国网络游戏产业人才相对缺乏，游戏专业人才供需失衡。无论是基于运营、技术支持与客户服务等的基础人才，程序设计与开发等中层人才，以及位于顶层设计的架构师、游戏策划师等高端人才，还是"游戏"派生出的包装宣传推广、新闻报道、攻略指导、网络游戏管理员和职业游戏玩家等专门人才都处于匮乏状态。据相关数据统计，到目前为止我国网络游戏行业人才缺口高达60万。从知名校园招聘网站"梧桐果"数据库中调取的2017年上半年网络游戏行业岗位数及简历数占比数据显示，2017年上半年网络游戏行业岗位占比为16%，岗位需求量较大[②]，人才资源缺乏，尤其是既精通计算机知识又掌握游戏中相应的美术、文学、音乐等重要艺术手法的网络游戏研发高端人才极度匮乏，不利于我国网络游戏产业自主研发能力的增强，已经成为制约我国网络游戏产业发展的瓶颈。

6. 负外部性客观存在导致公众认识盲区

自网络游戏产品进入中国市场以来，国内舆论对网络游戏的态度褒贬不一，其中负面评价居多。盗骗虚拟财产，恶意PK，不负责任的男女感情，网络色情、暴力，尤其是青少年沉迷于网络游戏等客观存在的负外部性，使社会公众对网络游戏产业的认识产生误区，网络游戏往往被扣上"精神鸦片""暴力犯罪倾向""玩物丧志"等标签。这种负外部性导致网络游戏产业缺乏社

---

①刘拓知、戴增辉：《中国网络游戏产业发展研究》，《中国证券期货》2010年第4期，第89-90页。

②《2017网络游戏人才资源全面告急，未来"高技能专业人才"缺口最大》，梧桐果，http://www.wutongguo.com/report/49.html，2017-08-21。

会公众的广泛肯定和支持，限制了消费者群体的发展。游戏厂商和政府相关部门须科学谋划，加强游戏内容的审核与监管，才能为网络游戏产业的发展创造更加适宜的消费环境。

（三）产业未来发展趋势

1. 网络游戏市场规模增长放缓，进入存量时代

从图 1 - 1、图 1 - 2 可以看出，近几年来我国网络游戏产业的市场规模虽然不断扩大，但增速明显放缓。艾瑞咨询发布的《2017 年中国网络游戏行业研究报告》预测，未来随着网络游戏用户数逐步接近我国网民总数量，人口红利逐渐消失，我国网络游戏市场规模的增长率将进一步下滑，逐渐从增量市场向存量市场过渡，产业的增长将进入一个较为稳定的状态（见图 1 - 8）。同时，随着监管的介入，行业会向更规范、更健康的方向发展。

图 1 - 8　2016 ~ 2020 年中国网络游戏市场规模

资料来源：艾瑞咨询：《2017 年中国网络游戏行业研究报告》，2017 年。

2. 移动游戏市场持续发热，新的增量市场渐现

移动互联时代的到来以及硬件的升级，促成了网络游戏产业发展重点的转移，用户接入互联网的主要端口从 PC 转向移动终端。2017 年，国家新闻出版广电总局批准出版游戏约 9800 款，其中，国产游戏约 9310 款，进口游戏约 490 款。在约 9310 款国产游戏中，客户端游戏约占 1.5%，网页游戏约占 2.3%，移动游戏约占 96.0%，家庭游戏机游戏约占 0.2%；在约 490 款进口游戏中，客户端游戏约占 9.8%，网页游戏约占 1.6%，移动游戏约占 75.0%，家庭游戏机游戏约占 13.6%。[①] 另外，据艾瑞咨询发布的《2017 年中国网络游戏行业研究报告》统计，2016 年移动游戏超过端游市场份额，增长至 57.2%，成为最大的细分市场，可以预见，未来移动游戏市场将进一步挤占端游、页游市场份额，如图 1 - 9 所示。

同时，随着技术的成熟，VR（虚拟现实）、AR（增强现实）等新兴技术逐渐进入网络游戏市场，可以预测，随着端游、页游和移动游戏三大细分市场的需求逐渐饱和，以 VR、AR 等新

---

① GPC、CNG、IDC：《2017 年中国游戏产业报告》，2017 年。

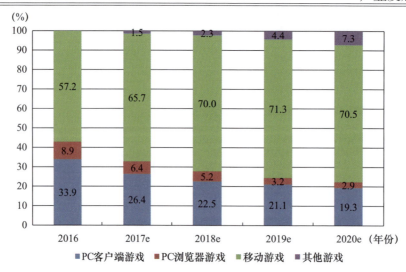

图 1-9 2016~2020 年中国网络游戏产业细分市场占比

资料来源：艾瑞咨询：《2017 年中国网络游戏行业研究报告》，2017 年。

兴技术为卖点的创新游戏，以及具有开发成本低、周期短、可实现多屏联动等优势的 H5 游戏将成为新的增量市场，填补市场空白需求并创造新需求。

3. 自主研发成为新燃点，精准营销必不可少

由于来自国外网络游戏产品的竞争压力较大，开发具有自主知识产权与本土特色的网络游戏，成为我国网络游戏企业新的盈利增长点。2017 年，我国自主研发网络游戏市场收入 1397.4 亿元，同比增长 18.2%。以网易为例，其市值、收入和利润的不断攀升主要受益于强大的自主研发能力。2017 年，网易自主研发游戏收入预计超过 330 亿元，占网易在线游戏收入的约九成，占国内自主研发网络游戏市场收入的 24%。[①] 三七互娱、盛大等其他游戏巨头也纷纷增加对自主研发的投入。可以预见，自主研发将在未来网络游戏市场竞争中占据至关重要的一环，也将成为创造中国网络游戏市场新活力、新成绩的重要助推力。

同时，随着我国网络游戏市场由 PC 端向移动端的转移，游戏用户更加细化，用户的行为迁移更为复杂，满足不同用户的需求是网络游戏发展的必然要求。所以，对目标用户进行立体式调研，实行精准营销，将是网络游戏产品营销的必然选择。

4. 电竞赛事体系逐步完善，直播打通互动渠道

"电竞"是近两年我国游戏市场最火热的词之一。2017 年我国电子竞技游戏市场实际销售收入达 730.5 亿元，同比增长 44.8%，市场占有率达 35.9%，已经成为网络游戏市场增长的重要驱动力[②]。作为电竞产业的重要组成部分，电竞赛事日益受到政府重视。2016 年 4 月，国家发展改革委、教育部、工业和信息化部等 24 个部门联合发布《关于印发促进消费带动转型升级行动方案的通知》，明确提出鼓励举办全国性或国际性电子竞技游戏游艺赛事活动。同时，电竞游戏用户对电竞赛事的关注度也不断提高。据统计，目前 61% 的电竞游戏用户会收看电竞联赛的赛事直播、赛前赛后的专业解说，持续关注联赛的俱乐部、战队、选手、解说、嘉宾等资讯

①②GPC、CNG、IDC：《2017 年中国游戏产业报告》，2017 年。

信息。①

可以预测，在国家政策、网络游戏企业与电竞游戏用户的共同推动下，未来电竞赛事体系将日益完善，主要表现在三个方面：第一，形成综合性赛事、围绕单款游戏的专项赛事、城市赛、商业比赛等多层次的赛事体系，满足不同类型的市场需求；第二，赛事主办方越来越多元，既有传统的赛事组织、游戏公司，也有相关主管部门、互联网公司、行业组织、直播平台等机构逐渐加入，共同促进我国电子竞技产业发展多样化，加速电子竞技在不同领域的探索；第三，电子竞技赛事奖金持续加码，从而吸引顶尖的竞技选手参赛，推动赛事快速形成品牌效应，促进电竞市场的发展、成熟。

电竞赛事的快速发展，离不开游戏直播平台的支撑，两者之间的联系越来越紧密。游戏直播平台的观看人数已成为相关电子竞技赛事成功与否的重要判断依据。同时，游戏直播平台不再仅仅是电子竞技赛事的传播者，更成为了赛事组织者，不少游戏直播平台直接承办或者参与组织赛事。统计数据显示，截至 2017 年 12 月，游戏直播用户规模达到 2.24 亿，占网民总体的 29.0%。② 可见，直播平台对游戏用户的集聚作用正在加强，直播与网络游戏市场正在加速融合，朝着互联互通的方向发展。

5. 影游融合不断深化，发展模式日益多元化

影游融合是网络游戏公司全面打开市场的重要渠道，游戏为电影奠定观众基础，影视能提升游戏的品牌价值，既为用户提供了更丰富的娱乐方式，又能够放大版权（即 Intellectual Property，IP）价值，为企业创造收入。近几年来，各大网络游戏厂商越来越重视对知名 IP 的借鉴，大量的影视、文学、动漫 IP，甚至包括端游 IP，都被改编成移动游戏。从 2016 年开始，影游融合的 IP 不再局限于传统媒体，而开始走向网剧、短视频等。电影因拥有大量关注人群，更成为"影游融合"的高价值 IP 产品。据统计，2016 年，影游融合移动游戏市场实际销售收入就已达 89.2 亿元，占移动游戏市场实际销售收入的 10.9%，其中《环城》《老九门》《青云志》《武神赵子龙》等产品的最高月流水破亿元。③

腾讯、网易、完美世界、华谊、万达等看到"影游融合"的市场价值，纷纷利用自身优势，从游戏业务、影视业务、IP 储备、产业链资源、融合能力等方面，打造多种影游融合模式。其中，腾讯选择以产品为导向的局部融合模式，主要以 IP 驱动产品的方式，驱动各部分的协调，强调 IP 多领域共生；网易追求影视服务于游戏用户价值最大化；完美世界主打影视产业与游戏产业深耕；华谊则利用《奔跑吧兄弟》《失孤》《鬼吹灯：寻龙诀》等优质 IP 打造游戏产业；万达利用自身丰富的全球顶尖院线资源促进影视与游戏的融合，为影游融合提供了一个线下入口，构成万达独特的竞争优势。可见，在泛娱乐化的环境之下，影游联动的市场在业界将被持续看好，以助推中国网络游戏市场的发展。④

6. "出海"风潮兴起，海外市场将成"必争之地"

随着我国游戏市场逐渐走向成熟，立足国内、放眼国际已经成为国内网络游戏企业的共同选择。图 1-8 显示，近年来我国自主研发网络游戏在海外市场的实际销售收入不断增长。另外，

---

① 《2017 年电子竞技行业研究报告》，199IT 网，http://www.199it.com/archives/610910.html，2017-07-11。

② 《2017 年中国网络直播市场及用户使用情况分析》，中商情报网，http://www.askci.com/news/chanye/20180201/174205 117434.shtml，2018-02-01。

③ GPC、CNG、IDC：《2016 年中国游戏产业报告》，2016 年。

④ 陈信凌、黄梅芳：《2016 年中国网络游戏产业发展报告》，皮书数据库，2017 年 5 月 1 日。

据《中国游企版图》统计，2017 年上半年中国游戏公司在中国以外 25 个国家和地区的海外游戏收入较上年同期增长 2.3 倍。其中，美国市场以 80% 的增长率居首，而其他欧美国家增幅均超过 50%。日本市场增幅接近 40%，说明一批国产网络游戏已经打开了该市场。唯一在收入上出现负增长的是韩国市场，原因可能是该地区竞争压力日益激烈，运营成本增高。[①]

《2017 年第四季度中国游企版图产业报告》显示，2017 年，我国游戏企业出海有以下新特点：第一，海外市场中"中国同行"竞争趋向激烈，东南亚地区移动游戏趋向同质化；第二，自研二次元类移动游戏在日韩地区表现出色；第三，实力雄厚的游戏企业积极收购海外研发和发行公司，布局全球市场。游戏"出海"将成为我国网络游戏产业发展的新趋势，海外市场将是国内网络游戏公司的下一个战场。

二、网络游戏产业人才需求分析

游戏是继绘画、雕刻、建筑、音乐、诗歌（文学）、舞蹈、戏剧、电影八大艺术形式之后被人们公认的"第九艺术"，其能够开发出角色形象鲜活、世界观完整、剧情内容丰富的游戏产品，适时推出热点话题，提供优质服务，是网络游戏企业持续、健康发展的关键。而这需要大量网络游戏专业人才支撑，尤其是既精通于计算机知识又掌握游戏中相应的美术、文学、音乐等重要艺术手法的网络游戏研发高端人才。但目前我国网络游戏专业人才并不多，大多数都是"半路出家"。专业人才匮乏已成为制约网络游戏产业发展的重要因素之一。

（一）企业发展情况

随着网络游戏产业整体进入泛娱乐化、资本化和全球化的新阶段，我国网络游戏企业发展势头良好，市场涌现出了腾讯、网易、三七互娱、完美世界等一大批行业知名企业。这里以腾讯游戏、网易游戏、完美世界、三七互娱、盛大游戏、昆仑万维、游族网络、巨人网络、搜狐畅游、中手游十个典型网络游戏企业为例，介绍我国网络游戏企业的基本情况，如表 1-5 所示。

表 1-5   我国典型网络游戏企业简介

企业	业务范围	经营情况	代表作品
腾讯游戏	从事游戏、影业、动漫、电竞、文学、音乐等泛娱乐业务，逐步形成"一站式"服务	2017 年，公司全年总收入 2377.60 亿元，同比增长 56%。其中，网络游戏营业收入 978.83 亿元，同比增长 38%，占总收入的 41%，占我国游戏产业整体收入的 49%	代理：《英雄联盟》《穿越火线》《地下城与勇士》 自研：《王者荣耀》《QQ 游戏》《天天爱消除》
网易游戏	从事网络游戏、音乐、电影、动漫、阅读、视频、信息网络传播视听节目业务、增值电信服务以及搜索引擎服务等泛娱乐业务	2017 年，公司净收入 541.02 亿元，同比增长 42%。其中，网络游戏营业收入 362.82 亿元，同比增长 30%，占总收入的 67%，占我国游戏产业整体收入的 18%	代理：《魔兽世界》《炉石传说》《守望先锋》 自研：《大话西游》《梦幻西游》《阴阳师》《倩女幽魂》

①《2017 年第三季度中国游企版图产业报告》，中关村在线，http://m.zol.com.cn/article/6564845.html? tuiguangid = ifeng，2017 - 09 - 20。

续表

企业	业务范围	经营情况	代表作品
完美世界	从事影视、游戏、动画、漫画、文学、媒体、教育等领域的泛娱乐业务	2017年，公司营业收入79.43亿元，同比增长29%。其中，网络游戏营业收入57.85亿元，同比增长23%，占总收入的73%，占我国游戏产业整体收入的3%	代理："DOTA2""CS：GO"《创世战车》 自研：《完美世界》《诛仙》《神雕侠侣》《深海迷航》
三七互娱	从事网络游戏、影视、音乐、动漫、VR及直播等领域的泛娱乐业务	2017年，公司营业收入61.92亿元，同比增长18%。其中，网络游戏营业收入56亿元，同比增长40%，占总收入的90%，占我国游戏产业整体收入的3%	代理：《阿瓦隆之王》 自研：《永恒纪元》《大天使之剑》《传奇霸业》《武神赵子龙》《楚乔传》
盛大游戏	从事网络游戏的开发、运营和发行等业务	2017年，公司营业收入约50亿元，同比增长30%，占我国游戏产业整体收入的2%*	代理：《百万亚瑟王》《永恒之塔》 自研：《热血传奇》《传奇世界》《龙之谷》
昆仑万维	从事网络游戏产品研发与代理、平台运营等业务	2017年，公司营业收入34.36亿元，同比增长42%，占我国游戏产业整体收入的1%	代理：《部落冲突》《海岛奇兵》《愤怒的小鸟2》《希望OL》 自研：《武侠外传》 联合开发：《艾尔战记》《轩辕剑》
游族网络	从事包括手游、页游等网络游戏的研发、发行和运营业务	2017年，公司营业收入32.42亿元，同比增长28%，占我国游戏产业整体收入的2%	自研：《三十六计》《一代宗师》《大侠传》《萌江湖》《女神联盟》《少年三国志》《盗墓笔记》
巨人网络	从事集网络游戏研发、运营、销售为一体的综合性互动娱乐业务等	2017年，公司营业收入29.07亿元，同比增长25%，占我国游戏产业整体收入的1%	自研：《巨人》《征途》《江湖》《仙侠世界》《大主宰》《街篮》
搜狐畅游	从事网络游戏的开发、运营、授权代理以及相关互联网技术研发、视频、影视、社交等业务	2017年，公司营业收入5.80亿美元，同比增长10%。其中，网络游戏营业收入4.50亿美元，同比增长14%，占总收入的78%，占我国游戏产业整体收入的1%	代理：《骑士OL》《剑仙》《古域》《灵魂回响》 自研：《刀剑OL》《天龙八部》《鹿鼎记》《斗破苍穹OL》
中手游	从事全球化IP游戏的开发和运营等业务	2017年，中手游营业收入继续稳定在20亿元，占我国游戏产业整体收入的1%*	发行：《新仙剑奇侠传》《航海王强者之路》《火影忍者—忍者大师》《功夫少林》《倚天屠龙记》 自研：《欢乐真人麻将》《快乐大赢家》《英雄本色》

注：*部分的数据参考《2017年中国游戏产业报告》估算。
资料来源：根据各网站公开信息及各公司2017年财报整理。

总结近几年来我国网络游戏企业的发展情况，主要有以下几点：

1. 企业集聚效应较为明显

从网络游戏企业的区域分布看，截至 2017 年第四季度末，《中国游企版图》关注过 6179 家游戏企业，按选择标准收录 2528 家企业，其中，北京游戏企业占 25.5%，上海游戏企业占 19.6%，广东游戏企业占 19%（上市游戏企业占 15%），浙江游戏企业占 8.3%，江苏游戏企业占 6.4%，福建游戏企业占 4.3%，四川游戏企业占 4.1%，其他地区游戏企业占 12.8%。

另外，据《2017 年中国游戏产业报告》统计，截至 2017 年末，在 185 家中国上市游戏企业中，广东上市游戏企业 37 家，占 20.0%；北京上市游戏企业 33 家，占 17.8%；浙江上市游戏企业 22 家，占 11.9%；上海上市游戏企业 18 家，占 9.7%。如图 1 – 10 所示。

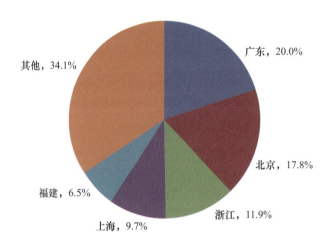

图 1 – 10　2017 年我国上市游戏企业地区分布

资料来源：GPC、CNG、IDC：《2017 年中国游戏产业报告》，2017 年。

由此可见，目前我国网络游戏企业集聚现象明显，除了北上广毫无悬念地成为了游戏厂商的沃土之外，一些得到政策和资本青睐的二线城市如杭州、苏州、成都、福州和厦门、武汉、天津、重庆等地也逐渐成游戏企业选址新贵，并逐渐发力游戏产业。[①]

2. 龙头企业占据半壁江山

从网络游戏企业竞争格局看，国内公认的游戏公司巨头腾讯、网易等继续保持其在我国网络游戏产业中的龙头地位。据统计，2017 年中国游戏行业整体营业收入约达 2189.6 亿元，与 2016 年相比增长 23.1%，继续位居世界第一。而头部公司抢占了中国游戏市场的绝大部分销售额，腾讯和网易占中国游戏市场收入 67% 的份额，其中腾讯占 49%，网易占 18%[②]（见图 1 – 11）。除了腾讯、网易占据寡头位置外，三七互娱、完美世界、游族网络、盛大游戏等小巨头凭借出色的研发能力和发行实力，在 2017 年也交出了出色的业绩答卷；昆仑万维、巨人网络、搜狐畅游以及中手游也都具有相当强的发展潜力。

---

①《2017 年第四季度中国游企版图产业报告》，中商情报网，http://www.askci.com/news/chanye/20171220/101552114310.shtml，2017 – 12 – 20。

②《2017 中国游戏市场破两千亿　2018 游戏井喷年谁与争锋》，砍柴网，http://news.ikanchai.com/2018/0104/188993.shtml，2018 – 01 – 04。

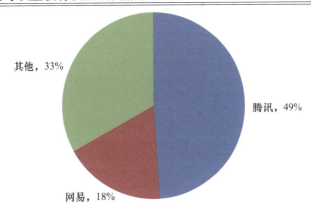

图 1 -11 2017 年我国网络游戏市场收入占比

资料来源:《2017 中国游戏市场破两千亿 2018 游戏井喷年谁与争锋》, 砍柴网, http://news.ikanchai.com/2018/0104/188993.shtml, 2018 - 01 - 04。

可见,腾讯、网易等龙头企业瓜分了大部分中国游戏市场。随着网络游戏产业产值增速逐步下降,产业集中化的速度或许也会随之慢下来,但头部企业梯队占据的规模优势很难被颠覆,如图 1 - 12 所示。

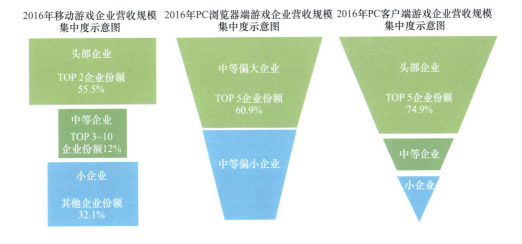

图 1 -12 2016 年网络游戏企业集中度分析

资料来源:艾瑞咨询:《2017 年中国网络游戏行业研究报告》, 2017 年。

3. 自主研发与运营不断整合

截至 2017 年第四季度,在《中国游企版图》已收录的 2528 家游戏企业中,主营运营的企业占 64.3%,主营研发的企业占 32.1%,其他占比 3.6%(见图 1 - 13)。与 2016 年相比,我国游戏企业的自主研发能力不断增强。但实际上,目前我国网络游戏开发和网络游戏运营企业的边界越来越模糊,一方面,早期以游戏开发为主的企业不断提升自主运营的实力,期望占据更大的市场份额;另一方面,传统运营企业也在不断提升自主开发的能力,以应对游戏运营市场中的激烈竞争。游戏自主开发和自主运营的不断整合,形成游戏开发—运营全产业链经营模式,将是未来网络游戏企业发展的趋势。①

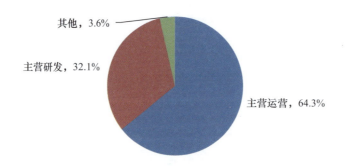

图 1 - 13　2017 年第四季度上市游戏企业类型

资料来源：《2017 年第四季度中国游企版图产业报告》，中商情报网，http：//www. askci. com/news/chanye/ 20171220/101552114310. shtml，2017 - 12 - 20。

4. 企业品牌意识逐渐增强

近几年来，我国上市游戏企业数目不断攀升，截至 2017 年底达 185 家，同比增长 17. 1%②。上市企业的增加提升了企业品牌建设的需求。另外，由于用户红利逐渐消失，游戏产品获取用户的难度逐渐加大，企业也需要通过品牌建设来提高游戏产品的知名度。因此，我国网络游戏企业越来越注重自身品牌建设，通过品质与服务构建品牌已成为网络游戏企业获取用户的重要方式。从品牌塑造行为上看，我国网络游戏企业品牌塑造行为越来越密集，手段越来越丰富，并推动了整体行业品牌塑造水平的提高。据统计，2016 年用于评估企业品牌塑造的游戏品牌景气指数全年整体保持稳步增长，如图 1 - 14 所示。

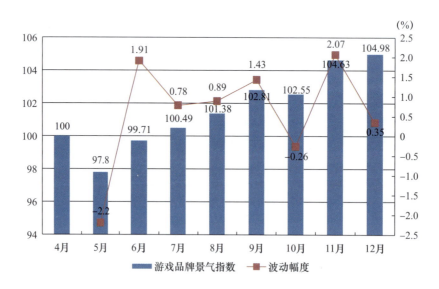

图 1 - 14　2016 年中国游戏品牌景气指数状况

资料来源：GPC、CNG：《2016 年中国游戏企业品牌报告》，2017 年 1 月。

①《2017 年版中国网络游戏行业深度调研及市场前景分析报告》，中国产业调研网，http：//www. cir. cn/R_ ITTongXun/8A/ WangLuoYouXiFaZhanQuShiYuCeFenXi. html，2017。

②GPC、CNG、IDC：《2017 年中国游戏产业报告》，2017 年。

在品牌影响力方面，根据伽马数据发布的《2017年中国游戏企业品牌口碑研究报告》评估结果，2017年游戏企业品牌影响力排名前五的分别为完美世界、网易游戏、三七互娱、腾讯游戏与中手游（见图1-15）。其中，完美世界通过举办一系列品牌活动、热门电竞赛事，不断推出精品游戏和影视剧作品等，在多个领域齐头并进，有力地提升了其品牌形象，连续位居品牌影响力榜首；网易主要得益于新推出的《我的世界》《荒野行动》等多款游戏产品获得用户青睐，从而吸引了媒体的大量报道、游戏从业者和资本市场的高度关注，排名第二；三七互娱则通过泛娱乐布局、产品的长线运营、持续的事件营销等提升自身品牌影响力，排名第三；腾讯游戏的品牌影响力排名从2016年的第二名降到了第四名，但总体来说，其品牌影响力仍然较大；中手游围绕IP战略以及"拿手好戏"计划，不断提升产品口碑与品牌影响力，成为前五名中唯一的一家非上市游戏企业。[1]

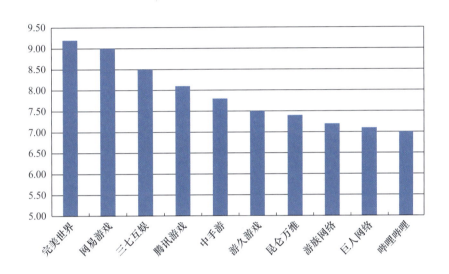

图1-15　2017年我国游戏企业品牌影响力排名

资料来源：CNG：《2017年中国游戏企业品牌口碑研究报告》，2018年2月。

（二）产业人才需求分析

我国网络游戏产业正在迎来黄金发展期，网络游戏企业已经从粗放式发展逐渐走向了精品化发展之路，相关专业人才需求不断增长，且更加细分化。

1. 从业人员现状[2]

领英发布的《2015中国游戏行业人才库报告》显示，我国游戏行业从业人数占全球游戏从业人数的4.6%。与全球游戏行业人才相比，我国游戏行业人才呈现出从业时间短，平均在职时间短，游戏开发、策划、运营、设计等关键岗位占比较高等特点。

从地域分布上看，我国游戏行业人才广泛分布于北上广深等一线城市以及成都、重庆、杭州等新一线城市。他们大部分聚集在网易、搜狐、腾讯等大型互联网企业中，也有许多就职于独立的游戏工作室。其中，39%的游戏行业从业人员拥有经理或以上职级，工作经验丰富，如图

---

[1]《2017年中国游戏企业品牌口碑研究报告》，游戏产业网，http://www.cgigc.com.cn/gamedata/17699.html，2018-02-01。
[2]《2015中国游戏行业人才库报告》，领英，2015年。

1 – 16 所示。

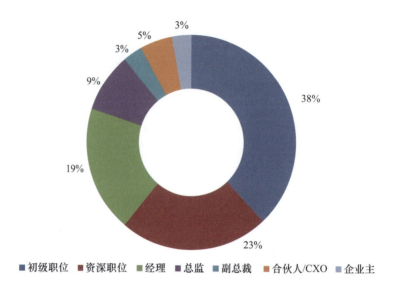

图 1 – 16　中国游戏行业人才职级分布

资料来源：《2015 中国游戏行业人才库报告》，领英，2015 年。

　　从岗位分布看，产品开发是全球游戏企业中人数占比最大的岗位。领英发布的《2015 中国游戏行业人才库报告》显示，在我国游戏行业，从事产品开发的人才占人才库总人数的 19%，是最重要的从业人群之一；而运营人员占比达 6%，在世界各个地区中为最高，可见目前我国游戏行业对运营更加依赖。

　　从从业年限看，领英发布的《2015 中国游戏行业人才库报告》表明，全球游戏行业从业者的平均在职时间是 27.2 个月。其中，我国游戏行业从业者的平均在职时间最短，为 23.7 个月，即不到两年就跳槽一次（见图 1 – 17）。这在一定程度上是由行业发展阶段决定的，反映出我国游戏行业正处于新兴的起飞阶段。

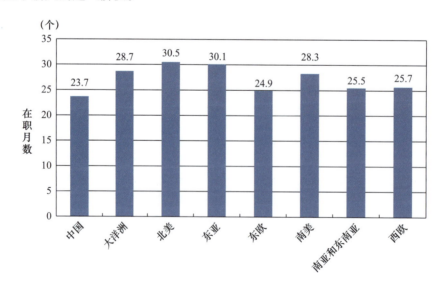

图 1 –17　全球游戏行业从业者平均在职时长

资料来源：《2015 中国游戏行业人才库报告》，领英，2015 年。

从网络游戏行业的薪酬看，随着网络游戏产业人才供需矛盾的不断突出，网络游戏人才的平均薪酬不断攀高。伽马数据与前程无忧发布的《2017 年中国游戏产业人才薪资调查报告》显示，2017 年，游戏产业从业者的平均月薪超过 1 万元，在文化传媒类、互联网类等多个产业中处于领先地位。

2. 人才需求规模

相关数据统计显示，到目前为止，我国网络游戏产业的人才缺口达 60 万①。2017 年 4 月，娱乐资本论联合移动互联网招聘平台 BOSS 直聘共同发布《中国泛娱乐行业人才趋势报告》。该报告显示，过去 3 年间泛娱乐行业人才需求年均增长率达到 20.1%，跻身前三大人才需求增长最快的行业。其中，游戏增幅 26%，视频直播增幅 21%，动漫/动画增幅 19.6%，影视增幅 18.3%。智联招聘发布的《2017 年秋季中国雇主需求与白领人才供给报告》显示，与互联网相关的行业是 2017 年秋季全国人才需求最旺盛的十个行业，在统计的 2017 年秋季全国竞争最激烈的十大行业中，网络游戏行业重归榜首，如表 1 - 6 所示。

表 1 - 6　　　　　　　　　　2017 年秋季求职竞争最激烈的十大行业

排名	行业	竞争指数	上一季度排名
1	网络游戏	50.0	2
2	IT 服务（系统/数据/维护）	42.8	4
3	互联网/电子商务	41.5	8
4	房地产/建筑/建材/工程	41.1	5
5	计算机软件	39.6	7
6	通信/电信运营、增值服务	39.2	1
7	跨领域经营	38.7	6
8	航空/航天研究与制造	35.0	3
9	基金/证券/期货/投资	34.8	16
10	媒体/出版/影视/文化传播	34.8	12

资料来源：智联招聘：《2017 年秋季中国雇主需求与白领人才供给报告》，2017 年 10 月 18 日。

3. 人才需求类型

随着我国网络游戏产业的不断发展，相关网络游戏专业人才的需求不断增长，网络游戏企业间的人才竞争日趋激烈。但人才供需矛盾突出，尤其是游戏美术设计、游戏开发、游戏策划等方面的专业人才紧缺。

（1）基于产业链的需求类型分析。网络游戏产业链主要包括上游（网络游戏研发）、中游（网络游戏发行与运营）和下游（网络游戏分销）三个部分，涉及 IP 提供商、游戏研发商、游戏发行商、游戏运营商、分发渠道商、电信资源提供商、支付商和游戏用户等，如图 1 - 18 所示。

---

①《2017 网络游戏人才资源全面告急，未来"高技能专业人才"缺口最大》，梧桐果，http：//www.wutongguo.com/report/49. html，2015 - 08 - 21。

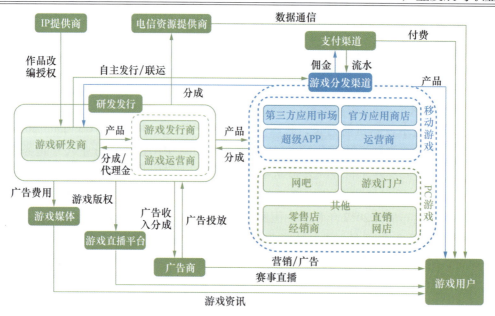

图 1 - 18　网络游戏产业链

资料来源：艾瑞咨询：《2017 年中国网络游戏行业研究报告》，2017 年。

1）IP 提供商是网络游戏行业的上游企业，如影视、文学等机构，其提供的 IP 形式包括动画、动漫、网络文学以及电视剧等。

2）游戏研发商是整个市场的创造者，负责游戏服务器端、客户端等软件的开发工作，通过拟订游戏开发计划，组织策划、文案、美工、编程等各种资源完成网络游戏的初步开发。游戏发行商主要负责网络游戏的代理发行和推广。

3）游戏运营商主要负责网络游戏的用户流量导入、基本运营维护、客户服务、道具服务等。

4）游戏渠道商主要依托自身推广渠道（包括 Web 门户或社区、WAP 站点、移动终端应用软件等）向游戏消费者提供游戏产品的资讯介绍、下载链接或使用页面等，协助游戏开发商、游戏运营商一起进行产品的推广。

5）电信资源提供商和支付商是移动游戏产业链中的重要环节，前者主要提供互联网接入和移动电话等基础电信业务以及服务器托管、带宽租用、服务器租用等 IDC 服务，国内代表型企业有中国电信、中国移动、中国联通、世纪互联以及阿里云等；后者主要提供电子支付平台服务，为玩家用户在游戏中的消费提供充值窗口，主要包括各类网络银行、支付宝、微信支付、Apple Pay 等。

从整个网络游戏产业链条的走向看，不管产业链条如何复杂，整个链条中各个环节、各个渠道的最终指向，不论是直接还是间接，都是网络游戏用户，游戏玩家是整个产业各环节、各方面一切经济活动的最终目标，是产业利益点所在。①

基于以上产业链分析，我国网络游戏产业链各环节对应的人才需求类型如表 1 - 7 所示。

---

① 《图解移动游戏行业产业链》，游资网，http：//www.gameres.com/701048.html，2017 - 02 - 15。

表 1 - 7　　　　　　　　　　　　　　我国网络游戏产业人才需求类型

人才类型	主要岗位	岗位要求
架构、策划类人才	游戏主程序、游戏架构师等	· 负责并参与游戏架构设计、程序框架搭建、系统设计、部署设计、核心模块研发 · 维护、扩展 Cocos2d - x，开发游戏基础组件、工具，解决底层问题 · 针对 iOS 和 Android 的特点，对游戏的性能、UI 布局等进行优化 · 指导其他开发工程师，解决项目中遇到的技术问题 · 精通 C、C + + 、MFC、Windows SDK，及 STL，VC + + 开发工具 · 精通 2D、3D 游戏架构及游戏引擎原理 · 熟悉多个版本的 Cocos2d - x，并能对其进行维护和扩展 · 熟悉骨骼动画的原理和实现，熟悉 Spine · 熟悉 iOS 和 Android 的开发环境和开发工具，能够进行有针对性的优化
	游戏策划师、游戏产品分析师等	· 参与设计游戏的框架和方向，编写游戏策划方案 · 负责在充分理解游戏玩法基础上编写产品需求，在理解交互设计基础上编写设计需求 · 负责游戏剧情的编写，具有较强的文字功底 · 收集游戏市场热点及用户需求，具备较强的数据统计分析能力，能跟踪数据反馈并随之对游戏数值进行调整 · 在游戏开发中，负责与技术、美术、运营等相关人员沟通与协调，推进项目进度，具有很强的沟通能力、理解能力和团队合作精神
设计与研发类人才	游戏原画设计师、游戏美术设计师、游戏特效设计师、游戏 UI 设计师、游戏动作设计师等	· 负责网络游戏整体设计风格的掌控以及游戏原画、美术、动作及 UI 的设计 · 手绘能力出众，熟练使用 Photoshop、Painter、Illustrator、flash、AE 等相关绘图及动画制作软件 · 有扎实的美术功底，有较强的造型、色彩运用和丰富的创意能力，具备较高的审美能力 · 设计意识强，对游戏特效有独特的理解力和想象力，熟悉各种主流游戏产品的游戏特效制作方法与技术，能独立完成特效制作 · 有较强的 UI 设计能力，能根据整体游戏把握好 UI 的风格 · 动画理论基础扎实，对节奏、重力学和运动规律有较深理解，熟练使用 3DMAX 动画制作 · 熟悉历史、武侠、文学、动漫等知识，并有一定的见解
	游戏开发工程师、游戏引擎工程师、游戏软件工程师、游戏测试工程师等	· 负责各种游戏软件程序、服务器、引擎、客户端等的设计、开发及测试 · 熟练使用 Java、C/C + + 语言，熟悉面向对象技术，熟悉 iOS、Android 等平台应用软件开发 · 精通 Java、C/C + + 程序设计，能编写高质量代码，熟练使用 Eclipse IDE，精通多线程、数据库、Socket 网络通信、动态链接库编程、UI 界面编程 · 具备优秀的数据结构和算法能力，熟练掌握 TCP/IP 通信协议，熟悉 MySQL，熟练掌握分布式处理技术及云计算技术 · 熟练掌握 Unity3D 引擎，以及相关常用插件的使用，能熟练使用 Unity3D 制作场景、UI 及脚本 · 熟悉软件测试理论和方法，熟悉软件测试流程，能够合理编制项目的测试计划及进度，编写测试用例

人才类型	主要岗位	岗位要求
运营、技术支持与客户服务类人才	游戏运营专员、游戏推广专员、游戏商务专员等	• 负责游戏产品的日常运营管理，包括游戏内容发布、上下线、更新、bug 收集反馈、资源位配置等 • 精通游戏推广、运营等工作流程，对游戏运营方式熟悉 • 要求有深刻的市场分析能力，精通数据分析，熟悉手机游戏市场的现状与发展，熟悉游戏用户行为 • 熟悉互联网及游戏行业内合作运营的具体情况，具备良好的商务谈判沟通能力，并有很强的人际交往能力
	游戏技术支持、游戏维护专员等	• 熟悉 Linux 操作系统，熟悉服务组的网络搭建，维护网络安全监控，系统性能管理和调试，能保证游戏网络、服务器、数据库与支撑系统的建设、运维和监控，保证各业务系统正常运营 • 熟悉网络架构，具备基本的网络故障排查能力，对网络安全有一定了解，掌握 Mongo dB 数据库相关知识
	游戏客服等	• 热爱游戏，游戏经验丰富，熟悉各种游戏类型特点，能够快速体验平台内的游戏并找到游戏核心玩法，了解玩家心理 • 在线指引玩家游戏玩法、组织活动、活跃游戏内气氛，并与玩家建立良性沟通关系，提高玩家对游戏的认知度，能全面、及时掌握游戏情况并处理 • 良好的文字表达和撰写能力，反应灵敏、善于网络沟通，熟练使用 Office 各种办公软件
"网络游戏"派生人才	游戏网站编辑、新闻报道、游戏解说、游戏直播主播等	• 热爱游戏，有丰富的互联网及游戏相关知识，熟悉各大网页游戏，了解网页游戏行业发展、热门产品和玩家兴趣取向，且能通过创作或编译呈现优质迅速的新闻报道及解析评论 • 具有较强的文字撰写、编辑能力以及专题和活动的组织策划能力，熟悉常用文字、图片处理软件的使用，对 HTML 语言和网页制作有一定了解 • 熟悉各类直播平台，具有良好的沟通协调与社交能力，有一定的活跃度以及语言组织能力 • 善于了解玩家心态，能够快速融入玩家群体，完成直播任务，通过直播指导及引导玩家进行游戏和消费
	电竞赛事项目经理、电竞赛事运营专员、赛事策划、电竞赛事裁判、电竞教练、战术分析师等	• 熟悉电子竞技产业，熟悉赛事筹备、传播各个环节，有项目管理经验，能进行各类线上、线下赛事活动，进行执行、跟踪和评估，有效统筹及监督各个合作方的工作进度，保证项目最终品质 • 对于电竞赛事直播、转播、VOD 等工作有专业知识，保证正常的直播进行，并且根据市场反馈不断地优化观看体验 • 熟悉竞技游戏的赛制赛规，能针对不同游戏、不同赛事设定适合的形式与规则 • 有良好的语言表达和沟通能力，强大的团队管理能力及赛事活动策划能力与执行力 • 有一定电竞类游戏基础，有丰富的游戏经验，能总结分析对战队有帮助的分析数据和战例，将训练工作详细化、具体化、数据化

人才类型	主要岗位	岗位要求
"网络游戏"派生人才	职业游戏玩家、游戏代练、游戏攻略指导等	● 热爱游戏，游戏经验丰富，熟悉各种游戏类型特点，能够快速体验平台内的游戏并找到游戏核心玩法，了解玩家心理

资料来源：根据各招聘网站信息及网络公开资料整理。

（2）人才需求的岗位分布情况。梧桐果校园招聘网站数据显示，就 2017 年上半年网络游戏各岗位人才需求情况看，游戏美术人才职位需求量最大，占 27%；游戏开发程序员职位需求量占 23%，位于第二名；游戏策划职位需求量占 18%，位于第三名；游戏产品运营、市场人员、推广人员等职位需求量相对较少，分别为 9%、6%、3%（见图 1－19）。可见，目前我国急需游戏美术设计、游戏开发程序、游戏策划专业性人才。

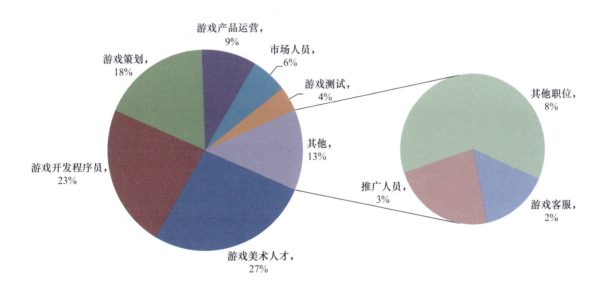

图 1－19　2017 年上半年我国网络游戏行业人才需求比例

资料来源：《2017 网络游戏人才资源全面告急，未来"高技能专业人才"缺口最大》，梧桐果，http：//www.wutongguo. com/report/49. html，2015－08－21。

究其原因，近年来，随着我国网络游戏产业的迅速发展，网络游戏企业已经从粗放式发展逐渐走向了精品化的发展之路，企业的人才需求更加细分化。而游戏美术设计、游戏程序开发、游戏策划人员作为一款游戏的核心专业人才变得尤为重要。但是，目前我国各高校还缺少与游戏行业就业相对口的细分专业，特别是游戏美术和游戏开发方面尤为突出。缺少游戏专业人才输送渠道，是造成此类游戏人才缺口增大的主要原因。

（3）人才需求的学历分布情况。据梧桐果校园招聘网站统计，2017 年上半年游戏行业企业招聘学历分布中，本科人才需求量最大，占比高达 55%；硕士需求量次之，占比为 29%；博士、大专需求量较少，占比分别为 5%、11%（见图 1 - 20）。究其原因，我国网络游戏产业只有一些高技术岗位才需要硕士研究生以上学历，而网络游戏程序员、美工设计、游戏策划、网络游戏推广、游戏测试、网站运营、软件开发等普通岗位，具备大专及以上学历就可满足企业招聘条件。但由于目前我国职业教育领域网络游戏相关专业的人才培养机制尚不完善，所以大多招聘企业比较倾向于本科学历人才。

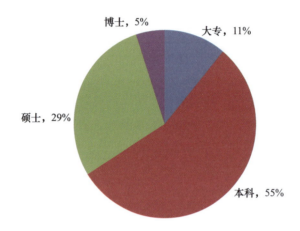

图 1 - 20　2017 年上半年我国网络游戏行业企业校园招聘学历分布

资料来源：《2017 网络游戏人才资源全面告急，未来"高技能专业人才"缺口最大》，梧桐果，http：//www. wutongguo. com/report/49. html，2017 - 08 - 21。

三、我国网络游戏职业教育分析

我国网络游戏产业发展迅速，对专业人才的需求不断增长。目前，我国网络游戏专业人才的培养尚处在起步阶段，主要有三种模式：游戏企业内训式教育、高等院校学院式教育、社会化教育培训。作为培养应用型技术技能人才的教育类型，职业教育在服务网络游戏产业发展中具有重要作用，但我国网络游戏职业教育体系尚不完善。

（一）专业设置情况

我国中职（中专）学校、高职（专科）院校、本科院校均开设了与网络游戏产业相关的专业，广泛分布于其他专业门类下，但尚未形成专门的网络游戏学科专业。以高职院校为例，根据最新修订的《普通高等学校高等职业教育（专科）专业目录（2015 年）》以及 2016 年、2017 年的补增专业，网络游戏相关专业主要分布在电子信息、财经商贸、文化艺术、新闻传播及教育与体育五大类专业中，涉及电子信息类（6101）、计算机类（6102）、通信类（6103）、经济贸易类（6305）、工商管理类（6306）、市场营销类（6307）、电子商务类（6308）、艺术设计类（6501）、文化服务类（6504）、新闻出版类（6601）、广播影视类（6602）、体育类（6704）12 个类别，共计 43 个专业，如表 1 - 8 所示。

表1-8　　　　　　　　　　　　　　与网络游戏相关的高职专业

专业大类	专业类别	专业名称	衔接中职专业	接续本科专业
电子信息大类（61）	电子信息类（6101）	电子信息工程技术（610101）、移动互联应用技术（610115）	电子与信息技术、通信技术	电子信息工程、通信工程
	计算机类（6102）	计算机应用技术（610201）、计算机网络技术（610202）、计算机信息管理（610203）、计算机系统与维护（610204）、软件技术（610205）、软件与信息服务（610206）、动漫制作技术（610207）、数字展示技术（610209）、数字媒体应用技术（610210）、信息安全与管理（610211）、移动应用开发（610212）、云计算技术与应用（610213）、电子商务技术（610214）	计算机应用、计算机网络技术、数字媒体技术应用、网站建设与管理、软件与信息服务、计算机动漫与游戏制作、数字影像技术	计算机科学与技术、网络工程、数字媒体技术、信息安全、软件工程
	通信类（6103）	通信技术（610301）、移动通信技术（610302）	通信技术、通信运营服务	通信工程、信息工程
财经商贸大类（63）	经济贸易类（6305）	国际商务（630503）、国际文化贸易（630508）	国际商务	国际商务
	工商管理类（6306）	市场管理与服务（630605）、品牌代理经营（630606）	商品经营、客户服务	工商管理
	市场营销类（6307）	市场营销（630701）、广告策划与营销（630703）	市场营销	市场营销、广告学
	电子商务类（6308）	电子商务（630801）、移动商务（630802）、网络营销（630803）	电子商务、客户信息服务、软件与信息服务	电子商务
文化艺术大类（65）	艺术设计类（6501）	艺术设计（650101）、广告设计与制作（650103）、数字媒体艺术设计（650104）、动漫设计（650120）、游戏设计（650121）、美术（650125）	网页美术设计、数字影像技术、美术设计与制作、动漫游戏、计算机平面设计、美术绘画	艺术设计学、视觉传达设计、数字媒体艺术、艺术与科技、绘画
	文化服务类（6504）	文化创意与策划（650401）	社会文化艺术、商务助理	网络与新媒体、文化产业管理
新闻传播大类（66）	新闻出版类（6601）	数字出版（660107）	出版与发行	数字出版
	广播影视类（6602）	播音与主持（660202）、影视多媒体技术（660208）、影视动画（660209）、音像技术（660211）、录音技术与艺术（660212）、传播与策划（660214）、媒体营销（660215）	播音与节目主持、广播影视节目制作、影像与影视技术	播音与主持艺术、动画、影视摄影与制作、录音艺术、传播学网络与新媒体
教育与体育大类（67）	体育类（6704）	电子竞技运动与管理（670411）		

1. 规模分析

根据阳光高考信息网的统计数据，开设网络游戏相关专业的高职院校数量、2016 年的毕业生规模及就业率情况如表 1-9 所示。可见，我国开设游戏设计、电子竞技运动与管理等直接服务网络游戏产业的专业的院校很少，但此类专业的就业率较高。

表 1-9　　　　　　　　　　　高职院校开设网络游戏相关专业的情况

专业类别	专业名称	开设院校数量（所）	毕业生规模（人）	就业率（%）
电子信息类	电子信息工程技术	487	22000～24000	90～95
	移动互联应用技术	138	600～700	80～85
计算机类	计算机应用技术	1138	55000～60000	85～90
	计算机网络技术	959	44000～46000	90～95
	软件技术	713	42000～44000	90～95
	动漫制作技术	543	18000～20000	85～90
	数字媒体应用技术	511	16000～18000	90～95
艺术设计类	数字媒体艺术设计	455	12000～14000	85～90
	动漫设计	63	200～250	95～100
	游戏设计	37	200～250	95～100
广播影视类	影视多媒体技术	73	1000～1500	90～95
	影视动画	164	5000～6000	85～90
	录音技术与艺术	4	50～100	95～100
体育类	电子竞技运动与管理	17	—	—

资料来源：阳光高考信息网及各院校官网公开数据。

2. 区域分布

阳光高考信息网的数据显示，开设网络游戏相关专业的高职院校数量最多的省份是江苏，共有 423 所学校，其次是河南，共有 413 所，广东、山东、河北紧跟其后。具体分布情况如图 1-21 所示。

从区域分布看，开设网络游戏相关专业的高职院校主要分布在东部地区①，院校数量占总开设量的 42.33%，明显高于中西部地区（见图 1-22）。而东部地区是我国网络游戏产业发展较为领先的地区，如北京、上海、广东等地的网络游戏产业发展速度快于其他地区。由此可见，网络游戏相关专业的开设情况与区域网络游戏产业发展情况呈正相关关系。

---

①按照《中国统计年鉴》，东西部区域划分为：东部：北京、天津、河北、山东、江苏、上海、浙江、福建、广东、海南、辽宁；中部：山西、河南、湖北、湖南、江西、安徽、黑龙江、吉林；西部：重庆、四川、广西、贵州、云南、陕西、甘肃、内蒙古、宁夏、新疆、青海、西藏。下同。

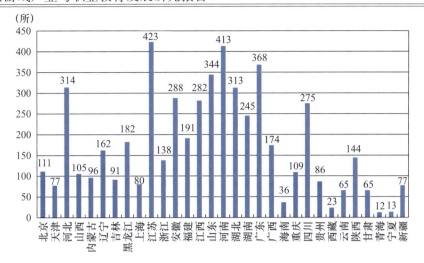

图 1-21　各地开设网络游戏相关专业的高职院校数量

资料来源：阳光高考信息网。

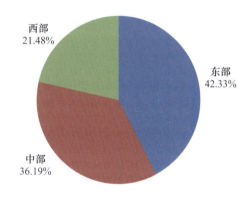

图 1-22　网络游戏专业设置区域分布

（二）人才培养现状

我国网络游戏专业人才培养方式大体分为两大类：学历教育与短期培训。本文通过梳理高职（高专）院校、中职（中专）学校、技工学校及社会培训机构网络游戏相关专业人才培养情况，从培养目标、培养模式、课程设置、师资队伍四个方面分析职业教育层面网络游戏相关专业人才培养现状。

1. 培养目标

高职院校网络游戏相关专业主要培养适应网络游戏企业所需的高素质应用型技术人才；中职学校网络游戏相关专业主要培养中高级应用型技能人才；技工学校网络游戏相关专业主要培养初中级技能人才；相关社会培训机构主要开展技术技能培训，培养急需的技术技能人才（见表1-10）。此外，职业院校与培训机构也会结合当地产业布局和发展特色，着重培养当地急需的网络游戏专业人才。

表 1 – 10　　　　　　部分职业院校、培训机构网络游戏相关专业人才培养目标

类型	名称	专业	人才培养目标
高职院校	福建工程学院	动漫制作技术	培养具有动画创作、动画造型设计、角色设计、场景设计、二维三维动画制作，游戏动画加工能力与职业素养，能从事动漫设计与制作等工作的应用型人才
	石家庄信息工程职业学院	数字媒体应用技术	培养具有数字媒体设计与制作知识与技能，以网站设计与制作为核心能力，兼具音视频编辑与制作、网络动画制作等拓展能力的高素质技术技能型人才
	上海中侨职业技术学院	数字媒体艺术设计	培养掌握数字媒体与艺术设计领域的基础理论与方法，具备艺术数字媒体制作、传输与处理的专业知识和技能，能在互联网领域、影视传媒领域、新一代的数字传播媒体领域从事数字媒体方面的设计、教育、管理工作，既懂技术又懂艺术的复合型应用型人才
	深圳职业技术学院	游戏设计	培养游戏美术为主，创意策划、管理营运和脚本程序为辅的游戏设计与制作专业人才。即培养德、智、体、美全面发展，具有良好的专业基础和综合素质，熟悉游戏产品开发制作流程，掌握游戏设计与开发中工具软件操作与应用、游戏设计与制作相关理论知识以及专业技能，适应生产、管理运营第一线需要的复合式创新型高素质高技能人才
	天津工艺美术职业学院	影视多媒体技术	培养既具有艺术修养，同时熟练掌握计算机操作能力的影视多媒体技术基本知识和岗位专业技能；能从事以影视制作为主的剪辑、特效、三维动画制作、网络美术设计，具备互动媒体设计与游戏美术设计的能力，适应媒体项目策划、设计、制作的第一线需要的具有良好的道德品质、敬业精神和责任意识的高素质技能型专门人才
	南昌工学院	电子竞技运动与管理	培养掌握电子竞技运动竞赛、电子竞技赛事录制制作、电子竞技运动管理与运行、体育产业经营管理与开发、体育市场营销、电子竞技活动的组织管理、咨询指导以及电子竞技运动与管理的教学、科研等相关知识，具备电子竞技运动与管理各环节的实际运作能力，能够适应现代化电子竞技运动与管理的要求，熟练掌握电子竞技运动技术以及相关体育项目、赛事的管理、运作技术，从事电子竞技职业玩家、电子竞技职业经理人、电子竞技赛事组织管理、赛事录制制作、俱乐部经营等相关职业的实用型、创新型高等专业人才

类型	名称	专业	人才培养目标
中职学校	上海信息技术学校	数字媒体技术应用	培养从事平面设计、二维三维动画制作、虚拟现实（VR）制作、音频制作、多媒体合成、影视制作等工作的中等应用型技能人才
	广州市侨光财经职业技术学校	计算机动漫与游戏制作	培养具有动漫动画现代设计基础理论和设计制作技能的、有一定的软件开发能力的应用型中等专业人才
	广东省轻工职业技术学校	美术设计与制作（动漫设计）	培养掌握影视设计与动画制作的基本理论知识和相关应用领域知识，熟悉制作流程，具备影视拍摄、后期制作与动画设计等技能的技术应用型人才
	石家庄文化产业学校	动漫游戏	培养掌握定格动画、二维动画漫画、三维艺术设计、后期编辑、平面设计等技术，可从事动漫游戏设计与制作等工作的应用型人才
技工学校	广州市北达技工学校	计算机动画制作	培养具有计算机基本操作技能，掌握动画、特效、后期合成等专业知识与基本技能，能运用计算机进行二维、三维动画设计与制作，成为能从事各种三维模型制作、建筑动画制作、FLASH 动画制作、影视剪辑合成等工作的中级应用型技术人才
	广东江南理工技工学校	计算机游戏制作	培养能从事计算机游戏策划、游戏制作的人才。重点培养方向在手机游戏开发方面。侧重培养能胜任游戏模型师、熟悉掌握 U3D 手游制作与发布、游戏 UI 制作、游戏建模师、游戏动画师、U3D 特效师、U3D 引擎工程师等工作的游戏制作人才
	山东蓝翔高级技工学校	电子竞技运动与管理	培养学员成为电竞运动员、俱乐部管理运营者等；成为各平台热门主播，并与平台签约；获得专业奖励推荐权，可与部分主播经纪公司直接接洽，成为直播精英
社会培训机构	火星时代教育	UI 设计专业、游戏美术专业、游戏程序专业	培养网络游戏 UI 设计师、原画设计师、3D 美术设计师、特效设计师、动作设计师、VR 视效交互师、Unity3D 开发工程师、UE4 程序开发工程师等技术型人才
	完美动力教育	游戏美术专业、UI 设计专业	培养网络游戏原画设计师、特效设计师、角色动画设计、模型设计、Unity3D 开发工程师、UI 设计师等技术型人才
	汇众教育	游戏专业	培养游戏模型设计、跨平台游戏开发、游戏策划、UI 与原画设计、高级原画设计、游戏特效设计、游戏动画设计等技术型人才

资料来源：根据各院校、机构的官网信息整理。

2. 培养模式

我国职业教育层面的网络游戏专业提倡以实践为主的教学模式开展人才培养。高职院校、中职学校及技工学校采取多体验、多实践的培养思路，运用项目教学模式、工作室教学模式以及工学结合、顶岗实习、订单培养等校企合作模式开展网络游戏人才培养。

（1）项目教学模式。项目教学主要根据网络游戏产业的特点，以学生参与项目的方式进行模拟教学与实践，撇弃传统理论教学模式的缺陷，借助项目运作让学生了解工作流程，培养学生创新精神和意识。此种模式以整套项目为主线，细化项目，形成融合每门课程中各个知识点的案例，以项目案例为依据进行讲演授课，让学生边学边实践，掌握知识点的同时明白实际项目的设计制作流程和方法。

以游戏开发人才培养为例，游戏开发是一个系统工程，基于"项目引领，任务驱动"的项目教学模式强调以游戏软件项目的开发流程为参照，将游戏开发任务分解成若干个模块。各个模块教学要按照指定的游戏案例有组织地实施，分模块、分阶段地完成游戏开发各阶段的任务。各模块的教学需要充分发挥各专业的特长，要统筹兼顾，进行统一管理，以便最终形成一个完整的游戏项目，如表1-11所示。

表1-11　　　　　　　　　　游戏开发人才模块化项目教学实施方案

游戏项目	游戏模块	模块教学目标	承担模块教学单位
愤怒的机器人	游戏策划	游戏框架与系统策划技能、游戏数值平衡性设计、游戏剧情编写，游戏可玩性的把握	信息工程学院数字媒体教研室或美术学院
	游戏原画、美工	掌握透视基础、构图基础、Photoshop、造型基础、游戏美术风格技法、色彩基础	美术学院专业教师或外聘教师
	模型制作，游戏场景搭建	掌握3DMAX软件基础、游戏材质基础、游戏道具制作、作品渲染、游戏场景、角色建模	信息工程学院数字媒体教研室或美术学院
	游戏动画、音效	掌握各种动画效果及音效，动画基础、骨骼动画、游戏角色蒙皮与动画	信息工程学院数字媒体教研室或美术学院
	游戏程序设计	掌握游戏程序设计能力	信息工程学院
	游戏测试	软件测试	信息工程学院

资料来源：李国庆：《游戏开发人才模块化培养模式研究》，《中小企业管理与科技》2016年第25期，第145-146页。

（2）工作室教学模式。工作室教学的管理运行体制与企业相似，其基础是项目教学方式。该模式针对专业特点将生产与教学自然衔接，由教师带领学生在承接和完成项目的过程中实现专业技术的训练。用工作室代替教室，设定具体岗位和工作任务，将工作室虚拟成一个公司，通过轮换顶岗，学生在不同的岗位上进行实训，提升学生的技术技能水平。工作室教学模式大大缩短了学生从学校到工作岗位的对接距离，培养了学生的职业素养和技能。以中山市中等专业学校动漫游戏专业"基于工作室的分类分岗"人才培养模式为例，工作室教学模式具体如图1-23所示。

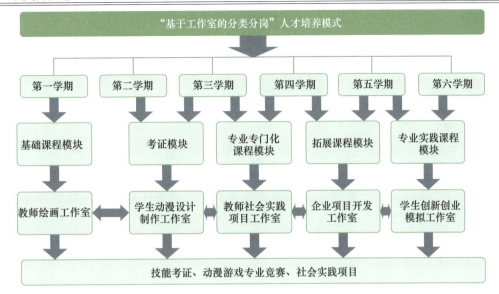

图1-23　"基于工作室的分类分岗"人才培养模式

资料来源：曾惕惕、夏耀辉、许林等：《基于工作室的分类分岗的动漫游戏专业人才培养模式的探索与实践》，《广东教育》（职教版）2014年第11期，第58-62页。

（3）校企合作培养模式。在校企合作培养模式中，职业院校与职业培训机构通力合作，发挥各自优势，共同致力于培养与输出高素质人才（见图1-24）。该模式主要有工学结合、顶岗实习、订单培养等。

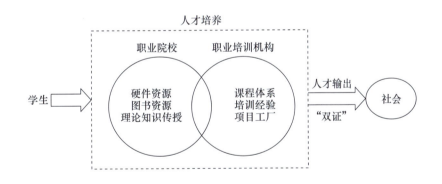

图1-24　网络游戏人才校企合作培养模式

资料来源：毛颖颖、袁浩：《校企合作化的游戏专业人才培养模式研究》，《当代职业教育》2011年第8期，第68-70页。

工学结合是一种将学习与工作相结合的培养模式，形式多种多样，包括分学期工作与学习交替进行，一个星期几天学习几天工作，每天半天学习半天工作等。其共同点是学生在校期间不仅学习而且工作，以实现培养目标、教学内容、教学方法、教学情景、教师队伍与生产实践无缝对接。

顶岗实习是学生在学校的安排下到相关企业带薪实习的一种培养模式。该模式在建立行业、企业、学校共同参与的机制的基础上，采取一系列办法管理学生到企业顶岗实习的过程，最终形成以学校为核心，企业和学校共同教育、管理和培训学生的培养模式。

订单培养是协议式培养模式，其前提是职业院校对网络游戏产业发展前景及趋势有深刻的认识，与相关企业共同制订人才培养计划，确定校企联合培养方案，建设实习基地与实践平台，共同组建订单培养师资队伍，学校主要负责理论教学，合作企业为学生提供实习实践机会，使学生熟悉工作流程，了解产业动向。

3. 课程设置

从课程设置来看，高职院校、中职学校及技工学校网络游戏类专业的课程设置主要分为公共类课程、专业类课程和实训类课程三大类。其中，公共类课程的目标是培育学生的职业道德素养，培养学生开阔的文化视野和深厚的文化素养；专业类课程遵循网络游戏专业培养目标，培养学生专业基础知识与专业技能；实训类课程以项目实习实训为主，培养学生的实际操作能力与专业实践能力。社会职业培训机构的课程设置主要以短期培训班为主，课程更加具体、更有针对性。部分职业院校及职业培训机构网络游戏相关专业的核心课程设置情况如表 1 – 12 所示。

表 1 – 12   部分职业院校及职业培训机构网络游戏相关专业的核心课程设置情况

类型	院校、机构名称	专业	核心课程
高职院校	福建工程学院	动漫制作技术	动画素描、动画速写、动画创作基础、动画绘制技法、造型设计、场景设计、游戏角色设计、三维动画制作、动画后期制作、动画短片制作、课程实训、毕业技术实践等
	石家庄信息工程职业学院	数字媒体应用技术	Photoshop 平面设计、Illustrator、图形设计、视频编辑与制作、UI 设计、网页美工、DIV + CSS 页面设计、网页设计与制作、动态网站开发、网站开发项目等
	上海中侨职业技术学院	数字媒体艺术设计	数字图像处理、网页设计、流媒体技术、动画原理与网络游戏设计、视频特技与非线性编辑、虚拟现实、游戏原画绘制，手绘板绘画，游戏动画制作，影视特效及周边产品设计等
	深圳职业技术学院	游戏设计	游戏创意与设计、游戏关卡设计、交互式体验设计、三维动画制作（3DS MAX）A2、游戏建模与纹理设计、游戏美术设计造型基础、游戏动画与特效、游戏角色与道具设计、游戏美术图形设计；游戏开发技术基础、互动媒体设计与制作、游戏程序设计模式
	天津工艺美术职业学院	影视多媒体技术	影视拍摄、视听语言、影视剪辑、合成特效、影视灯光、栏目包装、影视短片制作、平面设计软件、Flash 动画制作、平面摄影、三维动画、三维动画片制作、三维影视特效、网站美工、互动多媒体技术音频基础、游戏设计基础、多媒体及其界面设计等
	南昌工学院	电子竞技运动与管理	电子竞技赛事欣赏与科学研究、电子竞技运动训练理论与方法、电子竞技战术理论与方法、电子竞技竞赛规则分析与裁判法、电子竞技赛事运作与后期制作、C 语言等

续表

类型	院校、机构名称	专业	核心课程
中职学校	上海信息技术学校	数字媒体技术应用	多媒体设计与制作、平面动画设计与制作、数码摄影、多媒体合成、动画建模、广告设计、MIDI 音乐制作、素描、电脑插画、三维动画设计与制作、工业产品制作、角色动画制作、虚拟现实制作、影视编辑、电视摄像、实况片制作、专题片制作等
	广州市侨光财经职业技术学校	计算机动漫与游戏制作	美术素描、速写、美术色彩、艺术设计概论、设计构成基础、Flash 动画设计、平面设计、图形图像处理、三维动画、动画概论、影视鉴赏、动画专业透视、影视编导、动漫学、maya 动画设计、影视后期合成等
	广东省轻工职业技术学校	美术设计与制作（动漫设计）	绘画基础、构成设计、网络动画、动漫画技法、影视概论、场景设计、卡通造型设计、视听语言、脚本创作、分镜头设计、影视后期制作及相关电脑软件等课程
	石家庄文化产业学校	动漫游戏	手绘美术基础（素描、色彩、速写、平面构成、色彩构成）、电脑美术基础（Photoshop、Illustrator 等）、影视动画概论、动画原理（运动规律）、定格动画、后期合成（Premiere、AE 等）、二维动画制作（Flash）、3DMAX 等
技工学校	广州市北达技工学校	计算机动画制作	动画素描、动画速写、Photoshop、动画造型设计、Flash、Premiere、After Effects、动画运动规律、漫画绘制、动画造型设计、动画绘制员中级、MAYA 等
	广东江南理工技工学校	计算机游戏制作	游戏实用美术基础、游戏动画原理、动画技法与实训、原画技法与实训、游戏动画速写、3D 角色建模、3D 场景建模、C#脚本编程、Unity3D 游戏制作基础、Photoshop、UI 制作、AE 特效制作技能、Unity3D 游戏制作高级、游戏角色造型设计与实训、游戏动画营销等
	山东蓝翔高级技工学校	电子竞技运动与管理	电竞发展史，电竞界知名人物、知名俱乐部及其技巧，游戏基本知识，MOBA 游戏、FPS 类游戏及其区别，选手训练内容及安排调配方式，各大赛事前期工作及运动员心理学，俱乐部管理方法与技巧，MOBA 游戏的概念与英雄联盟的基本，主流英雄的操作、对线基础以及碰到逆风或克制类英雄应对等
社会培训机构	火星时代教育	游戏美术专业	游戏原画高级设计师班：游戏角色英雄职业设计、游戏角色插画绘制、游戏角色魔幻卡牌设计、游戏场景气氛图绘制、次世代游戏概念设计、原画美术宣传图绘制、游戏原画 Loading 图绘制等

续表

类型	院校、机构名称	专业	核心课程
社会培训机构	火星时代教育	游戏美术专业	游戏 3D 美术设计师班：游戏模型制作基础、网络游戏手绘道具、网络游戏 Q 版场景模型/贴图制作、网络游戏写实场景模型/贴图制作、次时代写实道具模型制作、网络游戏手绘道具、次时代 PBR 材质表现课网络游戏 Q 版角色模型/贴图制作、网络游戏写实角色模型/贴图制作、网络游戏角色设计、游戏角色胸像雕刻、游戏关卡设计等 游戏特效设计师班：3D 转 2D 特效师、Uity3D 游戏特效师、虚幻 4 特效师、VR 游戏特效师等 游戏 UI 设计师班：游戏 UI 基础设计、设计软件与工具的掌握、游戏 UI 材质表达、游戏技能图标设计、游戏物品图标设计、游戏 UE 交互设计、游戏界面的布局、游戏风格与项目类型、风格元素的装饰化设计、移动端游戏 UI 的转化程序、游戏 Logo 设计、游戏内种族势力 Logo 设计、游戏 UI 动效课等 游戏动作设计师班：运动基础、游戏角色动作、生物动作、高级游戏角色动作、辅助开发工具、特殊骨骼系统等
		游戏程序专业	Unity3D 游戏开发工程师班：Unity 引擎基础学习、C#语言模块过程化编程、C#语言面向对象开发、高级数据结构（C#语言版本）、Unity3D C# 脚本基础 API、基础 3D 数学、Unity3D 组件编程与应用、Unity3D 动画与粒子系统、Unity3D 文件系统与 UI 界面、计算机基础图形学、计算机图形学编程基础、Unity3D 网络应用开发、Unity3D Lua 脚本开发、Unity3D 编辑器与 VR 开发、Unity 项目实训等 UE4（虚幻 4）高级开发工程师班：游戏引擎初始、C＋＋面向过程编程、C＋＋面向对象编程、C＋＋系统级高级开发、高级数据结构程序设计、虚幻引擎功能概述、虚幻引擎初级入门、虚幻引擎关卡设计、3D 数字化控制、虚幻引擎 C＋＋逻辑编程、虚幻引擎 C＋＋高级开发、Socket 套接字网络编程、3D 数学之图形学应用、虚幻引擎之渲染引擎编程、虚幻引擎类蓝图设计、虚幻类蓝图与 C＋＋代码配合开发、虚幻引擎 Vr 设备应用、项目实训等

资料来源：根据各院校官网信息整理。

4. 师资队伍

教师是专业人才培养的主体，专业建设水平的高低归根结底取决于师资队伍实力，高水平的师资队伍建设对于提高专业质量有十分重要的作用。由于网络游戏行业在我国是新兴行业，游戏专业开设时间较短，所以科班出身的专业师资力量十分薄弱。目前，我国职业院校的网络游戏相关专业教师多从计算机类和艺术类专业的教师转变而来，没有实际游戏教学与工作经验；部分院校安排一些青年教师到游戏公司或该专业较好的兄弟院校中进行短期培训后，回校从事游戏专业的教学工作，但由于是短期培训，缺乏企业的实战经验，导致教学效果不好。有的院校花重金从游戏公司聘请了具备一定工作经验的设计师进行专业课程的讲授，临时性解决了网络游戏专业师资缺乏的问题，但企业里的设计师大多没有经过专业教学能力培训，而且每个设计师的职业能力水平参差不齐，设计师也没法在固定时间为专职教师跟班授课，教学效果无法得到保障。[1]

总体来说，目前我国职业教育领域网络游戏类专业教师人才极度匮乏，在岗教师大多缺乏实际的游戏开发经验。许多职业院校虽然采用多种手段提升"双师"水平，包括教师进企业顶岗实践、工作室项目引进等，但仍普遍存在教师研究专业与教学专业不对路，教师缺乏游戏企业实践经验；专业知识只局限于所教授的几门课程，专业实践能力不强，缺乏创新能力，对游戏行业最新发展情况认识不足，导致教学内容与行业发展需求脱节等现象。因此，我国网络游戏专业职业教育急需建立一支专业水平高，具备一定的教科研能力和实际工作经历，专兼结合的"双师"素质的师资队伍。

四、国外网络游戏职业教育分析

从 20 世纪 90 年代开始，一些游戏业较为发达的国家的高校陆续开设游戏专业课程，隶属艺术类动画制作专业。至今，它们的网络游戏专业教育已逐步标准化、体系化与专业化，其中以美国、日本、韩国、英国的成就最为显著。本书在介绍国外网络游戏专业教育现状的基础上，重点分析美国网络游戏专业教育的发展情况。

（一）国外网络游戏专业教育概况

游戏业较为发达的国家游戏专业教育正不断成熟，它们在专业建设、课程设置、人才培养模式创新等方面有着丰富的经验。下面简要分析国外较为成熟的游戏专业教育模式，如表 1 - 13 所示。

表 1 - 13　　　　　　　　　国外典型的游戏专业教育模式

典型专业教育模式	模式特点	代表院校
以产业发展为动力的专业建设模式	以游戏产业的快速发展及巨大的利润空间催生其对游戏人才的需求，从而带动游戏专业的建设	美国华盛顿大学、哥伦比亚大学，韩国弘益大学、中央大学等
以产业链条为导向的专业设置模式	以游戏产业的生产链条为导向，从游戏策划、美术、音效、程序、测试、管理、运营和服务等产业链环节出发，设置小而精的游戏专业	美国佛罗里达州的弗特劳德达尔艺术学院、芝加哥的德保尔大学等
以科研项目为载体的专业发展模式	把科研项目作为专业发展水平的载体，表现形式有理论成果和实际产品两种形态，重视科研项目在专业教学中的实际应用	美国麻省理工学院、英国剑桥大学、韩国祥明大学等
政企个人联合的专业扶持模式	通过政府的政策引导和资金支持、企业的技术援助和环境支持、个人的经验传授和资金支持等外部支持，联合扶持专业建设	英国谢菲尔德哈勒姆大学、美国加州大学、韩国国立公州大学等
多专业相互渗透的专业协同发展模式	通过与计算机专业、艺术专业、教育技术专业、管理学专业、心理学专业等相关专业的协同发展，与其他非相关专业良性互动的模式，来协同发展游戏专业	美国马萨诸塞州的伍斯特理工学院、麻省理工学院、威斯康星大学等

资料来源：邸衍玲：《浅析国外高校游戏专业发展现状》，《中国电力教育》2010 年第 5 期，第 31 - 33 页。

[1]张阳：《高职高专院校网络游戏人才培养研究》，《美与时代》（城市版）2015 年第 10 期，第 116 - 117 页。

同时，国外高校的人才培养目标比较明确，因此游戏专业的课程设置秉持精细化的理念，即根据培养层次、专业方向、年级和模块设置课程，具体如表1－14所示。

表1－14   国外游戏专业课程设置理念

划分类型	设置理念	案例院校
分层次的课程设置理念	首先根据培养层次来划分，有针对性地设计专本硕博四个层次的课程	英国谢菲尔德哈勒姆大学的游戏设计专业： • 学士课程主要内容包括游戏开发语言、游戏设计和游戏编程课程 • 硕士课程主要包括游戏硬件技术、游戏软件开发和游戏行业规范课程
分专业的课程设置理念	对于同一培养层次的课程根据专业方向来划分	英国曼彻斯特的新罕布什尔南方大学的电脑游戏设计学士课程： • 艺术设计方向，毕业后获得文学学士学位 • 技术开发方向，毕业后获得理学学士学位
分年级的课程设置理念	对于同一专业的课程会根据年级的不同来划分	英国谢菲尔德哈勒姆大学游戏设计专业的游戏开发技术方向的学士课程（分四年）： • 第一年是 C＋＋、Java 等游戏开发语言课程 • 第二年侧重于专业课程，学习面向对象编程，二维和三维的图形动画处理等 • 第三年学生可以在合作伙伴公司实习一年，学生通过参与项目的开发，促进理论知识向实际技能转化 • 第四年学生回到学校，学习产品开发和营销课程
分模块的课程设置理念	对于同一年级的课程又划分为基础课程、专业课程、综合课程、选修课程四个模块	• 基础课程模块主要学习美术、数学、文学写作、社会学、法律法规、计算机基础等课程，该模块的课程注重的是广 • 专业课程模块主要学习游戏玩家心理、游戏策划、游戏脚本创作、游戏动画制作、游戏角色场景设计、游戏特效、游戏关卡设计、游戏编程、游戏音效开发、游戏产品营销等，该模块的课程注重的是深 • 综合课程将基础和专业课程融合在一起，如："游戏色彩""游戏渲染""游戏算法""游戏故事创作""游戏知识产权"等课程，该模块的课程注重的是精 • 选修课程模块主要学习与动画、游戏、电脑音乐相关课程，该模块的课程具有自主性和灵活性的特点，学生可根据自己的兴趣来选择，也可以由学生来申请学校没有开设的课程

资料来源：邸衍玲：《浅析国外高校游戏专业发展现状》，《中国电力教育》2010年第5期，第31－33页。

（二）美国网络游戏专业教育概况

美国是游戏产业大国，其游戏产业在过去几年中发展迅速，已成为美国的重要行业之一，甚至超过电影业一跃成为美国娱乐业的龙头。电脑和视频游戏公司的雇员超过8万人，为解决美国就业问题作出了贡献。

　　美国游戏产业的高速发展离不开其成熟的游戏专业教育。美国开设了数量众多的数字娱乐相关课程，面向游戏美术和游戏程序开发方向招生；并有超过 200 所高等院校开设有关游戏设计与开发的课程，包括纽约大学、西雅图艺术学院、玛丽斯特学院等。为了适应游戏行业的人才需求，美国高校更是与知名游戏公司共同创建游戏人才培养基地，使游戏人才培养模式发生了转变。① 下面从人才培养体系、课程设置、教学模式三个方面分析美国网络游戏专业教育的发展情况。

1. 人才培养体系

　　美国游戏专业形成了较为完善的多层次人才培养体系，主要有四个层次：专科（含职业技术教育）、本科、硕士以及博士。这四个层次的学生的理论和技术水平不同，以博士为塔尖，形成金字塔式的结构，如图 1 – 25 所示。

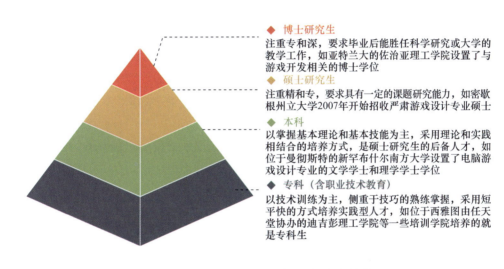

◆ 博士研究生
注重专和深，要求毕业后能胜任科学研究或大学的教学工作，如亚特兰大的佐治亚理工学院设置了与游戏开发相关的博士学位

◆ 硕士研究生
注重精和专，要求具有一定的课题研究能力，如密歇根州立大学2007年开始招收严肃游戏设计专业硕士

◆ 本科
以掌握基本理论和基本技能为主，采用理论和实践相结合的培养方式，是硕士研究生的后备人才，如位于曼彻斯特的新罕布什尔南方大学设置了电脑游戏设计专业的文学学士和理学学士学位

◆ 专科（含职业技术教育）
以技术训练为主，侧重于技巧的熟练掌握，采用短平快的方式培养实践型人才，如位于西雅图由任天堂协办的迪吉彭理工学院等一些培训学院培养的就是专科生

图 1 – 25　美国网络游戏专业人才培养体系

资料来源：邸衍玲：《浅析国外高校游戏专业发展现状》，《中国电力教育》2010 年第 5 期，第 31 – 33 页。

2. 课程设置②

　　美国高校游戏专业人才培养一般通过 3 ~ 4 年时间完成，课程设置不仅针对游戏制作技能，更重要的是传递游戏文化与提升审美。下面从课程目标、课程内容、课程结构三个方面分析美国网络游戏相关专业课程设置。

　　（1）课程目标。在美国，无论公立、私立高校，要生存、要发展、要参与竞争，就必须拓宽思路，大胆改革，提高办学质量和突出办学特色。而各个专业课程目标的设置是评估学校办学质量的重要依据，是学校特色的重要体现。表 1 – 15 展示了加州大学（The California State University）东湾分校视频游戏设计与开发专业（四年制、学士学位）、萨凡那艺术设计学院（Savannah College of Art and Design）电影和数字媒体学院互动设计与游戏开发专业的课程目标设置。

①吴家辉、李慧敏、孙菁：《国内外游戏专业课程教学的比较研究》，《福建电脑》2017 年第 3 期，第 89 – 90 页。
②肖宁：《中美高校游戏设计与开发课程的比较研究》，南京艺术学院硕士学位论文，2008 年。

表 1 – 15 　　　　　　　　　　　　　　**美国部分高校游戏专业课程目标**

学校	专业	课程目标	特色
加州大学东湾分校	视频游戏设计与开发专业	• 让学生具有开发、管理游戏以及视觉设计复杂环境下的知识、智能以及信心 • 让寻求将游戏开发作为职业的学生站在一个相当不错的起点 • 让学生了解游戏开发所必备的核心编程语言 • 让学生掌握一定水准的对所有游戏开发项目都必需的数学知识 • 让学生对实时 3D 图形设计的核心概念有深入的理解 • 让学生具备加入视频游戏产业的入门阶段的水平	课程目标具体、明确，注重将游戏技术开发与人文、自然、历史、管理等专业相融合，体现自身的办学特色
萨凡那艺术设计学院	互动设计与游戏开发专业	• 必修入门课程包括人文学入门、综合教育和美术基础研究课程，本科生在专业学习中逐步开始学习高级课程 • 艺术与设计的主要课程与技术、人文系统、商务、社会和国际化学习相协调。通过节目编排、信息设计和互动设计课程培养学生的分析能力。运用电子商务与企业家身份等课题进一步拓宽学生的视野。在课程中应用最新技术的工作开发工具和技巧进行实验 • 本科生课程具有极强的职业针对性，培养学生的创新思维，让他们学习最新技术和用概念方法解决问题	课程目标注重"人文学、综合教育、美术基础等研究"能力的培养，同时，学院注重培养学生的批判能力和设计实践能力，在教学中以引导的模式强调学生依据自身个性发展为主，强调开放生成性与表现性

资料来源：肖宁：《中美高校游戏设计与开发课程的比较研究》，南京艺术学院硕士学位论文，2008 年。

（2）课程内容。课程目标确定之后，就要对课程内容进行选择和组织。美国高校在设置网络游戏相关专业课程内容时遵循以下几项基本要求：①依据课程目标来编排科学课程内容；②各个学科之间相互融合；③以科学主题方式组织课程内容；④按学生的心理特征、认知能力和学生发展的需求编排课程内容；⑤实验探究的完整性；⑥综合科学课程内容选择贴近生活，关注社会，联系实际。表1 – 16展示了美国萨凡那艺术设计学院游戏艺术设计专业、哥伦比亚大学（Columbia University）芝加哥分校游戏技术开发以及科罗拉多大学（University of Colorado）多泉分校游戏技术开发专业的课程内容设置情况。

（3）课程结构。在确定了课程目标并且设计了课程内容之后还要构建合理的课程结构。表 1 – 17 展示了美国萨凡那艺术设计学院游戏艺术设计专业以组织形式划分的课程结构与科罗拉多大学多泉分校游戏技术开发专业以学期计划划分的课程结构。

表 1 - 16　　　　　　　　　　　　　美国部分高校游戏专业课程内容

学校	专业	课程内容
萨凡那艺术设计学院①	游戏艺术设计	基础课程：素描Ⅰ、素描Ⅱ、实物素描Ⅰ、2D 设计、颜色理论、3D 设计、＊＊工作室选修课 综合教育：西方艺术概论Ⅰ、西方艺术概论Ⅱ、世纪艺术、＊＊艺术史/建筑史选修、计算机应用高级概论、互动娱乐概念、合成、英语选修、演讲与演说、＊＊自然科学/数学要求§§、＊＊社会/行为科学要求§、＊＊综合教育选修§ 主修课程：互动设计与游戏开发入门、数字设计美学、排印Ⅰ＋、游戏开发模型＋、互动设计、互动编程、环境与层次设计＋＋、互动网络设计＋＋、＊＊电影与数字媒体选修、游戏设计评论与分析＋＋＋、信息与界面＋＋＋、互动设计与游戏开发工作室Ⅰ、互动设计与游戏开发工作室Ⅱ、互动设计与游戏开发作品
哥伦比亚大学芝加哥分校	游戏技术开发	IAM 系核心课程：数字图像设计、编程理论及概念介绍、媒体理念及设计Ⅰ、媒体理念及设计Ⅱ、创造互动式媒体 游戏设计主要课程：游戏文化、游戏概念开发、游戏项目、游戏工作室 游戏模拟课程：计算机构造、运算—数学模型、C＋＋编程、游戏编程、C＋＋编程Ⅱ、游戏开发者物理或生物力学、运动生物及物理学、线性代数或微积分Ⅱ、游戏引擎编程（SP08）、游戏引擎人工智能（FA08）或基于引擎的设计Ⅰ、多层网络或数据设计编程
科罗拉多大学多泉分校	游戏技术开发	基础课程：①创新基础课程：新生研究会（选择题目）、企业家介绍、创新程序、创新小组，报告与分析，设计与研究、技术写作、策划及表达、政府、法律以及社会、商业及知识产权法；②创造性通信基础课：工作场所的口头交流、领导能力交流、起步工作室 - 2D、起步绘图、数字式图像；③商业基础课：微观经济学介绍、宏观经济学介绍（二选一）、基础统计课、财务统计介绍、管理及组织介绍、营销原理、新信息系统课、新金融学 GDD 基础课：通过游戏创作来解决问题、运用C#/. NET 的高级 OO 技巧、C＋＋目标定向编程、游戏设计及开发介绍、高级 3D 游戏及数字内容创作、计算机制图、游戏开发员编程介绍、高级游戏设计概念、计算机音乐、游戏与社会：性别与种族 GDD 主修课：计算机网络、游戏模型及模拟、游戏人工智能、开发正式游戏、在线游戏开发、499 独立研究、计算几何学、图形表示法、模型与成像、计算与复杂系统、高级图形、虚拟现实/人机交互技术（HCI）

　　资料来源：肖宁：《中美高校游戏设计与开发课程的比较研究》，南京艺术学院硕士学位论文，2008 年。

表 1 - 17　　　　　　　　　　　　　美国部分高校游戏专业课程结构

学校	专业	课程内容
萨凡那艺术设计学院	游戏艺术设计	总学分：180
		基础课程：7 门课程，共计 40 学分
		综合教育课程：12 门课程，共计 65 学分
		主修课程：15 门课程，共计 65 学分
		选修课程，共计 10 学分

　　①备注：＊＊表示选择选修课时，请咨询所在系的指导老师；§表示综合教育要求请参考学院计划和政策板块；§§表示数学能力要求请参考学院计划；＋表示从两门课中选一门；＋＋表示从两门课中选一门；＋＋＋表示从两门课中选一门。

续表

学校	专业	课程内容	
科罗拉多大学多泉分校	游戏技术开发	学位要求：至少完成 120 个学分课时，以及在计算机科学课程和 GDD 课程上最少得到 20 平均学分	
		第一个学期：16 学分 ENTP100 企业家介绍——家 CS110 通过游戏创作来解决问题——游 Eng131 写作和修辞——和 MATH135：运算——算 ID101 新生研究会（选择题目）——3	第二个学期：14 学分 GDD120 游戏开发员编程介绍——3 INOV101 创新程序——3 PES 111 物理学Ⅰ——4 PES 116 先进的物理实验室Ⅰ——1 VA101 起步工作室 – 2D——3
		第三个学期：16 学分 GDD 220 数据结构与游戏开发——结 INOV 201 创新小组，报告与分析——小 INOV 210 技术写作，策划及表达——写 MUS 215 计算机音乐——机 VA 104 起步绘图——绘 交叉性学科基础课程——3	第四个学期：16 学分 BLAW 201 商业及知识产权法——及 CS302 运用 C #/. NET 的高级 OO 技巧、CS306 C + + 目标定向编程——定 INOV 201 创新小组，报告分析——小 VA210 数字式图像——式 WMST210 游戏与社会：性别与种族——与 交叉性学科基础课程——3
		第五个学期：16 学分 CS 335Ⅰ游戏设计及开发介绍——设 INOV 301 创新小组，报告与分析——小 MATH 313 线性代数介绍——代 GDD 集中课程——课 交叉性学科基础课程——性 自然科学选修课——3	第六个学期：15 ~ 18 学分 INOV302 创新小组，设计研究——小 交叉性学科基础课程——性 GDD 集中课程——课 自然科学选修课——科 自选课程——课 交叉性学科基础课程——性（针对于不选择创新性交流基础课程的学生，可计为自由选修课 7 学分）
		第七个学期：14 ~ 17 学分 BUAD 400 政府、法律以及社会——课 CS 480 计算机制图——机 INOV 401 创新小组，设计与研究——小 GDD 集中课程——课 自选课程——课 交叉性学科基础课程——性（针对于不选择创新性交流基础课程的学生，可计为自由选修课 7 学分）	第八个学期：13 ~ 16 学分 CS 478 高级 3D 游戏及数字内容创作——及 GDD 410 高级游戏设计概念——游 INOV 402 创新小组，设计研究——小 GDD 集中课程——课 自选课程——课 交叉性学科基础课程——性（针对于不选择创新性交流基础课程的学生，可计为自由选修课 7 学分）

资料来源：肖宁：《中美高校游戏设计与开发课程的比较研究》，南京艺术学院硕士学位论文，2008 年。

3. 教学模式①

下面从理论依据、教学目标、教学实施、教学评价四个方面简要分析美国游戏专业的教学模式。

（1）理论依据。不同的教育观往往提出不同的教学模式。美国高校在设置游戏相关专业前，许多学者和专业人员从多领域、多角度对游戏设计与开发及相关的理论进行了 20 多年的大量研究，从而带动了游戏产业的发展，并为游戏相关专业设置提供了理论依据。

（2）教学目标。美国高校游戏相关专业的教学目标注重"人文学、综合教育、美术基础等研究"能力的培养，以及要求学生理解游戏作品在特定社会中的作用；同时，学校注重培养学生的批判能力和设计实践能力，在教学中以引导的模式强调学生依据自身个性发展为主，为他们提供一个自由选择的适合成长的空间，通过对学生的培养，形成学校的发展特色，反过来推动学校发展。

（3）教学实施。每一种教学模式都有其特定的逻辑步骤和操作程序，它规定了教学活动中师生先做什么、后做什么，各步骤应当完成的任务。美国高校在游戏相关专业教学中注重教学过程，强调灵活性，充分考虑学科特点、教学内容、现有教学条件和师生的具体情况等，以体现对学科特点的主动适应。

（4）教学评价。教学评价是指各种教学模式所特有的完成教学任务、达到教学目标的评价方法和标准等。虽然网络游戏是一门新兴学科，但美国高校都有各自鲜明的特色，因此，相关专业教学模式各具特色，不同教学模式所要完成的教学任务和达到的教学目的具体要求不同，使用的程序和条件不同，其评价的方法和标准也在向着多元化方向发展。从对教学评价信息来源重要性的现行排序看，国外高校普遍采用的教学评价类型主要有学生评价、专业同行评价、院系领导评价和教师自我评价等形式②。

（三）美国网络游戏专业教育的特点

从以上分析可以看出，美国已经形成较为成熟的网络游戏专业人才培养体系，其主要特点如下：

1. 明确的培养目标

美国在网络游戏人才培养上有相对明确的专业方向与目标，形成了专科（含职业技术教育）、本科、硕士、博士四个层次的金字塔形的人才培养体系。这四类学生的培养目标与知识结构有所不同，越往上层次越高，对相关理论、技术等的研究越深。具体来说，专科以职业技术的训练为主，侧重于熟练掌握技巧，培养实践型人才；本科围绕基本理论、基础知识、基本技能，在强调基本功训练的同时，掌握专业理论、技术和相关边缘学科的基本知识，既是实践型人才，又是硕士研究生的后备人才；硕士生在网络游戏的某一个或几个方向上深造，不但有相当强的实践能力，同时具备在理论或技术的某一课题上进行研究的能力，毕业后能胜任科学研究和大学教学工作，也是优秀的设计人才。同时，美国高校在网络游戏人才的培养上，教学既将理论与实践相结合，又将职业教育与学术教育相结合，其师资力量囊括艺术与科学、生理与心理、管理与市

---

① 肖宁：《对中美高校数字游戏设计专业课程教学的研究（Ⅰ）》，《数位时尚：新视觉艺术》2010 年第 2 期，第 97 – 98 页。
② 任晓红、王春杨：《国外高校课堂教学评价的特征及启示》，《西部素质教育》2016 年第 2 卷第 17 期，第 3 – 4 页。

场、人文与工程等多个专业。①

2. 推行多元化教学

多元化教学对于美国网络游戏教育具有重大意义：首先，高等院校的多元化教学有利于满足学生的不同需求，为学生提供了择校的机会与范围。根据成绩优劣或兴趣爱好千差万别，学生可以选择适合自身的院校。其次，多元化教学可以使院校根据自己所处社区和地理位置、资源和教学水平等情况，实事求是地明确办学的宗旨与任务，办出特色，提高办学效益。与我国高校中设立专业小而全的体系相比，美国高校强调专业方向和特点，扬长避短，突出优势。最后，多样化教学有利于游戏专业人才培养体系的不断进步和优化。②

3. 合理化的课程设置

美国网络游戏教育的另一大特色在于其合理的课程设置。美国高校在网络游戏相关专业的课程设置上，首先根据专业培养方向确定科学、规范的课程目标；其次按照实际条件，确定专业所需课程的比例，不断充实素质课、专业基础课、专业课的内容；最后以学分制为基础，从课程组织形式、学期计划等不同角度构建合理的课程结构，课程结构各个组成部分、各个元素之间相互结合，力求达到整体优化的效应。同时，美国高校注重各个学科之间相互融合与协同发展，在课程内容的综合性上，主张软化或者排除僵死的科目界限，关注各学科之间的联系，尽可能把各个学科的知识融合贯穿在相关的情景和主题之中，着重培养复合型人才。美国高校网络游戏相关专业的课程结构设计还非常注重学生实践技能的培养，多采用"学科与实践相结合"的模式，既注重学科知识的完整性、综合性、创造性，又注重模块化。

4. 鼓励学生自由发挥

美国高校的网络游戏教育给予学生足够的自主发挥空间，在教学中以引导的模式强调学生依据自身个性发展为主。教师在教学中扮演咨询指导角色，帮助学生解决学习实践中出现的各种问题。鼓励学生主动参与教学活动，充分尊重学生创新创意能力，培养其独立思考能力与游戏设计技能。学生是课堂教学的核心，确定自己游戏专业的学习内容和设计方向，独立自主完成整个创作过程。例如，美国萨凡那艺术设计学院的游戏艺术设计在课程设置上除了基础课、主修课外还设置了选修课，学生可以根据个人喜好自主选择，充分尊重学生学习意愿，为网络游戏人才培养提供自由发挥的空间。

五、我国网络游戏职业教育服务产业发展分析及建议

我国网络游戏职业教育还处于探索阶段，尚未形成一套完善的适应产业发展的人才培养体系，存在专业设置与产业发展不匹配、人才培养质量不高等问题。我国可借鉴国外发达国家网络游戏教育的先进经验，对职业教育进行改革与创新，提升我国网络游戏专业技术技能人才培养水平，为产业发展提供人才支撑。

（一）网络游戏职业教育服务产业发展分析

虽然我国已经初步形成高职、中职、技工、社会培训等多层次的网络游戏职业教育体系，但

---

① 肖宁：《对中美高校数字游戏设计专业课程教学的研究（Ⅰ）》，《数位时尚：新视觉艺术》2010 年第 2 期，第 97 - 98 页。
② 肖宁：《对中美高校数字游戏设计专业课程教学的研究（Ⅱ）》，《数位时尚：新视觉艺术》2010 年第 3 期，第 97 - 98 页。

人才培养与产业需求并未完全对接，所培育的网络游戏专业技术技能人才在规模、结构、质量等方面仍然存在不足，无法满足网络游戏产业发展需求。

1. 人才培养规模难以满足产业发展需求

据统计，目前我国网络游戏产业人才缺口达 60 万。随着我国网络游戏产业的高速发展，对满足产业发展的网络游戏专业人才，尤其是对优质专业人才的需求不断扩大。但是，当前网络游戏专业职业教育培养规模较小，难以满足网络游戏产业发展对应用型技术技能人才的大量需求。产业需要的大量人才主要以社会培训输出为主，开设网络游戏相关专业的职业院校较少，且大多专业分布在计算机类与艺术类。2016 年开设游戏设计、电子竞技运动与管理等与网络游戏直接相关专业的高职（高专）院校仅有 37 家、17 家，总体毕业生规模不超过 500 人。众多学校还未开设网络游戏相关专业，或者尚处在筹备之中，使得网络游戏对口的专业人才培养暂不能满足当前和未来产业发展的需要。

2. 人才培养类型难以匹配人才需求结构

网络游戏产业的人才需求呈金字塔形，底层是运营、支持、服务等"边缘"人才，中段是设计、开发人才，塔尖是主程序员、美术总监、策划总监。然而，国内职业院校、普通高校对如何培养符合网络游戏产业发展需求的高质量人才尚处于探索阶段，网络游戏专业人才培养模式处于摸索阶段，人才培养理念和富有特质的人才培养模式尚未真正形成，所培养的网络游戏人才滞后于网络游戏产业发展。同时，网络游戏相关专业所培养的人才类型与人才需求结构不匹配，难以满足不同层次的人才需求，突出表现为：高端原创型游戏开发人才极其缺乏，导致我国网络游戏产业自主研发能力不足，精品的原创游戏作品很少；能够将自主研发游戏产品"市场化"和"产业化"的营销人才匮乏，游戏推广管理类人才严重不足，无法跟上网络游戏产业快速发展的步伐。

3. 人才培养质量难以满足企业岗位要求

网络游戏是经过高科技与智力加工生产出来的高附加值产品，涉及十几个不同的行业领域，具有明显的"跨学科"特征，一款网络游戏从构思、设计到最后在计算机上用编程语言实现，直到最终发布在各种硬件软件平台上，需要文学、艺术、建模、编程等众多专业的知识与技术技能。然而，当前我国网络游戏相关专业在人才培养目标、课程设置、实践教学等方面存在诸多问题，导致输出的人才质量不能满足岗位需求。

（1）专业建设不完善。职业院校暂时没有开设网络游戏专业，相关专业散布于诸多专业之中，专业建设缺乏宏观统筹，分类模糊，没有明确的界定和区分，很难形成准确的人才培养定位，不能从总体上适应网络游戏产业发展需求。同时，各院校在专业建设思路、课程设置等方面也存在较大差异，缺乏统一的设置标准，课程体系简单叠加现象严重，没有及时跟上国家政策调整和产业迅猛发展的步伐，还未建立起与网络游戏产业市场发展相适应的人才培养体系，存在与其他专业趋同的问题，导致网络游戏人才培养和市场需求脱节。

（2）培养目标不清晰。培养目标的确定决定着人才培养中教学内容和课程体系的设置，也决定着人才培养的基本规格和努力方向。尽管我国职业院校在设计人才培养目标时都表明按照网络游戏产业需求培养学生职业素养，但实际操作中人才培养定位并不明确，或者人才培养目标仅局限于书面表述，实践流于形式。很多院校在制定人才培养目标时并未提前进行市场调研和人才需求分析，存在闭门造车的现象，导致人才培养定位模糊，与网络游戏产业发展需求相脱节，毕业生往往因不能服务产业发展而造成资源浪费。

（3）课程设置不合理。网络游戏是一门交叉性很强的学科，包含了艺术、技术和科学各个领域的知识，具有非常强的实用性、理论性和实践性。但我国职业教育领域网络游戏相关专业人才培养的课程体系设置不够合理，主要体现在三个方面：第一，目前我国网络游戏人才的培养还是以社会培训机构为主，而大部分社会培训机构的课程体系建设以市场需求为导向，对以拓展知识面、优化知识结构为目的的素质教育、通识教育关注较少，导致学生知识面不够开阔。第二，交叉选修类课程开设不足，且不同专业方向所开设的公共课程同质化严重，使得游戏人才培养缺乏自身的特征和个性，研发产品缺少独特感。第三，课程设置重理论轻实践，无法做到不同课程之间理论与实践的融会贯通，以致职业院校网络游戏专业人才实践技能得不到提升。

（4）实习实践不充分。一般来说，一名网络游戏设计人员必须拥有3年左右的企业工作经验才能完全胜任企业工作。然而，网络游戏专业人才培养尚未脱离传统应试教育和学历本位的窠臼，实践性教学环节设计不足，设计人才培养的实践力度不强，也没有很好地引入企业的实践项目让学生真正加入其中进行学习锻炼，校企合作环节薄弱，缺乏工学方面的深度融合，导致所培养的人才与网络游戏产业的实际岗位需求不匹配，难以满足网络游戏产业发展需求。

（5）师资力量较薄弱。由于网络游戏产业属于新兴产业，数字媒体、游戏设计、电子竞技等网络游戏相关专业开设时间不长，专业归属问题长期未明确，大部分学校专业教师储备不足，尚未形成拥有网络游戏专业系统知识结构的师资队伍。同时，我国相当一部分网络游戏专业师资是从电子信息类、文化艺术类、财经商贸类等相关专业转过来的。虽然他们的专业背景与网络游戏相关，但没有系统的知识积累，加上对网络游戏产业缺乏深入的了解，应用技术和实际动手能力不强，难免出现"外行"教课的尴尬场面。

（二）对我国网络游戏职业教育发展的建议

针对我国网络游戏专业职业教育存在的问题，结合我国实际情况，借鉴国外网络游戏教育先进经验，我国职业教育网络游戏专业人才培养可以从政校企合作、专业设置、课程体系、实践教学、师资队伍建设等方面进行优化提升。

1. 服务产业发展，扩大培养规模

网络游戏产业的快速发展，急需大量既精通计算机知识，又掌握游戏中相应的美术、文学、音乐等重要艺术手法的高素质复合型、技能型、创新型人才。作为培养技术技能人才的教育类型，职业教育应该调整相关专业的人才培养模式，在供给环节制定系统的人才培养规划，弥补人才需求缺口，服务网络游戏产业健康发展。首先，要构建多层次人才培养体系，应用本科、高职院校、中职学校、技工学校、社会培训机构等职业教育机构应积极开设网络游戏相关专业，扩大招生规模，以满足市场对多层次网络游戏人才的需求。其次，职业院校可在学校原有计算机或艺术设计相关专业的基础上新增网络游戏方向，或者设立相关的网络游戏研究机构开设网络游戏专业，扩大网络游戏人才供给规模。最后，职业院校可在学校已有的专业基础上开设网络游戏专业的相关课程，如在电子信息工程技术、移动互联应用技术、计算机应用技术、计算机网络技术、软件技术等专业中开设一些游戏创意与设计、游戏制作、游戏特效等方面的课程，增加网络游戏人才的供给数量。

2. 把握产业需求，深化政校企合作

网络游戏产业是一门多专业融合、高科技和文化创意相结合的新兴朝阳产业，其专业人才培养尚处于探索阶段，需要政府的政策引导与支持；职业院校的网络游戏专业人才培养应以游戏企

业的需求为导向；网络游戏企业掌握着最新的技术、最新的设备、最专业的人才。所以，政校企深入合作是职业院校培养应用型人才的重要手段。

首先，建立政府参与校企合作的长效机制。政府要加强统筹，为校企合作牵线搭桥，将校企合作纳入职业院校评估和企业评价的指标中，鼓励企业积极参与职业院校办学，并同时为中小企业校企合作提供指导与服务。

其次，校企共同优化教育环境。学校教师与行业企业专家反复研讨，紧密结合网络游戏相关专业培养标准，不断优化网络游戏专业教育环境建设。第一，学校和企业共同制定人才培养方案和课程体系，注重根据企业岗位的技能要求来培养学生的实践能力。第二，校企共建实习实践基地。该基地不仅可用于学生实训学习，还可以用作企业职工的培训基地，为企业提供合适的培训项目和短期课程。第三，顶岗实习。学生在校完成教学计划规定的全部理论课程后，到企业进行为期半年到一年的顶岗实习。在此期间，由企业指派人员和老师共同对学生进行实训教学，弥补学校教育与企业生产脱节的缺陷，培养和锻炼学生解决实际问题的能力。第四，产学研互动。加强校企合作研发，提高学校专业教师科研水平，帮助企业解决相关的科研技术难题，同时学校也应积极引导专业教师深入企业顶岗进修，提高教师的实践教学水平。在一定条件下，教师、企业技术人员可以一起带领学生进行网络游戏研发，将其作为科研、教研课题。

3. 对接产业结构，合理设置专业

职业院校的专业设置要与当地产业发展相结合，与区域经济发展方向相适应，能够服务于地方经济发展，促使院校培养人才与市场需求相匹配。同时，由于各地区产业结构各不相同，对网络游戏人才的需求类型存在差异，专业设置合理与否，不仅关系职业院校办学水平的高低，也影响区域产业经济的发展。

首先，专业设置要适应区域网络游戏产业经济发展方向。我国已形成北京、上海、广东三大网络游戏产业发展集聚区，且区域特色明显，因此各地职业院校必须紧跟当地网络游戏产业发展方向，按照区域经济中产业发展和人才规格的要求，设置与当地网络游戏产业发展相适应的特色专业，并以此为龙头形成与区域泛娱乐建设等密切相关的专业群。要实现这一目标，就要做好当地网络游戏行业、企业的调研工作，充分了解掌握当地行业、企业的人才需求类型及数量、岗位技能要求等信息。

其次，专业设置要符合区域产业结构的调整方向。产业结构会随着区域经济和社会发展不断变化，同时决定人才需求结构，从而影响职业院校专业设置方向。网络游戏是泛娱乐产业的核心产业，是 IP 的关键变现渠道，在整个产业链中发挥龙头带动作用。因此，职业院校的网络游戏专业方向势必要与当地产业结构调整方向相契合，才能为区域产业结构调整提供需要的技术人才。

4. 紧扣岗位技能，优化课程体系

职业教育的课程必须对接实际工作岗位，课程教学要以完成岗位工作任务所需的知识、技能为主要内容，课岗对接是实现职业教育人才培养目标的基本途径。我国游戏产业的人才需求分布呈金字塔形，最底层是基于运营、技术支持与客户服务等各行业都需要的基础人才，中层是程序设计与开发人才，而位于顶层设计的架构师、游戏策划师等属于高端人才。除此之外，"网络游戏"还派生出包装宣传推广、新闻报道、攻略指导、网络游戏管理员和职业游戏玩家等职业岗位。不同岗位对人才的能力要求不同。

以游戏美术设计专业为例，在游戏公司内，游戏美术部门包含原画设计、3D 制作、动画制

作等岗位，这些岗位的工作技术性较强，区别较大。原画设计岗位属于游戏开发的创意设计环节，对于创意设计能力和绘画表现能力要求较高；3D制作岗位需要员工熟练使用3D制作软件，并具有较好的理解力和空间造型能力，同时具有较好的贴图绘制能力；动画制作岗位对于绘画能力要求不高，但要求从业人员对物体的运动形态、运动规律有深刻的理解和认识，能使用三维动画软件对三维模型进行骨骼绑定，并根据设计要求为模型制作相关的动作、导出动画等。[①] 所以，职业院校网络游戏相关专业制定人才培养方案时，要注意加强和企业的交流，分析网络游戏企业各岗位的需求，再根据行业和企业需求及本院校的特色明确培养目标，根据岗位需求合理设置基础课程、专业课程、实践课程、选修课程相结合的课程体系。

5. 重视能力培养，强化实践教学

网络游戏职业教育教学过程不仅是知识的传授过程，更应该是训练学生思维，培养学生分析问题、解决问题能力的过程。我国网络游戏职业教育应在理论课程教学的基础上，实施理论课与实践课多重循环，使项目教学、课程实训、工作室教学、顶岗实习等多种实践教学形式并存，并与职业技能培训紧密结合，构建环环相扣、层层深入的实践教学体系。

首先，可引入真实项目，实施项目教学。项目教学法已经成为职业教育教学改革的方向，网络游戏项目技术要求高，制作技术规范严格，因此更需要采用真实的项目进行教学，才能让学生尽快掌握标准技术。校企合作是解决真实项目来源的最好方法，但由于企业的真实项目因为行业保密限制、技术难度高、综合能力要求高等原因，不能直接进入课堂，职业院校在引进项目后，应对项目进行分解和再设计，使其在保留企业真实要求的基础上，成为适合课堂教学的项目。

其次，可通过建立校内工作室等，打造优质的职场环境。职业院校可以邀请游戏企业在校内建立生产型工作室，或者学校自己建立工作室，建设职场环境。一方面，有助于学生尽快进入职业角色、加深对企业和岗位的认知、明确学习方向、提高学习的积极性；另一方面，职业院校可以借助职场环境的建设，打造优质的实践平台，既有助于专业的实践教学，也可以让学生有机会真正参与企业生产，使毕业与就业零距离对接。

最后，应将"工学结合"贯穿专业教学的全过程。职业院校应以学生为主体，以职业为导向，充分利用学校内、外不同的教育环境和资源，把以课堂教学为主的学校教育和直接获取实际经验的校外工作有机结合，贯穿于学生的培养过程之中。在这一过程中，学生在校内以受教育者的身份，根据网络游戏专业教学的要求参与各种以理论知识为主要内容的学习活动，在校外根据市场的需求以"职业人"的身份参加与网络游戏专业相关联的实际工作，从而提高学生的综合素质和就业竞争能力，同时提高学校教育对社会需求的适应能力。

另外，职业院校应加强与科研机构、企业的产学研合作，共建网络游戏专业实习、实训基地，如网络游戏研发基地、动漫游戏技术中心等。一方面为学生提供实习、实训场所，另一方面促进游戏企业技术进步，服务网络游戏产业发展。

6. 专注教学质量，加强师资建设

师资队伍的素质直接决定职业教育人才培养质量的优劣，也决定了网络游戏人才素质的高低，甚至决定着学校的生存和发展。对于网络游戏专业师资队伍建设与提升，职业院校可从以下三个方面进行：第一，引进国内外产业界优秀网络游戏人才。大力度引进国内外杰出网络游戏人才到职业院校任教，邀请网络游戏业界精英以专题讲座的形式授课，聘请具有扎实理论知识，且

---

①高原：《从社会游戏美术职业培训机构看高职游戏设计专业改革与建设》，《艺术教育》2016年第11期，第145 - 146页。

熟悉网络游戏业务的专家作为学科骨干，提升网络游戏专业师资的学术层次和整体实力。第二，校内师资培训进修。选派学校有潜力的教师到国内外著名学府继续深造，提高自身专业知识与技能；鼓励一线教师到网络游戏企业挂职、学习和调研，培养一支"双师型"师资队伍；支持骨干教师参加知名培训机构举办的网络游戏高级研修班，了解和学习网络游戏的实务操作及前沿研究，通过多参加学术会议了解行业发展最新信息，提高网络游戏专业师资的整体学术和教学水平。第三，完善师资管理体制。加强师资选拔、考核、评聘和日常管理，制定"双师型"教师培养激励政策，提高教师待遇，同时改善学校的办学条件，尽可能解决教师的后顾之忧。

参 考 文 献

［1］GPC、CNG、IDC：《2016 年中国游戏产业报告》，2016 年。

［2］GPC、CNG、IDC：《2017 年中国游戏产业报告》，2017 年。

［3］GPC、CNG：《2016 年中国游戏企业品牌报告》，2017 年 1 月。

［4］CNG：《2017 年中国游戏产业人才薪资调查报告》，2017 年 12 月。

［5］CNG：《2017 年中国游戏企业品牌口碑研究报告》，2018 年 2 月。

［6］艾瑞咨询：《2017 年中国网络游戏行业研究报告》，2017 年。

［7］艾瑞咨询：《2017 年中国移动游戏行业研究报告》，2017 年。

［8］陈信凌、黄梅芳：《2016 年中国网络游戏产业发展报告》，皮书数据库，2017 年 5 月 1 日。

［9］《2017 年中国网络游戏行业发展趋势及市场规模预测》，中国产业信息网，http：//www. chyxx. com/industry/201702/494498. html，2017 – 02 – 15。

［10］《2017 年电子竞技行业研究报告》，199IT 网，http：//www. 199it. com/archives/610910. html，2017 – 07 – 11。

［11］《2017 年中国网络直播市场及用户使用情况分析》，中商情报网，http：//www. askci. com/news/chanye/20180201/174205117434. shtml，2018 – 02 – 01。

［12］《2017 年第三季度中国游企版图产业报告》，中关村在线，http：//m. zol. com. cn/article/6564845. html？tuiguangid = ifeng，2017 – 09 – 20。

［13］《2017 年第四季度中国游企版图产业报告》，中商情报网，http：//www. askci. com/news/chanye/201712 20/101552114310. shtml，2017 – 12 – 20。

［14］《2017 中国游戏市场破两千亿　2018 游戏井喷年谁与争锋》，砍柴网，http：//news. ikanchai. com/2018/0104/188993. shtml，2018 – 01 – 04。

［15］《2017 年版中国网络游戏行业深度调研及市场前景分析报告》，中国产业调研网，http：//www. cir. cn/R_ ITTongXun/8A/WangLuoYouXiFaZhanQuShiYuCeFenXi. html，2017 年。

［16］《图解移动游戏行业产业链》，游资网，http：//www. gameres. com/701048. html，2017 – 02 – 15。

［17］《2015 中国游戏行业人才库报告》，领英，2015 年。

［18］《2017 年秋季中国雇主需求与白领人才供给报告》，智联招聘，2017 年 10 月 18 日。

［19］《2017 网络游戏人才资源全面告急，未来"高技能专业人才"缺口最大》，梧桐果，http：//www. wutongguo. com/report/49. html，2015 – 08 – 21。

［20］操相亮：《论国内游戏厂商盈利模式》，《现代商贸工业》2017 年第 18 期，第 1 – 3 页。

［21］孙司芮：《我国网络游戏监管问题研究》，东北师范大学博士学位论文，2016 年。

［22］周宏虹、邹倩瑜、邓志强：《中国网络游戏产业的发展现状及对策探讨》，《科技信息》2012 年第 4 期，第 79 页。

［23］刘拓知、戴增辉：《中国网络游戏产业发展研究》，《中国证券期货》2010 年第 4 期，第 89 – 90 页。

［24］吴家辉、李慧敏、孙菁：《国内外游戏专业课程教学的比较研究》，《福建电脑》2017 年第 3 期，第 89 – 90页。

［25］曾惕惕、夏耀辉、许林等：《基于工作室的分类分岗的动漫游戏专业人才培养模式的探索与实践》，《广东教育》（职教版）2014 年第 11 期，第 58 - 62 页。

［26］毛颖颖、袁浩：《校企合作化的游戏专业人才培养模式研究》，《当代职业教育》2011 年第 8 期，第 68 - 70页。

［27］张阳：《高职高专院校网络游戏人才培养研究》，《美与时代》（城市版）2015 年第 10 期，第 116 - 117 页。

［28］邸衍玲：《浅析国外高校游戏专业发展现状》，《中国电力教育》2010 年第 5 期，第 31 - 33 页。

［29］肖宁：《对中美高校数字游戏设计专业课程教学的研究（Ⅰ）》，《数位时尚：新视觉艺术》，2010 年第 2 期，第 97 - 98 页。

［30］肖宁：《中美高校游戏设计与开发课程的比较研究》，南京艺术学院硕士学位论文，2008 年。

［31］肖宁：《对中美高校数字游戏设计专业课程教学的研究（Ⅱ）》，《数位时尚：新视觉艺术》2010 年第 3 期，第 97 - 98 页。

［32］高原：《从社会游戏美术职业培训机构看高职游戏设计专业改革与建设》，《艺术教育》2016 年第 11 期，第 145 - 146 页。

第二章 医疗器械产业与职业教育发展研究报告

医疗器械产业作为与人类生命健康密切相关的高技术产业，将传统工业与生物医学工程、电子信息技术和现代医学影像技术等高新技术相结合，具有多学科交叉、知识密集、附加值高、资金密集等特点，是一个国家制造业和高科技水平的标志之一。预计到 2022 年，全球医疗器械市场将达到 5298 亿美元。以中国为代表的新兴市场是全球最具潜力的医疗器械市场，近年来的增长速度高于世界平均水平。随着国家创新驱动战略的深入实施，发展以创新、创造为核心的医疗器械产业将为我国经济持续增长注入强劲动力。

医疗器械产业的快速发展对医疗器械专业人才的需求不断增加，尤其是对中高端复合型医疗器械人才的需求。职业教育应以市场需求为导向，完善医疗器械专业人才培养体系，着力培养不同层次的医疗器械专业人才，为医疗器械产业发展提供人才支撑。本报告在梳理产业发展数据和相关研究成果的基础上，对我国医疗器械产业、企业发展及人才需求情况、医疗器械职业教育现状等进行全面分析，同时借鉴国外医疗器械人才培养的先进经验，为我国医疗器械职业教育发展提供可参考的建议。

一、我国医疗器械产业发展概况

医疗器械是直接或者间接用于人体的仪器、设备、器具、体外诊断试剂及校准物、材料以及其他类似或者相关的物品，包括所需要的计算机软件，主要通过物理方式发挥效用。[1] 我国医疗器械产品开发经历了单一仿制—引进合作—自主设计集成创新三个阶段，产品技术结构、产品质量都发生了较大变化，特别是病人监护产品、医学影像仪器设备、临床实验室仪器设备和微创介入治疗产品变化明显，同时出现了立体定位超声聚焦治疗系统、准分子激光人眼像差矫正系统、体部旋转伽玛刀、睡眠监护系统等一批具有完全自主知识产权的创新产品。据国家食品药品监督管理总局（简称 CFDA）统计，截至 2016 年 11 月底，全国实有医疗器械生产企业 15343 家，其中，可生产Ⅰ类[2]产品的企业 4979 家，可生产Ⅱ类产品的企业 8957 家，可生产Ⅲ类产品的企业 2366 家；共有Ⅱ、Ⅲ类医疗器械经营企业 335725 家。[3]

（一）产业发展现状

我国医疗器械产业起步晚，但发展速度飞快，已成为我国国民经济的基础产业、先导产业和支柱产业。近年来，在技术驱动和需求拉动的双重影响下，国内医疗器械市场呈现巨大的发展空

---

[1] 王雪娟、王晶：《我国医疗器械产业发展现状及对策探究》，《新西部》2014 年第 26 期，第 59 页。

[2] Ⅰ类是指通过常规管理足以保证其安全性、有效性的医疗器械；Ⅱ类是指对其安全性、有效性应当加以控制的医疗器械；Ⅲ类是指植入人体用于支持、维持生命，对人体具有潜在危险，对其安全性、有效性必须严格控制的医疗器械。

[3] 姜峰：《中国医疗器械行业发展趋势解读》，"第七届中国医疗器械高峰论坛"发言稿，http://www.innomd.org/appliance/web/innovatenews/detail? id =385176653284608，2017 - 09 - 01。

间。同时，国家高度重视医疗器械产业的发展，加大投入和支持力度，推动医疗器械产业发展水平不断提升，产业逐步迈向高端市场。

1. 市场规模快速增长

前瞻产业研究院的《中国医疗器械行业市场需求预测与投资战略规划分析报告》数据显示，2011~2016年，我国医疗器械产业年平均增速为15%左右，高于同期国民经济平均增长水平，复合年均增长率（CAGR）达到20.3%。2016年我国医疗器械销售规模达到3700亿元，同比增长20.1%（见图2-1）。其中，医用医疗器械市场规模约为2690亿元，约占72.7%；家用医疗器械市场首次突破千亿元大关，约为1010亿元，约占27.3%。①

图2-1 2011~2016年我国医疗器械产业销售市场规模

2. 产品分类界定更加规范

近年来，为加强医疗器械市场监督管理，我国不断完善医疗器械产品监管体制机制，产品的分类界定更加规范。2015年，国家食品药品监督管理总局（CFDA）颁布了《医疗器械的分类规则》和《医疗器械的通用名称命名规则》；2017年，CFDA成立了医疗器械分类技术委员会，同时颁布了委员会工作规则，修订了体外诊断试剂注册管理办法，从而建立了系统化、制度化、规范化的分类体系。《医疗器械的分类规则》按使用形式将医疗器械分为四类：①无源接触人体器械，包括液体输送器械、改变血液体液器械、医用敷料、侵入器械、重复使用手术器械、植入器械、避孕和计划生育器械等；②无源非接触人体器械，包括护理器械、医疗器械清洗消毒器械等；③有源接触人体器械，包括能量治疗器械、诊断监护器械、液体输送器械、电离辐射器械、植入器械等；④有源非接触人体器械，包括临床检验仪器设备、独立软件、医疗器械消毒灭菌设备等。②

3. 产业集聚效应凸显

随着我国医疗器械产业不断发展，全国已形成多个医疗器械产业集聚区和制造业发展带，其中，珠江三角洲（包括珠海、广州等地）、长江三角洲（含江苏、浙江）及京津环渤海湾（含天

①中国报告大厅：《中国医疗器械市场规模数据分析》，http：//www.chinabgao.com/k/yiliaoqixie/29069.html，2017-09-12。
②CFDA：《医疗器械的分类规则》（国家食品药品监督管理总局令第15号），http：//www.sda.gov.cn/WS01/CL0053/124222.html。

津、辽宁、山东）3 个区域已成为我国三大医疗器械产业集聚区。[1] 医疗器械产业集聚区受到优惠政策、机制、市场等因素的激励和培植，得以蓬勃发展。据不完全统计，三大区域医疗器械总产值之和及销售额之和均占全国总量的 80% 以上。由于发展环境以及自身条件不同，这三大医疗器械产业集聚区呈现出不同的区域特色：以深圳为中心的珠江三角洲地区长于研发和生产综合性高科技医疗器械产品，汇聚了大量现代医疗器械的新技术；以上海为中心的长江三角洲地区产业发展迅速、中小企业活跃、地区特色明显，其一次性医疗器械和耗材的国内市场占有率达到 50% 以上；以北京为中心的环渤海湾地区借助政府政策和高校的科研力量，医疗器械产业发展势头迅猛，潜力巨大，集聚区中的一批小企业成立几年内，产值已超过亿元。[2] 医疗器械产业集聚区的优势及主要产品如表 2 - 1 所示。

表 2 - 1　　　　　　　　　医疗器械产业集聚区的优势及主要产品比较

产业集聚区	产业中心	特色领域	主要产品
珠江三角洲（包括珠海、广州等地）	深圳	综合性高科技医疗器械产品	监护设备、超声诊断、MRI 等医学影像设备和伽玛刀、X 刀等大型立体定向放疗设备、肿瘤热疗设备
长江三角洲（含江苏、浙江）	上海	一次性医疗器械和耗材	一次性医疗器械和耗材、MRI、医用超声、眼科设备、微波/射频肿瘤热疗设备
环渤海湾地区（含天津、辽宁、山东）	北京	数字化医疗设备	DR、MRI、数字超声、加速器、计算机导航定位医用设备、呼吸麻醉机、骨科器材和心血管器材

资料来源：王雪娟、王晶：《我国医疗器械产业发展现状及对策探究》，《新西部》2014 年第 26 期，第 59 页。

4. 政策环境不断优化

近年来，我国医疗器械产业发展的政策环境逐步优化。围绕医疗器械研发创新、产业化、国产化，国务院及有关部门陆续出台相关的战略规划和支持政策，不断完善医疗器械研发创新链条、优化创新审批程序、加大专项资金拨付、推进产品研发组织、加速产业整体向创新驱动发展转型，推进我国医疗器械产业的跨越发展。"十二五"以来，国家出台的医疗器械相关战略和政策文件如表 2 - 2 所示。与此同时，我国不断完善医疗器械监管体系，建立了涵盖医疗器械研制、生产、经营和使用各环节的重要规章制度和管理规范，逐步形成了较为完备的行政监管体系以及包括技术审评、检验检测、质量管理体系检查、不良事件监测等在内的技术支撑体系。CFDA 公布的医疗器械相关管理办法如表 2 - 3 所示。

表 2 - 2　　　　　　　　　国家医疗器械相关战略规划和政策文件

发文机关	时间	文件名	主要内容
国务院	2010 年 10 月	关于培育和发展战略性新兴产业的决定	加快先进医疗设备产品的研发和产业化，将医疗器械正式纳入战略性新兴产业

---

① 陈瑶等：《苏南医疗器械产业发展的现状与对策思考——以常州为例》，《药学进展》2017 年第 5 期，第 374 - 380 页。
② 王雪娟、王晶：《我国医疗器械产业发展现状及对策探究》，《新西部》2014 年第 26 期，第 59 页。

续表

发文机关	时间	文件名	主要内容
科技部	2012 年 1 月	医疗器械科技产业发展专项规划（2011～2015 年）	围绕"基础升级、高端突破、前沿创新"三大方向，投入国拨研发经费 12 亿元
国务院	2013 年 10 月	关于促进健康服务业发展的若干意见	加快健全全民医保，培育一批医疗器械重点产业
国务院	2014 年 3 月	医疗器械监督管理条例	产品注册与备案、生产、经营与使用、不良事件处理与召回、督查、法律责任规定
国务院办公厅	2014 年 5 月	关于印发深化医药卫生体制改革 2014 年重点工作任务的通知	进一步加大医药产品研发组织推进力度，重点做好基本医疗器械产品国产化工作
国务院	2015 年 8 月	关于改革药品医疗器械审评审批制度的意见	改革医疗器械审批方式；全面公开药品医疗器械审评审批信息
工业和信息化部	2015 年 10 月	《中国制造 2025》重点领域技术路线图	明确高性能医疗器械产业的市场需求、发展目标、发展重点、应用示范工程、产业集聚区、战略支撑与保障
国务院	2016 年 11 月	"十三五"国家战略性新兴产业发展规划	发展智能化、移动化新型医疗设备；开发高性能医疗设备与核心部件
科技部	2017 年 5 月	"十三五"医疗器械科技创新专项规划	加速医疗器械产业整体向创新驱动发展转型，完善研发创新链条，引领医学模式变革，推进我国医疗器械产业的跨越发展
国家食品药品监督管理总局	2017 年 5 月	关于鼓励药品医疗器械创新改革临床试验管理的相关政策（征求意见稿）	从临床试验管理方向优化国内药械创新环境，促进药品医疗器械产业结构调整和技术创新
国家食品药品监督管理总局	2017 年 5 月	关于鼓励药品医疗器械创新 加快新药医疗器械上市审评审批的相关政策（征求意见稿）	加快临床急需药械审评审批，支持罕见病治疗药械研发
国家食品药品监督管理总局	2017 年 5 月	关于鼓励药品医疗器械创新 实施药品医疗器械全生命周期管理的相关政策（征求意见稿）	完善药品医疗器械不良反应、事件报告制度；完善医疗器械再评价制度；加强国际合作等
中共中央办公厅和国务院办公厅	2017 年 10 月	关于深化审评审批制度改革 鼓励药品医疗器械创新的意见	加强药械全生命周期管理；提升技术支撑能力，全力为创新服务等

资料来源：根据政府门户网站资料整理。

表 2 - 3　　　　　　　　CFDA 公布的医疗器械相关管理办法

发布时间	发文编号	文件名
2014 年 7 月 30 日	总局令第 4 号	医疗器械注册管理办法
2014 年 7 月 30 日	总局令第 5 号	体外诊断试剂注册管理办法
2014 年 7 月 30 日	总局令第 6 号	医疗器械说明书和标签管理规定
2014 年 7 月 30 日	总局令第 7 号	医疗器械生产监督管理办法
2014 年 7 月 30 日	总局令第 8 号	医疗器械经营监督管理办法
2015 年 6 月 29 日	总局令第 14 号	药品医疗器械飞行检查办法
2015 年 7 月 14 日	总局令第 15 号	医疗器械分类规则
2015 年 10 月 21 日	总局令第 18 号	医疗器械使用质量监督管理办法
2015 年 12 月 21 日	总局令第 19 号	医疗器械通用名称命名
2016 年 3 月 1 日	CFDA、国家卫计委令第 25 号	规则医疗器械临床试验质量管理规范
2017 年 1 月 25 日	总局令第 29 号	医疗器械召回管理办法
2017 年 1 月 25 日	总局令第 30 号	体外诊断试剂注册管理办法修正案
2017 年 3 月 20 日	总局令第 32 号	关于调整部分医疗器械行政审批事项审批程序的决定
2017 年 4 月 17 日	总局令第 33 号	医疗器械标准管理办法

　　资料来源：根据国家食品药品监督总局门户网站资料整理。

（二）产业发展存在的问题

　　近年来，我国医疗器械领域自主创新的内生动力、创新活力、产业实力显著增强，应用环境、政策环境显著优化，医疗器械国产化发展取得了长足进步，但仍存在产业规划不完善、产业创新研发能力不足、龙头企业和自主品牌缺乏等问题。

1. 产业集中程度较低

　　我国医疗器械产业经过近 30 年的高速发展，政策环境已相对优化，产业自身也加大了整顿力度，但对于如何转型发展，如何做大做强，缺少整体规划和顶层设计，企业规模偏小的局面依然存在。这一方面导致医疗器械市场占有率较低，无法形成规模效应，抵御风险能力较差，另一方面给医疗器械的安全监管带来阻碍，大大降低了国产医疗器械的市场信任度，制约了企业的健康持续发展。

2. 产品研发及创新能力不足

　　当前，我国医疗器械领域的创新整体以跟踪仿制为主，技术含量低、差异化程度低的Ⅰ类、Ⅱ类器械在国内整体医疗器械中比例大。[1] 据中国医药物资协会医疗器械分会的统计数据，我国医疗器械企业研发总投入约占其总销售额的 3%，而发达国家或地区的医疗器械企业研发投入约占其总销售额的 10% ~15%。研发投入不足致使产品同质化严重，附加值较低。

---

　　①科技部办公厅：《"十三五" 医疗器械科技创新专项规划》，http：//www. most. gov. cn/mostinfo/xinxifenlei/fgzc/gfxwj/gfxwj2017/201706/t20170614_ 133530. htm，2017 - 05 - 14。

3. 龙头企业和自主品牌缺乏

我国医疗器械产业发展迅速，医疗器械生产及经营企业数量总体呈上升趋势，各项产业指标稳步上升。从整体上看，我国拥有1万余家医疗器械生产企业；从技术水平上看，我国共有5000余家医疗器械及仪器仪表制造业高技术产业企业；从出口能力上看，我国拥有2000余家获得出口认证的企业。但截至2016年，我国真正上规模、产值达到2000万元以上的医疗器械企业占比不到20%[1]，具有较强的技术创新能力和市场开发能力的大型企业很少，对外出口只能以OEM（代工）为主，缺乏核心技术和过硬的自主品牌，在国际市场上与跨国公司竞争时，实力差距仍较大。

（三）产业发展方向与趋势

医疗器械产业是国家重点支持的战略性新兴产业，未来发展将呈现国产化步伐加快、行业整合力度加大、细分市场茁壮成长、高新技术驱动升级的主流趋势。

1. 医疗器械国产化步伐加快

近年来，我国国产医疗器械产业形成了"创新能力从弱到强，重大产品从无到有，关键技术从低端到高端，应用环境从不佳到好转"的大发展格局，高技术和高端产品供给能力大幅提升，国产品牌的认可度大幅提高，X线机、超声、生化等基层新"三大件"全线技术升级，MRI、彩超、CT、PET/CT等高端产品的国产化不断推进。[2] 国家工信部在《中国制造2025》中明确了高性能医疗器械的技术路线图，计划到2020年医疗器械产业规模达到6000亿元，到2025年达1.2万亿元；2020年县级医院国产中高端医疗器械占有率达50%，到2025年达70%；2020年国产核心部件国内市场占有率达60%，到2025年达80%；形成3~5家国际知名品牌、6个产值超千亿元的升级产业集群。[3]

2. 企业加快平台化布局

随着中国医疗器械国产化步伐加快，分级诊疗改革不断深化，医疗器械更新换代，市场需求不断释放。医疗器械细分领域众多，平台化发展将是主流，这将促使产业整合中低端医疗器械市场，形成一超多强的局面。近年来，全球大型医疗器械公司如美敦力、强生等持续兼并收购，纷纷整合平台，而国内医疗器械并购案例也大幅增加，从同类产品并购、产业链并购到平台化收购，迈瑞医疗、乐普医疗等迅速壮大。行业整合大潮已经到来，新的龙头企业将不断产生，多品类平台化布局已经成为趋势。

3. 康复医疗器械市场空间广阔

随着国民经济的快速发展以及国家和地方政府政策的不断出台、市场需求日益增长，以家庭健康、老人护理设备为代表的康复医疗器械细分市场正在茁壮成长。然而，与发达国家康复医疗市场相比，我国的医疗器械产品及服务方式均处于亟待开发的状态，要与国际接轨，康复医疗器械领域应成为发展的着力点。以基层医疗机构康复科建设为例，2011年原国家卫生部规定二级

---

[1]《2017年中国医疗器械行业盈利状况》，中国产业信息网，http://www.chyxx.com/industry/201704/511626.html，2017-04-07。

[2][3] 中投顾问产业研究中心：《2016~2020年中国医疗器械行业投资分析及前景预测报告》，https://wenku.baidu.com/view/086608bc31b765ce04081439.html。

及以上医院必须配备康复科，但截至 2016 年底，全国二级以上医院 10176 家[1]，仅 3288 家医院（32.3%）有康复科，且一半以上都没有配备齐全的康复器械，无法正常运转。西南证券研究发展中心的预测显示，二级以上医院康复科建设要达到国家规定的数量和标准，还有相当大的市场空间，如表 2 - 4 所示。

表 2 - 4　　　　　　　　　二级及以上医院康复科建设所需的康复器械市场规模预测

参数（单位）	数额
二级以上医院数量（家）	10176
已有康复科数量（个）	3288
已有康复科还需加大建设的比例（%）	50
待建设康复科医院总数（家）	6888
单个医院康复科的器械配置金额（万元）	400
康复科建设带来的康复器械市场增量（亿元）	276

资料来源：西南证券研究发展中心。

4. 新技术渗透医疗器械领域

互联网技术特别是移动互联技术对医疗领域的渗透与支持，将带来全新的医疗健康体验与服务。这主要体现在利用先进的信息通信技术，如传感器、触发器和生物医学监视器远程收集病人数据，并进行自动诊断，提醒相关人员注意的技术总和。通过智能化的检查系统，联网到大数据平台，相关数据会发送到医院和家庭医生，随时监测人们的健康状况。行业的便携化、智能化和家庭化将使得原有众多医疗器械产品变得更可靠、更小巧、人机界面更好、性能更高、功能更强。目前，基于蓝牙技术研制的新型便携式数字监护仪已经在美国等发达国家上市，进入中国市场指日可待。

二、医疗器械产业人才需求分析

医疗器械是医疗服务体系、公共卫生体系建设的重要基础，是保障国民健康的战略支撑力量，在"健康中国"战略中的地位日益凸显。近年来，我国医疗器械企业数量不断增长，涌现出一批较为知名的本土企业，目前国内企业排名前十的品牌有：三诺生物、和佳股份、华润万东、楚天科技、东富龙、尚荣医疗、山东药玻、鱼跃医疗、乐普医疗、华新医疗[2]。但相对于 GE 医疗、美敦力、强生等国际医疗器械巨头，其竞争力还较弱，产品主要分布在医疗器械低端市场。要推动我国医疗器械产业及相关本土企业的发展、壮大，需要一支专业人才队伍作为支撑。然而，我国医疗器械从业人员的整体水平还不高，难以满足行业企业对技术技能人才的要求。

---

[1] 国家卫生计生委规划与信息司：《2016 年我国卫生和计划生育事业发展统计公报》，http://www.nhfpc.gov.cn/guihuaxxs/s10748/201708/d82fa7141696407abb4ef764f3edf095.shtml，2017 - 08 - 18。

[2]《2017 年中国医疗器材行业前十市场占比分析》，中国产业信息网，http://www.chyxx.com/industry/201709/560058.html，2017 - 09 - 07。

（一）企业发展情况

1. 医疗器械企业加速科技创新

近年来，我国把医疗器械领域列入科技发展的战略重点，成立了医疗器械产业技术创新战略联盟，启动实施了"创新医疗器械产品应用示范工程"（"十百千万工程"），大力推动了产学研医协同创新、医疗器械科技金融融合发展，建立健全了医疗器械从技术创新、产品开发、应用评价到示范推广的整套体系。在应用环境和政策环境显著优化的前提下，我国的新华医疗等本土医疗器械企业自主创新的内生动力、创新活力、竞争实力显著增强。超导磁体、全数字正电子探测器、磁兼容电极、数字化 X－射线探测器、单晶超声换能器、CT/X－射线管等核心部件取得实质性突破；X 线机、超声、生化等基层新"三大件"实现全线技术升级；MRI、彩超、CT、PET/CT、放疗等高端产品成功国产化；脑起搏、手术机器人、血管内超声等创新产品取得了重大进展；大型设备检验检测、医疗器械电气安全、电磁兼容等基础技术标准体系不断完善；一批大型国产医疗装备进入国内一流医疗机构，一批数字化、智能化、便携式的创新医疗器械产品在基层得到应用普及。[1]

2. 健康医疗服务模式加速变革

随着医疗器械领域科技不断创新，传统的医疗卫生服务模式已不能适应时代需求，以人为本，以健康为中心，成为新一轮医疗器械科技革命的重要方向。创新驱动发展，我国医疗器械服务加强供给侧改革，服务模式加速由疾病医学服务向健康医学服务变革，医疗器械科技发展战略重心逐步从院中诊疗向院前家庭健康管理、院间资源共享以及院后康复的连续性服务方向延伸拓展，面向患者全方位、全生命周期的新型医疗器械创新和技术转化体系构建成为全球医疗科技创新热点，新型的互联网医疗、远程移动医疗、智慧医疗等医疗服务模式呈现蓬勃发展趋势。[2] 例如，目前全国规模最大的民营康复专科医院——湖南湘雅博爱康复医院由中南大学湘雅医院与天士力控股集团及湖南博爱医疗产业有限公司共同出资建造。医院以现代康复医学为主导，运用运动疗法、语言矫治、心理治疗、假肢矫形器装配、康复护理、矫形手术等多种先进手段，将现代康复技术与临床医学、康复工程学紧密结合，为各类患者提供从急性期抢救到后期康复医疗的全面服务。另外，华邦控股集团有限公司与广东医科大学附属医院共同建立的广东医科大学玥珑湖附属医院是双方共同探索"医养结合"养老新模式的创新成果，全面提升了地区医疗卫生水平。[3]

3. 本土企业高端市场竞争力提升空间大

我国医疗器械行业起步相对较晚，目前仅有个别医疗器械如冠状动脉支架基本实现进口替代，以及少量技术如超声聚焦达到国际一流水平，并开始向欧美等发达国家出口产品。除此之外，我国医疗器械企业整体实力与国际医疗器械巨头仍有一定的差距，全国的高端医疗诊断设备市场外资占90%以上的份额，尤其是一二线城市的三甲医院内，进口医疗器械使用度相当高[4]，大中型医疗装备、中高端医疗器械和高值医用材料70%以上依赖进口，31 个品种进口额达到亿

①②科技部办公厅：《"十三五"医疗器械科技创新专项规划》，http://www.most.gov.cn/mostinfo/xinxifenlei/fgzc/gfxwj/gfxwj2017/201706/t20170614_133530.htm，2017－05－26。

③廖晓霞：《医疗器械康复领域的发展前景》，《中国医疗器械信息》2017 年第 23 期，第 114－115 页。

④《2017 年中国医疗器械行业盈利状况》，中国产业信息网，http://www.chyxx.com/industry/201704/511626.html，2017－04－07。

美元规模,其中高端膝关节、心脏起搏器等几乎100%依赖进口。[1] 世界行业巨头以其拳头产品占据我国高端市场,并凭借其雄厚的资金实力及强大的研发能力引领市场需求、带动产业升级。我国医疗器械进口国主要是美国、德国和日本（见表2-5）。进口产品中以医院诊断与治疗设备为最大品种,进口量排名前十位的医疗器械中有8项为该类设备,如使用光学射线的仪器装置、X射线断层检查仪等中高端医疗诊断与治疗设备,均位于前列。

表2-5　　　　　　　　　　　2016年上半年我国医疗器械产品进口情况

来源地	进口额（万美元）	同比（%）	进口产品
全球	89.71	9.87	—
美国	29.34	12.01	彩超、CT、医用直线加速器、MRI、缝合线
德国	13.96	4.75	CT、MRI、内窥镜、血液透析机、X光检查造影剂、呼吸机
日本	11.32	15.45	CT、彩超、内窥镜、医用导管、血液透析机
墨西哥	3.63	17.2	—
爱尔兰	3.49	14.77	—
瑞士	2.61	-6.17	—
英国	2.25	-8.26	—
新加坡	2.21	6.55	—
法国	2.20	26.18	—
韩国	1.75	7.83	—

资料来源：中国医药物资协会医疗器械分会：《2016中国医疗器械行业发展蓝皮书》。

4. 分级诊疗带来本土企业发展良机

进口医疗器械高昂的费用是医疗费用居高不下的原因之一。《中共中央关于全面深化改革若干重大问题的决定》提出："我国将深化基层医疗卫生机构综合改革,健全网络化城乡基层医疗卫生服务运行机制以及完善合理分级诊疗模式。"近年来,我国分级诊疗改革不断深入并全面铺开,资源配置向基层医疗市场下沉。与我国高端医疗设备市场被外企垄断的局面不同,本土企业和国产品牌一直是基层医疗市场的竞争主力,其中监护仪、麻醉机、血液细胞分析仪、彩超和生化分析仪等已具备和进口医疗器械分庭抗礼的实力。同时,国家鼓励并大力支持基层医疗单位使用优秀的国产医疗器械与设备,一方面对现有设备更新换代升级,另一方面拉动基层医疗需求增长。分级诊疗为优秀国产器械品牌带来政策红利,同时也是其持续健康发展的良好机会。[2]

中国十大品牌网对2017年中国医疗器械市场的13个主要品牌进行了信用指数及相关信息统计,有8个中国本土品牌位列其中,结果如表2-6所示。

---

[1] 蔡仲曦、干荣富：《我国医疗器械行业之现状与发展趋势》,《中国医药工业杂志》2013年第44期,第1314-1318页。
[2] 三鑫医疗：《2017中国医疗器械产业发展分析》,http://stock.10jqka.com.cn/20170721/c599297455.shtml,2017-04-07。

表 2 - 6   2016~2017 年我国医疗器械主要品牌（排名不分先后）

品牌	所属公司	在华创建时间	简介
GE 医疗	通用电气（中国）有限公司	1979 年	全球医疗卫生行业较大且全面地提供医疗诊断技术和设备的高科技集团
Johnson & Johnson 强生	强生（上海）医疗器材有限公司	1994 年	专业生产和销售医疗器材和健康护理用品的企业
SIEMENS 西门子	西门子（中国）有限公司	1872 年	德国企业，2014 年起专注于电气化/自动化/数字化领域，世界 500 强
PHILIPS 飞利浦医疗	飞利浦（中国）投资有限公司	1990 年	2015 年收购造影导管企业 Volcano 公司，在家庭医疗保健/成像系统/临床监护系统等领域居于世界领先地位
Medtronic 美敦力	美敦力（上海）管理有限公司	2000 年	全球领先的医疗科技公司，2015 年收购柯惠医疗，起搏技术领导者
迈瑞 Mindray	深圳迈瑞生物医疗电子股份有限公司	1991 年	销售国外医疗器械起家，打破国外在中国的长期垄断，2016 年成为 A 股中医疗器械行业收入利润规模最大企业
新华 Shinva	山东新华医疗器械股份有限公司	1943 年	上市公司，专注于医疗器械及装备/制药装备/医疗服务
益康	江西益康医疗器械集团有限公司	1989 年	国内专业生产一次性使用无菌医疗器具系列产品的大型企业，一次性使用二尖瓣球囊扩张导管处于世界同类产品先进水平
鱼跃 Yuwell	江苏鱼跃医疗设备股份有限公司	1984 年	上市公司，国内较大的康复护理/医用供氧系列医疗器械企业，制氧机/血压计市场占有率高
微创 MicroProt	上海微创医疗器械（集团）有限公司	1998 年	国内领先的高端医疗器械集团，已上市产品 200 余个，产品进入亚太、欧洲和美洲等主要市场
东软医疗 Neusoft	东软集团股份有限公司	1998 年	国家数字化医学影像设备工程技术研究中心建设依托单位，主要生产 CT/磁共振/数字 X 线机/彩超/实验室自动化系统/放射治疗设备及核医学成像设备等系列产品
万东 WDM	华润万东医疗装备股份有限公司	1997 年	主要生产全系列医用 X 射线诊断和治疗设备、医用磁共振设备等
威高 WEGO	山东威高集团有限公司	1988 年	以一次性医疗器械和药业为主的医疗系统解决方案供应商，领先的一次性医疗器械制造商

资料来源：2016~2017 年《中国医疗器械十大品牌排行榜》，十大品牌网。

（二）产业人才需求分析

强大的专业人才队伍能够为医疗器械企业提供源源不断的市场竞争力，是整个医疗器械产业中资源争夺的焦点。我国医疗器械产业逐渐展现出巨大的发展潜力，对相关专业人才的需求巨大，人才竞争日益激烈。

1. 需求类型分析

医疗器械产业将传统工业与生物医学工程、电子信息技术和现代医学影像技术等高新技术结合起来，技术门槛较高，生产工艺较为复杂。我国医疗器械企业集中在产业链上游的设计研发和原材料供应，中游的组件生产和设备集成，下游的分销商渠道、售后服务、医疗机构等，如图2 - 2所示。

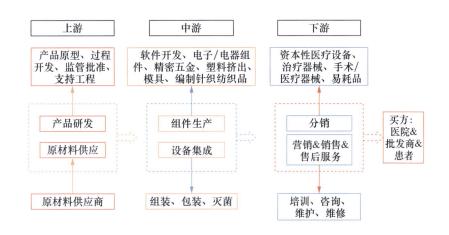

图2 - 2　我国医疗器械产业链体系

资料来源：《我国医疗器械概况及产业价值链分析》，中国产业信息网。

当前，我国医疗器械产业急需的人才类型主要包括产业链上游的高级研发人员，中游的医疗器械生产、检验检测、装配维修、管理监督等专业人才，以及下游销售服务产业的高级销售人员。热门岗位按需求数量排序依次是市场营销、产品研发、售后服务及维护维修、产品装调、质量控制、生产管理、仓储管理、产品注册、产品标准、行政管理等。其中，营销和研发的需求量约占50%。[1] 岗位任职能力方面，医疗器械行业大多要求从业人员具有医疗器械设计、研制、开发应用、技术监督、质量认证等综合能力，对医工结合、医疗器械结合的复合型高级技术技能人才尤为青睐。[2] 医疗器械产业急需岗位及对能力要求如表2 - 7所示。

表2 - 7　　　　　　　　　　我国医疗器械产业急需岗位及人才能力要求

产业链	人才类型	岗位类型（举例）	从业要求	学历要求
上游	高级研发人员	生物研发员、研发工程师、电化学生物传感器研发员、研发高级软件工程师、射频工程师、医学图像处理工程师	丰富的知识储备、丰富的工作经验、洞察行业最新发展方向、对新产品开发有独到见解、将知识转化为生产力的能力	硕士及以上

① 周双林等：《高职医疗器械类专业设置与布局的思考》，《辽宁高职学报》2017 年第 3 期，第 20 - 23 页。
②《国产医疗器械迎政策利好　销售类人才需求涨 12%》，医药英才网，http：//news. pharmnet. com. cn/news/2016/10/12/455409. html，2016 - 10 - 12。

产业链	人才类型	岗位类型（举例）	从业要求	学历要求
中游	技术操作人员	生化仪器维修工程师、生产技术专员、GCP临床质量管理工程师、维修技术培训师、临床数据采集员	根据说明书看懂器械原理图、能够测试关键点数据、根据现象分析原因并解决故障	高职
	技能操作人员	初级数据管理员、QA质量体系专员、维修员、铣床工	看懂各种医疗器械的说明书、掌握仪器操作程序、独立测试数据、独立检测维修、排除简单故障、仪器的日常保养	中职
下游	高级销售服务人员	市场总监、产品经理、高级注册专员、销售代表、销售专员、业务拓展专员、客户应用专员、售后工程师、售后技术支持、维修工程师	医学专业背景、精通外语、敏锐的市场观察和应对能力、丰富的行业人脉关系、操作医疗器械的基本技术能力	本科及以上

资料来源：根据中华英才网、智联招聘及 Siemens Ltd. China/西门子（中国）有限公司官网资料整理。

2. 需求规模分析

现代医疗器械是结合生物医学技术、生物信息技术、化学检测技术、检测传感技术、核磁技术、放射技术、激光技术、精密仪器技术等多学科的高技术产品，对相关专业人才的要求较高，市场需求量巨大。截至 2016 年 10 月，医疗器械类人才招聘需求与 2015 年同期相比上涨 12%，其中，销售代表、医疗器械注册/申报、医疗器械研发、器械检测、器械招标岗的招聘需求与同期相比分别上涨 21.2%、18.6%、16%、15.1%、11%。一线城市是该类人才需求量较大的地区，招聘需求也始终保持着较快的增长速度，其中北京增长最快，同比涨幅超过 18%，其次是广东、上海；其他地区中江苏、湖北、浙江、山东、河北的同比涨幅居前列。[①]

当前，我国将高性能医疗器械作为重点发展领域，正积极进行医疗器械产业技术升级，努力实现医疗器械国产化，争取内需市场和外部产业转移机会。基于此，未来我国医疗器械产业人才需求量将越来越高，相关重点领域人才需求规模预测如表 2 - 8 所示。

表 2 - 8　　　　　　　　　　医疗器械相关重点领域人才需求预测　　　　　　　　　单位：万人

序号	相关重点领域	2015 年	2020 年		2025 年	
		人才总量	人才总量预测	人才缺口预测	人才总量预测	人才缺口预测
1	新一代信息技术产业	1050	1800	750	2000	950
2	高档数控机床和机器人	450	750	300	900	450
3	电力装备	822	1233	411	1731	909
4	新材料	600	900	300	1000	400
5	生物医药及高性能医疗器械	55	80	25	100	45

资料来源：教育部等三部委：《制造业人才发展规划指南》。

---

①《国产医疗器械迎政策利好　销售类人才需求涨 12%》，医药英才网，http://news.pharmnet.com.cn/news/2016/10/12/455409.html，2016 - 10 - 12。

三、我国医疗器械职业教育分析

"健康中国"，教育先行。为服务医疗器械产业的发展，我国职业教育加快人才培养，输送了大批中高级技术技能人才。

（一）专业布局分析

1.专业设置

根据《普通高等学校高等职业教育（专科）专业目录（2015年）》、2016年增补目录和《中等职业学校专业目录》（2010年修订），职业院校开设的医疗器械类专业及中职—高职—本科专业接续情况如表2-9所示。我国高职院校开设的医疗器械相关专业主要有医疗设备应用技术、精密医疗器械技术、医疗器械维护与管理、康复工程技术、康复辅助器具技术、假肢与矫形器技术、医疗器械经营与管理等，属于健康管理与促进专业大类，专业群和课程体系较为成熟的院校有广东食品药品职业学院和浙江医药高等专科学校。中职学校主要开设了医药卫生类的医疗器械维修与营销、医学影像技术、康复技术等专业，以及加工制造类的医疗设备安装与维护专业。

表2-9　　　　　　　　　　　　　职业院校医疗器械类专业

学历层次	专业代码	专业名称	专业方向举例	衔接中（高）职专业举例	接续本科专业举例
高职	620805	医疗设备应用技术	医学影像设备 医用治疗设备 医疗设备维修技术	医疗设备安装与维护 医疗器械维修与营销 医学影像技术	生物医学工程 医学影像技术 医学信息工程
	620806	精密医疗器械技术	精密医疗器械 医用电子仪器 医用材料	医疗设备安装与维护 电子与信息技术 医疗器械维修与营销 高分子材料加工工艺	生物医学工程 医学信息工程 材料科学与工程
	620807	医疗器械维护与管理	医疗器械监督管理 医疗器械检测技术 临床工程技术	医疗器械维修与营销	质量管理工程 生物医学工程
	620808	康复工程技术	运动训练与测评技术 康复机器人技术 无障碍设计与技术	医疗设备安装与维护 机电产品检测技术应用 医疗器械维修与营销	生物医学工程 康复治疗学 假肢矫形工程
	620809	康复辅助器具技术	康复机器人技术 医用电子仪器	康复技术 机械制造技术 电子技术应用	假肢矫形工程 生物医学工程
	620810	假肢与矫形器技术	运动训练与测评技术 康复机器人技术	康复技术 机械制造技术	假肢矫形工程 生物医学工程
	620812	医疗器械经营与管理	医疗器械监督管理 金融管理 企业管理	医疗器械维修与营销	生物医学工程

续表

学历层次	专业代码	专业名称	专业方向举例	衔接中（高）职专业举例	接续本科专业举例
中职	102300	医疗器械维修与营销	医疗器械设备营销 医疗器械设备维修与售后服务 医用电子仪器营销与维修	医疗器械制造与维护 医疗仪器维修技术 医用电子仪器与维护 医学影像设备管理与维护	生物医学工程、机械设计制造及其自动化、医学技术、电气工程及其自动化
	100800	医学影像技术	医学影像设备 医用治疗设备	医疗设备应用技术 医学影像设备管理与维护	医学技术 生物医学工程
	100500	康复技术	康复机器人技术	康复辅助器具技术 假肢与矫形器技术	生物医学工程 康复治疗学
	052600	医疗设备安装与维护	医疗设备维修技术 医疗器械检测技术	医疗设备应用技术 康复工程技术 精密医疗器械技术	生物医学工程

资料来源：《普通高等学校高等职业教育（专科）专业目录（2015 年）》《2016 年增补专业》《中等职业学校专业目录》（2010 年修订）。

　　由于中职主要培养一线操作技能型人才，甚至有很多岗位仅通过短期培训即可上岗，对专业要求不高，人才可替代性强，故不作为重点分析对象。从开设医疗器械类专业的高职院校数量看，山东是我国目前开设医疗器械相关专业的高职院校数量最多的省份，共有 9 所学校；其次是广东，共有 8 所；江苏、河北紧跟其后，分别为 7 所，如图 2 - 3 所示。①

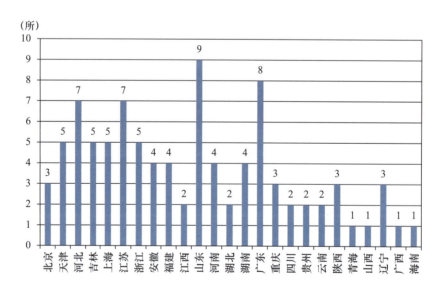

图 2 - 3　全国开设医疗器械相关专业的院校分布

资料来源：阳光高考网。

―――――――

　　①同一院校开设多个相关专业的，按专业数计算院校数量，如上海健康医学院。

从区域分布看，开设医疗器械相关专业的高职院校主要分布在东部地区，院校数量占总开设量的 61.29%，比中部地区高出 37.63 个百分点，比西部地区高出 46.24 个百分点，如图 2-4 所示。其分布与珠江三角洲、长江三角洲及京津环渤海湾三大医疗器械产业集聚区基本一致。

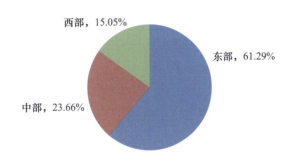

图 2-4　专业设置区域分布

资料来源：根据已有资料整理。

从专业分布看，2017 年有医疗器械相关专业招生计划的 80 所院校中，开设医疗设备应用技术专业的院校最多，有 39 所，占 48.75%；其次是医疗器械维护与管理专业，有 20 所，占 25%；开设精密医疗器械技术、康复工程技术和医疗器械经营与管理专业的院校数量较少，各有 5 所、8 所、6 所，分别占 6.25%、10%、7.5%；开设康复辅助器具技术和假肢与矫形器技术专业的院校各仅有 1 所，如图 2-5 所示。所有院校中，仅广东食品药品职业学院、上海健康医学院开设了 4~5 个相关专业，天津生物工程职业技术学院、山东医学高等专科学校、河北化工医药职业技术学院、山东药品食品职业学院等院校也开设了 2 个以上相关专业，其余院校几乎都开设了其中的 1 个专业。

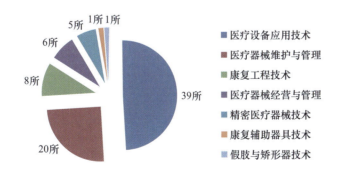

图 2-5　2017 年全国开设医疗器械类专业的高职及部分本科院校数量分布

资料来源：根据已有资料整理。

2. 招生规模

根据教育部阳光高考网及各相关院校的招生计划信息，共 80 所院校在 2017 年有招生计划，71 所院校有较为详细的计划招生数可查。据不完全统计，71 所院校的 2017 年计划招生总数为 4573 人，如表 2-10 所示。

表2－10　　2017年拟开设医疗器械相关专业的高职（高专）及部分应用型本科院校招生情况

专业	序号	省份	院校	学制	计划招生数（人）	所属院系
医疗设备应用技术	1	河南	南阳医学高等专科学校	3	无计划	—
	2	河南	许昌职业技术学院	3	8	医疗卫生系
	3	河南	河南工学院	3	45	电子通信工程系
	4	河南	郑州铁路职业技术学院	3	21	医学技术系
	5	山东	潍坊护理职业学院	3	65	不详
	6	山东	济南护理职业学院	3	50	医学技术系
	7	山东	山东药品食品职业学院	3	48	医疗器械系
	8	山东	山东电子职业技术学院	3	10	电子工程系
	9	山东	山东力明科技职业学院	3	无计划	—
	10	山东	齐鲁医药学院	3	无计划	—
	11	山东	山东医学高等专科学校	3	55	健康与康复系
	12	江西	九江职业技术学院	3	78	电气工程学院
	13	福建	漳州卫生职业学院	3	54	医学技术系
	14	福建	湄洲湾职业技术学院	3	30	不详
	15	福建	福建卫生职业技术学院	3	35	医学技术系
	16	安徽	亳州职业技术学院	3	无计划	—
	17	安徽	阜阳科技职业学院	3	40	机电工程学院
	18	安徽	安徽医学高等专科学校	3	151	医学技术系
	19	江苏	江苏建康职业学院	3	62	医学技术学院
	20	江苏	江苏医药职业学院（原盐城卫生职业技术学院）	3	无计划	—
	21	江苏	江苏联合职业技术学院	5	不详	—
	22	江苏	泰州职业技术学院	3	40	信息技术学院
	23	上海	上海健康医学院	3	92	医学影像学院
	24	吉林	辽源职业技术学院	3	85	医药分院
	25	吉林	吉林职业技术学院	3	不详	—
	26	吉林	吉林职业技术学院	5	不详	—
	27	河北	石家庄经济职业学院	3	无计划	护理系
	28	河北	河北化工医药职业技术学院	3	56	机电工程系
	29	河北	石家庄工程职业学院	3	50	医学系
	30	河北	河北北方学院	3	30	医学检验学院

续表

专业	序号	省份	院校	学制	计划招生数（人）	所属院系
医疗设备应用技术	31	天津	天津生物工程职业技术学院	3	15	不详
	32	天津	天津医学高等专科学校	3	57	医疗技术系
	33	天津	天津职业大学	3	6	眼视光工程学院
	34	北京	北大方正软件职业技术学院	3	不详	卫生分院
	35	湖北	湖北中医药高等专科学校	3	104	公共基础部
	36	湖南	湘潭医卫职业技术学院	3	60	医疗设备与管理学院
	37	广东	广东食品药品职业学院	3	100	医疗器械学院
	38	广东	罗定职业技术学院	3	50	不详
	39	重庆	重庆三峡医药高等专科学校	3	30	医学技术系
	40	重庆	重庆医药高等专科学校	3	104	基础部
	41	四川	宜宾职业技术学院	3	无计划	—
	42	四川	雅安职业技术学院	3	无计划	—
	43	贵州	安顺职业技术学院	3	32	现代工程系
	44	云南	昆明卫生职业学院	3	70	影像学院
	45	陕西	陕西能源职业技术学院	3	14	医学技术系
	46	陕西	西安外事学院	3	13	应用技术学院
	47	青海	青海卫生职业技术学院	3	40	医学技术系
精密医疗器械技术	1	浙江	浙江医药高等专科学校	5	不详	—
	2	浙江	浙江医药高等专科学校	3	90	医疗器械学院
	3	上海	上海健康医学院	3	67	医疗器械学院
	4	天津	天津生物工程职业技术学院	3	16	不详
	5	广东	广东食品药品职业学院	3	60	医疗器械学院
医疗器械维护与管理	1	山东	山东药品食品职业学院	3	146	医疗器械系
	2	江西	赣南医学院	3	50	信息工程学院
	3	福建	福建生物工程职业技术学院	3	65	康复保健系
	4	安徽	亳州职业技术学院	3	70	电子与电气工程系
	5	浙江	浙江医药高等专科学校	3	110	医疗器械学院
	6	江苏	常州机电职业技术学院	3	无计划	机械工程学院
	7	上海	上海城建职业学院	3	不详	—
	8	上海	上海健康医学院	3	97	医疗器械学院
	9	吉林	长春职业技术学院	3	60	工程技术分院
	10	吉林	长春东方职业学院	3	不详	医学系
	11	辽宁	辽宁医药职业学院	3	35	医学技术系
	12	山西	山西药科职业学院	3	100	器械工程系

专业	序号	省份	院校	学制	计划招生数（人）	所属院系
医疗器械维护与管理	13	河北	河北化工医药职业技术学院	3	19	机电工程系
	14	河北	石家庄工程职业学院	3	无计划	—
	15	天津	天津生物工程职业技术学院	3	21	不详
	16	湖南	湘潭医卫职业技术学院	3	60	医疗设备与管理学院
	17	广东	广东食品药品职业学院	3	110	医疗器械学院
	18	广东	广东食品药品职业学院	2	80	医疗器械学院
	19	广东	广东岭南职业技术学院	3	90	现代制造学院
	20	广西	桂林山水职业学院	3	115	信息技术系
	21	海南	海南科技职业学院	3	52	健康科学学院
	22	贵州	毕节医学高等专科学校	3	135	医学技术系
康复工程技术	1	山东	山东医学高等专科学校	3	156	健康与康复系
	2	浙江	杭州万向职业技术学院	3	75	不详
	3	江苏	钟山职业技术学院	3	20	现代服务与管理学院
	4	江苏	江苏医药职业学院（原盐城卫生职业技术学院）	3	201	护理学院
	5	上海	上海健康医学院	3	40	康复学院
	6	湖北	湖北中医药高等专科学校	3	85	中医药系
	7	重庆	重庆城市管理职业学院	3	不详	健康与老年服务学院
	8	陕西	西安东方亚太职业技术学院	3	不详	健康管理学院
康复辅助器具技术	1	辽宁	辽宁特殊教育师范高等专科学校	3	无计划	—
	2	北京	北京社会管理职业学院	3	80	假肢矫形康复系
假肢与矫形器技术	1	辽宁	辽宁特殊教育师范高等专科学校	3	无计划	—
	2	北京	北京社会管理职业学院	3	80	假肢矫形康复系
医疗器械经营与管理	1	浙江	浙江医药高等专科学校	3	60	医疗器械学院
	2	河北	河北化工医药职业技术学院	3	65	机电工程系
	3	湖南	湖南食品药品职业学院	5	50	经管学院
	4	湖南	湖南食品药品职业学院	3	103	经管学院
	5	广东	广东食品药品职业学院	3	60	医疗器械学院
	6	广东	广州科技职业技术学院	3	无计划	—
	7	云南	楚雄医药高等专科学校	3	50	检验系

专业	序号	省份	院校	学制	计划招生数（人）	所属院系
			计划招生数总计（不完全统计）		4573	

资料来源：根据阳光高考网以及相关院校官方网站的资料整理；"无计划"是指已通过教育部高等职业学校拟招生专业设置备案但在 2017 年无该专业招生计划，"不详"是指 2017 年有招生计划但是无明确数据。

3. 毕业就业

根据阳光高考网对各相关院校的毕业生规模及就业率情况统计，截至 2016 年底，我国有 79 所高职院校已开设医疗器械相关专业。其中，医疗设备应用技术、医疗器械维护与管理、康复工程技术三个专业的毕业生规模较明确，就业率在近三年稳步提升；精密医疗器械技术专业开设院校少、开设时间较晚，其毕业生规模和就业率暂未有明确数据统计；康复辅助器具技术、假肢与矫形器技术专业分别只有 1 所院校开设，毕业生就业率从 2015 年开始出现小幅下降。医疗器械经营与管理专业为 2016 年高等职业教育新增专业，暂无毕业生数据及就业情况统计。

随着医疗器械产业加速发展，毕业生就业领域及岗位更加多样化。以高职层次医疗设备应用技术专业为例，毕业生主要面向医疗机构、科研机构、医疗设备生产企业、检测中心、经营企业等单位，从事医用电子仪器的局部设计、产品生产与检测、产品日常维护、产品调试与维修、生产管理与临床管理、医疗仪器营销等工作，如表 2 – 11 所示。

表 2 – 11　　　　　　　　　　医疗设备应用技术专业就业面向

序号	就业领域	就业岗位		
		核心岗位	发展岗位	提升岗位
1	医疗器械生产企业	医电仪器生产操作	生产运行技术管理	产品设计开发 单位主管
2	医疗器械研发企业	产品研发助理	产品设计开发	产品设计开发
3	医疗器械经营企业	医电仪器销售	产品调试、销售主管	单位主管
4	医疗机构	设备操作	设备维护维修	设备运行技术管理
5	医疗卫生监管部门	检测	产品质量管理	产品质量管理

资料来源：山东电子职业技术学院电子工程系网站。

（二）人才培养分析

为了进一步了解我国医疗器械职业教育相关专业人才培养情况，以下重点从培养目标、培养模式、课程体系、实践教学、师资队伍等方面进行深入分析。

1. 培养目标

高职院校医疗器械专业主要培养具有良好的职业素质和可持续发展能力，掌握医疗器械管理、维护和营销必需的实践技能和相关理论知识，从事医疗器械生产制造、质量检测、质量管理、维护维修、销售管理等工作的高端技能型人才。中职学校医疗器械专业的人才培养目标是学生在强化技能训练的基础上形成一技之长，能熟练操作某些特定工作项目。根据医疗器械细分领域具有不同程度的关注和培养需求，职业院校具体专业培养目标各有不同，如表 2 – 12 所示。

表 2 - 12   部分高职（高专）及应用型本科院校医疗器械相关专业人才培养目标

院校	专业	办学层次	人才培养目标
山东电子职业技术学院	医疗设备应用技术	高职	培养掌握临床医学基本知识，掌握现代医用电子技术等专业知识，具备医疗设备的销售与技术支持能力，能从事医学检测、医院信息处理、医疗设备维修/维护、销售、管理等岗位工作的高素质技术技能人才
上海健康医学院	精密医疗器械技术	应本	培养符合岗位综合素质需求，重点掌握数字化医用电子仪器技术，能从事医疗仪器制造、维修检测、局部设计、临床管理和营销服务等工作的高素质技术应用型人才
广东食品药品职业学院	医疗器械维护与管理	高职	分为医疗器械营销和医疗器械质量管理与检测两个方向，培养从事医疗器械市场营销、宣传策划、产品培训、技术服务和经营管理等工作或者从事医疗器械产品的质量检验、注册管理、质量体系审核与安全监管等工作的高端技能型人才
上海健康医学院	康复工程技术	应本	培养掌握康复医学基础知识，掌握康复器械的制造、装配、维修与管理的基本理论和技能，掌握最新的逆向工程及 3D 打印技术，初步具有从事假肢接受腔、矫形器的设计与制造能力，对典型的康复器械具有一定的设计、制造、安装调试、质量检测、营销管理及维修能力的高素质技术应用型人才
北京社会管理职业学院	康复辅助器具技术	高职	培养国家紧缺的、专门为残疾人和老年人提供辅助器具评估适配、使用指导的高素质技术技能人才
北京社会管理职业学院	假肢与矫形器技术	高职	按照国际标准培养具有创新精神，为截肢者及伤残患者设计、制造、装配假肢矫形器的高素质技能型人才
湖南食品药品职业学院	医疗器械经营与管理	高职	培养掌握较扎实的医药学、医疗器械产品、市场营销和企业管理知识和基本技能，从事医疗器械行业市场营销、宣传策划、产品培训、技术服务和经营管理等岗位的高素质技术技能人才
石家庄医学高等专科学校	医学影像技术	高专	培养掌握医学影像技术必需的基础理论、专业知识及熟练的操作技能，具有良好的职业道德和敬业精神，能在基层医院影像一线部门从事技术操作和管理的技术应用性高技能型专门人才
广东省食品药品职业技术学校	医疗器械维修与营销	中职	培养具有医疗器械制造与维护的基础理论知识和实践操作技能、营销基础理论知识和技能，从事医疗器械生产、服务、营销等一线工作的中等技术应用型人才

资料来源：根据阳光高考网和相关院校官方网站信息整理。

2. 培养模式

近年来，医疗器械职业院校及应用型本科院校立足岗位需求，以能力为本位，探索医疗器械相关专业人才培养模式改革、创新，形成了校企合作、课证结合、"三二分段"等基本模式。长春职业技术学院、上海健康医学院、广东食品药品职业学院、山东电子职业技术学院等院校在此基础上形成了"校企合作 + 课证融合"或"校企一体分段式"等典型的培养模式，如表 2 - 13 所示。

表 2 - 13　　　　　　　　　　　医疗器械相关专业人才培养模式

职业院校	培养模式	主要内容
长春职业技术学院	"校企合作、课证融合"	①构建"课证融合"的课程体系，以岗位能力培养为核心，重点培养口腔医疗器械应用方面的技能人才，学生在企业实习期间考取口腔技师证书 ②改革教学方法，将企业的工作环境转换到实验室，利用现代化教学手段，对学生进行分组教学，加大课程的实践学时 ③构建校企共用的教学质量监控体系，建立科学合理的课程考核评价体系 ④提高教学团队中企业一线技术人员比例，提高教学质量
上海健康医学院	"校企结合、理实结合、课证结合"	依托上海医疗器械行业协会、上海医疗器械股份有限公司等单位及校内各医疗器械实训室，在课程体系重构、课程标准开发、核心课程建设、师资队伍建设、校内外实训基地建设等方面与企业进行深度融合。"校企合作"体现学校教育与企业需求之间相结合的特点，教学主要由学校展开但企业全程参与；"理实结合"体现理论服务实践的实用性；"课证结合"体现课程基于资格证书、证书服务行业的关联性
广东食品药品职业学院	中高职"三二分段"人才培养模式	①课程体系衔接，全面考虑每一门课程在学生知识能力架构搭建中的作用，考虑中高职对应课程间的关联与区别 ②课程内容衔接，根据课程的开发规律，以中高职面向岗位的工作任务和具体要求为依据，选择教学内容，避免重复，注重连续性、逻辑性和整体性 ③考核评价机制衔接，包括学生学习效果的评价和"中升高"的资格考核评价 ④教学管理衔接，一方面研究制定出有较好的适用性和连贯性的教学管理制度，另一方面加强教学队伍管理，加强中高职教师交流
	"双主体"人才培养模式[①]	与广东省医疗器械质量监督检验所签署"双主体"合作办学，开启了联合人才培养的改革与探索。双方共设专业教学指导委员会，研讨医疗器械质量管理与检测专业人才培养方案，对专业对应的职业岗位知识、能力和素质结构，人才培养目标，教学计划、教学内容等提出合理化建议，以保证专业人才培养目标和教学计划符合用人单位需求。委员会下设教学管理办公室，负责双方的日常教学管理事务，并起草制定合作办学规章制度，通过完善制度规范合作行为和学生实习实训行为
山东电子职业技术学院	工学结合的"校企一体分段式"模式	对学生三年（六个学期）的培养过程都重点突出养成"厚德护人、精技助医"的职业素养，培养学生必须够用的理论知识与专业技能，将六个学期的学习分为三阶段。第一阶段：第1、第2学期在企业和校内完成公共素质和基本技能的培养；第二阶段：第3、第4、第5学期在校内外实训基地完成专业技能培训和职业资格技能鉴定；第三阶段：第6学期在企业完成顶岗实习和职业综合能力培养

资料来源：根据相关院校官方网站信息整理。

---

①刘虔铖、李震：《校企"双主体"人才培养模式的探索——以医疗器械质量管理与检测专业为例》，《中国医学教育技术》2013 年 4 月，第 239 - 241 页。

2011 年 11 月，上海医疗器械高等专科学校①牵头组建全国首家也是目前唯一的医疗器械职业教育集团——"上海医疗器械职业教育集团"。该职教集团由 48 家医疗器械生产企业、医疗器械经营企业、医院、检测机构、监管部门、中外中高职院校和应用型本科学院组成，功能定位主要是中高职协调，专本对接，推动"校企医监研"五方共同培养医疗器械类高端技能型人才的培养模式探索、创新和实施，以培养在医疗器械产业链中从事医疗器械及药剂设备的研发、设计、教育培训和监督管理方面的技术型人才，以及具有医工结合专业知识和技能的医疗器械生产制造、装配调试、经营销售、操作使用和维修维护方面的技能型人才。

3. 课程体系

从专业人才培养目标出发，高职院校医疗器械相关专业的课程体系大都由"通识课程""核心课程""拓展课程"三部分构成，其中专业核心课程既包含专业理论课程，又包括专业实践课程，以实现理论与实践相结合，如表 2 - 14 所示。

表 2 - 14　　　　　　　　医疗器械相关专业的课程设置（对应表 2 - 12）

学校名称	专业	核心课程
山东电子职业技术学院	医疗设备应用技术	电路基础、低频电子线路、临床医学概论、高频电子线路、数字电路、电子技能与实训、AutoCAD、医疗器械专业英语、单片机应用技术、电子设计自动化（EDA）、医用传感器检测技术、现代医学影像设备、医用电子仪器设备、医学图像处理、医疗器械市场营销实务、医疗器械监督管理等
上海健康医学院	精密医疗器械技术	医疗器械监管法规、人体结构与功能、C 程序设计、电路应用与实践、电子技术应用、医电产品分析与制作、单片机技术应用与实践、医电产品组装与测试、医用电子仪器分析与维护、数字化医疗仪器开发、医用超声仪器分析及应用、医用电子仪器修理工认证实训、医学影像设备概论、医学检验仪器概论等
广东食品药品职业学院	医疗器械维护与管理	医疗器械营销方向：医疗器械市场营销、医疗器械客户关系管理、医疗器械销售实务、销售团队管理、医疗器械连锁经营管理、医院常见医疗器械简介、医疗器械市场调研与分析技术、医疗器械法规与产品管理实务、企业经营与管理、医疗器械综合素养实训、医疗器械市场调研与分析实训、医疗器械销售工作实训、医疗器械商品综合实训等
		医疗器械质量管理与检测方向：医用电气安全检验技术、医用电子仪器检验技术、无源医疗器械检验技术、医疗器械监督管理实务、医疗器械注册实务、医疗器械生产质量管理实务、医用电子仪器检测实训、无源医疗器械检测实训等

---

① 上海健康医学院是由原上海医药高等专科学校、上海医疗器械高等专科学校和上海健康职业技术学院组建而成的一所应用型本科医学院校。其前身之一的上海医疗器械高等专科学校曾是国内唯一独立设置的专门培养医疗器械高技能人才的全日制普通高等职业院校。

学校名称	专业	核心课程
上海健康医学院	康复工程技术	康复工程力学基础、假肢矫形器技术、康复治疗、人体辅助康复器械、康复治疗与训练设备、人体结构与功能、医院设备管理与维修、逆向工程与3D打印技术、人机工程技术、医疗器械监管法规、单片机技术及应用、骨科康复器具、康复器械测绘实训、医院综合实习、职业情境及认证实训、假肢矫形器CAD/CAM综合实训、辅助器具检测实训、Pro/E三维造型技术实训等
北京社会管理职业学院	康复辅助器具技术	解剖学、人体运动学、常见病康复、功能障碍评估、轮椅评估与适配、自助具选配与改制、助听器验配、低视力康复、沟通辅具适配、居家环境无障碍设计与改造、假肢矫形器评估适配等
北京社会管理职业学院	假肢与矫形器技术	解剖学、生物力学、矫形病理、材料应用与加工、模型技术、工艺技术、（各类）假肢矫形器原理和装配技术、假肢矫形器临床等
湖南食品药品职业学院	医疗器械经营与管理	医疗器械概论、医用物理、医药电子商务、医疗器械营销实务、医疗器械监督管理、连锁药店运营管理、商务谈判与销售技巧、市场调查与分析、临床医学概论、人体解剖生理学等
石家庄医学高等专科学校	医学影像技术	人体断面解剖学、影像电子学基础、医学影像技术、医学影像诊断学、超声诊断学、医学影像设备学、医学影像成像原理
广东省食品药品职业技术学校	医疗器械维修与营销	医学基础、医用物理学、计算机应用基础、电工电子技术、常用医疗器械、医用电子仪器、医用检验分析仪器、医疗器械管理与法规、医疗器械产品管理与实务、市场营销等

资料来源：根据阳光高考网及相关院校官网信息整理。

　　以山东电子职业技术学院为例，其医疗设备应用技术专业通过行业、企业调研和岗位分析，将行动领域转化为学习领域，构建了立体交叉的课程体系。该课程体系由"综合技能模块""专业技能模块"和"职业素养模块"三部分组成，"专业技能模块"又分为基本技能模块、专项技能模块和拓展技能模块，每个模块下都有对应的课程提供支撑，如图2-6所示。

　　与山东电子职业技术学院的立体交叉式课程体系有所不同，常州机电职业技术学院的医疗器械维护与管理专业课程体系设计体现了课证融合及分段培养特色，在课程的安排与实施上以学年为单位，由基础能力到专项能力再到综合能力，配合相应的考证训练，学生的知识体系逐步完善，直至具备上岗资格，如图2-7所示。

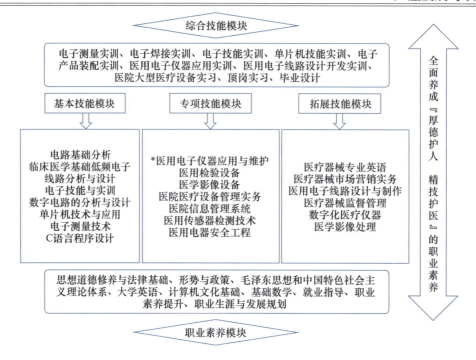

图2-6　医疗设备应用技术专业课程体系设计

资料来源：山东电子职业技术学院官方网站。

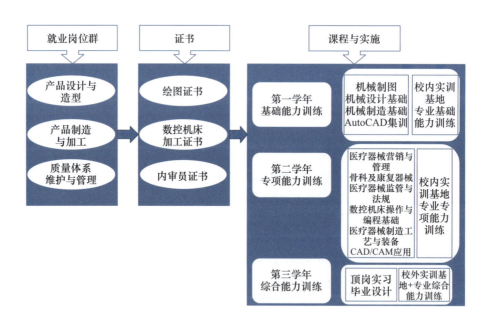

图2-7　医疗器械维护与管理专业课程体系设计

资料来源：常州机电职业技术学院官方网站。

4. 实践教学

职业院校学生主要通过在医疗器械实训室进行仿真实训，在医疗器械销售企业进行认知实践，在医疗器械生产企业和医疗机构进行顶岗实习完成实践学习活动。由于医疗器械类专业实训设备投资较大，各高职院校的医疗器械实训室建设水平参差不齐。办学实力雄厚、专业基础较强的院校校内实训设施较为齐全，不仅拥有与医疗器械相关的行业通用技术实验实训室（如单片机实验室、电路实验室、电工电子装调实验室、模拟电路实验室等），还建有功能齐全、设备先进的综合性实验室或实训中心，不仅能满足学校人才培养需要，还承担社会培训任务（见表2-15）。但办学实力相对较弱的院校，在大型综合性的医疗器械实验实训室建设和校外实习实训基地开拓方面力度不足。

表2-15　　　　　　　　　　　　　　　部分院校实践教学条件概况

院校	实践教学条件
上海健康医学院	拥有医疗器械工程实验实训中心、医学电子信息工程实验实训中心、医学影像工程实验实训中心、药剂设备实验实训中心等专业实验实训基地；国家级和上海市级职业教育公共实训基地13个，与230家医疗器械企业、医院和医疗器械检测机构等建立了校企合作关系，在140家企业和医院内建立了校外实习实训基地
山东电子职业技术学院	校企共建了融教学、培训、职业技能鉴定、技术服务于一体的医用电子仪器综合实训基地、共享实训室；依托山东医疗器械产业发达的优越条件，在多家医院、企业、研究机构等建立了校外实训、实习基地
石家庄医学高等专科学校	拥有实验实训室130个，资产总值13亿元，教学科研仪器设备总值1.13亿元；拥有直属附属医院3所，非直属附属医院5所，临床教学医院126所，1所老年护理院。保障学生完成临床实训、实习任务
安徽医学高等专科学校	现有校内实训中心14个，实验实训室81个，其中，中央财政支持的职业教育实训基地2个、省级示范实训中心7个；有三级甲等附属医院（安徽省第二人民医院）1所，二甲非直属附属医院4所；另有校外实习基地176个
浙江医药高等专科学校	现有中央财政支持实训基地2个，省示范性实训基地2个；实验教学面积15000平方米，实训教学面积2800平方米；实验室已建立中药前处理、制水、液体制剂和符合GMP标准的固体制剂全生产线等多个实训车间

资料来源：相关院校官方网站。

此外，在全国职业院校技能大赛中，与医疗器械相关的中职医药卫生类、加工制造类、信息技术类以及高职医药卫生类、装备制造类、电子信息类参赛项目均没有体现医疗器械技术应用方面的发展趋势及新技术应用。可见，目前国家级职业院校技能大赛医疗器械专业领域亟须填补空白，从而推动工学结合人才培养和课程的改革与创新，促进医疗器械相关技术的普及，提升职业院校专业教师的指导水平。

5. 师资队伍

为提高专业教学水平，适应人才培养需求，相关职业院校加强了医疗器械专业师资队伍建设，加大内部培养力度，鼓励相关教师继续深造、参加技术技能培训、参加技能竞赛和下企业挂职锻炼。同时，职业院校还积极与医疗器械企业开展合作研发，聘请行业大师或企业高级技术人员作为专业带头人，聘请企业的技术或研发骨干为兼职教师等，努力构建"双师型"教学队伍，如表2-16所示。

表 2 - 16   部分职业院校医疗器械专业师资队伍建设情况

院校	师资构成
长春职业技术学院	现有教职工 126 人：其中教授 6 人、高级工程师 5 人、副教授 37 人、讲师和工程师 25 人；专业带头人 8 人、骨干教师 37 人、"双师型"教师 85 人；聘请行业企业"能工巧匠"54 人做兼职教师
湘潭医卫职业技术学院	现有专任教师 26 人，企业行业兼职教师 10 人，其中教授及研究员级高工 3 人、省级专业带头人 1 人、高级工程师 8 人、国内访问学者 3 人、省青年骨干教师 2 人；高级职称比例达到 53%，"双师型"教师达到 100%
河南工学院	专兼职教师 45 人，其中正高级（教授）3 人，副高级（副教授、高级工程师、高级实验师）10 人，高职称比达到 52%；拥有硕士研究生学位以上教师 42 人，其中博士 8 人，高学历比达到 75%
安徽医学高等专科学校	现有专任教师 32 人：其中教授 1 人，副教授 12 人，讲师 14 人，硕士研究生 20 人；省级专业带头人 2 人，校级专业带头人 2 人；省级教坛新秀 1 人；"双师"素质教师 18 人；并有一支由行业专家组成的较为稳定的外聘教师队伍
海南科技职业学院	现有专职教师 40 名，兼职教师 25 名。专职教师中教授 10 人，副教授 15 人，占专职教师数的 62.5%，博士 5 人，硕士 12 人，占专职教师数的 42.5%；骨干教师都具有 5 年以上行业工作经历

资料来源：相关院校官方网站。

四、国外医疗器械教育分析

欧美发达国家近年来不断实施"再工业化"战略，加强高端"专业 + 技能"型人才培养，重塑国际市场上的产业链竞争新优势。传统制造业强国知名品牌企业背后均有相关专业技术人才、经营管理人才与技能人才供应的紧密链条，形成了从研发、转化、生产到管理的产业价值链。其中，美国的医疗器械产业发展时间早，对医疗器械产品的技术水平和质量要求较高，市场规模庞大，增长稳定，是目前全球最大的医疗器械市场。分析其人才培养概况、典型学校教育案例及培养特色将为我国医疗器械职业教育发展提供经验借鉴。

（一）美国医疗器械人才培养概况

美国的医疗器械专业人才培养体系由四部分构成，即高等院校专业教育、职业教育、企业人才培养、行业协会技能培训，它们之间并不是孤立存在的，而是相互支持、共同发展。

1. 高等院校专业教育

美国十分重视医疗器械人才的培养工作。多所高校为社会提供医疗器械方面的人才培养服务，其中不乏久负盛名的学校，如约翰·霍普金斯大学、加州大学、堪萨斯大学等，其教育等级分为博士、硕士、学士以及非学位的证书项目，通过全日制教育、周末课程甚至网络学习等各种方式努力满足社会对医疗器械人才的需求。美国东北大学（Northeastern University）、坦普尔大学

（Temple University）、圣克劳德州立大学（St. Cloud State University）、加州大学尔湾分校（University of California，Irvine）以及圣·托马斯大学（St. Thomas University）等高校都针对医疗器械专业开设了专门的课程。

美国是开展医疗器械产学研合作最早也是最为成功的国家之一，完善的法律保障、多元化的科技投入及校办企业等保障其产学研持久合作，对产业发展发挥着至关重要的作用，对学校医疗器械类专业的实践教学也起到积极的推动作用。美国医疗器械专业实施合作教育模式。新生入学后首先在大学里学习半年医疗器械基础理论知识，然后以两个月为期限轮流在企业进行技能训练和在学校进行理论学习，毕业前再在企业实习并完成毕业设计。该模式能够有效地减轻大学建设实验实训条件的负担，并使学生毕业前就具备就业的能力。美国医疗器械专业的合作教育主要有两个重要特点：一是实践教学比例占总学时的一半，实习和学习的转换比较流畅，合作教育通过把理论与实践结合起来而提供渐进的经验；二是校企合作紧密有序。在教学过程中，学校派教师到企业指导学生实习与企业派管理人员指导学生适应岗位生产相结合，校企共同确定学生的职业技能培养目标，共同考核学生成绩。

2. 职业教育[1]

美国医疗器械职业教育分为两类：一类是在校研究生继续教育，针对其就业取向进行相关职业的特殊训练，结业后颁发资格证书。华盛顿大学（University of Washington，UW）设立了技术企业家资格证书项目，培养能够承担具有商业前景的创新项目的研究生。麻省理工学院与哈佛大学合作建立了科学与技术部，还设立了生物医学企业项目，专门培养将科学发现转化为面向患者、具有商业价值的产品和服务的未来企业家。另一类是在职人员培训，一般时间较长，有的还要求一定时间的脱产学习，主要教授产品开发过程中涉及的经济学、管理学、商业学等方面的内容，学习结束授予工程硕士学位。华盛顿大学的医学工程硕士就是专为在职人员设立的夜校性质的项目，其学习形式也可以是网上学习，包括基础医学、医学诊断、医学仪器和商品化、生物传感器和生物材料四类课程。学生可以选择两种方式毕业：一种是提交论文，需获得 2 个生物工程系学术研讨会学分，学制 5 年；另一种是不做论文，但需要 4 个学术研讨会学分，学制 4 年。

3. 企业人才培养

美国医疗器械企业大都将"以人为本"的人才战略作为持续创新发展的动力，其人才策略简单说是给予最优秀的人才最优质的培养，从而实现人才的长期发展。EvaluateMedTech™公布的最新版市场报告列出了 2016 年全球医疗器械公司 TOP20 名单，美国企业占据 12 席，且排名前两位的美敦力（Medtronic，Inc.）和强生（Johnson & Johnson）均为美国企业。美敦力在 2016 年取得了近 300 亿美元的销售收入，占据 7.7% 的市场份额，是全球最大的医疗器械公司。其人才培养方式在很大程度上代表了美国优秀医疗器械企业的人才战略，是美国稳居国际医疗器械市场首位的重要因素之一。

作为全球医疗器械领域的排头兵，美敦力推出三大人才培养计划，以便所有员工能够成长和发展。[2]

（1）全球化多元化人才战略。在世界各地招贤纳士，做到立足当地，放眼全球。美敦力吸纳的人才跨越工程、科学、商务、临床等领域。2017 年，美敦力在成都奠基建设中国第二个医

---

[1] 邹慧玲等：《美国优秀生物医学工程教育模式探讨》，《生物医学工程学杂志》2004 年第 21 期，第 456 – 459 页。
[2] 美敦力企业官网，http://www.medtronic.com/cn－zh/index.html。

疗创新中心，打造中国先进的多学科医疗技术临床培训综合基地，预计投入使用五年内，每年能够培养约 7000 名医疗专业人士。①

（2）实习生和学徒计划。为本科毕业生和研究生提供丰富多样的实习机会，还提供合作和学徒计划，使尚无工作经验的毕业生能够参加地区性和全球性会议，与全球各地的同事及未来同行合作交流、分享知识，建立初级关系网。

（3）全职领导力发展计划。一是 MBA 领导力发展轮转计划，员工有机会直接投入业务实践，还将担任战略要职，频繁接触公司领导、核心业务和技术；二是运营领导力发展计划，对即将完成四年制工程专业课程的员工进行技术和商务速成培训，以培养公司未来的运营领导者，同时助力企业创新。

4. 行业协会技能培训②

美国参与或组织的医疗器械行业相关协会主要有美国医疗器械促进协会（AAMI）、全球医疗器械协调工作组（GHTF）、国际医疗器械监管者论坛（IMDRF）、美国医疗法规事务学会（RAPS）、美国先进医疗技术协会（AdvaMed）等。其中，美国医疗器械促进协会（AAMI）是目前美国最活跃、最权威，也是与医疗器械人才技能培训联系最为紧密的行业协会。

美国医疗器械促进协会（Assoeiation for the Advancement of Medieal Instrumentation，AAMI）创立于 1996 年，组织成员及培训对象包括医师、医学教育工作者、医学研究人员、生物医学工程研究人员、医疗器械开发人员、医疗器械工程师、医疗器械制造者、医疗器械行政人员、医院管理人员、护士、医辅人员等。该组织所从事的重大事业之一是对临床工程师、生物医学设备技术人员的教育计划与资格的鉴定，以及参与国际资格制度的制定与普及。

协会成立了 AAMI 大学，为满足工作繁忙的专业人士培训需求，提供有关医疗设备和技术前沿知识的在线继续教育，如针对医疗设备制造商开设了产品设计和开发、软件验证、质量系统、工业杀菌、风险管理等课程，针对医疗技术管理专业人士和医疗服务机构工作人员提供了涵盖医疗器械设备维修及无菌处理等一系列的学习方案。培训课程由协会广泛征求监管机构〔包括 FDA（美国食品药品监督管理局）〕、联合委员会、行业专家的意见，与行业领导者密切协商后制定。

除了开办大学提供继续教育服务外，AAMI 还通过颁发奖项认证证书为高等教育毕业生、卫生技术人员、实体产业从业者和医疗保健行业人员提供从业资格认证服务。证书的种类主要有生物医学设备技术员（CBET）、实验室设备专家（CLES）、放射设备专家（CRES）、医疗技术经理（CMTM）、工业杀菌专家（CISS）、质量认证系统管理员（CQSM）等。

（二）典型案例——约翰·霍普金斯大学

以上四种人才培养培训方式中，高等院校教育是美国投入规模最大也是最为重要的。下面以约翰·霍普金斯大学为例分析美国高等教育医疗器械人才培养体系。约翰·霍普金斯大学（The Johns Hopkins University），简称 Hopkins 或 JHU，成立于 1876 年，是一所世界顶级的著名私立大

---

① 《从美敦力新建研发中心，看二十年医疗外企研发趋势》，中国医疗器械信息网，http://yiliaoqixie.juhangye.com/201710/news_ 19590829. html，2017 – 10 – 16。

② 美国医疗器械促进协会（AAMI）官网，http：//www. aami. org/standards/index. aspx? navItemNumber = 504。

学，美国第一所研究型大学。2018 年，在美国大学综合排名第 8 位[①]。该校生物医学工程系常年处于全美顶尖排名，隶属于怀廷工程学院（Whiting）。

1. 培养目标

约翰·霍普金斯大学的医疗器械相关专业是生物医学工程本科以上专业开设的，培养重点是高学历研究型人才——生物医学工程师。专业人才培养目标是培养具有广阔的工程和生物医学背景，从事医疗器械研发、设计、生产及维护的工程师，使其不仅可以在生物医学工程或与之相关的其他领域内攻读研究生，也为其在职业学校的医学、法律、管理类专业继续学习打下坚实的基础，同时还可以帮助学生直接受聘于产业界或医学中心。其中，医疗设备与诊断工程硕士（Master of Medical Equipment and Diagnostics Engineering）的学位授予要求是修满 25 学分的必修课 + 3 学分选修课；还有高级研究学位——医疗器械工程硕士（Master of Advanced Study in Medical Device Engineering）重点关注跨学科技术教育。

此外，美国的医院都有专门的医疗器械处理师，面向这一需求，该校还开设了医疗器械处理师培训课程，培训周期为半年到一年，主要培养服务于医疗器械灭菌、包装和储存的具有医工结合综合技能的工作人员，学习课程包括解剖学、生理学、微生物学、抗感染保护以及计算机技术等。

2. 培养模式[②]

美国学生报考大学时只选学校而不选专业，约翰·霍普金斯大学也是如此。入校第一年实行通才教育，学生不分专业学习公共基础知识，比如数学、化学等。进入二年级后，学生才根据自己的兴趣选择所修专业。美国在本科教育阶段就已经采取了导师制，学生选定了生物医学工程专业后，系学生事务办公室会为其指派一名指导教师，其职责是帮助学生根据自己的就业去向、个人兴趣确定学习方向，然后按照该方向知识体系的要求选择相应的工程选修系列课程，同时他还负责指导学生的自学和独立研究，也会在学生的生活及心理等方面遇到困难时提出一定的建议。到三、四年级时，学生要进行实习，并在导师的指导下独立完成技术项目，作为毕业设计。这个技术项目可以是生物工程研究、生物医学科学研究、高级设计项目或者是生物医学科学高级论文。

美国生物医学工程专业本科毕业一般授予理学或双理学学士学位、工程学学士学位，不少学校也有生物医学工程文科学士计划，其学习内容中要包括更多与管理、经济、商务类相关的课程。学生毕业后可以进入非工程领域深造，主要从事产品从实验室到用户过程中各环节的协调和管理。

3. 课程体系[③]

美国的生物医学工程师享有很高的社会认可度，这源自他们对于生物学以及广泛的工程学知识的掌握。美国的高等院校认为，未来的生物医学工程师不仅能够适应社会和科学技术的快速发展变化，而且能够在自己的职业生涯中尝试不同的职业，要求培养的毕业生具备一些核心能力，如适应性、系统分析能力、广泛的知识面、写作及研究报告能力、程序设计和仪器学基础、良好的交流沟通能力、医学伦理知识、团队工作能力等。因此，美国高校为生物医学工程专业的学生

---

①U. S. News, *National Universities Rankings in* 2018, https：//www. usnews. com/best – colleges/rankings/national – universities? _ mode = table.

②孔旭：《美国生物医学工程本科专业培养方案概况》，《中国科技博览》2009 年第 27 期，第 271 – 272 页。

③查询美国高等院校及其课程信息，https：//www. petersons. com/。

设计了各不相同的课程体系，并始终遵循一条主线，即设置的课程体系要兼备广泛的数理生物基础和深入专业的学习领域。约翰·霍普金斯大学生物医学工程专业本科课程体系如表 2 – 17 所示。

表 2 –17　　　　　　　　约翰·霍普金斯大学生物医学工程专业本科课程体系

序号	知识领域	课程名称	主要内容
1	数学和科学基础知识	数学	微分、积分、多变量微积分、线性代数、微积分方程
		计算机技能	高级语言、计算机编程语言、电子表格、文字处理、演示软件
		化学	一般化学、有机化学
		物理	微积分基础的力学、机电、光学、波现象
		生物学	生物化学、遗传学、分子生物学、细胞生物学
2	入学教育课程	工程经验	工程设计、工程伦理、工程实践
3	专业基础	工程学基础	计算机编程、信号与系统分析
4	生物医学工程核心课程	—	人口信息学、生物医学工程设计、生物仪器、医学影像、生物热力学和物理化学、热质量转移、生物技术、生理学（包括细胞和组织生理学、神经肌肉系统、感官生理学、心血管系统、呼吸系统、内分泌系统、肾脏系统、胃肠道系统、免疫系统等）、工程数学（包括建模、统计等）
5	生物医学工程	选修课	生物力学、生物材料学、生物技术学、医学影像、医疗仪器、光学、信号与系统分析、热力学、传感器等
6	人文与社会科学	选修课	工程伦理准则、工程道德规范的国际衡量标准、与医学工程师相关的研究伦理的议题和案例等的讨论和学习
7	其他人文课程和独立研究	选修课	可在学校提供的所有本科课程中自由选择

4. 实践教学

约翰·霍普金斯大学重视学生的实验和实践能力。生物医学工程专业涉及的实验比较多，而且占总学时比例也较大，既包括基本实验室中进行的实验，也包括以使用计算机为基础的数据获取和分析系统的学习。实验最后要求学生写报告并以口头陈述的形式进行成果汇报。

约翰·霍普金斯大学的生物医学工程专业要求学生在校期间必须有暑期实习的经历。因此，学生大多会利用暑假时间踏踏实实地在企业工作一个月左右，实习结束后要向公司以及学校分别提交实习报告。参与实践教学的企业或其附属工厂安排专人指导学生从事如设计、生产、测试、常规服务等工作，并在实习结束时对学生进行综合评价。

5. 师资队伍

与大多数美国高等院校一样，约翰·霍普金斯大学的生物医学工程系最初是工程学院或医学院的研究小组，后来随着学科的发展，逐渐独立成系。教学任务由文理学院、工程学院相关院系和生物医学工程系共同承担。由于学科本身的交叉融合性，生物医学工程系往往大量联合其他系的师资力量参与本系教学，而本系的教师主要担负科学研究、专业选修课教学、本专业学生指导等职责。因此，虽然生物医学工程系每年的招生规模都很大，但真正属于本系的教师并不多，博士后、研究员及助手等也为数不多，更多的教学人员是来自其他系的合作教师以及来自行业、产业的客座教授，他们带来了更广泛的专业知识和更丰富的实践教学内容，有效地充实了师资队伍。[1]

（三）美国医疗器械教育的特点

美国医疗器械产业的龙头地位，很大程度上得益于其完善的人才培养体系、交叉融合的学科背景、需求导向的人才培养目标、多元化的教育主体等，具体表现为以下四个方面[2]：

1. 人才培养体系完善，教育计划严谨

美国构建了以学校、企业、社会培训机构为主体，政府和行业协会共同参与的有机、完整的培训体系，培训对象覆盖了大学生、在职员工等各类人才。美国的生物医学工程是全球发展最早和最快的，美国国立生物医学工程研究院是其研究中心，设有数十个与之有关的专业学会。美国卫生研究院、医学科学院和大学的生物医学工程研究所等也担任一些科研项目，由多方面专业人员（生理、物理、化学、数学、机械工程和电子技术等）协同参加研究工作，并强调科技人员、生物医学家与大学教育的密切合作。由于全阶段培养和全方位参与，保证了人才的多层次性，并使终身学习成为可能，为美国医疗器械产业高速发展奠定坚实基础。

美国早在1953年就制定了生物医学工程的研究计划，并首先在研究生院建立了生物医学工程教学计划，正式开始了生物医学工程教育。这些教学计划通常招收工程学或生物医学领域的学生，直到研究生教育取得成功以后，各个大学才在传统的工程系将生物医学工程作为选修专业在本科教学计划中实施，从此，生物医学课程便被纳入传统的本科工程课程表中。为了更有效地讲授课程，各个学校最后决定单独制定生物医学工程本身的本科教学计划，从而保证了人才培养的持续性。

2. 学科背景交叉融合，学习内容丰富

美国学界认为生物医学工程的范围太广，所有将工程分析应用于解决医学问题的都属生物医学工程范畴。因此，美国的生物医学工程学院最初都建立在理工基础较好的学校，这样培养出的学生不仅在某个工程或理学学科有扎实的基础，而且有深厚的生物医学背景，使其在毕业后具有更为灵活的就业选择。在美国，由于生物医学工程研究的最终目的是解决医学问题，因此本科教育不仅可以作为医学预科，同时还将工程类科目摆在了同生命科学的训练同样重要的地位。如波士顿大学（Boston University）的生物医学工程系就隶属于工程学院，该系的学生必须修完工程类核心课程（类似于中国的专业基础课），打下坚实的工程学基础，然后学习生物医学类核心课程，以拓宽生物医学背景。

3. 人才培养需求导向，就业前景广泛

美国高等教育的生物医学工程专业设置以及培养目标以社会需求为导向，紧密结合生产和科技发展变化的需要及时调整课程设置，不断更新课程内容和教学方法，使学生能够尽快地接受新技术与信息。从美国开设生物医学工程本科专业的大部分高校制定的教学计划与课程内容安排上

---

①雅虎教育：《加州大学圣地亚哥分校生物医学工程研生专业解读》，http：//www.sohu.com/a/21872917_ 201783，2015－07－08。

②孔旭：《中美生物医学工程本科培养方案比较研究》，东南大学硕士学位论文，2010年。

可以看出：课程的内容在三五年内会发生部分改变，比如新增一些课程，去掉某些内容陈旧的课程，并且新增的课程在内容和试验方法上体现了当前的科技发展与变化。此外，美国企业人才培养和行业协会的技能培训也是以产业发展需求为基础，针对受众所需制定培养目标，并不断调整培养计划。

美国一般授予生物医学工程专业本科毕业生理学、双理学学士学位，或者工程学学士学位，不少学校也有生物医学工程文科学士计划。获得文科学士学位的学生更多地学习管理、经济、商务类相关课程，毕业后可以进入非工程领域深造，在产业界，他们的工作更多的是产品从实验室到用户各环节的协调和管理。在教学中，教师鼓励学生深入到本校某一个研究或设计项目以获得研究、开发、设计的直接经验，这样毕业后既可以在科研或生产部门从事生物医学、医疗仪器、生物信息监测的研究和开发，也可以在教育、医疗机构以及政府部门从事相关的教学、管理和研发，甚至还可以在电子技术、计算机技术、信息技术等部门谋得一席之地。比如，密歇根大学安娜堡分校（University of Michigan, Ann Arbor）的生物医学工程本科专业有三个方向：生物化学方向的毕业生可以在生物制药或医疗设备产业就业，也可以就读职业学校或继续深造；生物机械学方向的毕业生将涉及医疗领域或人体安全领域的机械工业，比如外科设备产业、汽车安全和生物技术产业，或是为就读医学院或生物医学工程继续学习做好准备；生物电子学方向的毕业生不仅能成为医疗诊断、治疗和系统产业工程师，还能在电机工程、系统科学或生物医学领域继续攻读高级学位。

4. 产学研医密切合作，教育主体多元

美国政府、高校、企业、行业协会进行医疗器械人才培养的参与度极高，为促进产学研医密切合作、培养医工结合的复合型人才，美国在医疗器械政策支持、资金投入、研发转化、人员交流、注册监管等方面均受到社会各界的广泛关注和高度配合。首先，在政策支持方面，美国政府制定了"医疗保险和医疗补助计划"、《患者保护与平价医疗法》等，使更多公民拥有医疗保险，同时赋予美国医院自主采购权，提高了医疗器械创新产品的接受程度，扩大了医疗器械的消费范围，从而加强了医疗器械教育的投入力度。其次，临床研究占美国医疗器械领域公共投入资金的很大一部分，临床研究在美国国立卫生研究院（National Institutes of Health，NIH）资助的大学研究费用中约占13%以上。再次，美国1980年颁布的《技术创新法》中规定联邦实验室必须设立专门的技术研究和应用办公室，奠定了公共研究机构及大学技术转移的基础，几乎所有大学及联邦实验室都设立了技术转移类机构，负责技术推广应用、产学研医合作联系、知识产权管理与技术转让等合作业务性工作，同时该法还鼓励研究机构向产业开放、制定产学研医人员交流计划，促进技术转移和转化。最后，美国医疗器械监管的效率较高，有利于医疗器械产品较快上市，为鼓励器械创新和人才培养提供了良好环境。美国密切配合、高度协作的产学研医结合教育给学生提供了包罗万象的研究机会，许多生物医学工程的本科学生在校期间已经可以在实际的研究项目中大显身手。

五、我国医疗器械职业教育服务产业发展分析及建议

"中国制造2025"将高性能医疗器械列入推动突破发展的重点领域，提出要提高医疗器械的创新能力和产业化水平，而我国医疗器械职业教育距离更好地服务医疗器械国产化和大力发展高性能医疗器械两大战略目标尚有差距，应借鉴美国医疗器械教育先进经验，提升我国医疗器械人

才培养水平，为医疗器械产业发展提供源源不断的人才资源。

（一）医疗器械职业教育服务产业发展分析

良好的医疗器械专业教育要求受教育者最终具备较快适应医疗器械企业生产、检测、维修、销售以及管理等一线岗位需要的实际工作能力。然而，由于医疗器械涉及的学科门类较多，因此目前仍存在如何协调"全面、专门"和"必需、够用"的问题。加之我国在医疗器械人才培养方面起步较晚，沿袭了普通高校的很多理论教育模式，尚未形成一套完善的适应产业发展的人才培养体系，存在人才培养类型与产业结构不匹配、人才培养规模较小、人才培养质量不高等问题。

1. 人才培养类型与产业需求匹配度不高

按照"中国制造2025"的要求，我国医疗器械产业将重点发展影像设备、医用机器人等高性能诊疗设备，全降解血管支架等高值医用耗材，可穿戴、远程诊疗等移动医疗产品。高技术技能型医疗器械人才已经成为我国医疗器械行业紧缺的专门人才。然而，我国当前的医疗器械教育体系尚不完善，还没有建立起从中职、专科、本科到研究生的职业教育和普通教育互通的医疗器械教育体系。[1] 开设医疗器械相关专业的本科院校培养的是学术型人才和工程型人才，从事医疗器械的基础维修工作的意愿不高，而开设有医疗设备安装与维护专业的中等职业学校，培养的是医疗器械初、中级技能型人才，其毕业生对高、精、尖的大型医疗器械不太胜任。同时，部分开办医疗器械专业的高职院校办学水平不高，没有形成一定的规模，吸引业内领军型专业带头人的能力不足。中国教育科学研究院课题组针对十大重点领域部分专家的访谈结果显示，生物医学及高性能医疗器械领域目前培养的技术技能人才与产业发展需求匹配度不高，贡献率低[2]。

2. 人才培养规模无法满足产业发展需求

根据教育部等三部委联合发布的《制造业人才发展规划指南》，预计到2020年我国生物医药及高性能医疗器械产业人才总量将达到80万人，人才缺口为25万人，而2025年这一产业人才总量将达到100万人，将有45万人的人才缺口。根据国际市场药械比为2.0估算，2020年我国高性能医疗器械产业人才缺口约为8.33万人，2025年将达到15万人。但是，阳光高考网数据显示，2017年我国已开设医疗器械类专业的高职院校毕业生总规模仅为850～3000人，2017年拟开设医疗器械类专业的高职院校在相关专业仅招生约4573人。医疗器械产业技术人才培养规模偏小，难以支撑未来产业发展升级对高技能复合型人才和熟练技工的大量需求。与医疗器械专业相近或衔接的电子信息类、机电设备类、机械制造类专业，人才培养规模较大，但这些专业的毕业生往往不具备系统的医疗卫生专业知识和医疗器械专业技能，进入医疗器械研发企业或应用企业后，一般还需要进行二次培训，短期培训往往效果不佳。

3. 人才培养质量有待进一步提升

（1）专业建设与产业发展匹配度需进一步提高。医疗器械产业涵盖了生物医学、电子、计算机、通信、机电一体化、新型材料等多个新兴领域，这给相关专业的设置带来很大难度。目前，我国医疗器械专业设置与主导产业、未来重点发展产业的匹配度不够高。主要表现为：一是

①邓瑜、邵翠翠：《湖北医疗器械专业技术技能人才培养与专业建设问题探析》，《湖北成人教育学院学报》2016年第9期，第18－21页。

②中国教育科学研究院课题组：《完善先进制造业重点领域人才培养体系研究》，《教育研究》2016年第1期，第4－16页。

专业种类偏少，特别是面向战略性新兴产业的专业严重不足；二是专业门类分布不平衡，制造业的专业比例偏小，涵盖产业面偏窄；三是个别高职院校的质量意识不强，追求短期效益，忽视特色与品牌建设。①

（2）培养目标与重点产业领域吻合度需进一步提升。医疗器械产品集多学科、高新技术于一体，且种类非常多，因此需要根据市场需求"量身定做"各类型、各层次的人才。但是，我国只有少数高职院校结合当地优势产业培养所需专业人才，仅有个别院校紧跟产业发展步伐，培养高性能医疗器械人才。目前几乎没有院校将培养数字化诊疗设备、组织修复与可再生材料、分子诊断仪器及试剂、人工器官与生命支持设备、健康监测装备五大领域医疗器械人才纳入培养目标，而这却是"十三五"期间我国医疗器械产业的重点领域，也代表着国内医疗器械市场的主流走向，必然对相关人才提出需求。

（3）课程体系有待进一步完善。现阶段医疗器械类专业课程体系有待完善，主要表现在以下几个方面：一是课程设置过于单一，局限于专业理论知识和技能教学，与周边专业方向有关的专业选修课以及基础能力建设的公共基础课很少，导致毕业生知识面和技能范围不够开阔。二是专业理论课程过于老旧传统，专业技能课比例偏低，尚未覆盖技术活动的全过程，不利于学生动手能力和对岗位整体感知能力的培养，且部分教材"闭门造车""纸上谈兵"，没有跟上高新技术更新换代的步伐。三是专业课程缺乏系统性，开设医疗器械相关专业的院校都只针对产业链中某个环节开办，适用性差且培养学生少，同时实训课程过于简单，不能有效地锻炼和提升学生的实际操作能力。

（4）实习实践条件有待改善。职业院校建设高标准、高质量的实验实训室对专业技能人才的培养具有重要作用，但是医疗器械专业实训室建设成本相当高，一方面实训设备种类繁多，另一方面CT、核磁共振等高科技设备单台价格动辄百万元，因此大多数院校往往不愿意或者无力投入，导致我国医疗器械职业院校实训室建设整体水平偏低。同时，医疗器械实训室建设校际差距大，浙江、上海、山东、广东等地的少数院校借助产业集聚优势和职教集团平台，校企院合作力度大，实训条件较好，但大部分学校尤其是中职学校实训条件较差，甚至没有建设专业实训室，牵制了学校开展实践教学。

（5）师资水平有待加强。职业教育担负着培养高素质劳动者和技术技能型人才的重要任务，随着经济转型升级和产业技术更新换代不断加快，建设高水平的医疗器械专业师资队伍成为推动职业院校内涵发展的前提条件，也是构建现代职业教育体系的重点任务。然而，我国医疗器械专业师资水平还有待加强，主要表现为专任教师数量相对不足、师资结构不够合理、教师服务社会的能力不强、培养培训体系不够完善等。②

（二）对我国医疗器械专业职业教育发展的建议

通过分析我国医疗器械职业教育中存在的问题，借鉴美国生物医学工程专业人才培养先进经验，结合我国实际情况，医疗器械人才培养可以从完善教育体系、优化专业布局、重构课程体系、加强校企合作、提升师资力量等方面进行优化提升。

---

① 胡家秀：《高职专业设置与区域经济发展适切性研究：以浙江省为例》，《黑龙江高教研究》2012年第8期，第107-110页。

② 邵建东、徐珍珍：《现代职教体系下高职师资队伍建设的诉求、问题与路径》，《中国高教研究》2016年第3期，第100-103页。

1. 加强政府引导，不断完善教育体系

我国医疗器械职业教育的基础较为薄弱，水平亟待提升，应加强政府尤其是教育主管部门的宏观引导与支持，科学统筹规划发展，以实现职业教育服务产业发展的目标。第一，统一部署和规划，对于不具备开设本专业条件的院校，暂缓审批，对软硬件具备的院校，尤其是优秀的民办院校或合作办学院校，适当给予政策和资金上的支持。第二，推动中高职专业设置相衔接，同时给予院校一定的办学自主权，鼓励其根据实际情况设立特色专业，开展专业建设。第三，建立专业设置的风险补偿机制，对于经济社会发展所必需的，但需求量小或者家长、学生不愿意就读的专业，给予相应的补助与激励。第四，理顺、协调好院校区域内企业、医疗机构与相关院校的关系，鼓励企业、行业、医疗机构直接参与学校医疗器械专业的开发与建设，推动产学研医实现共赢。

我国《中长期教育改革和发展规划纲要（2010～2020年）》明确提出，要建立适应经济发展和产业结构调整要求的中高职教育协调发展的现代职业教育体系，体现终身教育理念。建立中高职衔接的教育体系是一个循序渐进的过程，同时也是一项整体推进的大工程，需要政府及相关主管部门在法规制度、监管协调等方面加以引导。近年来，全国各省市陆续对中高职衔接的职业教育展开试点和研究，其中，"中高职三二分段"是目前研究实践最多的模式之一。[①] 中高职分段衔接需要做好中等职业教育和高等职业教育在课程体系、课程内容、考核评价机制、教学管理、实习就业等环节的衔接，其难点在于要全面考虑每一门课程在学生知识能力架构搭建中的作用，还要考虑中高职对应课程间的关联与区别。以医疗器械维护与管理专业中高职衔接为例，其基本模型如图2-8所示。

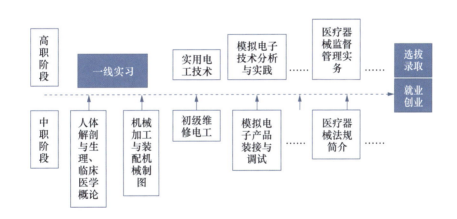

图2-8　医疗器械维护与管理专业中高职衔接示意图

2. 对接产业发展，优化专业布局

职业院校医疗器械专业布局要以对接产业发展为原则，具有一定前瞻性，从自身办学条件出发，保持专业相对稳定的同时不断优化专业布局。一是高度重视专业的规划和布局，专业设置要紧贴经济社会和产业发展需求。原则上在医疗器械产业或其子产业相对比较发达的城市或区域进行布点。如鹰潭职业技术学院立足当地眼镜产业优势，设立"眼镜产业学院"，打造"眼视光技

---

①翁灿烁：《精准定位，科学衔接，搭建医疗器械职业人才培养立交桥——以中高职三二分段医疗器械制造与维护专业为例》，《科教导刊》2014年第1期，第40-41页。

术"等地方特色专业、服务当地经济。二是建立专业设置的动态管理机制，在充分领会新版专业目录的特点、导向与精神的基础上，针对社会需求情况，采取分步走的专业发展策略（见表2-18），对供过于求的专业要适度限制。三是根据转型升级需要，加强已形成有效市场需求的新专业的开发和建设，鼓励和扶持人才紧缺型专业，大力发展产业支撑型专业。如开设"医疗器械工程"等应用型本科专业，为行业提供一线技术人员、现场管理人员及临床工程师等；面向行业监管部门、行业企业的法律事务及质量管理岗位群（如注册专员、质管员、管理者代表等）开设药事管理（医疗器械方向）专业，培养医疗器械法规与监管方面的专门人才；增加高职高专医疗器械类专业的培养力度，为行业企业提供大量一线的医疗器械装调、维护、销售等人员。[1] 新专业设置可先设专业方向，待基本成熟后再设置为正式专业。四是强化专业设置与建设的考核评价，确保质量，防止职业院校在专业设置时过多考虑投入产出比，避免简单的利益驱动效应。

表2-18　　　　　　　　　　　　　　　高职院校医疗器械相关专业布局思路

布局类型	专业（方向）	人才培养定位
急需设置并建设发展的专业（方向）	医疗设备应用技术	定位于医学影像设备安装、调试、维护、维修；面向医学影像设备的生产、经营、使用单位及第三方维修服务机构对相关人才的需求
	精密医疗器械技术	定位于医用电子仪器安装、调试、维护、维修；面向医用电子仪器的生产、经营、使用单位及第三方维修服务机构对相关人才的需求
	医疗器械维护与管理（监督管理方向）	定位于医疗器械全产业链的质量管理；面向医疗器械企业应对法规与监督管理事务人员的急切需求，以应对不断强化的医疗器械GXP等质量与安全方面的法规要求
	医疗器械维护与管理（检验与注册方向）	定位于医疗器械的质量检验以及医疗器械产品的注册；面向医疗器械生产企业对质量控制人员和产品注册人员的急切需求，以应对不断强化的医疗器械质量与安全等方面的法规要求
	医疗器械经营与管理	定位于医疗器械的销售、经营和售后服务（维护和简单维修）；面向医疗器械经营企业对销售、经营质量管理、售后服务等技术人员的急切需求，并应对不断强化和规范的医疗器械GSP等法规要求
	市场营销（医疗器械行业方向）文科	定位于医疗器械的销售、经营；面向医疗器械经营企业对销售、经营质量管理人员的急切需求，并应对不断强化和规范的医疗器械GSP等法规要求
适度或局部建设发展的专业（方向）	康复工程技术	定位于康复辅具的设计与生产、维修等
	康复辅助器具技术	定位于康复辅具的销售、运用与维护等
	假肢与矫形技术	定位于假肢与矫形器的制作、生产、销售与维护等
	眼视光技术（眼镜设计与验配方向）	定位于眼镜的设计、生产、配镜与销售、维护等

---

[1] 周双林等：《"供给侧"视角下加快医疗器械人才建设的路径研究》，《医疗卫生装备》2017年第9期，第146-150页。

续表

布局类型	专业（方向）	人才培养定位
逐步开发并建设发展的专业（方向）	医疗物联网技术	定位于为基于互联网和移动通信的、医疗保健领域的云服务平台提供技术支持的人员
定向培养	特色专业（方向）	根据大型企业或产业集聚区的特定需要，定向设置相应的特色专业

资料来源：周双林等：《高职医疗器械类专业设置与布局的思考》。

3. 贴合市场需求，完善课程体系

职业院校医疗器械专业课程体系建设，需与医疗器械行业市场对从业人员的实际需求相贴合，坚持以能力为本位的设计原则，以提升学生在医疗器械各专业领域（研发数据支持、生产制造与维修、质量监管、营销与售后服务等）的技术应用能力与岗位工作技能为主线，并充分考虑到医疗器械产品的特点，围绕医疗器械专业的核心能力对课程体系进行科学构建。以医疗器械企业人才需求榜首位的销售岗位为例：医疗器械营销专业的人才培养目标不再是单纯的岗位技能，而是培养具备专业岗位技能和职业关键能力的优秀医疗器械销售工程师。[①] 因此，首先，在课程设置过程中，除了要合理设置医疗器械营销专业核心课程、专业基础课程和公共基础课程，还要加强提升学生个人诚信、责任感、人际关系拓展能力、沟通谈判能力、语言表达能力、团队协作能力、商务礼仪素养、执行能力、情绪控制及调节能力等职业能力，以满足学生职业生涯发展需要。其次，课程设计过程中要广泛争取医疗器械行业专家的切实参与，使课程设置与行业发展密切对接，同时也要有专门的课程设计人员，要熟悉课程设计的相关内容，与行业专家、教授及一线教师合作，系统设计课程，使其目标明确、结构合理。最后，课程内容要紧密衔接、循序渐进，应对医疗器械历届毕业生的就业情况进行详细分析，在获得充分、可靠资料的基础上，科学估算医疗器械产业发展对人才需求趋向，从而决定课程设置等相关内容。

4. 重视实践教学，深入推进校企协同创新

职业院校应创新医疗器械专业实训室建设，紧扣主要就业岗位群，以及对应岗位典型工作任务与工作流程、职业能力要求，针对医疗器械专业课程与岗位特点，融入"互联网＋"和"物联网＋"元素，按层次和专业度建设基础型实训室、专业型实训室、创新型实训室，并构建智慧化、智能化的"管理＋教学＋实训"体系，实现实训室管理便捷化、教学人性化、实训系统化。如口腔医疗器械实验实训室可分为医疗器械综合实验室、医学基础实验室、口腔临床设备实验室、口腔研磨室、模型处理室、金属处理室、口腔综合实验室、数字化中心，同时满足一个教学班的实践教学。实训教学科目可涵盖医疗器械概论、医学基础、医学生理学、医用产品生产工艺与管理、医用光学仪器检修实训、口腔设备学、口腔医疗设备维修实训、口腔工艺设备综合实训等课程。同时，职业院校可考虑建设医疗器械专业 VR 实训平台，将"虚拟仿真实验教学平台＋专业虚拟仿真软件应用"用于实践教学，既创新了实践教学模式，又缓解了医疗器械价格高昂造成的实训建设压力。

职业院校与医疗器械企业应积极探索校企合作共建、共管、共享模式，深入推进校企协同创新。一方面，校企共同修订医疗器械各专业人才培养方案，参与专业设计和课程开发，同时结合

[①] 李毅彩、陈婷、金浩宇：《高职医疗器械营销专业学生关键能力的开发与培养途径》，《卫生职业教育》2017 年第 9 期，第 16－18 页。

学校"教学工厂"和企业实习基地的双重教学功能，推进产教融合，保证专业的职业性与课程的应用性，提升学生的综合素质；另一方面，校企合作建设应用技术协同创新中心，如眼视光技术专业与眼镜生产企业共建"光学眼镜（或镜片/镜架新材料、高科技眼镜）应用技术协同创新中心"，建立科研与培训平台，合作建设高水平实训基地，保障实训设备来源。

5. 专注教学质量，提升师资水平

《国务院关于加快发展现代职业教育的决定》明确提出：要建设专兼结合的"双师型"教师队伍，实施教师专业标准，落实教师企业实践制度，完善企业工程技术人员、高技能人才到职业院校担任专兼职教师的相关政策等。开设医疗器械专业的职业院校应以此为指引，坚持培养与引进并重、能力提升与学历提升并举、教学水平与学术水平提高并进，整体优化教师队伍的能力、职称、年龄结构，不断提升教师的信息化教学能力、科技研发能力和创新能力。第一，积极拓宽教师来源渠道，放宽特殊人才的引进条件（如年龄、学历等），大力吸引医疗器械生产、销售企业管理人员、技术人员和能工巧匠到职业院校从教或兼职。第二，根据职业教育特点，积极打造医疗器械专业领域"双师结构"教学团队，确立医疗器械职业教育教师专业标准，建立和完善职业院校"双师结构"教师队伍培养及评聘制度，严格执行教师任职资格制度。第三，校内专任教师要通过积极参与医疗器械实训室建设、为企业开展技术服务、到校外实习基地进修培训等方式，洞悉医疗器械行业发展动态，学习及更新专业技术，获得企业工作经验，从而尽快提高自身专业技能水平和技术应用能力。第四，打造优秀的教学资源平台，集聚海量的优质课程资源，搭建全国医疗器械专业师资交流网络，促进交流与提高，并通过组织医疗器械职教师资教学技能大赛，不断提高教师的教学技能和实践操作水平。第五，依托全国高职高专教育教师培训联盟、全国高职高专教育师资培训基地和医疗器械职业教育集团（联盟）等，开展五年一周期、多元化的医疗器械专业师资培训，保证医疗器械职业教育师资队伍建设能够满足产业转型升级的需要，使职业院校成为区域内医疗器械技术技能积累的重要资源集聚地。

参 考 文 献

［1］褚淑贞、王恩楠、都兰娜：《我国医疗器械产业发展现状、问题及对策》，《中国医药工业杂志》2017 年第 48 期，第 930 – 935 页。

［2］《2017 年中国医疗器械行业发展现状分析》，中国产业信息网，http：//www.chyxx.com/industry/201703/504483.html，2017 – 03 – 17。

［3］王雪娟、王晶：《我国医疗器械产业发展现状及对策探究》，《新西部》2014 年第 26 期，第 59 页。

［4］中国报告大厅：《医疗器械行业定义及分类》，http：//www.chinabgao.com/k/yiliaoqixie/13053.html，2014 – 09 – 19。

［5］姜峰：《中国医疗器械行业发展趋势解读》，"第七届中国医疗器械高峰论坛"发言稿，http：//www.innomd.org/appliance/web/innovatenews/detail？id = 385176653284608，2017 – 09 – 01。

［6］中国报告大厅：《中国医疗器械市场规模数据分析》，http：//www.chinabgao.com/k/yiliaoqixie/29069.html，2017 – 09 – 12。

［7］中国医药物资协会医疗器械分会：《2016 中国医疗器械行业发展蓝皮书》，http：//doc.mbalib.com/view/31f06928fbc728555bf4f0cd8ad93ed4.html。

［8］《我国医疗器械概况及产业价值链分析》，中国产业信息网，http：//www.chyxx.com/industry/201606/422000.html，2016 – 06 – 03。

［9］陈瑶等：《苏南医疗器械产业发展的现状与对策思考——以常州为例》，《药学进展》2017 年第 5 期，第

374 - 380 页。

　　[10]《2017 年中国医疗器械行业销售额、行业规模及进口额分析》，中国产业信息网，http：//www. chyxx. com/industry/201707/539846. html，2017 - 07 - 10。

　　[11] 高诒茜等：《医疗器械产品及行业特性分析》，《中国处方药》2013 年第 12 期，第 22 - 24 页。

　　[12]《医疗器械国产化进一步加速配套政策已陆续落地》，中国产业信息研究网，http：//www. china1baogao. com/news/20170414/8262044. html，2017 - 04 - 14。

　　[13]《2017 年中国医疗器械行业市场规模及发展趋势预测》，中国产业信息网，http：//www. chyxx. com/industry/201703/504483. html，2017 - 03 - 17。

　　[14] 中投顾问产业研究中心：《2016 ～ 2020 年中国医疗器械行业投资分析及前景预测报告》，https：//wenku. baidu. com/view/086608bc31b765ce04081439. html。

　　[15] 国家卫生计生委规划与信息司：《2016 年我国卫生和计划生育事业发展统计公报》，http：//www. nhfpc. gov. cn/guihuaxxs/s10748/201708/d82fa7141696407abb4ef764f3edf095. shtml，2017 - 08 - 18。

　　[16] 王俭：《2017 年医疗仪器设备及器械行业的发展前景展望》，http：//zc. yatai. com/epcontents/bb684703 - 9331 - 4106 - bad4 - a8bd5fd24bfe. html，2017 - 05 - 05。

　　[17] 科技部办公厅：《"十三五"医疗器械科技创新专项规划》，http：//www. most. gov. cn/mostinfo/xinxifenlei/fgzc/gfxwj/gfxwj2017/201706/t20170614_ 133530. htm，2017 - 05 - 26。

　　[18]《2017 年中国医疗器械行业盈利状况》，中国产业信息网，http：//www. chyxx. com/industry/201704/511626. html，2017 - 04 - 07。

　　[19] 蔡仲曦、干荣富：《我国医疗器械行业之现状与发展趋势》，《中国医药工业杂志》2013 年第 44 期，第 1314 - 1318 页。

　　[20] 三鑫医疗：《2017 中国医疗器械产业发展分析》，http：//stock. 10jqka. com. cn/20170721/c599297455. shtml，2017 - 07 - 21。

　　[21]《2017 年中国医疗器材行业前十市场占比分析》，中国产业信息网，http：//www. chyxx. com/industry/201709/560058. html，2017 - 09 - 07。

　　[22]《国产医疗器械迎政策利好销售类人才需求涨 12%》，医药英才网，http：//news. pharmnet. com. cn/news/2016/10/12/455409. html，2016 - 10 - 12。

　　[23] 滕树凝：《浅谈我国医疗器械行业发展及人才需求》，《卫生职业教育》2014 年第 20 期，第 143 - 146 页。

　　[24] 周双林等：《高职医疗器械类专业设置与布局的思考》，《辽宁高职学报》2017 年第 3 期，第 20 - 23 页。

　　[25] 刘虔铖、李震：《校企"双主体"人才培养模式的探索——以医疗器械质量管理与检测专业为例》，《中国医学教育技术》2013 年 4 月，第 239 - 241 页。

　　[26] 美国约翰·霍普金斯大学官方网站，https：//www. jhu. edu/。

　　[27] 孔旭：《美国生物医学工程本科专业培养方案概况》，《中国科技博览》2009 年第 27 期，第 271 - 272 页。

　　[28]《加州大学圣地亚哥分校生物医学工程研生专业解读》，雅虎教育，http：//www. sohu. com/a/218729177_ 201783，2015 - 07 - 08。

　　[29]《2017 全球医疗器械公司 20 强排名》，新浪医药新闻，http：//med. sina. com/article_ detail_ 103_ 1_ 34990. html，2017 - 10 - 18。

　　[30] 美敦力企业官网，http：//www. medtronic. com/cn - zh/index. html。

　　[31]《从美敦力新建研发中心看二十年医疗外企研发趋势》，中国医疗器械信息网，http：//yiliaoqixie. juhangye. com/201710/news_ 19590829. html，2017 - 10 - 16。

　　[32] 商学院：《强生医疗中国，从创新到人才培养各有绝活儿》，http：//bmr. cb. com. cn/ydkt/2017_ 0505/1183031_ 2. html，2017 - 05 - 05。

［33］ 美国医疗器械促进协会（AAMI）官网，http：//www. aami. org/standards/index. aspx？navItemNumber = 504。

［34］ 孔旭：《中美生物医学工程本科培养方案比较研究》，东南大学硕士学位论文，2010 年。

［35］ 邓瑜、邵翠翠：《湖北医疗器械专业技术技能人才培养与专业建设问题探析》，《湖北成人教育学院学报》2016 年第 9 期，第 18 - 21 页。

［36］ 胡家秀：《高职专业设置与区域经济发展适切性研究：以浙江省为例》，《黑龙江高教研究》2012 年第 8 期，第 107 - 110 页。

［37］ 邵建东、徐珍珍：《现代职教体系下高职师资队伍建设的诉求、问题与路径》，《中国高教研究》2016 年第 3 期，第 100 - 103 页。

［38］ 翁灿烁：《精准定位，科学衔接，搭建医疗器械职业人才培养立交桥——以中高职三二分段医疗器械制造与维护专业为例》，《科教导刊》2014 年第 1 期，第 40 - 41 页。

［39］ 曾娅莉：《我国医疗器械行业的发展现状与展望》，《湖北成人教育学院学报》2016 年第 9 期，第 22 - 26 页。

［40］ 周敏：《医疗器械专业人才培养机制探索》，《唯实：现代管理》2014 年第 12 期，第 46 - 48 页。

［41］ 李毅彩、李叶红：《销售工程师培养导向的医疗器械营销专业课程体系的重构》，《卫生职业教育》2014 年第 16 期，第 128 - 130 页。

［42］ 高玉侠：《高职院校实验实训室建设研究与探讨——以医疗器械专业为例》，《才智》2015 年第 29 期，第 310 - 311 页。

［43］ 邹慧玲等：《美国优秀生物医学工程教育模式探讨》，《生物医学工程学杂志》2004 年第 21 期，第 456 - 459 页。

［44］ Geneva, World Health Organization, *Human Resources for Medical Devices*, the Role of Biomedical Engineers, 2017.

［45］ 方华：《世界主要国家和地区的医疗器械市场简况——机遇与挑战》，《中国医疗器械信息》2009 年第 15 卷第 10 期，第 17 - 43 页。

［46］ 郭文姣：《我国医疗器械产学研医合作创新管理策略研究》，北京协和医学院硕士学位论文，2013 年。

［47］ 陈洪忠等：《山东省医疗器械产业发展现状及分析》，《药学研究》2015 年第 34 期，第 235 - 237 页。

［48］ 王从瑞、高玉侠：《高职医疗器械专业"校企合作、课证融合"人才培养模式的应用研究》，《才智》2015 年第 33 期，第 115 页。

第三章　工业互联网产业与职业教育发展研究报告

2012 年 11 月 26 日，美国通用电气公司（General Electric Company，GE）发布《工业互联网：打破智慧与机器的边界》白皮书，提出工业互联网的概念，由此掀起了工业互联网的热潮。发达国家政府和产业界高度重视工业互联网发展，把握未来国际经济科技竞争主动权。我国将深入实施工业互联网创新发展战略，着力构建网络、平台、安全三大功能体系，完善创新生态、产业生态、应用生态，促进互联网、大数据、人工智能和实体经济深度融合，推动工业质量变革、效率变革、动力变革。

工业互联网的建设和发展，催生了新业态、新模式，对专业人才也提出了新的需求。职业教育应适应工业互联网发展的需要，提前规划和布局工业互联网相关专业，培养符合企业需求的工业互联网专业技术技能人才，为产业发展提供强有力的人才支撑。本报告在大量引用相关研究成果和产业发展基础数据的基础上，对我国工业互联网产业和企业的发展概况、专业技术技能人才需求情况、人才培养现状等进行了较为全面的分析，并就工业互联网职业教育发展中存在的问题提出了相关建议，以供参考。

一、我国工业互联网产业发展概况

工业互联网是通过将人、数据、智能资产和设备连接起来，并且结合软件和大数据的分析，使整个生产力和工作效率、成本，以及资源使用等都发生革命性的变化，从而促进新一轮的工业革命[1]。随着新一轮科技革命和产业变革蓬勃兴起，工业互联网日益成为新工业革命的关键支撑和深化"互联网＋先进制造业"的重要基石，对未来工业发展产生全方位、深层次、革命性影响。2017 年 10 月 30 日，国务院会议通过了《关于深化"互联网＋先进制造业"发展工业互联网的指导意见》，对工业互联网发展进行了顶层设计、统筹部署，加快构建与我国经济社会发展相适应的工业互联网生态体系。

（一）产业发展现状

随着制造业从数字化阶段向网络化阶段加速迈进，工业互联网在全世界范围内迅速兴起。经过多年的探索、实践与培育，我国互联网与工业融合的创新主体已经具备相当规模，融合创新赖以实现的技术、网络、平台等基础正在加速完善，在框架、标准、测试、安全、国际合作等方面取得了积极进展。

1. 政策环境持续优化

我国高度重视发展工业互联网，不断优化发展环境。2016 年 2 月 1 日，由工业、信息通信业、互联网等领域的百余家单位共同发起成立工业互联网产业联盟，推进工业互联网产学研协同

---

[1]肖俊芳、李俊、郭娴：《我国工业互联网发展浅析》，《保密科学技术》2014 年第 4 期，第 13 – 16 页。

发展。国务院先后出台《关于深化制造业与互联网融合发展的指导意见》《关于深化"互联网＋先进制造业"发展工业互联网的指导意见》等文件，提出要打造与我国经济发展相适应的工业互联网生态体系，使我国工业互联网发展水平走在国际前列。2018 年 2 月，国家设立工业互联网专项工作组，统筹协调我国工业互联网发展的全局性工作，如表 3 - 1 所示。

表 3 - 1　　　　　　　　　　　　　　　部分工业互联网产业相关政策

发布时间	发布机构	文件名	主要内容
2013 年 9 月	工业和信息化部	关于印发信息化和工业化深度融合专项行动计划（2013 ~ 2018 年）的通知	明确了信息化和工业化融合的指导思想、基本原则、主要行动内容及保障措施
2015 年 5 月	国务院	"中国制造 2025"	强调推进信息化与工业化的深度融合
2015 年 7 月	国务院	关于积极推进"互联网＋"行动的指导意见	明确重点行动包括"互联网＋"协同制造。指出要加快形成制造业网络化产业生态体系
2016 年 3 月	国务院	中华人民共和国国民经济和社会发展第十三个五年规划纲要	明确规定要加快发展新型制造业。加强工业互联网设施建设、技术验证和示范推广，推动"中国制造＋互联网"取得实质性突破。鼓励建立智能制造产业联盟。推动制造业由生产型向生产服务型转变，引导制造企业延伸服务链条、促进服务增值
2016 年 3 月	工业和信息化部	智能制造试点示范 2016 专项行动实施方案	明确了专项行动的总体思路和目标，部署了 2016 年的重点行动
2016 年 5 月	国务院	关于深化制造业与互联网融合发展的指导意见	对深化制造业与互联网融合发展提出指导思想、基本原则、主要目标、主要任务的指导意见
2016 年 5 月	国家发展和改革委员会、科技部、工业和信息化部、中央网信办	"互联网＋"人工智能三年行动实施方案	明确了人工智能产业体系发展的目标和发展重点。尤其是人工智能在制造领域的应用试点示范等相关工作
2016 年 12 月	工业和信息化部、财政部	智能制造发展规划（2016 ~ 2020 年）	把"构筑工业互联网基础"作为十大重点任务之一。提出，到 2020 年在重点领域制造企业建设新技术实验网络并开展应用创新
2017 年 10 月	国务院	关于深化"互联网＋先进制造业"发展工业互联网的指导意见	明确 2025 年、2035 年及 21 世纪中叶三个阶段的发展目标，主要任务是夯实网络基础、打造平台体系、加强产业支撑、促进融合应用和完善生态体系

为落实工业互联网发展战略，一些工业强省（市）制订了详细的工业互联网发展计划。例如，2016 年上海制定《上海临港地区工业互联网示范区建设方案》和《工业互联网三年行动计

划》，推动临港地区打造为工业互联网国家级示范区，将上海市打造为工业互联网示范城市；辽宁出台《辽宁省工业互联网发展行动计划（2016~2020 年）》，将工业互联网作为振兴老工业基地的重要抓手；重庆颁发《重庆市制造业与互联网融合创新实施方案》，抢抓工业互联网建设，进一步深化制造业与互联网融合发展，加快现代制造业基地建设。

2. 产业基础不断夯实

工业互联网的核心是基于全面互联而形成数据驱动的智能体系，包含网络体系、平台体系和安全体系，其中网络体系是基础、平台体系是核心、安全体系是保障。

从网络基础看，通过深入推进信息化与工业化融合，我国企业信息化水平得到大幅提高，互联网已广泛融入研发设计各环节，关键产品和装备智能化步伐加快。2016 年，我国企业数字化研发工具普及率达到 61.8%，数字化生产设备联网率达到 38.2%，关键工序数控化率达到 33.3%。

从平台建设看，我国已取得初步成果，以海尔、三一重工、航天科工为代表的企业已经打造出多个具有自主知识产权的工业互联网平台（见表 3-2）。从安全保障看，国家先后出台了《国家智能制造标准体系建设指南（2015 年版）》《关于加强工业控制系统信息安全的若干意见》等文件，研究和制定网络安全标准，逐步建立健全工业互联网的信息安全保障系统。

表 3-2　　　　　　　　　　　　　　国内部分工业互联网平台介绍

平台名称	所属企业	平台简介
COSMOPlat 平台	海尔	COSMOPlat 平台是一个以用户为中心的新工业生态体系，能够实现企业和资源的零距离价值交互，为企业转型升级提供整体解决方案。该平台已打通交互定制、开放研发、数字营销、模块采购、智能生产、智慧物流、智慧服务等业务环节，通过智能化系统使用户持续、深度参与到产品设计研发、生产制造、物流配送、迭代升级等环节，满足用户个性化定制需求
树根互联——根云平台	三一重工	根云平台主要基于三一重工在装备制造及远程运维领域的经验，由 OT 层向 IT 层延伸构建平台，提供端到端工业互联网解决方案和服务。目前，根云平台能够为企业提供资产管理、智能服务、预测性维护等工业应用服务
航天云网——INDICS 平台	航天科工	航天云网——INDICS 平台在 IaaS 层自建数据中心，在 DaaS 层提供丰富的大数据存储和分析产品与业务，在 PaaS 层提供工业服务引擎、面向软件定义制造的流程引擎、大数据分析引擎、仿真引擎和人工智能引擎等工业 PaaS 服务，以及面向开发者的公共服务组件库和 200 多种 API 接口，支持各类工业应用快速开发与迭代
阿里云 ET 工业大脑平台	阿里巴巴	阿里云 ET 工业大脑平台包含数据舱、应用舱和指挥舱三大模块，分别实现数据知识图谱的构建、业务智能算法平台的构建以及生产可视化平台的构建
华为 OceanConnect IoT 平台	华为	华为 OceanConnect IoT 平台主要服务行业包括公共事业、车联网、油气能源、生产与设备管理、智慧家庭等领域，构筑多个成熟解决方案并完成商用

资料来源：工业互联网产业联盟：《工业互联网平台白皮书（2017）》。

从技术创新角度看，我国已初步建立智能制造标准体系架构，高性能大型金属构件激光增材制造装备、分布式控制系统、自动染色成套技术与装备等实现突破，制造业数字化转型步伐加快，工业互联网产业基础不断夯实。[①]

3. 应用领域不断拓展

随着我国工业互联网的蓬勃兴起，相关技术日渐成熟，工业互联网的应用领域不断拓展，已广泛应用于钢铁、电子信息、家电、石化、家居、航空、航天、汽车、船舶、工程机械等领域，新业态、新模式层出不穷，给生产力带来了革命性的提高。目前，航天、航空、机械、船舶、汽车、轨道交通等行业数字化设计工具普及率超过 85%，钢铁、石化、有色、煤炭、纺织、医药等行业关键工艺流程数控化率超过 65%，ERP 装备率超过 70%。[②]互联网与工业的融合发展使得信息和知识在制造业中迅速渗透和扩散，为传统企业创新发展提供了机遇。数据表明，快速消费品企业在使用产品研发全生命周期管理系统后，产品上市时间缩短 10%，质量缺陷减少 35%；汽车企业在成功应用网络化、柔性化的汽车制造执行系统后，将平均减少 45% 的制造周期。

4. 发展模式逐步完善

目前，我国工业互联网发展模式主要有四种[③]：一是基于现场连接的智能化生产，如石化、钢铁、电子信息、家电等行业将生产、控制等设备通过传感器连接，再通过数据优化、生产过程优化，实现智能升级，例如三一重工依托根云平台"云端 + 终端"建立了智能服务体系，实现工程机械全生命周期管理。二是产品智能化，将产品联网进行孵化延伸，这种模式在工程机械、电器设备等产品上进行了实践并实现了突破。例如，湖南星邦重工有限公司引进根云平台及智能服务 SaaS 核心功能，实现高空作业车地理位置信息、工况信息的采集，资产管理、智能服务管理、决策支持等功能，优化高空作业车端到端的一体化流程，有助于提升和完善星邦重工后期业务拓展。三是基于企业互联网络化协作的模式，这种模式在航空、航天、汽车、船舶、家电行业已先行一步，例如长沙迈新电子科技有限公司利用工业互联网平台，实现智能服务云平台与控制器终端数据互通，及车辆工况管理、位置监控及基础管理功能，打造制造商、代理商以及租赁行业的整体服务平台网络。四是基于虚拟精准对接的个性化定制，通过互联网直接感应用户需求，再反向影响生态和资源的配置，此模式在家电、服装、家居等行业已有较多实践，如南京的1001 号云制造平台向广大企业提供制造服务，制造需求方只要上传需求，1001 号云制造平台便能给出最合理的解决方案。

5. 产业规模迅速扩大

在我国深入推进"中国制造 2025"战略实施的大背景下，随着工业互联网相关政策环境持续优化、产业基础不断夯实、应用领域不断拓展、发展模式逐步完善，我国工业互联网产业规模迅速扩大。据中国工业互联网产业联盟测算，2017 年国内工业互联网直接产业规模约为 5700 亿元；预计 2017 ~ 2019 年，产业规模将以 18% 的年均增速高速增长，到 2020 年将达到万亿元。[④]

---

①《信息化和软件服务业司在〈经济日报〉发表数字经济专题文章》，中华人民共和国工业和信息化部官网，http：//www. miit. gov. cn/n1146290/n1146402/n1146440/c5857428/content. html，2017 - 10 - 12。

②王峰、杨帅：《工业互联网发展态势及政策建议》，《开放导报》2017 年第 2 期，第 84 - 88 页。

③刁兴玲：《工业互联网数据收集及分析难题亟待解决》，《通信世界》2017 年第 7 期，第 34 页。

④覃泽俊：《工业互联网主题趋热，投资遵循两大方向》，《中国证券报》，http：//www. cs. com. cn/gppd/hyyj/201804/t20180402_ 5763433. html，2018 - 04 - 02。

（二）产业发展存在的问题

作为新一代信息技术与现代工业融合发展而催生的新事物，我国工业互联网的发展已基本上实现了与发达国家同步。但客观来说，我国工业互联网的发展水平和实现基础与发达国家相比还存在较大差距，例如产业核心技术能力不强、产业生态系统不完善、缺乏龙头企业引领、安全问题日益凸显及监管机制不完善等。

1. 核心技术能力不强

我国工业互联网的核心技术在全球工业互联网技术水平中仍处于劣势，支撑工业互联网发展的四大关键技术要素——物联网、智能机器、数据保存与处理分析、功能和信息安全，还相对薄弱。工业互联网的核心技术包括信息采集技术、感知技术、网络传输技术、信息处理技术和网络安全及应用（见图 3 - 1）。其中，工业数据采集和分析技术不够成熟，网络互联技术、标识解析技术、应用支撑技术等仍需完善，工业 know - how、数据技术、平台架构等关键技术还有待突破。

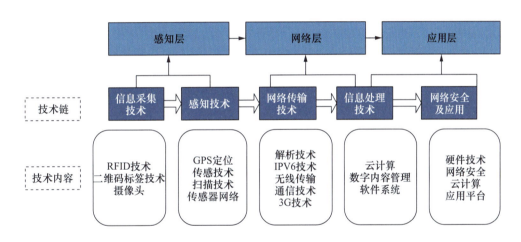

图 3 - 1　工业互联网的技术链

资料来源：张巍、高汝熹、车春鹏：《工业互联网技术链、产业链、价值链互动机理研究》，《上海管理科学》2010 年第 6 期，第 51 - 57 页。

关键技术的落后，直接导致产业所需的技术产品供给不足，以及软硬件系统种类少、功能不健全、缺乏系列化能力等问题。关键技术的缺乏、产业协同支撑能力不足，已成为制约我国工业互联网产业发展的主要因素，阻碍工业互联网的发展进程。

2. 产业生态系统不完善

工业互联网的产业链是技术引领的产业链类型，其技术链与产业链的互动关系如图 3 - 2 所示。目前，我国工业互联网的产业链还处于培育阶段，产业链上各环节的界定和分工还不明晰，一些重要的环节尚未发展起来，比如工业互联网的系统设计、公共信息平台、服务等方面的能力还有待发掘。我国对于工业互联网的推广和应用的发展路径不明确，企业间的无序竞争使产业发展产生内耗，技术、产品之间难以集成的问题较为明显。工业互联网产业良好的生态发展环境尚未形成。

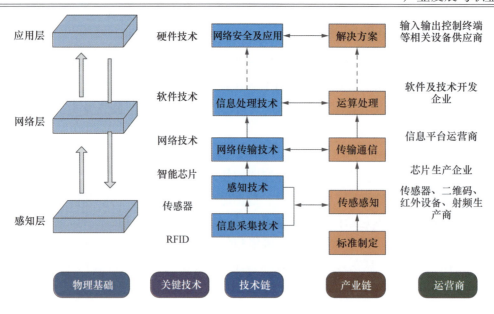

图 3-2   工业互联网技术链与产业链的互动关系

资料来源：张巍、高汝熹、车春鹏：《工业互联网技术链、产业链、价值链互动机理研究》，《上海管理科学》2010 年第 6 期，第 51-57 页。

工业互联网尚不能大规模推广应用的主要制约因素包括技术、成本、商业模式以及价值链等。技术方面，传感器和电子标签的成本过高制约了整个行业的发展；成本方面，全面推进工业互联网发展缺乏基本的信息化基础，高成本的前期资金投入对企业开展融合创新形成制约；商业模式方面，工业互联网目前仅在电力、铁路、交通、油气等行业进行了试点性实践，虽已取得很大成就，但推广到更多领域的商业模式还有待进一步开拓；价值链方面，其分布还不清晰，产业链上下游企业的价值传递、资源共享、利益分配等机制还未明晰。

3. 缺乏龙头企业引领

我国工业互联网虽已具备良好的发展基础，但产业支撑能力较弱，不少企业仍然处在工业2.0 甚至是 1.0 阶段，缺乏引领工业互联网加快发展和应用部署的龙头企业（如通用电气、西门子等具备整体综合解决方案和全领域覆盖能力的龙头企业），更缺乏具备工业技术与信息技术双重竞争力的领军企业。

目前，我国系统集成企业主要分布于各个细分行业，从事分领域的系统集成业务。我国缺少在细分领域的典型代表企业，制约了工业互联网良性生态化发展。企业信息集成方面，尽管近年来企业信息化发展已经取得长足进步，但大部分企业的信息化能力还很薄弱，各类信息系统的集成能力不足。工业互联网需要系统集成商提供网络化的集成服务，而当前我国能够提供该服务的系统集成商极少，难以满足工业互联网发展需求。

4. 安全问题日益凸显

工业互联网环境下，工业控制系统趋向复杂化、IT 化和通用化，不同工业控制系统间互联互通，内部需采用更多的通用软件、通用硬件和通用协议，这些无疑增加了信息的安全隐患。从产业发展角度看，我国工业控制系统虽已形成较大规模，但芯片、嵌入式操作系统、嵌入式软件、总线协议和工控软件等核心技术仍需从国外企业引进，高端市场拥有自主知识产权的技术和产品仍较少，安全问题无法保证。从技术应用层面看，通过互联网和物联网等信息通道，黑客可能攻击智能制造系统的控制层和应用层软件漏洞，造成功能安全风险和重大泄密风险。根据我国国家信息安全漏洞共享平台（CNVD）统计，2000 年 1 月至 2017 年 12 月信息安全漏洞总数为 101734 个，其中工业控制系统漏洞总数为 1437 个[1]。工业控制系统产生、存储和分析的数据保护、信息保障等安全问题存在隐患，大数据、云计算技术的应用带来的信息安全也面临着严峻的挑战[2]。

5. 监管机制不完善

工业互联网属于融合创新的新产物，但目前监管体系仍属于传统行业划分的模式，在行业管理理念、管理模式等方面无法满足新兴融合领域发展的需求，对新出现的问题难以及时跟踪和解决。同时，工业互联网相关应用服务存在多头管理、信息不共享等问题，如服务和管理效率低下，监管存在缺位或越位，相关法律法规和统计制度也不健全等。我国促进工业互联网发展的体制机制亟待完善。

二、工业互联网产业人才需求分析

随着互联网向工业的不断渗透，以及国家"两化"战略提出，互联网和工业的融合发展不仅需要发展作为创新主体的工业互联网企业，还需重点培养工业互联网产业链上的专业人才。本节主要分析我国工业互联网企业的发展概况以及工业互联网产业人才需求情况。

（一）企业发展概况

1. 企业发展速度加快

随着工业互联网产业的规模不断扩大，国内相关企业发展迅速。从企业数量看，工业互联网企业总数不断攀升。从 2016 年 2 月工业互联网产业联盟成立至 2017 年，联盟成员从最初的 143 家增至 309 家。联盟成员类型较多，主要有工业企业、信息通信企业、信息通信安全企业、协会、高校、科研院所以及境外企业等。

从产业链分布看，在产业链上游，以中国科学院沈阳自动化研究所、华为技术有限公司为代表的解决方案提供商，具有高端垄断特点；在产业链中游，中国电信集团公司、北京光环新网科技股份有限公司等电信运营商，北京东方国信科技股份有限公司、北京东土科技股份有限公司等工业大数据类企业，中国商用飞机有限责任公司、海尔集团等平台服务商，具有中端产业寡头垄断趋势；在产业链下游，武汉光迅科技股份有限责任公司、上海仪电（集团）有限公司、杭州中恒电气股份有限公司等设备提供商，具有低端完全竞争的趋势特点。在其他细分领域，由于行业技术水平的限制，基本都有各领域的龙头公司，如中国航天科工集团公司、三一重工股份有限公司、沈阳机床股份有限公司、潍柴控股集团有限公司等，具体情况如表 3 - 3 所示。

---

①《安全为什么成为国家工业互联网三大体系之一》，中国网，http://tech.china.com/article/20180205/20180205105158.html，2018 - 02 - 05。

②肖俊芳、李俊、郭娴：《我国工业互联网发展浅析》，《保密科学技术》2014 年第 4 期，第 13 - 16 页。

表 3 – 3　　　　　　　　　　　　　工业互联网代表企业介绍

企业类型	代表企业	企业简介
解决方案提供商	中国科学院沈阳自动化研究所	在先进制造和智能机器、机器人学应用基础研究、工业机器人产业化、水下智能装备及系统、特种机器人、工业数字化控制系统、无线传感与通信技术、新型光电系统、大型数字化装备及控制系统等研究与开发方面取得大批成果，形成技术领先优势。2016 年 11 月，与德国 SAP 公司联合研制工业 4.0 互联制造解决方案，此方案基于沈阳自动化所研发的高可靠、高实时工业无线技术，和 SAP 公司研发的工业云技术，可以帮助工厂设备摆脱线缆束缚，在嘈杂的工厂环境下，灵活交互信息，使得生产系统可以在无人干预的条件下，像搭积木一样重构，以适应生产不同的产品需求
	华为技术有限公司	全球领先的信息与通信技术（ICT）解决方案供应商，在电信运营商、企业、终端和云计算等领域构筑了端到端的解决方案优势。2017 年 2 月，在工业互联网峰会上展示了 eLTE 行业无线专网、基于边缘计算的敏捷物联网关等系列工业互联网技术。在电力、工厂制造、物流、农机、电梯等领域加强与行业伙伴联合，深度匹配不同场景下的工业物联需求，使制造行业全方位智能化
电信运营商	中国电信集团公司	是国内三大主导电信运营商之一，在互联网、云计算、大数据、物联网应用等诸多领域拥有领先的产品和服务优势。2017 年 3 月，中国电信与通用电气（GE）宣布签署相关协议，在工业互联网领域合作，共同打造中国工业互联网生态圈。中国电信将基于 GE Predix 工业互联网技术，充分发挥网络基础设施与运营服务的综合优势，向用户提供工业互联网平台相关服务
	北京光环新网科技股份有限公司	业界领先的互联网综合服务提供商，中国 IDC 龙头企业，主要为互联网数据中心服务（IDC 及其增值服务）、云计算服务、互联网宽带接入服务（ISP）等互联网综合服务，是国内云计算领域和大数据分析领域的行业引领者
工业类上市公司	宝山钢铁股份有限公司	旗下拥有一个物联网、大数据企业，即宝信软件。宝信集成能力强，技术背后有管理，能够从"点和线"做到"面"。其在全国钢铁业生产过程执行管理系统方案提供总量中占据 40% 以上的份额，主要软件产品的市场占有率更是高达一半以上。宝信也在向地铁、楼宇等智慧城市和物联网领域延伸
	中国航天科工集团公司	发布中国首个工业互联网云平台 INDICS（Industrial Intelligent Cloud System），是我国唯一提供智能制造、协同制造、云制造公共服务的云平台
	三一重工股份有限公司	拥有中国机械行业唯一智能仓库，9000 平方米占地面积，16000 立方米仓库容量，数千条生产线；亚洲智能制造车间，物料准时配送率超 95%，质检电子化率达 100%，运营成本降 20%
	沈阳机床股份有限公司	产值常年排名世界机床行业前 20 位，研发的 i5 数控系统也是中国机床行业的技术领先产品。公司目前掌握的核心技术已经实现了智能补偿、智能诊断、智能管理

续表

企业类型	代表企业	企业简介
工业类上市公司	潍柴控股集团有限公司	中国综合实力最强的汽车及装备制造集团之一，是全系列、全领域的通用动力提供商，积极谋求从传统制造向服务型制造转型，两化融合、绿色制造均处于行业领先水平。2016年1月，潍柴集团与中国电信集团签订了"互联网+智能制造"领域战略合作协议。双方将聚焦工业网络创新和应用、制造服务一体化、智能产品、工业大数据、产业链协同等重要领域，共同探索研究工业互联网在潍柴集团生产线上的应用，综合利用全光网络、无线通信、物联网、大数据等技术打造数字车间、智慧化工厂和智能产品，建设工业大数据平台、企业级移动化应用平台和工业云平台，对产品研发、生产、后市场服务等进行优化协同，实现产品全生命周期闭环管理
工业数据服务商	北京东土科技股份有限公司	工业以太网交换机细分市场龙头，并布局机器数据分析。在工业互联网设备领域处于领先地位，随着国家工业4.0战略的推进，设备销售量呈现快速增长
	深圳市汇川技术股份有限公司	主要从事工业自动化控制产品的研发、生产及销售，以应用软件、云平台和智能硬件为客户提供后服务市场的信息化服务管理，2017年工业互联网业务还处于培育状态，已经在电梯行业得到批量使用，在起重、空压机行业正逐渐使用
	江苏东华测试技术股份有限公司	为客户提供由传感器、调理放大器、数据采集仪、分析软件、工程应用软件及专业服务组成的"一站式"测试系统解决方案，是国内领先的结构力学性能测试仪器制造商，未来将以结构力学测试系统为基础，打造机械运动控制系统的工业互联网产品和服务。已形成完整传感、数采、数据分析产品链。在线监测系统目前已进入石化、冶金、造纸等领域，未来将重点突破军工、港机、海工、桥梁、高铁等领域
	北京佳讯飞鸿电气股份有限公司	一家专注于通信、信息领域新技术及新产品的自主研发与生产，并实现规模销售的通信设备及解决方案提供商；转型铁路、电力的工业数据服务商；立足指挥调度系统和防灾传感网络，布局工业数据分析
平台服务商	中国商用飞机有限责任公司	利用互联网进行国产大飞机C919全球网络化协同研发，4500名工程师和管理人员组成了数字化网络协同研发平台，全球协同26家海外一级供应商，网络化应用拓展到研发、生产、试航、客服各个领域
	海尔集团	对内构建互联工厂，用户个性化需求直达工厂实现实时互联；对外构建U+智慧生活开放平台，为用户提供互联网时代智慧生活解决方案，最终实现用户的全流程最佳交互、交易和交付体验
设备提供商	武汉光迅科技股份有限责任公司	技术实力强劲，国内光器件行业龙头，光纤传感器龙头公司。公司前身是邮电部固体器件研究所，作为光电子器件行业的龙头企业，目前已形成了芯片、器件、模块、系统一体化产业链，并向25G及以上高速芯片领域扩展

续表

企业类型	代表企业	企业简介
设备提供商	上海仪电（集团）有限公司	仪电显示将在智能制造领域不断尝试，并形成可推广可复制的运营模式。2016年，上海仪电显示材料有限公司彩色滤光片智能车间列入工信部2016年智能制造试点示范项目。应用智能定位识别自动生产线、车间智能化仓储运输、统一管道供给能源、自动排产与执行管控，以及自动在线检测和数字化工艺品质管控等智能化生产装备与手段，实现业内领先的智能化制造模式
	杭州中恒电气股份有限公司	聚焦电力信息化与电力电子两大板块，一方面持续为电网、发电（含新能源）与工业企业的"自动化、信息化、智能化"建设与运营提供整体性解决方案；另一方面专注为客户提供通信电源、高压直流电源（HVDC）、电力操作电源、新能源电动汽车充换电系统、智慧照明、储能等产品及电源一体化解决方案，逐步将重点转向能源互联网产业生态的建设

资料来源：根据企业公开资料整理。

2. 企业实力不断增强

由表3-3可以看出，我国工业互联网企业不仅业务范围广，其实力也不断增强，尤以龙头企业为代表，如在工业互联网IaaS领域，阿里和腾讯综合实力位于全球前10名；航天科工、三一重工、徐工集团等企业追赶国际步伐，积极打造工业互联网平台。企业实力的提升还体现在各龙头企业之间联袂合作，如以通信设备为专长切入工业互联网的华为与GE展开战略合作，双方将基于GE的Predix工业物联网应用平台以及华为领先的物联网网关、网络控制器、连接管理平台、大数据计算平台等信息通信技术及基础架构进行联合创新，携手开发、推广和交付新型工业数字化和自动化解决方案，并进一步加速基于云化的工业数字化应用的部署及推广。再如阿里巴巴与航天科工、三一重工、徐工集团等垂直领域巨头开展工业互联网方面的合作，阿里提供机器学习、数据模型建模能力，合作企业提供专业的行业经验。

海尔在工业互联网方面也进行了创新实践，体现在三个方面：一是创新大规模定制模式，实现了全球引领；二是围绕大规模定制模式，海尔建立了众创汇平台，聚集了300多万家资源（共3亿用户）；三是在众创汇平台基础上，海尔搭建了COSMOPlat平台。COSMOPlat平台是完全自主研发和自主创新的平台，在用户、企业和设计资源三个双边市场中，搭建了一个以用户为中心的社群经济下的诚信工业新生态，把互联工厂模式软化以后，变成了一个方案交互和价值驱动的平台，从设计交互一直到服务全流程，任何一个环节都可以通过这个平台实现①。

（二）产业人才需求分析②

发展工业互联网，人才是根本。目前，我国工业互联网相关专业人才紧缺，尤其是既懂工业技术又懂信息技术的跨界综合人才极度缺乏，影响工业互联网应用深化。

1. 人才类型分析

从工业互联网产业的物理基础——感知层、网络层和应用层着手，每个层面需要不同的专业

①陈录城：《海尔工业互联网创新实践：COSMOPlat——助力企业换道超车》，《互联网天地》2017年第3期，第17-19页。
②杜娟：《发展工业互联网，人才是根本》，http://www.cnii.com.cn/internetnews/2018-04/10/content_2051955.htm，2018-04-10。

人才,如图3–3所示。其中,工业互联网感知层主要需要物联网、数据采集类人才,网络层主要需要云计算、研发类人才,应用层主要需要大数据、运营管理类、行业应用类人才。

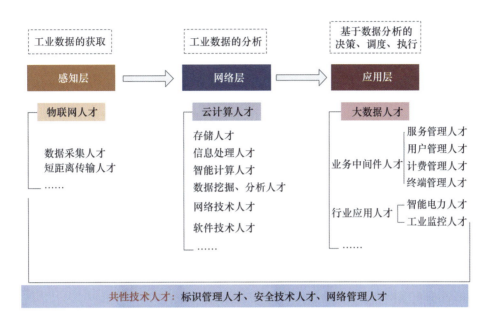

图3–3　工业互联网人才类型

2. 人才需求分析

（1）人才需求类型。从工业互联网的网络、平台与安全三个方面看,需要的人才类型如下:

一是网络互联需要大量技术创新人才。工业互联网网络是实现工业系统互联和工业数据传输交换的基础,其技术创新和应用涉及网络和控制系统、标识解析、机器学习、CPS、工业软件等多领域多学科技术。其中,标识解析、机器学习等技术属于相当前沿的领域,需要大量技术创新人才从事研发创新和探索实践。对于企业来说,工业互联网相关的网络改造与建设属于技术含量高、投入大且见效慢的基础工程,需要集中专业人才开展新型网络研究、试验、测试和部署。构建适合我国长远发展的工业互联网标识解析体系,需要依托专业人才加紧推进标识解析研究,对核心技术和应用方案进行验证,形成体系化推进。

二是平台支撑的智能化生产需要复合型应用人才。工业互联网平台是工业智能化发展的核心载体,平台上汇聚了海量异构数据、工业经验知识以及各类创新应用,能够支撑生产运营优化、关键设备监测、生产资源整合、通用工具集成等智能化生产运营活动。这需要积累大量生产经验,熟悉建模、虚拟仿真工具,能够将经验转化为固化模型,并掌握数据分析工具的复合型应用人才,以及时发现生产现场状况、协作企业信息、用户市场需求等高附加值预判信息,通过精确计算和复杂分析,实现从机器设备、运营管理到商业活动的价值挖掘和智能优化。

三是工业互联网全方位防护需要专业化安全保障人才。工业互联网将工业控制系统与互联网连接起来,意味着互联网安全风险向工业关键领域延伸渗透,网络安全将与工业安全风险交织,迫切需要培育大量专业化安全保障人才。①关键技术研发人才,需要形成兼顾网络安全和工业安全的研发人才队伍。②管理和咨询服务人才,能够满足工业互联网安全试验验证、安全监测预警、态势感知、安全公共服务等需求,形成工业互联网安全管理和服务人才体系。

（2）技能素质要求。工业互联网发展对专业技术人才和劳动者技能素质提出了新的更高要求。具体表现为：

一是较高的数字化技能。工业互联网通过智能化的软硬件系统强化生产过程中机器与人之间的智能交互，降低劳动强度，提升生产效率。从业人员不再需要承担繁重的体力劳动，但将面对更加复杂的工艺流程，同时控制多种精密的智能机器。这要求从业人员有较强的岗位适应性，在强化专业技能的基础上，掌握人机交互、数字化软件、机器运维、系统集成等更多新技能。

二是良好的协调能力。工业互联网以平台为核心，集成云平台运维、工业数据分析、工业通信网络设备、虚拟现实等多个领域的技术服务与软硬件产品，同时还需要与企业内外已有的 IT 平台实现无缝衔接。这要求从业人员具备开放创新思维，提高跨界协作能力，适应跨企业、跨地域、跨平台的虚拟化协同环境，与其他员工、供应商、客户及相关方交流共享信息。

三是强烈的安全意识。工业系统安全还要求一线劳动者具备强烈的安全意识，强化危险事件感知、位置识别、信号传输、数据分析与事故处理流程设计等知识及应急处理能力，尽早发现和处理问题，降低损失。

（3）具体岗位与职责要求。通过梳理工业互联网企业的招聘信息，可以发现工业互联网急需跨界复合型、高端技术型以及管理类人才，如网络安全工程师、工业互联网工程师、工业大数据工程师等。部分互联网企业招聘的岗位职责与能力要求如表 3 - 4 所示。

表 3 - 4   工业互联网产业部分岗位的岗位职责和岗位能力举例

工作岗位	岗位职责	岗位能力要求	学历要求
网络安全工程师	参与企业基础网络安全架构建设；根据业务需求制定网络安全解决方案；定期对企业业务进行安全检测，并制订解决方案；解决日常网络安全问题，在出现网络攻击或安全事件时进行紧急响应、恢复系统及调查取证；对公司网络进行安全评级及安全加固工作	熟悉网络协议、网络安全攻防技术、信息安全管理规定和相关标准，Windows、Linux 等主流操作系统管理和安全管理，具备安全事件处理和分析能力；具有网络安全通信协议、系统漏洞、恶意代码检测与分析、安全攻防、信息安全技术及产品等方面的理论基础和实践经验；掌握网络安全产品、路由交换产品的设备选型、部署、维护和安全防范；熟悉国内外主流安全产品（如防火墙、IDS、IPS、ADS、安全审计、漏洞扫描、身份认证、加密系统等）	大专及以上
数据科学家	负责研究和应用工业及物联网领域模型构建知识和技术；负责数据分析和建模项目的业务需求和技术实现；负责数据模型等数据产品的策略分析和报告等事宜；共同构建及完善各类风险评级模型等风险量化系统、早期风险预警等应用系统的研究规划、需求设计、论证组织、开发测试、推广应用和运行维护	掌握统计分析和建模技术手段，熟悉数据挖掘算法，人工智能、机器学习、图像处理等，能够根据业务实际需求进行建模、算法调优及验证	硕士及以上

续表

工作岗位	岗位职责	岗位能力要求	学历要求
工业大数据工程师	负责工业大数据基础平台的规划、部署、管理和优化，保障平台稳定可靠高效运行；负责工业大数据开发工作；负责 Hadoop、HBase、Hive、Spark、Kafka、Storm 等集群的维护、优化工作	熟悉主流的大数据框架，熟悉 MR、Spark 编程，熟悉 Flume、Kafka，对 Storm 和 Spark Streaming 有一定了解；熟悉 Linux 日常工作环境，熟悉掌握常用命令和调优监控手段——至少会使用一种脚本语言，包括但不局限于 Shell、Ruby、Groovy、Python，能够在日常工作中使用脚本简化工作	本科及以上
工业互联网工程师	工业互联网项目调研与需求分析；工业互联网项目解决方案设计与开发；工业互联网项目申报文档与方案文档撰写；与项目经理和产品经理进行日常沟通交流、技术协调、资源共享等	熟悉通信原理及通信设备、通信协议与网络接口协议；熟悉 ProfiNet、EtherCAT、TSN/AVB 等实时工业以太网协议，熟悉 OPC UA；具有良好的组织、沟通和协调能力，能够承受一定的工作压力	本科及以上
软件工程师	软件的开发和维护；根据设计需求，独立完成软件的设计、编码和调试；软件代码编写与调试；开发文档编写	精通 C/C++语言编程，嵌入式系统软件编程经验 5 年以上；至少熟悉 uC/OS、vWorks、Linux 等一种操作系统应用；精通 Uart、I2C、SPI 通信协议	本科及以上
UI 设计师	根据产品需求，对产品的整体美术风格、交互设计、界面结构、操作流程等进行设计；与团队配合，能与开发团队沟通，推进界面及交互设计的最终实现；负责所在项目的运营、渠道等周边设计工作	精通各种常用设计工具，包括 Photoshop、Dreamweawer、Flash、Illustrator 等；有扎实的美术功底、设计理论知识，对流行趋势拥有敏锐的洞察力，对各种设计趋势有灵敏触觉和领悟能力；创新能力强，责任心强，具有较好的团队合作意识，能承受高强度的工作压力；会动效设计，有手绘功底	本科及以上
工业机器人调试工程师	负责工业机器人系统的配置、示教与编程；完成机器人仿真、离线程序编制；设置焊接参数和其他相关应用程序的参数；与自动化工程师配合，联动调试完整系统	具有 FANUC、KUKA、ABB 等其中任意一种机器人的示教、调试及维护经验；具有机器人仿真经验；具有良好的团队意识与沟通能力；有较强的自学能力和钻研能力	专科及以上
IT/IoT 解决方案架构师	设计稳定可靠的整体智能系统；参与研发、生产、销售等整体的业务映射；负责端到端应用程序设计等	熟悉 NB-IOT、eMTC 等主流物联网组网技术，并深入理解 EPC 网络业务流程；拥有 IT 服务管理、云计算、大数据、运维自动化领域的解决方案售前与交付实施经验；具有产品开发、架构设计经验；熟悉至少一种关系/非关系性数据库的使用，具备一定的数据分析能力；具备较强的沟通表达、归纳总结能力，较强的服务意识和抗压意识	本科及以上

资料来源：智联招聘、猎聘网站。

三、我国工业互联网专业职业教育分析

随着工业互联网时代的到来，数字化、网络化、智能化已经成为时代发展的重要特征，工业互联网的发展不仅需要科技领军型人才，也需要大批技术高超、技能娴熟的技术技能人才，二者缺一不可。然而，由于工业互联网产业尚处于发展的初级阶段，与产业完全匹配的人才培养体系尚需建立和完善，工业互联网职业教育有待进一步加强。

（一）专业设置情况

1. 高职院校

从教育部公布的《普通高等学校高等职业教育（专科）专业目录（2015年)》以及2016年、2017年增补专业看，我国尚未设置工业互联网专业或工业互联网相关方向，只设有与工业互联网产业链上所需技术相关的专业，如云计算技术与运用、物联网应用技术、大数据技术与应用、工业网络技术、智能控制技术、工业机器人技术等，如表3-5所示。

表3-5　普通高等学校高等职业教育（专科）工业互联网产业相关专业表

专业类型	专业名称及代码	专业方向举例	主要对应职业类别	衔接中职专业举例	接续本科专业举例
自动化类	智能控制技术（560304）	计算机控制技术 智能制造技术 工业信息与监控技术	机械工程技术人员 信息和通信工程技术人员 电气工程技术人员 管理（工业）工程技术人员	计算机应用 计算机网络技术	自动化 电子信息工程
	工业网络技术（560305）		信息和通信工程技术人员 仪器仪表装配人员 管理（工业）工程技术人员	计算机网络技术 网络安防系统安装与维护 工业自动化仪表及应用	电气工程及其自动化
	工业机器人技术（560309）		机械工程技术人员 电气工程技术人员 信息和通信工程技术人员	机电技术应用 电气运行与控制 电气技术应用 电子与信息技术	电气工程及其自动化 自动化 机械电子工程
	物联网应用技术（610119）	物联网嵌入技术 物联网互联技术	信息和通信工程技术人员 信息通信网络运行管理人员	网络安防系统安装与维护 电子与信息技术 电子技术应用	物联网工程 电子信息工程

专业 类型	专业名称 及代码	专业方向举例	主要对应职业类别	衔接中职 专业举例	接续本科 专业举例
计算 机类	信息安全与管理 （610211）	信息安全技术 网络安全管理	信息和通信工程技术 人员	计算机应用 计算机网络技术	计算机科学与技术 网络工程 信息安全
	云计算技术与 应用（610213）		信息和通信工程技术 人员 软件和信息技术服务 人员	计算机应用 计算机网络技术	计算机科学与技术 软件工程 网络工程
	大数据技术与 应用（610215）				
通信类	物联网工程 技术（610307）		信息通信网络运行管理 人员 信息和通信工程技术 人员	通信技术 通信系统工程安装与 维护 通信运营服务	物联网工程

　　由于与工业互联网相关的专业较多，立足于工业互联网的核心即网络、数据、信息安全三个方面选择云计算技术与应用（610213）、大数据技术与应用（610215）、信息安全与管理（610211）分析职业院校专业设置情况。

　　根据阳光高考网及相关职业院校官网的数据，2017 年我国已有 48 所高职院校开设云计算技术与应用（610213）专业，据不完全统计共计划招生 1969 人，与 2016 年基本持平，具体情况如表 3-6 所示。共有 234 所高职院校开设了信息安全与管理（610211）专业，其中四川省有 19 所，位居第一；其次是安徽、河南、福建、广东四省，分别有 18 所、16 所、15 所、14 所。

表 3-6　　　　　　　2017 年国内高职院校云计算技术与应用专业开设情况

地区		序号	高职（高专）院校	所属院系	招生计划（人）	
					2016 年	2017 年
东部	河北	1	河北化工医药职业技术学院	信息工程系	50	50
	山东	2	山东商业职业技术学院	电子信息学院	80	90
	江苏	3	常州信息职业技术学院	网络与通信工程学院	40	25
		4	无锡科技职业学院	物联网与软件技术学院	50	15
		5	常州工程职业技术学院	智能装备与信息工程学院	21	45（提前招生）
		6	南京信息职业技术学院	计算机与软件学院	不详	45（对口单招）
	福建	7	厦门软件职业技术学院	—	无计划	51

地区		序号	高职（高专）院校	所属院系	招生计划（人）	
					2016 年	2017 年
东部	广东	8	广东科学技术职业学院	计算机工程技术学院	30	无计划
		9	汕尾职业技术学院	信息工程系	不详	44
		10	广州科技贸易职业学院	信息工程学院	40	25
		11	深圳职业技术学院	计算机工程学院	42	66
中部	山西	12	山西信息职业技术学院	信息工程系	40	20
		13	山西经贸职业学院	电子信息工程系	35	40
	河南	14	河南财政税务高等专科学校	—	无计划	不详
		15	三门峡职业技术学院	信息传媒学院	不详	72
		16	洛阳师范学院	软件职业技术学院	60	60
	湖北	17	黄冈职业技术学院	电子信息学院	55	不详
	湖南	18	湖南工业职业技术学院	信息工程系	47	42
		19	湖南大众传媒职业技术学院	新媒体技术学院	30	不详
		20	湖南科技职业学院	软件学院	不详	150
		21	湖南财经工业职业技术学院	电子信息系	40	60
	安徽	22	安徽商贸职业技术学院	电子信息工程系	135	186
		23	安徽工业经济职业技术学院	计算机科学技术系	50	60
	黑龙江	24	哈尔滨信息工程学院	软件学院	16	无计划
西部	重庆	25	重庆航天职业技术学院	计算机工程系	17	不详
		26	重庆三峡职业学院	信息科技系	65	35
		27	重庆电子工程职业学院	计算机学院	90	83
		28	重庆信息技术职业学院	软件与艺术学院	50	无计划
		29	重庆工程职业技术学院	信息工程学院	53	23
		30	重庆工商职业学院	电子信息工程学院	75	25
	四川	31	四川交通职业技术学院	信息工程系	不详	40
		32	电子科技大学成都学院	云计算科学与技术系	140	72
		33	四川信息职业技术学院	信息工程系	55	无计划
		34	四川大学锦城学院	计算机科学与软件工程系	不详	不详
		35	四川长江职业学院	电子信息系	105	67
	广西	36	南宁职业技术学院	信息工程学院	55	45
		37	柳州铁道职业技术学院	信息技术学院	20	不详
		38	广西职业技术学院	计算机与电子信息系	35	无计划
	贵州	39	贵州交通职业技术学院	信息工程系	不详	不详
		40	六盘水职业技术学院	信息工程系	不详	97

续表

地区		序号	高职（高专）院校	所属院系	招生计划（人）	
					2016 年	2017 年
西部	贵州	41	贵州电子信息职业技术学院	电子信息工程系	50	70
	陕西	42	陕西国防工业职业技术学院	电子信息学院	40	120
		43	陕西电子科技职业学院	电子工程学院	7	不详
	甘肃	44	甘肃交通职业技术学院	信息工程系	30	25
	内蒙古	45	内蒙古电子信息职业技术学院	软件工程系 *	98	61
		46	兴安职业技术学院	计算机系	20	不详
		47	内蒙古化工职业学院	计算机与信息工程系	39	40
	新疆	48	新疆天山职业技术学院	信息技术学院	55	20
计划招生数总计（不完全统计）					1960	1969

资料来源：阳光高考网及学校招生简章。

　　教育部于 2016 年在高职专业目录中设置"大数据技术与应用"专业。截至 2017 年，我国已有 62 所高职院校开设大数据技术与应用专业。2018 年 1 月 18 日，教育部公布的"大数据技术与应用"专业备案和审批结果显示，208 所职业院校获批开设"大数据技术与应用"专业，如常州信息职业技术学院、广东科学技术职业学院、山西信息职业技术学院等。部分高职院校"大数据技术与应用"专业招生计划如表 3 - 7 所示。

表 3 - 7　　2017 年国内高职院校"大数据技术与应用"专业开设情况（部分）

高职（高专）院校		2017 年招生计划（人）
江苏	常州信息职业技术学院	39
广东	广东科学技术职业学院	25
山西	山西信息职业技术学院	25
四川	电子科技大学成都学院	55
广西	南宁职业技术学院	50
贵州	六盘水职业技术学院	95
	贵州电子信息职业技术学院	120

资料来源：高职院校 2017 年招生简章。

2. 本科院校

　　依据《普通高等学校本科专业目录（2012 年）》，尚无工业互联网专业。从工业互联网产业链分析，人才需求涉及众多学科，需要机械类（802）、电气类（806）、电子信息类（807）、自动化类（808）、计算机类（809）、交通运输类（818）、航空航天类（820）、安全科学与工程类（829）、电子商务类（1208）等各类专业人才。其中，以计算机类、自动化类、电气类专业本科及以上学历层次人才需求最旺盛。阳光高考网数据显示，全国开设计算机类、自动化类、电气类高校分别有 197 所、40 所、157 所。

　　由于本科学历层次计算机类、自动化类、电气类包含专业众多，将三类专业与工业互联网产业交叉综合分析后，以工业互联网急需数据挖掘、处理、分析、决策等核心专业人才为依据，选择以工学门类中计算机专业类下智能科学与技术专业（见表 3 - 8）作为工业互联网重点专业展开分析。

表 3 - 8　　　　　　　　　　　　智能科学与技术专业介绍

专业类型	专业名称及代码	专业方向举例
计算机（0809）	智能科学与技术（080907T）	智能大数据处理、智能机器人、智能游戏、智能网络

智能科学与技术是 2003 年由北京大学智能科学系提出建立，2004 年开始招收首批本科生的特设专业。该专业是融合了电气、计算机、传感、通信、控制等众多学科领域，多学科相互合作、相互研究的跨学科专业，涉及机器人技术、微电子机械系统、以新一代网络计算为基础的智能系统，以及与国民经济和工业生产密切相关的各类智能技术与系统等。

根据阳光高考网与相关高校官网的数据，2017 年全国仅有 27 所高校开设智能科学与技术专业，其中北京有 5 所，居全国第一；辽宁有 3 所，天津、上海、湖北、湖南、广东和陕西各有 2 所。如图 3 - 4 所示。

图 3 - 4　2017 年全国智能科学与技术专业高校分布

据不完全统计，27 所本科院校智能科学与技术专业 2015 年、2016 年、2017 年招生计划总数分别超过 710 人、736 人和 714 人，三年总招生数超过 2160 人，总体招生情况稳定，具体情况如表 3 - 9 所示。为了满足产业发展需要，部分高校开始开设该专业，如 2017 年重庆工程学院新增智能科学与技术专业，计划招生 110 人。

表 3 - 9　　　　2015 ~ 2017 年部分高校智能科学与技术专业招生计划情况　　　　单位：人

地区	学校名称	2015 年招生计划	2016 年招生计划	2017 年招生计划	招生总数
北京	北京科技大学	5	7	不详	> 184
	北京邮电大学	21	9	不详	
	北京信息科技大学	46	50	46	
	北京大学	不详	不详	不详	
	首都师范大学	—	—	—	

续表

地区	学校名称	2015 年招生计划	2016 年招生计划	2017 年招生计划	招生总数
湖北	武昌理工学院	31	40	40	>111
	武汉工程大学	不详	不详	不详	
湖南	湖南大学	—	—	—	6
	中南大学	2	2	2	
重庆	重庆工程学院	—	—	110	110
河北	华北理工大学	—	38	不详	>38
河南	黄河科技学院	—	—	40	40
辽宁	沈阳工业大学	32	31	57	495
	大连东软信息学院	55	60	80	
	大连海事大学	60	60	60	
山东	青岛大学	42	80	不详	>122
天津	河北工业大学	66	46	66	>178
	南开大学	不详	不详	不详	
上海	上海第二工业大学	50	49	45	>144
	上海理工大学	不详	不详	不详	
陕西	西安电子科技大学	130	111	91	>488
	西安邮电大学	72	84	不详	
吉林	东北电力大学	40	19	27	86
福建	厦门大学	不详	不详	不详	不详
广东	华南理工大学	—	50	50	>100
	中山大学	不详	不详	不详	
广西	桂林电子科技大学	58	—	不详	>58
总计		>710	>736	>714	>2160

注："不详"为招生计划中显示大类招生数，无法确定具体专业招生数；"—"表示当年该专业未招生。

资料来源：根据相关高校官方网站、中国高校之窗、易贤网等资料整理。

由表 3-9 可知，按地区分布，2015~2017 年，辽宁、陕西招收智能科学与技术专业学生均超过 480 人，远超其他省市；天津、北京、上海、广东、山东、重庆、湖北该专业招生总数均超过 100 人；按学校分布，西安电子科技大学该专业招生最多，西安邮电大学次之，中南大学每年仅招 2 人，首都师范大学和湖南大学连续三年该专业未招生。

（二）人才培养分析

工业互联网产业所涉及的专业众多，下文以本科院校智能科学与技术专业为例重点分析人才培养情况。

1. 培养目标

本科院校智能科学与技术专业面向前沿高新技术，培养具有信息分析、信息处理和决策并掌握智能传感与检测、智能网络等前沿技术和知识，适用于应用智能领域的复合型人才。高校由于地域和产业发展的不同，对智能科学与技术专业人才培养能力及培养目标设定也有所差别，如表3－10所示。

表3－10   部分高校智能科学与技术专业人才培养目标

地区	学校名称	人才培养能力及培养目标
北京	北京科技大学	以智能科学与技术及信息理论和技术知识为基础、以解决工程技术问题能力为目标结合素质教育协调发展，培养"基础扎实、实践能力强、具有创新意识和国际视野"的高素质人才
	北京信息科技大学	以智能科学与技术方面的基本理论和基本知识为基础，以智能信息处理、智能行为交互和智能系统集成理论为指导，以计算机硬件和软件系统为应用平台，具有理论与广泛的实践相结合的特征，培养从事智能信息处理、智能机器和智能系统集成的研究、设计、开发及应用的高级技术人才
重庆	重庆工程学院	本专业面向智能信息技术及智能机器人产业，培养掌握人工智能、计算机应用技术、智能信息处理以及智能机器人等领域系统的基础理论和专业知识，获得工程实践及技术应用能力的系统化实践训练，能够在智能信息处理领域或智能机器人应用领域从事数据分析与挖掘、大数据应用、智能机器人应用、移动互联应用开发等工作的高素质应用型、技术技能型专门人才
河北	华北理工大学	培养具备数据智能分析、智能行为交互及智能系统集成等方面研究与开发能力，能在企业、事业、医疗、科研、教育和行政等单位从事智能系统设计、智能数据分析、智能行为决策等方面的科学研究、开发设计、工程应用、决策管理和教学等工作的复合型高级人才
辽宁	沈阳工业大学	培养能在智能控制、智能决策、智能信息处理、嵌入式系统应用等领域，具体如机电装备控制、工业过程综合自动化、物联网工程、智能建筑、智能电网、智能仪表等，从事系统分析、设计、开发、应用的高素质应用型高级工程技术人才
	大连海事大学	培养具有良好的科学素养和职业道德，扎实的数学、计算机和人工智能基础知识，系统地掌握智能科学与技术的基础理论与知识、基本技能与方法，具备智能信息处理、智能系统等方面研究与开发的基本能力，能在科研院所、企事业单位和政府机构从事智能科学与技术相关领域的研究、开发、应用和管理工作，并具有继续攻读智能科学与技术专业以及相关学科的硕士和博士学位潜能的高级复合型人才
	大连东软信息学院	培养具有电子科学与计算机技术基础，具备信息处理、自动控制、人工智能系统开发等知识与工程能力，在电子信息、自动控制、计算机、智能技术等相关领域从事产品设计与开发、系统测试、技术支持等工作的应用型高级专门人才

续表

地区	学校名称	人才培养能力及培养目标
天津	南开大学	以光、机、电系统的单元设计、总体集成及工程实现的理论、技术与方法为主要内容，培养具备基于计算机技术、自动控制技术、智能系统方法、传感信息处理等科学与技术，进行信息获取、传输、处理、优化、控制、组织等并完成系统集成的，具有相应工程实施能力，具备在相应领域从事智能技术与工程的科研、开发、管理工作的，具有宽口径知识和较强适应能力及现代科学创新意识的高级技术人才
天津	河北工业大学	培养从事智能科学与技术研究及产业发展的工程技术人才和科研人才。毕业生具备从事智能科学与技术的科研、开发、管理等能力，具有宽口径知识和较强的适应能力及现代科学创新意识
上海	上海理工大学	培养具有坚实的数学、物理、电子、计算机和信息处理的基础知识；以智能科学理论为基础，受到智能信息获取与处理、智能决策与控制、智能系统、智能工程等方面相关知识及应用技术的学习、训练、实践和培养，并注重智能系统集成、智能检测及智能仪表等的设计、研发与应用；兼具计算机、人工智能、信息网络、数字内容处理和智能系统集成等方面专业知识和综合技能的高级复合型人才
上海	上海第二工业大学	培养学习与掌握数学、统计学、计算机和智能科学等基础知识和专业知识，能系统地学习并掌握智能科学技术的基本理论与应用技术，具有运用智能思维模式进行软件开发，解决实际应用问题的能力，能在相关企事业单位从事智能软件系统设计与开发、智能机器人的软件研发、智能数据分析与管理、智能信息处理等相关工作的高级工程技术应用型人才
陕西	西安电子科技大学	培养具备电子技术、信息处理理论、电子信息系统、计算机与互联网络、智能科学与技术的基本知识，能从事各类电子与信息系统、智能信息领域科学研究、教学工作及各类大型电子信息系统、控制系统、仪器设备等智能化的研究、设计、开发及应用的高层次、创造性科技人才
山东	青岛大学	培养具备电子技术、信息处理理论、测控技术、计算机与互联网络、智能科学与技术的基本知识；具有智能科学理论基础、智能信息处理与智能系统分析设计方法相关知识，能综合运用智能科学技术知识和技能，理论联系实际解决问题；能从事各类电子与信息系统、智能信息领域科学研究、教学工作及各类控制系统、仪器设备等智能化的设计、开发及应用的复合型高级科技人才
福建	厦门大学	以深厚的计算机科学与智能科学的理论与技能为主轴，辅以坚实的数学、物理、电子与信息处理以及生命科学等多学科交叉的知识，使学生具备从事高端 IT 领域的科研和开发能力
吉林	东北电力大学	面向前沿高新技术，培养德、智、体全面发展的，具备基于自动控制技术、计算机技术、智能系统方法、传感信息处理等科学与技术，进行信息获取、传输、处理、优化、控制、组织及系统集成的能力，能够在相应领域从事智能技术与工程的科研、开发、管理工作的，具有宽口径知识和较强适应能力及现代科学创新意识的应用型高级人才

资料来源：根据相关院校官方网站资料整理。

2. 课程设置

目前，智能科学与技术专业课程包括三类：第一类是工科通识类课程，包括高等数学、普通物理、计算机基础等；第二类是信息技术类专业基础课，如电路分析、数字电子技术、计算机软件基础等；第三类是核心专业课程，这类课程会因各类产业人才需求不同而有所区别，如北京信息科技大学偏重信息处理、智能与控制、人工智能三个方面的课程，东北电力大学则设置核电站智能控制、风电机组智能控制、火电厂智能控制系统等课程，西安电子科技大学则确立了"智能＋信息处理"的专业核心课程体系和特色专业课程。部分高校智能科学与技术专业核心课程设置情况如表 3 – 11 所示。

表 3 – 11　　　　　　　　部分高校智能科学与技术专业核心课程设置

高校名称	核心课程
北京科技大学	脑科学与认知科学概论、人工智能基础、信息论与编码、控制工程基础、机器人组成原理、计算智能基础、模式识别基础、机器学习、智能控制及其应用、嵌入式系统、数据结构与算法分析、计算机网络等 40 多门课程
上海理工大学	高等数学、大学物理、电路理论、模拟电子技术、数字电子技术、自动控制原理、计算机科学与技术、智能科学技术导论（含脑与认知）、模式识别、自然语言理解、信息融合、机器学习、人工智能、智能系统集成、机器人技术、智能控制、智能检测技术及仪表
西安电子科技大学	电路分析理论、信号与系统、数字信号处理、模拟电子线路基础、数字电路及系统设计、通信电路、微机原理与系统设计、数据结构、软件工程、人工智能概论、算法设计与分析、最优化理论与方法、机器学习、计算智能导论、模式识别、图像理解与计算机视觉、智能传感技术、移动通信与智能技术、智能控制导论、智能数据挖掘、网络信息检索、智能系统平台专业实验等课程及 30 多门选修课程
桂林电子科技大学	电路分析基础、信号与系统分析、模拟电子技术、数字逻辑、微机原理与接口技术、信号处理、通信原理、DSP 原理与应用、微弱信号检测技术、计算机网络
东北电力大学	电路原理、模拟电子、数字电子、自动控制原理、计算机控制系统、微机原理与接口技术、脑与认知科学基础、人工智能、最优化理论、机器智能、专家系统、核电站智能控制、风电机组智能控制、火电厂智能控制系统等
北京信息科技大学	电路理论基础、电子技术基础、计算机软件基础、计算机网络、模式识别、人工智能、人工神经网络、模糊控制、机器人学、智能机器人、智能传感与检测技术、数据挖掘与处理、机器学习、智能信息处理、专家系统等
重庆工程学院	智能科学技术导论、脑与认知科学、自动控制原理、嵌入式系统、数据结构与算法、人工智能、数据分析与数据挖掘、数据库应用技术、云计算及应用、智能大数据处理技术、机器人原理、智能机器人应用软件开发
华北理工大学	离散数学、数值计算、数据学、信号与系统、数据结构与算法、数据库技术与应用、程序设计技术、计算机网络技术、多媒体技术、数据获取技术、人工智能、模式识别、数据挖掘、机器学习、智能计算、智能信息处理、最优化理论与方法、数字图像处理、虚拟现实技术、智能机器人等

高校名称	核心课程
大连海事大学	C 语言程序设计、Java 程序设计、计算机组成原理、单片机原理及应用、离散数学、数据结构、编译原理、计算机网络、操作系统、数据库原理、算法设计与分析、信息系统分析与设计、智能科学与技术专业导论、人工智能基础、脑与认知科学、模式识别、机器学习、智能信息处理、不确定性计算、智能系统导论、多智能体系统、数据仓库与数据挖掘、机器人学、智能交通系统、智能机器人实验、人工智能课程设计、智能信息系统课程设计等

资料来源：根据相关院校官方网站资料整理。

3. 实验实训

实验实训教学是提升人才培养质量、培养学生动手及创新能力的重要环节，是高校促进理论学习和实践相结合的主要手段。实践教学的主要场所是实验室，通过实验活动教师可以完善教学理论，学生可以加强理解课堂习得的知识。高校智能科学与技术专业实验室多以计算智能、智能分析、机器感知、数据挖掘等为主要实验内容，代表高校主要有北京大学、北京邮电大学、北京信息科技大学、首都师范大学、武昌理工学院、大连海事大学等，详细情况如表 3 - 12 所示。

表 3 - 12　　　部分高校智能科学与技术专业开设实验课程及实验室建设情况

学校名称	实验实训教学及实验室建设情况
北京大学	智能与多媒体信息系统研究室：以多媒体（时空）信息系统和智能信息系统研究为主要研究领域，以数据库技术、地球空间信息技术、网络信息技术、时空分析技术和智能计算与多媒体技术为技术核心，在计算智能、智能分析与知识发现、智能与多媒体信息系统三个层面开展研究工作 视觉与听觉信息处理国家重点实验室：开设了机器感知、机器智能等实验课程
北京邮电大学	设计了贯穿四年的实验课程体系，包括智能科学与技术导论实验、脑与认知科学基础实验和智能信息网络实验等
北京信息科技大学	依托控制工程与智能技术实验教学中心，开设了智能网络、智能检测、智能机器人、复杂智能系统和智能体模拟实验
首都师范大学	拥有"智能机器人实验室""智能信息处理实验室"和"虚拟现实实验室"
上海理工大学	包括基本实践教学、课程实践教学和专业实践教学三部分，涉及课程实验、课程设计、综合实验、社会实践和毕业设计等多种形式
武昌理工学院	拥有智能机器人开放实训室、智能机器人创客俱乐部、智能机器人综合实验室、飞行机器人实验室、虚拟现实技术实验室
大连海事大学	拥有"脑与认知心理综合实验平台""小型足球机器人系统""机器感知综合实验平台""创新机器人综合实验平台""智能信息系统综合实验平台""数据仓库与数据挖掘实验平台""自然语言处理与信息检索综合实验平台""智能交通仿真系统平台"八大实验平台

学校名称	实验实训教学及实验室建设情况
东北电力大学	设有电子技术应用设计、智能仪器课程设计、智能机器人综合设计、集散控制系统课程设计等实验课程
桂林电子科技大学	实验实训教学包括电子认知实习、机械工程训练、电子工程实习、综合实验、生产实习、工程设计、毕业设计等
西安邮电大学	设计了层次化、开放型、有特色的实验教学体系，并围绕"三个层次，两个方向"进行实验室体系建设

资料来源：根据相关院校官方网站资料以及公开文献资料整理。

4. 师资队伍

培养高素质、有创新思维和能力的学生，首先要有一支高素质有创新能力的教师队伍。在师资队伍建设方面，北京大学"智能科学与技术"专业走出了一条国外引进与自身提高相结合的道路；西安电子科技大学依托优秀创新团队，采取了国内外引进和国内外合作交流相结合的建设方法；其他高校也都采取了相应的有效建设措施。目前，全国高校"智能科学与技术"专业师资队伍中高层次人才占比较高，如北京大学智能科学系智能与多媒体信息系统研究室拥有研究人员 13 名，其中，中国工程院院士 1 名，教授（博导）5 名，副教授 3 名，讲师 3 名；首都师范大学智能科学与技术专业具有高级职称的教师占比为 70%，具有博士学位的教师占比为 100%。

智能科学与技术专业师资队伍建设成效显著。例如，北京大学"智能科学与技术"专业教学团队先后被评为北京市和国家级优秀教学团队；西安电子科技大学"智能科学与技术"专业也被批准为"长江学者计划"——教育部智能信息处理创新团队和国家"111"智能科学与技术创新引智基地；首都师范大学"智能科学与技术"专业教师队伍获北京市中青年骨干教师和优秀人才的项目占比 33%，形成了"数据挖掘与知识发现""自然语言处理""智能交互与认知计算"等科研学术团队。随着工业互联网产业的快速发展，"智能科学与技术"作为我国高校的特色专业，其专业师资水平仍需进一步提升，以满足不断增长的多元化人才需求。

5. 校企合作

国家积极推动高校与优秀工业互联网企业联合培养工业互联网人才。例如，同济大学与美国国家仪器公司（National Instruments，NI）共同打造国内首个具有工业互联网全要素的智能制造实验室——同济大学—美国国家仪器（NI）工业互联网联合实验中心（以下简称"联合实验中心"）。借助 NI 在全球工业互联网方面的技术优势以及同济大学一流的科研能力，双方合作开展人才培养、科学研究和产业服务，推动我国工业互联网产业的发展。联合实验中心采用了 InsightCM 与 DIAdem、CompactRIO 等 NI 工业物联网技术平台相结合，可开展分布式传感器测量、智能终端处理、分析与开放式通信、数据管理等相关领域的研究，不仅具备业内领先的产能优势，同时可以提供实时信息（而非大量未过滤的数据）给相关主题专家，解决工业领域所面临的数据量大的难题。

（三）职业培训分析

为满足工业互联网迅速发展对人才的紧迫需求，在正式的学历教育之外开展职业培训显得尤为重要。2017 年 4 月，工业和信息化部发布《关于开展深化制造业与互联网融合发展培训工作的通知》（工信厅信软函［2017］144 号），鼓励地方企业组织开展 2017 年深化制造业与互联网融合发展培训，交流企业在深化制造业与互联网融合方面的典型经验和成功做法等。各地纷纷组织相关培训，以上海为例，其开展了工业和信息化人才继续教育培训（计算机与信息技术应用专业人员继续教育专项培训）和"New Power 信息化新动力"工业互联网系列联盟培训等。

1. 上海工业和信息化人才继续教育培训

为加强上海新一代信息技术重点领域高层次、急需紧缺人才的培养培训，提升计算机与信息技术应用专业技术人才的综合素质和专业水平，上海从 2012 年起组织开展计算机与信息技术应用专业技术人员继续教育专项培训。计算机与信息技术应用专业技术人员继续教育专项培训包括信息安全、云计算与互联网、大数据与数据挖掘、云计算与虚拟化技术等课程，授课方式包括面授、案例讨论等，考核方式为随堂考核、笔试等（见表 3 - 13），考核结果将作为业务考核、岗位聘用及职称评审的重要依据之一①。

表 3 - 13　　　　　　　　上海工业和信息化人才继续教育专项培训课程介绍

	基本内容
通用科目课程	信息安全、云计算与互联网、下一代互联网、信用概述、4G 移动通信技术与应用、大数据与数据挖掘、3D 打印技术概论、云计算与虚拟化技术、信息化项目风险控制与运用、互联网违法犯罪防范、互联网＋、物联网及其应用、移动互联网、职场心理学
招生范围和对象	上海市各类企事业单位中从事计算机与信息技术开发及应用工作的专业技术人员
授课方式	包括面授、集中面授、案例讨论等
考核方式	随堂考核，笔试形式，参加培训并取得学分的，颁发本市统一的单科证书，并将培训考核情况记入其《继续教育证书》。上海工业和信息化人才继续教育办公室负责督考

培训课程大部分由学校和企业合作开发，如《职场心理学》课程由上海张江信息技术专修学院与上海迎智正能文化发展有限公司合作开发。继续教育培训师资队伍整体力量较强，多为长期从事某一特定行业教学和培训的资深教授、副教授、讲师、高级工程师等。

2. "New Power 信息化新动力"工业互联网系列培训

"New Power 信息化新动力"工业互联网系列培训由上海市中小企业发展服务中心与工业互联网产业联盟上海分联盟合作，共同开展推进上海工业互联网实施及研发企业信息化的应用工作，以进一步提升企业信息化应用水平。培训开展情况如表 3 - 14 所示。

表 3 - 14　　　　"New Power 信息化新动力"工业互联网系列培训开展情况

	基本内容
培训目标	通过培训帮助上海市工业互联网实施及研发企业负责人了解信息化对企业发展的重要性，增强了企业信息化建设意识及实战能力，并掌握企业信息化建设的正确路径

---

① 上海市工业和信息化人才继续教育，http://edu.sheitc.gov.cn/index.jsp。

	基本内容
主办单位	工业互联网产业联盟
承办单位	工业互联网产业联盟上海分联盟 上海市中小企业发展服务中心
培训对象及人数	全市工业互联网实施及研发企业的一把手、战略负责人、CIO（信息化负责人），每家企业限报 2 人，总人数在 70 人左右
培训内容	工业互联网与产业智能化变革 企业如何实施工业互联网、应用及成功案例分享 大数据时代，我们能够做什么 窄带物联网（NB–IoT）及其应用 引导学习，问题分析，实况演练
培训形式	综合讲座、案例教学、专题研讨、现场互动

四、我国工业互联网专业职业教育服务产业发展分析及建议

我国工业互联网蓬勃发展，技术体系日益完善，应用场景不断丰富，正加速推动制造业向数字化、网络化、智能化和云化发展。在此形势下，职业教育应紧密对接工业互联网发展需要，积极调整和布局相关专业，加强专业建设，着力培养工业互联网产业发展所需的应用型技术技能人才。

（一）工业互联网专业职业教育服务产业发展分析

1. 职业院校开展相关人才培养的敏锐度不强

作为新一代信息通信技术与先进制造业深度融合形成的新兴业态与应用模式，工业互联网的发展对专业技术人才和劳动者技能素质提出了新的更高要求。加强相关专业技术技能人才培养，强化人才支撑至关重要。但是，职业院校紧跟技术创新、产业变革，开展相关人才培养的敏锐度不强。

受传统认知的束缚，职业院校整体上对人才培养定位偏低，甚至存在一定的认知误区，即认为新兴技术、新兴产业发展所需的人才都是研究型人才，没有适合职业院校培养的人才类型。职业院校对新技术、新业态、新模式及其对专业技术技能人才培养的影响的关注、研究不够，对于该如何顺应人才需求变化，培养什么样的人才，往往并不明确，多是延续既往的专业体系、人才培养目标和方案，突破创新力度明显不足。

2. 职业院校开展相关人才培养的经验匮乏

工业互联网产业属于前沿科技领域，对专业技术技能人才的要求高。符合企业岗位技术技能要求的应用型人才，不但需要理论支撑，还需要有实践经验。这就对人才培养涉及的诸多要素提出了较高的要求。目前我国尚未建立起完整的工业互联网人才培养体系，相关专业技术技能人才

培养经验严重不足。大部分院校未开设工业互联网相关专业，更谈不上形成特色的人才培养模式；课程体系建设、师资队伍建设、教学方式、实践教学、学生实习等方面极度缺乏经验，相关配套资源严重不足，这些直接导致学校难以培养出工业互联网产业及相关企业所需的合格技术应用型人才。

（二）对我国工业互联网专业职业教育发展的建议

对于职业教育而言，培养工业互联网专业技术技能人才属于新领域。职业院校开展相关人才培养的敏锐度与意愿不强，相关工作经验缺乏，配套资源不足。因而，我国发展工业互联网专业职业教育，需要政府相关部门的引导支持、职业院校的探索创新、相关企业的积极参与，推动多方协作，促进各方优势资源整合。

1. 加强引导支持

一是鼓励院校开设工业互联网相关专业。各级教育主管部门在加快建设现代职业教育体系时，大力促进职业院校专业设置与产业发展同步，增设新专业方向，推动建立职业教育动态调整机制，扩大职业院校专业设置的自主权，鼓励职业院校根据"互联网＋先进制造业"发展情况及其对人才的需求，围绕工业互联网产业链、创新链，调整优化相关专业设置。引导一批办学基础雄厚，有条件、有意愿的职业院校试点开设工业互联网专业（方向），建设一批集人才培养、继续教育、科技服务、技术创新等功能于一体的工业互联网相关专业集群，探索工业互联网应用型技术技能人才培养模式。

二是鼓励校企合作育人。加快推进产业与职业教育深度融合，鼓励工业互联网相关企业参与人才培养，推动相关企业深度参与工业互联网相关专业教学标准与人才培养方案制定、课程教材等教学资源开发、教学实施等，鼓励、支持相关企业建设兼具生产与教学功能的实习实训基地。完善现代学徒制试点有关支持政策，促进工业互联网相关企业与职业院校一体化育人，开展"订单式"培养。支持职业院校、应用型本科高校与工业互联网相关企业深化校企合作，加强基础能力建设，共同建设相应的教学型基础技能实训设施、岗位专业技能实训基地、开放性公共技能实训基地等。

三是推进职业教育集团化办学。鼓励互联网、制造业相关行业组织、具备能力和条件的重点企业与职业院校共同组建一批深度融合、特色鲜明、效益显著的工业互联网行业职业教育集团。充分发挥职业教育集团成员单位中行业企业的作用，推进办学模式、培养模式、教学模式、评价模式改革，促进产业链、岗位链、教学链深度融合。

2. 探索专业设置

工业互联网作为一个新兴的产业领域，开设相关专业、培养应用型技术技能人才对于职业院校而言也是一个新领域。职业院校应以产业发展对人才的需求为导向，充分发挥自身优势，强化资源整合，科学合理地开设相关专业，推进专业设置与工业互联网产业发展相对接。

在开设相关专业之前，职业院校需开展相关调研，全面了解区域工业互联网产业发展情况及其对技术技能人才的需求情况。职业院校要了解区域工业互联网开发、应用的主要领域及发展趋势，从而确定专业开设的具体方向；了解相关应用岗位的技术技能要求，以确定专业课程和教学内容；了解当前和预测未来工业互联网、制造业相关企业对专业技术技能人才的需求情况，从而确定相关专业的办学规模和发展方向；了解各家工业互联网企业的产品在本地区的使用情况，使实训、实习环节更具针对性，实现与相关企业零对接。

　　工业互联网是新一代信息通信技术与先进制造业深度融合形成的新兴业态与应用模式，开设相关专业要求学校具备一定的基础和资源支撑。职业院校在相关调研的基础上，需要结合自身实际情况，依托学校现有相近专业的资源，找到开设工业互联网相关专业的切入点、突破口。不具备开设工业互联网相关专业（方向）的职业院校，在办学过程中可结合学校实际情况，加强面向先进制造业的信息技术应用人才培养，在相关专业教学中强化数字化设计、智能制造、信息管理、电子商务等方面内容。

3. 创新人才培养

　　首先，转变人才培养目标，从培养单一技术技能型人才转向培养复合型、创新型技术技能人才。随着信息技术与工业的深度融合，劳动者在推动工业发展过程中的角色发生了一定的转变，即由过去单一的生产操作者、服务者向设计者、研发者、规划者、协调者、创新者以及高端机械装备维护者等多重角色转变，需要更多具有创新精神、创造思维、创新能力的创新型人才以及具有跨界整合协作能力的复合型人才。基于此，职业院校应重新定位人才培养目标，切实瞄准复合型、创新型人才要求，从人才培养理念、规格、方式、方法等方面进行调整，并根据"互联网＋"工业企业岗位未来发展需要，培养具有较高综合素养的创新型、复合型、技能应用型人才。

　　其次，注重"专度"与"广度"相协同的职业能力培养。工业与互联网技术的融合，不仅要求劳动者提升专业技能深度，还要拓展专业广度。在教学内容安排上，要着重突出五个方面职业能力的培养，即基本职业素养、基本专业能力、职业特定能力、专业核心能力、行业通用能力。基于此，职业教育应突出对受教育者的"职业专度"和"发展广度"能力的协同培养，不仅要在教学内容的细分中体现专业深度，保障受教育者的专业核心能力培养，使其"能从业"，还要不断拓展职业广度，培养支撑受教育者核心职业能力发展的背景能力，保障"从好业"，以促进劳动者的可持续发展。

　　再次，调整和优化课程体系。职业院校课程设置应紧密围绕职业岗位的要求，遵循工作需求导向的原则。为适应工业互联网发展需要，职业教育应基于大数据项目运作，将工业领域内的知识和技术体系融入职业教育课程建设的全过程，开发出适应工业技术创新的模块化、项目化、综合化的课程结构。在课程中融入互联网信息技术，将课程设置与工业结构转型的相关元素相融合，开发具有较强前瞻性的工业互联网课程，着重培养和提升劳动者适应工业互联网发展所需的关键能力及核心素养。

　　最后，改革教学方式方法。随着工业互联网的发展，产生出一大批的智能制造、数字制造、信息化制造，使得新型制造跨区域、跨领域、跨学科、跨专业的特性日益凸显，对劳动者的可持续发展能力提出了新的要求。职业教育在人才培养过程中要注重对受教育者复合型知识结构的培育。因此，要转变教学方式，深入推进场景教学、仿真教学、模拟教学、项目教学等，打造融通开放的"教、学、做、创"一体化的新型教学模式。同时，充分应用信息化教学手段拓展受教育者的学习方式，构建基于互联网技术的网络教学平台与学习空间，并以微课、慕课、翻转课堂等信息化教学方式拓宽受教育的学习空间，提高受教育者的学习积极性。

4. 深化校企合作

　　工业互联网相关专业建设、应用型技术技能人才培养的经验缺乏，相关配套资源不足，仅凭职业院校的力量难以快速、有效地推进相关专业建设和配套资源建设。因此，要深化校企合作，共同开展工业互联网相关人才培养。

　　首先，职业院校在设立工业互联网相关专业（方向）时，要与工业互联网企业紧密对接，在人才培养目标确定、人才培养方案制订、课程体系建设、教学资源开发、师资队伍建设、教学实施、教学评价等方面开展广泛而深入的合作，共同探索工业互联网应用型技术技能人才培养模式。

　　其次，校企共建实训基地。一是根据工业互联网对人才的要求，加快推进校内实训基地优化升级。积极"引企入校"，创新校内实训基地运行机制，共建"双主体"校内生产实训基地，增强企业生产运营与校内实践教学之间的有机联系，提升受教育者的实践技能。二是强化校外实训基地建设。加强校政行企之间的合作和联系，发挥行业企业协会的桥梁纽带作用，强化学校与区域龙头企业之间的合作，引导一批具有良好企业文化、技术先进的区域骨干企业参与到校外实习实训平台建设中。如职业院校可依托产业园区、制造业重大工程项目，建设工业互联网产学研用协同创新中心，围绕产业关键技术、核心工艺和共性问题开展协同创新。

　　此外，围绕地方制造业发展需求，建设集实习实训、社会培训、技术研发、创业孵化于一体的区域性创新创业基地，推动校企共建科研机构，支持师生参与企业科技创新活动，协助地方政府开展工业互联网产业发展战略研究。

5. 开展社会培训

　　单纯依靠学校培养工业互联网人才，还需要一个过程。可考虑通过学校和社会相结合的方式，快速解决我国工业互联网人才不足的问题。

　　在积极应对制造业传统行业结构调整、产业升级过程中，教育主管部门、相关企业、普通高等院校、社会培训机构等要加强职工继续教育，围绕工业数字设计、系统集成、数据分析、网络安全等，开展传统产业工人技术技能升级培训、转岗转业培训、新型学徒培训；推进企业大学、培训中心等企业培训机构建设，建设一批职工继续教育品牌职业学校和职业培训机构；创新线上线下相结合的混合式人才培养培训模式，建设一批大规模开放课程平台，整合、开发工业互联网优质在线课程；探索建立个人学习账号和学分累计制度，依托国家开放大学在制造业相关专业领域开展学习成果认证、积累与转换试点；围绕"互联网＋先进制造业"，广泛开展各级各类职工职业技能竞赛和岗位演练活动，引导职工学习新知识、钻研新技术、使用新方法。

参 考 文 献

［1］肖俊芳、李俊、郭娴：《我国工业互联网发展浅析》，《保密科学技术》2014 年第 4 期，第 13－16 页。

［2］《信息化和软件服务业司在〈经济日报〉发表数字经济专题文章》，中华人民共和国工业和信息化部官网，http：//www. miit. gov. cn/n1146290/n1146402/n1146440/c5857428/content. html，2017－10－12。

［3］王峰、杨帅：《工业互联网发展态势及政策建议》，《开放导报》2017 年第 2 期，第 84－88 页。

［4］刁兴玲：《工业互联网数据收集及分析难题亟待解决》，《通信世界》2017 年第 7 期，第 34 页。

［5］张巍、高汝熹、车春鹏：《工业互联网技术链、产业链、价值链互动机理研究》，《上海管理科学》2010 年第 6 期，第 51－57 页。

［6］张福、邬丽萍：《"互联网＋工业"融合发展下的路径选择——基于产业链升级的角度》，《科技与经济》2016 年第 5 期，第 10－14 页。

［7］《工业互联网崛起在即　万亿机遇静待分享》，每经网，http：//www. nbd. com. cn/articles/2016－03－16/991495. html？all_ page = true，2016－03－16。

［8］中国信通院：《专家：工业互联网的重大意义和产业推进思考》，http：//news. xinhuanet. com/info/2017－

02/21/c_ 136073086. htm，2017 – 02 – 21。

    ［9］徐贇：《"互联网＋"：新融合、新机遇、新引擎》，《电信技术》2015 年第 4 期，第 6 – 9 页。

    ［10］闫敏、张令奇、陈爱玉：《美国工业互联网发展启示》，《中国金融》2016 年第 3 期，第 80 – 81 页。

    ［11］《美国制造业创新中心的运作模式与启示》，中国经济新闻网，http：//www. cet. com. cn/ycpd/sdyd/1917519. shtml，2017 – 04 – 19。

    ［12］李震彪、黎宇科：《发达国家智能制造战略研究》，《汽车与配件》2017 年第 32 期，第 65 – 67 页。

    ［13］赵文平：《德国应对"工业 4.0"的职教发展动向》，《现代教育管理》2017 年第 9 期。

    ［14］《智能制造需要更为智能的员工》，控制工程网，http：//article. cechina. cn/17/0628/07/20170628070822. htm，2017 – 06 – 28。

    ［15］《制造业人才发展面临六大问题》，工控网，http：//gongkong. ofweek. com/2015 – 07/ART – 310045 – 9090 – 28985297. html，2015 – 07 – 31。

    ［16］纪成君、陈迪：《"中国制造 2025"深入推进的路径设计研究——基于德国工业 4.0 和美国工业互联网的启示》，《当代经济管理》2016 年第 2 期，第 50 – 55 页。

    ［17］胡晶：《工业互联网、工业 4.0 和"两化"深度融合的比较研究》，《学术交流》2015 年第 1 期，第 151 – 158 页。

    ［18］赵维铎：《工业互联网不是企业经营发展的万能钥匙》，《中兴通讯技术》2016 年第 5 期，第 59 – 60 页。

    ［19］尹丽波：《工业互联网的发展态势和安全挑战》，《信息安全与通信保密》2016 年第 7 期，第 32 – 33 页。

    ［20］尹超：《工业互联网的内涵及其发展》，《电信工程技术与标准化》2017 年第 6 期，第 1 – 6 页。

    ［21］沈苏彬、杨震：《工业互联网概念和模型分析》，《南京邮电大学学报》（自然科学版）2015 年第 5 期，第 1 – 10 页。

    ［22］聂进、刘慧彬、尹文静：《工业互联网浪潮与工程机械智能化发展》，《建筑机械》2016 年第 3 期，第 16 – 19 页。

    ［23］唐伶：《基于"中国制造 2025"的技能人才培养研究》，《技术经济与管理研究》2016 年第 6 期，第 30 – 35 页。

    ［24］高巍：《工业互联网推动工厂网络与互联网融合发展》，《中兴通讯技术》2016 年第 5 期，第 21 – 25 页。

    ［25］延建林、孔德婧：《解析工业互联网与工业 4.0 及其对中国制造业发展的启示》，《中国工程科学》2015 年第 7 期，第 141 – 144 页。

    ［26］陈骞：《美国、德国工业互联网联盟机构解析》，《上海信息化》2016 年第 12 期，第 78 – 80 页。

    ［27］郑松：《面向智能制造的工业互联网技术创新》，《中国工业评论》2015 年第 6 期，第 28 – 34 页。

    ［28］宛晨：《全面迈向工业互联网时代》，《科技资讯》2016 年第 32 期，第 9 – 10 页。

    ［29］刘俊博：《全球制造业变革中的中国制造：工业互联网与产业转型》，《常州工学院学报》2015 年第 1 – 2 期，第 28 – 32 页。

    ［30］吴文君、姚海鹏等：《未来网络与工业互联网发展综述》，《北京工业大学学报》2017 年第 2 期，第 163 – 172 页。

    ［31］安晖、安琳：《我国工业互联网的发展路径》，《中国工业评论》2015 年第 6 期，第 54 – 58 页。

    ［32］张建雄、徐敏捷、金裴裴、周辉：《智能制造体系机构分析与工业互联网应用》，《电信技术》2016 年第 5 期，第 25 – 31 页。

    ［33］庄西真：《"中国制造 2025"：职业教育准备好了吗?》，《交通职业教育》2015 年第 10 期，第 1 页。

    ［34］戴勇：《适应智能制造发展的高职专业建设研究》，《机械职业教育》2015 年第 5 期，第 1 – 3 页。

    ［35］王万森、钟义信等：《我国智能科学技术教育的现状与思考》，《计算机教育》2009 年第 11 期，第 12 – 16 页。

    ［36］陈帆、叶志娟：《德国工业 4.0 对高职院校人才培养的启示》，《文教资料》2017 年第 8 期，第 114 – 115 页。

〔37〕王海芳、褚天争等：《德国工业 4.0 与机械专业高等教育结合的探讨》，《黑龙江教育：理论与实践》2016 年第 10 期，第 61 - 62 页。

〔38〕胡茂波、王运转、朱梦玫：《德国职业教育契合"工业 4.0"发展的策略及启示》，《现代教育管理》2016 年第 10 期，第 92 - 97 页。

〔39〕周静：《"工业 4.0"战略对职业教育的挑战及应对》，《教育与职业》2017 年第 2 期，第 16 - 21 页。

第四章　可穿戴设备产业与职业教育发展研究报告

2013 年，全球可穿戴设备市场快速升温，智能眼镜、智能手表、智能手环、智能服饰、智能戒指等产品层出不穷，可穿戴设备发展进入了快速增长期。据全球数据公司（IDC）发布的 2016 年全球可穿戴跟踪设备报告显示，未来五年内全球可穿戴设备市场的年复合增长率（CAGR）将达 18.3%。随着越来越多可穿戴设备的发布，我国可穿戴设备产业规模迅速扩大，产业活跃度快速提升，市场在 2015 年迎来爆发，2016 年经历冰火两重天，未来将进入稳定增长阶段①，有望成为继智能手机、平板电脑后我国信息技术产业的新增长点。

可穿戴设备产业的快速发展，对可穿戴设备领域专业人才，特别是对中高端复合型、技能型可穿戴设备人才产生了强烈的需求。职业教育应不断深化供给侧改革，构建完善的可穿戴设备专业人才培养体系，培养不同层次的智能可穿戴设备专业人才，为产业发展提供强有力的人才支撑和智力支持。本章在相关研究成果和行业发展数据的基础上，对我国可穿戴设备产业、企业发展及人才需求情况、国内可穿戴设备相关专业职业教育现状等进行全面的分析，为我国可穿戴设备专业职业教育提出些许建议。

一、我国可穿戴设备产业发展概况

2012 年 4 月，谷歌公司发布"拓展现实"的智能眼镜 Project Glass，其革命性的技术创新使得智能可穿戴设备开始出现在公众的视线中。此后，可穿戴设备成为 IT 业界公认的智能终端的重要发展方向之一。可穿戴设备（Wearable Devices），是指综合运用各类识别、传感、连接和云服务等交互及嵌入技术、识别技术（语音、手势、眼球等）、传感技术、连接技术、柔性显示技术等储存技术，以代替手持设备或其他器械，实现用户互动交互、生活娱乐、人体监测等各项功能的新型日常可穿戴移动智能终端②，例如智能手表、智能手环等。

（一）产业发展现状

随着可穿戴设备生产技术水平的不断提高，可穿戴设备产品的成本逐渐下降且功能不断改善，能够满足不同消费者的需求。另外，我国 4G 网络的投入使用保证了相关数据的传输和处理能力，为可穿戴设备提供了良好的运行条件。未来可穿戴设备行业潜力巨大，发展前景广阔。

1. 产业规模迅速扩大

我国可穿戴设备行业属于新兴产业，发展迅速，市场规模不断扩大。2014 年之前，我国可穿戴设备市场处于探索初期，产品种类有限，市场应用较少，消费者认知度不高。2014 年，可

---

①易观发布的《中国智能硬件产业综述 2017》的专题研究报告。
②重庆市经济和信息化委员会网站：《关于加快推进可穿戴设备产业发展的工作意见》，http：//wjj. cq. gov. cn/xxhjs/82019. htm，2016 – 10 – 10。

穿戴设备进入市场培育阶段，大量适用于普通消费者的实用性可穿戴设备涌入市场，可穿戴设备市场规模达到 22 亿元。2015 年，Apple Watch 的上市让消费者对可穿戴设备的认知有了质的飞跃，低价占领市场的小米手环、高性价比的华为手环以及定位明确的儿童手表的成功，有力地拉动了整个可穿戴设备市场，交易规模达到 107.9 亿元，增速高达 471.8%。2016 年，随着可穿戴技术在移动健康监测、休闲娱乐、通信社交等领域的进一步拓展应用，以及虚拟现实（VR）与增强现实（AR）等概念的大热，可穿戴设备市场继续保持高速增长态势，市场规模达 185.5 亿元。2017 年，我国智能可穿戴设备市场的规模达到 264.2 亿元，到 2019 年有望突破 485 亿元，市场规模高达 487.1 亿元，如图 4 - 1 所示。

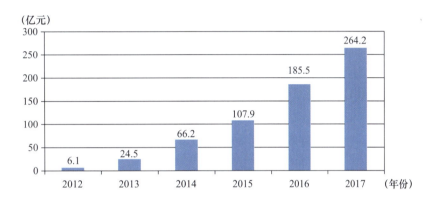

图 4 - 1　我国可穿戴设备市场规模

数据来源：智研咨询。

从我国可穿戴设备市场出货量来看，2017 年第二季度的出货量为 1216 万部，同比增长 27.5%，① 如图 4 - 2 所示。估计我国可穿戴设备市场 2017 年出货量为 3876 万部，比上年同期增长 57.1%，仅次于智能手机成为我国第二大流动智能消费终端设备。

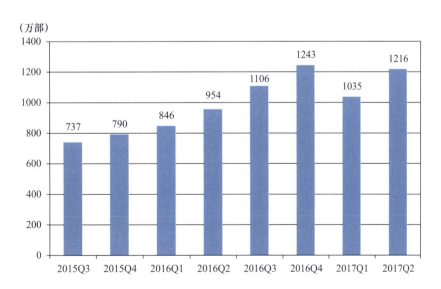

图 4 - 2　2015Q3 ~ 2017Q2 我国可穿戴设备市场出货量

———————————

① 前瞻产业研究院：《中国可穿戴设备行业市场前瞻与投资分析报告》。

2. 产品形式不断涌现

随着谷歌、三星和苹果等科技巨头相继投入巨资开发智能可穿戴设备产品以来，以智能眼镜、手表和腕带为代表的可穿戴产品层出不穷。2014 年 9 月，苹果公司的首款智能可穿戴设备 Apple Watch 的亮相，更是对智能可穿戴设备市场起了推波助澜之效。智能终端产品由可携带式设备向智能可穿戴设备演变的趋势日渐明晰，相应的产品形式不断涌现。从产品形态看，可穿戴设备产品主要分为头戴类，如智能眼镜、智能头盔等；手戴类，如智能手表、智能手环等；服装类，如智能外衣、智能内衣、智能鞋等。从产品功能看，可穿戴设备产品主要分为三类：人体健康和运动追踪类、综合智能终端类、智能手机辅助类。其中，人体健康和运动追踪类主要通过传感装置对用户的运动情况和健康状况作出记录和评估，需要与智能终端设备进行连接显示数据，如 Nike + 系列产品和应用、叮咚手环、GlassUp 等；综合智能终端类，功能强大，独立性强，如 Google Glass 等；智能手机辅助类作为其他移动设备的功能补充，如 Pebble 等。从技术角度看，可穿戴设备产品主要分为：高端产品，如智能眼镜等；工作应用，如云跟踪器等；专业市场产品，如健康医疗产品、健身时尚类产品等。具体如表 4 – 1 所示。

表 4 – 1   可穿戴设备产品分类方法及具体产品

分类方法	具体种类	具体产品	特点
按产品形态分	头戴	智能眼镜和智能头盔	—
	手戴	智能手表和智能手环	—
	服装类	智能外衣、智能内衣和智能鞋类	—
按产品功能分	人体健康和运动追踪类	Nike + 系列产品和应用、叮咚手环、GlassUp 等	主要通过传感装置对用户的运动情况和健康状况作出记录和评估，需要与智能终端设备进行连接显示数据
	综合智能终端类	Google Glass 等	功能强大，独立性强。未来将成为可穿戴设备的主导产品
	智能手机辅助类	Pebble 等	作为其他移动设备的功能补充
按技术角度分	高端产品	智能手表、智能眼镜和头戴式可视设备	内置通用 OS、多媒体和连接性不间断
	工作应用	智能手表和云跟踪器等	内置通用 OS、连接性不间断和信号处理
	专业市场产品	健康医疗、健身和时尚类产品	小型和连接性不间断

资料来源：根据网络公开资料整理。

3. 行业应用领域广泛

随着传感器、人机交互、柔性、云计算、大数据、物联网等技术的逐渐应用和人们追求更为便捷的生活方式，可穿戴设备的应用服务和用户体验得以不断丰富，广泛应用于医疗、健身、娱乐、工业与军事等多个领域，如图 4-3 所示。其中，以医疗领域的发展最为迅猛。目前，在我国可穿戴市场中，可穿戴技术在医疗保健领域应用的产品所占份额最大，应用前景最广，主要包括具有医疗监护价值和物理治疗型的可穿戴式智能设备，如 Maxim 生命体征测量 T 恤、手腕式血糖控制仪及头盔式交变电场脑瘤治疗仪等；其次是运动健身领域，主要包括智能手环、智能手表、智能手套等与运动参数采集和分析有关的可穿戴式智能设备。可穿戴设备作为未来人机交互的基础，连接机器与用户，目前更多地应用在军事、保健等领域，消费级的产品形态还很少。随生物传感、网络通信等技术的发展，可穿戴设备将会覆盖越来越多的普通用户，成为未来人们生活中不可或缺的一部分。

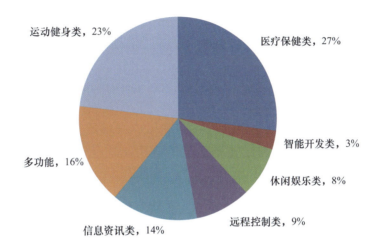

图 4-3　我国市场可穿戴设备产品应用领域分布

数据来源：智研咨询。

4. 产业体系逐渐完善

可穿戴技术并非新概念，只是谷歌推出谷歌眼镜之后，沉寂多年的可穿戴技术又一次让全球瞩目。20 世纪后期，我国介入了这一研究领域。2013 年 11 月，中国可穿戴计算机推进联盟在成都成立；2015 年 4 月 28 日，"OFweek 2015 中国可穿戴设备高峰论坛"以物联网 2.0 时代下的产业爆点为主题，围绕核心技术、软件与算法、云计算与云服务、产业资本、工业设计等热点议题，与业界共同探讨构建可穿戴生态系统，进一步普及可穿戴智能设备的应用和技术研究。基于云计算、大数据等数据处理技术及关键共性技术的发展，可穿戴设备领域产业链不断完善，产业生态系统加速构建，逐渐形成了由基础软硬件产品、可穿戴设备终端、丰富的应用服务等构成的可穿戴产业生态体系[①]。其中，基础软硬件产品主要包括芯片、传感器、显示器件、电池、通信模块、外围设备、操作系统、APP 等产品；可穿戴设备终端主要包括智能手表、智能眼镜、智能手环、智能服饰等；丰富的应用服务主要包括手机辅助、信息娱乐与社交分享、医疗及健康监测、健身及应用等。可穿戴设备产业体系如图 4-4 所示。

---

①许翠萍：《从博通聚焦可穿戴市场说起》，《通讯世界》2013 年第 9 期，第 18 页。

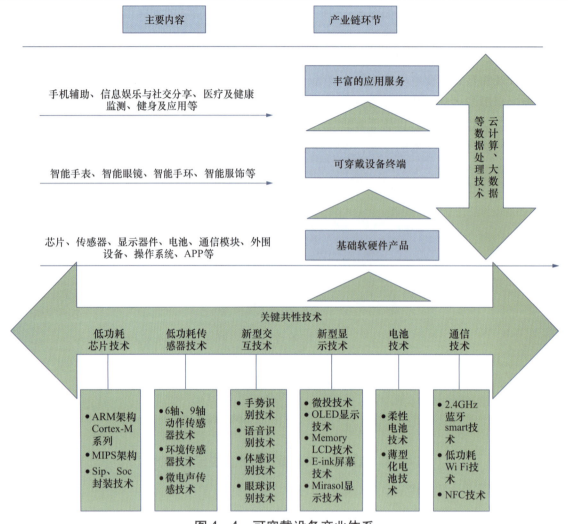

图4-4　可穿戴设备产业体系

资料来源：赛迪智库。

5. 政策环境持续优化

面对快速发展的可穿戴设备产业，我国政府在政策、标准等方面先后作出一系列的部署和安排，如表4-2所示。一方面，将可穿戴设备列为支持重点。2013年，国家发改委就可穿戴领域的发展给予了多项重点专项支持①，同时，为规范该行业的发展，2014年，我国出台了可穿戴智能设备的国家标准。另一方面，对可穿戴设备产业链关键技术领域也提出了一系列政策支持。2016年，《"互联网+"人工智能三年行动实施方案》明确提出突破轻量级操作系统、低功耗高性能芯片、柔性显示、高密度储能、快速无线充电、虚拟现实和增强现实等关键技术，加快技术成果在智能可穿戴设备中的应用。2017年3月9日，《2017年消费品工业"三品"专项行动计划》提出，引导企业加强智能可穿戴设备研发与应用，支持智能可穿戴设备核心芯片和操作系统等关键技术研发。

此外，地方省市也纷纷出台可穿戴技术行业发展的相关扶持政策。如2014年11月11日，深圳市经济贸易和信息化委员会发布《关于组织实施深圳市2014年度机器人、可穿戴设备和智

---

①王菁：《智能可穿戴设备产业发展对PTAC的启示》，《经济视野》2014年第17期，第471-472页。

能装备产业发展专项资金，第一批产业链关键环节提升计划、企业技术装备和管理提升计划的通知》；2014 年 12 月 3 日，深圳市人民政府发布《深圳市机器人、可穿戴设备和智能装备产业发展规划（2014~2020 年)》（以下简称《规划》) 及《深圳市机器人、可穿戴设备和智能装备产业发展政策》。《规划》确定了"可穿戴设备创新、传统产业智能化升级"等八项重大工程，从组织、政策、资金、人才和空间五个方面提出了相应的保障措施。2014~2020 年，连续 7 年，深圳市财政将每年安排 5 亿元，设立市机器人、可穿戴设备和智能装备产业发展专项资金，以扶持产业发展。

表 4-2　　　　　　　　　可穿戴设备产业相关政策列举（部分）

	年份	发布机构	政策名称	相关内容
国家政策	2014	国务院	《国家集成电路产业发展推进纲要》	聚焦移动智能终端和网络通信领域，开发量大面广的移动智能终端芯片、数字电视芯片、网络通信芯片、智能可穿戴设备芯片及操作系统，提升信息技术产业整体竞争力
	2015	国务院	"中国制造 2025"	加快发展智能制造装备和产品。统筹布局和推动智能交通工具、智能工程机械、服务机器人、智能家电、智能照明电器、可穿戴设备等产品研发和产业化
	2015	国务院	《国务院关于积极推进"互联网+"行动的指导意见》	着力做大高端移动智能终端产品和服务的市场规模，提高移动智能终端核心技术研发及产业化能力。鼓励企业积极开展差异化细分市场需求分析，大力丰富可穿戴设备的应用服务，提升用户体验
	2015	国务院	《关于积极发挥新消费引领作用加快培育形成新供给新动力的指导意见》	支持可穿戴设备、智能家居、数字媒体等市场前景广阔的新兴消费品发展
	2016	国家发展和改革委员会、科学技术部、工业和信息化部等	《"互联网+"人工智能三年行动实施方案》	加快智能终端核心技术研发及产业化，丰富移动智能终端、可穿戴设备、虚拟现实等产品的服务及形态，提升高端产品供给水平。突破轻量级操作系统、低功耗高性能芯片、柔性显示、高密度储能、快速无线充电、虚拟现实和增强现实等关键技术，加快技术成果在智能可穿戴设备中的应用。鼓励企业面向健康、医疗、体育、人身安全、工业、商业等领域，积极开展差异化细分市场需求分析，促进应用人工智能技术的可穿戴设备创新，大力丰富应用服务，提升用户体验
	2016	工业和信息化部、国家发改委	《智能硬件产业创新发展专项行动（2016~2018 年)》	着力推动智能硬件产业创新发展，提升高端共性技术与产品的有效供给，满足社会生产、生活对智能硬件的多元化需求，培育信息技术产业增长新动能
	2016	国务院	《"十三五"国家战略性新兴产业发展规划》	推动人工智能技术在各领域应用。发展多元化、个性化、定制化智能硬件和智能化系统，重点推进智能家居、智能汽车、智慧农业、智能安防、智慧健康、智能机器人、智能可穿戴设备等研发和产业化发展
	2017	工业和信息化部办公厅	《2017 年消费品工业"三品"专项行动计划》	引导企业加强智能可穿戴设备研发与应用。支持智能可穿戴设备核心芯片和操作系统等关键技术研发。制定智能可穿戴设备及服务推广目录，推动企业丰富新型消费电子产品供给。组织企业开展智能可穿戴产品交流和推广活动

	年份	发布机构	政策名称	相关内容
区域政策	2014	深圳市经济贸易和信息化委员会	《深圳市机器人、可穿戴设备和智能装备产业发展规划（2014～2020年）》《深圳市机器人、可穿戴设备和智能装备产业发展政策》	确定了"可穿戴设备创新、传统产业智能化升级"等八项重大工程，从组织、政策、资金、人才和空间五个方面提出了相应的保障措施。2014～2020年，连续7年，深圳市财政将每年安排5亿元，设立市机器人、可穿戴设备和智能装备产业发展专项资金，以扶持产业发展
	2014	湖南省人民政府	《关于鼓励移动互联网产业发展的意见》	重点发展创新最活跃、吸纳就业能力最强、直接面向经济和社会发展需要的移动娱乐、移动支付、移动电子商务、移动阅读、移动社交、移动定位服务、移动教育、移动医疗、移动广告、可穿戴设备、移动车联网、智能交通、智慧物流等移动互联网产业相关研发设计、软件应用开发及服务
	2015	杭州市人民政府	《关于加快推进杭州市智能制造促进产业转型发展的指导意见》	提升新一代信息技术发展水平，积极推进智能制造共性支撑技术发展，加快高端服务器、专用集成电路、物联网、工业互联网、通用软件、工业云和大数据、人工智能、计算机仿真设计、工业设计、智能终端、可穿戴设备等相关技术的研发和产业化
	2016	重庆市经济和信息化委员会	《关于加快推进可穿戴设备产业发展的工作意见》	到2020年，通过技术创新和科技研发，引进和培育3～5个可穿戴设备发展创新平台、建设5～10个可穿戴设备研发创新中心，培育一批可穿戴设备知名品牌；面向工业、教育、卫生、旅游、保险等重点领域实施30项示范应用工程，重点推广特殊操作环境、人体功能扩展、健康监测、校园安全、精准广告、定制保险等示范应用

资料来源：根据网络公开资料整理。

（二）产业发展存在的问题

跨界应用与软硬件融合的技术背景令可穿戴设备产业具有独特的产业发展特征和创新演进轨迹。目前，可穿戴设备产业还处于起步阶段，仍存在产品认知度亟待提升、产品亟待自主创新、关键技术亟待突破、用户体验亟待优化、行业标准亟待统一等问题。只有切中产业发展的关键痛点问题，才能力求在未来的可穿戴设备市场中取得突破。

1. 产品认知度亟待提升

目前市场上的可穿戴设备产品，尽管具有足够吸引用户的功能和亮点，但用户对其认可度还远远没有达到与移动设备同样的程度。可穿戴设备特别是智能手环现阶段的受众面较小，局限在小部分追求时尚的年轻人范围内。前瞻产业研究院发布的《中国可穿戴设备行业市场前瞻与投资战略规划分析》中的数据资料显示，调查对象中"听说过，但不是很了解"和"完全不了解"

的占比达到了73%，而非常了解可穿戴智能设备的调查对象仅占4%[1]，如图4-5所示。现阶段，一些大型互联网科技公司推出的智能可穿戴产品，无论是 Google Glass、Apple Watch，还是手环产品等都没有形成现象级使用趋势，没有全面激发市场需求。

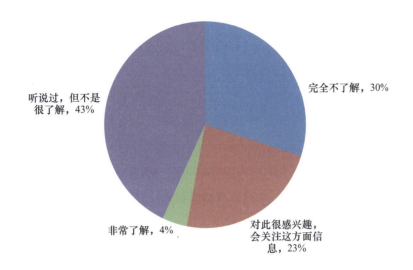

完全不了解，30%

听说过，但不是很了解，43%

非常了解，4%

对此很感兴趣，会关注这方面信息，23%

图4-5　可穿戴设备消费者认知度调查

2. 产品亟待自主创新

一方面，可穿戴设备对移动设备的依赖性过强。尽管可穿戴设备能够作为新的互联网入口存在，但其平台属性还未建立，仅作为主要的信息收集终端，而不是信息的决策和处理终端。可穿戴设备对于手机等移动设备来说更多的是一种依附和从属关系，主要在前期的数据收集等方面发挥功效，而不能实现更多的操作。可穿戴设备在整个使用流程中承担的任务角色较少，难以使用户对它的依赖性达到像对手机等移动设备的依赖程度。

另一方面，产品同质化严重。当前市场上，主流的智能手表功能一般都会集中在电话接听、事件提醒、双屏互动以及数据业务等，其中以儿童用户为主的360智能手表功能主要是实现与家长手机 APP 连接，进行儿童的定位；智能手环主要是以健康为主，具有健身记步、睡眠监测、心率测量等辅助功能。根据前瞻产业研究院发布的《中国可穿戴设备行业市场前瞻与投资战略规划分析》数据统计，智能手表与智能手环共占据了可穿戴设备产品形态90%以上的产品数量[2]，如图4-6所示。综观近几年的科技互联网，可穿戴设备市场充斥着大量的同质化产品，不仅缺少自身独特的功能亮点，同时也缺少与自身设备相匹配的软件和应用[3]。

---

①搜狐网：《中国可穿戴设备行业市场前瞻与投资战略规划分析》，http：//www.sohu.com/a/199333808_204078，2017-10-21。
②前瞻产业研究院：《可穿戴设备行业分析——智能手表与智能手环占主流》，https：//bg.qianzhan.com/report/detail/300/180205-f50f3e08.html，2018-02-05。
③曾丽霞：《基于情境感知的智能穿戴设备交互设计研究——以 IT 白领人群的智能手环设计为例》，江南大学硕士学位论文，2016年。

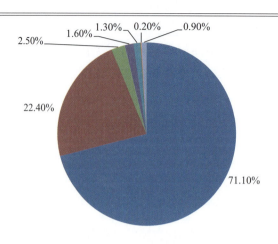

2.50% 1.60% 1.30% 0.20% 0.90%

22.40%

71.10%

■ 智能手表 ■ 智能手环 ■ 智能项链 ■ 智能眼镜 ■ 智能跟踪器 ■ 智能服饰 ■ 其他

图 4-6　中国可穿戴设备产品形态分布

3. 关键技术亟待突破

智能可穿戴设备行业作为一个需要大量技术创新为底蕴支撑的新兴产业，技术领域的瓶颈一直制约着可穿戴设备的发展。一是传感器技术问题。由于受客观环境和传感器灵敏度、精度或分辨率等因素制约，可穿戴设备对数据采集还很有限，数据采集误差较大，导致部分用户流失，同时也对下一步数据分析形成阻碍。二是电池技术的续航问题。可穿戴设备电池技术的发展远远跟不上其他技术的发展脚步，大部分产品要求用户"一日一充"，这无疑给用户带来了极大不便。三是人机交互仍需提升。可穿戴设备的数据呈现和处理都需要依靠智能手机实现，没有实现真正意义上的独立，更无法彻底解放双手。四是受语音识别的排干扰能力等限制，语音交互还未充分普及。其他交互方式，如图像识别、触觉交互、脑波交互等由于技术、成本等原因，基本都停留在概念阶段。除了上述几个关键技术问题外，我国还存在一些待解决的问题，如可穿戴电子设备在使用过程中对人体的电磁辐射等健康安全问题，如何摆脱"智能手机附属品"的问题，以及显示屏幕的创新、突破及成本问题等。

4. 用户体验亟待优化

目前，我国可穿戴设备行业的用户体验亟待优化，主要体现在：一是缺乏个性化和专业化的解决方案。尽管可穿戴设备种类和产品数量很多，但由于各种外界不确定信息的数据干扰，与设备相匹配的软件应用很少，无法很好地满足用户需求，且数据指标单一，难以建立起用户黏性及帮助用户形成使用习惯。二是缺乏数据安全与隐私保护。智能可穿戴设备改变了信息的收集、处理和使用方式，用户个人数据往往通过无线传输并存储在云端，然而在传输和存储的过程中，数据和个人隐私极易被泄露和盗用。三是不能满足用户的数据需求，及时帮助用户感知、理解和转化数据信息。由于可穿戴设备的外观体积普遍较小，承载的硬件设备有限，用户的视觉注意力往往被分散，缺少较为宽阔的屏幕区域呈现数据信息，用户无法在可穿戴设备上对信息进行接收和处理，且数据的合理化呈现需要一定时间，不能及时满足用户需求。

5. 行业标准亟待统一

近年来，新的可穿戴电子产品不断被导入市场，无论是智能手环、智能手表，还是智能眼镜等，都充分体现出可穿戴设备的应用潜力。随着智能可穿戴设备在国内外市场的快速发展，其标准化体制不健全的现状愈加显现。由于可穿戴设备需要使用者长时间佩戴，可穿戴设备的安全与质量不可避免地成为影响其普及的重要因素。可穿戴设备本身、电池、电源适配器的安全性，无线连接、电磁兼容、有害物质的使用需要进行全方位的认证评估，以最大化减少可能给用户造成的危害。同时，基础数据的准确性、软件的缺陷等问题都值得考虑，尤其是植入性的产品，更会直接影响人体健康，需要有行业标准进行规范。对于企业来讲，标准的缺失会使得可穿戴设备难以拓展到医疗、养老、儿童跟踪定位等社会热点领域，直接限制市场的快速发展。对于用户来讲，产业标准的缺失使得用户在购买不同品牌的智能可穿戴设备产品时要付出更多的学习及使用时间成本①。

（三）未来产业发展趋势

目前，从消费者对可穿戴设备产品的期许和已有的产品概念设计可以看出，可穿戴设备产业未来将立足于产业链整合，充分满足消费者对于便携易用、健康娱乐、信息传递与获取的需求。可穿戴设备必须有自己的独立性，用户体验将由软件和硬件共同决定，人机交互将贯穿从芯片到系统的整个过程②。随着工业和移动通信技术的发展，未来，可穿戴设备很可能遍及人们生活的方方面面。

1. 超越智能手机终端，引领未来终端市场

从信息服务方面看，信息用户和服务系统间通过交互界面进行连接，交互界面的功能好坏、人性化及易用程度直接关系到信息服务质量，相对于传统的电脑、平板、智能手机等终端而言，可穿戴计算机设备的介入使得信息用户和服务系统间的交互通道变得更加多样化、便于操作，且无处不在。人们只需通过佩戴的贴身可穿戴设备就可以随时随地获取信息服务及计算服务，同时，可穿戴计算机设备开发了大量触摸功能，相对手机、平板等设备的触摸而言，其具有更高的识别率，甚至可以区别出压力、区域、手型等差异细小的各种触摸方式。可穿戴设备使得信息用户和信息服务系统之间进行的信息交互更加简便、易操作③，如图4-7所示。

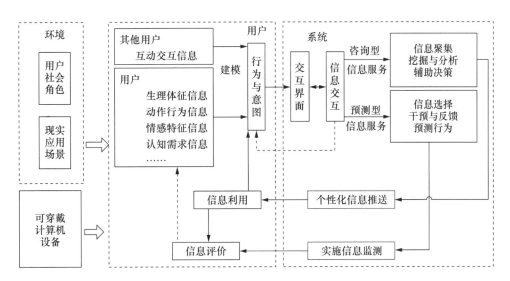

图4-7 嵌入可穿戴计算机设备的信息服务模型

---

①钱玉娟：《智能可穿戴产业待变》，《中国经济信息》2016年第2期，第70-71页。

②秦钦、李潍、朱松盛、李建清：《可穿戴设备的现状及未来发展方向》，《南京医科大学学报》（自然科学版）2017年第37卷第2期，第149-230页。

③许鑫：《可穿戴计算机设备的领域应用及其对信息服务的影响》，《图书情报工作》2015年第59卷第13期，第74-81页。

可穿戴设备现阶段大多数作为手机、电脑等终端的附属设备，是真正将人体作为大数据时代入口，其真正的利用价值并未完全实现。从智能手机的发展历程映射可穿戴设备的演进趋势，未来，可穿戴设备将成为个人智能终端的集大成者，将在五个层面上超越智能手机终端，实现层级的改进，如图4-8所示。在各方市场的驱动下，可穿戴技术在硬件设备和软件应用方面井喷式发展已成必然。智能可穿戴设备将是消费电子产业发展的方向，引领智能终端市场发展。

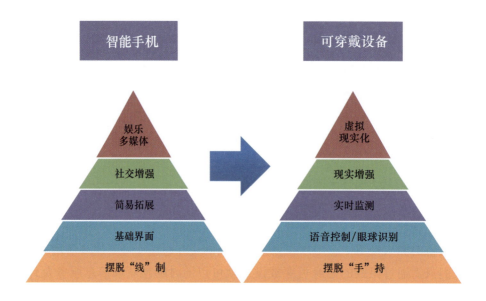

图4-8　可穿戴设备的演进趋势

2. 产品形态愈加丰富，融合应用更为深入

可穿戴设备直接穿戴在身上，要满足用户的爱美之心，则要求其设计必须要友好、美观大方，同时满足用户的舒适性体验。一是产品的可穿戴特征更加显著。随着支撑技术的不断进步，可穿戴产品正朝着更轻便、更隐蔽、更快捷的方向转变。未来可穿戴产品的形态将在薄微型化、互动友好性以及易于连接性三个方面得到增强。二是创新产品形态满足多元需求。由于可穿戴设备的人体佩戴特点，未来产品将针对部分人群实现量身定制，满足不同群体的特殊需求，产品生产将从规模批量向个性定制的方向发展[1]。三是时尚型与功能型并行发展。未来可穿戴设备将向更为轻便、易于佩戴的方向发展，时尚型和功能型将成为两条主要创新路径。时尚型产品更为注重外观设计，功能实现方面则寻求单一和简捷；功能型产品满足使用者的特定需求，在运动、健康、安全等领域发挥作用。

3. 细分领域深度聚焦，挖掘用户刚性需求

可穿戴产品支持摄像、多媒体文件播放，未来可以与增强现实、情境感知等创新性技术结合，相比传统电子设备，其可以给用户提供更好的多媒体资源享受体验，并给用户更强、更好的感官体验。可穿戴设备市场要针对不同领域进行细分，例如鞋子、鞋垫类诉诸健康记录、预警的功能，头盔类产品诉诸游戏、教育等领域。此外，外观精美、价格亲民虽然重要，但真正推动产品发展、保证产品销量的是用户需求。可穿戴设备可从两个方向挖掘需求，即医疗仪器化和个性

① 李扬：《可穿戴设备：基于用户特征的差异化应用有望成为突破口》，《高科技与产业化》2014年第6期，第90-93页。

化。短期看，可穿戴智能设备可能首先会作为体温计、血压计等检测人体基础健康指数的设备存在，加以定位功能、运动指数检测功能，就满足了人基本的健康检测、健身追踪功能。随着人们健康意识的增强和设备性能的提高，可穿戴设备可以成为医院诊断的辅助设备，这会成为消费者的刚性需求，而且是高频需求。对于不同人群支持个性化定制，如根据生理指标提醒用户是否需要涂抹防晒霜或保湿乳，根据糖尿病用户的血糖指数结合某种食物的特性提醒其是否可食用等，满足用户的个性化需求。

4. 关键技术突破发展，提升产品性能与用户体验

关键技术提升是可穿戴设备产业发展的核心。一是智能交互技术，多点触控、语音识别、手势识别、骨传导等技术发展迅速，眼球识别和脑电波识别技术逐渐成熟并得到应用，可穿戴设备逐渐成为实现交互体验的重要载体。二是微型集成技术，智能传感器以 MEMS 和数据分析技术为基础，产品的微型化、集成化和系统化的设计和生产将愈加简单。三是柔性电子技术，为保证可穿戴设备更加贴近人体，充分发挥方便、隐形和安全的特点，柔性电池、柔性屏幕、柔性驱动IC 等技术的发展在可穿戴设备领域具有广阔应用前景[1]。四是数据处理技术，在健康医疗、运动、休闲娱乐等可穿戴设备中，云计算、大数据、物联网技术的协同应用将保证大量人体健康数据采集和处理的及时性与可靠性，通过统计分析海量数据，为用户健康生活提供可行性建议，大大提升可穿戴设备用户体验。

5. 行业规范标准建设，保护数据隐私安全

可穿戴设备行业标准化进程已经启动，国际标准化组织（ISO）、国际电工委员会（IEC）、国际电信联盟（ITU）都已经开展相关研究。目前国家对于智能手表、智能手环等可穿戴设备还没有统一的规范和标准，导致在数据安全与隐私保护方面可靠性较低。根据可穿戴设备行业的发展与市场的需求，未来，我国将加快可穿戴设备行业标准的设立，尤其是在数据安全与隐私保护方面，为可穿戴设备行业建立基准线。如依照数据流程，可以从数据通信、存储安全、访问控制、软硬件结合、数据安全检测五个方面提升可穿戴设备数据安全与隐私保护技术。为保障数据通信安全，行业可对用户数据进行高强度加密，或对数据进行模糊化处理；数据存储过程中可对数据进行分割，并实行多副本存储；访问控制方面，实行普通状态与安全状态实时切换，避免信息泄露；通过软硬件技术结合，构建芯片级的安全内核；在可穿戴设备产品全生命周期中，对数据安全进行实时检测，及时采取防护措施。

二、可穿戴设备产业人才需求分析

近年来，可穿戴设备受到各大厂商热力追捧，成为智能硬件的新宠。国内各类厂商在已经开发出智能手表、智能手环的基础上，不断探索差异化细分市场，满足用户个性化需求。

（一）行业企业发展概况

可穿戴设备正在以前所未有的方式改善我们的生活，从生产力、健康以及日常生活方式，到智能设备的应用都在不断突破创新，可穿戴设备市场已呈现出百家争鸣的景象，在业内被称为继电视、PC、手机之后的"第四屏"。依托智能移动终端产业链基础，我国相关领域企业开始发

---

[1]耿怡、安晖、李扬、江华：《可穿戴设备发展现状和前景探析》，《科技》2014 年第 1 卷第 2 期，第 238－245 页。

力，积极加快在可穿戴设备产业的战略布局和资金投入，相继推出了自主研发的产品。

1. 多类企业积极布局

可穿戴设备根据不同的场景，产品应用已经覆盖到运动健康、娱乐、睡眠、智能家居、生活、医疗、军事等多个领域，涵盖智能手表、健身追踪设备、智能眼镜、智能服装、医疗设备、耳机、助听器以及电子表等多种产品类别。世界范围内，谷歌、苹果、三星等各大科技厂商均布局可穿戴设备领域。国内企业也不甘落后，在盛大推出果壳手表，标榜其是"第一款真正的智能手表"之后，众多相关企业开始积极布局可穿戴设备领域，开展相关技术的研发、产品生产和市场开拓。

国内涉足可穿戴设备的企业主要分为三类：一是以百度、腾讯、奇虎360为代表的互联网公司；二是以华为、小米、TCL等为代表的硬件厂商；三是以九安医疗等为代表的传统医疗设备生产厂商。截至目前，可穿戴设备领域竞争格局未定，即便是三星推出了Galaxy Gear智能手表，并试图将其作为智能手表先驱在市场中推广，但由于产品自身的功耗、功能创新等方面不足，依然难获用户广泛认可。

2. 企业集聚效应显著

珠江三角洲、长江三角洲、环渤海湾地区和以四川、陕西为主的西部地区是我国电子信息产业最为发达的地区，也是电子信息产业集群的主要聚集地。我国可穿戴设备生产企业主要分布区域如图4-9所示。

图4-9 我国可穿戴设备领域主要区域分布及典型企业

资料来源：中国产业信息网。

由图 4 - 9 可知，深圳无疑是国内可穿戴设备企业的最大聚集地，拥有从传感器、柔性元件到终端设备、交互解决方案的完整产业链，已经初步形成了由创客团队、小微企业、上市企业构成的可穿戴设备发展梯队力量。一方面，如酷派、中兴、华为等巨头设备商推出了手环、腕表等穿戴设备，还有如大麦科技、映趣科技、麦开科技、西莓科技等新兴公司致力于打造独特的创新穿戴式产品，剑指中高端市场；另一方面，也出现了一大批由山寨手机厂商转型而来的小型设备商，主要以生产智能手表、智能手环为主要方向。目前，深圳涉及可穿戴设备的企业达到上千家，其中小微型企业约占 80%。以深圳宝安区为例，截至 2015 年，其涉及可穿戴产业链的企业约 200 家，直接从事可穿戴终端设备生产的企业约 100 家①。

3. 生态系统加速构建

行业生态系统的构建和应用软件的开发是智能穿戴设备的生命线。打造智能穿戴设备的行业生态系统是一个庞大的系统工程，不仅需要行业内公司共同构建，还需要行业外相关联的组织和公司为了智能化生活的共同目标而积极参与。智能可穿戴设备的产业服务链涉及企业众多，主要包括芯片、传感器、屏幕、电池、设备厂商、系统平台以及营销模式等②，如图 4 - 10 所示。

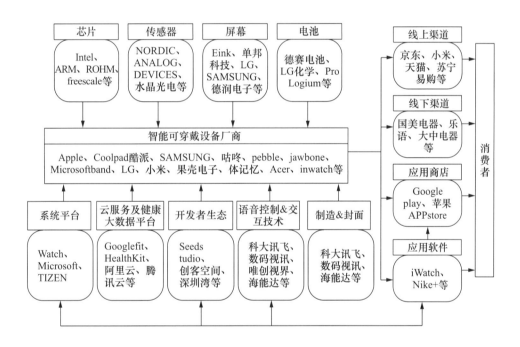

图 4 - 10 我国智能可穿戴设备产业链上涉及的代表企业

由于移动智能可穿戴产品和操作系统的碎片化，我国可穿戴产业生态较松散，还未形成大的产业阵营，不过产业界已开始积极尝试，基于自身优势形成不同的产业链整合思路。

一是以操作系统为核心整合移动智能可穿戴软硬件产业链资源。如谷歌，通过开放的 Android Wear 操作系统平台，允许第三方厂商加入生产各式各样的可穿戴设备，试图用 Android 手机类似的合作方式，与电子产品制造商（LG、摩托罗拉、华硕、宏达电、三星等）和芯片厂商

①宝安日报：《保安智能穿戴产值占全市六成 5 年培养万名高级人才》，http://city.shenchuang.com/szgq/20151103/263864.shtml，2015 - 11 - 03。

②谢俊祥、张琳：《智能可穿戴设备及其应用》，《中国医疗器械信息》2015 年第 3 期，第 18 - 23 页。

（Broadcom、Imagination、英特尔、联发科等）寻求合作，整合全产业链的资源，布局统一移动智能可穿戴生态阵营。

二是通过云平台打造移动智能可穿戴云端结合生态链。移动智能可穿戴设备不仅是硬件设备，更需通过数据交互、云端交互实现强大的功能。百度、腾讯等互联网公司，通过开放的云端技术、平台和资源，与更多可穿戴终端厂商和开发者合作，"云"与"端"结合，希望能够打造一条云端结合完整的生态链。百度为 TCL、OPPO、PICOOC、MUMU 等其他硬件厂商的产品提供云平台，同时与好大夫、青鸟健身、急救中心等健康服务提供机构取得合作，在云端进行聚合与分析，为用户输出较为专业的健康报告和服务。腾讯微信公众平台开始支持可穿戴设备接入，用微信同步、管理不同品牌可穿戴设备的数据，并将这些数据与微信的社交关系打通[1]。

（二）行业人才需求分析

可穿戴设备产业的大发展，需要一批高素质的专业人才。近几年，相对于可穿戴设备的蓬勃发展，相关从业人员的培养和发展受到严重的制约。据统计，可穿戴设备行业人才缺口已经达到 60 万人，并以每年 20% 的速度增长。

1. 人才类型分析

可穿戴设备产业链涉及环节较多，从产业分工维度看，可分为上游关键器件、中游交互解决方案、下游产品和服务三个环节。上游关键器件环节，包括芯片、传感器、柔性元件、屏幕、电池、无线模块等，其中传感器和芯片是核心；中游交互解决方案环节，包括语音识别、眼球识别及图像识别等技术；下游环节主要为产品、服务和渠道。操作系统和应用提供贯穿产业链上中下游[2]，如图 4－11 所示。

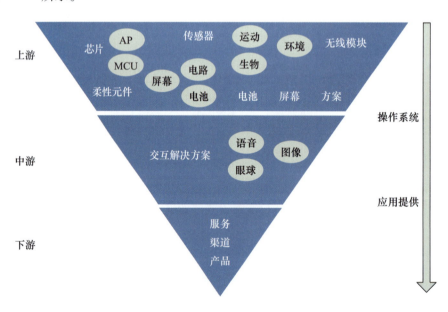

图 4－11　可穿戴设备产业链

资料来源：上海科学技术情报研究所（ISTIS）整理。

---

① 逄淑宁：《移动智能可穿戴设备产业发展状况及趋势》，《电信技术》2015 年第 4 期，第 21－23 页。

② 《2016 年我国智能可穿戴设备行业发展分析》，中国产业信息网，http：//www.chyxx.com/industry/201611/463728.html，2016－11－03。

从可穿戴设备产业链可以看出，可穿戴设备产业链每个环节需要不同类型的专业人才。其中，上游主要需要芯片、传感器、柔性元件、电池等关键器件的生产技术型人才；中游主要需要支持智能可穿戴设备芯片和操作系统等关键技术研发和应用人才；下游主要需要可穿戴设备产品及服务、推广人才。总体看，可穿戴设备领域人才主要分为硬件设计类、软件开发类、产品技术支持类、产品管理运营类四大类，如表4-3所示。

表4-3　　　　　　　　　　　　可穿戴设备领域人才类型及对应岗位

人才类型	人才要求	对应岗位
硬件设计类	从事硬件产品设计、硬件产品开发、硬件测试、硬件选型、硬件产品交互体验等工作	硬件产品设计、硬件测试工程师等
软件开发类	从事智能产品对应的移动端和PC端软件开发、测试联调等工作	ARM系统、Android系统、Web前段开发、数据库系统等软件开发工程师等
产品技术支持类	配合销售人员进行售前技术支持、售中调试工作和售后维护工作，负责公司产品演示及各区域产品推广	售前技术支持、售后维护等
产品管理运营类	主要从事可穿戴设备产品从需求调研到产品策划、选型、原型设计、交互体验、产品开发、产品测试、产品运营全流程把控工作	产品运营、产品测试、产品规划、产品交互等

资料来源：根据网络公开资料整理。

从具体的就业岗位需求看，目前，可穿戴设备企业最为紧缺的不是高精尖人才，而是应用和服务型人才，即能够在移动互联网领域熟练掌握移动终端应用开发技术、可穿戴技术，具备数据库应用、移动Web应用等方面专业能力的人才。这些专业人才所对应的就业岗位主要有可穿戴设备技术研发、可穿戴设备产品研发、可穿戴设备应用开发、可穿戴设备产品测试、可穿戴设备应用系统的实施与维护、可穿戴设备产品营销和应用推广等。适合职业院校人才培养定位的岗位情况如图4-12所示。

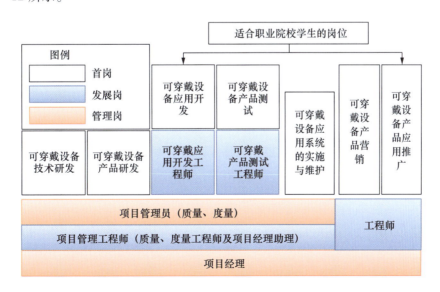

图4-12　适合职业院校学生的职业岗位

2. 人才需求分析

可穿戴设备覆盖了健康管理、运动测量、社交互动、休闲游戏、影音娱乐、定位导航、移动支付等诸多领域，行业潜力巨大，发展前景非常乐观，相关专业人才需求一直保持上升的势头。据观察，除了 FitBit、苹果、微软、谷歌之类的企业借助于自身在智能穿戴产业上的探索，培育专门的技术人才之外，其余大部分智能穿戴企业的技术人员来自于智能手机产业或 PC 产业。这部分产业技术人员由于受经验思维的影响，难以满足智能可穿戴设备领域的人才要求。据权威部门调查，我国在今后相当长一段时间内，智能可穿戴设备软件应用人才缺口将以每年20%左右的速度增长，加之各行各业对计算机专业人才的需求，这个缺口将更大。

从高科技人才资源平台人才网中可穿戴设备企业发布的岗位招聘需求看，可穿戴设备领域企业人才需求主要集中在软件工程师、硬件工程师、测试工程师、可穿戴结构工程师、市场营销管理等岗位。从运营角度看，可分为产品类、开发类、媒介类、日常运营类和其他类岗位；从开发种类看，可分为 Java Web 相关、Android 相关和 iOS 相关岗位。总体看，这些岗位对从业人员各方面能力要求较高，如图 4 - 13 所示。其中，综合素质能力要求为：理解公司战略，能根据经营目标转化或执行产品规划和市场营销方案；有独特的产品、用户体验分析能力与看法，具有良好的逻辑分析能力、优秀的创新意识和变革意识；具有相关产品开发项目周期和进度的把控能力及跨部门协调和沟通能力。

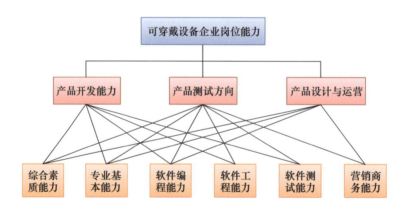

图 4 - 13　可穿戴设备企业具体岗位能力

三、我国可穿戴设备专业职业教育分析

随着可穿戴设备产业的快速发展，可穿戴技术及相关专业人才需求急剧增加。但是，我国可穿戴技术专业人才培养尚处于探索阶段，快速培养一批高质量的可穿戴技术人才已成为职业院校亟待解决的问题。

（一）专业布局

1. 专业设置情况

根据教育部发布的《中等职业学校专业目录（2010 年修订）》和《普通高等学校高等职业教育（专科）专业目录（2015 年）》可以看出，中等职业教育和高等职业教育设置的专业目录中，均尚未设置可穿戴技术专业。在中等职业教育层次，根据《中等职业学校专业目录（2010年修订)》，可穿戴设备专业主要涉及信息技术类专业，如软件与信息服务（090800）、电子与信息技术（091200）、电子技术应用（091300）、通信技术（091500）等专业，专业针对性不强，在此不进行具体分析。在高等职业教育层次，根据《普通高等学校高等职业教育（专科）专业目录（2015 年)》，可穿戴设备产业相关专业归属于电子信息大类专业，与可穿戴设备行业人才培养紧密相关的专业主要有智能产品开发（610104）、智能终端技术与应用（610105）、移动互联应用技术（610115）、物联网应用技术（610119）等，如表 4－4 所示。

表 4－4　　　　　　　　　高职层次智能可穿戴设备相关专业目录情况

专业名称	专业方向举例	主要对应职业类型	衔接中职专业举例	衔接本科专业举例
智能产品开发（610104）	智能家电开发 智能玩具开发 智能家居开发	电子工程技术人员 电子设备装配调试人员 信息通信网络运行管理人员 软件和信息技术服务人员	电子与信息技术 电子技术应用 计算机应用	电子信息工程 电子科学与技术 微电子科学与工程 光电信息科学与工程
智能终端技术与应用（610105）	智能终端设备与技术 智能终端软件技术	电子工程技术人员 电子设备装配调试人员 信息通信网络运行管理人员 软件和信息技术服务人员	电子与信息技术 电子技术应用 通信技术	电子信息工程 电子科学与技术
移动互联应用技术（610115）	—	信息和通信工程技术人员 信息通信网络运行管理人员	电子与信息技术 电子技术应用 通信技术 计算机网络技术	电子信息工程 通信工程 网络工程
物联网应用技术（610119）	物联网嵌入技术 物联网互联技术	信息和通信工程技术人员 信息通信网络运行管理人员	网络安防系统安装与维护 电子与信息技术 电子技术应用	物联网工程 电子信息工程

目前，我国仅有少数高职院校设置了相关专业（方向）培养可穿戴设备领域技术人才，主要有三种方式：一是设置相关专业方向，如无锡科技职业学院在移动互联应用技术专业开设智能穿戴设备开发方向；二是设置相关专业明确指出培养服务于可穿戴设备领域的技术人才，如深圳职业技术学院的物联网应用技术专业，提出培养掌握可穿戴技术等物联网相关应用型人才；三是设置相关专业，培养移动智能设备领域的相关人才。目前，采取第一、第二种方式的院校较少，大多数院校采用第三种方式培养从事智能手机、智能家居等移动智能设备领域技术人才。

2. 专业布局分析

由高等职业教育专业设置备案结果可以看出，开设智能可穿戴设备领域相关专业的院校规模逐渐扩大。截至 2017 年，备案开设智能产品开发、智能终端技术与应用、移动互联应用技术三个专业的院校达 197 所（其中有的院校开设两个及以上专业)，其中备案开设智能产品开发专业的院校已经从 2013 年仅有江门职业技术学院 1 所增加到 41 所；备案移动互联应用技术专业的院校从 2013 年的 7 所增加到 141 所，如图 4 - 14 所示。

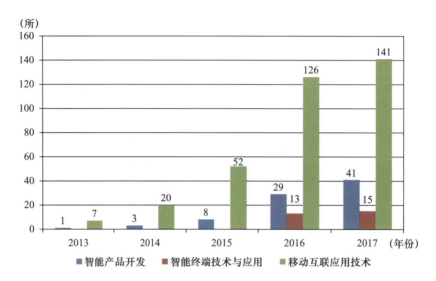

图 4 - 14   2013 ~ 2017 年开设智能可穿戴设备相关专业的高等职业院校数量

从区域分布看①，东部地区开设智能可穿戴设备类专业的职业院校最多，共 79 所，占开设院校总数的 44.13%；中部和西部地区分别有 68 所和 34 所高职院校开设智能可穿戴设备相关专业，如图 4 - 15 所示。整体看，开设智能可穿戴设备相关专业的职业院校分布与区域产业发展大致相匹配，东部地区是我国可穿戴设备产业发展最发达的地区，开设智能穿戴类专业的院校数量最多。

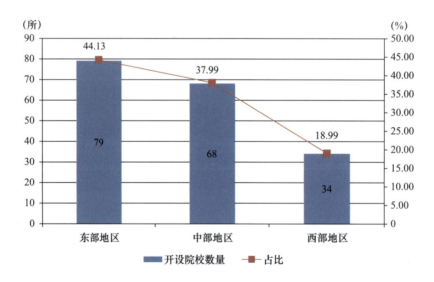

图 4 - 15   智能可穿戴设备领域相关专业区域分布情况

资料来源：根据 2017 年高等职业教育专业设置备案数据资料整理。

---

①西部地区包括四川、重庆、贵州、云南、西藏、陕西、甘肃、青海、宁夏、新疆、广西、内蒙古 12 个省级行政区；中部地区包括山西、吉林、黑龙江、安徽、江西、河南、湖北、湖南 8 个省级行政区；东部地区包括北京、天津、河北、辽宁、上海、江苏、浙江、福建、山东、广东和海南 11 个省级行政区。

（二）人才培养现状

根据 2017 年高职院校专业开设情况，筛选出北京信息职业技术学院、德州职业技术学院等 10 所高职院校重点分析可穿戴设备相关专业人才培养情况，包括培养模式、培养目标、课程设置、师资队伍、实践教学、校企合作等。10 所高职院校具体专业开设情况如表 4 – 5 所示。

表 4 – 5　　　　　　2017 年我国（部分）职业院校开设可穿戴设备相关专业一览

学校名称	专业名称	专业方向	所属院系	招生计划
北京信息职业技术学院	智能产品开发	智能硬件方向	电子与自动化工程学院	—
德州职业技术学院	智能产品开发	—	新能源技术工程系	65
海南软件职业技术学院	智能产品开发	—	软件工程系	39
	移动互联应用技术	—		38
安徽现代信息工程职业学院	智能终端技术与应用	—	信息工程系	—
湖北交通职业技术学院	智能终端技术与应用	—	交通信息学院	70
烟台工程职业技术学院	移动互联应用技术	—	信息与传媒系	80
江西环境工程职业学院	移动互联应用技术	软件测试方向	通讯与信息学院	—
无锡科技职业学院	移动互联应用技术	移动软件开发方向	物联网与软件技术学院	93
		智能可穿戴设备开发方向		
深圳职业技术学院	移动互联应用技术	—	电子与通信工程学院	80
四川航天职业技术学院	移动互联应用技术	—	计算机科学系	80

资料来源：根据各职业院校和网络公开资料整理。

1. 培养模式

我国高职院校可穿戴设备领域专业人才培养主要采用校企合作、工学结合的模式，强调企业与职业院校合作，充分利用企业的实践教学资源，同时借助学校的理论教学，培养适应市场需要的高素质应用型技术人才。如海南软件职业技术学院的智能产品开发专业，采用"三位一体"人才培养模式，通过校企共同参与，在人才培养规格上融"知识、技能、素质"为一体，在人才培养内容上融"课、岗、证"为一体，在人才培养途径上融"任务锻炼、技能训练、顶岗历练"为一体，将智能产品行业的相关标准及智能产品生产企业所执行的企业标准融入课堂教学，重组专业课程的教学内容；海南软件职业技术学院的移动互联应用技术专业，与海燕英立科技开发有限公司合作办学，培养合格的学生，由公司推荐就业。

另外，除了校企合作、工学结合的模式，也有部分高职院校采用项目教学、模块化的人才培养模式，根据专业的特点，通过让学生参与项目的方式进行教学与实践。如北京信息职业技术学院的智能产品开发专业，采用基于 CDIO 的模块化人才培养模式，以产品研发到产品运行的生命周期为载体，让学生以主动的、实践的、课程之间有机联系的方式学习工程项目。

2. 培养目标

从人才培养目标看，智能产品开发专业主要是培养掌握电子产品设计制造技术、嵌入式技术、智能芯片技术、传感技术、操作系统、可视化编程技术等知识，具备智能硬件产品设计、测试、维护、应用、策划和营销等核心职业能力的高端技术技能型人才。智能终端技术与应用专业主要培养掌握智能终端应用领域基础理论知识和先进开发技术，具有创新能力和较强的工程实践能力，能够胜任移动终端应用及游戏开发与测试、网站及应用开发、UI 设计、移动电子商务、软件开发等岗位工作的高素质技能型人才。移动互联应用技术专业主要培养掌握扎实的计算机基础知识和现代软件工程的基本理论、专业知识，掌握移动互联网应用软件的分析、设计、开发、测试方法，具有较强的移动互联网应用软件开发实践能力、技术创新能力和一定的智能可穿戴设备的辅助开发、检测能力，能够在移动互联网行业从事移动应用软件分析、设计、开发、应用和维护，智能硬件检测等工作的高素质技术技能型人才。对应相应专业，各职业院校设置的人才培养目标如表 4 - 6 所示。

表 4 - 6   10 所高职院校可穿戴设备相关专业人才培养目标

专业名称	学校名称	培养目标
智能产品开发	北京信息职业技术学院	培养具有优秀的思想品德、良好的职业道德和综合素质，掌握电子产品设计制造技术、嵌入式技术、智能芯片技术、传感技术、操作系统、可视化编程技术等知识，面向机器人、可穿戴设备、无人机、智能家居、VR 等设备企业，培养具有优秀的思想品德、良好的职业道德和综合素质，掌握电子产品设计制造技术、嵌入式技术、智能芯片技术、传感技术、操作系统、可视化编程技术等知识，具备智能硬件产品设计、测试、维护、应用、策划和营销等核心职业能力的高端技术技能型人才
	德州职业技术学院	培养具备单片机、嵌入式系统及传感器等核心技术应用与智能产品开发能力，能从事智能电子产品开发应用、生产制作、安装调试、运行维护、故障分析等工作的高素质技术技能人才
	海南软件职业技术学院	培养具备智能产品软硬件设计与调试，电控系统的电路检测、故障诊断与维修能力，具备普通智能产品电子控制系统故障诊断与维修的综合能力，具备智能产品新技术的应用与创新能力，能适应现代智能产品技术服务岗位需要的高素质技能型专门人才
智能终端技术与应用	安徽现代信息工程职业学院	培养具有较高的思想道德、良好的科学文化素质、敬业精神和社会责任感，掌握智能终端应用领域基础理论知识和先进开发技术，具有创新能力和较强的工程实践能力，能从事嵌入式软件开发、物联网通信终端应用、移动终端游戏、电子商务等软件开发等方面工作的高素质技术技能型人才
	湖北交通职业技术学院	培养具有较强的智能工程应用技能，能从事智能工程项目的规划及施工管理、智能终端设备维修与技术服务、智能终端系统集成及有关产品配置推广、智能系统管理等工作，具有一定的应用系统开发能力，在专业领域内跟踪新理论、新知识、新技术的技术技能型人才
移动互联应用技术	烟台工程职业技术学院	培养掌握扎实的计算机基础知识和现代软件工程的基本理论、专业知识，掌握移动互联网应用软件的分析、设计、开发、测试方法，具有较强的移动互联网应用软件开发实践能力、技术创新能力和一定的智能可穿戴设备的辅助开发、检测能力，较强的外语应用能力和团队协作能力，以及一定的创业、创新精神和较强的综合职业能力，能够在移动互联网行业从事移动应用软件分析、设计、开发、应用和维护，智能硬件检测等工作的高素质技术技能型人才
	江西环境工程职业学院	依托 Google 人才培养示范基地与 Google Play、小米 APP 商店、91 手机市场、安卓市场、用友软件订单式培养掌握 iPhone、Android 智能手机、智能手表、智能网络电视的应用软件、游戏、移动电子商务开发与运营技能的高端"互联网 +"技能型人才

专业名称	学校名称	培养目标
移动互联应用技术	无锡科技职业学院	培养初步掌握无线通信、嵌入式应用软件开发、云计算应用等技术，具备一定的移动互联网综合应用能力，毕业后能从事智能手机、平板电脑、智能可穿戴设备等移动互联应用设备的软硬件开发、测试、运行维护和售后技术支持等方面工作的高素质技术技能型人才
	深圳职业技术学院	具有移动互联网基本理论知识，掌握移动应用（APP）开发、移动互联网运营推广、移动终端及配件开发、移动营销等相关技能，运营与营销，移动应用编程技术，智能移动终端系统应用与维护相关知识，并对移动智能终端产品和 Android 系统软件开发能力以及相关应用领域有所了解的技术应用型专门人才
	四川航天职业技术学院	培养在信息、制造、服务等行业领域，从事智能手机及移动智能终端软件的设计与开发、移动网站数据库的设计与程序开发、移动智能设备的运营与维护以及网络信息系统的开发、测试、维护、管理等相关工作的高素质技能型专门人才

资料来源：根据职业院校官网资料整理。

从服务面向看，大多数职业院校开设智能产品开发和智能终端技术与应用专业均面向机器人、可穿戴设备（智能手表、智能手环、Google Glass 等）、无人机、智能手机、智能家居、VR 等智能终端设备企业培养相应的专业人才；移动互联应用技术专业主要面向智能手机、平板电脑等移动互联应用设备技术企业，只有极少数职业院校面向可穿戴设备行业或企业服务，培养相应的可穿戴设备领域专业人才。

3. 课程设置

开设可穿戴设备领域相关专业的职业院校主要通过引入国家职业资格标准、行业企业技术标准，制定课程标准，更新教学内容，改革教学方式方法，开发课程教学资源，从而使课程设置、教学内容与社会实践紧密结合。其中，部分高职院校采用项目教学的人才培养模式，探索构建了项目式教学的课程体系，北京信息职业技术学院智能产品开发专业课程设置情况如图 4 - 16 所示。

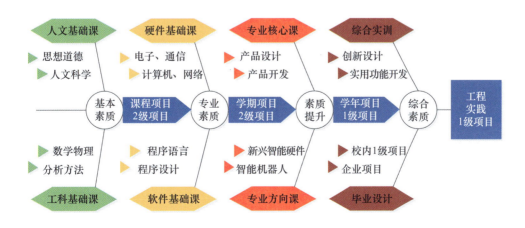

图 4 - 16　北京信息职业技术学院智能产品开发专业课程体系

从课程设置内容看，通过对部分院校电子信息相关专业的梳理和分析，可以看出智能产品开发、智能终端技术与应用、移动互联应用技术三个专业均开设传感器技术、嵌入式系统开发与应用、移动智能终端开发、Android平台应用及开发、智能产品项目实施与管理、智能电子产品控制检测技术等专业课程。具体专业课程开设情况如表4-7所示。

表4-7   10所高职院校可穿戴设备领域相关专业核心课程设置情况

专业名称	学校名称	核心课程设置
智能产品开发	北京信息职业技术学院	实用电子电路设计与制作、单片机技术与应用、嵌入式系统开发与应用、智能硬件产品设计与开发、智能硬件产品检测与维修、智能终端维护与维修、智能机器人技术、移动互联产品应用与开发等
	德州职业技术学院	单片机系统的设计与制作、单片机系统的设计与制作实训、电子设计自动化（EDA）技术、传感器应用与信号检测、智能家电控制技术、电子产品结构与工艺、嵌入式技术与应用
	海南软件职业技术学院	C语言程序设计、EDA技术、传感器技术、移动数据库、物联网RFID智能产品开发、移动智能终端开发、Android平台应用及开发、智能产品项目实施与管理、智能电子产品控制检测技术等
智能终端技术与应用	安徽现代信息工程职业学院	Java程序设计、数据库技术、JSP技术应用、操作系统、嵌入式系统、微机原理接口技术、物联网技术、智能终端游戏开发、Java Web移动开发技术、智能终端应用软件测试等
	湖北交通职业技术学院	—
移动互联应用技术	烟台工程职业技术学院	电路基础、电子技术基础、C语言程序设计、数据库管理与应用、Java程序设计、HT-ML5网页设计、Android程序设计、Android智能设备开发与应用、UI设计等
	江西环境工程职业学院	软件工程、苹果安卓APP应用开发、手游开发、Java、大型数据库、大型网站开发、移动互联网、移动电子商务
	无锡科技职业学院	Android应用开发、IOS应用开发、移动UI设计、移动网站开发、嵌入式应用、可穿戴设备应用开发等课程
	深圳职业技术学院	移动应用（APP）开发、Java程序设计、Android移动互联应用开发、移动互联营销与实践、计算机网络概论、移动通信技术、移动智能终端系统、移动网络编程技术、网络操作系统、移动终端微控制器开发、数据通信技术、面向对象程序设计等
	四川航天职业技术学院	移动应用UI设计、计算机网络、网络数据库构建与管理、Java程序设计与项目开发、网络操作系统、移动终端应用开发技术基础、移动终端核心开发技术、UML建模、移动互联网应用测试技术等

资料来源：根据各职业院校官网及网络公开资料整理。

4. 师资队伍

为了提高专业人才培养质量，我国高等职业院校进行了一系列积极的探索，除了聘请可穿戴设备领域相关专业的高层次人才作为专职教师外，还从相关企业中聘请一批专家担任兼职教师，建立了一支专业水平高、具备教科研能力和实际工作经历，专兼结合的"双师"素质的教学团队，如表4-8所示。如德州职业技术学院的智能产品开发专业，按照"双岗、双聘"的兼职教师管理模式，积极引进技术骨干和能工巧匠做兼职教师，与专任教师合作开发工学结合的专业课程，共同承担教学任务；建立动态兼职教师库，完善兼职教师管理制度与办法，对兼职教师队伍进行规范化、制度化管理，形成了一支兼职教师与专任教师优势互补、专兼结合的高水平教学团队。

表4-8　　　　　　　　　**10所高职院校可穿戴设备领域相关专业师资建设情况**

专业名称	学校名称	师资队伍
智能产品开发	北京信息职业技术学院	具有一支师德高尚、结构合理、科研水平高的师资团队，其中具备高级职称4人、骨干教师5人，硕士及以上学历占90%，"双师型"教师达到100%
	德州职业技术学院	现有专兼职教师12人，其中专职教师8人，兼职教师4人。专职教师中，教授2人、副教授5人，高级职称教师占26.9%；研究生及以上学历教师占76.9%，三能素质教师达100%。现有校内专业带头人1人，校外专业带头人1人，骨干教师6人
	海南软件职业技术学院	现有校内专兼职教师46名，其中教授4名，副教授12名，讲师25名，具有硕士及以上学位教师38名；双师素质教师36名，具有软件设计师、数据库系统工程师等职业资格证书教师9名，校外兼职、兼课教师17名，IT领域的一线专家担任客座教授、兼职教授12名
智能终端技术与应用	湖北交通职业技术学院	拥有一支高水平的校企共建的专兼职双师型教学团队，7名专职教师均为硕士以上学历，并具有行业经验。专职教师中有副教授4名，兼职教师团队均来自于知名企业的高级工程师
	安徽现代信息工程职业学院	—
移动互联应用技术	烟台工程职业技术学院	—
	江西环境工程职业学院	拥有Google专家1名、Google双认证讲师1名、Google开发者社区负责人1名、全国职业技能大赛专家1人、裁判1人、Google奖教金获得者1人
	无锡科技职业学院	具有高级中级职称、硕士及以上学历教师超过90%，近20名教师有海外留学和研修经历
	深圳职业技术学院	正高职称10人，副高职称53人
	四川航天职业技术学院	系部现有专任教师19人、专职教师12人，其中专任教师中，学院首批教学名师1名，具有高级职称4人、硕士以上专业学位教师13人、具有5年以上企业产品设计与主管经历教师3名

资料来源：根据各职业院校官网公开资料整理。

5. 实践教学

学生专业实践能力和技术应用能力一般通过实习实训培养。实习实训既是职业院校学生实践能力培养的重要保证，又是反映职业教育水平的重要指标。基于可穿戴设备领域相关应用技术实践教学的需要，大部分职业院校在人才培养过程中均高度重视实训实践教学，注重校内外实训基地建设，同时结合协同育人需要，打破以往只为教学服务的实训室建设模式，积极尝试校企（行业协会）合作共建模式。如湖北交通职业技术学院的智能终端技术与应用专业，与武汉莱斯特电子科技公司建立深度校企合作关系，其中公司作为"校中企"进驻校园，共同创建了校内生产性实训基地。

此外，部分职业院校建立校企融通的人才培养质量监控组织，共同管理实训教学。如海南软件职业技术学院，依托专业理事会，建立由专业主任、校内外专家和企业专家组成的校企深度融合的教学管理监控机构，完善教学监控制度、教师教学质量监控制度、学生学习质量监控制度和教学过程监控制度等，对接行业标准、企业标准、职业资格标准及岗位工作规范，依据教育部专业教学标准，校企共同制定专业人才培养质量评价标准。

四、我国可穿戴设备专业职业教育服务产业发展分析及建议

可穿戴设备行业属于新兴产业，我国尚未形成一套完善的适应产业发展的专业人才培养体系，存在人才培养结构与产业结构发展不匹配、人才培养规模不能满足产业发展需求、人才培养质量达不到企业岗位技能要求等问题。我国可穿戴设备领域专业职业教育必须进一步改革创新，借鉴先进经验，培养适应产业发展需要的大量、高素质的可穿戴设备技术应用人才，助推我国可穿戴设备行业、企业的进一步发展壮大。

（一）可穿戴设备专业职业教育服务产业发展分析

1. 培养模式亟须转型升级

可穿戴设备领域相关专业人才培养模式从诞生之日起就深深受到移动智能终端相关专业人才培养的影响。虽然强调工学结合、理论联系实际，但在实际操作过程中，现有的人才培养模式往往脱离企业实际，主要体现在：首先，培养方向偏离市场需求。当前，可穿戴设备领域人才队伍在结构上出现单一技能多、复合技能少，智能型人才严重缺乏的现象。这种结构性矛盾，反映了当前可穿戴设备领域人才培养模式尚无法有效满足市场需求。其次，供需矛盾短期难以解决。据有关机构对我国可穿戴设备领域人才需求预测，现阶段可穿戴设备技术领域人才缺口以每年20%左右的速度增长。截至 2017 年，我国开设可穿戴技术领域相关专业或服务于智能可穿戴领域专业的职业院校数量非常有限，未来可穿戴设备市场人才供需缺口可能还会继续扩大。

2. 课程体系建设不完善

虽然部分高等职业院校开设智能可穿戴设备方向专业，但由于时间较短，积累少，课程资源匮乏，课程内容难以深入到可穿戴设备领域热门技术的开发及应用。仅有极少数职业院校开设可穿戴技术课程，如深圳职业技术学院的物联网应用技术专业设置了可穿戴技术、智能可穿戴设备课程；无锡科技职业学院的移动互联应用技术专业设置了可穿戴设备应用开发课程。大多数职业院校仅仅是在原专业的基础上，穿插了一些基本的移动终端开发、测试、维修等相关课程，并没有开设可穿戴技术相关知识的课程。同时，在可穿戴设备行业相关专业上设方向，导致可穿戴设

备领域应用技术人才培养的课程无法形成完整的体系。这势必导致培养出来的人才无法满足可穿戴设备行业企业人才的培养需求。

3. 专业性师资力量薄弱

由于可穿戴技术行业属于新兴产业，我国职业院校可穿戴设备领域相关专业的师资团队大都是从原有相近的软件开发专业、计算机网络技术专业、计算机应用技术专业等专业中抽调而来，或是刚毕业的应届毕业生，没有接受过专业教育，缺乏实际岗位的工作经验。由于本科及研究生通信类、计算机工程类专业主要偏向通信网络，软件专业侧重于通用的软件开发，对于新毕业入校的教师，抑或是"双师型"教师，也大都缺乏在可穿戴设备行业企业从事项目开发的经历。大部分教师由于不具备相应的工作经验，只能"照本宣科""闭门造车"或"现学现用"，在新知识、新技术掌握上也与可穿戴设备企业的实际需求有很大的差距，这势必难以培养出符合可穿戴设备领域行业企业所需的具有创新能力的高素质技术技能型人才。

（二）对我国可穿戴设备专业职业教育发展的建议

通过分析我国可穿戴设备领域相关专业职业教育中存在的问题，结合我国实际情况，可穿戴设备专业人才培养可以从培养目标的精准定位、推动技术人才培养资源的整合、构建课程体系、加强师资建设、激发校企合作开展实践教学等方面进行优化提升。

1. 以就业与职业生涯发展为目标明确专业定位

作为技能人才培养主体的高职院校，应将企业需求的人才作为首要目标。精准化定位的关键，在于确立基于社会需求和院校培养资源相结合的动态定位逻辑。社会需求是确立培养目标定位的出发点，培养资源是实现目标定位的保障条件。在确立技能人才培养目标过程中，不仅要实现短期的静态供求匹配，还要保持一定的战略前瞻性，力争发挥人才培养对行业发展的引领和带动效应。为此，应以长期战略需求为核心着眼点，结合我国职业教育资源禀赋，构建动态、差异化的人才培养目标体系，实现培养目标、培养能力与动态化市场需求的精准对接，不仅要培养出更多适合当前经济发展的实用型技能人才，还要培养出能够适应新科技革命前沿的高等技工人才。

同时，以人才培养目标为导向，全面整合、聚集和优化我国现有教育资源，构建"政府指导、院校主导、企业参与"的可穿戴技术人才协同培养体系，着力凸显人才培养的技能特色、品牌特色和行业特色，实现政府、学校、企业"三重螺旋"的协同培养效应。在此过程中，政府应从顶层战略设计层面出发，积极发挥行政力量在资源配置方面的独特优势，以推动职业院校培养模式革新、拓宽招生生源渠道、打通校企合作制约屏障、建立公共实训平台等工作为重点，统筹整合各方力量共同打造"政府政策能落地、院校办学有特色、企业育人乐担当"的可穿戴技术人才培养新格局。

2. 基于校企合作、工学结合探索分阶段人才培养方式

针对可穿戴设备领域人才培养特点和教育部关于高职高专培养技能型、应用型人才的要求，职业院校牵头，行业协会参与，邀请众多可穿戴设备企业加盟，联合培养可穿戴设备领域专业人才，探索采用基于校企合作、工学结合的"1212"分阶段人才培养模式，如图4-17所示。第1阶段即第1学期，学习公共基础课和职业规划课。第1学期结束后，学生根据自己的特长和兴趣选择相应方向。第2阶段即第2、第3学期，主要学习专业基础课和专业技能课，其中，专业基础课主要掌握专业基本知识和基本技能，专业技能课主要掌握专业核心技能。第3阶段即第4学

期，学生在学校进行项目实训，同时进行专业认证培训和考核，取得相应职业资格证书。第4阶段即第5、第6学期，学生全部到校外实训基地进行顶岗实习，期间完成毕业设计，为就业做准备。

图4-17　基于校企合作、工学结合的"1212"分阶段人才培养模式

　　学生在整个培养周期中，有一半左右的时间进行实训实习，由合作可穿戴设备企业安排技术专家带领学生做真实的企业项目，学生边工作边学习。校内专业教师积极参与企业的项目开发，和企业合作编写可穿戴设备技术专业课程教材，做到"产教结合"和"产研结合"。对于人才需求量较大的可穿戴设备企业，可以尝试采用订单式培养，由企业和学校共同制订课程计划，由企业技术骨干担任核心专业课程的教学和项目实训指导。

　　3. 以岗位的工作标准和能力结构为基础构建课程体系

　　可穿戴设备技术应用既可以是可穿戴设备产品开发、可穿戴设备工具，也可以是办公软件、管理系统等。随着可穿戴设备产品市场的发展，特别是智能家电即将进入千家万户的趋势，可穿戴设备技术的应用将会成为可穿戴设备行业的市场主流。课程体系是专业教学标准的主体内容。结合可穿戴设备企业人才培养规律和市场用人需求，通过与企业专家共同探讨合作，以岗位的工作标准和职业从业能力结构为基础，科学地构建"实践教学持续贯穿、校企合作、阶段深化"四层面专业课程体系，如图4-18所示。

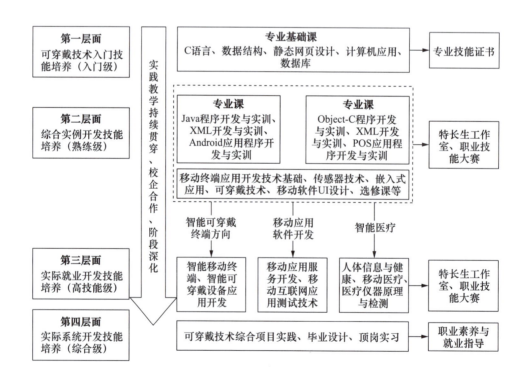

图4-18　可穿戴设备应用技术专业课程体系

第一层为入门级,课程开设于第1、第2学期,主要培养学生基本的程序设计能力。学生在学习完这些专业基础课之后,可以根据自己的特长与喜好选择专业方向,并按照学校要求获得专业技能证书。

第二层为熟练级,课程开设于第2~4学期,主要培养学生综合案例的应用技能。与此同时,学生还需深化学习一些通用的专业课程,例如,移动终端应用开发技术基础、传感器技术、嵌入式应用、可穿戴技术、移动软件 UI 设计等。从这一层开始,学生就可以根据自己的爱好与开发技能掌握熟练程度参加专业技能大赛等。

第三层为高技能级,课程开设于第4学期,学生可以根据自己的情况选择不同的就业方向,有针对性地进行学习。例如选择智能可穿戴终端方向需要学习智能移动终端核心课程、智能可穿戴设备应用开发等课程,选择移动医疗方向则需要学习人体信息与健康、移动医疗等课程。

第四层为综合级,课程开设于第5、第6学期。此时,学生面临实习与就业的压力,因此在这一层中,基本上由具有丰富行业经验的企业人员指导学生完成。例如智能可穿戴设备软件开发综合项目实践则完全采用企业真实的项目,让学生掌握软件工程的概念,学习当前可穿戴设备企业中开发、测试规则,将以前所学的知识综合化。这一层主要培养学生的职业素养,以及为学生的就业作指导。

4. 以"双师型"师资培养为核心加强师资团队建设

专业教学标准实施的主体是教师(包括专职和兼职教师),依托校企共建师资培养工作站,按照"教练型"名师引路、"专家型"带头人负责、"双师型"骨干教师支撑、"技术技能型"企业教师参与组建的结构合理、专兼结合的优秀教学团队是培养学生创新及实践能力的有效途径之一[1]。

学校应与专业紧密合作的企业签署合作协议,学校制定专业教师到企业入职顶岗激励制度,将专业教师在企业工作时间、承担的工作项目与任务等与职称评定挂钩,从而形成专业教师积累企业实践经验的机制,真正具有双师资格[2]。同时,建立企业工程师来校兼职薪资管理制度和教学管理制度,为企业开放职业院校资源,免费为企业提供技术服务与培训等,鼓励企业积极参与专业建设,从而形成职业院校与企业人员的双向互融、互通。

5. 以提高专业人才培养质量为目的与企业共建实训室

学校与企业应加强合作,共同建设实训室,为学校学生专业实训和合作企业服务,实现途径主要有三条:

一是学校建设,面向专业与行业共享。学校在校企合作中起主导作用,由学校建立校内实训室,制订教学计划,企业参与指导,面向专业与行业共享。

二是校企共同投入,共建共享。学校利用场地优势,安排相关场地,由学校和企业共同投入设备,共建共享,形成战略伙伴关系。企业以设备、技术、资金等多种形式与学校合作。学校和企业都是培养人才的主体。企业不仅参与研究和制定培养目标、教学计划、教学内容和培养方式,而且参与实施教育和培养任务,并实施考核管理。所以,参与技能人才培养成为企业的一部分工作和企业分内之事。

---

①乔桂银、丁错:《苏州健雄职业技术学院现代学徒制改革的实践及启示》,《南通职业大学学报》2016 年第 30 期,第 11 - 16 页。

②史桂红:《高职移动互联应用技术专业教学标准开发的探索——以苏州健雄职业技术学院为例》,《计算机教学与教育信息化》2017 年第 13 卷第 28 期,第 141 - 144 页。

三是学校提供场地，企业提供设备与工程师，共建跨企业培训中心。学校提供场地，与专业服务面向高度匹配的经济实体或企业提供硬件设备与工程师。基于校企利益共同体构建校企合作联盟，使教育资源与企业资源在跨企业培训中心汇聚、有效配置、整合优化，形成合作办学机制。跨企业培训中心作为连接学校与企业的桥梁与纽带，从学生的技能培养看，是专业理论与方法检验以及校内实验实训技能训练的延伸，是学生的专业技术技能快速提升的有效途径，也是为学生即将开展实习和就业而进行的技术与心理准备的关键环节，学生在跨企业培训中心便能体验企业文化、积累职场和工作经验。所以，跨企业培训中心的实训体系承载着学校教育的延伸与接轨企业实践的双重任务。一要有别于学校仿真、验证性实践体系；二要有别于企业生产性工作任务；三要体现相应专业运行规范与管理规程，以及服务质量控制与保证体系[①]。

参 考 文 献

[1]《关于加快推进可穿戴设备产业发展的工作意见》，重庆市经济和信息化委员会网站，http：//wjj. cq. gov. cn/xxhjs/82019. htm，2016 – 10 – 10。

[2] 徐迎阳：《可穿戴设备现状分析及应对策略》，《现代电信科技》2014 年第 4 期，第 73 – 76 页。

[3] 许翠萍：《从博通聚焦可穿戴市场说起》，《通讯世界》2013 年第 9 期，第 18 页。

[4] 王菁：《智能可穿戴设备产业发展对 PTAC 的启示》，《经济视野》2014 年第 17 期，第 471 – 472 页。

[5] 深圳市智能穿戴行业协会：《2015 年上半年中国智能穿戴行业数据分析报告》，http：//www. sswa. com. cn/show. php？pid = 7。

[6] 秦钦、李潍、朱松盛、李建清：《可穿戴设备的现状及未来发展方向》，《南京医科大学学报》（自然科学版）2017 年第 37 卷第 2 期，第 149 – 230 页。

[7] 李扬：《可穿戴设备：基于用户特征的差异化应用有望成为突破口》，《高科技与产业化》2014 年第 6 期，第 90 – 93 页。

[8] 耿怡、安晖、李扬、江华：《可穿戴设备发展现状和前景探析》，《科技》2014 年第 1 卷第 2 期，第 238 – 245 页。

[9]《保安智能穿戴产值占全市六成　5 年培养万名高级人才》，《宝安日报》，http：//city. shenchuang. com/szgq/20151103/263864. shtml，，2015 – 11 – 03。

[10] 逄淑宁：《移动智能穿戴设备产业发展状况及趋势》，《电信技术》2015 年第 4 期，第 21 – 23 页。

[11] 乔桂银、丁错：《苏州健雄职业技术学院现代学徒制改革的实践及启示》，《南通职业大学学报》2016 年第 30 期，第 11 – 16 页。

[12] 史桂红：《高职移动互联应用技术专业教学标准开发的探索——以苏州健雄职业技术学院为例》，《计算机教学与教育信息化》2017 年第 13 卷第 28 期，第 141 – 144 页。

[13] 杨正校：《高职电子商务技术专业模块化课程体系研究——基于跨企业培训中心的视角》，《职业教育研究》2016 年第 7 期，第 74 – 77 页。

[14] 许鑫：《可穿戴计算机设备的领域应用及其对信息服务的影响》，《图书情报工作》2015 年第 59 卷第 13 期，第 74 – 81 页。

[15] 曾丽霞：《基于情境感知的智能穿戴设备交互设计研究——以 IT 白领人群的智能手环设计为例》，江南大学硕士学位论文，2016 年。

[16] 钱玉娟：《智能可穿戴产业待变》，《中国经济信息》2016 年第 2 期，第 70 – 71 页。

[17] 万朝阳：《智能手环商业计划书》，兰州大学硕士学位论文，2014 年。

---

①杨正校：《高职电子商务技术专业模块化课程体系研究——基于跨企业培训中心的视角》，《职业教育研究》2016 年第 7 期，第 74 – 77 页。

［18］陈向东：《移动互联网产业发展与人才培养研究》，《长春理工大学学报》（社会科学版）2013 年第 26 卷第 5 期，第 194－197 页。

［19］谢景明、卢峰：《高职院校移动互联网开发人才培养的探讨》，《广州职业教育论坛》2016 年第 6 期。

［20］李东方：《中国可穿戴设备行业产业链及发展趋势研究》，广东省社会科学院硕士学位论文，2015 年。

［21］黄伟：《可穿戴设备前景与投资研究——以得润电子为例》，兰州大学硕士学位论文，2015 年。

［22］黄佳嫄、张宏：《基于可穿戴设备构建个人生态信息系统的探讨》，《现代传播》2015 年第 2 期，第 139－142 页。

［23］毛彤、周开宇：《可穿戴设备综合分析及建议》，《电信科学》2014 年第 10 期，第 134－142 页。

第五章　智能语音产业与职业教育发展研究报告

人工智能是引领未来的战略性技术，世界主要发达国家都把发展人工智能作为提升其国家竞争力、维护国家安全的重大战略。智能语音技术是人工智能产业链上的关键一环，国际语音技术厂商和IT巨头积极以智能语音为切入点布局整个人工智能领域，从而带动全球智能语音产业规模快速提升。我国也高度重视人工智能产业发展。2017年3月，国务院的《政府工作报告》提出要加快培育壮大人工智能产业，并将其列入战略性新兴产业发展规划，人工智能上升为国家战略；7月，国务院印发《新一代人工智能发展规划》，提出坚持科技引领、系统布局、市场主导、开源开放的基本原则和分三步走的战略目标；11月，科技部召开新一代人工智能发展规划暨重大科技项目启动会，会议明确提出依托科大讯飞公司建设智能语音国家新一代人工智能开放创新平台。我国智能语音产业迎来重要发展契机。

与产业迅速发展相比，语音技术人才相对匮乏成为制约智能语音产业发展的主要因素之一。本报告立足我国智能语音产业发展现状，对我国智能语音产业的人才需求现状和类型进行分析，并进一步分析现阶段我国智能语音专业教育的情况。在此基础上，对我国智能语音专业教育服务产业的发展问题进行剖析，进而对我国智能语音专业教育的发展提出切实可行的建议。

一、我国智能语音产业发展概况

苹果的Siri推出后，智能语音人机交互产业迎来了新的高峰。Google在Android平台上推出了Google Now，微软将语音技术应用于Windows Phone系统。与国外相比，我国智能语音市场虽起步较晚，但近年来持续保持高速发展态势。国家高度重视智能语音产业发展，并将其列入多项国家科技发展规划和政策支持领域。国内以科大讯飞为代表的智能语音厂商纷纷进行市场布局，提供语音识别、语音合成、集成化产品、智能语音云平台等多样化服务，引发电信、金融、家电、家居、汽车等传统行业的应用创新。各行各业纷纷以此为契机，大力创新发展与智能语音技术结合的产品及服务。

（一）行业发展现状

综观全球智能语音产业近50年的发展历程，智能语音产业已由技术研发进入快速应用阶段，技术水平显著提高，产业规模大幅提升，基本形成了产学研互动、核心技术研发与应用服务协同发展的完整的产业链。以苹果Siri的发布为引爆点，智能语音应用领域由传统行业开始向移动互联网等新兴领域延伸。2017年是人工智能应用元年，智能语音技术作为人工智能应用最成熟的技术之一，在智能家居、智能车载、智能穿戴等领域应用前景广阔。我国人工智能市场规模持续扩大，智能语音居于重要地位。

1. 技术水平不断提升

智能语音以语音为主要信息载体，主要包括语音识别、语音合成、自然语言理解等关键技术环节，涉及自然语言处理、语义分析和理解、知识构建和自学习能力、大数据处理和挖掘等前沿技术领域。我国智能语音产业发展可分为四个阶段[①]。第一阶段是技术萌芽阶段（20 世纪 50 ~ 70 年代），以中国科学院声学所研发的能识别 10 元音的电子管电路为重要标志，但该技术进展较为缓慢。第二阶段为技术突破阶段（20 世纪 80 ~ 90 年代），中文智能语音核心技术已经接近国际先进水平，但产品化程度尚需进一步提高。第三个阶段是产业化阶段（20 世纪 90 年代末到 21 世纪初），科大讯飞、捷通华声、中科信利等智能语音企业相继成立，智能语音技术逐步在金融、电信、邮政、电力、教育、政府和企业等各行业开始应用。第四个阶段是快速应用阶段（2010 年至今），以语音合成、语音识别等为代表的智能语音核心技术不断突破，产品和应用的可用性不断提升，智能语音产业得到快速发展。

近年来，大数据、云计算、深度学习、互联网等技术的发展为智能语音技术的不断提升创造了条件，基于互联网海量数据的深度神经网络技术推动了智能语音技术快速发展。我国智能语音技术水平不断提高，特别是语音合成和基础语音识别技术发展较快。目前，语音识别技术研究水平已基本上与国外同步，尤其在汉语语音识别技术上独具特点和优势，并达到国际先进水平。

我国语音技术厂商在激烈的竞争中不断寻求突破和创新，推动了智能语音的技术水平不断提升。目前，语音技术厂商基本分为三类[②]：第一类是传统互联网厂商，如百度、腾讯、搜狗等，通过自主建设团队或者收购，掌握智能语音技术，推广语音服务；第二类是传统语音技术厂商，如科大讯飞、捷通华声等，它们拥有自己的核心智能语音芯片以及语音相关软件系统；第三类是创业企业，如云知声、思必驰等，它们专注于汽车、家电等行业领域，以推广语音技术和产品。此外，科研机构，如清华大学电子工程系、中科院自动化研究所等，也积极参与智能语音技术的研发和应用，助力语音技术的发展。部分代表性的智能语音厂商和科研机构如表 5 - 1 所示。

表 5 - 1　　　　　　　　　　我国智能语音厂商和科研机构代表

厂商类型	厂商或机构名称	擅长领域/研究项目
大型互联网公司	百度	提供语音识别、语音合成、语音唤醒等语音技术服务
	搜狗	专注语音识别、语义理解、实时翻译等技术
	腾讯	开发微信语音处理技术，推出智能语音服务
语音技术厂商	科大讯飞	专注智能语音及语言技术研究、软件及芯片产品开发、语音信息服务及电子政务系统集成
	捷通华声	立足语音、手写识别等智能人机交互技术的研究与应用，全面发展电信增值服务
技术类初创公司	云知声	专注于语音识别及语言处理技术，拥有完全自主知识产权的世界顶尖的智能语音识别和语义理解技术
	思必驰	专注于将领先的系列智能语音技术应用于移动互联、智能设备、客户联络中心等行业
	中科模识	专业从事语音识别技术研究、产品开发与成果转化

①中国工业和信息化部电子科学技术情报研究所整理。
②《智能语音人机交互国内外公司及其产业链和核心技术》，http：//www. gold678. com/dy/A/1553785，2017 - 05 - 21。

续表

厂商类型	厂商或机构名称	擅长领域/研究项目
科研机构	清华大学电子工程系	研究非特定人汉语数码串连续语音识别系统
	中科院自动化研究所	与多家企业（如云知声、出门问问、极限元）成立实验室，助力于语音合成、语音识别、关键词检索等技术方面的人才培养，实现学术和商业的结合
	中科信利	专注于语音识别和音频信号处理相关技术和产品的研发，具有国际一流水平的语音识别和语音处理引擎、语音云系统和语音分析应用产品

资料来源：根据公开资料整理。

2. 应用范围不断拓宽

虽然当前智能语音系统的综合水平还不高，人们对智能语音的认知还处于不断渗透阶段，但随着智能化大数据时代的到来以及语音识别系统的不断升级，智能语音技术逐步融入到人们工作和生活的各个层面，应用范围不断扩大。

目前，国内大型互联网公司、语音技术厂商、技术类初创企业纷纷从不同维度布局相关产业链，将智能语音应用于不同领域[①]。其中，大型互联网公司，如百度、搜狗、腾讯等，研发与其自身业务需求相关的语音技术，将语音技术产品应用于相关业务场景。语音技术厂商，如科大讯飞、捷通华声等，依托原有技术优势，从单一智能语音技术商向全方位人工智能技术服务商转型。技术类初创企业，如云知声、思必驰等，则以垂直领域和细分场景为主要突破口，寻求智能语音在家居、车载以及可穿戴设备上的应用。

总体来说，智能语音的应用行业大致可分为两个方向：2B 和 2C[②]。2B 的代表领域包括金融、医疗、教育、呼叫中心等；2C 的代表领域包括智能家居、无人驾驶、可穿戴设备和家庭机器人等。部分语音技术厂商及其代表性应用产品如表 5 - 2 所示。

表 5 - 2 　　　　　　　　　　　**语音技术厂商智能语音应用产品**

行业	应用产品	
	科大讯飞	捷通华声
客服	智能客服解决方案、语音合成解决方案	实时语音转文字，质检，营销数据挖掘
金融	晓曼机器人	大堂经理机器人
教育	讯飞畅言智慧教育整体解决方案	—
医疗	语音电子病例录入	智能医疗信息录入系统
家居	讯飞电视助力	灵云智能电视解决方案

---

①《2017 智能语音应用专题分析》，http：//www.199it.com/archives/587495.html，2017 - 04 - 28。

②刘剑：《2017 年中国人工智能行业分析——智能语音应用篇》，《湖南工业职业技术学院学报》2017 年第 17 卷第 3 期，第 1 - 4 页。

续表

行业	应用产品	
	科大讯飞	捷通华声
车载	飞鱼语音助手	灵云智能车载解决方案
可穿戴设备	智能眼镜、智能手表	—
移动应用	讯飞听见、灵犀语音助手、讯飞输入法	灵云智能输入法、语音搜索
机器人	优必选、康丽优蓝机器人	灵云机器人
政府	智慧城市、智慧法院，公共安全应用方案	司法（庭审语音撰写系统）

资料来源：根据公开资料整理。

3. 产业规模快速增长

得益于智能语音应用范围的不断扩大，移动互联网、智能家居、汽车、教育、医疗等领域的应用带动智能语音产业规模持续快速增长。2015～2017 年，全球智能语音产业规模由 62.1 亿美元增加到 105 亿美元，我国智能语音产业规模由 40.3 亿元增加到 100.7 亿元（见图 5 -1），在全球市场份额占比由 10% 增加到 14% 左右[1]，增速明显超过全球。未来随着技术的进步和机器对人工替代程度的提高，任何需要人机进行交互的场合均可运用智能语音技术，这预示智能语音产业有着极大的发展潜力。

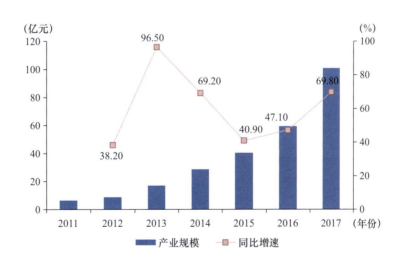

图 5 -1　我国智能语音产业规模

资料来源：中国工业和信息化部电子科技信息情报研究所。

4. 政策环境持续优化

智能语音已经成为人工智能布局的重要切入点。人机交互未来的发展方向是让计算机能听、会说、能理解、会思考。智能语音交互技术作为人类沟通和获取信息最自然便捷的手段，是最被看好的人机交互方式之一，不仅具有广阔的市场前景，在国家信息安全和民族文化传播方面也具

---

[1]中国工业和信息化部电子科技信息情报研究所数据。

有重要的战略意义。我国政府在智能语音技术研发和产业化方面的政策支持（见表 5 - 3），为智能语音产业提供了良好的发展环境。

表 5 - 3　　　　　　　　　　　　　　　　智能语音产业相关政策

发布时间	发布机构	文件名	主要内容
2015 年 5 月	国务院	"中国制造 2025"	提出统筹布局和推动智能交通、智能工程机械、服务机器人、智能家电、可穿戴设备等产品的研发和产业化，大力发展智能制造；提出加快人机智能交互，对智能语音交互提出发展要求
2015 年 7 月	国务院	《"互联网＋"行动指导意见》	明确了推进"互联网＋"，促进创业创新、协同制造、现代农业、智慧能源、普惠金融、公共服务、高效物流、电子商务、便捷交通、绿色生态、人工智能等若干能形成新产业模式的重点领域发展目标
2015 年 9 月	国务院	《促进大数据发展行动纲要》	围绕全面推动我国大数据发展和应用，加快建设数据强国这一总体目标，加快政府数据开放共享，推动资源整合，提升治理能力；推动产业创新发展，培育新业态，助力经济转型；健全大数据安全保障体系，强化安全支撑，提高管理水平，促进健康发展
2016 年 7 月	国务院	《"十三五"国家科技创新规划》	提出重点发展大数据驱动的类人智能技术方法；在基于大数据分析的类人智能方向实现类人视觉、类人听觉、类人语言和类人思维，支撑智能产业的发展；把研发新一代互联网技术以及发展自然人机交互技术作为首要目标
2017 年 1 月	工业和信息化部	《软件和信息技术服务业发展规划》	支持开展人工智能基础理论、共性技术、应用技术研究，重点突破自然语言理解、计算机视听觉、新型人机交互、智能控制与决策等人工智能技术；加快无人驾驶、虚拟现实、3D 打印、区块链、人机物融合计算等领域技术研究和创新
2017 年 7 月	国务院	《新一代人工智能发展规划》	建立新一代人工智能基础理论和关键共性技术体系，布局建设重大科技创新基地，壮大人工智能高端人才队伍，促进创新主体协同互动，形成人工智能持续创新能力 推动人工智能与各行业融合创新，推动人工智能规模化应用，全面提升产业发展智能化水平

　　资料来源：根据公开资料整理。

　　从国家层面看，国家工业和信息化部、科技部、发改委等部委长期以来通过各种方式支持语音技术和语音产业发展，包括资金、技术、产业布局等方面。工业和信息化部多年来通过设立电子发展基金给予语音产业大力支持，并积极推进行业标准制定；科技部 20 世纪 90 年代末期专门设立智能语音方向的国家 863 计划成果产业化基地；发改委 2009 年设立语音技术国家级企业技术中心，2011 年设立语音及语言信息处理国家工程实验室；2017 年 1 月，工业和信息化部发布《软件和信息技术服务业发展规划》，提出重点突破自然语言理解等人工智能技术；2017 年 7 月，国务院发布《新一代人工智能发展规划》，明确规划人工智能在理论、技术和行业应用上的创新领域与方向。

从地方层面看，各省积极推动人工智能技术和智能语音技术的发展。例如，贵州推出《"互联网＋"人工智能专项行动计划》，推进互联网与贵州机器人、智能家居、智能终端、智能监控、智能医疗等领域深度融合，加快人工智能核心技术突破，进一步培育发展人工智能新兴产业，推进重点领域智能产品创新。安徽 2014 年印发《安徽省智能语音产业发展规划（2014～2017)》，提出建设成为全国语音产业发展示范区域；2017 年出台《中国（合肥）智能语音及人工智能产业基地（中国声谷）发展规划（2018～2025 年)》，要将"中国声谷"建设成为国内规模最大、实力最强、技术水平达到国际一流的智能语音及人工智能产业集聚发展基地。

5. 标准研制成效显著

智能语音交互技术属于多学科交叉的边缘学科，涉及语言学、心理学、工程和计算机技术等领域，不仅要对语音识别和语音合成技术进行研究，还要对人在语音通道下的交互机理、行为方式等进行研究[①]。智能语音交互技术的复杂性原理为其评价带来难度。因此，应制定一套评价智能语音系统的技术标准，让智能语音系统在这套评测标准下进行评估，以得到客观的性能评价指标。

国外的语音交互标准制定采用由国际标准化组织主导，语音技术厂商（企业）积极参与并结合实际应用制定企业标准的方式。我国工业和信息化部一直大力推进智能语音技术行业标准制定。2012 年 8 月，在工业和信息化部指导下，科大讯飞、华为、中国移动等 19 家单位联合发起成立中国语音产业联盟。中国语音产业联盟积极开展智能语音标准体系研究，并围绕标准体系开展部分标准研制工作。2014 年，联盟组织会员单位重点开展《中文语音合成互联网服务接口规范》《中文语音识别互联网服务接口规范》《中文语音识别终端接口规范》《智能电视系统语音交互技术规范及测试方法》《智能车载系统语音交互技术规范及测试方法》等多项标准研制工作[②]。2013 年，全国信息技术标准化技术委员会用户界面分委会（TC28/SC35）正式成立，科大讯飞公司任"语音交互工作组"组长。2017 年，国家质量监督检验检疫总局与国家标准化管理委员会正式发布的《中文语音合成互联网服务接口规范》和《中文语音识别互联网服务接口规范》，是全国信息技术标准化技术委员会用户界面分技术委员会自 2013 年成立以来最先发布的标准。

（二）行业发展存在的问题

经过多年发展，我国在智能语音领域已经取得不俗的成绩，诞生了以科大讯飞、百度、捷通华声为代表的一批优秀智能语音企业，占据中文语音市场 80% 的份额。其中，科大讯飞是我国最大的智能语音技术提供商以及亚太地区最大的语音上市公司，在语音合成、语音识别、口语评测、自然语言处理等核心技术上拥有国际领先的成果。不过由于我国智能语音起步较晚，市场整体仍处于启动期，仍然面临不少挑战。

---

①胡郁、严峻：《智能语音交互技术及其标准化》，《用户界面与人机交互标准化专题》2015 年第 4 期。
②《我国智能语音相关标准正在研制》，《标准化快讯》2014 年第 7 期。

1. 核心技术亟须突破

智能语音属于技术密集型产业，核心技术是智能语音产业发展的重要门槛，也是语音公司的核心资源。智能语音语义包括语音合成、语音识别和自然语言处理三项主要技术。其中，语音合成技术发展最早、较为成熟、应用较为普遍，语音识别和自然语言处理技术还存在较大的发展空间。

语音识别是将声音转换为文字，涉及前端识别处理，主要包括噪声消除、身份识别、智能打断等①。此项技术在 2012 年进行神经网络应用之后，识别准确率大幅提升，掀起了一波产业热潮。然而，语音信号的多样性和复杂性使得系统只能在一定限制条件下才能达到满意效果。目前业内普遍宣称的97％识别准确率，更多是人工测评结果，只有在安静的室内才能实现。在真实使用场景中，由于远场、方言、噪声、断句等问题，语音识别的准确率大打折扣。

自然语言处理技术用来解决人与计算机之间用自然语言进行有效沟通的问题。词义消歧是自然语言处理技术的最大瓶颈。机器在切词、标注词性、识别完后，需要对各个词语进行理解。由于语言中往往一词多义，人在理解时会基于已有知识储备和上下文环境，但机器很难做到。虽然系统会对句子做句法分析，可以在一定程度上帮助机器理解词义和语义，但实际情况并不理想。

鉴于智能语音的巨大市场潜力以及较高的技术门槛，国际智能语音巨头一直将突破核心技术作为占据产业发展先机的手段，不断加大智能语音研发投入。因此，我国要在全球智能语音市场中处于领先地位，需要对关键智能语音技术进行研发，推动语音识别技术和自然语音处理技术突破。

2. 使用效果尚需提升

如今移动互联网已经成为语音技术应用的最大市场。语音作为一种新型的人机交互方式将解放人们的双手，降低移动互联网的使用门槛，让输入更便捷，服务更高效。移动智能终端的普及使其成为语音技术应用的最大市场②。然而，终端用户语音交互的效果和效率并不理想，导致智能语音在移动终端的使用率较低。

从语音交互的效果看，智能手机用户已经习惯使用打字和触摸进行操作，缺乏改变习惯的动力。虽然手机中的各类应用软件大多都配备了语音功能，但相比触摸和文字交互，语音交互使用率偏低。可穿戴设备大多屏幕较小或没有屏幕，更适合语音交互，但大部分可穿戴设备都是非生活必需品，本身销量非常有限，再加上部分可穿戴设备并没有太多交互需求，因此语音交互的实际应用频率很低。

从语音交互的效率看，语音在终端设备上的应用以输入、搜索和调取服务为主，输入信息量并不大。现有移动应用大多都是基于触摸和文字做的交互设计，并包含文字推荐、案例选择等友好设置，交互方式已经十分快捷。语音交互与传统触控相比，在操作步骤、反应时间等构成的效率体验上并未体现出明显的优势。此外，语音在开放场景下识别准确率不高，使用容易产生错误，所以用户宁愿打字而不愿使用语音。

3. 缺乏深度需求挖掘

缺乏对用户深层次的了解使得智能语音产品的切入点不够准确。在移动互联网时代，用户的价值不言而喻。找到用户的痛点，了解用户未被满足的刚性需求，是产品获得成功的关键。用户的需求有很多，并不仅仅是表面上看起来那么笼统。有的企业对用户的痛点问题缺乏深入了解，

---

①崔悦、宋齐军：《智能语音技术发展趋势及电信运营商应用浅析》，《邮电设计技术》2016 年第 12 期，第 6－11 页。

②袁彬、肖波、候玉华、游思佳：《移动智能终端语音交互技术现状及发展趋势》，《信息通信技术》2014 年第 2 期，第 39－43 页。

推出的智能语音产品对应的应用场景不明确，语音产品的定位也不明确。消费者看不到智能语音的价值，自然不会接受和购买，这也是当下制约智能语音在垂直领域发展的重要因素之一。

以智能家居为例，市面上的智能家居产品，大多停留在表面智能或片面智能，只简单实现了屏幕显示、网络链接、手机控制等功能，既没有解决用户需求痛点，也没能改善用户使用体验。因此，即使语音交互可能更有效率，用户也没有动力去尝试。未来智能语音在垂直领域的应用应更加深入地挖掘用户需求，制造出真正契合用户需求、解决用户痛点问题的产品。

4. 人才储备存在缺口

智能语音行业技术门槛较高，人才培养周期长，特别是在核心技术研发方面，对高端人才的需求较大。随着智能语音产业的快速爆发，人才缺乏成为制约产业发展的重要影响因素之一。尽管清华大学自动化、电子工程、计算机等相关专业均设有语音技术研究方向，但与整个产业的发展速度相比，人才储备还存在一定的缺口。国内互联网巨头如腾讯、搜狗、阿里巴巴等都在积极建设语音团队。但是，由于语音技术比较尖端，技术壁垒很高，人才培养周期长，高端人才匮乏，特别是领军人才稀缺，即使这些巨头投入巨大资源，也不一定能迅速组成一个完整的技术团队。以基础算法研究领域为例，我国研究人员在基础算法研究领域仍远远落后于英美同行，主要原因是人才短缺。美国半数以上的数据科学家拥有10年以上的工作经验，而我国超过40%的数据科学家工作经验尚不足5年。目前，我国只有不到30所大学的研究实验室专注于人工智能，输出人才的数量远远无法满足人工智能企业的用人需求。

5. 商业模式尚不明确

缺乏成熟的商业模式将极大地制约智能语音产业的可持续发展。首先，智能语音的商业发展形式尚不明晰。以在垂直领域应用的智能家居为例，家居商家各自为政，电器之间没有实现互联互通，各大家电企业都在致力于打造属于自己的智能家居平台，每一个产品都有各自的标准以及内容服务体系，不同品牌间的互联网终端设备无法实现兼容。用户购买多个产品，需要同时操控多个APP，严重影响体验。

其次，智能语音的盈利模式还在摸索当中。综观整个行业，盈利模式主要分为传统模式和互联网模式两种。两种模式的根源主要是围绕从技术出发还是从未来价值实现角度出发。一方面，智能语音商家可从语音技术本身去谋求盈利，将免费开放平台或应用转化为最终收益；另一方面，将智能语音作为一种手段应用在垂直领域实现盈利。因此，传统盈利模式和互联网盈利模式应用于智能语音行业都需进一步探索。

二、智能语音产业人才需求分析

近年来，我国智能语音行业的优秀企业大幅涌现，继科大讯飞、捷通华声之后，行业内又涌现出思必驰、云知声等后起之秀。在教育、客服、电信等传统行业之外，智能语音技术开辟出车载、家居、医疗、智能硬件等语音技术应用新天地。在用户需求拉动和企业竞争加剧的驱动下，智能语音产业的迅速发展需要一支专业人才队伍作为支撑。

（一）行业企业发展情况

1. 语音市场竞争激烈

当前，几乎国内外所有IT巨头都相继进入语音交互市场，包括Nuance、谷歌、苹果、科大讯飞、百度、腾讯、搜狗等，全球智能语音市场竞争日趋激烈。

　　从国际看，鉴于智能语音的巨大市场潜力以及较高的技术门槛，Nuance、谷歌、苹果等国际IT巨头一直将突破核心技术作为占据产业发展先机的手段，不断加大智能语音研发投入。作为专业语音技术提供商，Nuance 长期以来垄断全球语音市场，并不断通过大范围并购扩展全球业务。谷歌不断加大语音领域的投入，2014 年推出 Android Wear 项目，语音功能是其中重要组成部分。苹果凭借 Siri 大举进入智能语音领域，并大力推进 Siri 在汽车电子领域的应用。

　　从国内看，科大讯飞、百度和苹果占据绝大部分市场份额，2015 年三家企业占比合计达79%。其中，科大讯飞市场份额占比达 44.2%，处于市场领先地位。搜狗、腾讯、阿里等 IT 巨头先后涉足智能语音领域，纷纷研发与其自身业务需求相关的语音技术，力争抢得智能语音信息流入口先机。中小创业团队借智能语音东风趁势而起，以云知声、紫冬锐意、光年无限为代表的创业团队凭借其较强的技术和产品创新优势迅速成长，并逐渐在市场中占据重要位置，呈现出较大的发展潜力。

2. 本土企业快速成长

　　近两年，国内智能语音产业企业百花齐放，不仅行业巨头加速语音行业布局，而且涌现出很多初创企业。以智能语音行业的引领者科大讯飞为例，其语音识别的准确率已经从 2010 年的60.5% 升级到 98%，语音合成技术在国际语音合成比赛上常年保持第一，语言互译在技术上实现同声传译。初创企业以云知声为例，该企业自成立以来，累计融资近亿美元，合作伙伴数量超2 万家，覆盖用户超 2 亿，语音云平台覆盖城市 647 个，连续两年入选福布斯中国成长最快科技公司 50 强。此外，腾讯、百度、搜狗等互联网本土企业对语音技术的研发，也成为拉动我国智能语音应用发展的重要力量。

3. 寡头垄断市场格局

　　智能语音行业具有很高的技术壁垒，在全球范围内仅有少数企业具备较强的竞争实力，从而形成寡头垄断市场格局。综观全球智能语音市场，排名前五的 Nuance、谷歌、微软、苹果、科大讯飞 2015 年占据市场份额达 88%（见图 5-2）。就国内市场而言，2015 年排名前五的科大讯飞、百度、苹果、Nuance、小 i 机器人市场份额占比合计超过 80%。其中，科大讯飞、百度和苹果占比较大，三者合计占据 79%（见图 5-3）。由此可见，智能语音在全球市场和国内市场均呈现寡头垄断的市场格局。

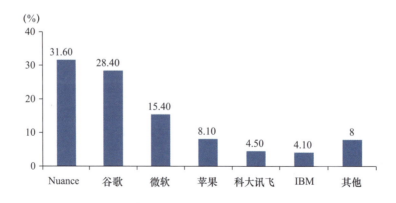

图 5-2　2015 年全球智能语音市场份额

资料来源：中国语音产业联盟。

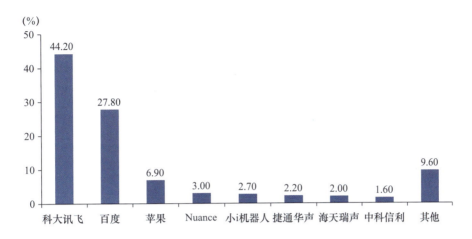

图 5 - 3　2015 年国内智能语音市场份额

资料来源：中国语音产业联盟。

4. 商家涌入细分市场

在国内智能语音领域，大部分互联网公司和创业公司在技术上没有本质差别，很难单纯依赖技术建立成熟可靠的商业模式。因此，为了在激烈的市场竞争中抢占先机，我国智能语音厂商纷纷涌入细分市场，包括教育、客服、电信、车载、家居、医疗、金融等各行业领域。

以智能语音的客户端应用为例，目前广泛应用的三大场景为家居、汽车和可穿戴设备。智能语音可以与电视、音箱、空调、窗帘、灯具、玩具等各种家用设备和智能家居控制中枢系统相结合，通过语音交互实现一个入口控制全部功能。语音交互正在改变家居生活习惯，智能家居市场规模不断扩大。2016 年，我国智能家居市场规模为 1140 亿元，到 2018 年，将达到 1680 亿元。随着车联网进程的加快和相关软硬件适配性能的提升，智能车载市场前景广阔，语音将成为车载系统标配。2016 年，我国智能车载市场规模为 158 亿元，到 2018 年，将接近 400 亿元。可穿戴设备受其特性所限，很难通过单一触摸实现顺畅交互，语音将成为天然交互入口。2016 年，可穿戴设备市场规模为 198 亿元，到 2018 年，将接近 400 亿元，其中品类最大的是智能手表。

（二）行业人才需求分析

智能语音是以语音为主要信息载体，让机器具有像人一样"能听会说、自然交互、有问必答"能力的综合技术，主要涉及自然语言处理、语音分析和理解、知识构建和自学习能力、大数据处理和挖掘等前沿技术，在各行业领域得到广泛应用。语音技术的应用已经成为一个具有竞争性的新兴高技术产业，而科技的竞争归根结底是人的竞争。智能语音产业人才需求增长迅速，对相关人才的技术技能水平要求较高。

1. 人才需求现状

2017 年 7 月，领英发布的《全球 AI 领域人才报告》显示，截至 2017 年第一季度，基于领英平台的全球人工智能领域技术人才数量超过 190 万人，其中美国相关人才总数超过 85 万人，高居榜首，我国相关人才总数超过 5 万人，位居全球第七，但这些人才还不能满足行业需求。工信部教育考试中心副主任周明曾在 2016 年向媒体透露，我国人工智能人才缺口超过 500 万人。

业内人士认为，国内人工智能人才供求比例约为 1∶10，供需严重失衡①。作为人工智能的热门领域，智能语音行业人才需求增长迅速，但行业人才的供给较为滞后。

2. 人才需求类型

智能语音涉及心理学、语言学、电子学、计算机学等多门学科，属于交叉性较强的综合领域。从目前智能语音人才知识结构看，理工科背景居多，主要有计算机、自动化和电子等专业。然而，智能语音要求相关人才拥有多领域、跨行业的理解力。智能语音产品需要从业者在设计、生产产品的过程中具备人文素养，做到理性和感性的结合。因此，除理工科背景的人才外，智能语音行业也需要人文艺术设计类学科背景的人才。

从产业链角度看，智能语音产业链主要分为三个层次：底层是基础设施，包括芯片、模组、传感器，以及大数据平台、云计算服务和网络运营商。这部分参与者以芯片厂商、科技巨头、运营商为主。中间层主要是一些基础技术研究和服务提供商，包括深度学习、计算机视觉、语音技术和自然语言处理以及机器人等领域。这一模块需要有海量的数据，强大的算法，以及高性能运算平台支撑。最上层是行业应用，大致可分为 2B（对企业）和 2C（对消费者）两个方向。对应产业链分布，我国的智能语音人才具体需求类型和对应专业如表 5-4 所示。

表 5-4　　　　　　　　　　　　我国智能语音产业人才需求类型

智能语音产业链	人才需求类型	相关专业
底层 基础设施	从事传感器、芯片、云计算服务、操作系统等基础设施开发管理工作，包括芯片封装工程师、云计算研发工程师、云计算与运营管理、云计算技术支持、云计算软件服务工程师、数据技术服务工程师、数据服务方向实习生、硬件研发工程师、软件研发工程师、软件测试工程师	电子工程、通信工程、计算机、自动化、软件工程、应用数学等
中间层 技术研究及服务	从事智能语音关键技术的研究工作，包括语音方向研究员、自然语音处理方向研究员、交互设计师、算法研究工程师、Android 开发工程师、Web 前端开发工程师、Java 开发工程师、脚本开发工程师	计算机网络、信息安全、软件工程、信号处理、自动化、应用数学、艺术设计、工业设计、交互设计等
上层 行业应用	从事智能语音产品在具体应用中的工作，包括产品经理、产品演示专员、营销策划专员、售后技术员、运维工程师、线下运营专员、产品体验师、资源工程师、舆情分析师、效果分析优化、销售等相关工作	中文、新闻类、播音主持、计算机、工业设计、人机交互、心理学、政治经济、法律传媒、社会管理或分析统计等

资料来源：根据公开资料整理。

①《中国人工智能人才缺口超 500 万，供求比例仅为 1∶10》，http：//money. 163. com/17/0714/03/CP9CMU35002580S6. html，2017 - 07 - 14。

三、我国智能语音专业职业教育分析

尽管我国智能语音行业市场规模在快速扩大，相关企业发展也较快，但整个行业发展还面临着诸多挑战。要实现我国智能语音产业的进一步发展、壮大，专业人才队伍的支撑必不可少，其中既包括高层次的专业技术研发人才，也包括高技能人才和熟练技工等技术应用人才。而人才的培养靠教育，技术应用人才的培养则主要依托于职业教育。但我国智能语音专业人才培养处于探索阶段，尚未形成成熟的智能语音人才职业教育体系。

（一）专业设置现状

智能语音技术属于多学科交叉的边缘学科，不仅涉及计算机科学、数字信号处理、电子信息工程等理工类学科，还涉及声学、语言学、心理学等领域[①]。目前，国内尚没有学校直接开设智能语音专业。智能语音属于人工智能的研究领域之一，因此人工智能相关专业的开设可以为智能语音专业设置提供参考。

人工智能是计算机科学的一个分支，由计算机技术发展而来，人工智能最初的人才培养以计算机相关专业为主。然而，目前计算机专业人才培养的模式已经不能满足人工智能人才培养的需要。人工智能领域需要拥有坚实的数学基础、专业全面的人工智能知识和很强的分析建模能力的人才，而计算机学科本身是一个宽口径的培养模式，它涉及很多专业方向，真正能为人工智能开设的课程很少。基于此，中国人工智能学会常务副理事长、北京邮电大学教授杨放春曾指出需要增设智能科学与技术一级学科。一级学科下设脑认知、机器感知与模式识别、自然语言处理与理解、知识工程、机器人与智能系统等二级学科方向。第四范式创始人戴文渊表示，在高校设立智能科学一级学科，有利于建立完整的人才培养体系，培养规范化、专业化的人工智能人才，形成高度综合、交叉的独立课程体系，从而满足现阶段整个社会对人工智能驱动发展的强烈需求。

近年来，国内多所高校相继开设智能科学与技术专业和成立人工智能学院。由于成立时间短，人工智能学院开设的专业较少。例如，中国科学院大学人工智能技术学院开设控制科学与工程、模式识别与智能系统、控制理论与控制工程专业；西安电子科技大学人工智能学院在智能科学与技术、数据科学与大数据技术两个专业招收本科生；湖南工业大学人工智能学院设立智能科学与技术、数据科学与大数据技术、机器人工程和遥感科学与技术四个专业。由于人工智能对高端技术性人才要求较多，因此，现阶段开设人工智能专业的学校集中在研究型本科和研究生层次高等院校。智能语音专业涉及的相关技术，如语音合成、语音识别，以及自然语言处理与理解，可以作为人工智能一级学科下设的二级学科。智能语音不仅需要金字塔尖的人才在算法和技术上取得突破，还需要强大的产品团队、营销团队和服务团队。一线的技术应用与推广型人才则应以职业教育培养为主。不过，目前国内还没有大专层次的职业院校直接开设智能语音专业，与之相关的主要有计算机专业、电子类专业以及语言类专业等。

[①]胡郁、严峻：《智能语音交互技术及其标准化》，《用户界面与人机交互标准化专题》2015年第4期，第14－17页。

（二）人才培养现状

1. 高等院校的智能语音人才培养

2017 年，国务院发布《新一代人工智能发展规划》，明确提出要建立人工智能一级学科，并鼓励大学设立人工智能学院。同年 5 月中国科学院大学设立人工智能技术学院。2018 年 1 月湖南工业大学人工智能学院正式揭牌。越来越多的高等院校开始开展人工智能专业的人才培养。当前，国内重点大学主要关注于培养人工智能领域的研究型人才，制订相关的研究生培养计划（如中科院人工智能技术学院）。但对于整个智能语音产业链而言，不仅需要研究型人才，还需要应用与推广型人才。普通高等院校本科或应用型本科甚至专科层次的高职院校可以依据地方产业需求和自身特点，开展智能语音相关人才的培养。国内高校还未专门以智能语音建立学科和设置专业，但部分高校将智能语音相关学习内容融合到学校某些专业和课程建设中，以此培养智能语音产业链上的应用型人才（如安徽信息工程学院）。

下面以中国科学院大学（重点大学）和安徽信息工程学院（应用型本科）为例说明我国对智能语音产业链上人才培养的现状。

（1）中国科学院大学。中国科学院大学人工智能技术学院是我国人工智能技术领域首个全面开展教学和科研工作的新型学院。人工智能技术学院由中科院自动化所担任主承办单位，联合计算所、沈阳自动化所、软件所、声学所、深圳先进技术研究院、数学与系统科学研究院、重庆绿色智能技术研究院等为共同承担单位。人工智能技术学院面向国际科学前沿，下设模式识别、人工智能基础、脑认知与智能医学、智能人机交互、智能机器人、智能控制 6 个教研室，拥有模式识别国家重点实验室、复杂系统管理与控制国家重点实验室、国家专用集成电路设计工程技术研究中心、中国科学院分子影像重点实验室等研究机构。

人工智能技术学院坚持"科教融合、育人为本、协同创新、服务国家"的办学理念，聚焦于人工智能领域核心科学和关键技术，面向国际学科前沿与社会发展需求，将形成科研、教育、产业深度融合，创新型人才培养与技术应用型人才培养互补，专业化培育与定制型培育结合的教育科研体系，涵盖全日制与非全日制研究生培养及培训等人才提升项目。

人工智能技术学院课程体系的定位是结合该领域学科前沿和重大应用需求，涵盖智能领域主要研究方向，体现基础理论、关键技术、重大应用相结合的特点。以控制科学与工程一级学科基础性知识为准设立核心课，以人工智能学科前沿领域系统理论和技术设置专业普及课，以前沿科学和技术设置专业研讨课。面向人工智能发展态势和人才现状，学院还围绕产业态势，联合学术界、产业界开设前沿系列讲座、国际学术前沿暑期课程等。其中，智能语音课程内容涵盖了自然语言处理、智能人机交互、语音识别技术等智能语音的关键技术，部分相关课程如表 5-5 所示。

表 5-5　　　　　　　　　　　　中科院智能语音相关课程

学科等级	课程类型	课程编号	课程名称
一级学科 控制科学与工程	核心课	091M4044H	自然语言处理
		251M1005H	人工智能原理

续表

学科等级	课程类型	课程编号	课程名称
二级学科 模式识别与智能系统	专业普及课	251M5009H	智能人机交互
		251M5010H	语音识别技术
		251M5011H	多媒体分析与理解
	专业研讨课	251M6006H	智能普适计算
		251M6012H	社会智能
二级学科 控制理论与控制工程	专业普及课	251M5015H	智能传感与信息处理
		251M5025H	智能控制
	专业研讨课	251M6010H	服务机器人
		251M6019H	嵌入式系统

资料来源：中科院官网。

（2）安徽信息工程学院。安徽信息工程学院由智能语音领导企业科大讯飞创办，以"培养产业工程师、创业企业家的摇篮"为办学愿景。依托科大讯飞世界顶尖的语音和人工智能等技术、人才和资源优势，锁定最前沿的产业发展方向，以产业、行业、企业及职业能力要求为人才培养导向，重点强化学生的设计、开发等综合实践能力，全面提升学生的就业竞争力和职业发展潜力。学院持续推进人才培养模式的创新探索，借鉴欧美应用型、工程型高校 CDIO 工程教育模式，改革理论课程和实践项目教学内容和教学方法；借鉴 SE2004 等研究成果，构建课程体系；运用 ADDIE 教学设计模型理论和方法，推进教育教学尤其是课程改革；以美国 ABET 等国际工程教育认证理念、标准和流程，构建学院的培养目标、教育实施、评价和改进机制。

学院提出要"淡化学科、强化专业"，以就业岗位对人才的知识、能力和素质等方面的需求为分析依据，依托科大讯飞企业智能语音产业链，设立 6 个系（部），包含 24 个在招本科专业，与智能语音产业链相关的部分专业课程名称和就业方向如表 5-6 所示。

表 5-6　　　　　　　　　　安徽信息工程学院智能语音相关课程

院系名称	专业名称	主要课程名称	培养目标
计算机与软件工程系	网络工程	C 语言程序设计、数字逻辑、数据结构及算法、操作系统原理、数据库原理、计算机网络基础、编译原理、网络工程与组网技术、网络程序设计、网络协议分析与设计等	能够从事网络工程的规划与设计、建设与实施、网络应用系统开发、网络管理与维护、网络安全保障等工作，具有较强的工程实践、团队协作和技术创新能力的 IT 应用型高级网络工程人才
	软件工程	C 语言程序设计、数字逻辑、数据结构及算法、操作系统原理、数据库原理、计算机网络基础、编译原理、软件工程导论、Java 程序设计等	具有较强的软件开发实践能力和技术创新能力，能够从事软件分析、设计、开发、应用和维护的 IT 应用型高级软件工程人才

续表

院系名称	专业名称	主要课程名称	培养目标
计算机与软件工程系	计算机科学与技术	C语言程序设计、数字逻辑、计算机组成原理、数据结构及算法、操作系统原理、数据库原理、计算机网络基础、编译原理、网络程序设计、网络协议分析与设计、嵌入式操作系统、Java程序设计、面向对象程序设计C++	具备计算机、网络与信息系统相关的基本知识，具有较强的专业能力和良好的综合素质，能胜任计算机科学研究，计算机系统设计、开发和应用等工作的高级专门人才
信息工程系	通信工程	电路分析、模拟电子技术、数字电子技术、信号与系统、微机原理及应用、数字信号处理、通信原理、电磁场与电磁波、通信电子线路、微波技术移动通信、天线与电波、物联网通信技术、多媒体通信技术	具有嵌入式系统、移动终端、智能控制的理论知识，以及小型嵌入式软件系统的规范、设计、开发和检测的能力，能够从事移动终端、智能控制等嵌入式产品的设计、开发、技术指导和项目管理等工作的应用型人才
	电子信息工程	电路分析、模拟电子技术、数字电子技术、高频电子线路、通信原理、微机原理及应用、单片机原理及应用、信号与系统、信息理论与编码、数字信号处理和每一专业方向的核心课程	能在信息通信、电子技术、智能控制、计算机与网络等领域从事各类电子设备和信息系统的科学研究、产品设计、工艺制造、应用开发和技术管理的复合型工程技术人才
	自动化	电路分析、模拟电子技术、数字电子技术、电机基础、自动控制理论、电力电子技术、微机原理及应用、单片机原理及应用、计算机控制技术、传感器原理及技术	具备信息处理、控制理论、计算机技术与应用等知识，能够从事机器人控制、智能监控系统、智能交通、物联网等工作的高素质复合型的自动化工程技术人才

资料来源：安徽信息工程学院官网。

人才培养需要一支优秀的师资队伍作为支撑。学院依托科大讯飞、安徽工程大学、中国科学技术大学等人才资源，通过引进名校名师、企业双师、行业高端骨干等多种渠道加强师资队伍建设，打造一支高素质的"双师型"师资队伍。现有专任教师500余人，兼任教师近100人，具有副高以上职称的160余人，具有研究生学历的350余人，来自企业、具有行业技术与管理经历的"双师型"教师120余人。

2. 培训机构智能语音人才培养

部分培训机构凭借其技术领先和市场敏感度高的优势，已早于高校开展与智能语音相关的培训，其培训内容和培训课程值得学校借鉴。下面以阿里云大学的智能语音交互技术与应用课程和慧科教育开设的人工智能专业为例，阐述培训机构的智能语音人才培养情况。

（1）阿里云大学智能语音人才培养。阿里云大学，致力于建设从 Information Technology（IT）时代向 Data Technology（DT）时代转型过程中在云计算、大数据、人工智能、云安全等领域的一所创新人才工厂。通过线上培训、云计算大数据专业认证、优质的阿里云产品沙箱实验及校企合作、创新人才中心等多种方式，打造从学到练、到赛、到考、到就业与创业的创新型人才培养的全方位闭环生态链。

为培养智能语音方面的优秀人才，阿里云大学开设智能语音交互技术与应用课程，旨在教授智能语音相关技术。智能语音交互，是基于语音识别、语音合成、自然语言理解等技术，为企业在多种实际应用场景下，赋予产品"能听、会说、懂你"式的智能人机交互体验，适用于多个应用场景中，包括智能问答、智能质检、法庭庭审实时记录、实时演讲字幕、访谈录音转写等。

智能语音交互技术与应用课程的主讲老师均为阿里云的专家。该课程目前包含四个主题，课程免费开放，课程主要内容及授课教师见表 5 − 7。

表 5 − 7　　　　　　　　　　　智能语音交互技术与应用培训主题

主题	内容简介	授课教师
智能化从语音交互开始	主要讲解智能语音交互的应用场景、真实案例以及背后的核心技术	初敏——阿里云智能语音交互团队负责人
语音识别技术及应用	主要讲解语音识别技术的应用场景、技术路线、基本框架、典型的声学模型、工业应用的考虑、语言模型和解码器等，以及阿里云在语音识别领域的核心技术等	雷鸣——阿里云 iDST 高级算法专家
人机自然交互平台技术及应用	主要讲解人机自然交互技术的概览、自然语言理解的挑战、四大引擎（理解引擎、对话引擎、问答引擎、聊天引擎）、交互定制能力以及人机交互技术的应用等	千诀——阿里云 iDST 资深算法专家
语音合成技术及应用	主要讲解语音合成技术及应用，包括语音合成简介、基于 HMM 的语音合成技术、基于 HMM 波形拼接的语音合成技术、深度学习在语音合成中的应用等	萧言——阿里云 iDST 高级算法专家

资料来源：阿里云大学官网。

（2）慧科教育智能语音人才培养。慧科教育是国内前沿科技领域综合教育解决方案的提供商，致力于移动互联网、云计算、大数据、互联网营销等前沿科技领域的软件开发、交互设计及项目管理等人才培养。慧科教育设置的新工科专业中包括了人工智能相关的人才培养。其中，自然语言处理方向的课程包含语音识别与深度学习课程和自然语言处理技术，都与智能语音人才培养高度相关。

慧科教育开设的人工智能专业在为学生讲述人工智能核心知识的同时，结合大量实例与应用，让学生深入理解人工智能设计理念以及开发流程，最终使学生具备扎实的核心素质与强大的自主研发能力。

在课程体系方面，慧科教育设置了专业基础课程、专业核心课程以及选修课程，课程主要涉及计算机视觉模块、商业智能模块和自然语言处理模块。此外，为了深化人工智能方面复合型应用型人才的培养，还设置了综合实训课程，提供人工智能综合实训，课程体系如表5-8所示。

表5-8　　　　　　　　　　　　　慧科教育人工智能专业课程体系

课程类型	课程方向		
	计算机视觉	商业智能	自然语言处理
专业基础	数据库管理系统	数据分析	面向对象程序设计（Java）
	Python 基础	数据结构与算法	Python 科学计算
专业核心	人工智能原理与技术	人工神经网络	机器学习
	数据逻辑与自动推理	海量数据处理	数据仓库
选修方向	计算机视觉与深度学习	商业智能可视化	语音识别与深度学习
	计算机视觉基础	商业智能及数据挖掘	情感分析与文本挖掘
	计算机图形学	商业智能数据采集	自然语言处理技术
综合实训	人工智能综合实训		

资料来源：慧科教育官网。

该人工智能专业培养的人才面向的就业岗位有人工智能工程师、机器学习算法工程师、数据挖掘工程师、大数据分析师等。

四、我国智能语音专业职业教育服务产业发展分析及建议

2017年，人工智能首次被写入全国政府工作报告，上升为国家战略，迎来发展的新纪元。作为人工智能发展的热门领域，智能语音正飞速发展，人才需求增长迅速。麦肯锡的报告指出，中国面临巨大的人工智能人才缺口，政府需要大力投资人工智能相关的教育和研究项目[①]。因此，我国需要加大智能语音人才培养力度，构建科学的人才培养体系，为我国智能语音的发展提供坚实的人才支撑。

（一）智能语音职业教育服务产业发展分析

1. 人才培养规模较小

随着智能语音产业的持续、快速增长，人才缺乏成为制约产业发展的重要影响因素之一。2017年，腾讯研究院发布的《中美两国人工智能产业发展报告》显示，中国的人工智能人才储量（约39200人）低于美国（约78700人）。我国智能语音人才短缺的情况在基础层体现得尤为明显，美国基础研究人才储量约为17900人，但我国这方面人才储量约为1300人。智能语音行业技术门槛较高，人才培养周期长，现有人工智能专业的从业人员多来自于计算机、电子和数学

---

①麦肯锡报告：《中国人工智能的未来之路2017》，http://www.sohu.com/a/148455780_358040。

等专业[①]。目前，国内已有37所大学开展智能相关专业的本科人才培养[②]，智能科学与技术专业全国普通高校毕业生规模约为1000~1500人[③]；2018年3月，南京大学新设立的人工智能学院初定招生规模为60~100名本科生，这远低于人工智能产业的人才需求。人才培养规模小，专业人才不足将是智能语音企业发展面临的重要挑战。

2. 人才培养层次单一

我国智能语音产业已进入快速应用阶段，其发展不仅需要技术研发人才，还需要大量应用型人才。随着智能语音技术在智能助手、智能家居、智能车载、智能可穿戴领域的迅速发展和应用，智能语音应用型人才正在变得炙手可热，应用型人才的层次需求也越来越多样。如部分智能语音企业既需要语音方向的研究人员，也需要数据编辑、数据处理工程师、现场技术支持工程师、售前售后服务工程师等方向的应用型人才[④]，这些岗位的人员需要依靠职业教育进行培养。但我国智能语音行业的人才培养主要依托人工智能相关专业，人才培养主要集中在研究生层次，应用型本科培养人才较少，专科层次的职业院校几乎尚未开展智能语音人才培养。人才培养层次单一，难以适应产业发展需求。

3. 优秀师资力量缺乏

智能语音行业需要既熟悉技术又了解具体应用领域的复合型人才，这必然会对智能语音专业的教师提出更高要求。教师不仅需要充分了解智能语音相关的技术，还需要具备一定的实践经验。目前，国内优秀的智能语音人才数量还比较少，而人才需求增长迅速，相关的互联网岗位提供的薪资不断增加。因此，优秀的智能语音专家更倾向于去企业或者研究型高校做前瞻性的工作，获得更优质的资源和更丰厚的报酬。智能语音人才培养多集中在优秀本科院校的研究生院，专科层次的职业院校甚至应用型本科开设智能语音相关专业将面临师资数量不足和质量不优的问题。另外，受限于资源和经费问题，职业院校很难招募到优秀的智能语音人才担任教师。

4. 人才培养经验匮乏

目前我国智能语音相关专业的人才培养尚处于起步阶段，未建立起完整的智能语音人才培养体系。专科层次的职业院校和应用型本科院校在智能语音相关专业的实践教学、课程体系建设、师资队伍建设等方面都缺乏经验，这势必影响优质智能语音人才的培养。尽管现阶段已出现部分智能语音领域的应用型人才来自于专科高职和应用型本科院校的计算机应用技术、通信工程、自动化等专业的情况，但这些专业的学生往往不具备系统的智能语音专业知识和熟练的应用技能，难以支撑智能语音行业对技术技能应用型人才的需求。

（二）对我国智能语音职业教育发展的建议

1. 科学合理开发专业

目前，无论是专科层次的职业教育领域还是本科层次及以上的高等教育领域，智能语音专业的人才培养都还处于起步阶段，人才培养的定位和模式还在不断探索中。要实现智能语音职业教育与本科层次及以上的高等教育的准确定位和健康发展，首先需要政府尤其是教育主管部门统筹

---

① 《全球人工智能人才概览》，http：//www. sohu. com/a/138514725_686936。

② 《人工智能时代，学界呼吁给智能学科一个新"户口"》，http：//zqb. cyol. com/html/2017 - 08/21/nw. D110000zgqnb_20170821_2 - 12. htm。

③ 阳光高考网，http：//gaokao. chsi. com. cn/zyk/zybk/specialityDetail. action? specialityId = 73384420。

④ 智联招聘智能语音公司招聘要求。

高等学校科学规划。智能语音类专业大体上可分为研究型专业、技术应用型专业和推广服务型专业等几类。立足行业企业进行智能语音类专业开发的经验，结合专科层次职业教育的培养定位，确定专科层次的智能语音类专业以技术应用型和推广服务型为主。教育主管部门在智能语音专业开发方面应发挥主导作用。首先，要从整体布局上规划专业分布，控制好总的专业数量和规模，避免出现贪大求全、培养过剩、教学资源浪费等不良局面。其次，还应根据产业现状和职业教育的总体情况准确定位职业院校的智能语音专业，既要区别于研究型院校的人才培养，又要契合产业发展的需要。再次，在鼓励职业院校开设智能语音相关专业的同时，应谨慎审核学校开设该专业的资质。对于具备开设资格的学校应给予政策和资金上的支持；对于不具备开设该专业资格的学校，要做到不予批准。

2. 建立科学的人才培养体系

职业院校智能语音专业的人才培养必须符合智能语音产业发展对应用型人才的需求，建设以培养技术技能型的应用人才为主要目标的人才培养体系。由于专科层次的职业院校目前还没有开设智能语音相关专业，因此，在人才培养体系建设的过程中，应考虑教育的层次性，切忌盲目将人才培养目标和定位向研究型本科层次教育看齐，套用学术教育的人才培养模式。

学校开展智能语音的专业教育主要有两种形式：一是设置专门的智能语音类专业；二是在现有的信息技术类专业中嵌入智能语音技术的课程。不同的教育形式对智能语音人才培养提出了不同的要求。对于前者，学校应根据行业企业智能语音人才需求建立全新的人才培养体系。对于后者，学校在嵌入智能语音技术课程的同时应对现有的信息技术类专业的人才培养进行调整，以适应智能语音人才培养的需要。总体而言，职业院校培养智能语音人才需要充分考虑岗位类型和学生特点。人才培养方案必须符合职业院校学生特点。相比研究型本科院校学生，职业院校的学生对理论知识的学习缺乏兴趣，但实践动手能力较强。因此，在设置人才培养方案时，要区别于本科院校，应以一定的理论知识为基础，着重培养学生的技术技能和应用能力。同时，改革传统人才培养模式的前提是实现专业与职业教育的结合和平衡。因此，人才培养体系的建立还应充分考虑行业的需求，根据智能语音行业就业的岗位群、岗位职能的分析及具体岗位所对应的职业素养、专业知识和核心技能的需求而确定专业人才培养方案。此外，由于智能语音属于交叉学科，应该引入和设计智能语音与其他学科相结合的交叉课程。例如，智能语音可以和心理学、人文艺术设计类学科相结合，以培养出拥有更丰富的知识背景的智能语音人才。

3. 强化师资队伍建设

教师是学校教学的主体，加强学校师资队伍建设，既是学校教学水平、人才培养质量和科学研究水平提高的主要保障，也是学校生存和发展的关键因素。智能语音领域对复合型人才的需求使其对专业教师提出了较高要求。智能语音专业教师既要达到传统师资队伍对学术性、师范性能力构成的要求，掌握授教认知的规律，又要具备理论知识教学的能力；既要精通单一学科的专业知识，又要通晓相关学科的知识，实现多学科知识的融合教授；既能满足经济产业发展的现实需要，达到行业专业领域对专业技术人员的能力要求，又要具备指导学生实训实践技能教学的能力。要落实智能语音产业发展规划，强化职业院校智能语音教育，需要在国家、学校、企业等各方面的共同努力下，培养一支高素质、专业化的智能语音专业职业教育师资队伍。

第一，国家有关部门需要在师资培养的源头上下功夫，在师范院校开设智能语音教育的相关专业，提高教师的培养层次。从源头上培养一批专业理论知识扎实、专业技术技能水平高、科研能力强的智能语音专业教师，为智能语音职业教育的发展提供师资保障。

第二，为职业院校教师提供系统培训，全面提高智能语音专业教师的信息技术理论知识和应用能力。在教师资格认证过程中提高信息技术教师的职业标准，将智能语音技术纳入其中，不断提升职业院校教师对信息技术的理解和应用，以保证教师能够胜任智能语音教育的工作。

第三，国家有关部门和相关职业院校应为智能语音相关或相近专业的在职教师的日常教学、学习提升与持续发展提供资源平台及各种学习交流机会，系统全面、切实有效地提升现有师资的专业知识和教学水平。此外，还应设置专项经费对在岗教师进行专项培训，包括通用教学技能的培训和专业能力的培训。

第四，职业院校应大力引进国内外杰出的智能语音人才到学校任教，为新聘教师提供优质的资源和发展平台。此外，可以邀请国内外智能语音专家到学校开办讲座和研讨会，聘请资深智能语音专家担任教学顾问，辅助智能语音专业教学工作。

4. 建设校内外实践基地

实践教学是提高学生职业能力和创业就业能力的有效途径，对学生获取知识和培养技能具有决定性的作用，是实现培养实用应用型、职业技能型、创新创业型人才目标的需要。专科层次的职业院校在智能语音相关专业教学过程中应在注重理论知识教授的同时，加强学生实践技术技能的培养。因而，在制定教学体系时，学校要建立完善的实践教学制度，将实验、实习及实训等教学形式结合起来，创造实践教学的条件。

一是建设校内外实训基地。首先，实训基地是职业院校实践教学体系建设的重要组成部分。通过实训，学生可以接受良好的技能训练，掌握智能语音当前一线所需要具备的关键技术和职业技能，就业时能够更好地适应社会的需要。一方面，职业院校应打造校内实训基地，合理分配和利用教学资源，配备完善的实训设备并提供相应的资金支持，给予学生充足的智能语音相关实训项目，创造自由、开放的实训环境，引导学生主动学习，激发实践欲望，提高实践能力；另一方面，学校可以与当地企业合作建立校外实训基地，邀请企业一线技术骨干参与实训教学的指导工作，根据企业生产活动进行合理的课程设置，充分利用校企双方的资源进行实训教学。

二是建立学生实习通道。企业实习是职业院校实践教学体系中的一个重要载体。在进行智能语音相关专业的实践教学中，要选择专业针对性强、规模大、效益好、实践条件充分、合作意愿强的企业进行合作并建立稳定的实习通道。学校要主动开展实习基地的规范性建设工作，针对智能语音的专业特点，带动企业建立相关机构或协会，开展生产与教学研究。

5. 深化校企合作育人

校企合作是学校与企业合作培养应用型技术人才的主要方式，是提高职业教育质量的重要途径，也是实现职业教育与经济良性互动的有效机制。随着智能语音技术在垂直领域的应用不断深化，单纯依靠高端人才带动和高校长时间的学科培养，难以满足各领域对应用型人才的需求。面向行业应用，推动校企合作既能适应社会与市场的需要，也是学校和企业实现双赢的重要方式。以校企合作的方式促进智能语音人才培养重点从以下几个方面开展：

第一，加强政府的参与和指导。政府要加强对智能语音职业教育的统筹引导作用，促进校企合作的有效开展。政府为校企合作牵线搭桥，将校企合作纳入职业院校评估和企业评价的指标中，鼓励企业积极参与职业院校办学，并为中小企业校企合作提供必要的服务和指导；构建智能语音校企合作、产教融合的合作平台，设立智能语音职业教育教学指导委员会，对智能语音职业教育工作进行指导；出台智能语音校企合作相关政策法规，法规条款应涉及学生实习、企业办学等方面。

第二，开展多种类型的校企合作。①成立职业教育研究院。智能语音的学习和应用较为复杂，需要具备一定的理论知识。企业与职业院校可以发挥自身优势，共建智能语音职业教育研究院，深入开展职业教育前瞻型与应用型研究，构建与经济社会发展相适应的智能语音现代教育体系，打造职业教育理论与实践研究高地。②搭建协同创新平台。以校企合作机制建设为重点，搭建校企合作、协同创新发展平台，与学校共建课程资源开发中心，进行课程资源的联合开发。③开展国际合作与交流。通过"引进来"和"走出去"，促进国际交流合作的开展。积极与国外智能语音企业和院校合作，开展国际合作办学；构建学生出国短训、出国留学的渠道，学习国外智能语音的技术应用。

第三，校企共同培养师资。校企深度合作是跨界共育师资的现实基础，也是职业院校"双师型"师资培养的必要环节。在体制机制方面，国家需从政策角度入手引导和协调，加强智能语音企业与职业院校合作师资队伍建设的社会保障体制；在智能语音的专业规划、课程设置、教学计划等方面，鼓励企业智能语音专业技术人员参与制定，将企业最新的生产技术与教学过程紧密结合；在教学安排上，考虑专职教师和企业兼职教师的分工合作、优势互补，有效解决"双师"不足的突出问题；在教师个人发展方面，学校应在确保教师利益的前提下，组织教师参加智能语音企业的生产实践培训，切实可行地提高教师的实践能力。

参 考 文 献

［1］陈白帆、蔡自兴、刘丽钰：《人工智能精品课程的创新性教学探索》，《计算机教育》2010 年第 19 期，第 27－31 页。

［2］陈泰、张虹晃：《安徽省智能语音产业竞争力分析及发展建议》，《企业管理》2014 年第 12 期，第 55－57 页。

［3］崔悦、宋齐军：《智能语音技术发展趋势及电信运营商应用浅析》，《邮电设计技术》2016 年第 12 期，第 6－11 页。

［4］Elizabeth Gibney, AI Talent Grab Sparks Excitement and Concern, Nature, Volume 532, Issue 7600, 2016, pp. 422－423.

［5］高峰、郁朝阳：《移动智能终端的语音交互设计原则初探》，《工业设计研究》（第四辑）2016 年第 11 期。

［6］何哲：《通向人工智能时代——兼论美国人工智能战略方向及对中国人工智能战略的借鉴》，《电子政务》2016 年第 12 期，第 2－10 页。

［7］胡郁、严峻：《智能语音交互技术及其标准化》，《用户界面与人机交互标准化专题》2015 年第 4 期，第 14－17 页。

［8］胡郁、袁春杰、王玮：《人工智能技术在传媒领域的应用——以智能语音技术为例》，《专题特别策划——物联网已来》2016 年第 11 期，第 15－17 页。

［9］姜志坚、赵兴民、卢德生：《人工智能背景下职业教育发展的策略》，《中国职业技术教育》2017 年第 30 期，第 54－59 页。

［10］李忠、王雅蓓：《职业院校校企合作的问题及其应对研究》，《中国职业技术教育》2017 年第 27 期，第 10－16 页。

［11］刘长旭：《对新时期高校实习培训工作的思考》，《中国高校师资研究》2011 年第 5 期，第 26－29 页。

［12］刘剑：《2017 年中国人工智能行业分析——智能语音应用篇》，《湖南工业职业技术学院学报》2017 年第 3 期，第 1－4 页。

［13］马玉慧、柏茂林、周政：《智慧教育时代我国人工智能教育应用的发展路径探究——美国〈规划未来，

迎接人工智能时代〉报告解读及启示》，《历史与国际比较》2017 年第 3 期，第 123 – 128 页。

　　[14] 秦芬：《高职"双师双能"师资建设的跨界协同与路径选择》，《闽西职业技术学院学报》2017 年第 4 期，第 5 – 9 页。

　　[15] 宋伟、翁磊：《我国智能语音技术分析与专利池构建》，《科技与法律》2012 年第 1 期，第 33 – 37 页。

　　[16] 武勤：《2015 中国智能语音产业发展白皮书》，《计算机与网络》2016 年第 8 期，第 17 页。

　　[17] 杨毅、钟娴等：《媒体认知中的人工智能技术教学方法探究》，《计算机教育》2017 年第 7 期，第 155 – 158 页。

　　[18] 禹琳琳：《语音识别技术及应用综述》，《现代电子技术》2013 年第 13 期，第 43 – 45 页。

　　[19] 余娜：《高职院校师资培训模式实践和探索》，《教学研究》2017 年第 6 期，第 71 – 73 页。

　　[20] 袁彬、肖波、候玉华、游思佳：《移动智能终端语音交互技术现状及发展趋势》，《研究与开发》2014 年第 2 期，第 39 – 43 页。

　　[21] 张虹冕、赵今明：《基于专利视角的中国智能语音技术发展态势研究》，《教学研究》2017 年第 4 期，第 371 – 380 页。

　　[22] 张祺午：《职业教育如何应对人工智能时代》，《职业技术教育》2017 年第 21 期。

　　[23]《中国智能语音产业谋全球话语权》，《通信产业报》，2012 年 8 月 6 日，第 005 版。

　　[24] 商业电讯：《领英：全球人工智能人才达 25 万，我国人才潜能不输欧美》，http：//www. prnews. cn/press_release/203356. htm，2016 – 04 – 13。

　　[25]《将"人工智能 + "作为国家战略》，《中国企业报》，http：//money. 163. com/17/0314/04/CFFBQMOD 002580S6. html#from = keyscan，2017 – 03 – 14。

　　[26]《智能语音：谈入口太早，但不可或缺》，《东方证券》2017 – 06 – 07。

　　[27]《智能语音人机交互国内外公司及其产业链和核心技术》，汇金网，http：//www. gold678. com/dy/A/1553785，2017 – 05 – 21。

　　[28]《2017 智能语音应用专题分析》，易观，http：//www. 199it. com/archives/587495. html，2017 – 04 – 28。

　　[29]《我国智能语音相关标准正在研制》，《标准化快讯》2014 年第 7 期。

　　[30]《中国人工智能人才缺口超 500 万，供求比例仅为 1∶10》，《人民日报》，http：//money. 163. com/17/0714/03/CP9CMU35002580S6. html，2017 – 07 – 14。

　　[31]《中国人工智能的未来之路 2017》，麦肯锡报告，http：//www. sohu. com/a/148455780_ 358040，2017 – 06 – 13。

　　[32] 韩红、刘小玲：《全球人工智能人才概览》，http：//www. sohu. com/a/138514725_ 686936，2017 – 05 – 05。

　　[33] 张盖伦：《中国人工智能人才数量、质量都跟不上行业发展》，《科技日报》，http：//www. chinanews. com/it/2017/07 – 13/8276504. shtml，2017 – 07 – 13。

第六章　新型显示产业与职业教育发展研究报告

新型显示产业是信息时代的先导性支柱产业，已经成为许多国家和地区新的经济增长点及技术生长点，成为当今世界最具发展潜力的战略性新兴产业之一。我国作为全球手机、笔记本电脑、显示器、彩电产业的重要生产基地和消费市场，正在成为全球新型显示产业增长的重要引擎。2016 年，我国新型显示产业规模达到 2013 亿元，出货面积 5800 万平方米，全球占比 27%，面板产能跃居全球第二。新型显示产业的迅猛发展，拉动了新型显示专业人才需求的快速增长。但现有人才培养相对滞后，导致新型显示专业技术技能人才缺口不断增大，制约着我国新型显示产业的发展。本报告在总结相关研究成果和产业发展数据的基础上，对我国新型显示行业、企业及其人才需求，我国新型显示职业教育等方面进行了较为全面的分析，并就推动我国新型显示专业职业教育发展提出些许建议，以供参考。

一、我国新型显示产业发展概况

新型显示是全球电子工业继集成电路和计算机大发展之后，又一个具有高度影响力的新兴电子信息产业和新的经济增长点，其产业特征是高度自动化、国际化、经济规模体量巨大，年均产值逾千亿美元，是 21 世纪最具代表意义的战略性高科技产业。尤其是自 20 世纪 90 年代实现产业化以来，随着信息技术、新材料技术和先进制造技术的迅猛发展，以平板显示为代表的新型显示技术和产业迅速崛起，已逐步取代了以阴极射线管（CRT）为主的传统显示技术和产业[①]。

（一）产业发展现状

我国平板显示产业起步于 2003 年，走过一段不平坦的发展历程后，取得了可喜的进步。近年来，随着平板显示产业技术日益成熟、市场快速发展，我国平板显示产业已经发展成为全球最大的平板显示市场之一。

1. 产业规模不断扩大

2009 年前，我国面板产线最高世代为五代线，产量远远不能满足需求，年进口额超过 400 亿美元。2009 年我国掀起高世代面板生产线建设热潮。截至 2017 年，我国共有 4 条 11 代面板线在建，多条 8.5 代线进入量产阶段。我国新型显示产业核心竞争力随着面板产能、技术水平、配套能力的稳步提升而逐渐增强，产业整体规模持续扩大，全球市场份额不断提高，正在成为全球新型显示产业增长的重要引擎，如图 6 - 1 所示。

---

① 张仁开：《上海新型显示产业发展策略研究》，《科学发展》2013 年第 1 期，第 85 - 96 页。

图 6 - 1　2016～2020 年"三国四地"平板显示行业产能供应趋势

资料来源：IHS。

　　工信部公布的数据显示，2012 年我国新型显示产业规模为 740 亿元，2013 年达到 1070 亿元，同比增长 44.6%，全球市场占有率上升至 11.4%。2014 年，显示行业销售收入达到 1406 亿元，同比增加 31.4%。2016 年，我国新型显示产业规模达到 2013 亿元，出货面积 5800 万平方米，全球占比 27%，面板产能跃居全球第二。2012～2016 年，我国新型显示产业规模年均增速 28%，高于电子信息制造业年均增速 19 个百分点。2017 年，我国新型显示产业年销售收入预估达 2200 亿元，显示面板出货面积突破 6000 万平方米，全球占比超过 40%，面板产能将继续保持高速增长，如图 6 - 2 所示。

图 6 - 2　2010～2017 年我国显示面板营收及增长率

资料来源：中国光学光电子行业协会液晶分会（CODA）。

2. 技术水平稳步提升

显示技术处于多种技术路线并存、产业发展迅速的黄金阶段。目前主要的显示技术包括液晶显示器（LCD，一般又分为 TN、STN、TFT 三种类型）、等离子显示器（PDP）、有机发光二极管显示器（OLED）、真空荧光显示器（VFD）、投影显示器（LCOS）等。其中 LCD、PDP、OLED 是未来发展的三大主流显示技术（见表 6 - 1）。同时，柔性显示技术市场竞争激烈，电泳显示（EPD）、无机 EL 显示（ELD）等各项新技术、新工艺日新月异地涌现和发展，三星、LG 等公司已经大量生产相关产品。

表 6 - 1   LCD、PDP 和 OLED 技术特点和应用领域比较

对比项目	LCD	PDP	OLED
优势尺寸（IN）	1 ~ 37	42 ~ 60	1 ~ 50
显示性能	分辨率高，视角窄，响应时间不够理想，亮度较低	分辨率低，视角大，响应速度快，亮度高，对比度高	分辨率高，视角大，响应速度快，亮度高；但纯色发光元件寿命较短，红色和蓝色色纯度不够
能耗	能耗小，寿命长	驱动电压高，能耗大	自发光不需要背光源，能耗小
温度性能	有待提高	温度性能好，抗震	温度性能卓越，抗震
量产技术	量产技术成熟，性能稳定	量产技术较成熟	量产技术普遍不足
制造工艺	制造工艺复杂，成本高	制造工艺比较简单	制造工艺复杂，成本较高
产业投资现状	投资大（特别是 TFT - LCD），参与的大公司较多	投资较小（约 TFT - LCD 的 1/2），投资集中在几家大公司	投资小且相对分散，参与的公司很多

以 TFT - LCD 为主的平板显示产业已经进入成熟阶段，新技术产业化以及新产品量产化成为产业发展的重要驱动力，国内新一代显示技术布局加快。氧化物半导体（Oxide）、四道光罩工艺等新技术逐步导入生产线；自主研发的电子设计自动化（EDA）软件被骨干企业大量采用；大尺寸、超高分辨率的 55 英寸 4K×2K 液晶电视面板实现量产；电视用 55 英寸以上有源有机发光二极管（AM - OLED）面板样品研制成功[①]。

在新兴显示产品方面，继 3D、4K 之后，显示技术高附加值化竞争的核心已经明确为提高 TFT - LCD 的色彩表现能力。采用量子点的光学材料置于背光与液晶面板之间，已使得 TFT - LCD 的色域达到或超过 OLED 的水平。为应对技术的不断加速发展，我国平板显示企业量产进程明显加快，京东方、华星光电、天马微电子、南京熊猫等骨干企业在高分辨率、宽视角、低功耗、窄边框、高饱和度等新技术上加大投入。

3. 产业集群基本形成

我国显示行业已形成京津唐、长三角、珠三角和成渝鄂地区四个集聚区，初步形成以大型显

---

① 赛迪智库：《新型显示产业发展白皮书（2015）》。

示器件企业为核心，较为完整的上游配套产业和相对完善的整机应用产业及服务体系的产业集群①（见表6-2）。

表6-2　　　　　　　　　我国显示产业集聚区高世代产线建设情况

地区	代表企业	地点	代线	建设情况
长三角	CEC中电熊猫	南京	6代线	量产
		南京	8.5代线	2015年投产
	友达光电	昆山	8.5代线	在建
	京东方	合肥	6代线	量产
		合肥	8.5代线	2014年量产
		合肥	10.5代线	在建
	三星	苏州	8.5代线	2014年量产
珠三角	华星光电	深圳	8.5代线	量产
		深圳	8.5代线	2015年投产
		深圳	11代线	拟建
	乐金显示	广州	8.5代线	2014年量产
	天马	厦门	6代线	投产
	华映	福州	6代线	在建
京津唐	京东方	北京	8.5代线	量产
	富士康	郑州	6代线	在建
成渝鄂	京东方	重庆	8.5代线	量产
	京东方	成都	6代线	在建
	华星光电	武汉	6代线	在建
	天马	武汉	6代线	在建
	中电熊猫	成都	8.5代线	在建
	惠科	重庆	8.5代线	在建

资料来源：《新型显示产业发展白皮书（2015年）》。

4. 政策环境持续优化

2010年，国务院发布《国务院关于加快培育和发展战略性新兴产业的决定》，将新一代信息技术产业发展为未来国民经济的支柱产业之一，其中新型显示作为新一代新型技术产业中的核心基础产业发展。2011~2012年，《国家"十二五"科学和技术发展规划》和《新型显示科技发展"十二五"专项规划》都将实现关键原材料和显示屏的国产化，形成产业集群列为新型显示产业的发展方向，以此促进我国显示产业转型升级。为进一步引导我国新型显示产业健康有序发展，国家相关部门相继出台多项政策支持产业发展。政策涵盖产业发展的方方面面，包括产业发

①赛迪智库：《新型显示产业发展白皮书（2015年）》，2015年。

展方向引导、产业链布局、产业集聚、税收优惠、人才引进等，部分政策如表6-3所示。

表6-3   我国新型显示产业政府扶持政策

文件名称	颁布单位	时间	主要内容
《装备制造业技术进步和技术改造投资方向（2010年)》	工信部	2010年	将"TFT-LCD用衬垫物固化炉、TFT-LCD用划线机、TFT-LCD用偏光片除泡机、TFT-LCD物理气相沉积（PVD）和化学气相沉积（CVD）薄膜工艺设备、PDP面板生产用曝光机、PDP面板生产用封排炉"等电子信息装备列入优先发展的重点产业
《国务院关于加快培育和发展战略性新兴产业的决定》	国务院	2010年	将"新一代信息技术产业"作为努力实现快速健康发展的重点发展领域，提出着力发展"新型显示"等核心基础产业
《当前优先发展的高技术产业化重点领域指南（2011年)》	工信部商务部知识产权局	2011年	将"新型显示专用设备、敏感元器件/传感器件生产设备"电子专用设备等项目列为优先发展的重点产业
《工业转型升级规划（2011~2015)》	国务院	2011年	提出"统筹规划、合理布局，重点支持高世代薄膜晶体管液晶显示器件（TFT-LCD）面板发展，提高等离子体显示器件（PDP）产业竞争力，加快大尺寸有机电致发光显示器件（OLED）、电子纸、三维（3D）显示、激光显示等新型显示技术的研发和产业化，发展上游原材料、元器件及专用装备等配套产业，完善新型显示产业体系，新型显示产业规模占全球比重提高到20%以上"
《重大技术装备自主创新指导目录》（2012年修订版)	工信部财政部科技部国资委	2012年	将"液晶显示用玻璃基板成套生产设备、CELL摩擦机、Panel贴片机、LCM成套生产设备"等TFT-LCD生产设备列入"电子及光伏制造设备"领域需要突破的关键技术
《电子信息制造业"十二五"发展规划》	工信部	2012年	将"新型显示器件""电子专用设备和仪器"作为发展重点，提出"在集成电路、新型显示器件、关键元器件、重要电子材料及电子专用设备仪器等领域突破一批核心关键技术""大力发展新型显示器件生产设备和测试仪器，形成整机需求为牵引、面板产业为龙头、材料及设备仪器为基础、产业链各环节协调发展的良好态势"等目标
《电子专用设备仪器"十二五"规划》	工信部	2012年	提出"依托企业建立产业联盟突破核心技术、关键设备与材料""引导电子元器件企业与上游材料、设备企业开展合作，突破原材料、设备核心技术"等主要任务

文件名称	颁布单位	时间	主要内容
《"十二五"国家战略性新兴产业发展规划》	国务院	2012 年	提出"积极有序发展大尺寸薄膜晶体管液晶显示（TFT－LCD）、等离子显示（PDP）面板产业，完善产业链。加快推进有机发光二极管（OLED）、三维立体（3D）、激光显示等新一代显示技术研发和产业化。攻克发光二极管（LED）、OLED 产业共性关键技术和关键装备、材料，提高 LED、OLED 照明的经济性"，并将"高世代 TFT－LCD 生产线工艺、制造装备及关键配套材料制备技术，高清晰超薄 PDP 及 OLED 等新型显示技术"列入关键技术开发
《新型显示科技发展"十二五"专项规划》	科技部	2012 年	将"开发新型显示产业配套材料、重要装备、低成本技术、低功耗技术和产品设计技术"作为应用研究的重要方向
《国家发展改革委关于修改〈产业结构调整指导目录（2011 年本）〉有关条款的决定》	发改委	2013 年	将"TFT－LCD、PDP、OLED、激光显示、3D 显示等新型显示器件生产专用设备"列为鼓励类发展项目
《鼓励进口技术和产品目录（2014 年版）》	发改委财政部商务部	2014 年	将"TFT－LCD、OLED 面板、配套材料制造技术和专用设备的设计制造技术，3D 显示、激光显示制造技术和专用设备的设计制造技术"列入"鼓励引进的先进技术"，将"TFT－LCD、OLED、激光显示、3D 显示等新型显示器件生产专用设备设计制造"列入"鼓励发展的重点行业"
《2014～2016 年新型显示产业创新发展行动计划》	发改委工信部	2014 年	将"完善产业配套，提升供给水平"列为重要任务，提出"进一步完善新型显示产业链，提高关键材料及设备的配套水平，加快形成自主发展能力"，并明确"装备种类覆盖率超过 40%"，材料种类覆盖率超过 80%
《工业企业技术改造升级投资指南（2016 年版）》	中国国际工程咨询公司和 11 个行业联合会及协会	2016 年	对新型显示产业未来发展重点产品、技术和工艺提出了"十三五"时期投资的重点和方向
《战略性新兴产业重点产品和服务指导目录（2016 年版）》	发改委	2017 年	将"新型显示面板（器件），主要包括高性能非晶硅（a－Si）/低温多晶硅（LTPS）/氧化物（Oxide）液晶显示器（TFT－LCD）面板产品；新型有源有机电致发光二极管（AMOLED）面板产品；新型柔性显示、激光显示、立体显示、量子点发光二极管（QLED）显示器件产品等"列为战略性新兴产业重点产品等

在国家总体指导性规划的指引下，安徽、福建、江苏、湖北、广东等地纷纷将新一代信息技术中的新型显示产业列为各地的重点扶植项目。如《安徽省战略性新兴产业"十三五"发展规划》提出做大做强显示面板，提升配套能力，建设高水平产业研发平台，到 2020 年，力争建成具有国际竞争力的世界级新型显示产业集群，产值超过 2000 亿元；福建指出，要推动新型显示产业跨越式发展，形成以大型显示器件企业为核心，较为完整的上下游配套产业体系和相对完善的整机制造产业。从上至下的完善的政策体系为新型显示产业的发展提供了良好的保障。

5. 配套能力逐渐增强

新型显示产业具有产业链长、对上下游产业带动强、辐射范围广等特点。完整的新型显示产业链包括上游的原材料/元器件制作、装备生产与供应，中游的面板/模块生产，以及下游的整机装配和系统集成应用产业（见图 6-3）。产业链上中下游之间相互联系、相互依赖、相互增强。

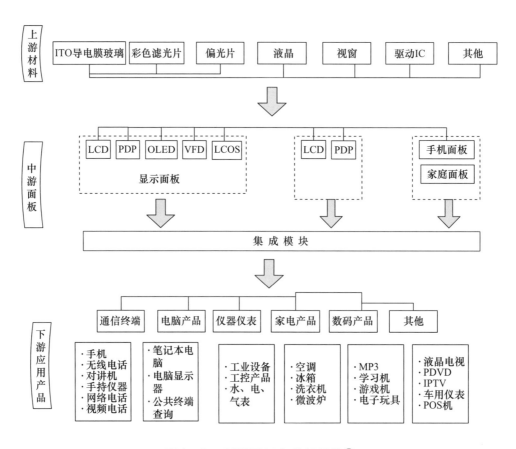

图 6-3　新型显示产业链结构①

新型显示产业发展的关键在于上游材料的提供，配套能力决定行业竞争力。多条高世代线的投产带动了上游材料和设备的发展，推动了玻璃基板、液晶材料、背光源组件、驱动 IC 等配套产业的国产化进程，使我国新型显示配套产业开始取得突破。在国家政策支持和引导下，本地化配套能力不断提升，骨干企业本地化配套率超过 30%。低世代线国产化供应体系基本建成，国产上游材料和装备在产业竞争中已具备一定优势：价格和成本较低；产能和技术快速成长；与国

---

① 包英群：《中国平板显示产业创新能力研究》，电子科技大学博士学位论文，2016 年。

际企业相比，更加贴近市场和客户。京东方在玻璃基板、液晶材料、导光板、光刻胶、彩色滤光片、偏光片、背光源等重要材料方面实现本土企业配套供应；华星光电通过与本土企业联合技术攻关，产品合格后大批量采用的模式，扶持配套国产化。目前，我国新型显示产业配套本土化率稳步提升，部分 5 代线材料本地配套率达到 70%，其中玻璃基板国产化率达 80%，彩色滤光片达 60%，偏光片达 100%，液晶材料达 70%[1]。

（二）产业发展存在的问题

1. 产业链建设较滞后

从产业支撑体系看，新型显示产业中的上游设备、零配件和材料附加值高，重要性强，但我国的新型显示产品主要集中在产业链下游，中上游的原材料以及设备的国产化率仍然偏低，关键材料和设备的发展滞后制约了产业的快速发展。产业链方面，国内装备、零配件和材料领域的基础十分薄弱，国内已建、在建的高世代 TFT - LCD 面板生产线 90% 以上的工艺设备、70% 以上的零配件和材料仍依赖于进口，核心工艺设备均被少数国外企业垄断。

从全球范围看，日本上游产业配套率已达 75% 以上，韩国高达 80%，但我国包括目前主流的 TFT - LCD 八大核心材料、设备等自主配套率仅 20% 左右，70% 以上的关键材料和零配件仍依赖于进口，核心工艺设备均被少数国外厂商垄断。产业链上中下游没有融会贯通，导致整个产业对国外产品的依赖度非常高，使得我国新型显示生产企业议价能力有限，采购成本较高，利润空间被大幅度限制，成为制约产业竞争力提升的重要瓶颈。

2. 基础创新能力薄弱[2]

现阶段，我国新型显示产业缺乏技术自主创新发展能力，多处于跟随状态。近年来，产业界不断推出高附加值产品，如 4K × 2K 高分辨率、低温多晶硅技术（Low Temperature Poly - silicon，LTPS）、量子点显示、氧化物背板技术以及曲面显示等产品，这些产品大多是由韩国、日本或中国台湾地区的企业主导发展。日本和韩国企业在 LIPS 和氧化物背板技术的知识产权及产能方面占有极大优势。日本显示器公司（JDI）2014 年在 LTPS 产能面积中的占比达到 48%，氧化物背板技术则由夏普和韩国企业控制。2015 年，曲面显示开始成为产品应用新常态，但曲面显示面板的核心技术基本由韩国企业和日本企业掌握。我国电视机企业的 OLED 或 LCD 曲面电视显示面板大多由韩国企业提供。此外，我国企业在知识产权国际竞争中经常处于被动局面。2013 年，全球液晶显示技术专利申请排名前 10 名的企业中，韩国企业 2 家、日本企业 7 家、中国台湾地区 1 家，而中国大陆地区没有一家相关企业进入排名。与国际巨头企业相比，我国企业在新技术开发和应用的意识及水平方面仍旧落后，且各自为政，没有形成合力，严重减缓了追赶国际先进水平的步伐。我国新型显示产业的技术创新之路依然艰辛，企业引领产业发展的自主发展能力有待加强。

3. 投资主体相对分散

从投资主体角度看，投资分散与全球新型显示产业集聚发展的趋势相悖。新型显示行业是资本、技术密集型行业，具有很强的周期性。随着行业不断发展，业内企业会不断兼并重组，集中度日益提高。当前，全球新型显示产业发达国家和地区已经趋向产业集聚，如日本的 JDI 和夏

---

[1] 王平、项志伟等：《我国平板显示行业发展现状及发展趋势分析》，《改革与开放》2016 年第 21 期，第 16 - 18 页。
[2] 赛迪智库：《新型显示产业发展白皮书（2015 年）》，2015 年。

普、韩国的三星和 LG、中国台湾的友达和群创，这些企业的全球市场占有率已近 90%。尽管我国新型显示产业已经逐渐形成长三角、珠三角等产业聚集地，但由于各地政府出台地方保护政策以及沟通协调不充分，各地盲目建设和低水平重复建设的现象不断出现。我国拥有面板生产线的省（包括直辖市、计划单列市）共 10 个，相关企业超过 10 家，投资主体和区域都相对分散，导致资金、技术和人才等要素过度分散，不利于形成产业集聚优势。

二、新型显示产业人才需求分析

全球新型显示产业的发展重心正在向我国转移，我国已经成为全球新型显示产业新的投资热点地区。2014 年，全球平面显示器生产资本支出中，我国约占七成以上。高世代线建成之后，海外企业的竞争优势逐步丧失，为了继续抢占中国市场，海外企业纷纷向我国进行产业转移，设立生产基地，贴近我国终端产品厂家，在国内市场与本土企业展开竞争。同时，国内新型显示行业龙头企业通过投资、兼并等多种方式整合已有产业资源，扩大产业规模，提升市场竞争力。企业的发展与扩张必然带动行业人才需求的增长。

（一）新型显示企业发展概况

1. 龙头企业不断加强产业链布局

经过多年发展，我国新型显示行业已经形成一批以京东方、华星光电和天马等为代表的龙头企业（见表 6 - 4）。随着国内显示产业整体实力的不断增强，以京东方、华星光电和天马等龙头企业为代表的面板企业加紧向上游延伸，不断完善全产业链布局。2016 年，京东方、TCL 创投与众多国内基金公司一起参与了大尺寸喷墨设备生产企业 Kateeva 公司的 E 轮投资，并在董事会中各占据一席之地，为柔性 OLED 薄膜封装制程进行相关技术储备。天马、华星光电合作成立的广东聚华印刷显示技术有限公司与美国杜邦、日本住友化学等企业签订战略合作协议，共同开展印刷 OLED、QLED 以及柔性显示技术和材料的研发和生产。此外，国内相关材料和零组件配套企业也不断扩大产业规模，提升核心竞争力。江丰电子在合肥的液晶面板用建设靶材及机台部件生产项目开工，为京东方、天马等国内面板企业提供配套。东旭光电为打通全产业链，除玻璃基板生产项目外，与日本住友化学合作在无锡成立偏光片合资公司，该项目投资 20 亿元，投产后年产偏光片 2000 万平方米，将有效填补国内偏光片生产的市场缺口[1]。

表 6 - 4   我国新型显示龙头企业基本情况（部分）

企业	企业简介
京东方	创立于 1993 年 4 月，我国液晶显示产业的先行者和领导者，同时也是我国唯一完整掌握 TFT - LCD 核心技术的本土企业，国内液晶显示产业中唯一全面覆盖各尺寸主流电子产品应用领域的企业，营销和服务体系覆盖欧、美、亚等全球主要地区。投建大陆第一条第 6 代柔性 AMOLED 生产线，成为全球第二家实现柔性 AMOLED 6 代线量产的企业。2015 年，京东方又投建全球最高世代线——合肥第 10.5 代 TFT - LCD 生产线，其投产将开启全球显示领域全新里程，由中国显示行业领军者跃为全球半导体显示行业巨头

①赛迪智库：《新型显示产业发展白皮书（2017 年）》，2017 年。

续表

企业	企业简介
龙腾光电	成立于 2005 年 7 月 12 日，已成为国内 5 代线规模化产能最大、最具竞争力的高新技术企业。以龙腾光电中游面板项目为核心砥柱，汇集玻璃基板、驱动 IC、偏光板、彩膜、背光源等上游配套项目及显示终端等下游配套企业，逐步形成国内最为完善的 TFT 产业示范基地。目前原材料国产化采购比例近 80%
欧菲光	成立于 2001 年，是一家国内领先的精密光电薄膜元器件制造商，以拥有自主知识产权的精密光电薄膜镀膜技术为依托，长期从事精密光电薄膜元器件的研发、生产和销售。目前，公司主要产品有红外截止滤光片及镜座组件和纯平触摸屏等
华星光电	成立于 2009 年 11 月，依靠自组团队、自主建设、自主创新经营持续向好，经营效率处于同行业领先水平，形成了在全球平板显示领域的竞争优势。作为面板行业的新生力量，华星光电始终致力于提高国内面板自给率，提升中国显示面板的国际竞争力。目前，华星光电共有三条液晶面板生产线，产品全线覆盖大尺寸电视面板和中小尺寸移动终端面板
天马	公司服务于移动智能终端消费类显示市场和专业类显示市场，产品广泛应用于智能手机、平板电脑、智能穿戴、车载显示、医疗显示、工业控制、航空显示和智能家居等众多领域，为客户提供最佳的产品体验。2016 年，公司中小尺寸模组出货量继续保持全球领先，并在高端医疗、航空娱乐、航海、VOIP 等领域市场份额排名全球第一。自主掌握包括 LTPS - TFT、AMOLED、柔性显示、Oxide - TFT、3D 显示、透明显示以及 IN - CELL/ON - CELL 一体式触控等领先技术。设有 TFT - LCD 关键材料及技术国家工程实验室、国家级企业技术中心、博士后流动工作站
东旭集团	成立于 1994 年，是集光电显示、光伏、节能照明、绿色建材、装备制造五大产业为一体的大型高科技企业集团。光电显示产业是东旭发展的根基，2010 年建成国内第一条拥有自主知识产权的液晶玻璃基板生产线，使我国成为继美国、日本之后，第三个全面掌握该技术的国家。东旭还积极布局高世代液晶玻璃基板、彩色滤光片（CF）、高铝盖板玻璃、光学膜等新型显示材料的研发与生产基地，延伸上下游产业链
超声电子	以电子元器件及超声电子仪器为主要产品的高新技术企业，从事无损检测仪器、印制电路板、液晶显示和触控器件、覆铜板等高新技术产品的研究、生产和销售。目前，公司产品年产能力为：双面、多层和 HDI 板 100 万平方米；显示屏 16 万平方米；触控屏 26 万平方米；触控、显示模组共 4600 万套；覆铜板 700 万张、半固化片 1600 万米；超声探伤仪器 2000 台、探头 10 万只。公司产品远销美国、欧盟、澳大利亚、日本、中国香港等发达国家和地区。公司经国家人事部批准，建立了粤东地区首家企业博士后科研工作站。公司的开发中心是广东省省级重点工程技术研究开发中心

资料来源：各公司官网。

2. OLED 成企业未来市场制高点

OLED（Organic Light - Emitting Diode）有机发光二极管，其原理早在 1936 年被发现，但应用发展并不顺利。2010 年，三星发布首个 AMOLED（有源矩阵 OLED）智能手机 Galaxy S，AMLOED 重见天日，有力地推动了 OLED 在中小（9 英寸以下）显示市场的应用。近年来，受智能手机爆发式增长的拉动，OLED 显示产业规模保持持续增长态势。根据市场调查机构 HIS Market 预测，到 2020 年，AMOLED 显示市场规模将增长至 266 亿美元，年复合增长率为 25%，电视、平板电脑以及可穿戴设备用 OLED 显示面板占比将逐渐提升。我国是全球最具潜力的 OLED 应用市场。面对 OLED 的庞大市场潜力，国内京东方、昆山维信诺、柔宇、天马、华星光电、汕尾信利、四川虹视、佛山彩虹、海信等公司，开始大力布局 OLED 相关领域，抢占 OLED 高地。2016 年，共有 6 家面板企业宣布将投资 AMOLED 面板。2017 年 9 月，昆山维信诺宣布柔性 AMOLED "全面屏"产品成功下线，正式启动向下游智能手机产业链供货；11 月，京东方位于成都的第 6 代柔性 AMOLED 生产线正式量产。

3. 面板厂商正在崛起

"缺芯少屏"曾是我国液晶电视品牌厂商及手机品牌厂商的痛点。如今，随着液晶面板产业的发展，面板厂商开始崛起，凭借多条高世代线建设，产能不断扩大，有望在 2019 年位居全球第一。IHS market 2017 年 2 月发布的全球液晶面板研究报告显示，我国京东方凭借占据全球 22.3% 的出货量，全面超过韩国 LG 公司，在大型 TFT – LCD 显示装置出货量方面占据榜首位置，这是我国显示器制造商首次取代韩国显示器制造商，成为出货量方面的领导者。全球排名前五的面板供应公司，分别是京东方（占 22.3%）、LG（占 21.6%）、友达光电（占 16.4%）、群创光电（占 15.7%）以及三星（占 9.9%）。截至 2017 年第三季度，全球面板供应公司前五名仅占比发生细微变化，京东方占比仍然占据首位，如图 6 – 4 所示。

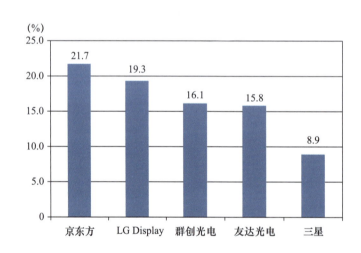

图 6 – 4　2017 年第三季度全球前五名企业大尺寸面板市场占比

资料来源：IHS market；《全球液晶面板研究报告》，2017 年 2 月。

　　国内显示面板产业链不断完善，产能开始大幅释放。截至 2017 年 6 月底，京东方的智能手机液晶显示屏、平板电脑显示屏、笔记本电脑显示屏的出货量均位列全球第一，显示器显示屏、电视显示屏出货量居全球第二。京东方预计其 10.5 代面板生产线将在 2018 年投产，华星光电的 11 代面板生产线将在 2019 年投产，这也将是全球最先进的面板生产线，将推动我国成为全球最大的面板生产地。

（二）行业人才需求分析

近年来，我国新增的面板生产线至少有十几条，但相关产业人才并没有因面板产业蓬勃发展而迅速增加，面板产业人才十分匮乏。中国光学光电子行业协会液晶分会常务副理事长兼秘书长梁新清指出，我国显示产业发展的速度已经远远超过显示产业人才的增长速度。如何解决产业人才匮乏是我国显示产业发展面临的难题。

1. 人才需求规模

从总量看，预计未来两三年内，国内显示面板产业专业技术人才需求总量将超过30万人，其中熟练掌握专业技术的研发人员将达到10万人。从产业链结构看，根据中国新型显示人才库数据，新型显示产业上游设备和原材料领域人才所占比例约5%，中游面板领域人才占比不足10%，下游的背光模组、液晶模组、触摸屏等领域的人才占比相对较大。

从区域分布看，长三角区域人才需求所占比例为30.7%，珠三角区域占29.1%，环渤海区域占21.6%，川渝区域占11.7%，其他区域占6.9%（见图6-5）。长三角区域人才需求最大，随着深圳的华星光电8.5代线及广州LGD 8.5代线的先后建成投产，珠三角地区新型显示产业的规模进一步扩大，人才需求规模与长三角几乎持平。长三角和珠三角两地的人才规模占国内新型显示人才总量的近60%。这说明人才需求规模与区域产业发展规模呈正相关关系。

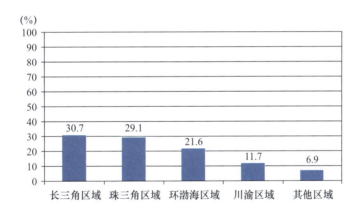

图6-5　国内各区域新型显示行业人才所占比例统计

资料来源：根据中华液晶网人才库数据整理。

2. 人才需求类型

从求职人才学历方面看，2017年新型显示产业求职者中，博士、硕士两者合计占比不足6%，本科学历的人才仅占15.66%，相对而言，大专、中专、高中及以下求职者合计达到78%以上，如图6-6所示。

从新型显示行业企业岗位类型看，2017年上半年国内新型显示行业企业主要需要技术类、生产类、营销类等人才，其中技术类人才需求占比59%，位居第一位，这反映了国内新型显示企业对技术人才的迫切需求。生产类、营销类人才分别占22%、10%，分别居第二位、第三位；行政类人才占3%，其他占1%（见图6-7）。

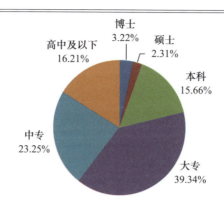

图6-6　2017年我国显示行业求职人才学历统计

资料来源：根据中华液晶网人才库数据整理。

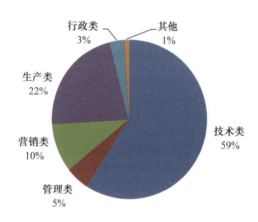

图6-7　2017年上半年国内新型显示行业企业人才需求统计

资料来源：根据中华液晶网人才库数据整理。

在技术类岗位需求中，以LCM/LCD工艺工程师、TP生产管理人员及LED结构工程师三种职位最受关注，各职位所对应的具体岗位典型职责如表6-5所示。

表6-5　　　　　　　　　　　　**新型显示人才岗位典型职责**

岗位名称	岗位职责
LCM/LCD工艺工程师	①熟悉LCM生产设备，熟练掌握COG、FOG设备调试及维护 ②精通LCM工艺，熟悉各工序工艺参数，对制程改善不良率提升有丰富经验
TP生产管理人员	①负责生产、品质、工艺、设备各方面的综合管理 ②统筹协调好制造内部的日常管理工作，满足产品交付、品质提升和成本管控 ③部门人员的教育、训练、规划和执行
LED结构工程师	①熟悉LED灯具的光学、结构、电学等的设计，了解注塑/压铸/冲压等工艺及模具及常用材料的物理特性 ②把握灯具市场动向，熟悉灯具材料市场及供应商 ③熟悉国家相关行业设计规范、标准和要求；熟悉灯具认证要求，对UL、CE等相关认证

续表

岗位名称	岗位职责
产品质检员	①负责日常生产的质量检验 ②编制质量管理制度，并负责执行 ③维护、监督质量体系的运行，组织和管理内部质量审核工作 ④对成品出货进行检验控制，确保成品全部合格
设备工程师	①进行相关设备的日常维护 ②定期进行设备的点检及 PM ③工艺试验的技术支持，及对应工艺的设备改造以及故障分析等报告的完成

资料来源：根据智联招聘网站信息整理。

三、我国新型显示专业职业教育分析

随着新型显示产业的不断发展，人才已经成为我国新型显示产业进一步发展的制约因素。当前我国企业人才招募途径是以"挖人"为主，成熟和高水平的人才资源仍是各大企业竞相攫取的宝贵资源。由于企业更倾向于高薪聘请有经验的专业人士，而往往忽略了人才培养机制的建立和队伍的搭建，产业人力成本不断被推高，但人才缺乏的根本问题却未得到解决。培养多元化、创新性的专业技术人才成为新型显示行业发展的重中之重。

（一）专业设置情况

根据《普通高等学校高等职业教育（专科）专业目录（2015）》可知，目前与新型显示产业密切相关的专业仅有"光电显示技术"专业，专业代码为610118，属于电子信息专业类，与该专业相衔接的中职专业有电子与信息技术、电子技术应用，相接续的本科专业有电子信息工程、光电信息科学与工程、光源与照明等。

1. 专科高职层次

"全国职业院校专业设置管理与公共信息服务平台"中的"高等职业学校专业设置备案结果"显示，2017 年我国仅有 4 所高职（高专）院校开设光电显示技术专业，总招生人数 387 人，具体信息如表 6－6 所示。

表 6－6　　　　　2017 年国内高职院校光电显示技术专业开设情况

区域	序号	高职（高专）院校	所属院系	招生计划（人）
吉林	1	松原职业技术学院	机电工程系	40
福建	2	漳州职业技术学院	电子工程系	50
重庆	3	重庆电子工程职业学院	应用电子学院	97
武汉	4	武汉职业技术学院	电子信息工程学院	200

资料来源：阳光高考网和学校招生计划。

2. 中职层次

2010 年新修订的《中等职业学校专业目录》中没有直接以显示技术或新型显示命名的专业。与高职光电显示技术专业相衔接的电子技术应用、电子与信息技术等专业开设较为普遍，招生规模也较大。

（二）人才培养分析

本部分通过梳理 2017 年开设光电显示技术专业的 4 所高职院校的人才培养方案，从培养目标、课程体系、实践教学、师资队伍等方面对我国高职层次光电显示技术专业的人才培养现状进行分析。

1. 培养目标

根据高等职业教育的人才培养定位，高职院校光电显示技术专业主要培养从事光电显示技术的维护、服务、管理等一线岗位工作的高素质技术技能人才。目前已开设此专业的 4 所高职院校因区域产业发展情况不同对人才培养目标具体要求略有不同。如武汉职业技术学院面向当地光电产品制造和应用行业，重点培养能在激光设备制造与应用、光纤光缆制备与应用、光电器件制造与应用、光学零件制造与装配等企业从事生产及组织管理、产品检测、工艺应用研发、设备维护、技术服务等工作的高素质劳动者和技术技能人才；重庆电子工程职业学院的光电显示技术专业是重庆高职学院唯一开办的光电子类专业，与重庆多家生产、教学、研究单位进行密切合作，以 LED、LCD 显示与照明领域的新技术、新材料、新工艺、新应用为主要教学内容，以新型显示面板、户外大屏幕显示屏、城市景观照明、汽车照明灯具等为项目载体，培养从产品设计到生产制造、从应用设计到工程实施的技术技能人才，如表 6-7 所示。

表 6-7　　　　　　　2017 年高职院校光电显示技术专业人才培养目标

院校	人才培养目标
松原职业技术学院	订单培养。面向现代高科技企业的液晶板、液晶驱动板、液晶显示器、液晶电视、LED 显示板等光电显示设计产品的设计、生产、检验和设备维护等岗位，培养应用型、技能型人才
漳州职业技术学院	培养具有良好的职业道德、敬业与创新意识，同时掌握光电显示技术专业必需的基础理论知识和专业知识，并具备光电子产品的检测、维护，液晶显示电路的设计、检测和维护等基本技能，可从事相关领域的产品设计与制造、故障的检测与维护、运行管理等，能够适应当代信息化社会高科技迅速发展需要的技能型专门人才
重庆电子工程职业学院	培养德、智、体、美全面发展，具有良好职业道德和人文素养，掌握 LCD、LED 显示与照明的基本原理和控制方法，熟悉光电显示系统与半导体照明产品、照明工程设计等相关知识，具备光电显示与照明器件、产品的制造与检测以及室内外大屏幕显示系统、城市景观照明亮化工程设计与施工等能力，能从事 LCD、LED 显示与照明产品的生产测试、质量管理、技术服务、工程实施等工作，适应产业转型升级和企业技术创新需要的高素质技术技能人才
武汉职业技术学院	立足"武汉·中国光谷"，面向光电产品制造和应用行业，培养适应社会发展需要的德、智、体、美全面发展，掌握从事光电技术工作必备的知识、技术、技能，具有良好职业道德和创新精神，能在激光设备制造与应用、光纤光缆制备与应用、光电器件制造与应用、光学零件制造与装配等企业从事生产及组织管理、产品检测、工艺应用研发、设备维护、技术服务等工作的高素质劳动者和技术技能人才

2. 课程体系

光电显示技术专业是材料学、光学、电学、信息工程等多学科交叉的专业。在专业教学计划方面，一般设置了基础课程、专业基础课程、专业课程三个层次的课程，各层次的课程开设必修课和选修课两类课程。在专业选修课设置上，根据专业特色，按照掌握先进技术的原则，设置一定学时的选修课，增加教学计划的柔性，拓宽学生的知识面。因人才培养目标略有差异，不同高职院校光电显示技术专业的主干课程稍有不同，具体课程如表6-8所示。

表6-8　　　　　　　　　　　高职院校光电显示技术专业主干课程表

院校	主干课程
松原职业技术学院	液晶显示产品原理与装配、光电检测技术、显示器件驱动技术、PROTEL 与电路板设计、物理光学等
漳州职业技术学院	光电技术（关于光电器件及其性能和光电转换）、太阳能光伏、液晶显示应用技术、光纤通信、电子产品装配与调试、印刷电路板设计与制作、电子产品工艺实施、节电技术及其工程应用、单片机应用系统的设计与制作、电子企业生产管理、电子产品营销等
重庆电子工程职业学院	电工技术、电子技术基础（模电＋数电）、光学技术基础、编程设计基础、工程制图与 AutoCAD、电子线路板设计与制作、光电显示技术、单片机技术及应用、光电技术基础、液晶器件制造工艺技术、LED 应用技术、光电检测技术、开关电源技术、大屏幕显示技术等
武汉职业技术学院	光有源无源器件的制造、光纤传感器及应用、LED 显示技术与智能照明、激光设备控制技术、光电探测器及应用、激光加工技术、数字电子技术、光纤光缆技术与制造、光学加工工艺等

3. 实践教学

光电显示技术专业涉及的知识面广泛，包括光学、光电子学、通信技术、计算机技术、机械设计等多方面科学内容，大多数内容涉及大量的工艺、工程技术等。因此，实践教学环节在专业教学中显得尤为重要。高职院校都建有校内实践基地和校外实践基地，通过校内外实践基地实施实践教学。通常来说，校内实践基地主要是专业实验室和校内实习基地；校外实践基地主要是相关企业。在校外实践基地，学校一般通过两种方式进行教学：一是由教师带领学生参观企业，了解显示面板的设计、制作材料以及制作工艺流程，让学生感受企业文化，了解行业标准，为以后就业做准备；二是由企业工程师带领学生利用现有资源参与实际测试工作，提高学生的动手和实践能力。让学生走进企业，将理论知识和操作技能相结合，从而锻炼和提高学生的操作实践能力，实现学校和企业的无缝对接。

例如，重庆电子工程职业学院光电显示技术专业建有集成电路版图设计理实一体化实训室、集成电路芯片制造理实一体化实训室、光电显示实训室、SMT 教学工厂、LED 教学工厂等校内实践基地，并配备有价值 2000 余万元的先进的实验实训设备。武汉职业技术学院坚持"贴近生产、贴近技术、贴近工艺"的原则，建立集生产、实训、开发、创新于一体的校内多功能实训基地——光电子技术中心，中心建有激光加工中心、光学工艺中心、光学薄膜实训室、工程光学实验室、激光实验室、光电创新实训室、光电技术实训室、光电仿真模拟实训室 8 个实验实训室，此外，还与区域知名企业建设"湖北高校升级实习实训基地"等校外实践基地。

4．师资队伍

教学团队是实施人才培养的关键。光电显示技术专业是典型的交叉学科专业，涉及的专业知识广泛复杂，因而对教师的专业知识水平和技能要求较高。目前，显示产业领域高端人才和高技能人才大多集中在龙头企业、科研机构或者高等院校，高职院校光电显示技术专业教师一般来自其他领域，很少直接来自显示技术领域，专业师资力量严重匮乏。因此，高职院校应积极加强与显示行业企业合作，从产业界引进更多掌握先进的一线技术的人才充实教师队伍，从而提升专业人才培养质量。

四、我国新型显示专业职业教育服务产业发展分析及建议

新型显示产业是资金密集型、技术密集型、人才密集型行业。我国新型显示产业通过资本的力量已经在产能上实现了跨越，但产业竞争不止于此，还存在技术的竞争，而技术的竞争归根结底是人才的竞争。如果一个行业没有大量的人才作为支撑点，很难走得长远，更难以实现超越。因此，建立与支撑国内新型显示产业发展相匹配的专业技术人才培养体系，培养高素质技术技能人才是当前新型显示产业发展的必然需要。

（一）新型显示职业教育服务产业发展分析

1．人才培养规模不能满足产业需求

我国职业教育培养新型显示专业技术人才起步晚，2017 年我国仅有 4 所高职院校开设光电显示技术专业，培养规模仅 300 多人，这与未来新型显示行业专业技术人才需求总量相去甚远。相对于新型显示产业巨大的人才需求而言，现阶段的人才培养明显滞后，人才培养规模难以支撑产业快速发展。

2．人才培养模式难以适应企业需求

目前新型显示专业人才培养模式单一，培养方式陈旧。显示技术是一个多学科交叉的领域，人才需求多样化，传统的人才培养方式极难在各个学科之间做出平衡，极易造成学生学习时无所适从，导致学生虽然学了很多知识但仍然在显示技术中找不到方向。此外，职业院校实践周期短、缺乏对口实践基地，使得职业院校培养的新型显示专业人才缺乏实际操作的能力，难以满足企业的用人需要。

3．课程设置跟不上社会需求变化

一方面，由于国内显示技术专业基本从其他学科专业领域派生出来，在课程设置上尚未体现显示技术专业的特点；另一方面，新型显示产业技术更新较快，当前职业院校新型显示相关专业的课程内容普遍陈旧，教材内容改革赶不上技术的进步，导致学生所学的专业技能无法满足社会需求。

4．师资队伍水平亟待提升

师资队伍是学校教学质量的保证，也是教学的关键。不过，我国新型显示相关专业职业教育的师资水平尚不能满足行业发展要求。一是由于国内显示技术相关专业的教师基本来自其他相近的学科专业领域，极少教师接受过专业的教育或者培训，高端人才基本集中在龙头企业或者科研机构。职业院校教师的专业知识和技能都有所欠缺。二是现有显示技术相关专业的教师仍然采用传统的"填鸭式"授课方法，无法调动学生学习的积极性，教学效果较差。

（二）对我国新型显示职业教育发展的建议

1. 加强政府有力引导

政府应结合当地的新型显示产业发展具体情况，有效引导职业院校开设新型显示相关专业。教育主管部门应该从严、慎重地审核、审批职业院校新型显示专业的开设，更需要总体部署和规划；既要从整体布局上规划好专业分布和方向，也要控制好总的数量和规模，避免出现一哄而上、贪大求全、培养过剩、培养质量差、生源缺乏、设备资源浪费严重的不良局面。另外，政府应设立专项资金、制定专项政策、引入动态竞争机制，细化和完善有关新型显示专业办学标准和质量标准的审核及评估，促进新型显示相关专业的发展，使其进入良性发展态势。

2. 创新人才培养模式

国外显示产业人才培养注重产学研结合，强调校企合作育人。借鉴国外的显示技术人才培养模式，我国职业院校培养新型显示产业人才，必然要创新校企合作育人模式。积极开展校企、校地、校际合作，推动建立产教融合、协同创新、联合育人新机制，全面提升合作层次，大力拓展合作空间，努力做到共建实训基地、共培师资队伍、共管培养过程、共构课堂教学。开展订单班、组建冠名班，推进现代学徒制，实施课程管理、校内成绩考核与企业实践考核相结合，探索车间与课堂、教学与生产、教师与师傅、学生与学徒四融合。参照职业岗位任职要求，与新型显示行业企业共同制订专业人才培养方案，全面提升人才培养质量。

3. 加快师资队伍建设

建设高素质专业化教师队伍是推动职业教育科学发展的根本保证。首先，要加强校内师资培训研修，提升师资教学水平。制订专业教师培训计划，设立专项资金，安排优秀专业骨干教师定期赴海外或企业参加培训学习。其次，提升师资科研水平。引导和鼓励教师开展应用技术研究、技术革新与攻关，以及与新课程相配套的实训设备、实训平台的研发制作，并积极推进产业化经营服务，为企业和学校解决实际问题，提升师资科研能力的同时推进成果在生产服务和教学实训领域的应用。再次，引进国际显示行业优秀人才。国外新型显示行业起步早，人才培养也更为先进，集聚了较多的优秀行业人才。国内职业院校可以积极引进国外优秀人才到校任职或者聘请行业专家到校开展讲座，提升师资队伍的专业素养和国际化水平。最后，校企共育师资。校企联合培养师资是职业院校打造"双师型"师资队伍的必经之路。学校与企业搭建教师培养和人才交流平台，建立师资培养、交流机制，共同打造"双师型"专兼职教师队伍。严格落实专业教师顶岗实践制度，有计划地安排教师到企业学习，并把教师到企业实践锻炼作为教师职称评聘的必要条件。企业应为教师顶岗实践提供支持，落实技术性工作岗位并安排专人进行指导。聘请企业有丰富实践经验的专家、工程技术人员担任兼职教师，建立兼职教师库。

4. 构建合理的课程体系

合理的课程体系必须围绕知识建构和应用能力培养为重点，基于工作过程，按照技术领域和职业岗位（群）的任职要求及职业资格证书的要求设置教学内容。新型显示相关专业是材料学、光学、电学、信息工程等多学科交叉的专业。以光电显示技术专业为例，经市场调研，其涉及的职业领域主要有四大类：光电产品制造、LED 照明设计、太阳能光伏发电项目实施以及 LED 工程项目实施，相应的主要工作岗位如表 6-9 所示。对照技术领域和职业岗位（群），根据就业岗位的典型工作任务分析归纳得到工作岗位能力结构要求，包括方法能力、社会能力和专业能力，具体如表 6-10 所示。

表 6 - 9   高职院校光电显示技术专业毕业生职业领域及主要工作岗位[①]

序号	职业领域	工作岗位
1	光电产品制造	LED 生产及品质管理员
		LED 生产设备维护员
		太阳能电池板生产及品质管理员
2	LED 照明设计	LED 灯具设计员
		LED 灯具品质管理员
		光电产品（LED、光伏）销售员
		光电产品（LED、光伏）售后服务员
3	太阳能光伏发电项目实施	光伏发电工程设计员
		光伏发电工程施工与系统维护员
4	LED 工程项目实施	LED 工程设计员
		LED 工程施工与系统管理员

表 6 - 10   高职院校光电显示技术专业岗位能力结构要求[②]

序号	能力类别	能力要求
1	方法能力	具有较强的分析、判断和学习能力以及逻辑思维能力
		较好的方案文字处理能力
		良好的学习能力和较强的外文阅读能力，善于学习光电显示产业新技术，具有一定的研究精神
		良好的计算机辅助设计能力，应用软件的使用能力
2	社会能力	有强烈的事业心、高度的责任感和正直的品质
		讲诚信，遵守道德规范
		具有团队合作精神
		思维严谨、工作踏实、勤奋努力
		有安全意识
		良好的语言沟通协调能力和语言表达能力
3	专业能力	熟悉光特性以及光学系统的基本知识
		具有扎实的电路分析的能力
		熟练使用各种常见电子测量仪器设备
		掌握光电半导体器件的特性和应用的基本知识
		掌握单片机的硬件电路和软件程序设计
		熟练使用电路辅助设计软件
		具备工程制图的能力，能够编制工艺文件，绘制施工图
		掌握 LED、太阳能电池板的制程工艺
		熟练进行 LED、太阳能电池板的生产和产品性能检测
		掌握 LED 灯具设计的基本步骤和设计方法
		掌握太阳能发电系统的设计和工程施工
		能够进行 LED 工程的设计和施工
		进行生产组织管理，开展产品销售服务

---

①②刘晓东：《高职光电专业课程体系探索与实践》，《厦门城市职业学院学报》2014 年第 16 卷第 4 期，第 53 - 59 页。

根据表 6 - 10 分析可知，光电显示技术专业毕业生的就业要求掌握光电信息基础知识，具有基本的光电显示产品的计算机辅助设计、光电显示产品及其生产设备的测试与维护能力，具备光电显示技术基本技能并获得相关职业资格与技能证书。因此，光电显示技术专业课程体系建设在强调基本技能训练时，也应融入岗位职业资格证书的要求，让学生在学习相关课程的同时可以参加相应的基本技能与职业资格证书的考试，部分技能与职业资格证书如表 6 - 11 所示。

表 6 - 11　　　　　　　　高职层次光电专业学生适合的技能与职业资格证书

证书名称及等级	技术要求	发证单位	建议考证时间
半导体分立器件、集成电路装调工（或以上）证书	能按工艺文件规定对芯片装架过程中的各类产品选择合适的支架、键合丝、镀液等材料；能按工艺文件规定选择合适的电流、电压、温度、压力等加工条件	劳动和社会保障部	第五学期
CAD 工程制图证书	掌握基本图形的生成及编辑的基本方法和知识；掌握复杂图形、尺寸、复杂文本等的生成及编辑的基本方法和知识；能利用 CAD 软件进行工程制图	国家人力资源和社会保障部职业技能鉴定中心	第五学期
"光电仪器仪表装调工" 技能等级考试合格证书	能对光电仪器仪表的零部件进行组合装配、校正、检测与调试	国家人力资源和社会保障部职业技能鉴定中心	第四学期
"维修电工" 技能等级考试合格证书	能从事机械设备与电气系统线路和器件等安装、调试与维护	国家人力资源和社会保障部职业技能鉴定中心	第二学期
"无线电装配调试工" 技能等级考试合格证书	掌握无线电装配调试工标准中所规定的应知要求和应会要求，具有综合分析和解决本工种生产技术疑难问题和关键工艺问题的能力	国家人力资源和社会保障部职业技能鉴定中心	第四学期
PCB 设计工程师	熟练应用 PCB 设计软件，能按照设计要求画图、制版	国家人力资源和社会保障部职业技能鉴定中心	第三学期

除上述所列职业资格证书外，该专业学生还可以报考半导体照明领域的工程师认证。根据产业链各环节不同的技术及工艺特点，认证体系分为外延、芯片、封装、应用产品几个领域以及相应的专业方向。每个领域的工程师认证根据任职要求、知识结构以及能力要求的不同（见表 6 - 12），分为初级（Level1）、中级（Level2）、高级（Level3）三个级别。

表 6 - 12　　　　　　　　　　　　半导体照明领域工程师认证

证书名称及等级	岗位说明	备注
半导体照明封装工程师（初级、中级、高级）（Level1/Level2/Level3）	主要从事半导体照明封装领域专业技术岗位工作，主要有三大业务领域：研发、工艺和设备，研发方向侧重封装技术研究以及产品开发；工艺方向侧重生产制造过程的设计与控制；设备方向侧重设备的维护与优化	半导体照明工程师对高职层次毕业生设置门槛，如报考初级工程师，大专毕业生须具备一年或两年以上半导体照明相关技术岗位工作经验
半导体照明应用产品工程师（电学与控制方向）（初级、中级、高级）（Level1/Level2/Level3）	主要从事半导体照明领域驱动与控制设备研制与开发工作	
半导体照明应用产品工程师（光学方向）（初级、中级、高级）（Level1/Level2/Level3）	主要从事半导体照明光学领域的研制与开发工作	

　　因此，结合国家职业技能标准要求，光电显示技术专业课程设置还可以开放性地引入"半导体照明工程师"这一职业资格认证培训内容。专业课程体系可以部分涵盖半导体照明初级工程师的能力要求，为毕业生日后考取执业资格证书打下良好基础。课程教材选用时可适当考虑报考该工程师认证时推荐的教材。

　　对于某一个专业而言，课程体系涵盖通识课程、专业必修课程、选修与拓展课程三个层次的课程，包括必修课和选修课两类课程。在选修与拓展课程设置上，可以根据新型显示相关专业特色，按照跟踪学科前沿、掌握先进技术的原则设置一定学时的选修课，增加教学计划的柔性，拓宽学生的知识面。对不同专业方向感兴趣的学生，所学习的必修课相同，差异仅体现在选修课上，这样可提高毕业学生的综合适应能力，如表 6 - 13 所示。

表 6 - 13　　　　　　　　　高职院校新型显示相关专业的课程建议

学期	课程		
	通识课程	专业必修课程	选修与拓展课程
第一学期	入学教育	电工技术	—
	思想道德修养与法律基础	电子工艺及装配实例	
	体育 1	机械制图与 AutoCAD	
	军事理论与军事技能训练	—	
	高等数学	—	
	基础应用英语 1	—	
	计算机应用基础	—	

续表

学期	课程		
	通识课程	专业必修课程	选修与拓展课程
第二学期	基础应用英语 2	模拟电子技术	C 语言程序设计
	体育 2	工程光学基础	信息技术 1
	毛泽东思想和中国特色社会主义理论体系概论	电路基础实训	应用写作
		电工技能实训	—
第三学期	—	激光基础	专业英语
		激光加工技术	信息技术 2
		数字电子技术	可编程控制器及应用
		光纤光缆技术与制备	演讲与口才
		电子技术实例	—
		光学加工工艺	
第四学期	—	LED 显示技术与智能照明	网络组建及修护
		激光设备控制技术	印刷电路板设计与制作
		光电探测器及应用	微控制技术与应用
		—	信息技术 3
第五学期	—	毕业设计	工业机器人操作与编程
		光有源无源器件的制造	电子测量技术与仪器调试
		光纤传感器及应用	企业管理
		—	信息技术 4
第六学期	形式与政策	顶岗实习	—
	大学生职业发展与就业指导		

5. 完善实践教学体系

新型显示相关专业非常注重实践，主要培养实践性比较强的应用型人才。传统课堂讲授方式不适合这类专业人才的培养，在教学过程中必须增加实务操作内容，让学生适应和熟悉实际操作环境。"精排实践课程、建立实践基地"是建立新型显示相关专业实践体系的核心内容，将实践教学分为验证性实验、专业操作实训、现场实习三部分，使其形成一个完整实践教学体系。通过系统设计实践教学体系，根据具体专业的培养目标，建立实践教学的整体观念。具体措施包括：第一，强化实验教学，进一步增加实验辅助教学设备的资金投入。第二，在现有基地基础上，增加学生实训基地。依托行业企业建立和扩大校外实习基地，联合企业建立新型显示研究所、专业人才培养基地等，建立良好的产学研结合机制。第三，加强学生专业训练，设置相应的实践教学环节，锻炼学生实践能力。第四，完善实践性教学环节的管理体制，加强对实践性教学环节的管理与评估。

参 考 文 献

［1］陈文彬、吴援明：《信息显示与光电技术特色专业建设的探索与实践》，《高教论坛》2011 年第 12 期，第 16 – 19 页。

［2］童林凤：《2012 年后的新型显示世界》，《现代显示》2007 年第 77 期，第 6 – 16 页。

［3］文尚胜、姚日晖、彭俊彪、曾幸荣、余其俊：《信息显示与光电技术国家特色专业规划与实践》，《华南理工大学学报》（社会科学版）2013 年第 2 期，第 118 – 122 页。

［4］董友梅：《新型显示成规划亮点，产业链亟待完善》，《中国电子报》，2009 年 7 月 30 日，第 8 版综合。

［5］耿怡：《新型显示产业十大趋势展望》，《中国电子报》，2017 年 8 月 11 日，第 4 版。

［6］中国电子信息产业发展研究院、工业和信息化部、赛迪智库：《新型显示产业发展白皮书（2017 版）》，2017 年 4 月。

［7］文编：《2016 年柔性屏幕将用于智能手机和智能手表》，《中国电子报》，2016 年 7 月 8 日，第 5 版。

［8］孙鸿凌：《我国首条 G8.5 玻璃基板线量产》，《中国电子报》，2016 年 8 月 16 日，第 5 版。

［9］李舒瑜：《推动华星光电 11 代线年底开工》，《深圳特区报》，2016 年 7 月 11 日，第 A01 版。

［10］黄勇、倪奇、汪日贵：《京东方全球首条 10.5 代线开建》，《安徽商报》，2016 年 4 月 18 日，第 A12 版。

［11］王平、项志伟、胡进、乔非：《我国新型显示行业发展现状及发展趋势分析》，《改革与开放》2016 年第 21 期，第 16 – 18 页。

［12］张仁开：《上海新型显示产业发展策略研究》，《科学发展》2013 年第 1 期，第 85 – 96 页。

［13］广东新型显示产业促进会：《广东省 OLED 产业联盟 OLED 简报》，2011 年。

［14］梁光、序希明：《苏州新型平板显示产业现状及对策研究》，《企业科技与发展》2008 年第 24 期，第 4 – 5 页。

［15］张军杰、杨铸：《全球 OLED 产业发展现状及趋势》，《现代显示》2010 年第 6 期，第 25 – 30 页。

［16］张方辉、牟强、卢群利：《培养液晶显示专业人才的方案设计与实践》，《理工高教研究》2003 年第 1 期，第 44 – 46 页。

［17］刘媛：《江苏新型显示产业发展态势及未来技术预见》，《科技和产业》2014 年第 2 期，第 21 – 24 页。

［18］吴祖垲、李勇军、段诚：《CRT 显示技术的最新进展》，《真空电子技术》2002 年第 5 期，第 1 – 7 页。

［19］周艳琼、白木：《液晶显示技术综述》，《影像技术》2002 年第 4 期，第 10 – 15 页。

［20］孙莹：《液晶新型显示技术将人类带入信息时代》，《显示技术》2001 年第 5 期，第 69 – 70 页。

［21］俞伟华：《TFT – LCD 液晶显示技术及其应用》，《自动化仪表》2001 年第 22 期，第 25 – 28 页。

［22］王祖明：《彩色等离子体显示技术最新动态》，《真空电子技术》2001 年第 4 期，第 20 – 23 页。

［23］张自立：《新型显示器的技术发展概况》，《舰船电子工程》2003 年第 6 期，第 25 – 30 页。

［24］刘文俊：《二十一世纪的新型显示技术》，《微电子技术》2001 年第 5 期，第 1 – 6 页。

［25］杨爱玲、王晶、郑荣儿等：《有机白光 LED》，《激光技术》2004 年第 28 期，第 68 – 73 页。

［26］白木、子荫：《新一代 OLED 显示技术》，《现代显示》2002 年第 3 期，第 14 – 17 页。

［27］蒋庆全：《OLED 技术与市场展望》，《现代显示》2002 年第 3 期，第 18 – 21 页。

［28］刘潇、廖琪、邹德春等：《新一代超薄显示技术——OLED》，《电子产品世界》2003 年第 3 期，第 57 – 60 页。

［29］李震梅、董传岱：《新型平板显示技术——OLED》，《电视技术》2003 年第 1 期，第 50 – 52 页。

［30］王天及、杨世宁、李耀棠：《现代显示技术的进展》，《光电子技术与信息》2004 年第 17 期，第 1 – 7 页。

［31］严国荣：《硅基液晶显示屏及其应用》，《电声技术》2002 年第 5 期，第 72 – 75 页。

［32］李路海、张淑芬、杨锦宗等：《电子纸显示器技术现状与发展》，《电子器件》2003 年第 2 期，第 148 – 154 页。

［33］应根裕：《中国新型显示技术发展 30 年》，《现代显示》2009 年第 97 期，第 6 – 16 页。

［34］王幼林、李晓华、王浩：《新型显示技术标准化的进展》，《信息技术与标准化》2004 年第 10 期，第 5 - 8页。

［35］洪炯星：《中国 TFT 液晶产业链发展研究》，上海交通大学硕士学位论文，2009 年。

［36］艾恩溪：《我国新型显示产业现状及未来趋势分析》，《集成电路应用》2015 年第 2 期，第 22 - 23 页。

［37］查振祥：《国内外新型显示产业的发展现状及我国企业的对策》，《深圳特区科技》2004 年第 10 期，第 170 - 172 页。

［38］孙诚、汪凯、毕夏：《从专利申请人角度解析安徽省新型平板显示产业发展》，《安徽科技》2014 年第 8 期，第 28 - 29 页。

［39］张荒：《我国新型显示技术现状及发展趋势》，《中国科技财富》2011 年第 3 期，第 58 - 61 页。

［40］王银玲：《集团液晶显示器业务的技术创新战略研究》，首都经济贸易大学硕士学位论文，2013 年。

［41］叶旭廷：《基于 SIP 框架下的产业布局——以液晶新型显示产业为例》，《大连理工大学学报》（社会科学版）2014 年第 35 期，第 62 - 67 页。

［42］汤卉、青焕岩、张剑峰等：《CDIO 教育模式下光电信息材料专业课程体系优化》，《中国电力教育》2002 年第 11 期，第 40 - 45 页。

［43］张红霞、蔡怀宇、郁道银：《光电信息工程专业课程体系调整的探索》，《中国光学学会 2010 年光学大会论文集》，2010 年，第 4037 - 4039 页。

［44］王睿、司磊、梁永辉等：《光电专业本科课程体系构建探索》，《高等教育研究报告》2007 年第 30 期，第 38 - 40 页。

［45］刘桂雄、李龙根、林颖等：《光机电一体化综合人才培养模式及其课程体系》，《光学技术》2002 年第 46 期，第 99 - 102 页。

［46］贺军峰、黄长春：《高职高专光电制造人才培养探索与实践》，《专业新时空》2013 年第 11 期，第 28 - 31 页。

［47］包英群：《中国平板显示产业创新能力研究》，电子科技大学博士学位论文，2016 年。

［48］刘晓东：《高职光电专业课程体系探索与实践》，《厦门城市职业学院学报》2014 年第 16 卷第 4 期，第 53 - 59 页。

第七章　母婴护理产业与职业教育发展研究报告

随着我国"二胎政策"的全面实施和居民生活水平的大幅提升，母婴护理服务需求日益增长，市场规模不断扩大，市场前景广阔。然而，当前母婴护理行业存在着从业人员素质较低、高层次专业人才严重匮乏、行业标准不够完善、社会监管严重不足、服务同质化等一系列问题，给母婴群体带来不良影响的同时也阻碍了行业的健康持续发展。本报告深入分析了我国母婴护理产业发展现状、专业人才需求情况，国外母婴护理专业职业教育模式，结合我国母婴护理人才培养和培训现状，提出了母婴护理专业职业教育发展的方向和建议，以期推动行业持续发展，保障母婴健康。

一、我国母婴护理产业发展概况

母婴护理主要是为孕妇分娩前后的心理、健康、饮食、体形及新生儿成长发育、健康成长、疾病护理等提供服务，是社会在细化分工过程中演进的新兴产业。随着我国居民生活水平的提高、国家"二胎政策"的放开，越来越多的家庭对母婴护理服务产生了需求。母婴护理产业的快速发展，不仅可弥补我国医疗系统在产后保健和护理方面的缺口、改善和提高人们的物质生活和精神生活、提高人口素质方面发挥着非常重要的作用，还产生了巨大的社会经济效益。

（一）产业发展现状

1. 市场规模不断扩大

"坐月子"在我国有悠久的历史，是我国的传统生育习俗。传统的"坐月子"习俗有着诸多不合理和不科学的禁忌，如不能刷牙、洗头、洗澡、卧室不通风透气、穿盖过多、不能运动、饮食不合理等。在对新生儿的护理方面也存在较多不科学之处，例如给新生儿穿盖过多、包裹捆扎过紧、不注重清洁、过度摇晃等，给新生儿的健康成长带来隐患。此外，传统的母婴照顾只注重生活护理，对产妇精神层面的支援不足，对产后抑郁症缺乏了解和理解，往往导致家庭矛盾的产生。

以往"坐月子"是一件家庭化的事，由大家庭中的成员给予支援。随着时代变迁，大家庭逐渐被年青一代自行组成的核心家庭取代；并且随着经济条件的好转，很多长辈更愿意在晚年享受生活，有自己的精神、物质追求，而不是成为子女的"保姆"参与到育儿中。因此，当前妇女在产后所能获得的家庭支援相对减少。受"独生子女"政策影响，孕产妇多为初产妇、独生子女，缺乏基本的育儿技能，需要较大的支援。

随着我国经济社会的快速发展，居民的生活水平和文化层次大幅提高，生产育儿观念发生明显的改变。当前，以80后、90后为主体的孕产妇不仅注重产褥期生活和育儿的科学化、专业化和现代化，同时重视产后身体复原、形体恢复和个人的生活质量。因此，越来越多家庭倾向于寻求专业护理人员或机构来获取母婴护理服务，母婴护理产业应运而生。

2016年1月起，我国开始实施"全面二孩"政策，新生儿出生率明显提高，达到1786万人（见图7-1）。中国孕婴童研究中心发布的数据显示，母婴经济正以超过30%的年增长率快速崛

起，目前我国已成为仅次于美国的第二大母婴产品消费大国。最新调研显示，95% 的人接受
"坐月子"的习俗，并且有 51% 的人期望接受专业的产后护理，这一比例比 2014 年中国妇幼保
健协会所调研的 38% 高出 13 个百分点[1]，母婴护理服务需求持续增长。随着"二孩政策"全面
开放，预计有近 500 万名母婴护理从业人员缺口[2]。前瞻产业研究院发布的《2017~2022 年中国
月子中心行业市场需求与投资规划分析报告》显示，我国月子中心市场规模正在迅速扩张，
2010 年我国月子中心市场规模约 10.2 亿元，2016 年约 82.6 亿元，2010~2016 年复合增长率达
41.6%（见图 7 - 2）。保守估计，到 2022 年月子中心的市场规模在 320 亿元以上[3]。

图 7 - 1   2010~2016 年出生人口数量

资料来源：国家统计局。

图 7 - 2   2010~2016 年月子中心市场规模及增长率

资料来源：前瞻产业研究院：《"坐月子"坐出新商机   2022 年月子中心规模达 300 亿》，https：//www.
qianzhan. com/analyst/detail/220/170317 - 2eb52e ef. html，2017 - 03 - 17。

---

①前瞻产业研究院：《"坐月子"坐出新商机   2022 年月子中心规模达 300 亿》，https：//www. qianzhan. com/analyst/detail/
220/170317 - 2eb52eef. html，2017 - 03 - 17。

②搜狐母婴：《国家人大代表对于母婴护理行业发展大力扶持》，http：//www. sohu. com/a/123010527_ 444807，2016 - 12 -
30。

③前瞻产业研究院：《2017~2022 年中国月子中心行业市场需求与投资规划分析报告》。

2. 政策环境持续优化

母婴护理服务作为推动落实"二孩政策"、提高生育意愿和生育率的重要配套措施之一，国家、地方在给予政策鼓励支持的同时，也出台了一系列标准来引导和规范母婴护理市场，为母婴护理产业的健康发展营造良好的环境（见表7-1）。2013 年 9 月，国务院印发了《关于促进健康服务业发展的若干意见》，在主要任务中明确提出"规范发展母婴照料服务"，为母婴护理服务这种具有创新服务模式及满足人民群众多层次、多样化健康服务需求的新兴服务业态的发展指明了方向。2017 年的《政府工作报告》明确提出"适应实施全面二孩政策，加强生育医疗保健服务"。

表 7-1　　　　　　　　　　　　　　母婴护理相关政策、标准

发布时间	政策、标准名称	发布部门	重点内容
2007 年 7 月 30 日	《中国儿童发展纲要（2011 儿童发展纲要年)》	国务院	加强儿童保健服务和管理。推进儿童医疗保健科室标准化建设，开展新生儿保健、生长发育监测、营养与喂养指导、早期综合发展、心理行为发育评估与指导等服务
2007 年 10 月 16 日	DB37/T 721 - 2007《家政服务——母婴生活护理员服务质量规范》	山东省质量技术监督局	地方标准
2009 年 10 月 23 日	DB41/T 594 - 2009《产褥期母婴护理员等级规定及服务规范》	河南省质量技术监督局	地方标准
2010 年 3 月 16 日	DB37/T 1598.2 - 2010《家政培训服务规范第 2 部分：母婴生活护理》	山东省质量技术监督局	地方标准
2011 年 7 月 30 日	《中国妇女发展纲要（2011～2020 年)》	国务院	提高妇女生殖健康服务水平。针对妇女生理特点，大力普及生殖健康知识，提高妇女自我保健意识和能力。提供规范的青春期、育龄期、孕产期、更年期和老年期妇女生殖保健服务，有针对性地解决妇女特殊生理时期的健康问题
2012 年 7 月 3 日	DB13/T 1551 - 2012《母婴护理服务规范》	河北省质量技术监督局	地方标准
2013 年 4 月 16 日	SB/T 10984 - 2013《家庭母婴护理服务规范》	国家商务部	商业标准
2013 年 7 月 22 日	DB22/T 1844 - 2013《母婴护理服务质量规范》	吉林省质量技术监督局	地方标准
2013 年 8 月 1 日	DB61/T 921 - 2014《家政服务指南母婴护理》	陕西省质量技术监督局	地方标准
2013 年 9 月 9 日	DB21/T 2165 - 2013《家庭服务母婴护理服务规范》	辽宁省质量技术监督局	地方标准

续表

发布时间	政策、标准名称	发布部门	重点内容
2013 年 9 月 28 日	《关于促进健康服务业发展的若干意见》	国务院	加大政策支持力度，鼓励发展康复护理、老年护理、家庭护理等适应不同人群需要的护理服务，提高规范化服务水平
2014 年 9 月 01 日	DB36/T 793 – 2014《母婴生活护理员（月嫂）服务质量规范》	江西省质量技术监督局	地方标准
2014 年 12 月 28 日	DB14/T 1032 – 2014《家庭母婴护理服务规范》	山西省质量技术监督局	地方标准
2014 年 12 月 29 日	DB35/T 1473 – 2014《母婴护理服务规范》	福建省质量技术监督局	地方标准
2015 年 7 月 3 日	GB/T 31771 – 2015《家政服务 母婴生活护理服务质量规范》	国家质量监督检验检疫总局	国家标准
2015 年 8 月 17 日	DB43/T 1048 – 2015《母婴生活护理员等级评定》	湖南省质量技术监督局	地方标准
2015 年 11 月 4 日	《产后母婴康复机构指南》	中国妇幼保健协会	行业规范
2015 年 12 月 30 日	DB45/T 1275 – 2015《家庭服务母婴生活护理员（月嫂）服务质量要求与等级划分》	广西壮族自治区质量技术监督局	地方标准
2016 年 2 月 2 日	DB34/T 2606. 2 – 2016《家政培训服务规范第 2 部分：母婴生活护理》	安徽省质量技术监督局	地方标准
2016 年 2 月 16 日	DB23/T 1712 – 2015《母婴生活护理培训服务规范》	黑龙江省质量技术监督局	地方标准
2016 年 9 月 27 日	DB12/T 666 – 2016《母婴护理员服务质量规范》	天津市市场和质量监督管理委员会	地方标准
2016 年 10 月 25 日	《“健康中国 2030”规划纲要》	国务院	发展健康服务新业态，规范发展母婴照料服务
2017 年 1 月 11 日	DB61/T 1069 – 2017《家政服务指南产后母婴护理服务机构运营规范》	陕西省质量技术监督局	地方标准
2017 年 5 月 31 日	GB/T 33855 – 2017《母婴保健服务场所通用要求》	国家质量监督检验检疫总局	国家标准

资料来源：根据公开资料整理。

自 2007 年以来，国家和部分省份相继发布和实施了母婴护理相关标准和行业规范。2015 年

11 月 4 日，由中国妇幼保健协会委托、复旦大学附属妇产科医院牵头修订的《产后母婴康复机构指南》正式发布，对母婴护理机构从床位设置到产妇和新生儿护理细节皆给出详尽标准。2017 年 5 月 31 日，《母婴保健服务场所通用要求》（GB/T 33855 - 2017）正式发布，并于 2017年 9 月 1 日开始实施。该国家标准从经营管理、从业人员、环境及设施设备、服务内容、专业技术、文件和记录、检查与服务质量评价、不合格服务的处置和服务改进、争议和投诉等方面，针对我国母婴保健服务行业的特点在服务的安全、卫生、专业和舒适四个方面提出了要求。该国家标准的出台，有利于推动母婴保健服务组织经营、管理规范化，提高服务水平和质量，促进母婴保健服务行业健康可持续发展。

3. 服务内容逐步细化

《家庭母婴护理服务规范》（SB/T 10984 - 2013）中明确了母婴护理的服务内容，涵盖了产妇和新生儿专业护理、合理营养饮食、起居和卫生，协助产妇产后康复、指导产后心理护理等服务（见表 7 - 2）。目前，很多母婴护理机构在此标准之上，建立了更为系统、全面的母婴护理服务，包括咨询服务、婴儿游泳、小儿推拿、产后美容、产后足浴及熏蒸、亲子摄影、产后瑜伽等。

表 7 - 2　　　　　　　　　　　　　　　　　母婴护理服务内容

服务类型		服务内容
产妇护理	分娩的准备	了解普通助产士的知识，掌握临产的征兆 协助产妇家人做好临产前的各项准备 帮助产妇做好精神准备，了解分娩过程的知识，缓解产妇紧张的心理
	生活护理	营造产后良好的休养环境，做好室内通风，保持室内卫生 帮助产妇做好个人清洁卫生工作 根据产妇身体状况、乳汁分泌情况、个人喜好，制作营养均衡的月子餐
	技术护理	做好侧切或剖腹伤口护理工作 会观察恶露、处理恶露，会阴护理等 乳房护理 专业母乳喂养指导及协助 对产妇身体状况观察及调整
	产后恢复	指导和协助产妇产后恢复体形 根据产妇产后恢复情况，科学安排营养餐 对产妇进行心理沟通和疏导，预防产后抑郁症的发生
新生儿护理	育儿知识	掌握新生儿的生理特点和心理特征 能正确判断新生儿哭闹的原因 掌握新生儿常见病的知识，能识别新生儿正常与异常状况
	生活护理	能根据产妇与新生儿的实际情况，指导母乳喂养、人工喂养或混合喂养 掌握正确喂奶的姿势 掌握正确换尿布的技术 能熟练地为新生儿洗澡、脱穿衣服，洗涤与消毒衣物、奶瓶和日常用品

服务类型		服务内容
新生儿护理	技术护理	新生儿臀部与脐带日常护理，会处理尿布疹、肛门周围皮肤感染 能及时发现新生儿身体异常之处，并及时告知新生儿家庭成员 能及时发现新生儿常见的腹泻、呕吐、发热、惊厥等症状
	体能与智力训练	引导新生儿良好的生理习惯 为新生儿抚触、锻炼四肢协调能力 开发新生儿感知能力
	新生儿安全	能及时发现影响新生儿安全的因素 能有效预防窒息、跌伤、烫伤等伤害事故，并掌握相关急救知识 掌握新生儿必需的预防接种知识，提醒用户家属按时接种
咨询服务（产妇及家属）		育儿知识、产妇产后保健知识、母乳喂养、产后心理辅导、家属心理辅导、产后运动及塑形指导
延伸服务		婴儿游泳、小儿推拿、产后美容、产后足浴及熏蒸、亲子摄影、产后瑜伽等

资料来源：根据公开资料整理。

（二）产业发展存在的问题

1. 高层次专业人才严重匮乏

母婴护理服务对象主要是围产期妇女和新生儿。处于这一时期的女性和新生儿，发病率和死亡率较高。因此，这一时期的护理工作非常关键，除了需要母婴生活护理员具备丰富的学识、经验和技能，还应有良好的责任感和服务精神，能灵活处理各种复杂的健康问题，能适应错综复杂的环境，善于交流、观察、咨询等。接受过正规教育、有高学历的高层次专业人才更能符合母婴护理服务的从业要求。这些高层次专业人才不仅具有系统专业的护理知识，还具备营养学、心理学等知识，且年龄与产妇接近，更能为母婴提供专业护理、科学营养膳食、心理调节等全方位的服务，是目前市场的需求所在。但相关抽样调查显示，当前拥有专科学历的母婴生活护理员的比例不足1%。母婴护理服务从业人员大多由其他行业（如家政服务、保姆等）"转行"而来，这部分人群一般年龄较大、学历偏低，普遍存在文化水平低、业务水平不高、应变能力较差、协调能力欠缺等问题。高层次专业人才的匮乏严重制约了母婴护理产业的规范化健康发展。

2. 行业标准不够完善

尽管我国母婴护理产业已有了国家、地方和商业标准（见表7-1）。但各标准对母婴护理从业人员的称谓不一致，如母婴护理员、产褥期母婴护理员、母婴生活护理员等；服务等级不统一，有一、二、三、四、五星级和初、中、高级等；等级的划分标准也各不相同，还有部分地区并无等级划分。2015年7月3日，国家质量监督检验检疫总局发布GB/T 31771－2015《家政服务 母婴生活护理服务质量规范》，对母婴生活护理服务质量和家政服务机构划分进行了规范与界定，对不同级别护理服务的工作内容、护理技能及服务人员要求作出了明确的规定。标准将母婴生活护理服务分为六级，分别为一、二、三、四、五星级和金牌级，其中一星级为最低等级，金牌级为最高等级。不同等级母婴生活护理员应该具备的技能要求也较为详细。

同时，已出台的母婴护理服务相关规范和标准，覆盖面仍较有限。大多数规范和标准对母婴护理服务的质量提出了明确的要求，但对服务收费和从业人员培训等方面的关注较少，导致了母婴护理乱收费和从业人员素质、技能良莠不齐等问题。当前，母婴护理服务收费无标准参考，总体收费偏高，价格从几千元到十几万元不等，一些高端月子会所收费甚至达到天价的地步。母婴护理从业人员的培训也无统一标准，对培训机构和培训师资缺乏规范性要求，导致服务质量难以保证。

3. 社会监管严重不足

目前，母婴护理服务尚没有明确的监管主体，往往涉及工商部门监管营业登记、食药监部门监管餐饮、卫生部门监管卫生等数十个部门的多头管理，也没有形成管理体制和相匹配的法律法规，监管盲区难以避免。

当前，不少母婴护理机构并没有正规经营资质，采用"擦边球"式的发展模式。已注册登记的机构的经营范围为母婴护理、陪护、婴幼儿日用品销售等，而许多机构对外宣称的专业医护、"月子餐"、塑身美体、宝宝游泳等业务都不在经营许可范围内[①]。尽管相关政策法规规定了母婴护理从业人员需持证上岗，然而证书五花八门，有家政服务员、育婴师和母婴护理师等，其中由于母婴护理师尚不在国家职业资格认证目录中，颁发证书的部门以及证书等级多种多样，缺乏统一的标准，令消费者难以识别和鉴定。对母婴护理服务的监管不足给行业的规范发展、宏观管理带来困难，也让消费者的权益难以得到更有效的保障。

4. 服务机构形态和服务同质化严重

母婴护理有两类相对成熟的服务解决方案：一类是母婴生活护理员居家服务，另一类是月子会所服务。母婴生活护理员，俗称月嫂、月子保姆或月子员，是集保姆、护士、健康教育者、厨师、育婴员工作性质于一身的新型职业，标志着产业分工的精细化及社会需求的个性化。除了居家月嫂和私人月子会所两种基本形态以外，系统性、综合型和创新特色化的母婴护理服务机构较为少见。

从服务内容上看，目前母婴护理产业大多只覆盖到产后 30~42 天的母婴服务，提供的服务不够多元化，利润增长空间有限。同时，客户群体的服务周期过短，导致大量的资金用于客户开发和运营。母婴护理服务缺乏独特性，市场潜力和市场空间有待挖掘。母婴护理产业链横向上应该延伸覆盖至整个孕育期，包括备孕期、产前、产中、产褥期以及婴幼期等；纵向上在做好线下传统服务的基础上，应用互联网技术实现"线上 + 线下"模式，持续培育新的利润增长点，打造特色化服务，形成核心竞争力。母婴护理服务全产业链整体布局如图 7 – 3 所示。

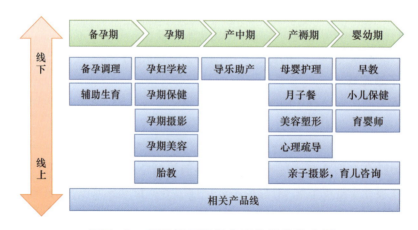

图 7 – 3　母婴护理服务全产业链整体布局

---

①刘菁：《"月子会所"到底该谁监管?》，《各界导报》，2014 年 3 月 25 日，第 001 版。

二、母婴护理产业人才需求分析

作为新兴产业，母婴护理发展前景广阔，对从业人员的要求越来越高，对高层次、高素质的专业人才需求不断增多。然而，目前母婴护理从业人员素质参差不齐，高层次专业人才严重缺乏。

（一）母婴护理机构发展情况

母婴护理机构以月子会所为主，也包括提供月嫂的家政机构。月子会所起源于20世纪80年代的台湾地区。在中国大陆，月子会所市场仍处于起步阶段。第一家月子会所于2005年在上海成立，到2010年增加了20家[①]。据不完全统计，目前全国已有母婴护理机构4000家[②]。70%以上的服务机构在北京、上海、广州、深圳等一线城市和省会城市，三线以下城市较为少见。随着城市化进程和行业的快速发展，正逐步由大城市向中小城市渗透。根据规模和档次，月子会所可分为以下三类：

第一类：高端月子会所。一般租用五星级酒店或者环境幽雅的独栋小楼，硬件设施齐全；具有现代化高品质公司的管理意识，完整的组织架构，聘用专业的医生、护士长、厨师等，注重员工的形象气质；营销和市场推广手段丰富，一般有明星代言；收费高，从数万元到几十万元不等。

第二类：早年从事家政服务行业转而成立的月子中心，从业经验丰富，在业内有一定的口碑；或是新入行的创业者，租用半层或一层星级公寓，品牌和经验都不占优势；其共同的特点是硬件环境较好，家族式管理方式，未形成高品位的软性服务氛围；护理人员多是自己培训的月嫂，有专人做饭，兼职医生定点查房；收费中档。

第三类：家庭式月子中心。采用作坊式经营，房间数量少；由保姆照顾产妇和婴儿，无专业技术人员；收费相对较低。

目前，我国还没有母婴护理服务龙头企业，区域性竞争明显。表7-3是我国部分知名月子会所情况。

表7-3　　　　　　　　　　　　　　部分知名月子会所

名称	成立时间	简介
馨月汇	2007年	融星级服务与专业护理为一体，拥有"母婴月子照护服务"资质，是中国妇幼保健协会常务理事单位
优艾贝	2011年	运营管理团队拥有多年的母婴月子会所服务经验，创立了产后母婴护理"CMSE质控体系"，是中国保健协会母婴家庭保健服务专业委员会会长单位，行业技术指导规范制修订单位，被纳入由中央党校及中国保健协会联合发布的《中国保健服务产业发展蓝皮书》母婴案例企业

[①] 李丹：《FW月子会所商业模式策划》，河北工业大学硕士学位论文，2013年。

[②] 余瀛波：《9月起全国4000家"月子中心"将实施统一标准》，http://news.cnwest.com/content/2017-08/27/content_15325624.htm，2017-08-27。

续表

名称	成立时间	简介
禧月阁	2010 年	具有孕产医疗背景的专业产后母婴护理机构，依托集团强大的医疗支持，拥有临床经验丰富的妇、产、儿、心理、营养、保健、幼教等学科专家及资深护理人员，妇产、儿科医生定期查房，专业护士组成的护理团队全天候护理母婴健康
巍阁	2006 年	母婴护理体系源于台湾，以台湾数十年的行业成功经验为依托，辅以台湾"坐月子"企业精英专家管理团队的研究成果，结合中国大陆专家的成功经验，十年多的护理实践，锻造出目前全球顶尖水准的母婴产后护理团队
仕馨	2009 年	主要服务项目有产妇月子专业护理、产后身体功能康复、科学月子膳食调养、产后美容塑形；新生儿护理、母乳喂养指导、婴儿 SPA、早教、育婴师培训指导；孕妇保胎休养、孕期保健咨询、流产小产疗养、营养评估指导等
喜喜母婴	2007 年	中国首家科学理论与传统月子文化精髓相结合的入住式爱护机构，涵盖月子餐、高端月嫂、无痛开奶、孕童摄影、产后修复等业务的完整产业链，提供个性化全方位的服务
知爱母婴	2011 年	拥有"母婴月子照护服务"资质，率先将国际医院管理标准（JCI 标准）引入母婴护理行业，配以专业齐全的产妇及新生儿护理设施及严格周全的卫生、安保措施。拥有完善的服务网络、专业化的流程管理体系和质量管理体系以及护士资质专业服务团队。在高端客户市场享有非常好的口碑，是母婴专护行业的领头人
贝瑞佳	2005 年	集产后修复、婴童摄影、住家月嫂等专业母婴服务为一体的多元化专业母婴服务机构，目前在中国境内投资及运营管理的专业月子会所接近 40 家，门店遍布上海、江苏、浙江、北京、天津、广东等沿海经济发达地区，是中国月子会所行业规模最大的领军企业之一
悦子阁	2013 年	上海唯一拥有母婴产后照顾六大证照的月子会所，由台湾高端产后护理中心创始团队领军，结合上海一流的医学资源、人才技术与硬件设备，以顶级 RESORT/度假酒店概念打造的精品月子会所
金月汇	2010 年	企业拥有资深医疗背景和知名的医护专家团队，入住会所的产妇及新生儿享有近似三甲医院的医护专业化护理及准四星酒店的居住环境。将民间传统月子照顾与西方现代医学护理有机结合，为产妇及新生儿提供高专业性、高安全性、高度信赖感的母婴尊贵护理服务
悦笙	2012 年	有着现代化管理理念及系统的台资企业，管理团队具有丰富的母婴护理机构运营经验，引进台湾母婴服务行业理念和特点，以 ISO9001 为基础、台湾护理服务水准为方针构建了一套标准化的管理模式

续表

名称	成立时间	简介
爱帝宫	2007 年	全国首家现代医学与传统精粹相结合的专业母婴健康管理机构，融入了现代医学、心理学、营养学等综合学科的知识，拥有产科儿科、中医、营养、精神、护理等方面的专家团队，使月子期得到更科学、更全面的指导和护理
喜之家	2008 年	专为产后女性和婴儿提供产后护理、产后康复、育儿辅导的专业健康服务机构，融星级服务与专业护理为一体，是江苏区域母婴行业的领军者，是母婴保健服务国家标准工作组委员之一。目前为中国高端母婴服务业的领先品牌，拥有成熟的市场模式，现已在南京、苏州等地建有多家会所。喜之家采用集团化管理模式，具有严格的管理体系、统一的服务标准、系统的质量控制

资料来源：根据公开资料整理。

（二）母婴护理从业人员现状

母婴护理行业的主要从业人员为母婴生活护理员，即"月嫂"。但目前我国母婴生活护理员文化程度普遍偏低，年龄偏大，大多不具备母婴护理专业知识；国家没有统一的职业资格证书和培训标准，从业资质缺乏标准，服务质量难以保证；母婴护理从业人员类型较单一，不能提供多样化的专业技术服务，并且由于公众对母婴护理行业的误解和偏见，较难吸引年轻群体从事本行业，导致目前母婴护理从业人员年龄结构失衡，人才后补力量严重不足。

1. 文化程度普遍偏低，素质参差不齐

母婴护理员多是由其他行业（如家政服务、保姆等）"转行"而来，由于市场供不应求，也有很多从业人员来源于下岗职工、农村务工人员，之前未从事过家政相关的服务工作。当前母婴护理从业人员一般是初中或高中学历，年龄较大的甚至连初中或小学学历都没有，普遍存在文化水平低、业务水平不高、应变能力较差、协调能力欠缺等问题。

2. 从业资质缺乏标准，服务质量难以保证

尽管国家及地方出台相关标准或规范要求母婴护理从业人员必须持证上岗，然而目前尚没有国家层面的统一职业资格证书，母婴护理员证书颁发机构鱼龙混杂，真假难辨。此外，对母婴护理员的培训没有统一、规范、明确的实施标准，没有建立完整的培训管理方案、统一的培训内容，对培训机构的资质及培训师资缺乏监督和规范，缺乏标准化的培训方式、考核及评价体系，部分从业人员只需培训几天甚至没有经过培训就可以拿到相应证书，护理服务质量难以保证。

同时，目前的母婴生活护理员培训机构通常都是职业培训机构，且良莠不齐，只有部分培训机构聘请妇产科和儿科的医护人员为培训师。中华妇幼健康促进行动联盟副主席梁云经调研后发现，"十二五"期间，我国母婴服务行业岗前培训人员约 280 万人，其中约 112 万人为企业自主

培训，整个行业持证上岗率不足20%[①]。对于母婴生活护理员这种医学相关职业来说，相当一部分培训机构并不具备相应的培训资质，培训内容多以简单的家政培训为主，鲜有实质上的母婴生活护理员培训项目，专业程度不高，不能满足职业需求。未经过系统培训的母婴护理员缺乏科学的护理观念，不仅影响医院产科护士的健康教育干预效果，还会带来护理安全隐患，如部分护理员仍坚持部分不科学的传统守旧的"坐月子"习惯，包括不科学的产妇卫生理念、卧室不通风透气、给新生儿挤乳头等[②]。

3. 人才类型过于单一，服务领域比较狭窄

目前，母婴护理服务的主要内容局限于母婴护理服务产业链中的产褥期的母婴生活护理，较少提供专业技术服务。在中高档月子会所里，母婴护理从业人员除了月嫂以外，还有专业护士、营养师、美容师、心理咨询师等，但这类从业人员占总体从业人员比例偏低。母婴护理人才类型单一，阻碍了母婴护理服务产业链的延伸。

4. 人才年龄结构失衡，人才后补力量不足

相关调查统计显示，参加母婴生活护理员培训的社会学员，年龄在30~40岁的占5.81%，在40~50岁的占45.35%，在50~60岁的占43.02%，在60岁以上的占5.81%[③]。由此可以看出，当前母婴护理服务从业人员多在40岁以上，年龄普遍偏大，日后继续从业的时间偏短。而受社会意识影响，很多人认为母婴护理服务就是家政服务，不了解其中具体的职业细分，因此绝大多数年轻人群体不愿意从事母婴护理行业。这将导致本来已供应不足的服务群体面临更加窘迫的境地。

（三）母婴护理产业人才需求分析

随着"全面二孩"政策的落地，我国母婴护理服务市场规模快速扩大，母婴护理人才需求数量不断增长，并且母婴护理人才的专业性、多样性更受关注。

1. 人才需求规模

最新调研显示，95%的人接受"坐月子"的习俗，并且有51%的人期望接受专业的产后护理，这一比例比2014年中国妇幼保健协会所调研的38%高出13个百分点。在韩国和中国台湾地区，目前有约70%的产妇入住专门的母婴护理机构"坐月子"。随着我国居民收入水平不断提高和健康意识不断增强，专业的母婴护理服务需求将逐渐上升，预计有近500万名母婴护理从业人员缺口。

2. 专业性要求

母婴护理的服务对象是围产期女性和新生儿，处于这一时期的女性和新生儿，生病率和死亡率较高，需要从业人员具备相应的医学知识和专业技能。不同等级母婴生活护理员所需要掌握的专业知识和技能如表7-4所示。

---

①新华网：《母婴健康服务迎来春天》，http://www.xinhuanet.com/gongyi/2016-04/12/c_128883971.htm，2016-04-12。
②王珊、许虹、张晶：《我国母婴护理员行业研究现状》，《齐鲁护理杂志》2016年第22卷第1期，第60-62页。
③彭媚、刘霞、苏丽嫒、刘晓颖、李小梅、欧明娥：《母婴护理师培训现状及对策分析》，《菏泽医学专科学校学报》2014年第26卷第4期，第72页、81页。

表 7 - 4　　　　　　　　　**不同等级母婴生活护理员所需要掌握的专业知识和技能**

级别	新生儿和婴儿生活护理	产妇生活护理	人员要求
一星级	一星级新生儿和婴儿生活护理服务应： ①为新生儿和婴儿换洗尿布、洗衣服、拆洗被褥及日常护理 ②能够对新生儿和婴儿喂养用具及日常用具、玩具进行消毒 ③掌握新生儿和婴儿母乳喂养、人工喂养（喂水）、混合喂养的方法 ④为新生儿和婴儿洗澡、抚触、测量体温、脐带护理 ⑤观察新生儿和婴儿大小便的变化 ⑥观察新生儿是否有黄疸、脐炎等的症状 ⑦做好相应记录	一星级产妇生活护理服务应： ①能够安排产妇的生活起居，为产妇洗涤衣物 ②根据产妇母乳分泌的情况制作月子餐 ③观察产妇母乳分泌的情况，正确指导产妇给新生儿和婴儿喂奶的方式方法 ④指导产妇做产后保健操，观察产妇恶露排出的情况 ⑤做好相应记录	提供一星级服务的母婴生活护理员应符合以下条件： ①需经过相应的培训并经考核合格 ②取得初级家政服务员资格证书或同等级的资格证书
二星级	在一星级新生儿和婴儿生活护理服务的基础上，二星级新生儿和婴儿生活护理服务还应： ①熟练地为新生儿和婴儿洗澡及抚触 ②根据新生儿和婴儿的喂养情况，按照每个年龄段喂养要求科学地进行喂养 ③对新生儿和婴儿的眼、耳、鼻进行日常清洁护理 ④在对新生儿和婴儿臀部、脐部进行日常护理和处理大小便时观察异常情况；并观察新生儿是否有黄疸、脐炎等症状	在一星级产妇生活护理服务的基础上，二星级产妇生活护理服务还应： ①了解哺乳期产妇的身体状况，观察产妇体温、身体状况、精神状况，如发现异常，及时建议其就医，并指导产妇与新生儿或婴儿隔离 ②根据产妇乳汁分泌情况及身体状况给予饮食指导，制作月子汤、餐 ③按医务人员要求指导产妇保持会阴清洁	提供二星级服务的母婴生活护理员应符合以下条件： ①需要在从事过一星级母婴生活护理服务的基础上经过相应的培训并经考核合格 ②取得初级家政服务员资格证书或同等级的相关资格证书，具备 6 个月以上的母婴生活护理服务工作经历，及同等级的资格证书 ③累计 6 个月客户满意无投诉

级别	新生儿和婴儿生活护理	产妇生活护理	人员要求
三星级	在二星级新生儿和婴儿生活护理服务的基础上，三星级新生儿和婴儿生活护理服务还应： ①对新生儿和婴儿眼、耳、鼻进行日常清洁护理，并能辨别异常情况 ②根据婴儿体重、身高增长的情况，指导产妇正确掌握喂养的方法和技巧 ③指导产妇为婴儿做被动操 ④对新生儿和婴儿常见的尿布疹、肛门周围感染进行简单的处理 ⑤能分辨新生儿和婴儿因喂养不当、缺钙或环境及温湿度等影响睡眠质量的原因 ⑥能对新生儿和婴儿生理性啼哭、病理性啼哭进行分辨 ⑦视情况对新生儿和婴儿进行早期教育	在二星级产妇生活护理服务的基础上，三星级产妇生活护理服务还应： ①对侧切和剖腹产的产妇及时提醒并指导帮助其下地活动 ②提供营养食谱，并制作月子餐 ③对有产后抑郁症的产妇进行心理疏导，积极引导产妇保持心情舒畅	提供三星级服务的母婴生活护理员应符合以下条件： ①需要在从事过二星级母婴生活护理服务的基础上经过相应的培训并经考核合格 ②取得中级家政服务员、中级育婴师资格证书，或同等级的相关资格证书，具备12个月以上的母婴生活护理服务工作经历 ③无相应职业资格证书的，需具备18个月以上的母婴生活护理服务工作经历 ④累计12个月或18个月客户满意无投诉
四星级	在三星级新生儿和婴儿生活护理服务的基础上，四星级新生儿和婴儿生活护理服务还应： ①熟练地为婴儿做被动操 ②在对新生儿和婴儿进行日常护理时，与新生儿和婴儿进行眼神和语言的交流 ③为新生儿和婴儿创造良好的睡眠环境 ④正确分辨新生儿和婴儿啼哭的原因，及时满足新生儿和婴儿的需求 ⑤关注新生儿和婴儿的体温、呼吸、心率的数值，如发现异常，及时告知家长，并在就医后按照医生的要求对新生儿和婴儿进行护理	在三星级产妇生活护理服务的基础上，四星级产妇生活护理服务还应： ①细致观察产妇体力恢复情况和心理变化情况 ②指导产妇做形体恢复操 ③为贫血的产妇提供营养食谱，并制作营养月子餐 ④对乳汁分泌不足的产妇，进行饮食指导和心理疏导，向产妇讲授母乳喂养的好处，指导产妇掌握正确的哺乳方法，并进行适当的乳房护理，促进乳汁分泌	提供四星级服务的母婴生活护理员应符合以下条件： ①需要在从事过三星级母婴生活护理服务的基础上经过相应的培训并经考核合格 ②取得中级家政服务员资格证书、中级育婴师资格证书，或同等级的相关资格证书，具备18个月以上的母婴生活护理服务工作经历 ③无相应职业资格证书的，需具备30个月以上的母婴生活护理服务工作经历 ④累计18个月或30个月客户满意无投诉

续表

级别	新生儿和婴儿生活护理	产妇生活护理	人员要求
五星级	在四星级新生儿和婴儿生活护理服务的基础上，五星级新生儿和婴儿生活护理服务还应： ①通过感官正确判断新生儿和婴儿的大小便异常、体温异常、呼吸异常、心率异常，及时提醒家长并陪同新生儿和婴儿就医 ②根据新生儿和婴儿的生长发育（身高、体重）的指标提供科学的喂养方法 ③熟悉新生儿和婴儿的预防接种顺序、注意事项及接种禁忌 ④按医嘱提醒产妇为新生儿和婴儿及时补充相应的维生素 D ⑤观察新生儿和婴儿是否出现常见疾病的发病症状，采取措施进行预防和护理 ⑥当遇到意外伤害时，及时采取求助措施，通知新生儿和婴儿监护人及服务机构，并由服务机构备案 ⑦根据需要对新生儿和婴儿进行五项行为训练	在四星级产妇生活护理服务的基础上，五星级产妇生活护理服务还应： ①为产妇营造舒适的生活环境，指导产妇做好个人卫生 ②熟练掌握月子餐的制作技巧，科学做好产妇的饮食护理，均衡营养 ③具备较强的语言沟通能力，将相关的护理知识、早期智力开发等的方法传授给新生儿和婴儿父母 ④给予产妇良好的心理调适，并根据产妇身体特征给予科学的保健指导	提供五星级服务的母婴生活护理员应符合以下条件： ①需要在从事过四星级母婴生活护理服务的基础上经过相应的培训并经考核合格 ②取得高级家政服务员证书、高级育婴师资格证书，或同等级的相关资格证书，具备 30 个月以上的母婴生活护理服务工作经历 ③无相应职业资格证书的，需具备 54 个月以上的母婴生活护理服务工作经历 ④累计 30 个月或 54 个月客户满意无投诉
金牌级	在五星级新生儿和婴儿生活护理服务的基础上，金牌级新生儿和婴儿生活护理服务还应： ①合理安排膳食，能够有规律地让婴儿每天按照适当的比例摄取生长发育所需要的各种营养素 ②根据新生儿和婴儿生长发育的特点，对新生儿和婴儿进行生活照料及生活保健，引导并对新生儿和婴儿进行五项行为训练 ③熟练为新生儿和婴儿口腔、皮肤、眼、耳、鼻以及脐带等部位进行护理 ④及时发现新生儿和婴儿是否有发病症状，采取措施进行预防和护理，并及时建议就诊 ⑤准确掌握新生儿和婴儿意外伤害的紧急处理常识和方法	在五星级产妇生活护理服务的基础上，金牌级产妇生活护理服务还应： ①科学合理地为产妇安排膳食，保证产妇所需要的各种营养素 ②对产妇进行心理疏导，积极引导产妇保持心情舒畅 ③指导产妇做形体恢复操 ④向产妇传授早期教育的理念及如何对新生儿和婴儿进行早期教育的方法 ⑤能较全面地指导产妇进行个人卫生及对身体异常情况的感知 ⑥进行对体温、呼吸、脉搏等的观察；熟悉对恶露的观察和处理 ⑦熟悉产后常见病的症状及预防 ⑧对乳房实施哺乳前后的护理 ⑨正确指导产妇调理生活起居和身心调适	提供金牌级服务的母婴生活护理员应符合以下条件： ①需要在从事过五星级母婴生活护理服务的基础上经过相应的培训并经考核合格 ②取得高级家政服务员、高级育婴师、中级营养配餐员资格证书，或同等级的相关资格证书，具备 48 个月以上的母婴生活护理服务工作经历 ③无相应职业资格证书的，具备 72 个月以上的母婴生活护理服务工作经历

资料来源：GB/T 31771－2015《家政服务　母婴生活护理服务质量规范》。

从综合素质要求看，母婴护理服务对象的特殊性以及服务内容的专业性和多样性，要求从业人员应当接受过正规的学历教育，并具有较高的综合素质。

从技能培训要求看，从业人员应当在具备资质的培训机构，接受由合格的师资开展的正规专业培训，通过正规考核获得相关资格认证，并经过一定的实习期后才可以正式从业。

从知识结构要求看，从业人员除了需要掌握母婴护理的专业知识以外，还应掌握孕婴童的心理学特点、营养学、运动保健知识以及家庭纠纷调解技巧等。

从人才层次需求看，目前母婴护理服务行业急需掌握前沿理论知识和实践技能的高素质专业人才。

3. 多样性要求

在社会分工更加细化和产业链布局更加全面的时代背景下，母婴服务产业链上的不同细分领域对应着众多岗位，其服务内容和侧重点不同，对人才的要求也各不相同。根据产业链，可以将母婴护理行业需求人才分为三大类，分别对应产前、产中和产后三个时期，如表7－5所示。

表7－5   母婴护理行业需求人才类型

产业链分段	对应专业岗位
产前	孕前保健指导、孕期保健指导、美容健身指导、营养师
产中	导乐助产士
产后	母婴护理员、育婴师、营养师、心理导师、美容健身指导、康复师、育儿咨询导师、睡眠导师、早期教育老师

三、我国母婴护理专业职业教育分析

目前，我国的母婴护理专业职业教育体系较为薄弱，人才培养难以满足产业发展需求。母婴护理工作大多由经过短期培训的人员开展，较少有受过专业教育的助产士或者护理人员。

（一）学历教育

我国尚未设置母婴护理专业，与之相关的专业主要有护理专业、助产专业。

1. 学历层次和专业设置

初步统计，2017年全国开设护理相关专业的各类高等院校共有992所（见表7－6）。其中，开设研究生层次护理学专业的院校有66所；开设护理学专业的本科院校共有257所，开设数量最多的省份是湖北（21所），其次是江苏和浙江（各17所），总毕业生规模达到4.2万~4.4万人；开设护理专业的高职院校共有427所，开设数量最多的省份是河南（36所），其次是河北（32所），山东和湖北各有31所，总毕业生规模达到10万人以上。

表7－6   母婴护理相关专业全国开设情况

学历层次	专业	专业代码	开设学校数目（所）	毕业生规模
研究生	护理学	100209	66	—

续表

学历层次	专业	专业代码	开设学校数目（所）	毕业生规模
本科	护理学类	101100	16	—
	护理学	101101	257	42000 ~ 44000 人
大专	护理类	620200	29	—
	护理	620201	427	10 万人以上
	助产	620202	197	10 万人以上
中专	护理	100100	—	—
	助产	100200	—	—

资料来源：根据公开资料整理。

目前，我国尚未正式设置本科层次的助产专业，只开展了助产全日制本科招生培养试点工作，部分本科院校的护理学专业开设了助产方向。全国开设助产专业的高职院校共有 197 所，其中河南有 19 所，山东有 15 所，总毕业生规模达到 10 万人以上。高职院校的护理和助产专业一般没有开设母婴护理方向。中职层次的护理和助产专业多开设母婴护理专业方向，如湖南护理学校、临沧卫生学校和潮州卫生学校等。

总体看，我国护理和助产人才的学历层次偏低，以大、中专教育为主，且多没有开设母婴护理专业方向。

2. 课程体系和人才培养

目前，大部分院校护理、助产专业毕业生主要在各级医疗卫生、计划生育和社区卫生服务机构从事临床护理工作。因此，课程设置和人才培养更侧重于临床护理，如表 7 - 7 所示。

表 7 - 7　　　　　　　　部分院校护理和助产专业主干课程和就业方向一览表

层次	院校	专业	主干课程	就业方向
高职院校	河南医学高等专科学校	护理	护理应用解剖学、正常人体功能、病原生物与免疫学、病理学与病理生理学、护理药理、护理学基础、内科护理、外科护理、妇产科护理、儿科护理、急危重症护理、社区护理、康复护理、老年护理等	各级各类卫生医疗单位从事临床护理、康复护理、社区护理、家庭护理等工作；在健康管理机构从事健康管理工作；在医药保健、防疫、医学院校等机构从事相关工作
		助产	护理应用解剖学、正常人体功能、病理学与病理生理学、护理药理学、健康评估、护理学基础、内科护理学、外科护理学、妇产科护理学、高级助产学、妇婴保健学、儿科护理学	各级医疗机构及综合性医院妇产科、妇产科医院、妇幼保健院、社区卫生服务中心、月子护理中心、计划生育机构等

层次	院校	专业	主干课程	就业方向
高职院校	天津医学高等专科学校	护理	护理心理学、社会学、成人护理学、护理基础、母婴护理、老年护理、中医护理学、急救护理等25门必修课程	在各级医疗卫生机构及老年公寓、社区服务站、家庭等从事护理工作
		助产	基础护理学、妇科学、产科学、儿科学、内科学、预防医学等23门必修课程	各级医疗卫生机构从事助产工作、护理工作、妇幼保健教育
	运城护理职业学院	护理	护理学导论、基础护理技术、内科护理学、外科护理学、妇产科护理学、儿科护理学、急重症护理学、五官科护理学、中医护理学、护理礼仪、护理心理学、护理人际沟通、护理管理学、营养学、康复护理学、精神护理学、老年护理学、社区护理学等	在各级各类医疗卫生机构和社区卫生服务机构（包括老人院、社会福利院）从事临床护理、康复护理、老年护理、卫生保健、健康教育等工作
		助产	高级助产学、护理学基础、内科护理学（健评＋内护）、外科护理、妇科护理、儿科护理、急救护理、母婴保健、护理伦理、心理护理、护理礼仪、社区护理、优生优育等	在各级医院的妇产科、妇幼保健机构、计生服务站及社区卫生服务中心等工作
	山东医学高等专科学校	护理	人体解剖学、组织胚胎学、生理学、生物化学、微生物学、免疫学、病理学、药理学、诊断学、预防医学、护理学基础、内科护理学、外科护理学、妇产科护理学、儿科护理学、五官科护理学、传染病护理学、皮肤病护理学、护理科研与管理等	学生可面向各级医疗卫生机构从事临床护理、社区护理、涉外护理、护理管理等工作
		助产	生物化学、护理心理学、人体解剖学、组织胚胎学、生理学、医学遗传学基础、病原生物与免疫学、病理学、药理学、健康评估、人际沟通、人口概论、护理学基础、社区保健、内科护理学、妇产科护理学、计划生育管理、优生优育、外科护理学、儿科护理学、妇幼保健等	学生可面向各级各类医疗卫生机构如综合医院、妇幼保健院、计划生育指导站、各类诊所、健康指导中心、社区等从事助产和母婴保健等工作

层次	院校	专业	主干课程	就业方向
高职院校	长沙卫生职业学院	护理	人体解剖与组织胚胎学、生理学、药理学、病理学、生物化学、病原生物与免疫学、护理学导论、健康评估、护理药理学、内科护理学、外科护理学、妇产科护理学、儿科护理学、五官科护理学、传染病护理学、基础护理技术、急救护理技术、中医护理基础、护理心理学、护理礼仪、护理沟通、卫生法律法规、临床营养学、计算机应用基础、护理科研设计、护理新进展等	能在各级医疗、预防、保健机构和社区卫生服务中心从事临床护理、社区护理、老年护理、ICU 护理等工作，也可出国留学深造或在境外医疗机构就业
		助产	人体解剖与组织胚胎学、生理学、生物化学、病原生物与免疫学、病理学、预防医学、护理学导论、基础护理学、护理药理学、健康评估、内科护理学、外科护理学、助产学、妇科护理学、儿科护理学、传染病护理学、急救护理学、社区护理学、护理管理学、护理心理学、护理礼仪、计算机应用基础、医护文献检索等	在各级医疗、预防、保健机构和社区卫生服务中心从事助产、护理、母婴保健等工作
	湘潭医卫职业技术学院	护理	人体解剖学、生理学、病原学、病理学、护理药理学、护理学导论、基础护理技术、健康评估、内科护理、外科护理、妇产科护理、儿科护理、五官科护理、中医护理、传染病护理、社区护理、老年护理、精神病护理、急救护理技术、康复护理技术、人文素养、护理管理学、护理心理学、护理伦理学、护理沟通与礼仪、卫生法律法规等	各级各类医院、社区卫生服务中心、老年养护中心及其他医疗服务机构的临床护理、社区护理、老年护理、母婴护理及预防保健等岗位
		助产	人体解剖学、生理学、病原学、病理学、护理药理学、护理学导论、基础护理技术、健康评估、内科护理、外科护理、妇科护理、产科护理、儿科护理、新生儿护理、传染病护理、社区护理、急救护理技术、人文素养、护理管理学、护理心理学、护理伦理学、护理沟通与礼仪、卫生法律法规等	各级各类医院、社区卫生服务中心及其他医疗服务机构的助产及母婴护理、计划生育、临床护理、社区护理及预防保健等岗位

层次	院校	专业	主干课程	就业方向
高职院校	甘肃卫生职业学院	护理	护理学基础、健康评估、护理礼仪、护理文秘、社区护理、内科护理、外科护理、妇产科护理、儿科护理、急危重症护理、康复护理、护理伦理、护理专业技术实训等	到各级各类医院、急救中心、康复疗养中心、社区医疗服务中心从事临床护理、康复护理和社区护理工作
		助产	病理学基础、生物化学、健康评估、护理学基础、妇科护理、外科护理、内科护理、儿科护理、产科学、优生优育、母婴保健、预防医学、临床营养学等	到各级医院、急救中心、康复疗养中心、社区医疗服务中心从事护理工作，还可在各级医院的妇产科、妇幼保健站、计划生育服务站等妇幼保健机构从事临床助产、母婴保健等工作
中职学校	朝阳市卫生学校	护理	医用化学、解剖及组胚、生理学、药理学、护理学基础、医院护理管理学、医护心理学、内科护理学、外科护理学、妇科护理学、儿科护理学、营养学等	—
		助产	护理学、产科学、妇科学、英语、计算机基础、正常人体基础、病原生物学及免疫学基础、病理学基础、护理概念、药物学基础、护理技术、疾病概要、产科学、临床护理、妇婴保健	—
	广东省东莞卫生学校	护理	护理概论、基础护理、临床护理、社区护理、健康评估、中医学基础、临床学概论、预防、心理、职业道德、法律与卫生法规、专业礼仪学、沟通技术、正常人体学基础、病原生物学与免疫学基础等医学基础通识性课程，英语、计算机应用基础等文化基础课程	各级医院、老年护理院、妇幼保健院、社区卫生服务机构、民营医疗机构等医疗保健机构
		助产	护理概论、基础护理、临床护理、社区护理、妇科学、产科学、健康评估、中医学基础、临床学概论、预防、心理、职业道德、法律与卫生法规、专业礼仪学、沟通技术、正常人体学基础、病原生物学与免疫学基础等医学基础通识性课程，英语、计算机应用基础等文化基础课程	主要面向各级医疗机构和社区卫生服务中心、计划生育机构、家庭保健工作等。从事临床助产、妇产科护理及母婴保健工作，也可从事临床护理、社区护理等工作

续表

层次	院校	专业	主干课程	就业方向
中职学校	西安市卫生学校	护理	人体解剖生理学基础，免疫学及病原生物学基础，药物学基础，基础护理学，内科、外科、妇科、儿科护理学，预防医学基础，医学伦理学基础，护理心理学基础；基础护理操作实习，内科、外科、妇科、儿科等整体护理实习和技术操作实习，急诊室、手术室实习，社区预防保健实习，毕业综合实习	主要面向各级各类医院、疗养院、社区卫生院（所）、企事业单位医务室、保健部门，从事护理、保健护理工作
		助产	人体解剖生理学基础，微生物及病原学基础，遗传学基础，药物学基础，疾病概要，基础护理学，内科、外科、妇科、产科、儿科护理，妇婴保健；基础护理实习、妇产科基本技术实习、临床整体护理实习、妇幼保健实习、毕业综合实习	主要面向城镇社区医疗机构、农村各级医疗机构、妇幼保健机构，从事临床助产、妇产科护理或妇幼保健工作
	重庆卫生学校	护理	解剖学基础、生理学基础、病理学基础、病原生物与免疫学基础、药物应用护理、护理学基础、健康评估、护理礼仪、人际沟通、内科护理、外科护理、妇产科护理、儿科护理、心理与精神护理、护理专业技术实训、急救护理技术、社区护理、老年护理、重症监护技术	各级医疗、预防、保健机构和社区卫生服务中心从事护理、保健护理工作
		助产	解剖学基础、生理学基础、遗传与优生学基础、病原生物与免疫学基础、病理学基础、药物应用护理、护理礼仪、人际沟通、护理学基础、健康评估、心理与精神护理、产科学及护理、内科护理、外科护理、妇科护理、儿科护理、母婴保健、急救护理技术	各级医疗、预防、保健机构和社区卫生服务中心从事助产、护理、母婴保健等工作

资料来源：根据公开资料整理。

相对于护理专业，助产专业发展较为滞后，仍然依托于护理专业，没有形成自己的专业体系。助产士培养和护理专业区别不大，课程设置与护理专业较为相似，并且各个学校缺乏系统性、特色化的助产人才培养模式、课程体系。

随着社会的发展与进步，医学也在飞速发展。护理学的发展已经由以往单纯的疾病护理转变为以人类健康为中心的护理服务，如健康教育、健康指导、家庭护理、康复指导、患者及健康人的营养指导、妇幼及老年人保健和心理咨询等①。目前，护理和助产专业的课程设置和人才培养，尽管具有相当高的医学知识和技能，然而，由于偏向于临床护理，因此不能满足护理服务包括母婴护理所需的知识和技能培养，例如产妇的膳食管理、心理疏导和新生儿照料等。

护理专业和助产专业的毕业生就业方向大多为各级各类医疗保健机构。随着护士职业资格考试的改革，护士资格考试的通过率逐年下降，2016 年的通过率仅为 44.5%，2017 年的通过率降至 30%②。护士资格考试的低通过率使得护理、助产专业的毕业生更难进入医疗卫生机构从事护理工作，造成就业难和毕业生流失的问题。护理专业毕业生的流失无疑加剧了本已短缺的护理人才的紧缺程度。

当前，我国母婴护理专业人才更为紧缺。为了满足市场需求，提高护理类专业学生就业率和对口率，开设护理类专业的院校应积极开设母婴护理方向，通过培养专门的母婴护理人才、与企业结伴发展以及开展社会培训班等方式参与到母婴护理这一新兴的、高需求的行业中，既可以提高我国母婴护理人才的数量和质量，又可以拓宽护理类专业学生的就业渠道。

（二）社会培训

目前，我国大部分母婴护理从业人员都是通过短期培训后上岗的。为了顺应市场需求，全国各地涌现了大量的母婴护理员培训机构，但由于没有明确的准入制度、统一规范的管理方式、标准化的培训方式和内容以及考核与评价体系，导致准入门槛偏低、培训方式各异、培训内容不一及师资条件良莠不齐等问题，严重制约了母婴护理队伍的发展壮大。

1. 准入制度

母婴护理员培训机构和学员招收的准入门槛过低。在《中华人民共和国民办教育促进法》第二次修订之前，经营性民办培训机构只需在工商行政部门登记注册，无须取得设立民办学校所需的办学许可证。而在登记注册时，2014 年实施的新《公司法》简化公司登记流程，鼓励市场自治，对公司经营注册范围要求并不严格，经营性民办培训机构不需要提供任何许可证。

同时，国家和地方出台的母婴护理培训机构规范和标准很少，目前只有安徽、山东和黑龙江出台了母婴护理培训规范。其中，安徽省质量技术监督局发布的 DB34/T 2606.2 - 2016《家政培训服务规范第 2 部分：母婴生活护理》（2016 年 2 月 2 日实施）对母婴护理培训机构的基本要求为"1. 依法设立的母婴生活护理培训服务机构；2. 具有与培训目标、培训规模相适应的专兼职教师和专职管理人员；3. 具有满足母婴生活护理培训理论学习的教师及技能操作实习间，并配备相关的教学用具和设施、设备"。可见，本规范对母婴护理培训机构的基本要求较为含糊，缺乏细节规定。几近于无的准入门槛和规范标准的空缺导致母婴护理员培训机构鱼龙混杂，培训质量难以保证。此外，对学员的招收也没有设置文化程度、年龄、从业经验等门槛，大部分学员不具备从事母婴护理行业的知识和专业能力基础，不能满足专业培训的需求。

2. 培训师资

大部分培训机构的师资人员均自行招募，很少会聘请具有医学相关专业背景的医护人员进行授课，也并无相关机构评估培训人员的资质，不利于从业者了解和掌握科学的母婴护理知识，无

---

①刘迎：《高职院校护理专业开展母婴护理方向的可行性探析》，《中国伤残医学》2013 年第 21 卷第 8 期，第 418 页。
②搜狐教育：《2017 年护士资格考试，今年的通过率又会如何》，http：//www.sohu.com/a/129418685_ 642852，2017 - 03 - 21。

法使从业者应对实际工作中面临的种种复杂情况①。《家政培训服务规范第2部分：母婴生活护理》中对培训教师资质要求为"1. 具有相关职业高级以上职业资格证书或中级以上专业技术职称，并有相关从业经验和教学经验，并符合 GB/T 20647.8 的要求；2. 应遵纪守法，爱岗敬业，具备良好的职业素养，掌握本机构规章制度和业务流程，有一定的教学经验和协调能力，尊重学员"。本规范对母婴护理培训师资要求较低，并未要求培训师资具有医学相关专业背景。

3. 培训内容和培训方式

培训机构的培训项目、内容单一且不专业，或重理论而轻技能，缺乏操作实践；或重技能而轻理论，医学护理知识不扎实。部分机构未开展产妇营养膳食、心理疏导及相关法律法规的学习，甚至有一些培训机构只做简单的家政培训。已发布的母婴护理培训规范地方标准虽然对培训内容有所规定（见表7-8），但只列出内容大纲且不同标准之间不统一，对培训学时、理论课学时和实践课学时以及实践方式都缺乏统一的规定。由此导致母婴护理员仅培训几天就立即上岗、老手带新手甚至交钱拿证的情况不在少数。从业人员的在岗继续教育更是缺乏。

表7-8　　　　　　　　　　　　　　　母婴护理培训内容大纲

《家政培训服务规范第2部分：母婴生活护理》	《宁波市母婴护理员职业培训标准》②
相关法律规章	
职业道德	职业道德
礼仪规范	相关法律法规知识
基础知识	基本人文素养
女性生理特点、产褥期饮食护理、产褥期疾病护理、产褥期身心护理、新生儿护理、产后哺乳和婴儿喂养、安全与卫生知识	"坐月子"文化风俗
	孕产妇照护
	产前生活照料、产前技术护理、产褥期生活照料、产褥期技术护理
技能要求	
新生儿护理	新生儿照护
生活护理：科学喂养、洗澡、拍嗝、换洗尿布和衣物、穿脱衣服、喂养用具消毒、拆洗被褥及日常护理	生活照料：睡眠和活动照料、排便照料、清洁卫生、安全照护
专业护理：五官、臀部、脐部护理，生理与病理现象的观察区分，潜能开发训练，意外伤害防范及紧急处理	技术护理：常见症状护理、新生儿抚触、新生儿预防接种、新生儿早教、生长监测
产妇护理	
生活护理：乳房护理、营养配餐、清洗和消毒衣物	母婴营养与喂养
专业护理：恶露观察、产妇月子病预防、产后形体恢复指导、产后心理指导	孕产妇营养、新生儿喂养

四、部分发达国家母婴护理专业职业教育分析

在一些发达国家，母婴护理工作一般由助产士开展。国际助产士联盟将"助产士"定义为

---

① 戴李、冯兰：《浅析母婴护理师培训现存问题及应对策略》，《中国培训》2016 年第317 期，第254－255 页。
② 俞铮铮、金辛美、寿佩勤：《宁波市母婴护理员职业培训体系的构建》，《宁波职业技术学院学报》2017 年第21 卷第3 期，第80－83 页。

一个可信赖的专业人士，通过与孕妇建立伙伴关系，提供妇女整个孕期、产时和产后必要的支持、护理和咨询；在其职责范围内进行助产接生、提供新生儿照护，为孕产妇提供全程连续性服务。发达国家的助产士拥有完全独立的管理体系和完善的助产教育制度，享有与医生同等的自主权和专业地位。下文通过梳理和分析美国、英国和瑞典的助产士教育，以期为我国助产相关专业建设以及母婴护理人才培养提供借鉴与参考。

（一）美国助产士教育与服务体系

美国的助产士是与医生合作，他们与妇产科医生具有同等地位。目前，美国的助产士主要分为注册护士助产士（Certified Nurse – Midwives，CNM）、注册助产士（Certified Midwife，CM）、注册专业助产士（Certified Professional – Midwives，CPM）三种，分别具有不同的认证方案、培养要求和实践范围[①]。

注册护士助产士（CNM）：已经完成美国助产认证委员会（American Midwifery Certification Board，AMCB）认可的护士助产教育项目的注册护士，并且通过国家认证考试的高级护士，要求具有研究生学历。CNM 要求在认证注册之前具有学士学位，且已注册护士；若有学位没有注册，可在学习之前取得，也有部分机构允许在接受研究生教育前取得执业资格；若已注册没有学位，可在学习之前提供桥梁课程方案。必须满足基础助产士教育的核心胜任力临床技能要求，在 AMCB 认证的 CNM 或 CM，或者高级实践护士的监督下实施，要求具备的临床技能包括初级保健的管理，包括妇女整个生命周期，生殖保健、怀孕和生育、新生儿护理、男性伴侣的性传播感染管理。CNM 可在美国全境执业，具有处方权。每 5 年重新注册 1 次。

注册助产士（CM）：指在护理领域和助产领域均接受过相关培训，要求具备学士学位即可参加助产士教育项目，由 AMCB 认证。完成项目后授予硕士以上学位。必须满足基础助产士教育的核心胜任力临床技能要求，在 AMCB 认证的 CNM 或 CM，或者高级实践护士的监督下实施，要求的临床技能包括初级保健的管理，包括妇女整个生命周期，生殖保健、怀孕和生育、新生儿护理、男性伴侣的性传播感染管理。CM 在纽约、罗德岛有执业许可，在特拉华和密苏里可以获得授权，只在纽约有处方权。每 5 年重新注册 1 次。

注册专业助产士（CPM）：指仅接受过助产培训，其身份并不是护士，也不需要护士执业资格证书，由北美助产士登记处（North American Registry of Midwives，NARM）进行资格认证。CPM 对认证者没有学历要求。对于没有学位或者文凭的申请者可以通过项目组合评价路径，参加一项由一位经过国家或者州认证的、具有 3 年职业经历和 50 例以上院外接生经验的助产指导老师进行指导的学徒计划；对于已经取得国立或者私人的高中文凭的申请者，则可以通过正式教育途径进修由 AMCB 认可的助产学教育课程。CPM 需要掌握符合北美助产士联盟规定的核心胜任力，临床教学必须由国家认证的助产士指导，临床技能包括孕妇和新生儿的围产期管理。CPM 可以独立提供对家庭、生育中心的孕妇，分娩后的孕妇的照护，没有处方权。每 3 年重新注册 1 次。

（二）英国助产士教育与服务体系

目前，英国助产士教育以本科为起点，助产士均需接受大学专业的助产教育，获得学士及以

①刘晓黎、何国平、陈文俊、王春燕：《国外助产专业人才培养的现状及启示》，《中华护理教育》2016 年第 13 卷第 11 期，第 873 – 877 页。

上学位，通过护理助产理事会（Nursing Midwifery Council，NMC）认证方可成为合格的助产士。英国约有60所院校开办助产专业教育，有2种培养方案：第1种是156周的助产士课程学习，取得本科学位后，在NMC注册成为助产士；第2种是具有护士执业资格的人员，学习78周的助产课程，注册成为助产士，同时还可取得助产硕士学位。助产专业课程包括理论课程（50%）、实践课程（40%）及个人调整（10%）。实践内容有紧急护理，分娩前、分娩时、分娩后及与岗位服务相关内容。学生需先进行模型练习，然后进行临床实习，最后才能为孕产妇提供服务。完成专业课程学习后，通过NMC的能力评估及技术监督指导签字认证后，才能注册成为助产士。助产士注册后享有基本的检查和处方权，负责常规的孕期随访、常规检查和正常产接生管理。

NMC规定每3年进行一次继续注册，要求申请人在过去3年的时间里完成从事护士、助产士或公共卫生专业护士的职业时间至少为450小时，或者在过去3年里重新完成继续教育课程，需提供有效的实践记录表格，缴纳继续注册费用。继续教育任务主要由医院和与医院合作的助产学院提供。学习的内容以新知识、新技术为目标。助产士根据医院的要求和个人发展需求选择相应的课程，每年向指定的助产士管理人提交学习申请，达到规定的学分才能进行下一年度的注册。当NMC承认接收的全部实践记录表格有效，且申请人身体和品格良好后，才能继续注册。

在英国，助产士有明确而宽泛的职能范围，包括：①提供妇女怀孕、产时及产后期必要的监测、照顾及建议；②接生及照顾新生儿及婴儿；③助产士不仅要照顾妇女，而且是家庭及社区的健康教育者；④助产士可在医院、诊所、健康单位、居家或任何其他机构服务。[①]

（三）瑞典助产士教育与服务体系

作为一个独立的职业，瑞典助产士拥有高学历的专业教育以及规范、合理、人性化的服务模式，同时，该国助产人员享有相应的社会地位和独立职能。瑞典助产士实行独立的注册准入制度，即成为一名合格执业的注册助产士必须在规定时间内完成相应的课程学习，获取一定的学分并经过瑞典国家健康福利委员会准入登记。

瑞典的助产学教育是由瑞典大学或学院提供的一项高等专科教育。学生需完成3年护理本科教育并成为注册护士后再申请并完成一年半的助产专业教育。助产课程涉及性、生殖和围产保健，侧重于人类生殖和生命起源，包括社会学、行为科学、医学以及助产学的基本价值观。学生还学习有关伦理、道德操守、对个体的尊重等知识。学习过程注重理论结合临床，其中临床实习占据约一半教学时间。完成学业后，学生将授予助产士学位文凭。在继续教育方面，助产士有资格申请攻读硕士、博士学位。

瑞典的注册助产士可选择在不同的医疗卫生机构工作，如医院的母婴病房、产房、超声室、初级卫生保健中心或私人诊所，也可选择在大学进行教学研究或培训工作等。其角色职能主要有以下几点：①围产期护理，负责正常妊娠、临产分娩的管理以及新生儿照护。经过超声技能培训后的助产士还为孕妇进行超声检查；②计划生育，助产士有基本的处方权和检查权，为妇女放置或取出宫内节育器、开避孕药处方、介绍不同避孕方法等；③妇科保健，提供妇科体检，采集巴氏涂片筛查宫颈癌，指导如何自我检查乳房和处理更年期问题等；④为青少年提供性健康教育；⑤助产专业的研究发展工作。[②]

①盛夕曼、马玉龙：《中英助产士职业能力及助产教育比较》，《卫生职业教育》2016年第34卷第9期，第4-5页。
②顾春怡：《瑞典助产专业的现状及启示》，《中华护理杂志》2009年第44卷第4期，第379-380页。

（四）部分发达国家助产士教育的特点

1. 具有较高的学历层次

英国和瑞典的助产士均要求本科学历以上，美国的注册护士助产士和注册助产士也均要求本科学历及以上，尽管注册专业助产士可以没有学士学位，但要求"参加一项由一位经过国家或者是州认证的、具有 3 年职业经历和 50 例以上的院外接生经验的助产指导老师进行指导的学徒计划"，并通过综合测评。相比之下，我国助产专业的学历层次偏低，助产士的学历起点是中专，大多为大专和中专学历，只有少数高校开展了助产专业本科学历教育试点。

2. 具有独立的教育体系

在发达国家，助产专业是一门独立的学科，有独立的专业人才培养制度。各个国家的助产专业教育有较为统一的课程体系、人才培养方案及认证方案，且十分重视临床实践。而我国的助产专业教育从属于护理专业教育，专业定位模糊，人才培养目标不明确，人才培养模式无统一标准，且临床实践的机会很少。

3. 具有明确且宽泛的职能范围

发达国家助产士是一种独立的职业，具有明确且宽泛的职能范围，一般负责常规的孕期随访、常规检查、计划生育、母婴护理和正常产接生管理，大多享有基本的检查权和处方权。而在我国，由于助产专业没有形成独立体系，缺乏相关的政策法规，助产士与产科护士、产科医生的职责划分不清，助产士的定义与职业范畴模糊，工作内容一般只局限在产时服务，未涉及产前和产后的护理服务。

五、我国母婴护理专业职业教育服务产业发展分析及建议

随着国民经济的高速发展和人们生活水平的提高，层次不高、素质偏低、专业性不强的母婴护理员将难以适应市场需求，亟须通过规范、系统的教育培训培养高素质、高层次的母婴护理专业技术技能人才。然而，目前我国职业教育服务母婴护理产业发展还存在较多的不足之处。

（一）我国母婴护理专业职业教育服务产业发展分析

1. 学校开设母婴护理专业方向的意识不到位

目前，全国开设护理类相关专业的学校数量较多。其中，开设护理学专业的本科院校共有 257 所，开设护理专业的高职院校共有 427 所，开设助产专业的高职院校有 197 所。然而，开设母婴护理服务方向、专门培养母婴护理服务人才的院校数量偏少，这与母婴护理产业良好的市场前景和大量的人才需求不相匹配，与学校专业服务产业发展、教育面向社会需求的意识不到位有关。

2. 学生从事母婴护理工作的意愿不足

根据对 600 名护理专业在读本科生和研究生的问卷调查统计结果，只有 12.5% 的调查对象毕业后愿意从事母婴护理工作[①]。对 145 名护理专业中专生的问卷调查结果表明，愿意长期从事

---

① 朱慧、冯玉娟、廖力、曾淑贤：《高校护生对月子中心的认知及就业需求调查分析》，《护理研究》2017 年第 31 卷第 12 期，第 1525 – 1527 页。

母婴护理工作的只占29.55%①。这些调查结果初步说明，目前大部分的护理专业学生对毕业后长期从事家庭母婴护理工作意愿不足，与社会对高素质母婴护理专业技术技能人才的需求相矛盾。

3. 人才培养对岗位需求的适应性不强

由于孕妇和婴儿特殊的生理、心理特点，对母婴护理工作人员的动手能力、心理素质、沟通能力和应变能力要求很高。此外，母婴护理将孕产妇、新生儿、家庭作为护理对象，按照妊娠前的准备，妊娠早、中、晚期的保健，临产分娩的护理需求以及分娩后产妇和新生儿护理的生命周期为主线展开，从正常到异常，从母亲到新生儿，从孕产妇到其家庭成员保健，充分体现了以人和家庭为中心的现代护理理念。然而，当前的人才培养不能适应母婴护理服务岗位的需求。

在人才培养层次上，开设母婴护理方向的护理类相关专业多为中专层次，大专以上层次的护理类相关专业开设母婴护理方向的院校数量较少。人才培养层次明显落后于发达国家，难以满足母婴护理行业对高水平、高素质人才的需求。

在人才培养目标上，当前的母婴护理实验教学目标还停滞在只要求学生熟练掌握常用的产科护理及新生儿护理基本操作技术上，忽视了对学生综合操作能力的培养，忽视了以家庭护理为中心的人性化服务理念，忽视了现代护理模式对护理人员综合素质的需要。

在教学模式和方法上，传统的教学模式与方法多注重课堂内容，关注教师对课本知识的传授，学生在上课时只是按照老师教授的知识进行简单重复，缺乏主动性学习，不能充分调动学生的积极性。

在教学内容上，当前母婴护理教学内容局限于对孕产妇及新生儿的护理上，未涉及家庭成员对孕产妇的影响和孕产妇及新生儿的家庭护理，缺乏人文关怀的价值取向教育、心理学教育等。其内容滞后于临床实践，不能满足以家庭为中心的母婴护理要求，造成学习内容与实际工作相脱节。

（二）对我国母婴护理专业职业教育发展的建议

1. 加强政府引导，支持高校建设

为了满足母婴护理行业发展对高素质人才的大量需求，我国普通高等学校和职业院校应开设母婴护理相关专业和开展职业培训，扩大人才培养规模。教育主管部门应该加强宏观引导和支持，并进行顶层设计，探索构建中高职衔接、普职融通的母婴护理专业人才培养体系，在扩大人才培养规模的同时保证人才培养质量；对具备专业建设条件的学校给予政策和资金上的支持，鼓励社会资本举办相关职业院校，对参加相关职业培训和职业技能鉴定的人员给予补贴。

医学类院校应充分利用自身优势及条件，对接市场需求，积极调整专业设置，给予学生专业的培训和指导，强化学生知识体系及专业优势，为学生就业及创业寻求新热点，并增强市场竞争力。同时，承担起社会责任，服务学习型社会建设，积极开展职业培训、继续教育与社区教育，为社会提供高素质、专业性强的母婴护理员，从而改善母婴护理行业从业人员现状，提高母婴护理员素质和数量，为社会发展和人们生活水平提高做出贡献。

2. 适应社会需求，调整专业设置

职业院校的专业调整必须适应经济社会发展和产业转型升级的需求。在新设母婴护理相关专

---

① 朱庆华、孙霞、张春慧、伍东红、高金玲：《护理专业中专生从事家庭母婴护理意向的调查分析》，《中国实用精神疾病杂志》2012年第15卷第2期，第10－11页。

业或者相关专业增设母婴护理方向前，职业院校需开展相关调研活动，把握当地经济社会发展、母婴护理产业发展对专业人才的需求情况。学校需根据自身办学条件和优质特色，围绕母婴护理服务全产业链（见图7-3），了解备孕期、孕期、产中期、产褥期、婴幼期五个期间涉及的各个环节所对应的岗位及其职业要求和技能特点，以确定专业人才培养目标、专业课程和教学内容；了解当前和未来一段时间内对母婴护理专业人才的需求规模，以确定人才培养规模；了解当地母婴护理服务机构的发展情况，探索校企合作开设母婴护理相关专业或专业方向的路径。

3. 深化改革，提高人才培养质量

制订科学合理的人才培养方案。职业院校根据区域母婴护理产业发展的具体需求，紧密围绕产业链，结合自身优势特色，明确母婴护理专业人才培养方向与目标，融入母婴护理新理念，制订出有针对性的、合理的人才培养方案；推动学科交叉和课程融合，在课程设置、教学方法、教学内容、教学手段、评价方式、实践教学等方面围绕母婴护理专业人才需求，开展全面探索和实践。在制订人才培养方案时，职业院校需注意把校企合作、产教融合融入母婴护理专业人才培养的全过程，促进企业深度参与人才培养。

强化课程体系建设。职业院校可围绕母婴护理产业链，按照"母婴护理全周期"的模式，构建全新的专业课程体系和教学内容体系；突出应用性、实践性，注重专业知识和技能的结合；突出职业定向性，根据岗位需求设置课程模块，满足职业岗位的技术技能需求；适当增加人际沟通、护理心理学、护理美学、形体训练等人文社科课程，培养学生适应社会、妥善处理人际关系的能力和技能。

改进教学方法和手段。职业院校可探索运用以问题为中心，用情景模拟、导学、角色扮演等方法开展母婴护理相关专业教学活动；充分利用新一代信息技术，开发专业教学资源，丰富教学方式；与相关企业合作，开发母婴护理专业VR（虚拟现实）实训硬软件及相关配套资源，提高专业理论教学与实践教学的真实体验感。

4. 加强就业引导，提高就业意愿

当前家庭母婴护理员的社会地位影响了护理类专业学生从事本工作的意向。国家和地方政府应积极制定母婴护理员的资质认定标准、行业标准以及配套政策等，提高母婴护理员的社会评价和社会地位，吸引更多护理人才参与母婴护理工作，推动母婴护理行业健康有序发展。医学院校应加强对学生母婴护理的教育，加深他们对母婴护理社会需求的认识，努力引导毕业生调整就业心态，提高毕业生就业意愿，拓宽毕业生就业渠道。

5. 开展继续教育，强化技能培训

在职业院校的母婴护理专业人才培养不足以满足社会需求的情况下，面向从业人员开展继续教育是最直接的有益补充。政府、院校、行业、企业等需加强合作，整合各自优势资源，针对母婴护理从业人员开展在职继续教育，不断提升从业人员岗位技能。政府有关部门可出台相关政策法规，支持相关院校、培训机构开展相关培训活动，进一步推动相关培训活动走向规范化、标准化；鼓励母婴护理从业人员参加继续教育；进一步完善母婴护理从业人员职业标准、职业资格等，逐步提高行业准入门槛。相关院校（尤其是医学类院校）则发挥护理、助产等专业优势，开发适应需求的培训方案、标准和课程，提供优质培训师资，开展职业资格鉴定。行业、企业发展市场、资金优势，激励母婴护理从业人员参与继续教育，提升岗位技能；与相关院校深入开展校企合作，提升岗位技能培训的规范化、标准化；为完成技能培训、获得相应职业资格的从业人员提供优质的就业机会。

参 考 文 献

［1］前瞻产业研究院：《"坐月子"坐出新商机　2022 年月子中心规模达 300 亿》，https：//www. qianzhan. com/analyst/detail/220/170317 – 2eb52eef. html，2017 – 03 – 17。

［2］搜狐母婴：《国家人大代表对于母婴护理行业发展大力扶持》，http：//www. sohu. com/a/123010527_ 444807，2016 – 12 – 30。

［3］前瞻产业研究院：《2017～2022 年中国月子中心行业市场需求与投资规划分析报告》，2017 年。

［4］刘菁：《"月子会所"到底该谁监管?》，《各界导报》，2014 年 3 月 25 日，第 001 版。

［5］卢南志：《台湾产后护理之家行业的现状与发展对策研究》，兰州大学硕士学位论文，2010 年。

［6］李丹：《FW 月子会所商业模式策划》，河北工业大学硕士学位论文，2013 年。

［7］余瀛波：《9 月起全国 4000 家"月子中心"将实施统一标准》，http：//news. cnwest. com/content/2017 – 08/27/content_ 15325624. htm，2017 – 08 – 27。

［8］新华网：《母婴健康服务迎来春天》，http：//www. xinhuanet. com/gongyi/2016 – 04/12/c_ 128883971. htm，2016 – 04 – 12。

［9］王珊、许虹、张晶：《我国母婴护理员行业研究现状》，《齐鲁护理杂志》2016 年第 22 卷第 1 期，第 60 – 62 页。

［10］彭媚、刘霞、苏丽嫚、刘晓颖、李小梅、欧明娥：《母婴护理师培训现状及对策分析》，《菏泽医学专科学校学报》2014 年第 26 卷第 4 期，第 72 页、81 页。

［11］刘迎：《高职院校护理专业开展母婴护理方向的可行性探析》，《中国伤残医学》2013 年第 21 卷第 8 期，第 418 页。

［12］搜狐教育：《2017 年护士资格考试，今年的通过率又会如何》，http：//www. sohu. com/a/129418685_ 642852，2017 – 03 – 21。

［13］健康界：《中国护士数量缺口达百万　占总人口比仅为世界水平 1/5》，https：//www. cn – healthcare. com/article/20160520/content –483148. html，2016 – 05 – 20。

［14］戴李、冯兰：《浅析母婴护理师培训现存问题及应对策略》，《中国培训》2016 年第 317 期，第 254 – 255 页。

［15］俞铮铮、金辛美、寿佩勤：《宁波市母婴护理员职业培训体系的构建》，《宁波职业技术学院学报》2017 年第 21 卷第 3 期，第 80 – 83 页。

［16］刘晓黎、何国平、陈文俊、王春燕：《国外助产专业人才培养的现状及启示》，《中华护理教育》2016 年第 13 卷第 11 期，第 873 – 877 页。

［17］盛夕曼、马玉龙：《中英助产士职业能力及助产教育比较》，《卫生职业教育》2016 年第 34 卷第 9 期，第 4 – 5 页。

［18］顾春怡：《瑞典助产专业的现状及启示》，《中华护理杂志》2009 年第 44 卷第 4 期，第 379 – 380 页。

［19］朱慧、冯玉娟、廖力、曾淑贤：《高校护生对月子中心的认知及就业需求调查分析》，《护理研究》2017 年第 31 卷第 12 期，第 1525 – 1527 页。

［20］朱庆华、孙霞、张春慧、伍东红、高金玲：《护理专业中专生从事家庭母婴护理意向的调查分析》《中国实用精神疾病杂志》2012 年第 15 卷第 2 期，第 10 – 11 页。

第八章　休闲旅游产业与职业教育发展研究报告

旅游业被列为五大幸福产业之首，2017年对国民经济的综合贡献达11.04%。休闲旅游业是旅游业的重要组成部分，具有较强的产业带动力，市场发展潜力巨大。随着人们生活品质的提升，休闲度假正日益成为现代生活中不可或缺的一部分。发展休闲度假产业，满足人民群众对美好生活的向往，已逐渐成为我国旅游消费的主流和旅游业发展的重要方向。

休闲旅游产业的快速发展对休闲旅游人才提出了强烈的需求。职业教育作为培养休闲旅游人才的主力军，应紧跟产业发展需求，构建完善的休闲旅游专业人才培养体系，培养不同层次不同类型的专业人才，为产业发展提供有力支持。本报告在相关研究成果和行业发展数据的基础上，对我国休闲旅游行业、企业人才需求情况、我国休闲旅游专业职业教育现状等进行较为全面的分析，以期对我国休闲旅游职业教育发展提出相关建议。

一、我国休闲旅游行业发展概况

随着科技进步和经济发展，人们的休闲时间与时俱增，恩格尔系数则与时俱减，在发达国家和地区，恩格尔系数已下降至20%~30%，人们可自由支配收入大幅度增加。目前，全世界大部分国家实行每周5天工作制和每年5~52天的在职带薪休假制。部分发达国家甚至打算实行每周工作4天、每天工作5小时、每周工作20小时，并进一步延长带薪休假时间，人们的闲暇时间增加。因此，在"可支配收入增加"及"闲暇时间增加"两大因素的驱动下，旅游者已不满足于传统的观光旅游产品，开始选择具有鲜明地域特色、时代特色和个性特色的休闲度假旅游产品，休闲度假旅游成为现代人生活的重要组成部分[1]。我国休闲旅游起步较晚，但随着经济社会的发展、人们生活水平的提高和新休假制度的实施，休闲旅游已逐渐成为我国旅游消费的新亮点和旅游发展的新时尚。

（一）休闲旅游行业发展现状

根据国际经验，人均GDP超过5000美元为休闲度假游需求触发点。2017年我国人均GDP达到8836美元，已达到休闲度假游需求触发点。居民收入增长推动旅游需求层次升级，休闲度假类旅游需求处于快速上升阶段，对比发达国家行业发展经验，我国已具备覆盖休闲度假游需求的物质基础。随着收入提升和财富结构不断改善、叠加带薪休假政策推进，休闲度假游需求持续释放且发展迅速。

1. 市场需求日益强劲

我国休闲度假旅游基于规模庞大的旅游市场基础，获得快速发展。根据《中国国内旅游发

---

①中国产业信息网：《2017年中国旅游业发展现状及未来发展趋势分析》，http://www.chyxx.com/industry/201708/548351.html，2017-08-08。

展年度报告 2017》，我国国内旅游市场规模长期保持在 15% 左右的增长速度，旅游收入总体保持 12% 左右的增长速度。2016 年，国内旅游市场继续保持 12% 以上的高速增长，旅游人数和旅游收入均创历史新高，分别达到 44.4 亿人次和 3.9 万亿元。休闲旅游市场占比也呈上升趋势。休闲旅游逐渐成为旅游业的重要组成部分。

从居民出游目的看，休闲度假正在成为居民出游的主要目的。中国旅游研究院数据显示，2016 年有 52.57% 的游客以休闲度假作为出游目的（见图 8 - 1）。可以看出，当前，休闲度假游和观光游呈现出并重态势。同时，由于近年来我国居民休闲意识不断增强、休闲需求持续释放，休闲活动"积极化"趋势越来越明显，更多的人通过度假、旅游、运动、文化活动等达到休闲的目的。

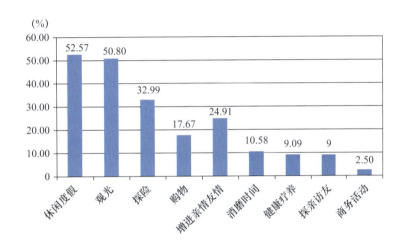

图 8 - 1　2016 年我国居民出游目的

从旅游消费构成看，尽管目前我国仍属于发展中国家，在旅游消费构成上，休闲度假游占旅游业的比例还没有达到发达国家的水平，但已具备相当规模，且呈现出蓬勃发展的势头。2016 年，我国居民旅游在度假休闲娱乐、探亲访友、商务出差三方面的消费最高，其中度假休闲娱乐占比位居首位，高达 36.4%，如图 8 - 2 所示。

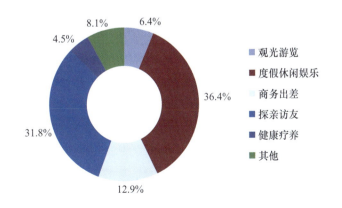

图 8 - 2　2016 年我国居民旅游消费情况

资料来源：易观智库，DECISIONFUEL_ Inmobi。

整体看，休闲旅游发展势头迅猛，已形成规模化的市场需求。世界旅游组织预测，到2020年，我国将成为世界旅游第一大国。中国人通过消费享受休闲的时代正在到来，也正在成为一种趋势。

2. 旅游出行方式多元

近年来，我国交通设施建设突飞猛进，以高速公路、高速铁路、民用航空为骨干的四通八达的交通体系已经形成，为休闲旅游产业发展提供了良好的基础。随着交通体系的日益完善，居民旅游出行方式日趋多元化，自由行、自驾游、半自助游的比例持续上升。

《2017年中国休闲度假指数》显示，2017年预订最多的度假打包产品是自由行自驾游，占比62%。其次是半自助游、定制旅游、邮轮、私家团。其中，定制游成为居民休闲度假的新兴方式，2016~2017年增长同比达到200%~400%。就具体交通工具而言，根据跨省休闲旅游的统计，选择飞机出游的休闲游客占比最高，达到59%。高铁是国内休闲旅游性价比最高的方式，16%的游客选择该种方式。短途游客则倾向于舒适的旅游巴士，占比16%，还有部分游客通过邮轮/内河邮轮这种慢节奏的旅游方式出行，特别是老年人的选择比例更高（见图8-3）。但在短途游中，私家车自驾和旅游大巴依然是最便捷的出游方式。随着旅游散客化和个性化特征日益凸显，自驾游成为旅游新趋势。预计到"十三五"末期，我国的自驾游人数将达到58亿人次，约占国内旅游人数的70%以上。

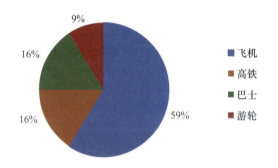

图8-3　2017年跨省休闲度假旅游出行方式

资料来源：中国旅游官网。

3. 区域"出游力"不均衡

潜在出游力区域非均衡格局依然明显。客源地潜在出游力在东、中、西三大区域表现为"7：2：1"的三级阶梯状分布，即我国的客源市场有近70%源自东部地区，20%源自中部地区，10%源自西部地区[①]。根据《2017中国休闲度假指数》，2017年休闲旅游"出游力"排名前20的城市是上海、北京、天津、广州、杭州、成都、南京、深圳、武汉、重庆、西安、长沙、厦门、昆明、无锡、青岛、郑州、沈阳、济南、合肥（见图8-4）。东南沿海经济最发达的城市、京津地区休闲旅游出游力最强。从区域来划分，前20中，华东地区占8个，华北地区占4个，华西地区占3个，华南占3个，华中占2个。从休闲旅游消费力看，人均消费与收入水平基本成正比，北上广等一线城市人均消费要高于其他城市，其中北京以人均消费4291元高居首位。

①中国旅游研究院：《中国国内旅游发展年度报告2017》，2017年。

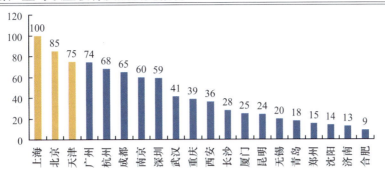

图8-4　我国城市休闲度假"出游力"指数

4. 政策环境逐步改善

近年来，国家出台《国民旅游休闲纲要（2013～2020 年）》《国务院关于促进旅游业改革发展的若干意见》等文件（见表8-1），各地出台旅游条例等法规制度，形成以旅游法为核心、政策法规和地方条例为支撑的法律政策体系。这些政策内容广泛，涉及产业布局、产品开发、公共服务、行业标准等多方面，为休闲旅游产业发展提供了良好的政策保障。

表 8-1　　　　　　　　　　2013 年以来休闲旅游行业部分政策规范

颁布时间	相关政策	发布机构
2013 年 2 月	国民旅游休闲纲要（2013～2020 年）	国务院办公厅
2014 年 5 月	关于加强旅游景区旺季服务质量与安全管理的通知	国家旅游局
2014 年 8 月	国务院关于促进旅游业改革发展的若干意见	国务院
2014 年 12 月	关于贯彻党的十八届四中全会精神全面推进依法兴旅、依法治旅的意见	国家旅游局
2015 年 8 月	关于进一步促进旅游投资和消费的若干意见	国务院
2015 年 12 月	关于支持旅游业发展用地政策的意见	国土资源部 住建部 国家旅游局
2016 年 11 月	关于大力发展体育旅游的指导意见	国家旅游局 国家体育总局
2016 年 12 月	关于实施旅游休闲重大工程的通知	发改委 国家旅游局
2016 年 12 月	"十三五"旅游业发展规划	国务院
2017 年 5 月	关于推动落实休闲农业和乡村旅游发展政策的通知	农业部
2017 年 6 月	关于进一步做好旅游公共服务工作的意见	国家旅游局
2017 年 8 月	旅游经营者处理投诉规范	国家旅游局
2017 年 8 月	文化主题旅游饭店基本要求与评价	国家旅游局
2017 年 8 月	旅游民宿基本要求与评价	国家旅游局
2017 年 8 月	精品旅游饭店行业标准	国家旅游局

颁布时间	相关政策	发布机构
2018 年 2 月	中共中央国务院关于实施乡村振兴战略的意见	国务院
2018 年 3 月	关于促进全域旅游发展的指导意见	国务院办公厅

资料来源：根据国家旅游局、发改委等单位官网公开资料整理。

在产业支持方面，《国民旅游休闲纲要（2013～2020 年）》从落实带薪年假制度、改善休闲旅游环境、建设休闲旅游基础设施、开发休闲旅游产品、完善休闲旅游公共服务等多方面提出相关措施，促进旅游休闲产业健康发展，推进具有中国特色的国民旅游休闲体系建设。《"十三五"旅游业发展规划》提出要大力开发温泉、冰雪、滨海、海岛、山地、森林、养生等休闲度假旅游产品，建设一批旅游度假区和国民度假地。2018 年中央一号文件《中共中央国务院关于实施乡村振兴战略的意见》发布，大力实施乡村振兴战略。乡村旅游是乡村振兴战略的重要组成部分，这就为休闲旅游业的发展提供了机遇。2018 年 3 月，国务院办公厅颁布《关于促进全域旅游发展的指导意见》，提出做好"旅游＋"，加强旅游服务，加强基础配套，推进全域环境整治，加强科学规划等八个方面的重点任务，促进各地全域旅游发展。

在行业标准方面，2017 年中央一号文件《中共中央、国务院关于深入推进农业供给侧结构性改革加快培育农业农村发展新动能的若干意见》明确提出完善休闲农业、乡村旅游行业标准等。2017 年 8 月，国家旅游局公布《旅游经营者处理投诉规范》《文化主题旅游饭店基本要求与评价》《旅游民宿基本要求与评价》和《精品旅游饭店行业标准》四项行业标准，其中《旅游民宿基本要求与评价》是首个涉及民宿的国家行业标准；同年 10 月，《休闲主体功能区服务质量规范》正式由国家标准委批准通过，涵盖各类休闲空间和业态，对各类环境的质量指标和各类业态的服务质量要求进行全面引用。目前，整个休闲独家领域标准超过 20 项，这些标准正在引领休闲旅游产业的持续健康发展。《2018 年全国旅游工作报告》提出将适时推出旅游休闲示范街区标准，引导都市旅游和休闲业态健康发展。未来，休闲旅游行业标准将进一步完善规范。

（二）休闲旅游行业发展存在的问题

尽管我国休闲旅游行业发展势头很猛，但行业发展仍然存在一些问题，主要表现在游客旅游时间过于集中、休闲旅游产品单一、服务质量不高、人才供应不足、品牌意识不强等方面。

1. 假日客流集中与景区供给不均衡

我国余暇时间的集中，使旅游需求在黄金周期间得到集中释放，表现出客流过于集中的现象，而交通运输能力、旅游接待设施以及旅游景区（点）的容量都具有一定的刚性，在短期内不可能大幅度扩容，这引发了一系列的矛盾，主要表现为：一是黄金周期间旅游者骤增，超出了景区的承载能力，从而对旅游资源环境及景区设施产生破坏性影响；二是过于集中的假日旅游消费超出旅游业及相关行业的承接能力，导致交通、住宿、餐饮、旅游景点等服务接待设施的短期供求在时序上严重失衡，旺季时超负荷运转、供不应求，淡季时大量闲置；三是过于集中的假日旅游消费易造成旅游业服务质量下降，使得旅游者的需求得不到高质量的满足，进而使旅游者的兴致大减，如图 8－5 所示。

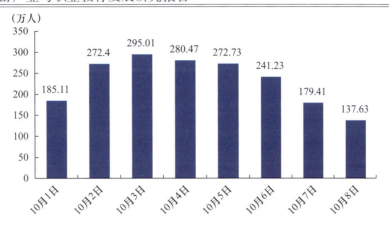

图 8 - 5　2017 年十一黄金周杭州接待游客数量统计

资料来源：易观智库，DECISIONFUEL_ Inmobi。

2. 休闲度假旅游产品体系亟须完善

当前，我国休闲度假产品和休闲旅游装备较为薄弱。据统计，世界旅游大国的休闲产品与普通观光产品的比例约为 1∶1，而我国为 2∶8，旅游产业结构亟待调整[①]。社会生活的信息化和网络化，使得信息更新和传递速度加快，一方面，旅游者对旅游信息的选择范围扩大；另一方面，旅游者也对旅游景区的休闲项目设置、配套设施、服务水平等提出更高要求。表面上看，各地都推出休闲度假产品，但各地休闲度假旅游产品千篇一律，价高质次，缺少休闲元素和文化内涵，缺乏个性和创新。主要表现为：①休闲项目匮乏。现有的休闲企业经营项目大都雷同，表现方法单一，鲜有独特创意的项目。②休闲手段单一。互动式休闲方式较少，基本上以自娱自乐为主，不利于参与者之间的交流与合作。③休闲文化的表现力低。休闲产品缺乏文化创新性，部分休闲活动受西方不良文化的影响，不乏存在着暴力、吸毒、色情等低级趣味的文化现象。可见，当前我国休闲旅游产业产品的多样性、普及性、品位性亟待加强，需规范发展方向，提升文化及审美价值。

3. 经营者品牌观念与宣传力度待提升

面对激烈的市场竞争，许多休闲度假旅游业经营者品牌观念淡薄，只顾一哄而上、盲目开发，缺乏全面规划和建设，旅游产品形式单一、档次低，与相邻旅游区之间的协作不强，内部管理制度混乱，员工的服务意识不强，没有开发出在国内外具有高知名度的品牌休闲旅游产品，进而影响我国休闲旅游整体水平的提高和潜力的发挥。同时，休闲旅游宣传促销力度薄弱，手段单一，内容广度、深度不足，主题不明确，多数休闲旅游宣传还停留在雷同化、模式化阶段，根本反映不出休闲旅游的个性与特色。游客对有关信息了解不多，难以产生旅游动机，因而造成一些休闲旅游区（点）"门前冷落鞍马稀"，甚至出现无法维持自身生存的现象。

二、休闲旅游行业人才需求分析

随着我国国民经济的发展和人民生活水平的提高，人们的休闲意识和休闲需求将进一步丰富

[①] 冉斌：《我国休闲旅游发展趋势及制度创新思考》，《经济纵横》2004 年第 2 期，第 25 - 28 页。

和多元化，休闲产业的规模势必会应市场需求的增长而进一步扩大。要支撑起如此庞大的产业体系，需要大批休闲旅游专业人才。休闲旅游人才特别是高素质技术技能人才日益紧俏。

（一）休闲旅游企业发展概况

1. 上市企业市值大幅增长

随着旅游业的迅速发展，越来越多的旅游企业通过资本市场获取资金，利用上市进行品牌宣传，旅游企业上市正逐渐成为我国旅游产业化经营的重要形式。《2016 中国旅游上市企业发展报告》显示，65 家已上市的国内旅游企业的总市值在 2005 ~ 2016 年翻了 13 倍，优质的上市旅游企业十分稀缺（见表 8 - 2），资本市场对旅游企业的追捧和投资热度逐年递增。

表 8 - 2   2016 年国内上市旅游企业总市值前十强

排名	公司	总市值（亿元）	占比（%）
1	中国国旅	520. 14	12. 79
2	宋城演艺	294. 30	7. 24
3	锦江股份	227. 69	5. 60
4	恒大淘宝	190. 43	4. 68
5	首旅酒店	182. 79	4. 49
6	神州租车	170. 88	4. 20
7	华强方特	155. 35	3. 82
8	中青旅	144. 12	3. 54
9	号百控股	139. 17	3. 42
10	锦江酒店	126. 35	3. 11

资料来源：《2016 中国旅游上市企业发展报告》。

65 家上市旅游企业市值合计 4063. 2 亿元，其中登陆国内资本市场的旅游企业共有 60 家，市值合计 3572. 3 亿元；登陆海外市场的国内旅游企业共有 5 家（纳斯达克上市企业 4 家、纽交所企业 1 家），首发募集资金 5. 1 亿元，市值合计 1260. 7 亿元。国内资本市场中主板企业 25 家，市值合计 2356. 7 亿元；中小板企业 5 家，市值合计 355. 3 亿元；创业板企业 2 家，市值合计 371. 8 亿元；新三板已挂牌的企业 28 家，其中 10 家已做市，市值合计为 189. 1 亿元[①]。

2. 在线旅游平台格局稳定

移动智能终端的发展和应用拓展了在线旅游预订渠道，朋友间的交互作用极大地刺激了旅游需求和旅游消费。近年来，国内在线旅游平台市场格局进入稳定阶段，绝大部分市场份额被途牛、携程和同程三大在线旅游巨头占据。易观产业数据库数据显示，相比 2015 年，2016 年第四季度，途牛和携程的在线度假旅游交易份额[②]仍分列第一、第二位，占比分别为 26. 51% 和 23. 86%，较其他厂商具备明显的领先优势，居于第一梯队。并且，途牛和携程合计市场份额占

①品橙旅游：《权威发布：2016 年中国旅游上市企业发展报告》，http：//www. pinchain. com/article/119766，2016 年。
②在线度假旅游市场交易指通过互联网平台及呼叫中心进行预订和支付的交易，不含线下交易。

比过半，市场集中效应明显，如图 8 - 6 所示。

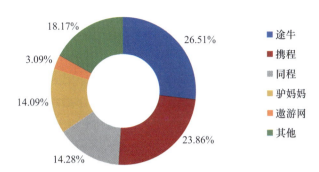

18.17%　　26.51%　　3.09%　　14.09%　　14.28%　　23.86%

■ 途牛
■ 携程
■ 同程
■ 驴妈妈
■ 遨游网
■ 其他

图 8 - 6　2016 年第四季度我国在线度假旅游市场厂商交易份额

资料来源：易观智库，DECISIONFUEL_ Inmobi。

3. 定制旅游企业日益壮大

2016 年被旅游界定义为"定制旅游元年"，市场上涌现出不少定制旅游公司，如表 8 - 3 所示。近两年，定制旅游公司持续受到资本家和消费者的关注。其中，出境游市场的快速发展，催生出大量服务于定制旅游市场的成长型公司，并以 OTA（在线旅行社）为主。这些定制旅游公司主要利用互联网技术解决用户在行前、行中的服务问题。除初创型企业外，旅游业巨头也在积极开发定制旅游市场。国内主要在线旅游平台去哪儿网在其网站上列出 1000 家旅游定制认证商家，旅游目的地涵盖全世界 305 个城市。携程 2016 年上线定制旅行平台，平台上的供应商数量超过 1200 家，约有 4000 名定制师，目的地覆盖 107 个国家，956 个城市，已经成为国内规模最大的定制旅游平台，也是唯一直连优质定制旅游客户与供应商的大型开放平台。上海、北京是携程定制旅行平台最主要的两个客源城市。上海定制游群体商务、奖励旅游需求较为集中，北京定制旅行订单以散客、度假需求为主[1]。随着社会发展和人们收入水平的提高，休闲观念的深入人心，消费者对定制旅游的接受程度会越来越高，这也将衍生出更多的定制旅游企业和产品。

表 8 - 3　　　　　　　　　　　　　　　国内部分定制旅游公司简介

名称	公司简介
6 人游	主打高品质小团旅行的服务网站，致力于为家庭、朋友等提供舒适小团游服务。采用 C2B 的模式，介于跟团游、自助游之间，服务于中高端人群的定制旅游。用户通过网站或微信服务号发出需求之后，6 人游旅行网会按照用户的需求提供与之相匹配的旅行方案及预订推荐
优翔国际	致力于为客户提供高品质服务的私人定制医疗旅行机构，产品主要分为两个部分：一是与生命健康相关的私人医疗旅行服务；二是与生活方式相关的私人旅行。如私人主题旅行和私人定制旅行
世界邦	一个出境自助游问答网站及旅行社区平台，旨在提供个性化旅游定制服务。专注于提供深度旅游服务，其旅游产品由供应商提供，以旅游媒体为用户提供指南。将境外旅游产品进行结构化拆分，旅行者可以通过完成一个简单的在线问卷，提交自己的旅行需求

[1]国家旅游局：《2016 中国旅游上市企业发展报告》，2016 年。

名称	公司简介
无二之旅	一家主打私人定制的旅行服务提供商，旨在为用户提供独一无二的旅行体验。区别于定制游的常规方式，无二之旅致力于提供高性价比的服务，其目标群定位于 20~40 岁的年青白领，旨在提供他们可以负担得起的私人定制旅游服务
游心旅行	以出境游业务为主，提供定制游以及经营自助游中消费频次较高的目的地产品

资料来源：根据公司官网资料整理。

（二）行业人才需求分析

随着休闲旅游产业的快速发展，消费者对休闲旅游及休闲消费品档次的要求越来越高。高质量的休闲旅游业需要高素质的休闲旅游经营管理人才、休闲旅游产品开发与营销人才、休闲旅游服务人才等多样化专业人才。

1. 岗位类型分析

旅游产业链包括旅游资源的开发产业、旅游要素产业以及营造良好旅游环境的关联产业，它们彼此相互关联，共同围绕旅游资源产业形成一系列的旅游产业链条。与传统制造业产业链不同，旅游产业链的各行业企业之间横向联系（见图 8-7）。从产业关联度的角度看，旅游产业是一个高度复合型的产业，其不仅涉及"行、住、游、食、购、娱"旅游六要素的内部核心行业，同时还与交通运输、信息服务、娱乐、金融、邮电通信业、房地产业、会展业、环保、养生等产业相互依托。休闲旅游是将休闲和旅游有机结合，在旅游的过程中更注重休闲，即更注重旅游六要素中"娱"的方面。

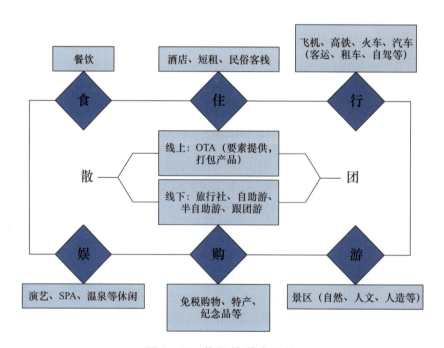

图 8-7 休闲旅游产业链

资料来源：《2016 年旅游产业发展白皮书》。

从产业链看，休闲旅游行业主要有导游服务、休闲旅游策划、户外运动组织管理等工作领域，涉及的工作岗位较多，不同企业之间设置的岗位不完全相同。休闲旅游行业工作领域对应的主要工作岗位群如表8-4所示。

表8-4　　　　　　　　　　　　　　休闲旅游产业主要工作岗位群

岗位群	人才类型	工作岗位	面向企业
休闲旅游服务	服务类	景区安全管理员、餐饮部服务员、娱乐部服务员、酒店部服务员、高尔夫球童、练习场服务员、接待员等	旅游景区、旅行社、度假村、农家乐、主题乐园、游轮公司等
休闲旅游策划	策划类	休闲旅游产品策划员、休闲旅游产品策划师等	旅行社、农家乐、户外运动俱乐部等
休闲旅游专业技术	专业技术类	导游、讲解员、高尔夫教练、游泳救生员、健身教练、户外领队、攀岩教练、拓展培训师等	旅游景区、旅行社、度假村、主题乐园、游轮公司等
休闲旅游管理	管理类	景区管理、旅游项目管理	旅游景区、旅行社、度假村、主题乐园、游轮公司等
休闲旅游销售	营销类	旅游产品销售	旅行社、农家乐等

资料来源：根据公开资料整理。

2. 人才需求分析

从需求规模看，目前全国旅游业旅游人才的缺口至少200万人，还将以每年20万人的速度递增[1]。作为新兴旅游业态，休闲旅游人才更为匮乏。《杭州市人才发展"十三五"规划》将旅游休闲产业人才列为紧缺急需人才；杭州在2018年举办的国际休闲旅游人才大会提供了酒店餐饮类、景区休闲类、旅行社类、民宿类、科技类、文化教育类等1600多个岗位，人才需求旺盛。《湖州市休闲旅游产业发展"十三五"规划》明确提出到2020年，重点培养旅游企业总经理领军人才、乡村旅游领军人才、金牌导游领军人才、优秀营销员领军人才、服务明星领军人才和优秀旅游专业人才各100名；培育省级旅游领军人才10名，省级旅游青年专家10名，省级旅游职业经理人100名，省级旅游新业态人才100名。人才匮乏已经成为制约我国休闲旅游产业发展的重要瓶颈之一。

从人才需求类型看，休闲旅游行业人才需求量较大的主要有休闲旅游产品开发与设计人才、休闲旅游产品营销人才、高素质的休闲旅游企业管理人才等，各岗位具体职责和能力要求如表8-5所示。以北京为例，目前北京体育休闲旅游人才需求类型及占比分别为市场开发及销售型人才（49.2%）、管理型人才（24.2%）、指导体育休闲娱乐型人才（16.9%）及专业运动技术技能型人才（9.7%）[2]。

---

①张楠：《我国旅游市场人才需求与供给现状分析》，《现代教育管理》2017年第12期，第223－224页。
②王月：《北京市体育休闲旅游人才需求现状及人才培养的研究》，北京体育大学硕士学位论文，2016年。

表 8 - 5   休闲旅游行业主要人才需求类型及职业能力要求

人才类型	岗位描述	职业能力要求
休闲旅游产品开发与设计人才	针对不同文化背景的客源，设计符合时代潮流、新颖独特的旅游产品，树立富有特色的旅游品牌	具有现代艺术设计观念的专业应用型复合人才，能把传统与现代、艺术与设计、工艺与技术相结合并运用于广告策划、旅游企业形象设计、旅游产品及包装设计与开发等方面，能针对不同地区、不同年龄、不同层次的旅游者设计并推广出新型旅游项目，如会展旅游、高尔夫球旅游、家庭健康旅游、原始森林探险游和海上漂流等独特新颖的旅游产品，以满足人们日益增长的旅游需求
休闲旅游外语人才	负责国外旅游市场的开发、游客接待等工作	无论是旅游经营者、旅游管理部门的人员，还是旅游服务行业人员，都要能够熟练地以英语为工具从事旅游工作，以满足职业的需要和市场的要求
专业的旅游法律人才	负责旅游活动中产生的游客与旅行社、旅游管理部门之间的纠纷和争端，诸如有关价格、服务、保险、赔偿、违约等方面	熟悉《中华人民共和国消费者权益保护法》《旅游安全管理暂行规定》《旅游投诉暂行规定》等旅游法规，各地方的旅游管理条例，以及国外的旅游法律法规和国际惯例，能够用法律来处理旅游中出现的国内、国际纠纷或投诉
专业旅游领队	要业务能力强、职业道德水平高的旅游专业领队，为出境游客提供优良的服务，维护企业形象	熟悉《中国公民出国旅游管理办法》，能够为出境旅游团提供旅途全程陪同和有关服务，向旅游者介绍有关注意事项；熟悉境外旅游的各种程序，掌握旅游目的地国家或地区的有关情况，协同境外接待旅行社实施旅游行程计划，协助处理旅游行程中的突发事件、纠纷及其他问题，保护旅游者的合法权益；道德水平高，知识、能力各方面过硬，能切实负责各类相关事宜
休闲旅游电商人才	通过网络发布、交流旅游基本信息和旅游商务信息，以电子手段进行旅游宣传促销，开展旅游售前售后服务，通过网络查询、预订旅游产品并进行支付；也包括旅游企业内部流程的电子信息化管理应用等方面人员	拥有熟练的旅游网络营销技能理论知识、网站策划、网站推广、网站建设、网站运营和监管、能独立完成一个产品的网络营销体系建设的能力
休闲旅游商品和纪念品的设计与开发	将消费者需要和地域文化内涵紧密联系在一起，设计和开发既满足消费者又能体现当地特色的文化艺术产品	具有礼品、旅游纪念品、工艺品等产品的创意、设计、研发等专业能力；熟悉旅游市场客户群体细分特征及消费需求；熟练掌握各类专业的设计软件；具有素描、彩绘等美术功底和审美修养；会动画、视频制作

人才类型	岗位描述	职业能力要求
休闲旅游资源规划与开发	经过对未来旅游发展状况的构想和安排，通过一系列方案寻求最佳决策，以实现旅游景点经济效益、社会效益和环境效益最大化	熟练掌握各类专业的设计软件；了解当地休闲旅游特色，具有较强的创新、规划和分析能力
休闲旅游产品策划与营销人才	负责休闲旅游行业发展趋势分析、信息收集、市场调研、休闲旅游产品文案撰写、休闲旅游产品宣传、休闲旅游产品营销等	掌握休闲产品的策划技巧；掌握休闲活动的策划及运作流程；具备一定的休闲市场调研能力；具备休闲产品的推广营销能力
休闲旅游企业管理人才	负责景区、会所、高尔夫俱乐部等发展规划，提升运营功能	具备优秀的市场开拓能力、控制协调能力、团队领导能力和管理能力

资料来源：根据公开资料整理。

三、我国休闲旅游专业职业教育分析

休闲旅游业已成为我国第三产业的重要经济增长点。尤其是在社会经济结构成功转型和国民收入大幅增加的刺激下，休闲旅游将呈现更快的发展趋势。然而，伴随着休闲旅游市场的迅速扩张，休闲旅游人才尤其是高素质技术技能人才的严重不足已成为制约我国休闲旅游发展的瓶颈，引起政府及旅游组织对休闲旅游职业教育的普遍重视。目前，我国有千余所学校开设旅游专业或旅游专业方向，而开设休闲旅游相关专业或休闲旅游专业方向的院校却不足百所。与休闲旅游产业发展相比，休闲旅游专业人才的培养尚处于起步阶段，整个行业人才缺口巨大，无法提供强有力的人才支撑。

（一）专业设置

1. 高职层次

依据《普通高等学校高等职业教育专科（专业）目录（2015年）》中的专业设置，休闲旅游人才的培养从广义上来说，主要来源于旅游大类（休闲服务与管理）和教育与体育大类（休闲体育）；从狭义的角度来讲，专业人才培养主要是休闲服务与管理专业（SPA管理、高尔夫俱乐部管理两个方向），如表8-6所示。现有的专业目录设置没有覆盖产业要素部门，这导致休闲旅游专业人才的培养，从广度和深度上都存在先天不足的问题①。

---

①尹春玲、江波：《休闲旅游产业转型升级背景下专业人才培养的思考》，《人才资源开发》2017年第6期，第181-182页。

表 8 - 6　　　　　　　　　　　　　　　　**高职休闲旅游类专业**

专业大类	专业	专业方向	衔接中职专业	接续本科专业
旅游大类	休闲服务与管理 640106	SPA 管理 高尔夫俱乐部管理	美容美体 高星级饭店运营与管理	旅游管理 酒店管理
教育与体育大类	休闲体育 670404	时尚有氧运动 户外运动 攀岩 滑雪 棋艺	休闲服务 休闲体育服务与管理	休闲体育

　　根据阳光高考网数据，截至 2016 年底，全国 21 个省市共有 47 所高职院校开设休闲服务与管理专业，毕业生规模达到 800～900 人，其中浙江数量最多，有 6 所高职院校开设休闲服务与管理专业，具体院校数量和地区分布如表 8 - 7 所示。此外，还有部分高职院校在旅游类专业设置休闲旅游类专业方向，如漳州职业技术学院开设旅游管理（休闲旅游方向）。

表 8 - 7　　　　　**全国各省（市）开设休闲服务与管理专业的高职院校数量**

省份	数量（所）	省份	数量（所）
浙江	6	湖南	2
广西	5	吉林	1
云南	5	黑龙江	1
福建	3	安徽	1
海南	3	内蒙古	1
河南	3	陕西	1
湖北	3	贵州	1
河北	2	上海	1
山东	2	宁夏	1
四川	2	辽宁	1
江苏	2	—	—

　　从具体专业方向看，大部分高职院校没有设置休闲服务与管理专业的细分专业方向，仅部分院校结合当地休闲旅游产业设置具体的专业方向，如主题公园管理、高尔夫球场管理、茶文化、酒店管理、文化休闲、户外活动等专业方向。例如，浙江旅游职业学院开设休闲服务与管理（茶文化方向）、高尔夫球运动与管理等专业，这与浙江大力发展休闲度假旅游业、茶旅游十分契合。

　　从招生规模看，现阶段开设休闲旅游类专业的高职院校招生规模普遍较小，大多数院校招生计划人数基本不足 100 人。部分高职院校该类专业招生人数如表 8 - 8 所示。

表 8-8　　　　　　部分高职院校休闲旅游类专业开设情况及 2017 年招生计划

学校名称	专业名称	所属院系	招生计划（人）
上海旅游高等专科学校	休闲服务与管理	旅游与休闲管理	48
桂林旅游高等专科学校	休闲服务与管理	旅游休闲与管理	40
浙江舟山群岛新区旅游与健康职业学院	休闲服务与管理	旅游学院	100
西南财经大学天府学院	休闲服务与管理	休闲服务与管理	50
浙江旅游职业学院	休闲服务与管理（茶文化方向）	旅游规划系	60
	高尔夫运动与管理		20
山东旅游职业学院	高尔夫运动与管理	休闲产业管理系	15
泉州幼儿师范高等专科学校	休闲服务与管理	外语旅游学院	28
漳州职业技术学院	旅游管理（休闲旅游方向）	旅游与酒店管理系	49
南充职业技术学院	休闲服务与管理	财经系	19
云南国土资源管理职业学院	休闲服务与管理（高尔夫运动与管理方向）	旅游休闲管理学院	60
广西国际商务职业技术学院	休闲服务与管理	旅游管理系	23
青岛职业技术学院	休闲服务与管理	旅游学院	25
南充职业技术学院	休闲服务与管理	财经系	30

资料来源：根据各院官方网站资料整理。

2. 中职层次

在 2010 年新修订的《中等职业学校专业目录》中，从广义上说，与休闲旅游相关的专业主要有景区服务与管理（旅游服务类）和休闲体育服务与管理（体育健身类）；从狭义的角度看，与休闲旅游相关的专业仅有景区服务与管理（休闲旅游服务方向）。

国家旅游局人事司 2017 年发布的《2016 年国旅游教育培训统计数据》显示，2016 年开设旅游类专业的中等职业学校 924 所，旅游类专业主要有高星级饭店运营与管理、旅游服务与管理、旅游外语、导游服务、会展服务与管理等，休闲旅游类专业较少。

（二）人才培养

当前，高职高专教育是我国休闲旅游职业教育中的主力军。下文以高职层次休闲服务与管理专业为对象，从人才培养目标、培养模式、课程体系、实训基地及师资队伍等方面分析人才培养情况。

1. 培养目标

高职院校休闲服务与管理专业主要培养具有较强的休闲意识，健康、科学、合理的休闲价值观念，懂得休闲行业基本格局与运行规则，掌握 1~2 门休闲技能，热爱服务业，具备较好的服务意识和素养，适宜在运动休闲产业、文化休闲产业以及其他休闲关联及支持行业中工作，有较强的实践能力和专业技能（包括休闲服务能力、休闲事业的组织策划能力、休闲经营与管理能力、休闲市场营销能力等）的应用型休闲产业服务与管理人才。据不完全统计，大部分高职院校在休闲服务与管理专业人才培养方向中都明确提到"高尔夫"（见表 8 - 9），其他学校人才培养方向比较宽泛，主要涉及运动休闲和文化休闲两大类，主要面向的企业涉及高尔夫俱乐部、大型度假区、星级酒店、度假村、商务、SPA、娱乐会所、运动会馆、游艇俱乐部、旅行社、旅游管理部门、活动策划公司等，少数院校紧密结合当地的休闲旅游产业布局和产业发展特色，着重培养当地休闲旅游产业发展所需的专业人才，如浙江舟山群岛新区旅游与健康职业学院的人才培养方向侧重滨海休闲旅游。

表 8 - 9　　　　　　　　　　部分高职院校休闲服务与管理专业人才培养目标

学校	人才培养目标
上海旅游高等专科学校	培养具有较强的休闲意识，健康、科学、合理的休闲价值观念，懂得休闲行业基本格局与运行规则，掌握 1 ~ 2 门休闲技能，热爱服务业，具备较好的服务意识和素养，适合在运动休闲产业、文化休闲产业以及其他休闲关联及支持行业中工作，有较强的实践能力和专业技能（包括休闲服务能力、休闲活动的组织策划能力、休闲经营与管理能力、休闲市场营销能力等）的应用型休闲产业服务与管理人才
浙江旅游职业技术学院	培养掌握休闲活动策划与管理、休闲产品及设施运营、市场营销、休闲企业经营管理等能力，胜任高尔夫等健身休闲、茶文化休闲、旅游休闲等中高端休闲企业的应用型人才
黑龙江旅游职业技术学院	以休闲服务与管理专业知识为基础，以服务与管理能力为重点，培养具备高尔夫俱乐部或球会中高层管理工作所需要的专业技能，熟练操作高尔夫俱乐部各岗位具体工作，同时又能掌握高尔夫产业相关领域专业知识和技能，从事高尔夫产品开发和市场营销，以及高尔夫相关领域专业的高素质技术技能人才
三峡旅游职业技术学院	培养掌握高尔夫行业及相关产业的管理知识及技能，熟练掌握高尔夫球技，能胜任高尔夫市场推广与项目策划、赛事经纪与管理、高尔夫器材设备市场营销、高尔夫技术推广及教学培训、高尔夫草坪场地维护与管理、高尔夫项目网站、高尔夫旅游经营管理，并兼及文秘、群众体育等多种职业适应能力的复合型高级专业人才
浙江舟山群岛新区旅游与健康职业学院	培养具有良好职业道德和敬业精神，知识面宽，英语运用能力和实践能力强，具备滨海休闲旅游策划与管理能力、国际邮轮游艇服务与管理能力的高素质技术技能型人才
嵩山少林武术职业学院	主要培养德、智、体全面发展，具有良好职业道德、专业能力和技能，以及良好外语沟通能力的服务与管理方面的高素质技能型专门人才
渤海理工职业学院	主要培养具备从事高尔夫运动管理和高尔夫产业相关领域所必备的管理、经济、体育、草业科学方面的基本专业知识和专业技能，能够胜任高尔夫球会各类岗位，管理、组织各类高尔夫球赛事活动，以及从事高尔夫产品开发和营销所具备的专业能力和基本技能；成为思想品德好、社会责任感强、职业道德优良的德、智、体、美全面发展，具有国际视野、较强的沟通能力、组织协调能力、优良的人文素质和创新精神的高素质复合型专门人才

续表

学校	人才培养目标
海南工商职业学院	主要培养掌握高尔夫行业及相关的产业管理知识及技能，熟练掌握高尔夫球技术，能胜任高尔夫俱乐部管理与服务、高尔夫市场推广与项目策划、赛事经纪与管理、高尔夫器材设备市场营销、高尔夫旅游经营管理等工作的高素质技能型人才
云南国土资源职业学院	主要培养具有与本专业领域相适应的文化素质、良好的职业道德和创新精神，掌握休闲服务基本职业技能、休闲活动管理与策划、休闲产品及设施运营、休闲市场营销、休闲企业经营管理的基本知识和服务技能，具备从事本专业领域工作的基本能力，能胜任运动休闲、文化休闲、旅游休闲等休闲服务与管理岗位需要的高技能型人才
广西经济职业学院	培养德、智、体全面发展，适应现代旅游休闲产业发展需要的，掌握旅游休闲企事业机构（如大型度假区、星级酒店、商务、SPA、娱乐会所、运动会馆、俱乐部等休闲会所及相关行政管理机构）相应岗位必备的理论基础知识和专门知识，具有较强的旅游休闲业服务与管理相关职业技能，多元文化沟通技巧、外语与计算机应用能力，以及休闲会所运营与管理、项目策划、营销推广等方面能力，并掌握民族、民俗表演的专门技能及相关的理论知识等方面的高素质技能型人才
安徽体育运动职业技术学院	培养德、智、体、美等全面发展，具有综合职业能力，能胜任旅游体育技能指导、经营管理、旅游市场开发和旅行社管理等工作的应用型人才
浙江农业商贸职业学院	培养具有较好职业素养，掌握现代导游业、休闲服务业管理与导游服务所必需的基础文化知识、专业基础知识和专业技术技能，具有与所从事岗位相适应的文化素质和良好的职业道德，具有扎实的导游服务专业知识和过硬的导游带团专业技能，能够在旅游企业如旅行社、旅游景区、休闲度假区等第一线从事接待、服务和管理等工作的高素质技术技能人才
泉州幼儿师范高等专科学校	培养德、智、体、美、劳全面发展，具备良好的职业素养和敬业精神，熟练掌握文化休闲服务与管理的职业技能，具有较强的文化休闲服务、文化休闲事业的组织策划、文化休闲市场营销、文化休闲企业经营与管理的实践能力和专业技能的文化休闲产业服务与管理第一线高端技能型专门人才
青岛职业技术学院	面向国内高尔夫俱乐部、游艇俱乐部等休闲产业机构，培养具备休闲行业专业知识、实践操作能力、良好职业道德的企业初、中级管理者

资料来源：根据学校官方网站资料整理。

2. 培养模式

目前，我国高职院校主要以"校企合作""合作办学"的培养模式为基础，以"订单班"人才培养为主要模式与其他合作模式并存，探索休闲服务与管理专业人才培养模式创新①（见表8-10）。如武汉职业技术学院的"双轨双能"人才培养模式，该校的休闲服务与管理专业采取"2+1工学结合"，两年在学校学习、一年在休闲企业实习的工学结合"双轨双能"人

① 崔国成：《以行业为依托构建"校企合作"订单式人才培养模式》，《中国职业技术教育》2014年第8期，第20-22页。

才培养模式。"双轨"指学校和企业两大培养主体，工学结合，校企深度合作；"双能"指通过培养，学生掌握休闲的基本理论知识和1~2门实践技能，即在就业的时候，在理论层面，学生能够"懂管理，懂策划"，在技能层面，学生能够"会操作，会沟通"[①]。

表8-10   部分高职院校的人才培养模式

学校	人才培养模式	主要内容
云南国土资源职业学院	国际合作办学	与泰国清莱皇家大学以及加拿大德恒学院建立合作办学关系，打通国际合作办学的通道；三年级学生将带薪赴北京尼克劳斯俱乐部参加国际球童的培训和考证
云南旅游职业学院	合作办学	与国际知名高尔夫学院苏格兰爱姆伍德学院合作开办，前两年部分专业课程由爱姆伍德学院外教及学院具有高尔夫职业资格证和苏格兰教师证的PDA教师教授；学业成绩合格者由爱姆伍德学院和旅游学院统一推荐，保证100%在高尔夫俱乐部、高尔夫企业、相关旅游服务企业就业，与省内昆明温泉高尔夫俱乐部、万达高尔夫俱乐部、乡村高尔夫俱乐部、培星东岸高尔夫球会等多家球会企业建立长期、稳定、多层次的合作关系
山东旅游职业学院	校企合作办学	与济南国际赛马场联合办学，实践课程全部由济南国际赛马场具备多年专业经验的资深人士进行教学，学生毕业后可获得学校与马术俱乐部联合颁发的资质证书及学历证书。优秀学生可推荐到英、美、德、法、迪拜等国际大型马术马业集团深造
黑龙江旅游职业技术学院	校企合作+订单培养+岗证一体	高尔夫方向——与广州侨鑫集团建立从都高尔夫基地、学生实践与就业基地；滑雪方向——与黑龙江亚布力滑雪场、黑龙江吉华滑雪场建立合作培养关系，定向培养学生，毕业后可直接就业
湖南商贸旅游职业技术学院	校企合作+订单培养	与湖南新康辉国际旅行社有限责任公司建立了合作关系，作为校外实习就业基地，每年有80~100名学生赴该公司在张家界、长沙的分公司或营业部实习
湖南高尔夫旅游职业学院	校企合作	与深圳华侨城旅游集团、新康辉国际旅行社有限责任公司、深圳市梦路旅行社有限公司、深圳观澜湖高尔夫俱乐部等国内高端企业合作，以及溪口银凤锦江旅游度假村、浙江南湖国际俱乐部、北京九华山庄、湘鄂情餐饮连锁有限公司等建设多家教学基地
辽宁轻工职业学院	校企合作+双导师制	与大连市相关休闲产业机构建立良好的合作关系，校企合作建设多家校外实训基地，外聘多名行业专业人士为学生授课或开展专业讲座、专题讲座，在授课过程中以工作任务为导向，围绕学生岗位技能开展实训教学，让学生理论学习与实践锻炼相结合，综合培养学生的职业能力，顺利在合作企业及相关企业顶岗实习和就业

①焦巧：《高职院校休闲服务与管理专业的建设思路——以武汉职业技术学院休闲专业为例》，《武汉船舶职业技术学院学报》2012年第4期，第126-129页。

学校	人才培养模式	主要内容
青岛职业技术学院	学—教—做合一	与荷兰 INHOLLAND 应用科技大学休闲管理专业建立全面的合作关系，建设适合高等职业教育发展规律的基于能力本位（CBE）的课程体系，全部采用项目训教模式，在真实项目中"学中做、做中学"，实现各项能力的综合提升

资料来源：根据学校官方网站资料整理。

3. 课程体系

高职院校休闲服务与管理专业课程体系主要包括公共课、专业基础课、专业核心课、专业选修课等模块，其中，各院校公共基础课基本相同，专业课程基本融合了旅游、管理、体育等多门学科的知识、能力和素质要求，部分课程因专业方向不同略有差异。部分院校专业课程体系如表8－11所示。

表8－11　　　　　　　部分高职院校休闲服务与管理专业课程设置

学校名称	课程设置
上海旅游高等专科学校	休闲学概论、高尔夫概论、旅游概论、管理学概论、休闲活动策划、休闲英语、户外游憩概论、现代饭店管理、餐饮管理、度假区管理、娱乐场馆管理、高尔夫规则与礼仪、高尔夫运动技巧、高尔夫专项训练、高尔夫俱乐部管理、休闲垂钓
嵩山少林武术职业学院	休闲产业与旅游、管理学、形体礼仪、销售策略与技巧、高尔夫专业英语、高尔夫运动技能、赛事服务与组织、档案文案管理等专业课程
渤海理工职业学院	高尔夫运动技能、高尔夫球童实务、高尔夫英语、高尔夫赛事组织、高尔夫形体与礼仪、高尔夫历史与文化、高尔夫心理学、高尔夫球会管理等
海南工商职业学院	海洋旅游项目策划、主题公园开发与管理、休闲渔业、海岛旅游开发、邮轮服务与管理、游艇俱乐部服务与管理等
云南旅游职业学院	球会运营与管理、球童服务与管理、高尔夫市场营销、高尔夫礼仪与规则、高尔夫运动技术、高尔夫赛事组织管理、高尔夫客户服务、球会实践等
安徽体育运动职业技术学院	旅游心理学、导游基础知识、旅游管理学、体育旅游导论、旅游政策与法规、健身体能训练、户外运动（攀岩、登山、漂流、野营、定向越野、野外生存）、游泳与救生、拓展训练、休闲体育等
浙江舟山群岛新区旅游与健康职业学院	休闲旅游、海岛旅游、国际邮轮运营管理、游艇服务与管理、滨海景区服务与管理、主题公园原理与实务、滨海休闲旅游产品设计、智慧旅游、旅游电子商务、国际邮轮实用英语、高尔夫教学、咖啡烘焙、茶艺、调酒等
浙江旅游职业学院	主干课程包括茶文化、茶艺与茶道、茶叶审评、茶会策划、茶席设计等
浙江农业商贸职业学院	导游业务、浙江导游文化基础知识、全国导游文化基础知识、旅游政策法规、现场导游实训、旅游地理、茶与茶文化、旅游英语、旅游心理学、客源国概况

续表

学校名称	课程设置
泉州幼儿师范高等专科学校	休闲学概论、休闲心理学、休闲业法规、休闲经济、各国人文风俗、儒释道及汉学简述、国际礼仪、休闲英语、休闲企业经营与管理、康乐服务管理、餐饮服务技能、酒店与会所管理、前台接待和客房服务教程、休闲俱乐部管理、顾客关系管理、消费者行为、休闲活动策划、休闲电子商务、民俗文化应用、文化创意产业等课程

资料来源：根据各院校官方网站资料整理。

综合各高职院校休闲服务与管理专业课程设置，可以将休闲服务与管理专业课程体系分为职业基础课、职业技能课、职业能力拓展课、综合素质拓展课、集中实践教学课程，各模块对应的职业能力如表 8－12 所示，主要培养学生掌握休闲事业管理运营知识和技能，具备外语沟通能力，具有较强的实践能力，能够适应我国休闲事业发展要求。

表 8－12   休闲服务与管理专业课程模块分析

课程模块	课程名称	课程目标
职业基础课	休闲学概论、旅游学概论、旅游政策与法规、客源国概况、中外民俗、休闲英语、旅游英语、社会休闲学、休闲人力资源管理、导游基础知识、管理学基础、民俗与文化、计算机基础等	掌握基础的旅游和休闲旅游基础知识，具备基本的专业操作能力
职业技能课	运动休闲会所运营与管理、休闲活动策划与管理、康乐服务与管理、休闲旅游线路设计、休闲业服务质量管理、景区服务与管理、休闲体育经营与管理、休闲策划原理与实务、休闲活动与设施管理、会议服务与管理、庆典与赛事管理、市场营销、服务心理学、前厅与客房管理、高尔夫经营管理、旅游市场营销、旅游电子商务等	熟练掌握休闲服务与管理的职业技能，具有较强的组织策划、休闲市场营销、休闲企业经营与管理的实践能力和专业技能
综合素质拓展课	旅游交际礼仪、应用文写作、公共关系学、旅游心理学等	具备良好的职业道德，心理素质与身体素质，较强的口头表达能力与商务沟通能力、组织协调能力、团队协作能力
集中实践教学课	调酒、茶艺、前台接待和客房服务、餐饮服务操作、高尔夫草坪管理及养护基础、岗前综合技能训练、顶岗实习等	具备较强的岗位综合实操能力与实际问题解决能力

资料来源：根据各院校官方网站资料整理。

4. 实训基地

实践教学注重学生专业实践能力和技术应用能力的培养，按照高职教育教学的特点，要求实践教学占总教学时间比例达 50% 以上。实践教学的实施需要完善的实训基地作为支撑。在实训基地建设方面，休闲旅游类专业的实训基地建设资金投入巨大，如高尔夫练习场，很多开设高尔夫方向的高职院校没有实力建设校内实训基地，只能在高尔夫企业建有一批校外实训基地，因此大部分专业实践课程依托于高尔夫企业（见表 8－13）开展教学，这容易造成学生实践机会较少，技能掌握不扎实。

表 8－13　　　　　　部分高职院校休闲服务与管理专业实训基地建设情况

学校名称	实训基地建设情况
云南国土资源职业学院	建有高尔夫俱乐部管理专业的教学实训场地；与省内外的多家旅行社、高星级酒店、景区景点以及高尔夫俱乐部签署合作建设教学实训基地的协议
云南旅游职业学院	新建并投入使用多个高尔夫实训室，拥有目前国内技术领先的三维立体环屏高仿真高尔夫球场模拟器、人工果岭、高尔夫小型练习场等
山东旅游职业学院	校企共建，实训室均由学院自主设计，专业教师根据教学需要提出需求并参与设计和建设全过程。以实景活态的形式实践一种全新的体验教学模式，建有国内同类高校唯一的四星级实训中心百川花园酒店、3A 级校园景区、高尔夫球训练场、模拟导游室
吉林工程职业学院	与大连市相关休闲产业机构建立良好的合作关系，校企合作建设多家校外实训基地，外聘多名行业专业人士为学生授课或开展专业讲座、专题讲座，在授课过程中以工作任务为导向，围绕学生岗位技能开展实训教学，让学生理论学习与实践锻炼相结合，综合培养学生的职业能力，顺利在合作企业及相关企业顶岗实习和就业
青岛职业技术学院	在北京渔阳高尔夫俱乐部、青岛伯爵山高尔夫俱乐部、青岛银海国际游艇俱乐部等多家休闲机构建有实训基地，校内生产性实训基地设施齐备，有青职国际旅行社、国际公寓、"T－Garden" 车厢咖啡厅、高尔夫实训果岭、海草房茶艺实训室等校内实训场所

资料来源：根据各院校官方网站资料整理。

5. 师资队伍

拥有一定数量、有较高素质的"双师型"师资队伍，是休闲服务与管理人才培养目标得以实现的前提和条件。教师的质量直接影响着学生的发展，这也是教育的基本规律之一。目前，我国休闲服务与管理专业师资队伍年龄结构和学历层次与发达国家存在较大差距，但相比于专业建设初期，已经取得明显的进步。部分高职院校聘请旅游管理行业的高学历、高职称专家作为专职教师，还从国内外知名旅行社、度假企业聘请一批博士、硕士学历的"双师型"教师担任专业任课老师，如表 8－14 所示。

表 8－14　　　　　　部分高职院校休闲服务与管理专业师资队伍现状

学校	具体情况
云南旅游职业学院	拥有一支专业技术过硬、具备先进国际教学理念、认真负责的师资队伍，专任教师均持有国际、国内各项专业技术中、高级资格证，如高尔夫职业经理人资格证、裁判证等

续表

学校	具体情况
桂林旅游高等专科学校	专任教师中副高以上职称教师比例达到 39%；89% 以上教师具有研究生学历，其中博士研究生占 20%；50% 以上的教师为双师素质型教师，具有丰富的酒店、旅行社、旅游行政部门从业经验
上海师范大学	现有教职工 40 人，其中专任教师 30 人、辅导员 8 人、教辅 2 人。在专任教师中，具有教授职称 5 人，占 17%；具有副教授职称 12 人，占 40%；具有博士学位 14 人，占 47%；具有硕士学位 50 人，占 50%
湖南高尔夫旅游职业学院	现有专职教师 48 人，兼职教师 15 人，其中高级职称 10 人、中级 20 人，外籍教师 2 人，"双师型"教师 30 人，研究生及以上学历教师占 70%
北海职业学院	现有专业教师 38 人，其中教授 1 人、副教授 5 人。专任教师中"双师型"教师占 80%，硕士以上研究生学历占 70%

资料来源：根据各院校官方网站资料整理。

四、我国休闲旅游专业职业教育服务产业发展分析及建议

任何行业的蓬勃发展都需要大量的高素质人才支撑。休闲旅游已成为我国旅游业发展的全新的方向，而当前休闲旅游人才整体的专业素养和职业能力还不高，无法正确地领会休闲旅游的内涵，在休闲旅游的发展中难以发挥积极的促进作用。我国休闲旅游专业人才素养与能力的培养及提升迫在眉睫。结合我国旅游业当前发展形势，强化休闲旅游专业人才素养与能力的培养，全面提升专业人才培养质量，才能更好地推动整个休闲旅游业的发展。

（一）休闲旅游职业教育服务产业发展分析

1. 人才培养规模小

据不完全统计，目前开办休闲旅游专业的高等院校不多，本科院校如上海师大旅游学院（上海高等旅游专科学校）、天津商业大学、北京航空航天大学北海学院、广东商学院、中山大学、暨南大学深圳旅游学院、北京联合大学、东北财经大学、厦门大学、浙江大学等，这些本科院校大多数是在旅游管理学科中开设休闲旅游方向，而且以研究休闲旅游为主，并没有培养休闲旅游业一线人才的目标和任务[①]。高等职业院校中只有 47 所学校已开设休闲服务与管理专业，还有部分高职院校在旅游类专业下设休闲旅游方向，但普遍招生规模较小。相比休闲旅游产业百万人才需求和众多特色产业方向，现阶段的人才培养规模偏小，专业方向较少，尚不能满足产业发展需要。

2. 培养目标不明确

高素质技能型人才是高职院校人才培养的主要方向和目标，"理论够用，技能扎实"是众多高职院校制订人才培养方案和设置课程体系的指导思想之一。然而，在人才培养的实践中，高职

[①] 谢苏：《高等职业院校开设休闲旅游专业的若干思考》，《武汉职业技术学院学报》2010 年第 9 期，第 47 – 49 页。

院校培养的人才往往存在"高不成，低不就"的问题。通过对部分休闲企业进行访谈，发现被调查的休闲企业在基层服务岗位中多任用中职学生，在管理岗位中多任用具有一定行业经验且本科以上学历的人员。原因在于：一是中职学生在服务技能的掌握和操作方面并不亚于高职生，且心态平稳，人员流动性低，便于管理，对于企业来说人力成本也相对较低，与之相比，普通服务岗位很难留住高职学生。二是对于中基层管理岗位来说，大部分用人单位更看重的是行业经历、组织协调能力和综合素质。高职院校休闲旅游类专业的学生在这几方面与本科院校相关专业的学生相比，并不占据优势。

3. 人才培养模式陈旧

大多数开设休闲旅游类专业的高职院校在制订人才培养方案时，没有开展行业需求调研，而是闭门造车；更有少数高职院校直接参考其他服务类专业的培养方案制订本专业的人才培养方案。由于人才培养方案的不科学，导致休闲旅游类专业的毕业生很难获得相关企业的青睐。例如，大部分休闲旅游类专业将高尔夫作为其人才培养的主要方向，对于高尔夫企业来说，需求量最大的是球童，而高职院校毕业生要想走上球童岗位，还必须经过企业相当长时间的培训，才能为客户提供相应服务。因受到场地、器材、师资等条件的限制，目前很多高职院校无法完成相关技能教学和培训。此外，休闲旅游产业中其他岗位，如教练、会所服务、会籍销售等，休闲旅游类专业的学生与其他专业的学生相比，并不具备竞争优势。如酒店管理（旅游管理）专业以及部分艺术类专业的学生对应的会所服务岗位、营销专业的学生对应的会籍销售岗位、体育类院校的学生对应的教练岗位等，他们比休闲旅游类专业的毕业生更具岗位竞争优势。

4. 课程体系不完善

休闲旅游人才的培养还处在摸索阶段。目前开设休闲旅游专业的高职院校中，非常普遍的现象是旅游管理专业的专业课程设置代替了休闲旅游类专业，休闲旅游企业所需的专业服务管理人才绝大部分来自于旅游管理专业的毕业生。旅游管理专业与休闲旅游类专业虽说是有关联的专业，在大概念上似乎归属于旅游行业，但它们毕竟是两个内容不一样的专业类型，在培养目标、人才规格、教学内容、教学形式方面应该很有差异，这种其他专业的可替代性和渗透性都直接或间接地影响了休闲专业的健康发展。并且，休闲服务与管理专业学科交叉性强，没有形成完整的、科学的专业体系，甚至部分基本概念和理论知识都没有达成统一的认识。同时，存在专业教材和书籍等教学资源紧缺的情况。整体看，现有的休闲旅游类专业课程体系还不够完善。

5. 师资力量较薄弱

教育质量在很大程度上是以师资力量为基础。从休闲旅游类专业师资队伍的现状看，存在着教师缺乏相关行业经历、技能型教师数量不足等问题，活跃在休闲旅游职业教育第一线的主力军，基本是硕士、本科毕业生及其他专业的博士和教授等，他们没有休闲旅游企业的工作经历或仅有很短的实践期（或挂职）经历[1]。现有的旅游院校中不少专业教师既没有受过系统的休闲旅游专业方面的学习，也没有行业从业经验，理论和实践相结合的能力较差，照本宣科的现象普遍。我国休闲旅游专业教师队伍存在的主要问题：一是教师专业背景杂乱，专业教师大部分毕业于旅游管理、英语、体育教育等专业，缺乏具有系统休闲专业背景的教师；二是教师重理论轻实践，缺乏行业经验；三是教师国际视野不够，专业建设受阻。

---

[1]章笕、蒋炯坪：《休闲服务与管理专业人才培养与行业需求拟合研究》，《绍兴文理学院学报》2012年第8期，第98－102页。

（二）对我国休闲旅游职业教育发展的建议

1. 科学合理开设专业

为了满足多样化的休闲旅游人才的需求，职业院校的休闲旅游类专业要结合当地的休闲旅游资源及人才需求状况开设不同的专业方向。例如，海峡西岸的休闲旅游资源相当丰富，当地高职院校可以根据当地的资源开发不同的休闲旅游项目，并把当地特色融入专业教学当中，形成特色化的专业方向，如红色旅游、海洋旅游方向。湖北地处中部，温泉旅游资源丰富，有环武汉和环神农架两大温泉度假带，20多家优质温泉景点，湖北的高职院校可以考虑开设温泉方向的休闲旅游专业。

2. 明确人才培养目标

在专业建设与教学改革过程中，学校应结合目前企业对休闲旅游产业人才的具体岗位设定和岗位能力要求，不断优化专业人才培养方案，而不是盲目追求高大上或者照搬其他学校的人才培养目标。对接现代休闲旅游市场的岗位需求，依据职业院校人才培养的特点，休闲服务与管理专业在人才培养方向上应该更加全面和明确。职业院校应重在培养具有休闲旅游管理基本知识，掌握休闲旅游服务基础理论知识和技能，具有组织协调能力，具有较强的应变能力、心理适应能力，具备规范的休闲旅游服务和管理能力的高端技能型人才。同时，随着"一带一路"倡议的实施，学校要注重培养具有国际视野、了解国际旅游业务运作规则、掌握国际旅游业务知识与技能，具有较高的外语水平，具备较强的跨文化沟通能力的旅游人才。此外，学校应关注到在旅游休闲服务领域，服务已经不再是最为核心的，产品和市场才是最重要的，因此，学校应将产品设计中的用户体验、项目管理、市场营销、风险分析等相关人才的培养融入人才培养目标中。

3. 创新人才培养模式

人才培养模式是实现人才培养目标的重要手段，休闲旅游人才培养模式的选择必须遵循休闲旅游人才市场的需求规律，满足休闲旅游企业对人才的质量要求，采取"校企合作""工学结合"的模式，与企业共同探索创新型的休闲旅游人才培养模式。如酒店管理专业可实行"工学交替"人才培养模式、旅游管理（旅行社经营管理和导游）可实行"竞赛+假期体验"式人才培养模式、空中乘务专业可实行"主题定位、多项分流"式校企深度融合的人才培养模式。学校要根据休闲旅游发展需求以及人才需求趋势，不仅注重专业文化知识的教育，同时也加强素养与能力的培养，坚持以素质教育为核心，以职业能力为重点，从而为现代社会培养出专业的休闲旅游人才。

4. 完善专业课程体系

职业教育的特色体现在"职业技能性"，因此，人才培养要与社会需求紧密结合。由于休闲旅游类专业是新专业，休闲旅游类企业对人才的要求，需要学校在办学过程中深入企业，校企合作，共同构建开放的课程体系，以应对市场需求。

由于休闲旅游行业包含不同类别的业态、休闲岗位，其所需要的岗位技能存在巨大的差异性，因此，根据不同岗位所需要的专业知识、专业技能、职业素质，采取由简单到复杂的顺序，归纳、总结学生应具备的休闲通用能力，开设相关的休闲通用课程，可安排在第一学年开设；通用能力的掌握，可促使学生形成"岗位迁移"的能力，举一反三。在此基础上，在第二学年对专业学生进行专业方向分班，不同专业方向开设专业核心课程，如高尔夫方向相关的课程，或是游艇方向的课程。在开设专业方向核心课程的同时，开设相近专业以及跨专业工作能力需求的选修和拓展课程。例如，在"一带一路"沿线国家和地区中，所覆盖的官方语言有40多种，学校可以开设小语种课程，培养旅游人才的小语种沟通能力。由此，构建具有休闲特色的由通识课程、专业课程、拓展课程三部分组成的课程体系①。针对具体专业课而言，学校与企业共同根据典型工作任务分析各岗位职业能力，确定详细专业课程。

5. 打造"双师"型师资

专业教师是专业建设的基础，是教学的有力保障。职业教育对于教师的要求是既要有扎实的理论基础，又要具备本专业的岗位操作技能。休闲旅游行业发展迅速，市场瞬息万变，只有紧跟市场发展的脚步，专业人才培养才能与市场匹配。在休闲旅游专业教学中，要想提高休闲旅游教学的有效性，实现教学目标，构建"双师"型队伍十分重要。作为休闲旅游专业人才培养过程中不可或缺的一个角色，专业的教师有助于提高休闲旅游专业人才培养质量。要想打造高素质"双师"队伍，需要从以下几方面着手：第一，要开展多元化培训，扩大现有师资力量，积极鼓励和资助专业教师深入企业学习、出国深造，丰富行业经验，了解休闲旅游行业最新态势；第二，加大人才引进力度，引进国外优秀的休闲旅游人才；第三，聘请旅游企业尤其是休闲旅游企业优秀的经营管理者、资深休闲旅游业界专家来校担任客座教授或兼职教师；第四，鼓励教师考取休闲旅游行业含金量高的资格证书，提升实践能力。

6. 拓展多样化实践基地

秉持"学生的实操能力是练出来的"的理念，休闲旅游专业应注重校内外实训基地的建设，加大实训基地建设投入。校内实训基地主要是满足学生平时实训课的需要，让学生对本专业的工作场景、工作流程有感性的认识。不管学校内部实训设施如何先进，与生产建设管理服务一线的最新生产设备相比总有差距。再加上部分高职院校资金不足，校企合作建设实训基地成为一种非常有效的解决办法。找准企业、学校、学生三方的结合点，校企合作共同建设专业的校外实训基地，力图把"企业的需求"和"学校的教学"两方面融合在一起，使培养出来的学生既具有先进的理论知识，又具有现代化企业所需要的实践技能，使学校教学真正做到"学用结合"。

参 考 文 献

［1］王宁：《略论休闲经济》，《中山大学学报》（社会科学版）2000年第3期，第13－16页。

［2］郑胜华：《我国发展休闲产业的可行性研究》，《桂林旅游高等专科学校学报》2001年第2期，第44－47页。

［3］网易新闻：《用五大理念引领旅游休闲产业发展》，http：//news.163.com/16/0107/06/BCN4T01G00014AED.html，2016－01－07。

［4］中国产业信息：《2017年中国休闲度假游行业发展前景分析》，http：//www.chyxx.com/industry/201704/515044.html，2017－04－18。

［5］艾瑞咨询：《2017年度中国在线旅游行业年度监测报告》，http：//report.iresearch.cn/wx/report.aspx？id＝3025。

［6］尹春玲、江波、王宁：《休闲旅游产业转型升级背景下专业人才培养的思考》，《人才资源开发》2017年第6期，第181－182页。

［7］朱玲、沈通：《浅析我国休闲旅游业的发展》，《商业研究》2004年第5期，第151－153页。

［8］许峰：《休闲产业发展初探》，《中国软科学》2001年第6期，第112－115页。

---

①焦巧：《高职院校休闲服务与管理专业的建设思路》，《武汉船舶职业技术学院学报》2012年第4期，第126－130页。

［9］周佳、苏勇军：《产业转型时期农家乐休闲旅游人才队伍建设研究》，《现代化农业》2011 年第 10 期，第 38－40 页。

［10］傅嘉：《休闲旅游专业人才素养与能力的内涵及培养途径》，《旅游市场》2017 年第 9 期，第 247－248 页。

［11］刘翠：《休闲旅游文化基础》，北京清华大学出版社 2008 年版。

［12］马丽卿、范周龄：《现代休闲旅游专业人才培养教育探索》，《教育教学论坛》2016 年第 21 期，第 157－159 页。

［13］张文：《旅游影响》，社会科学文献出版社 2007 年版。

［14］谢苏：《高等职业院校开设休闲旅游专业的若干思考》，《武汉职业技术学院学报》2010 年第 9 期，第 47－49 页。

［15］刘群红：《发展我国休闲旅游产业问题的若干思考》，《求实》2000 年第 8 期，第 41－43 页。

［16］傅嘉：《休闲旅游专业人才素养与能力的内涵及培养途径》，《旅游市场》2017 年第 9 期，第 247－248 页。

［17］刘翠：《休闲旅游文化基础》，北京清华大学出版社 2008 年版。

［18］章笕、蒋炯坪 .《休闲服务与管理专业人才培养与行业需求拟合研究》，《绍兴文理学院学报》2012 年第 8 期，第 98－102 页。

［19］吴建华、吴琼、谢瑞君：《中国休闲旅游教育发展报告》，《经济研究导刊》2011 年第 8 期，第 68－71 页。

［20］方百寿、刘河：《中国高校休闲类课程设置探讨》，《井冈山医专学报》2007 年第 4 期，第 9－15 页。

［21］吴必虎、黎悠悠：《中国旅游专业教育发展报告》，《旅游学刊》2006 年第 21 期，第 9－15 页。

［22］宋瑞：《国内外休闲研究扫描——兼谈建立中国休闲学科体系的设想》，《旅游学刊》2004 年第 19 期，第 51 页。

［23］康保苓：《高职院校休闲服务与管理专业人才培养模式的构建》，《职业技术教育》2008 年第 32 期，第 78－79 页。

［24］［美］杰弗瑞·戈比：《21 世纪的休闲与休闲服务》，张春波译，云南人民出版社 2004 年版。

［25］郑胜华、刘嘉龙：《中国休闲教育的现状与构想》，《高等教育研究》2007 年第 2 期，第 79－84 页。

［26］邵林涛：《高职休闲服务与管理专业人才培养方案探析》，《中小企业管理与科技》（下旬刊）2010 年第 12 期，第 148－149 页。

［27］曾天雄、李小辉：《我国休闲产业人才培养问题探析》，《郑州航空工业管理学院学报》2008 年第 2 期，第 109－111 页。

［28］龚绍方、祝菁菁、李晓庆：《我国高校新型休闲与旅游专业建设的思考》，《决策探索》（下半月）2009 年第 9 期，第 65－66 页。

［29］孙萍：《新形势下国内休闲度假旅游开发策略探析》，《商业时代》2009 年第 20 期，第 121－122 页。

研究篇

研究报告一　完善职业教育和培训体系：
现状、愿景与当务[①]

　　职业教育的未来如何发展？在党的十九大报告中，习近平总书记给出了明确的指示：要"完善职业教育和培训体系，深化产教融合、校企合作。"[1]可以说，这是国家对职业教育未来走向至关重要的一个战略性的指导方针，一个方向性的顶层设计。

　　显然，这句话涵盖两个关键词：一个是"完善"，另一个是"深化"。"完善"的宾语为一个"体系"，即"职业教育和培训体系"（以下简称"体系"）；深化的宾语则为两个"结合"，即"产教融合、校企合作"（以下简称"结合"）。这表明，完善"体系"是一种制度设计，而完成这一制度设计任务的抓手，就凝聚在深化的两个"结合"这一焦点上。

　　作为与经济发展联系最为紧密的教育类型，职业教育是经济发展的晴雨表。这两个"结合"，正是国家对为中国经济培养其所急需的技能人才的职业教育所表达的最明确的期盼。

　　需要强调指出，党的十九大报告将职业教育和培训合在一起来谈"体系"建设，而不是将其视为两个分离的"体系"——职业教育体系和职业培训体系来论述，充分体现了在新时代中国特色社会主义这一发展总体指导思想的历史背景下，国家对现代职业教育体系建设所给出的一个综合性的、整体性的布局。特别是，将产教融合、校企合作作为完善"体系"的抓手，就旗帜鲜明地点出了完善的重心——产教融合、校企合作，绝不能偏离，必须心无旁骛，坚定不移。

　　同时，职业教育作为一种教育类型，不仅是经济发展的助推器，而且还是社会公平的润滑剂，更是个性发展的动力源。因为人总是通过职业来发展自己的。所以，职业既是个体融入社会的载体，又是个体生涯发展的媒介，更是个体张扬个性的平台。而只有通过产教融合、校企合作的职业教育，才能更好地培养个体的职业素养、职业能力，也就是工匠精神，才能获得适合自己的职业，从而实现个体自身的人生价值。

　　基于此，职业教育担负着满足经济发展需要和满足个性发展需要的"双重性"责任。那么，经过改革开放近40年的发展，还在继续前行中的现代职业教育体系建设，与完善"体系"及深化"结合"之间，存在什么样的关联呢？

一、审视现状：探索探究建设的成绩与问题

　　"体系"完善的第一件事，需要审视现状，旨在看到成绩并找准问题，以期扬长避短，不失其正。

　　回顾现代职业教育体系建设的历程，可以交上一份比较满意的答卷。这是一个一以贯之的持续渐进的实践过程，是一个矢志不渝的探索探究的改革进程。回首走过的路，现代职业教育体系

　　①本文作者：姜大源，男，教育部职业技术教育中心研究所研究员。文章来源：《中国职业技术教育》2017年第34期，第25－34页。

建设已经取得长足的进步。尤其是近 5 年来，国家对现代职业教育体系建设给予了更大更多的重视。回溯这些年来现代职业教育体系建设的方方面面，可以梳理出一条清晰的脉络，并收获了许多重大的成果，这就为完善"体系"奠定了比较坚实的基础。

（一）"体系"建设取得的成绩

现代职业教育体系建设的成绩，是在"一步一个脚印"走过来的进程中取得的。笔者以为，这一进程大致可分为四个发展阶段。

第一阶段：建设的起步。2010 年中共中央、国务院在《国家中长期教育改革和发展规划纲要（2010～2020 年）》（以下简称《纲要》）中提出"到 2020 年，形成适应经济发展方式转变和产业结构调整要求、体现终身教育理念、中等和高等职业教育协调发展的现代职业教育体系，满足人民群众接受职业教育的需求，满足经济社会对高素质劳动者和技能型人才的需要"的建设目标。[2]《纲要》的这段话，是在起步阶段对现代职业教育体系的全面阐释。它涵盖了现代职业教育体系建设的三大要务：经济发展的需求性、终身学习的开放性、职业教育的系统性。

第二阶段：建设的提速。2013 年 11 月 12 日，习近平总书记主持召开了中央全面深化改革领导小组第三十五次会议。会议通过的《中共中央关于全面深化改革若干重大问题的决定》第四十二条（以下简称《深改组决定》）再次指出，要"加快现代职业教育体系建设，深化产教融合、校企合作，培养高素质劳动者和技能型人才"。[3]《深改组决定》是在提速阶段，对加快现代职业教育体系建设之重点的强调，也就是"深化产教融合、校企合作"。

第三阶段：建设的深化。2014 年 6 月国务院印发的《关于加快发展现代职业教育的决定》（以下简称《国务院决定》）重申，"到 2020 年，形成适应发展需求、产教深度融合、中职高职衔接、职业教育与普通教育相互沟通，体现终身教育理念，具有中国特色、世界水平的现代职业教育体系"。[4]《国务院决定》在深化阶段，首次对现代职业教育体系的定位提出了新要求，这就是要建设"中国特色、世界水平"的现代职业教育体系。

第四阶段：建设的延展。2017 年 9 月，中共中央办公厅、国务院办公厅印发的《关于深化教育体制机制改革的意见》（以下简称《意见》）指出，要"加强系统谋划，注重与《国家中长期教育改革和发展规划纲要（2010～2020 年）》等做好衔接"。[5]《意见》是在延展阶段，对现代职业教育体系进一步发展的连续性进行的体会，指明深化教育体制机制的改革不是重新开始，而是在已有基础上的继续发展，做好统筹谋划，做好衔接工作。

因循这一历史沿革，可以说，从 2010 年的《纲要》到 2017 年的《意见》，现代职业教育体系建设的轨迹昭示世人：伴随着中国经济转型和产业结构调整，中国现代职业教育体系的建设，始终是与中国经济的发展相适应地前行的。

纵观职业教育体系建设的这一全过程：从起步阶段的功能定位，即"适应经济发展方式转变和产业结构调整要求"表明了建设的宗旨——经济发展的需求性，"体现终身教育理念"则凸显了建设的时空——终身学习的开放性，"中等和高等职业教育协调发展"进一步确立了建设的架构——职业教育的系统性；到提速阶段的导航定位，即建设的指向——"深化产教融合、校企合作"；再到深化阶段的目标定位，即建设的标准——彰显"中国特色、世界水准"；直至延展阶段的策略定位，即建设的方针——必须"系统谋划""做好衔接"。充分表明在经历了四个发展阶段之后，现代职业教育体系建设已经逻辑性地完成了"起步—功能""提速—导航""深化—目标""延展—策略"各阶段定位的任务，框架业已初步形成，且已初见成效。具体地说，

直至今日，现代职业教育体系建设所取得的成绩，其基本表征体现在以下三个方面：[6]

一是形成了相对完备的教育结构。各级各类职业教育得以统筹发展，职业教育、普通教育、继续教育相互沟通衔接，高职学校与普通高校考试招生相对分开，初步构建了人才培养和成长的"立交桥"。

二是实现了供需适配的教育规模。全国现有约1400所高等职业院校、约1.1万所中等职业学校，开设了近千个专业、近10万个专业点，基本覆盖了国民经济各领域，为世界唯一具有所有工业门类的中国经济，建立了与之配套的职业教育体系，从而具备了为这一工业体系大规模培养高素质劳动者和技能型人才的能力。

三是显现了日益提高的教育质量。中高等职业教育人才培养质量保持了较高水平。中职毕业生就业率连续10年保持在95%以上，高职毕业生半年后就业率超过90%。职业院校毕业生已经成为支撑中小企业集聚发展、区域产业迈向中高端的不可替代的生力军。

显然，这表明，职业教育已有了一个相当坚实的可以进行"体系"完善的基础。但尽管如此，改革与发展永无止境。党的十九大报告之所以提出"完善"一词，意味着现在的"体系"还有不完善的地方，也就是说，还存在不少问题需要去解决，还有许多不尽如人意的地方需要去改进。一句话，职业教育必须为"完善"破题。

（二）"体系"建设存在的问题

党的十九大报告指出，新时代中国特色社会主义的建设，"既要全面建成小康社会、实现第一个百年奋斗目标，又要乘势而上开启全面建设社会主义现代化国家新征程，向第二个百年奋斗目标进军。"[7]基于此，职业教育需要反思：其一，现有"体系"能否满足决胜小康社会对人才的职业能力更高的需求？其二，现有"体系"能否为全面现代化，实现中华民族复兴这一伟大事业培养所需要的技能人才？上述问题的核心，可以归结为：新时代中国特色社会主义建设，迫切要求中国经济转型升级，而职业教育又应如何主动与之协调发展，实现自身的升级呢？

需要特别指出，在党的十九大报告中有两个"优先"的提法，一是教育优先，即要"优先发展教育事业"；二是就业优先，即要"坚持就业优先战略和积极就业政策"。[8]职业教育作为一种教育，既属于优先发展的教育事业，又因为是就业导向的教育，故属于教育中应更加优先发展的教育事业。可以说，职业教育是在所有教育类型中，唯一一个占据了"双优先"位置的教育类型。毋庸置疑，这更加突出地表明了职业教育的不可替代性。这里需要思考的是，占据"双优先"位置的职业教育应该"优先"，可现实情况为什么还未能"优先"呢？

现状的确使人无法乐观。职业教育如何坚持以服务发展为宗旨、以促进就业为导向的大政方针？中等职业教育为何基础不牢？高等职业教育是升级还是升格？为什么职业资格门槛降低了，从业的学历门槛却提高了？一方面有事没人做，另一方面却有人没事做，企业招技术工人难与高校毕业生就业难"两难并存"[9]。总之一句话："体量大而不强、产教合而不深、体系不完善、吸引力较弱仍是当前职业教育面临的主要问题。"[10]

两年前，笔者参加了全国政协关于现代职业教育体系建设路径的考察调研以及全国人大关于职业教育法执行情况的前期调研，并撰写过两份调查报告。在提到职业教育现存问题时，笔者在报告中曾引用坊间流传的关于职业教育状况的三句"顺口溜"：职业教育是"校热企不热""官热民不热""上热下不热"。这些说辞虽有些偏颇，但也确实反映了职业教育发展中的尴尬。[11]

事实上，这三句话背后所隐藏问题的症结在于：从职业教育的吸引力来看，"体系"还没有精准完成《纲要》中"满足人民群众接受职业教育的需求"的任务；从职业教育的功能性来看，"体系"也还没有精准完成《纲要》中"满足经济社会对高素质劳动者和技能型人才的需要"的任务。

尤其是，以追求学历为主的职业学校教育，与追求资格为主的职业培训两者之间的长期分离，导致了本应成为一个整体的"职业教育和培训体系"，却长期呈现为一种"瘸行"状态，至今未能形成合力，从而加剧了职业教育在资源分配、运行效率和管理职能上的不协调。

如何破解？必须扬长避短，不失其正，这就需要"慎思之，明辨之，笃行之"。

二、确立愿景：体制机制突破的规律与措施

"体系"完善的第二件事，需要确立愿景，旨在把握规律并制定措施，以期革故鼎新，高屋建瓴。

关于现代职业教育体系的建设，其实早在 2014 年 6 月全国职业教育工作会议召开期间，习近平总书记对加快现代职业教育发展所做出的重要指示中，就已经鲜明地指出了职业教育的基本定位及其顶层设计的思想：职业教育是国民教育体系和人力资源开发的重要组成部分。[12]这句话指明，作为国民教育体系的学校职业教育，以及作为人力资源开发的职业培训，都是为中国经济社会发展培养职业人才的不可分割、不可或缺、不可替代的有机组成部分。

尽管 1996 年颁布的《职业教育法》涵盖了职业学校教育与职业培训的内容，然而该法第十三条基本上指称的是职业学校教育，第十四条则主要指称的是职业培训（尽管条款中也提到培训的实施机构也可是职业学校）。[13]并且虽然职业教育界多数人也认为两者不可分离，遗憾的是在当前情况下，职业教育更多呈现为职业学校教育与职业培训相互分离的状态。

针对不同类型的教育，党的十九大报告分别提出了新部署、新要求。关于职业教育如前所述，其"体系"建设需要完善，深化是完善的抓手。所谓"完善"就是"要求统筹职业教育与培训，使其融为一体"。[14]这是一个方向性的战略部署，也是一项十分紧迫的任务。

要使长期形成的目前还是相对分离的职业学校教育与职业培训有机地融为一体，只有在遵循职业教育自身规律的前提下，在体制机制上有重大突破，才有可能完成党的十九大报告提出的"体系"完善的任务。

（一）"体系"完善的理论依据：关于职业教育遵循的规律

完善必须建立在把握职业教育规律的基础之上。一般来说，与只有学校这样一个学习地点的普通教育不同，作为与经济发展密切相关的教育类型，职业教育至少有两个不可替代的学习地点——学校和企业。因此，无论是外延，还是内涵，职业教育已经跨越了传统的普通教育范畴：其一，跨越了企业与学校的界域，故必须关注企业培训与学校教育的融合；其二，跨越了工作与学习的藩篱，故必须关注工作规律与学习规律的融合；其三，跨越了职业与教育的分割，故必须关注职业及职业成长规律与教育及教育认知规律的融合。这就是说，跨越了企业和学校，跨越了工作与学习，跨越了职业与教育，职业教育也就跨越了经济界与教育界两大领域。这说明，职业教育是一个"跨界"的教育。对跨界的教育必须有跨界的思考。[15]

习总书记早在 2014 年就加快发展职业教育所做出的重要指示中就强调指出："要牢牢把握服务发展、促进就业的办学方向，深化体制机制改革，创新各层次各类型职业教育模式，坚持产教

融合、校企合作，坚持工学结合、知行合一。"[16]这段话实际上论及了职业教育的四对跨界要素，即生产与教育、学校与企业、工作与学习、知识与行动。

这里提及的"跨界四要素"，与前面提到的"发展双优先"，正是职业教育区别于普通教育的特殊规律，是完善职业教育和培训体系的理论依据。

（二）"体系"完善的政策建议：关于体制机制创新的措施

"完善"必须建立在体制机制创新的措施之上。作为一种"跨界"教育，职业教育的体制与机制建设，也就必须同时遵循经济（产业）与教育（事业）、职业（就业）与教育（供给）、职业成长与教育认知的跨界结合规律。所以，职业教育的改革与发展，需要同步关注经济发展的需要和个性发展的需要，这不是教育部门也不是人社部门各自单独就能够完成的任务，而是涉及经济发展、教育培训、社会稳定、劳动就业等政府职能部门，以及行业、企业、青年、妇女、工会等多个社会机构的一件国家大事。所以，必须基于国家层面来思考、研究并制定完善"体系"这一任务的、具体的有效措施。

鉴于此，要完善职业教育和培训体系，就必须"跳出教育看教育，跳出学校看学校，跳出知识看知识"，也必须"跳出培训看培训，跳出企业看企业，跳出技能看技能"。职业教育不能继续保留"教育部门办学校，人社部门办培训"的分割状态，而必须摒弃分割的"定界"思维，树立系统集成的思想。

关于职业教育体制机制的改革，笔者给予了较多的关注。现将笔者多次从问题出发寻求解决问题的办法而提出的相关建议，包括在全国人大教科文卫委员会、全国政协以及在国务院发展研究中心的所做的汇报，再次加以梳理，以期能为完成"完善体系""深化结合"的任务，提供一些参考性的建议。

职业教育和培训体系的完善，需要在体制机制创新的三个层面上有所突破。

1. 关于"体系"机构要素的完善：赋予有资格的企业以教育机构地位

这里所谓"体系"的机构要素，主要涉及职业教育和培训体系中关于教育主体的界定。教育主体既有学校，还有企业，这是事关机构层面的一个体制性突破。

在职业教育和培训领域，企业和学校不是简单的供需关系，而是互为供方和需方，也就是一种互为主客体的关系。例如，企业需要适应产业发展的职业人才，学校要为此提供满足这一要求的合格的毕业生，此时学校是供方，企业是需方；而学校需要企业提供具有实时水平的实训基地和有实践经验的企业实训教师，此时学校是需方，企业是供方。所以，如何将企业行业的需求融入职业教育和培训的专业建设和课程开发之中，从而培养出合格的职业人才，是校企双方共同的事情。1996 年颁布的《职业教育法》，还只是一个主要由教育主管部门实施的法律，是一个囿于教育部门、囿于职业学校的"定界"法律。至少在目前，企业、行业并不具备办学主体的地位，因此现有《职业教育法》中关于行业、企业在职业教育中的权利与义务的条款，并无法律意义上的约束性。[17]由于企业不具有教育机构的地位，因而行业、企业实际上只是职业教育的参与者而非参加者或举办者，也就很难成为一个办学主体，以至于校企合作更多的只是一种可有可无的意向性行为。

因此，给予有资格的企业以教育机构的地位，使这类企业能够享受与学校一样的、作为教育机构所有的"国民待遇"，这就不仅要赋予其从事职业教育的社会责任，而且还应让其享受国家对职业教育发展相关经费的支持。建议在修订《职业教育法》时还必须考虑，企业主要是作为一个经济体而存在的，因而在企业出资举办职业教育时，要对其职业教育的相关的经费投入，或作为税前应扣除的成本，或制定相应的免税或减税政策，以提高企业行业办学的积极性。

国际上已有成功模式：德国"双元制"职业教育被称为德国经济腾飞的秘密武器。"双元制"职业教育在世界上首先提出了"教育企业"的概念，并在联邦职业教育法中以专门条款给予说明。而能否成为"教育企业"，则由行业协会予以认定。德国教研部不管理任何一所职业学校，但由于"教育企业"也是一种教育机构，因而联邦教研部具有指导这些"教育企业"开展职业教育改革与创新的职能。目前已卓有成效地实施了几十年，成为世界职业教育的楷模。

所以，笔者建议，完善职业教育和培训体系，应在修订《职业教育法》时，制定给予有资格的企业以"教育（性）企业"的认定办法，在法律上使其成为与学校同等的教育机构。同时，将行业、企业举办的职业教育，也纳入职业教育和培训体系，以此来拓展职业教育体系和培训的新时空。

这应该成为完善职业教育和培训体系的第一个突破。[18]

2. 关于"体系"制度要素的完善：建立国家资格（历）框架制度[19]

这里所谓"体系"的制度要素，主要涉及职业教育和培训体系中关于资格认定的依据。资格认定是封闭还是开放，这是一个事关资历制度层面的体制性突破。

在职业教育和培训领域，如何寻求一个能对所谓正规教育（主要指职业学校教育）、非正规教育（主要指职业培训）以及非正式教育（主要指自学、网上学习等）相互进行比对的国家制度，以使个体通过不同教育路径所获得的资格（历）得到承认，并给予其等值而不同类的认证，是提高职业教育吸引力需进行的重要制度探索。目前存在着教育部门颁发的与劳动就业无直接关联的学历教育证书，以及人社部门颁发的与劳动就业有直接关联的职业资格证书，这两种"封闭"的证书制度之间不存在对应关系。正规教育之外的个人，一般只能通过以开放大学为代表的教育部门考试获得相应高等学校学历证书，其他教育类型和层次学历证书的获取则没有相应途径。而符合条件的个人，只要通过职业技能鉴定就可获得相应的职业资格证书。问题在于，由于缺乏一个制度设计，社会上对学历文凭的认可总是高于对职业资格证书的认可，这就使得培养经济社会发展急需且不可替代的技能人才的职业教育，处于一种被现存制度固化在低端教育层级的境地。

因此，建立"国家资格（历）框架"制度，其基本原则是：一要体现等值性，涵盖职业资格证书和学历文凭证书，每获得一级职业资格证书，就等于获得了相应的学历层次证书；二要体现需求性，每一层级的文凭或证书都构成一个完整的职业资格，可根据经济发展与劳动市场的需要就业；三要体现开放性，为获得更高一级的学历文凭或职业资格证书，在需要时可重新返回职业院校或教育性企业，或通过非正规和非正式学习，实现职业晋升或学历晋升。[20]

国际上已有成功的经验：47个欧盟成员国和其他欧洲国家已经制定"欧洲资格框架"，目前欧洲各国不仅将其转换为适合本国的国家资格框架，而且在此基础上实施了学分认定制度和职业教育护照制度，建立了"欧洲职业教育区"，从而实现了在欧洲范围内，跨国求学、就业和迁移的自由化。作为中国近邻，对中国地缘政治极为重要的东盟十国，也仿照欧洲资格框架制定了"东盟资格框架"，以实现框架内职业教育证书互认，有利于促进东盟各国经济的发展。

所以，笔者建议，完善职业教育和培训体系，应在修订《职业教育法》时，明确将国家资格（历）框架作为评价、认定不同教育路径所获资格（历）的基本依据，并建立相应的学分制度和认证制度，以实现职业资格证书与学历文凭的等同，以期在法律层面认定职业教育与普通教育的等值。

这应该成为完善职业教育和培训体系的第二个突破。

3. 关于"体系"职能要素的完善：组建国家职业教育综合职能部门

这里所谓"体系"的职能要素，主要涉及职业教育和培训体系中关于行政管理的权责。行政管理是分离还是综合，这是一个事关管理职能层面的体制性突破。

在职业教育和培训领域，当前职业教育行政管理职能的现状不尽如人意，存在着一个重大的悖论，即用人的劳动就业制度与育人的职业教育制度分离，其结果导致两个问题亟待解决：一是劳动人事部门与教育行政部门在职业教育和职业培训管理职能上的交叉；二是劳动市场的用人需求与职业教育的育人供给的脱节。尤其是行业、企业在参加和主办职业教育路径上的缺失，出现了本应在职业教育政策的制定和实施上有更多话语权的行业、企业，还有工会、青年和妇女等相关的利益群体，以及一些专业部委，处在一种可有可无的尴尬的"失语"和"缺位"的境地，严重地制约了职业教育和培训体系的建设。为此，应在职业教育综合管理部门统筹下，以国家资格（历）框架为依据，对各类证书，包括教育机构颁发的职业学校、普通学校文凭，技工学校和技师学院颁发的证书，以及职业培训机构颁发的各种职业资格或技能等级证书，专业部委或行业、企业或社会教育和培训机构颁发的各级各类教育培训证书，授权职业教育和培训的认证机构予以认定。

因此，设立国家职业教育综合管理部门，例如"国家职业教育总局"，是完善职业教育和培训体系在管理体制机制改革的大手笔。这一综合管理部门的职能是：制定职业教育和职业培训的战略发展规划，制定职业教育标准和职业技能标准，发布劳动市场需求与职业预警等，目的在于统筹教育行政部门、劳动人事部门和专业部委、行业企业以及涉及经费、信息和设备等相关资源的综合配置，并发挥职业教育各利益群体参与职业教育管理的作用。

国际上已有成功的经验：德国联邦职业教育机构（原译职教所）、瑞士职业教育与技术署，以及英国商业、技能和创新部，都是跨部门的职业教育管理机构。国内也有过尝试，现教育部职业技术教育中心研究所的前身，就是由国家教委和劳动部联合组建的跨部门的副部级职业教育机构。地方上，河南信阳平桥区将教育部门的职业教育职能和人社部门的职业培训职能组合建立的"职业教育与就业服务局"，已成功运行 8 年。

所以，笔者建议，完善职业教育和培训体系，应在修订《职业教育法》时，确立职业教育的综合管理机构，如"国家职业教育总局"这样的国家级部门，以便能为升级版的中国经济培养升级版职业人才的职业教育，具有一个能够跨产业、跨行业、跨部门的具有国家统筹管理职能的法律机构。

综上所述，完善职业教育和培训体系，应在职业教育的体制机制上有所突破和创新，要在"产教融合、校企合作、工学结合、知行合一"跨界思考的基础上，实现"职业教育供给侧"的结构性改革。这一突破和创新，至少应包括三大措施：给予有资格的企业以教育机构的地位，以扩展教育机构的内涵与外延；建立国家资格（历）框架，以实现育人的职业教育制度与用人的劳动就业制度的整合与融通；组建国家职业教育综合职能部门，以确保在国家顶层设计层面对职业教育的政策、投入、监控等诸方面的统整与协调。

三、做实当务：自信自强担当的使命与行动

"体系"完善的第三件事，需要做实当务，旨在承接使命并付诸行动，以期安心定志，脚踏

实地。

　　职业教育和培训体系完善之愿景，也就是国家层面的职业教育体制机制突破，是一项制度性设计的任务，其相关政策措施的落地需要一个过程。但产教融合、校企合作作为这一制度设计的抓手，则是为制度设计积累经验、形成模式和作出决策的必经之路。基于此，职业教育领域里的所有参加者和参与者不能等待，而要发挥只争朝夕的精神，朝着"做强中职、做优高职、做大培训、做好职业启蒙，优化要素和布局结构，促进职业教育内部各要素之间、职业教育与其他教育之间沟通、衔接，为学生多次选择、多样选择以及校园和职场之间灵活转换提供更加便捷的通道"[21]的目标，脚踏实地，奋力前行。

　　为此，笔者以为，完善职业教育和培训体系，要从当下着手，从眼前着手，从践行着手，职业教育一定要以国家近3年即2020年决胜小康为主攻目标，通过现阶段切实可行的产教融合、校企合作的行动，助推实体经济、助力精准扶贫、助兴"一带一路"，从而将完善"体系"的任务认真做实、做大、做强。笔者以为，当务之急有三个。

（一）职业教育在"实体经济"领域里不能缺位，这是工业版的实际行动

　　这里主要指的是：完善职业教育和培训体系，当前要重点"服务'中国制造2025'，实施好《制造业人才发展规划指南》"领域里的职业教育。[22]

　　笔者这里无须赘述"实体经济"领域里"完善体系"的基本依据，而将叙述的焦点凝聚于职业教育助推"实体经济"多种视角的行动中应该厘清的三大观念。

　　一是职业教育要坚持脱虚向实，以服务实体经济为导向。这里指的是，完善"体系"，职业教育始终要把为实体经济发展培养职业人才放在首位。制造业与信息技术的深度融合，是未来中国经济发展的主方向。尽管以金融和房地产为代表的虚拟经济，对服务与支撑实体经济的发展是必需的，但应该明确的是实体经济的基础性。"不论经济发展到什么时候，实体经济都是中国经济发展、在国际经济竞争中赢得主动的根基。中国经济是靠实体经济起家的，也要靠实体经济走向未来。"[23]所以，必须根据"中国制造2025"的要求，大力发展以制造业为主的职业教育。但强调发展实体经济并不是简单地打压虚拟经济，而是要处理好二者之间的关系，防止虚拟经济脱离实体经济的过度扩张，要促进虚拟经济与实体经济相互协调发展。[24]因此，完善"体系"，职业教育的学校和专业的布局，要以服务实体经济为导向，做到"实体"与"虚拟"相结合。

　　二是职业教育要坚持就业创业，以促进学生就业为导向。这里指的是，完善"体系"，职业就业目标放在职业教育学校办学的首位。党的十九大报告在谈及教育优先后接着指出："就业是最大的民生。要坚持就业优先战略和积极就业政策。"[25]所以，促进就业、服务发展，是职业教育必须把握的大方向。如此，才能有实现中国梦的稳定的社会环境。职业教育促进就业有三层目标：第一层为毕业后及时就业，这是一个"有职业"的最低目标，但却是一个基础性目标。第二层为"实现更高质量和更充分就业"，[26]这是一个"好职业"的目标。第三层为通过"大规模开展职业技能培训，注重解决结构性就业矛盾，鼓励创业带动就业"，[27]这是一个不仅自己就业而且能创造就业位置的更高目标。但创业要充分考虑资金、条件和风险。因此，完善"体系"，职业教育应在开展职业倾向测试的基础上做好职业指导，要以促进学生就业为导向，做到"就业"与"创业"相结合。

　　三是职业教育要坚持力学笃行，以知识实际应用为导向。这里指的是，完善"体系"，职业教育始终要把知识在职业中的应用而非存储放在首位。知识只有在结构化的情况下才能传递。普

通教育学科体系的仓储堆栈结构，是一种基于知识存储的量化结构，而职业教育行动体系的工作过程结构，是一种基于知识应用的质性结构。工作过程是客观存在的应用知识的结构，但若只是照搬客观存在的工作过程，有可能使人成为一种工具。工作系统化课程的逻辑，在于以工作过程作为积分路径，从应用性、人本性和操作性三个维度，将学习对象、先有知识与学习过程在工作过程中予以集成。[28]此时传统的学科知识结构并未被摒弃而是通过解构与重构，在比较、迁移和内化的学习中，使得传统的知识结构仍得以生成，从而构建起相应的知识体系。因此，完善"体系"，职业教育的课程和教材以及职业教育的教育教学要以知识实际应用为导向，做到"应用"与"存储"相结合。

（二）职业教育在"精准扶贫"领域里不能缺位，这是农业版的实际行动

这里主要指的是：完善职业教育和培训体系，当前要重点做好"服务脱贫攻坚，实施好《职业教育东西协作行动计划》"的职业教育。[29]

笔者这里无意赘述"精准扶贫"领域里"完善体系"的具体案例，而将叙述的焦点凝聚于职业教育助力"精准扶贫"多个维度的行动中应该理顺的三大关系。

一是精准的职业教育需求与精准的职业教育供给之间的关系，这涉及职业教育扶贫的针对性问题。也就是说，作为人力资源供给侧的职业教育扶贫供给，要建立在既要找准经济社会的发展需求，又要找准个体能力的发展需求，亦即精准的集成的职业教育需求基础之上。例如，应提供与之相应的接地气、易操作、受欢迎的职业教育扶贫供给措施。如此，才有利于化解职业教育的应然与实然，以及切实需求与有效供给之间的失配问题。

二是精准的职业教育扶贫与精准的经济扶贫之间的关系，这涉及职业教育扶贫的协同性问题。也就是说，作为提供必不可少的"输血"功能的经济扶贫，还必须与提供不可或缺的具有"造血"功能的职业教育扶贫相结合，使得"硬"扶贫，亦即资金设备物质的增量，与"软"扶贫，亦即人才培养培训的增量相结合。例如，将不同渠道的扶贫基金与职业教育基金加以捆绑使用。如此，才有利于充分发挥两类扶贫基金相辅相成的叠加效应。

三是精准的短期职业教育项目与精准的长期职业教育规划之间的关系，这涉及职业教育扶贫的有效性问题。也就是说，作为政府扶贫国策组成部分的职业教育扶贫，既要精准选择旨在见效快的短期职业培训项目，又要精准制定基于终身学习需要的长期职业教育规划。例如，既要根据属地经济社会发展的需要提供短平快的培训，也要同步做好未来发展所需人才的储备。如此，才有利于防止因教返贫，形成扶贫与致富递进式的良性机制。

（三）职业教育在"一带一路"领域里不能缺位，这是国际版的实际行动

这里主要指的是：完善职业教育和培训体系，当前要重点支持"服务'一带一路'建设和国际产能合作，推动中国职业教育与企业协同'走出去'"的职业教育。[30]

这里毋庸赘述"一带一路"领域里"完善体系"的深远意义，而将叙述的焦点凝聚于职业教育助兴"一带一路"多种形式的行动中应该关注的五大模式。

一是伴随工程项目"走出去"的模式。这里指的是，结合中国企业在"一带一路"沿线国家的工程项目，与当地企业或教育机构开展的职业教育和培训，以职业培训为主。项目"走出去"是目前经常采用的一种模式。例如，柳州职院与印度尼西亚职业学校合作开办"上汽通用五菱教育培训基地"，武汉铁路职院配合中泰高铁项目与泰国班普职业学院联合培养专业人才，

宁波职院与中航国际成套设备有限公司、机械工业第六设计研究院有限公司等签约"走出去"项目，等等。

二是借助合作联盟"走出去"的模式。这里指的是，由非政府组织通过非营利的或 PPP 形式组建的职业教育联盟"走出去"模式。联盟"走出去"是一种比较灵活的模式。例如，由香港红狮国际教育集团发起、30 家海外职教院校加盟、保集集团共同参与的"红狮'一带一路'国际职业教育联盟"，由中国、德国、以色列、印度尼西亚等 10 多个国家职业教育组织和企业在西安成立的非政府、非营利性的开放性、国际化职业教育合作平台——"一带一路"职教联盟，等等。

三是按照国家协议"走出去"的模式。这里指的是，通过中国政府与"一带一路"沿线国家签订的相关人文交流协议框架"走出去"的职业教育模式。协议"走出去"是信用度较高的一种模式。例如，中国政府与东盟（10 + 1）领导人会议上倡议提出的"教育交流周"框架下，建立了 30 家"中国—东盟职业培训中心"，并成立了"中国—东盟职教合作联盟"，以及教育部、有色金属行业协会、中国有色矿业集团和 8 所国内高职院校在赞比亚的办学项目[31]，等等。

四是依据教育标准"走出去"的模式。这里指的是依据中国职业教育的国家或院校的专业及课程标准、行业企业的资格标准，与"一带一路"沿线国家教育部门、教育或培训机构，合作举办学校职业教育或培训的模式。标准"走出去"是一种最有前途的模式。例如，天津职业技术师范大学在埃塞俄比亚建立的埃塞俄比亚职业技术学院，天津渤海职院在泰国大城学院和天津第二商业学校与英国合办的鲁班工坊，广东建设职业技术学院在赞比亚能力建设学院开办的鲁班学院，等等。

五是立足国内间接"走出去"的模式。这是一种吸引沿线国家的学生或管理者到中国学习，由其将中国职业教育带出去的"走出去"模式。例如，义乌工商职业院，结合义乌为世界小商品集散地特点，采用中国高等职业教育的专业和课程标准，接收了来自"一带一路"沿线 69 个国家中 42 个国家 1100 个留学生，占 9600 名在校生的 1/9；又如，宁波职院与教育部职业技术教育中心研究所、宁波市教育局合作建立发展中国家职业教育研究院，已培训了来自 95 个发展中国家的职业教育管理人员；等等。

综上所述，通过扬长避短话完善，旨在成绩基础上看现状，以发现需要完善的问题，要不失其正；通过革故鼎新话完善，旨在突破意义上看愿景，以制定有效完善的措施，要高屋建瓴；通过安心定志话完善，旨在使命担当上看当务，以采取有利完善的行动，要脚踏实地。

最后，想说一句话，那就是对未来世界的国际共识是：它是一个"信息物理系统"（CBS）。这表明，未来依然是以物理系统的形式而非虚拟形式呈现的。所以，它依然是一个实体世界。只不过，它不再是一个传统的物理世界，而是一个融入了互联网的物理世界。对以互联网加人工智能等这些新技术塑造的未来的预测，很多说辞可能都是幼稚的，应避免戏说。未来既非不劳而获的"天堂"，不是一个饭来张口、衣来伸手的世界，不是没有劳动、没有职业的乌托邦；未来亦非人类行将灭亡的"地狱"，不是一个无机生命取代有机生命的世界，不是"世界末日"的玛雅传说的 4.0 版。未来依然是人间。人工智能不是蛋白质、水和氧气构成的生命，它仅仅还只是算法。人可以制造机器人，人同样也可以消灭机器人。所以，新时代一定会产生新的职业和新的职业教育。这是一个涉及伦理、生命、人类的问题，是一个需要深邃哲学思考的命题。

于是，我们依然对职业教育的未来充满信心。

参 考 文 献

［1］［7］［8］［25］［26］［27］习近平．十九大报告［EB/OL］．中国政府网，http：//www. gov. cn，2017 - 10 - 18.

［2］中共中央、国务院．国家中长期教育改革和发展规划纲要（2010 ～ 2020 年）［EB/OL］．http：// www. gov. cn，2010 - 07 - 29.

［3］中共中央关于全面深化改革若干重大问题的决定［N］．人民日报，2013 - 11 - 16.

［4］国务院关于加快发展现代职业教育的决定［EB/OL］．http：//www. gov. cn，2014 - 06 - 23.

［5］国务院办公厅．关于深化教育体制机制改革的意见［Z］．新华社，2017 - 09 - 24.

［6］教育部职业教育与成人教育司司长王继平出席教育部新闻发布会介绍国际职业技术教育大会有关情况 ［EB/OL］．http：//www. moe. cn，2017 - 07 - 03.

［9］［20］姜大源．关于加固中等职业教育基础地位的思考［J］．中国职业技术教育，2017（9）.

［10］［21］［22］［29］［30］王继平．奋力办好新时代职业教育和继续教育［N］．中国教育报，2017 - 12 - 01.

［11］［17］姜大源．职业教育法修改应有"跨界"思维［N］．光明日报，2015 - 06 - 22.

［12］［16］更好支持和帮助职业教育发展为实现"两个一百年"奋斗目标提供人才保障　习近平就加快发展 职业教育做出重要指示［N］．人民日报，2014 - 06 - 24.

［13］中华人民共和国职业教育法［EB/OL］．http：//www. moe. edu. cn.

［14］张力．展望新时代的中国教育现代化［EB/OL］．http：//www. sohu. com/a/200960045_ 105067.

［15］姜大源．职业教育立法的跨界思考——基于德国经验的反思［J］．教育发展研究，2009（19）.

［18］姜大源．论职业教育体制机制改革的应然之策——关于《职业教育法》修订的跨界思考［J］．中国职 业技术教育，2015（27）.

［19］姜大源．职业教育应有突破　建立国家资格框架［N］．光明日报，2016 - 01 - 03.

［23］治国传习录：实体经济，习近平经济思路"关键词"［N］．中国新闻网，2017 - 12 - 13.

［24］虚拟经济应回归本源引导资金脱虚向实［EB/OL］．人民日报，2017 - 07 - 27.

［28］姜大源．工作过程系统化课程的结构逻辑［J］．教育与职业，2017（7）.

［31］教育部办公厅．关于同意在有色金属行业开展职业教育"走出去"试点的函（教职成厅函〔2015〕55 号）［Z］．2015 - 12 - 25.

研究报告二　支持和规范社会力量兴办职业教育[①]

习总书记在党的十九大报告中明确指出，建设教育强国，是中华民族伟大复兴的基础工程，必须把教育事业放在优先位置，加快教育现代化，办好人民满意的教育，使绝大多数城乡新增劳动力接受高中阶段教育，更多接受高等教育。总书记在这里发出的教育强国的伟大号召，既让我们感到振奋，又让我们感到任务重大。这里讲的教育既包括公办教育，也包括民办教育；教育的现代化既包括公办教育的现代化，也包括民办教育的现代化；而人民满意的教育既包括人民对公办教育的满意，也包括人民对民办教育的满意。在这一事关中华民族伟大复兴的基础工程中，民办教育应当作出自己应有的贡献。

一、近 40 年来我国民办教育发展概况

经过近 40 年的努力，我国的民办教育得到长足的发展。来自教育部的数据显示，截至 2016 年底，我国共有民办学校 17.1 万所，在校生 4825.47 万人，其中，民办幼儿园 15.42 万所，民办义务教育阶段学校 1.1 万所，民办高中阶段学校 4902 所，民办高等学校 742 所，在"十二五"期间，为完成高等教育毛入学率 40% 的目标发挥了极其重要的作用。根据统计，过去的五年因为举办和发展民办教育，每年节省的公共财政达 2500 亿元左右，在各级各类民办院校就业的教职员工达 423.4 万人。可见，民办教育已经成了我国教育体系的重要组成部分和教育改革创新的重要力量。无论是民办院校的举办人，还是民办院校的广大教育工作者，都对我国教育的现代化和教育的普及化作出了巨大贡献。

但是，就民办教育发展的规模、数量、质量、结构和效益来说，同我国是一个教育大国和人口大国的需求相比，还相差很远。习总书记在党的十九大报告中再次明确指出，要支持和规范社会力量兴办教育。这一重要指示对于我国民办教育的健康发展具有重大的意义。这里的关键词是：一要支持，二要规范。具体来说，就是一方面政府和社会要支持民办教育的健康发展，另一方面民办院校内部如何规范办学行为和提高办学质量。这两篇文章都要做好，要在支持当中去规范，在规范当中更支持。

二、借鉴境外成功经验，政府要关注的几个问题

就世界各国和地区发展民办教育的成功经验来看，政府首先要关注这样几个问题：

一是对于民办教育，政府要从理念、政策、感情、投入上，把它们当作本国教育体系密不可分的一部分，而不是把公办教育视为体制内的教育，把民办教育视为体制外的教育。韩国的专科

———————
　①本文作者：俞仲文，男，中国职业技术教育学会副会长兼民办职教分会会长，深圳职业技术学院创校校长，研究员，享受国务院特殊津贴。文章来源：《中国职业技术教育》2017 年第 34 期，第 75 - 79 页。

大学高峰时期有 145 所，其中 136 所是民办的。私立高专是主体，享受政府的公共资源。例如，韩国制定了创造世界一流高专的计划（即 WCC 计划），不分公办和民办，只要加入，都同样予以资助。日本有 700 多所高校，其中，有近 600 所是私立大学，其中不乏像早稻田大学、庆应大学这样的世界级名校。就是这些私立大学支撑了日本大部分的高等教育。另外还有近 3000 所专门学校，其中只有几所是公办专科，也是这些专门学校支撑了日本整个职业教育体系。

二是很多国家和地区通过有条件奖补的办法，让公办和民办的学校在同一舞台上通过竞争来获得公共财政和公共资源的支持。例如，中国台湾纳入技术与职业教育系列的高校高峰时有 99 所，其中 73 所是私立的。很多私立院校从台湾地区教育行政部门取得的奖补资金高达 30%。不能把公共财政演变成为公办财政，而要让公办和民办院校一视同仁地来享受公共资源，这已经成为一种通用的惯例。

三是公办院校和民办院校的社会地位是平等的，它们的区别只是办学实力、办学质量、办学特色上的差别，而不是民办和公办属性上的差别。许多国家让大多数公办院校承担解决教育公平的任务，在这前提下再来解决教育优质问题。而民办教育则要更多承担打造优质教育和特色教育的任务。我们要借鉴这一成功经验，从根本上解决我国教育公平的大问题。

四是发动社会力量来兴办各级各类教育，不仅弥补教育资源的不足，更重要的是用多样化的教育来满足教育多样化的需求。这是打造让人民满意的教育的基础。尤其是职业教育，更需要放手让企业行业等社会力量来参与举办。

三、贯彻党的十九大精神，做好"支持"和"规范"两篇文章

当前，贯彻落实总书记关于支持和规范社会力量兴办教育这一指示精神，就要做到：

（一）必须对这一指示的重大意义有清醒的认识

当前，我国社会的主要矛盾已经转化为人民日益增长的美好生活需要和不均衡、不充分发展之间的矛盾。满足人民对美好生活的向往，其中包括让每一个孩子都能享有公平而有质量的教育，实施公平的教育，已经成为新的教育发展目标。最大限度地支持民办教育，实际上是改变教育发展不均衡、不充分状态的有力措施。同样是纳税人的子弟，不能因为他们的智力有差距，而使一部分公办院校的学生能享受公共教育财政的支持，另一部分民办院校的学生则不能享受公共教育财政的支持。这是非常不公平的制度缺失，应在贯彻落实总书记的这一重要指示中得到彻底纠正。

（二）必须对民办院校的转型实施积极的补偿政策

从 2017 年 9 月 1 日开始执行新的《民办教育促进法》，其中最重要的是对民办学校实行分类管理，即将民办学校划分为营利性学校和非营利性学校来加以管理。根据世界民办教育发展的成功经验，凡是优质的民办院校大多数都是非营利的教育机构。所以，从总体上看实施分类管理的大方向是正确的，是符合世界上大多数国家民办教育发展规律的。

但是我国的民办教育一开始实施的是让社会力量来投资办学的政策，以解决当时教育资源不足的困难，并允许举办者有合理回报。这同国外大多数民办教育机构一开始就是非营利性是不同的。随着民办教育的发展，绝大部分民办教育机构的非营利性办学与举办企业的营利性目标之间

产生了巨大的矛盾。现在，要让这部分投资办学的民办教育机构转变成非营利的教育机构，就必须用历史的办法来处理好这个历史遗留问题。

根据修正后的《民办教育促进法》规定，对于 2016 年 11 月 7 日之前设立的民办学校，要实施所谓"老人老办法，新人新办法"来处理。虽然新《民办教育促进法》的整个基调仍然体现了支持社会力量兴办教育的总原则，但是处理具体历史问题的相关政策（第十条）不仅大大落后于民办教育的实际，而且起不到促进民办教育进一步发展的作用。相反，却为以后利用社会力量来兴办教育提供了一个负面案例，甚至是一个付出极大社会信用成本的案例。在学习党的十九大报告的重要时刻，应该重新思考如何制定积极的政策来支持民办教育的发展。

笔者认为，要妥善解决分类管理的前提是，需要在政策上尊重或承认民办教育机构在这段存续期中所形成的资产。这些财产是创办人和广大教职工一起艰苦创业而积累起来的，当然也是政府扶持的结果。今天，在我们要将这部分财产转换成学校法人财产之前，应当首先做好补偿。没有补偿，就不能转换成学校法人财产。如何来正确解决这个问题？我们建议：

一是应当按照一定的评估办法来评估某一时点的民办教育机构的财产净值，并按照这一净值，分 50 年或 70 年来补偿给举办者和一部分办学者。这一补偿的性质实际上就是对投资办学转换成捐资办学的一种赎买性补偿。

二是补偿必须由继续存续的民办学校自身来负担，而不是由政府财政来完成。正因如此，转型后的民办院校需要制定包括具体补偿期、具体年补偿数额、补偿金中分别按多少比例来补偿给举办者和办学者（一般来说是不计补偿资金的时间价值的）等在内的一整套补偿办法。

三是各个学校补偿金多少、补偿期多长，完全由这个学校的存续时间长短和办学状况优劣来决定。这种补偿政策与城市拆迁补偿多少有类似之处（不是完全相同）。例如，开发商不能在没有补偿的情况下来拆迁民房。同样道理，投资办学、可以取得合理回报的民办教育机构，也不可能在没有任何补偿的情况下变成捐资办学机构。另外，拆迁补偿主要是由开发商作为利益相关者来负担；而民办教育的转型补偿理所当然地由作为利益相关方的转型之后的民办教育机构来负担。有关方面对城市的拆迁补偿觉得是天经地义、理所当然的，但为何对民办教育机构的转型补偿却忧心忡忡或者扭扭捏捏？

四是实施民办教育转型补偿政策，一方面能最大限度地肯定民办教育机构举办者和办学者的巨大贡献，另一方面也是社会力量由过去的投资办学向实际上的捐资办学转变过程中政府所承担的一种信用成本。目前一些专家解读的补偿政策只能到民办教育机构解散的时候才能兑现，或者补偿额只能是以当初举办者最初的货币投入作为基数。这样的补偿政策将会极大伤害举办者的教育情怀和民办教育机构的巨大贡献，既缺乏专业性，也缺乏历史性。体现不出总书记讲的要支持社会力量举办教育的精神，因而是不可取的。

（三）必须强化对民办教育机构的规范管理

在实施积极的转型补偿政策之后，政府就必须大胆落实对民办教育机构的规范管理。要看到，我国民办教育机构目前在管理上还存在种种不规范的问题。例如，教育经费被肆意挪用、侵占，教师和学生的基本权益得不到维护，教学基本条件在很大程度上在达标和非达标之间徘徊，教学质量与人民群众的期望值相比还有相当的差距，以校长为代表的办学者的聘任和离任太过随意，教师收入不多、队伍不稳、水平不高的矛盾非常突出，等等。

分类管理之后，非营利性的民办教育机构必须全面建立现代大学制度，实行真正意义上的董事会领导下的校长负责制，而不是董事长领导下的校长负责制；举办者的历史地位还将存在，不过将以其教育理念和教育情怀来影响民办院校，而不是像管理私营企业那样直接管理和掌控学校；教育经费将受到严格管控，不允许出现教育经费被侵占或挪用的情况，更不允许通过做假账将宝贵的教育经费变成举办者的私人小金库；必须制定有关条例规定董事会的年度经费的笼子（包括有关人员的工资以及其他费用等），不得随意突破这一笼子（中国台湾私立大学董事会的年经费严格控制在 1000 万新台币以内，超过了将以挪用教育经费论处）；董事会必须按照一定的程序来遴选校长，并切实落实办学自主权；必须按照新的《民办教育促进法》修正案来全面规范民办教育机构的内部管理；等等。但是前提条件是要明确，规范的目的不是削弱民办学校体制机制上的活力和办学特色的竞争力，也不是让它变成另一种类型的公办学校，恰恰相反，通过规范要在进一步彰显民办教育机构公益性的同时，大大强化其主动面向市场独立自主办学的活力与特色。

（四）支持和规范社会力量大力兴办民办职业教育

落实总书记的这一重要批示，首先必须体现在要千方百计支持和规范社会力量来兴办民办职业教育。众所周知，职业教育是让平民出彩的教育，是让百姓致富的教育，是让产业"无中生有"的教育，是让落后变先进的教育，也是直接生产"直接生产力"的教育。没有哪类教育像职业教育那样，同社会经济、技术进步、各行各业，同人们的岗位与职业有着那样密不可分的直接联系。正因如此，也没有哪类教育像职业教育那样，对社会力量有那样强烈的需求和渴望，反过来也吸引和呼唤各行各业、社会各界积极投身于兴办职业教育的洪流之中。

政府可以用公共财政资金来直接举办一部分公办职业教育机构，以此来打造一个地区或一个行业较好的职业教育资源，以满足人民群众对良好的职业教育的需求。但是政府的财力是有限的，不可能包办社会上所有的职业教育与培训。政府更应当制定积极的支持政策，充分调动方方面面的社会力量来举办民办职业教育及培训。

四、支持社会力量举办民办职业教育及培训的政策建议

（一）研究如何鼓励社会力量通过混合所有制的方式，举办各级各类的职业教育

由于国情不同，我们不可能照搬照套德国的"双元制"经验，通过国家法律来确定一部分企业为教育企业，并同学校一起来共同承担职业教育的任务。我国绝大多数企业是中小企业，只能用符合我国国情的办法来解决工学结合、产教合作的关系。采用混合所有制的办法不仅能创造性地解决产教融合、双主体举办我国职业教育的问题，而且还让职业教育获得了健康持续发展的新动能，形成了企业行业积极参与举办职业教育，特别是举办民办职业教育的新体制。这是让我国的职业教育走向世界舞台的又一个中国方案。正如李克强总理强调的，要用改革的办法把职业教育办好做大。统筹发挥好政府和市场作用，既要加大政府支持，又要通过政府购买服务等方式，让更多社会力量参与职业教育，形成多元化的职业教育发展格局。

（二）研究混合所有制不同的实现形式，并设计不同的办法和政策

对于营利性的职业教育机构，企业行业可以根据它们的投入来参与直接分配，实践会让它们

实实在在地感觉到，对职业教育的投资也是一项非常好的投资决策。不过，这里我们主要讨论的是采用混合所有制的办法来举办非营利性的职业教育机构。各级政府首先要明确无论是公参民，还是民参公，都是合法的投资决定（不是捐资决定），形成的资产都要受到法律的保护。为了启动方便，开始的时候可以采用先易后难的办法逐步推进。例如，可以采用项目合作制的办法以及购买服务的办法，在混合所有制的各方进行办学成本的分摊和办学投入的分摊。需要各地政府通过研究，出台一套具体的混合所有制的政策指引和操作办法。目前推行混合所有制还只是停留在文件上，很多部门顾虑重重，怕说不清、搞不准，导致国有资产流失。各级政府在这个问题上，必须尽快摆脱难作为、少作为、不作为的状态，以实际行动落实总书记关于支持社会力量兴办教育，包括兴办职业教育的重要指示。

（三）制定免税减税政策，鼓励企业行业举办非营利性职业教育机构

企业行业可以根据它们的实际投入向税务部门申请免税额。国家税务部门应当相应地扣减它们的税前应税额，并给予一定的免税奖励。在国外，为什么企业行业都愿意投巨资捐赠给教育机构？除了他们的感恩之心外，还有一条非常重要，那就是税务部门制定了一套激励政策，让这些企业感觉到捐资给教育部门来办学，无论从社会声誉，还是实际利益来说，都是一项非常值得和划算的义举。税务部门应该学会算大账。对某个企业来说，可能应缴的税费会减少，但是对整个社会来说，投入教育的资金却增大了。这等于大大增加了公共财政的资金池，实际上也等于大大增加了税务部门的税收池。

（四）勇于创新，开创社会力量举办多种模式、多种样态职业教育的新局面

要让企业行业等社会力量明白，举办非营利性的职业教育是不能取得回报的，但是，除了正规的学校教育外，允许在培训市场和社会服务方面，通过举办各种各样的技术培训、岗位培训以及技术咨询服务创新等，取得正当利益。用这样的政策吸引社会力量来举办职业教育，就不是慈善性的，而是"有回报的"和可持续的。

（五）及时公布社会力量举办职业教育的负面清单，约束办学行为

针对社会力量举办职业教育，要制定清晰的政策和法规，明确什么是合法的，什么是不合法的；做什么可以取得回报，做什么不可以取得回报。当前特别要注意防范和纠正的倾向是，不能一边打着举办非营利性民办教育的旗帜，一边又在海外证券市场上市。这种做法是与举办非营利性的民办教育背道而驰的，必须高度重视，及时纠正，否则遗患无穷。

总之，在落实党的十九大关于支持和规范社会力量兴办教育的这一重要精神时，我们既要把"支持"这篇文章做大、做优、做到位，又要把"规范"这篇文章做实、做透、做精准。必须在这一框架下统一方方面面对民办教育的认识，重新审视我们的现状，采取空前有力的措施，推动和规范中国民办教育的健康发展。

研究报告三　高职教学诊改应重点做好三件事[①]

教育部职业教育与成人教育司《关于印发〈高等职业院校内部质量保证体系诊断与改进指导方案（试行）〉启动相关工作的通知》中提出，高职院校诊改的具体任务是"完善高职院校内部质量保证体系""提升教育教学管理信息化水平"和"树立现代质量文化"。笔者以该校诊改试点工作为例，围绕以上三项任务介绍该校的实践探索，希望对同行院校开展诊改工作有所启发。

一、构建"五纵五横"内部质量保证体系

建立"学校—专业—课程—教师—学生"五个层面与各管理系统间的质量依存关系，形成全要素、网络化、具有较强预警功能和激励作用的内部质量保证体系，是开展诊断与改进工作的前提。

一是完善组织体系，厘清职责，明晰不同层级主体责任。学校建立质量保证委员会全面协调质量保证体系建设与诊改运行工作，质量管理办公室负责质量保证体系设计与考核诊断，二级教学单位是质量生成核心，在专业、课程、教师和学生层面组织诊改运行，行政职能部门提供支持与保障。同时，以优化内部资源配置为导向，梳理学校各单位在决策指挥、质量生成、资源建设、支持服务、监督控制纵向五个系统中的角色定位，形成机构健全、权责清晰、责任主体明确的质量保证组织体系。

二是建立目标体系，厘清链路，明确目标起点与落脚点。目标是诊改的逻辑起点。学校运用"SWOT 分析法"分析完善"十三五"事业发展规划及各项子规划，明确重点任务实施的路线图和经费预算；打造"学校发展目标—二级单位目标—专业建设目标—课程建设目标"组成的目标链，形成上下衔接、左右呼应的目标体系；出台专业建设和课程建设方案编制指导性文件，指导各专业编制专业建设方案和课程建设方案，使得学校规划目标能够向下延伸落地。

三是建立标准体系，厘清量规，完善各个层面标准。标准是目标的支撑，是诊断的标尺。在专业与课程层面，建立逻辑相关的系列标准，由教学主管部门制定学校层面的专业设置调整、资源建设、质量诊断等标准文件，作为校内专业建设的最低标准，并据此指导各专业和课程团队编制专业标准、课程标准等文件，作为开展诊改的基本依据。在教师层面，制定"师德修养、教育教学、教研科研、社会实践"4 个维度、11 个等级的教师发展标准，将教师职业生涯规划、职称分类晋升标准、人才选拔激励机制与教师发展标准融为一体，激励教师不断自我改进提升。在学生层面，建立学生发展标准，基于学校人才培养定位形成"学业发展、职业发展、个人发展、社会能力发展"4 个维度、20 个要素、80 个测量指标的学生发展标准总框架，编制学生发

———————————
　　[①]本文作者：袁洪志，男，全国职业院校教学工作诊断与改进专家委员会秘书长、常州工程职业技术学院党委书记。文章来源：《中国教育报》2017 年 10 月 31 日第 11 版。

展自我测量表，建立学生发展诊断自测信息系统，形成个人自测雷达图，让学生及时自我调整与改进，同时协助指导教师实时监测学生发展状态，及时发现问题、剖析成因，指导学生健康、全面发展。

四是健全制度体系，厘清流程，建立流程与制度匹配的内控机制。学校优化部门工作流程，健全相匹配的制度，明确内部风险控制点，形成完整的内控体系，并紧扣目标任务实施的"事前、事中、事后"三个环节，设计部门绩效考核性诊断标准体系。其中，事前重计划能力的考核诊断，事中重任务执行力和工作创新的考核诊断，事后重业绩增量的考核性诊断。考核性诊断结果作为奖励性绩效工资发放、干部考核、各类奖项评选依据，形成"制度管人、流程管事、数据说话、自我诊改"的内部治理常态。

二、建设服务诊改的智能化信息管理平台

从试点院校实践来看，学校信息化建设水平是制约诊改工作开展的瓶颈。学校管理信息化系统建设是开展诊改工作的重要基础，需要与内部质量保证体系同步设计、整体规划、分步实施，以自主研发为主，以需求为导向，建设适应学校诊改工作需要的智能化信息管理平台。

一是建立校本数据中心，破解信息孤岛问题。要制定统一数据标准，构建共享智能交换平台，形成校本数据中心。统一身份认证实现用户单点登录，统一信息门户实现业务系统数据的自动抓取和呈现，每一位师生员工都拥有个人的工作页面，能够实时查看自己关心的各项数据和相关信息。同时，建设大数据中心，开发监测预警功能，为"改什么"提供依据。

二是建立移动共享学习平台，破解课程教学诊改信息的实时性与共享性问题。自主开发智能化教学诊改平台——"工程云课堂"，自动记录课前、课中、课后各类教学行为的过程数据，自动向学生推送每堂课的学习报告，向教师和管理者推送课堂质量分析报告，实现实时诊断和及时改进。学期结束自动形成各类课程质量报告、二级学院以及全校的课程教学状态数据，为专业和课程的教学诊改提供依据。

三是建立网上办事大厅和校情分析平台，破解诊改依据的精确性与可靠性难题。建设网上办事大厅，结合各项行政事务的办事流程，方便师生在网上便捷办理各类事务，实时采集各业务系统运行的过程数据。建设校情分析平台，自动汇总统计各个业务系统的关键数据，为人才培养质量与工作绩效判断提供技术手段，为学院治理决策提供事实依据。

三、培育和形成现代质量文化

在推动诊改试点工作的过程中，通过完善学校内部质量保证体系和智能化信息管理平台建设，激发学校各层面主体追求质量的内生动力，培育并形成自律为主要特征的质量文化，提高广大师生员工的认同感和获得感。

一是加强制度规范，让质量标准成为权威。加强制度建设规范，明确制度建设的程序。上下左右沟通确定工作目标和标准，通过管理信息平台，对年度任务、制度执行和相关决议事项进行公示、督办、问责。质量考核的结果在绩效考核和干部考核中予以应用。

二是全员培训动员，让质量理念深入人心。以社会主义核心价值观为统领，分层分类对全校教职员工开展专项培训，介绍现代质量理念，解读学校诊改方案，培训质量管理工具方法。组织

党务、行政、后勤管理人员赴国内外高水平大学学习培训，学习先进的质量管理理念和经验。

三是建设透明校园，让质量意识成为自觉。通过管理信息系统，将各项工作在网上流转并留下痕迹，形成可追溯的数据，同时，对各项工作的进展、实效予以公开，促进办事人员提升工作效率和质量。相关事项依法依规得以公开，确保教职员工深入了解校情校务，从而为有效实施民主管理提供途径和载体。

四是开展各类活动，让质量标杆引领提升。开展"专业团队说专业""课程团队说课程""教师成长工程""学生职业生涯规划大赛"等展示竞赛活动，引导不同层面的质量主体能够主动思考如何实现质量提升。设置系列质量奖，对年度工作中高标准完成工作任务的单位和个人予以表彰，以质量标杆引领学院质量文化建设。

综上所述，内部质量保证体系诊断与改进制度建设是一项"打基础、利长远"的工作，真正实施以后能形成学校自身的"免疫与修复"系统，改变学校的教学形态和治理形态，保证其按照既定目标健康发展。尤其要指出的是，在操作层面不要另搞一套，要与日常工作融合，在原有质量管理的基础上形成更加系统全面的内部质量保证体系，这样才能为实现学校的办学目标提供强有力的保障。

研究报告四　供给侧结构性改革背景下技能型人才培养的内涵建设、动力导向与推进机制①

一、供给侧结构性改革背景下技能型人才培养的内涵建设

在"供给侧"改革时代背景下，职业教育需要提升内涵品质，培养具有较强创新意识、绿色生态观念、卓越职业素养的技能型人才。营造以创新驱动引领复合型人才的培养、以绿色发展引领硬技能与软技能的协同培养，以及以卓越发展引领大国工匠精神的人才培养风尚，为职业教育改革发展增添新的动力。

（一）以创新驱动增强满足经济社会发展需要的复合型人才培养的活力

经济改革必然引领教育变革。2013 年 4 月 28 日，习近平总书记在全国总工会同全国劳模代表座谈时指出："工业强国都是技师技工的大国，我们要有很强的技术工人队伍"，要"大力培育支撑中国制造、中国创造的高技能人才队伍"。2016 年 1 月 8 日，李克强总理在国家科学技术奖励大会上讲话强调，创新是供给侧结构性改革的重要内容。要培育尊重知识、崇尚创造、追求卓越的创新文化，营造人人皆可创新、创新惠及人人的社会氛围。《中国制造 2025》指出，要以高层次、急需紧缺专业技术人才和创新型人才为重点，培养制造业急需的技能型人才。当前，以大数据为代表的制造业生产模式，需要培养能够适应个性制造时代需求，既能将知识和技术转化为社会生产力，又具有创新意识和创新能力的创新性复合型人才，而在大工业生产模式时期形成的"流水线"式的人才培养模式必然要被改变。每一次信息通信技术的重大创新都会为制造业带来新的变革，以互联网为代表的信息技术不断拓展应用范围，推动多领域技术跨界融合，正在引发新一轮科技革命和产业变革，这已成为诸多国家的共识。互联网引领的产业变革推动着制造业智能化、网络化。[1]国家对技能型人才质量和数量的需求急剧增加，与之相伴的是紧紧依靠创新驱动，加强对具有创新思维和创新素质的复合型人才培养。面对科技资源跨国流动、国家"一带一路"倡议的人力资源开发建设和国际产能合作，需要提升技能型人才的国际化知识结构和技能标准，培养具有国际视野、敢于革新、积极打造中国品牌、推动国内国际先进适用技术和产品"走出去"与"引进来"相结合的复合型人才。因此，在经济结构性改革的关键时期，在"大众创业，万众创新"的今天，需要从"供给侧"改革的角度出发，充分调动和培养经济社会所急需的复合型人才的活力和积极性。

（二）以绿色发展引领基于市场需求的硬技能与软技能协同培养的模式

根据联合国教科文组织"教育 2030 行动框架"，未来职业教育更关注学生可持续发展的知

---

①本文作者：李梦卿，男，湖北工业大学职业技术师范学院院长，湖北职业教育发展研究院院长，教授；任寰，女，湖北工业大学职业技术师范学院硕士研究生。文章来源：《现代教育管理》2017 年第 2 期，第 30－36 页。

识和技能，更注重"人"本身。面对 21 世纪知识经济、学习型社会等新的时代特征，以及科技发展对职业教育的挑战，通常主要集中在专业知识和专业技能培养、能够为学生进入工作岗位提供非常实际的硬技能的情况，已经无法快速应对劳动力市场对技能需求的快速变化，因此对提升个人能力至关重要的软技能的作用和价值日益凸显。软技能（Soft Skills）又称"通用技能""关键能力""可迁移技能"等，它是一种非技术技能，如计算机能力、读写能力、团队合作能力、沟通能力、适应能力和学习能力等。[2]随着个性化制造时代的到来，三维（3D）打印、云计算、新能源等重点领域的突破，要扭转高消耗、重污染的粗放型制造业发展方式，构建绿色制造体系，培养高素养技能型人才是重中之重。在传统制造业的绿色改造升级、推动资源循环利用效率、建构高质量绿色制造体系的过程中，充溢着制造行业研发、生产、服务与管理一线技能型人才硬技能方面的智慧[3]，与此同时，技能型人才也要加强自己诸如具备较强的生态伦理意识等软技能方面的培养，从而推动绿色制造，实现产业结构的绿色升级。职业教育坚持以就业为导向，服务大局，为满足社会多样化的需求，应坚持把硬技能和软技能协同培养作为技能型人才培养的出发点和落脚点，不能忽视对技能型人才软技能的培养，以实现对技能型人才的高效利用。因此，在激烈的市场竞争、日新月异的科技变化的形势下，职业教育既要培养作为技能型人才就业"敲门砖"的硬技能，也要注重对技能型人才适应市场需求、跟上时代步伐的软技能的培养，走出一条在绿色发展理念引领下基于市场需求的具有中国特色的技能型人才培养道路。

（三）以卓越发展引领将工匠精神作为职业精神元素融入人才培养的风尚

工匠艺人在我国古代就有。"一代天骄"成吉思汗创下震惊天下的奇迹，除了马上民族骁勇善战这一大优势外，还要归功于他在各类技术人才基础上创建的特种部队——"工匠队"。[4]柳宗元曾为木匠杨潜作传，在《梓人传》中将杨潜比作丞相一样的人物[5]，这些工匠艺人的智慧和劳作、追求卓越的意志品质，以及精益求精的职业精神无疑使他们成为那个时代当之无愧的人才。在当代，工匠精神同样是时代的需要。2015 年 7 月教育部印发的《关于深化职业教育教学改革全面提高人才培养质量的若干意见》（教职成〔2015〕6 号）中专门强调，要把提高学生职业技能和培养职业精神高度融合。由此可见，未来需要的技能型人才，不仅仅是会实践、能操作的技能型人才，更加注重的是拥有良好职业精神、具有可持续发展能力的高素质人才。如果忽视技能型人才的人文素质教育，特别是忽视职业精神的培养，只重视技能培养，既不符合时代的需求也不符合人才培养的风尚。德国特色的工匠精神是把技术和工作本身置于利润之上，所有的工人都具有优秀的工艺传承、令人尊重的匠人精神和社会地位。而中国，在当前全球制造业革新和"供给侧"改革的大背景下，应充分认识到培养学生工匠精神的重要性，非常有必要把职业教育特有的技能培养与思想道德教育、人文素养结合起来作为技能型人才职业精神培养的重要内容，实现知识技能的工具性和精神性统一。因此，培养专注和坚守、追求卓越的大国工匠，需要大批拥有"工匠精神"的技能型人才作为支撑，实现"供给侧"改革下职业教育的优质发展。

二、供给侧结构性改革背景下技能型人才培养的动力导向

当前，新一轮科技革命和产业变革蓄势待发，培养数以亿计的高素质劳动者和技能型人才已经成为关系经济社会全局的发展链条中至关重要的一环。职业教育培养的技能型人才提高了教育供给的创新性和质量。"互联网 + 教育"的技能型人才培养模式，丰富了职业教育供给结构。同

时，破解用工荒的难题也要求技能型人才供给与经济社会发展需求匹配。

（一）满足"中国制造 2025"对高端制造业人才的需要

制造业是国民经济的支柱产业，"十二五"以来，我国制造业总体规模位居世界前列，综合实力不断增强。教育部规划司资料显示，2013 年我国制造业产出比重达到 20.8%，连续 4 年保持世界第一大国地位。2014 年，我国工业增加值达 22.8 亿元，占 GDP 的比重达到 35.85%。然而，我国制造业的现状依然是大而不强、高端制造业供给不足，主要表现为：出口商品长期处于国外通报召回问题产品数量首位、国家监督抽查产品质量不合格率高达 10% 的质量问题；2014 年世界品牌 500 强中国内地仅有 29 个品牌入选的品牌发展滞后问题；严重缺乏能够提供高端供给的领军企业的行业领军企业发展水平与国际地位不相称问题。[6]

"以人为本"是"中国制造 2025"的重要基础。职业教育作为高素质技能型人才队伍建设的重要平台，势必成为培养制造业转型升级需要的人力资本的主体。中国国家统计局的数据显示，我国中等职业学校加工制造类专业年均招生和毕业生人数在 100 万左右，高等职业院校制造大类专业年均招生和毕业生在 40 万左右，职业院校成为为我国输送中高级技能型人才的主要来源。由图 4-1 可知，中、高职院校制造类专业毕业生占毕业生总人数的总体趋势是下降的，而随着制造业的快速升级，我国对高端制造业技能型人才的需求是不断增多的。此外，《中国统计年鉴》（2014）的数据显示，据不完全统计，具有大学本科和研究生学历的人数分别占制造业人才总量的 29% 和 2%。由这些数据可知，我国制造业技能型人才的供需是失衡的，需求大于供给。因此，为了实现"中国制造 2025"的提质增效，把我国建设成制造业强国，需要在"供给侧"改革的背景下，加强高端制造业技能型人才培养，努力实现制造业技能型人才的供需匹配。

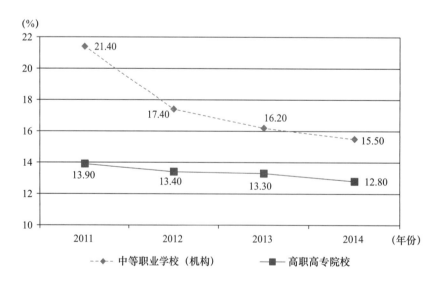

图 4-1　2011~2014 年中等职业学校和高职高专院校制造类专业毕业生数占比

注：制造类专业毕业生数占比 = 制造类专业毕业生数 ÷ 毕业生总数。

资料来源：根据中国国家统计局的相关数据整理。

（二）满足"互联网＋"对技能型人才培养模式的需要

2015 年 3 月 5 日，在十二届全国人大三次会议上，李克强总理提出"互联网＋"行动计划，随后对实施"互联网＋"行动计划作出重要部署，要求探索新型教育服务供给方式，鼓励学校利用数字教育资源及教育服务平台，逐步探索网络化教育新模式。2015 年 11 月 19 日，刘延东副总理在第二次全国教育信息化工作电视电话会议上讲话强调，推进教育信息化是顺应世界信息化发展趋势的应有之义。信息化对人类的生产、生活乃至思维和学习方式等都已产生巨大影响，我国必须抓住这一轮世界信息化发展机遇，将互联网和信息技术新成果转化为教育创新发展的动力。当前，在大数据、移动互联网、物联网高速发展的时代大背景下，职业院校要适应"互联网＋"的发展趋势，就要满足"互联网＋"对技能型人才培养提出的与时俱进的目标。"互联网＋"将其创新成果深度融合于各领域，而不是简单地把互联网和各个传统行业相加，同时引导互联网企业开拓国际市场，对技能型人才的需求将更加综合化，也更加体现专业性。需要改变职业院校传统教学模式，实现网络课堂、在线教育、数字化教学、远程教育等与现实课堂有机结合的新型人才培养模式。例如，提倡"互联网＋课程"模式，微课、慕课、手机课堂等这些新颖的教学模式融入课堂，只要学生想学习，随时随地即刻进入状态；"互联网＋教学"模式，以先学后教为特征的"翻转课堂"将成为现实，教师通过 24 小时社交媒体的在线分享课程，与学生平等交流，充分体现学生的主体地位，使传统的灌输式教育转型为探讨式教育；"互联网＋评价"模式，学生在线提交作业，教师、学生在线互动交流，支持微博、问答等多种形式的交流和互动[7]，并且通过构建互联网平台上的学校评价、家庭评价、企业评价和社会评价，及时对学生进行多元化评价，从而打破传统的单一的人才评价方式。此外，运用互网络平台，学习世界著名大学的网络课程、直播课程，积极吸纳其优质的教学资源、教学成果，推动技能型人才培养模式的国际化。"互联网＋教育"是职业教育"供给侧"改革的自觉行动，做好"互联网＋教育"所需要的技能型人才培养将是中国职业教育模式的重要改革。

（三）满足破解用工荒问题的需要

在经济发展方式转变的新常态下，资源环境和要素成本约束日益趋紧，人口红利趋于消失。以制造业为例，据波士顿报告，中国制造业对美国的成本优势已经由 2004 年的 14% 下降到 2014 年的 4%，表明在美国生产只比中国生产贵 4%。[8]此外，随着我国人口结构的变化，劳动力比例明显降低、劳动力生产成本不断上升，长三角和珠三角地区出现了"用工荒、用工难"问题，一方面是企业求贤若渴却招不到人，另一方面是家长或学生不愿意就读职业院校。根据人力资源和社会保障部公布的 2011～2015 年各季度部分城市劳动力市场岗位空缺与求职人数比率的相关数据得知，用人单位招聘人员的岗位空缺与求职人数的比率始终保持在 1.04 以上，如表 4－1 所示，可知劳动力市场对求职人员的需求总是略大于供给。再根据中国人力资源市场信息监测中心数据，我国拥有技术等级职业资格的求职者比重始终低于对技术等级有明确要求的企业需求比重，各技术等级和技术职务的人才需求均大于求职人数。[9]随着产业结构的升级，具有专门性技能的高级技工尤为缺乏。根据人力资源和社会保障部公布的 2015 年第四季度部分城市对各技术等级供求分析的数据可知，技师、高级技师、高级工程师的岗位空缺与求职人数的比率较大，分别为 1.9、1.89、1.99。这一数据直观地反映了我国高技能型人才严重供不应求。而技能型人才用工荒背后的实质问题，也就是技能型人才的供应与经济发展的不同步或者脱节。[10]因此，在"供给侧"改革的背景下，只有技能型人才供给与经济社会发展相匹配，才有利于破解用工荒问题。

表 4 - 1　　2011 ~ 2015 年各季度部分城市劳动力市场岗位空缺与求职人数的比率情况

季度 年份	第一季度	第二季度	第三季度	第四季度
2011	1.07	1.07	1.04	1.04
2012	1.08	1.05	1.05	1.08
2013	1.10	1.07	1.08	1.10
2014	1.11	1.11	1.09	1.15
2015	1.12	1.06	1.09	1.10

资料来源：根据人力资源和社会保障部 2011 ~ 2015 年各季度部分城市公共就业服务机构市场供求状况分析的相关数据整理而成。

三、供给侧结构性改革背景下技能型人才培养的推进机制

职业教育担负着为经济社会发展培养高素质劳动者和技能型人才的重任，需要政府在制度上加强供给，加大对职业教育经费的投入，给予职业院校更多的办学自主权；职业院校要充分利用各类资源，引入市场机制，主动适应供给侧结构性改革，提高人才培养的质量，为产业需求提供精准供给。此外，要引导社会积极参与，提高技能型人才的社会地位。

（一）政府主导：通过政策制度拉动并加大财政支持

完善相应政策制度，为技能型人才培养提供保障。"供给侧"改革，要从制度的根源上进行突破。完善技能型人才的管理、激励和评价制度，在全社会形成一种接受职业教育的学生与接受普通教育的学生同样待遇的舆论和氛围。以法律形式明确企业行业参与职业教育和培训，规定企业行业的职责，并通过相关措施提高其参与的积极性，注重对技能型人才实践能力的培养，真正培养出社会所需要的技能型人才。目前，我国的职业院校还缺乏充分的办学自主权，政府还需要积极建立和完善"服务型政府"，进一步"减权增效"，进一步简政放权，打破官办一体的教育管理模式，建立"政府办教育、学校做教育、社会支持教育"的新型管理模式[11]，让职业院校根据社会需求、办学条件，自下而上地探索出有自己特色的人才培养模式。同时，引进国外高素质技能型人才进入中国劳动力市场，学习其先进的技术经验，提高我国技能型人才培养的质量和数量。从政府高效供给出发，创设有利于技能型人才培养的制度环境，充分发挥国家政策的导向作用，让职业教育得到健康发展。

加大职业教育经费投入力度，确保技能型人才培养的基础和条件。在教育上的资金投入和投资结构，能反映出政府对各级各类教育的价值判断和功能定位。以高度发达的资本主义工业国——瑞士为例，国家对职业教育的投入很大，2004 年修订生效的《瑞士联邦职业教育法》规定：州政府经费投入比例为整个职业教育经费的 3/4；企业要支付大约是正式职工工资的 1/5 给

学徒；学徒在职业学校或职业培训中心的学习免费。[12]在美国，2015 年奥巴马总统对美国的社区学院实行免费就读政策。虽然中国也实施了免费职业教育的政策，但我们还只是面向中职。此外，2015 年教育部公布的教育规划纲要中期评估职业教育报告显示，2014 年职业教育经费总投入 3424 亿元，比 2010 年增长了 42.2%。职业教育财政性经费为 2559 亿元，比 2010 年增长了 75.2%。而且职业教育这 5 年来，在经费投入、税收优惠等方面，多地制定校企合作促进办法，支持职业教育发展。例如，全国建成职教集团超过 1000 个，吸引了近 3 万家企业参加，已覆盖 60% 以上的职业院校。但是，根据联合国教科文组织（UNESCO）发布的数据，2010 年世界教育经费支出占 GNP 的比例平均为 4.9%。这一比例在高收入国家达到了 5.4%，在低收入国家也达到了 4.6% 的水平。目前我国教育经费投入占 GNP 的比例虽然达到了 4%，但与国际平均水平特别是发达国家相比，还有一定差距。[13]因此，我们应进一步加大对职业教育经费的投入力度，合理划分各级政府对职业教育经费投入的比例，加大对职业院校学生的资助，从而建立稳定的财政保障机制，确保技能型人才培养所需要的基础和条件。

（二）学校主体：师资队伍建设要满足市场对技能型人才培养的需求

加强师资队伍建设，培养社会需要的技能型人才。《国务院关于加快发展现代职业教育的决定》（国发〔2014〕19 号）指出，要建设"双师型"教师队伍，推进高水平学校和大中型企业共建"双师型"教师培养培训基地。完善企业工程技术人员、高技能人才到职业院校担任兼职教师的相关政策，兼职教师任教情况应作为其业绩考核评价的重要内容。然而与经济发达国家相比，我国高职院校兼职教师的比例较低，德国和加拿大的职业院校大部分教师为兼职教师。实践证明，兼职教师有利于密切职业教育与企业的关系，有利于促进校企合作。[14]因此，加大聘任具有企业背景的教师，招聘企业的工程技术人员、技师作为兼职教师，聘请熟悉企业生产和管理过程的技术人员到职业院校兼职，可以提高具有"双师"素质教师的比例，改变教师整体知识与能力结构，切实加强"双师型"教师队伍建设。在世界经济全球化、文化多样化、社会信息化深入发展的时代背景下，应推动职业院校的教师主动变革教学理念、课程组织与评价方式、教学方法、教学角色等，保证其教学内容跟上科学技术和企业发展的步伐，引导教师开展"技能形成教育""能力培养教育""知识创新教育"，不断提高教学研究能力和技术技能素养。此外，在师资队伍建设中要吸纳能够彰显企业文化的兼职教师，在教学实践中融入职业精神，促进学生职业精神的培养。教师是教育的第一资源，把加强师资队伍建设摆在更加突出的优先发展战略地位，创新"双师型"培养模式，培养一批"教练型""双师双能"素养的教学名师，完善企业工程技术人员、技师和能工巧匠到职业院校担任兼职教师的相关政策，提升职业院校教师教学能力和实践指导能力，秉持职业精神和职业技能培养兼顾的理念，将是"供给侧"改革背景下职业院校的现实选择。

保障教学内容满足市场需求，提升技能型人才培养水平。从国际经验看，制造强国都十分重视人才的培养，美国依托常青藤等一批优秀的高等院校，培养了大批科技创新型人才和专业技术人才，成为富有创造力的制造强国；德国长期坚持并推广"双元制"，培养了大批高素质技术技能人才，打造了具有工匠品质的"德国制造"。[15]德国的"双元制"教育模式，在教学上强调宽、深的理论基础，课程设置以职业活动为核心，每学期三个月学校理论学习和三个月企业实践交替进行，学生能了解到前沿的技术和企业组织管理形式，能亲身经历技术的、经济的和社会的变革，培养的是企业和社会工作第一线的直接为社会服务的应用型技能型人才。我国的职业院校在专业设置上，还未能充分根据市场需求跨学科、综合化的发展趋势作出适时调整，与我国经济转型和产业升级还存在不相匹配的情况。[16]当前职业教育专业结构与产业结构也还存在较大差距，专业设置聚集第三产业的比例过大，而第二产业人才培养则严重不足。[17]由于职业院校没有进行人才需求市场细分，专业设置同质化现象较普遍，因此，需要优化专业结构和课程设置，根据"互联网＋""中国制造 2025"等要求，及时增设新专业，使其向低碳化、智能化发展，满足技能型人才对新兴产业发展实际所需专业的需求；紧密对接"一带一路"等国家建设，将前沿信息、各种交互式网络学习平台、各种职业技能纳入课程体系，更加注重学生自主学习能力和终身学习理念的培养，从而提升培养技能型人才的水平和能力。

（三）社会参与：转变传统观念并强化现代学徒制人才培养模式

转变传统观念，提高技能型人才的社会地位。2015 年教育部公布的《〈国家中长期教育改革和发展规划纲要（2010～2020 年）〉中期评估——职业教育评估报告》显示，近 5 年来，特别是党的十八大以来，职业院校每年输送技能型人才近 1000 万；高职在校生人数首次突破 1000 万；中职招生与普通高中招生规模大体相当。但不可否认的是，许多职业学校深陷生源不足的窘境，最主要的原因就是社会对职业教育的不认同，"劳心者治人，劳力者治于人"的传统观念还有较大的市场，用人单位"唯学历论"的风气还很盛行等。我们需要向部分发达国家学习。在德国，缺乏足够意愿读大学的高中生可以在职业院校获得专业的培训，自信地走向市场，凭借过硬的实际操作技能和工作表现证明自己的价值。[18]在瑞士，学生从小就被灌输职业教育的理念。社会的发展进步，既需要学术型人才，也需要技能型人才。习近平总书记 2014 年对职业教育批示提出"劳动光荣、技能宝贵、创造伟大"的职业教育价值观念。党的十八届五中全会明确提出，要调整分配方式，提高技术工人的待遇。社会是人才培养的"后备力量"，因此，需要全社会大力宣传倡导只有职业分工不同，而无职业贵贱之分的职业观念，营造尊重技能型人才的社会氛围和价值观念，以转变人们认为职业教育相比于普通教育低人一等的传统观念。此外，还应拓宽人才评价渠道，克服唯学历论的倾向，提高技能型人才的社会地位，让技能型人才获得尊严和体面，从而积极引导社会教育观念的转变，营造重视技能、重视技工的良好环境和社会氛围。

推行现代学徒制，提升技能型人才品质。《国务院关于加快发展现代职业教育的决定》将现代学徒制试点列为推进人才培养模式创新的重要举措。明确指出，要充分发挥市场机制作用，引导社会力量参与办学，扩大优质教育资源，激发学校发展活力，促进职业教育与社会需求紧密对接。现代学徒制是传统学徒培训与现代职业教育相结合，学校与企业联合招生招工，教师与师傅联合传授知识技能，工学交替、实岗育人，校企联合培养行业企业需要的高素质劳动者和技能型人才的一种职业教育制度。[19]以发达国家为例，德国现代学徒制模式即"双元制"的实施是在企业和职业学校两个场所，其中企业是主导方；瑞士"三元制"的现代学徒制培养模式是在企业、职业学校和产业培训中心三个场所完成。总结这些国家的成功经验，我们可以看出开展学徒制教育模式是多样的，而且都与企业进行深度合作。然而目前我国职业院校与行业企业的合作在很大程度上仍然是行政主导，市场机制发挥的作用有限。为了使市场成为在现代学徒制发展中资源配置的主要手段，有效的方式是通过市场手段实现职业培训供需双方的需求及资源配置。[20]另外，学徒制的实现需要经费支持。以德国为例，政府和企业共同出资进行人才的联合培养，这种方式持续保证了企业支持职业教育的意愿。借鉴国际成功经验，对于提供高质量实习岗位的企业，政府可以加强对其扶持力度，给予企业相应的税费减免、财政补贴等政策优惠。企业和社会是职业教育改革和发展的动力，要充分引导企业和社会尽可能多地参与到职业教育的实施过程中来，打通政府、社会、职业院校和企业之间的有效沟通渠道，通过开放的态度鼓励多样化的现代学徒制探索尝试，形成具有中国特色的现代学徒制技能型人才培养模式。

四、结束语

职业教育作为培养高素质劳动者和技能型人才的重要载体，在供给侧结构性改革的背景下，对提升人力资源水平发挥着不可替代的作用。职业教育要强化供给意识，提高人才培养的质量和创新性，充分提高技能型人才的显性素质（技术技能水平）和隐性素质（职业精神），以满足经济社会发展的需要。

参 考 文 献

[1] 徐桂庭. "中国制造2025"背景下的现代职业教育发展路径探析——第四届闵行职教论坛在上海召开 [J]. 中国职业技术教育，2015（25）：27.

[2] 汤霓. 2030年，软技能比硬技能更受青睐 [N]. 中国教育报，2016－01－19（4）.

[3] 陈鹏，庞学光. 《中国制造2025》与现代职业教育转型发展 [J]. 教育发展研究，2015（17）：16.

[4] [5] 王兆贵. 技术人才如何成就成吉思汗的成功 [N]. 光明日报，2015－12－15（16）.

[6] 周子学. 以供给侧改革促进产业创新与发展 [J]. 集成电路应用，2016（2）：1.

[7] 杜召强. 职教"供给侧"改革与"互联网＋教育" [N]. 现代物流报，2015－12－01（A8）.

[8] 规划司. 《中国制造2025》解读之三：我国制造业发展面临的形势和环境 [EB/OL]. http：//www. miit. gov. cn/n11293472/n11293832/n11294042/n11481465/16595208. html.

[9] 辜胜阻，王敏，李睿. 就业结构性矛盾下的教育改革与调整 [J]. 教育研究，2013（5）：13.

[10] 朱昌俊. 不能等到用工荒才想起职业教育 [N]. 长江日报，2015－12－04（4）.

[11] 周洪宇，鲍成中. 第三次工业革命与人才培养模式变革 [J]. 教育研究，2013（10）：9.

[12] 瑞士职业教育特色及启示 [EB/OL]. http：//news. xinhuanet. com/zgjx/2012－10/10/c_ 131897787_ 2. htm.

[13] [15] 于志晶，刘海，岳金凤等. "中国制造2025"与技术技能人才培养 [J]. 职业技术教育，2015（21）：14－19.

[14] 贺修炎. 高职院校高技能人才培养：问题与对策 [J]. 高教探索，2008（1）：118.

[16] 李拓宇，李飞，陆国栋. 面向"中国制造2025"的工程科技人才培养质量提升路径探析 [J]. 高等工程教育研究，2015（6）：20.

[17] 董刚. 潜力无限：职教迎来最佳发展时机 [N]. 光明日报，2015－12－01（15）.

[18] 王鹏. 德国制造究竟凭何经久不衰 [EB/OL]. http：//enjoy. caixin. com/2015－01－06/100771386. html.

[19] 杜启平，熊霞. 高等职业教育实施现代学徒制的瓶颈与对策 [J]. 高教探索，2015（3）：74.

[20] 李俊. 推进现代学徒制先要培育培训市场 [N]. 中国教育报，2015－12－03（9）.

研究报告五　未来教育与新师徒制[①]

　　教育是为未来服务的。对于我们来说，最可怕的就是自己付出了几十年努力所掌握的知识突然没用了。想想清末那些准备科考的秀才们，一天早上起来晨读时突然听到科举改高考，不考八股，考数理化了，十年寒窗全废了。今天我们又赶上这个时代。怎么办？只好跟下岗工人一样，悲壮地"重新再来"，继续学习，终身教育。而互联网下的师徒制与传统的师徒制相比具有学生规模大、师傅水平高、学习成本低的优势，是未来教育发展的一个重要方向。

　　事实上，几千年来艺术学习、技能培训的最有效的方式就是师傅带徒弟的方式。特别是在工业化时代，新工人进厂后由企业指定技能高超的师傅进行传帮带，三年学徒期满后，再由企业对其进行技能考核。师徒制是一种非常有效的技术传承方式，一直为各行各业所广泛运用。

　　但是，这种师徒制的培训方式也有着一些重大缺陷。师傅的水平决定了徒弟的水平，高水平的师傅能带出高水平的徒弟。反之，如果师傅的水平不高，带出的徒弟也好不到哪里去。而高手师傅是很有限的，需要培训的徒弟却是大量的。现在仅农民工就有2.8亿。中国产业升级换代需要工匠精神，2亿多农民工的技术普遍不高，将大大制约我国企业的更新换代，也制约着农民工本身的收入提高。

　　那么，什么是"新师徒制"呢？笔者的定义是："以互联网为媒介，由某一领域的行家里手，用长期言传身教的方式，带领较大规模的徒弟们用碎片时间进行学习与实践。"

　　新师徒制"新"在什么地方呢？一是"新"在规模上。传统师徒制是一个师傅带几个徒弟，而"新师徒制"通过互联网一个师傅可以带几万，甚至几十万个徒弟。二是"新"在师傅的选择上。名师才能出高徒。传统的师傅只能在本企业中挑选，而"新师徒制"的师傅可以在全省、全国甚至在全世界选。三是传统的徒弟只能跟一个师傅，而在"新师徒制"下一个徒弟可以在互联网上跟好几个师傅，博采众长更能出高徒。四是传统的师徒之间有直接的利益冲突，人们常说"教会徒弟，饿死师傅"，因此师傅往往要留一手绝活，除非徒弟是自己的儿子，女婿都不行，而"新师徒制"下师徒之间物理间隔可能很远，甚至永远都见不着面，不会有直接的利益冲突。况且师傅之间也有竞争。你可以留一手，但别的师傅如果比你教得更好，教得更深，你的徒弟就会流失。五是最重要的一点，激励机制不同。传统师徒制的激励机制不够强。在传统社会中，当师傅的直接利益无非是徒弟在师傅家里打几年小工、扫扫地、打打洗脚水什么的。长期利益是师傅有可能成徒弟的"父"，但这还得看徒弟有没有良心，出师后还认不认你这个"父"。在现代社会里，对当师傅的激励更少。师傅工资是固定的，带徒弟几乎是义务劳动。所以现在单位里找一个师傅都难，普遍是"师傅不愿带，徒弟不愿学"，双方都敷衍了事。而在"新师徒制"下，一个师傅可以带几万，甚至几十万个徒弟，师傅可以成网红。在市场机制下，培训平台可以对徒弟收费，给师傅重奖。甚至可以以网络的方式，每个徒弟打几块钱赏，师傅马上成百万富翁，甚至千万富翁，你不干，有人干。即使是由政府组织的"新师徒制"培训，对师傅也

---

①本文作者：汤敏，男，国务院参事、国务院扶贫办友成企业家扶贫基金会常务副理事长。

可以用提级、发"五一劳动奖章"、冠"大师工作坊"等各种荣誉上的和物质上的奖励进行激励。

　　"新师徒制"有成功的例子吗？笔者自己就亲自参与了一个。四年前，为解决教育公平问题，笔者所在的友成基金会与中国人民大学附属中学刘彭芝校长一起开始了一个被称为"双师教学"的实验。所谓"双师"，就是一个贫困地区学校课堂的教学由两个老师来完成，一位是远端城市中的优秀教师，如中国人民大学附属中学教师，一位是当地乡村学校的现场教师。

　　"双师教学"的具体过程是：第一步，每天录制中国人民大学附属中学教师讲课并放到网上。第二步，当天晚上乡村教师在网上先看一遍讲课录像，再对其中超出乡村学校需要掌握的部分进行必要的剪裁。一般45分钟的录像剪辑成25～30分钟。第三步，第二天在乡村课堂上播放录像。当视频中教师提问时，现场乡村教师把视频停下来，让当地学生来回答这个问题。如果学生都答对了，就继续放视频。如果没答对，教师就会用几分钟把这个概念讲一遍。

　　从2013年秋季学期起，我们就开始把中国人民大学附属中学初中数学课用这种方式逐步扩大实验，到2016年春季，这一实验已在中西部18个省的130多个贫困地区乡村学校中进行。三年过去了，效果非常明显。根据中央财经大学一个国际团队对这一项目三年的追踪评估，初中进校时实验班和控制对比班的考试成绩几乎完全一样，三年后的中考成绩实验班比控制班平均整整高出了20分。不但学习成绩大大提高，学生的学习态度、学习兴趣、精神面貌都有了很大的改变。

　　更有意思的是，我们发现，"双师教学"受益的不仅是学生，其实受益最大的是参加实验的乡村教师。他们每天都在听全国最优秀教师讲课。中国人民大学附属中学的教师与全国的参与试点的乡村教师还经常在QQ群中一起备课、答疑，乡村教师们自己也在群中一起讨论。几年下来，很多实验班的教师都成了当地的优秀教师。一些教师说："我参加过多次国培计划、省培计划，但'双师教学'模式是我参加过的最好、受益最大的培训。"

　　这种课课示范，天天培训，传帮带贯穿好几个学年的全过程，不就是活脱脱的"新师徒制"吗？我国绝大部分的乡村学校已经接通了互联网，这种培训方式完全可以大面积推广。事实上，在广西南宁、桂林，重庆彭水，贵州威宁，湖北咸宁，广东东莞等地都开始用"双师教学"的模式，把本省、本市、本县最好的优秀教师的课拍下来、送下去。

　　如果连中小学教师培训这么高大上的业务，都能用"新师徒制"进行，如果连贫困地区的中小学生都能在互联网上学习，为什么这种"新师徒制"的学习培训模式不能推广到更多行业、更广泛的领域中去呢？

　　我们还在做更多的实验。全中国有近3000万家政服务员，但极度缺乏培训，特别是长期的、深度的培训。乐平基金会正把家政内容制成每一节几分钟的卡通形式的小视频，家政服务员根据自己岗位上的具体需求，在手机上用碎片化的时间就可以学习。深圳的龙岗区正在与国泰安教育技术股份有限公司一同实施一个大规模的农民工培训计划。笔者参加了他们的多次讨论，把这种新的培训机制融合进农民工培训中去。当然，真正实行起来很多细节需要根据实际情况不断地改进。

　　师徒制也可以拓宽到其他领域中去。"三人行，必有我师焉"，各行各业都有高手，都有秘籍，如果你每天都能跟着你行业中的"老大"学一点他们如何处理技术、处理人事、处理难题的高招，你就可以成长得更快，犯更少的错误。

　　今天，我们又进入了一个新工业革命时代，哪个国家在终身教育上率先突破，哪个国家就能培养出大规模的工匠与人才。关注人的成长，参与新的教育革命，是我国未来能够在世界竞争中保持先进地位的根本保证。

研究报告六　欧美应用型高校发展及人才培养对我国高校转型的启示[①]

一、近现代欧美应用型高校发端、发展的主要脉络

（一）18世纪末到19世纪中期：培养各类应用型人才的新型高校在欧洲兴起

18世纪中叶，伴随着科技革命和工业革命，欧洲古典大学开始向现代化迈进并逐步分化，在传统大学之外，新的大学理念和新的高等教育机构出现。以培养各类应用型人才为目标的高等学校相继成立，如法国的大学校、德国的工科大学、英国的城市大学。

在法国，启蒙思想家鉴于旧大学的空疏无用，主张高等教育专业化，并与职业密切结合。法国大革命期间和拿破仑所建立起来的近代高等教育模式具有非常鲜明的国家主义、实用主义特点。1795年后，各种实用性的、专门性的高等教育机构纷纷设立。这种培养各类应用型高级技术和管理人才、实施高质量精英教育的专门学院后来被统称为"大学校"。这些不同于传统大学的新型高等教育机构的创立具有重要历史意义，它预示着高等教育机构的多样化[1]。

18世纪中叶，德国的大学改革主要以"实用主义"为价值取向。这种大学观认为，大学的首要功能应该在于其社会实际价值和国家的实际需要。以"声誉和实用为基础"也成为当时德国著名大学哥廷根大学的基本准则[2]。康德认为大学有必要进行某种分类，就像工厂一样需要劳动分工，学生趋向进入两个类别，即真正的学者和专业人员。专业人员直接面对民众，而不是为了科学的完善[3]。基于这些教育理念，19世纪初期，德国陆续建立了一些高等技术学校。到了19世纪中后期，随着科学技术突飞猛进，第二次工业革命兴起，德国迫切需要把科学研究方向向应用转变，并与工业生产、经济发展相结合，而研究型大学致力于高深学问的纯粹研究，并没有对这种需求做出积极回应。在这种情况下，以高等技术学校为基础"升格"的工业大学蓬勃兴起，保证了德国技术革命、工业发展对专业人才的需要，如柏林工业大学、汉诺威工业大学等。

在英国，垄断高等教育的牛津、剑桥与社会和时代隔绝，催生了热衷科学的中产阶级的不满。功利主义哲学家边沁认为，教育应该提供实用的知识和课程，向更多的人开放大学教育，而不仅仅是传统大学的富人和教士。到19世纪后期，工业革命需要大量的技术工人和高层次的技术人员，这已成为工业发展最直接的挑战。1851年，工业中心曼彻斯特建立了欧文斯学院，开始了英国城市学院运动。城市学院是英国19世纪高等教育的一个创新，这些高校都建在工业城市，主要面向中产阶级，课程以实用学科为主。城市学院发展迅速，都在20世纪初期成为大学[4]。

[①]本文作者：朱永君，男，国泰安职业教育与产业发展研究院研究员；石秀和，男，安徽新华学院院长，教授。

（二）19 世纪 60 年代：赠地学院与美国工业化时期的大学转型

北美独立之前建立的殖民地学院实施的是自由教育，美国建国后，随着政治民主化进程和向西部边疆的不断拓展，越来越需要具有专门知识的实用型人才，专业教育和技术教育开始进入美国高校。1862 年美国国会通过《莫雷尔法案》，该法案规定根据各州所拥有的国会议员数量划拨土地，每拥有一个国会议员就可以获得 3 万英亩的联邦土地，各州从土地划拨中获得资金用来维持或资助至少一所学院开展农业、机械工程教育。联邦因此共划拨将近 1750 万英亩的土地。各州纷纷建立农工学院和以农工学院为主的州立大学，这些大学在美国被统称为"赠地学院"，赠地学院打破了原来高等教育的传统，将注意力集中在职业与技术教育，为美国工农业的发展培养了一大批实用技术人才。赠地学院的产生、发展反映了美国工业化背景下大学转型的方向，即走出"知识象牙塔"，主动为地方经济、社会、科技发展服务。从 19 世纪 70 年代到 20 世纪 40 年代，美国大学的数量扩大了 5 倍，大学类型走向多样化；同时，各种新型学院，如商业学、新闻学、工程学、建筑学、药剂学、农学、矿业学和林业学等学院在大学成立[5]。

（三）20 世纪 60 年代至今：欧洲应用技术类型高校的发展

20 世纪 60 年代，为了适应经济社会发展对拥有新技术的高素质劳动者的需求，应用技术类型高校率先在德国、英国、法国、荷兰等国出现，之后向欧洲其他国家铺展开来，这一过程一直持续到 20 世纪 90 年代，从而奠定了欧洲高等教育中"双轨制"的主导地位。这类培养高水平、实用型专门人才的应用技术类型高校，在德国、荷兰被称为应用科技大学，在英国被称为多科技术学院，在法国被称为大学技术学院，在芬兰、葡萄牙被称为职业技术学院，在爱尔兰被称为理工学院，在挪威被称为大学学院，等等。这些高校在发展过程中逐步获得了同传统大学一样的地位，可以授予学士、硕士乃至博士学位。在德国，经过 40 多年的发展，应用科技大学已经成为综合性大学之外的第二大类高等教育机构。截至 2015 年 9 月的统计数据显示，德国共有各类高校 401 所，其中应用科技大学 233 所，占高校总数的 58.1%[6]。在爱尔兰，2011～2012 学年度，理工学院在校生数为 78924 人，占政府资助高等教育机构中全部在校生数的 40.23%。在荷兰，应用科技大学在校生规模不断增长，2011 年，应用科技大学拥有在校生 42.3 万人，研究型大学在校生 24.4 万人，总体而言，应用科技大学的在校生规模是研究型大学在校生规模的近 2 倍[7]。

（四）新的趋势：传统大学与应用型大学的"双向漂移"

20 世纪 60 年代以来，实行多科技术学院和传统大学并行的"二元制"英国高等教育，出现了"二元趋同"现象。1969 年剑桥大学通过与企业联姻，构建了以大学为中心的教学—科研—生产联合体，形成大学科技园的发展模式。学科逻辑不再是大学唯一的"代名词"。研究者将英国传统大学设立职业性课程、开展校企联姻及其人才培养模式定位转变的改革趋势称为"职业漂移"[8]。实际上并不仅仅是英国，20 世纪 70 年代以来，欧洲其他各国的传统大学也出现了类似"职业漂移"的现象，并受到国家政策和行业、企业的鼓励。另外，欧洲应用技术类型大学逐渐加强了科学研究，出现了"学术漂移"。应用技术类型大学开展的以应用为导向的科学研究，不仅提升了学校的学术地位，继而获得了博士学位授予权，而且也提升了学校服务经济社会发展的能力和水平。值得注意的是，"双向漂移"并不意味着传统大学和应用技术大学走向同一种类型，恰恰相反，"双向漂移"虽然促使英国取消了高等教育的"二元制"，但也促成了英国高等教育新的多样化。1999 年，旨在建立统一的欧洲高教制度的博洛尼亚进程开启，其中的导向之一就是要求欧洲的高校用较短的时间，培养出大量符合市场需要的实用型学士，以满足欧洲经济技术和文化发展的需要[9]。这一要求促进了欧洲传统大学的"职业漂移"，拓宽了应用型人才的培养渠道。

二、欧美高校应用型人才培养的发展及变革

（一）人才培养的学历层次逐步完善

以德国为例，19 世纪中后期，随着第二次工业革命的兴起，原来建立的一些高等技术学校逐渐发展成为工业大学，可以和传统大学一样颁发博士学位。20 世纪 60～70 年代兴起的应用科技大学，经过几十年的发展，其人才培养的层次也逐渐完善，获得了联合或单独培养博士生的资格。2015 年 10 月，巴符州科教部批准了 10 个综合性大学与应用科技大学合作培养博士的项目。同月，巴伐利亚州也批准了应用科技大学和综合性大学联合培养博士的协议。2015 年 11 月，黑森州议会批准了新的高校法，赋予该州有实力的应用科技大学以独立的博士学位授予权。在欧洲其他国家，应用型高校在人才培养的学历层次上不断完善的趋势也得到充分体现。

（二）面向的行业领域不断扩大

从整体上来看，在综合性、研究型大学，专业设置是学科分类的结果，而在应用型高校，培养人才的专业或者课程组合是根据社会行业的分工或者学生个人的兴趣来设置的，因此具有鲜明的时代特征。为应对新岗位、新行业、新产业的产生，应用型高校不断设置新的专业或课程组合，向学生提供更多学习选择，学科专业设置由少到多，由单一走向综合，呈现出理、工、文、管相互渗透的趋势。

18 世纪末，法国专门学院多是军事、机械、农业和医学等院校，到了 19 世纪 70 年代，随着欧洲第二次工业革命的推进，法国各种高等教育机构中与工业发展密切相关的课程大量涌现。开设的课程除了军事、防务、道路、桥梁、工程、要塞建筑等外，增添了化学、物理、电机、机械、商务等与工商业发展有关的科目[10]。

20 世纪 60～70 年代，德国应用科技大学在发展初期专业设置面较为狭窄、单一，主要集中在工程、经济以及社会事业三大传统领域；如今不仅有工程、经济、社会教育、艺术、农业类专业，而且已扩展至自然科学的应用专业以及信息技术、法律、管理类专业和语言、文化、保健、护理等领域[11]。特别是近年来，为适应知识经济时代现代科技的交叉融合和高技术岗位群的出现，德国应用科技大学更加注重在拓宽专业方向、灵活设置专业上进行改革，为学生提供更多可供选择的专业，开设大量跨学科的复合型专业，如经济工程、经济数学、生物医学、能源和环境保护、飞机制造、计算机一体化等[12]。

（三）培养理念从注重技术技能发展为技术技能和综合素质并重

科学技术的突飞猛进和经济社会的快速发展促进了应用型人才培养理念的变化。在对能力和素质要求上，各国由重视学生技术技能，向技术技能与综合素质并重方向发展。1891 年斯坦福

大学建立，对于传统大学无法适应经济社会发展和农工学院培养的学生缺少文化修养的问题，斯坦福先生认为受过技术教育的青年未必是成功的实业家，人文科学对提高人的心智和实业能力特别重要。斯坦福大学当时用"科学""艺术""文学""技术"八字标语阐述了它的"实用教育"理念。1917 年美国《史密斯—休斯法案》倡导职业教育独立于普通教育，但之后 1963 年的《职业教育法》积极推进普通教育与职业教育的融合，注重应用型人才在社会、文化方面的能力培养。在德国，迪特·梅腾斯于 1974 年提出"关键能力"概念，到 20 世纪 80 年代，"关键能力"逐渐成为学校教育的参照标准，其内涵也有了新的发展，主要包含专业能力、方法能力、社会能力和自我能力等。20 世纪 90 年代以来，为避免课程过度专业化带来的不良后果，应用科技大学课程与德国传统大学的课程开始出现相互交融的态势[13]。总体而言，20 世纪 70 年代以后，西方各国开始普遍重视专业教育与人文教育、通识教育的结合，以培养更为全面的人才。法国 1968 年《高等教育方向法》、1989 年《教育方针法》都要求高校保持普通教育与职业教育的协调、平衡，使人才培养更具适应性和创造性[14]。英国的《高等教育的框架》《21 世纪的教育和训练》等教育白皮书提出，专业人才培养应重视开展综合教育和跨学科培养，实施宽口径综合课程教育，使高等教育更有效地为经济社会发展服务[15]。

（四）培养方式从注重实践训练发展到产学研合作育人

在欧美，应用型高校人才培养从一开始就非常注重实践操作能力，实践教学环节一直占有相当大的比重，成为培养人才的重要途径。随着经济社会发展对应用型人才知识、能力、素质的要求，特别是对创新能力的要求不断提高，高校在应用型人才培养中逐渐重视学生研究能力和创新能力的培养。应用型人才的培养方式在原来注重实践训练的基础上，发展到产学研合作育人。

在德国，工科大学在正式升格为大学之前，主要是传习"技艺"，在后来的发展过程中开始注重应用科学研究以及科学研究在人才培养中的作用。德国应用科技大学在成立之初被设计为一种以教学为主的高等教育机构，并没有将科研看成是应用科技大学的任务，直到 1985 年，修改后的《高等学校总纲法》才赋予了应用科技大学从事应用性科研与发展的使命。之后，德国联邦教育与科研部还出台了专门针对应用科技大学的科研资助政策，以扶持应用科技大学与企业联合开展应用性研究。应用性科研对于培养高层次应用型人才发挥了十分重要的作用，进一步丰富了"双元制"培养模式的内涵，和传统学术型大学一样，应用科技大学也实现了教学与科研的有机结合，在教学与科研相结合、科研与应用相结合中，培养和提高学生解决实际问题的能力和创新能力。

在美国，培养应用型人才的高校在重视学生实践能力培养的同时，也日益重视学生科研能力和创新能力的培养。一方面，美国高校改革传统做法，把本科生参加科研训练纳入正式教学计划，实行本科生导师制。另一方面，积极开展课堂教学方法创新，"案例教学法""项目教学法""现场教学法""合作学习法""基于问题学习法"等成为美国高校普遍采用的教学方法。

（五）人才培养模式渐趋多样化

随着应用型人才培养的教育思想与实践不断深化与成熟，欧美应用型高校人才培养出现了不同的结构样式和运行机制，模式渐趋多样化，具有代表性的模式主要有"双元制"模式、工读交替的"三明治"模式、CBE 模式、阶梯式培养模式等。

（1）"双元制"模式。德国应用技术大学广泛使用"双元制"模式，其主要特征是学校和企业"双元"培养平台协同育人、学生拥有学校学生和企业准员工"双元"身份。这种模式培养的学生实践能力强，了解企业，能够很好地掌握本专业的关键技术和最新发展方向。

（2）"三明治"模式。该模式是英国采用的学习—实践—学习、工读交替的产教融合模式。这种模式强调工学两个方面融合、专业课程学习与实际岗位操作对接、教学与工作相互支持，通过工读交替实现学生职业能力递进上升。

（3）CBE 模式。即能力本位教育模式，是美国高校进行应用型创新人才培养的主要模式。这种模式从职业或者岗位对人的能力的综合需求和专项需求出发，重点训练学生的职业技能，注重课程内容与职业标准、教学过程与生产过程的对接[16]。

（4）阶梯式培养模式。阶梯式培养模式是一些应用型高校根据经济建设对各级各类专业技术人才的需求和学生的个性化需要，而采用的更加灵活的教育方式。比如爱尔兰的理工学院，提供的阶梯式课程与证书培养项目涵盖了一年证书（一年的全日制课程）、国家证书（两年的全日制课程）、国家文凭（获得国家证书后再学习一年，或从头学习三年）、学士学位（三至四年的全日制学习），以及研究生学历（面向职业再定位的毕业生，通常为期一年）、硕士学位（完成研究工作或课程学习，需要一至两年）、博士学位（从事至少三年的原创性研究工作）。学生可以根据自己的实际情况，选择不同路径，既可以一步到位读完自己所需的学位，也可以逐阶段分步学习[17]。

以上这几种模式在欧美应用型高校人才培养中采用比较广泛，可以视为具有普遍性特点的宏观模式。如果从学校个体上看，不同高校还形成了具有学校特色的"校本"模式。比如在美国，比较典型的应用型人才培养"校本"模式有：麻省理工学院的"本科生研究机会计划"模式、加州大学的"个人专业"模式、斯坦福大学的"产学研一体化、优异与广博相结合"模式、任斯里尔理工学院的"创业孵化器"模式、塔夫茨大学的"三方合作培养"模式等[18]。

三、对我国应用型高校发展及人才培养的启示

（一）加快高校转型发展，提升应用型人才培养层次

当前，我国经济发展进入新常态，经济结构深刻转型，产业升级步伐加快，创新驱动发展、"中国制造2025""互联网+""大众创业，万众创新""一带一路"等国家重大战略相继实施，使得人才供给与需求关系发生深刻变化，对人才培养结构和质量提出了新要求，特别是对高层次应用型人才的需求更加迫切。但事实情况是，我国当前高层次应用型人才严重不足。以工程技术人才为例，2010年，我国工程技术人员大专及以上文化程度的比例不足50%。瑞士洛桑国际管理发展学院近年发布的《世界竞争力年鉴》明确指出：中国工程科技人员国际竞争力在全球60多个被调查国家和地区中处于中等水平，且工程师的合格程度在全球范围内处于末端水平。据美国《2012年科学与工程指标》公布的数据，美国"适合全球化要求"的工程师有54万，中国只有16万，不足全国工程师总数的1/10；而印度"符合全球化需求"的工程师超过其总数的70%[19]。由此可以看出，我国应用型人才培养的学历结构亟待优化，能力素质亟待提升。对此，党中央、国务院作出了引导部分地方普通本科高校向应用型转变的决策部署。但高校转型发展的步伐却比较缓慢，转型的院校数量不足，根据有关统计，目前不到200所，占比依然很低，距离教育部要求的600所还有不小差距[20]。

从已经开始转型发展的院校来看，多数为新建地方本科院校，办学历史短，办学条件、教学水平、科研能力有限，办学层次较低。不论是应用型高校的规模，还是应用型高校的办学层次，都还很难满足当前我国经济结构转型和产业升级的需要。而从欧美发达国家来看，不管是教育体系实行双轨制的欧洲国家，还是单轨制的美国，都非常重视高层次应用型人才的培养，应用型人才培养的规模、结构都比较合理。加强应用型高校建设已经成为我国高等教育发展的当务之急，一方面要引导、推动更多、更高办学层次的普通高校向应用型转变，另一方面要加大对转型高校的扶持，支持应用型高校加快发展，提高人才培养质量和科研能力，打造一批高水平应用型大学，为我国经济结构转型和产业向中高端发展提供有力支持。

（二）转变人才培养模式，推进高校实质性转型

普通本科高校向应用型转变，实质是人才培养模式的转型，也就是说，学校转型要首先把学术型人才培养模式转变为应用型人才培养模式。当前，应用型人才培养须适应现代科学技术既高度分化又日益综合化的发展趋势，适应现代岗位对人的综合素质的需要，培养高素质、复合型应用型人才，培养的应用型人才既要具有对当前经济社会发展的适应性，又要具有一定的前瞻性，还要具备相应的创新意识和创新能力。笔者认为，转变人才培养模式必须着力解决当前应用型人才培养存在的"六个不到位"问题：一是应用型人才培养目标定位不到位，比较抽象、笼统，不够具体，差异性不大；二是应用型人才培养的课程体系建设不到位，"面子"是以培养应用型人才为目标，"里子"还是学术性的课程体系、学术性的课程内容；三是应用型人才培养的教师队伍不到位，具有较强实践能力和应用研究能力的教师缺乏；四是产学研协同育人不到位，校企合作、产教融合的深度不够，产学研中"研"在合作育人中的地位还没有受到应有的重视，其作用也没有得到应有的发挥，影响了学生独立思考问题、分析问题、解决问题的能力，以及创新意识和能力的培养；五是教学方式方法改革不到位，重知识传授和获取、轻知识加工和问题思考的情况依然没有得到较大的改观，导致学生创新能力和批判思维不足；六是综合素质教育不到位，注重培养学生的"硬功夫"，忽视培养学生的"软实力"。只有解决以上问题，真正实现人才培养模式的转型，才能实现普通本科高校向应用型的实质性转变。人才培养是学校的根本任务，教学工作是学校的中心工作，牵一发而动全身，学校必须切实抓住这个根本、这个中心，以人才培养模式的转型推动学校综合改革，推动学校办学理念转型、制度转型和物质资源的转型，继而实现学校的整体转型和实质性转型。

（三）结合学校、地方实际，探索富有自身特色的人才培养模式

经济社会的发展需要不同层次、不同类型的应用型人才。我国幅员辽阔，经济、教育发展不平衡，区域文化传统多样；不同高校，因各自所处地方的经济社会发展状况、文化传统不同，自身的办学条件、发展实际不同，应该有不同的应用型人才培养模式。应用型人才培养模式的多样化，不仅要适应经济社会发展对人才多样化的需求，而且还应是应用型高校人才培养模式改革的必然结果。应用型人才培养模式创新应该认真研究、借鉴欧美发达国家高校应用型人才培养的不同模式、不同经验，在多样化中探求应用型人才培养的基本规律，在多样化中把握不同国家、不同高校在应用型人才培养上的特色，以及特色形成背后的理念、机理，积极探索符合自身特点的应用型人才培养模式。一方面，学校要更新教育理念，从学校实际出发，改革人才培养模式。其中首要的任务是根据自身办学条件、生源情况、区域经济人才需求状况等，对人才培养目标进行

准确定位，对学生所要掌握的知识，应该具备的能力、素质进行清晰的描述，人才培养方案的编制要从实际出发，既切合目标，又切实可行。另一方面，从教育政策上讲，要切实扩大和落实高校的办学自主权，进一步激发高校转型、发展的内在动力和内生活力，让高校在应用型人才培养模式创新上想为、能为、有为。

（四）融合时代性、地方性与传统性，形成优势特色学科专业群

应用型高校的学科专业设置具有鲜明的时代特征，但是如果只追求时代性，就会导致应用型高校的专业设置趋向雷同，学科专业建设缺少明晰的定位，横向布局上难以形成专业集群，纵向发展上难以形成积淀和比较优势。当前，我国应用型高校在学科专业设置上存在地方性和传统性两个方面的问题，一方面，盲目追逐热门专业，学科专业设置雷同，将以就业和社会需求为导向，演变成简单化地以热门专业为导向，传统性和差异性不明显；另一方面，地方性不强，和地方经济社会发展严重脱节，表面上看，学校设置的学科专业，地方上也都有相应的产业，但实际是"貌合神离"，对接的精准度不够，产教融合难以深化。因此，应用型高校的学科专业设置，既要融入地方、与时俱进，紧跟和引领地方产业发展步伐，发展新兴专业，又要科学定位，把握传统性，将时代性、地方性和传统性有机融合，做好横向集成和纵向积淀，力求形成自己的优势特色学科专业群。

参 考 文 献

［1］［3］［4］刘海峰，史静寰．高等教育史［M］．北京：高等教育出版社，2010.

［2］张雪．19 世纪德国现代大学及其与社会、国家关系研究［D］．华中师范大学硕士学位论文，2012：45.

［5］亚瑟·科恩．美国高等教育通史［M］．李子江译．北京：北京大学出版社，2010.

［6］2015 年度德国高校名录［EB/OL］．http：//www. de – moe. edu. cn/article_ read. php? id = 12057 – 20151006 – 2727，2015 – 10 – 06.

［7］［17］"欧洲国家应用技术大学对我国中高职衔接的启示"课题组．欧洲应用科技大学国别研究报告［R］．2013：57 – 107.

［8］姚荣．制度性利益的重构：高等教育机构"漂移"、趋同与多元的动力机制——基于英国高等教育机构变革的经验［J］．教育发展研究，2015 (21)：18 – 25.

［9］梁晓．百年挥别 德国大学改制进行中［J］．上海教育，2009 (9B)：38 – 41.

［10］［13］徐理勤．德国应用科学大学（FH）的人才培养模式及其启示［J］．浙江科技学院学报，2005 (4)：309 – 313.

［11］黄福涛．欧洲高等教育近代化的类型与道路分析［J］．高等教育研究，1999 (1)：91 – 95.

［12］孙进．德国应用科学大学专业设置的特点与启示［J］．清华大学教育研究，2011 (4)：98 – 124.

［14］张人杰．法国教育改革［M］．北京：人民教育出版社，1994.

［15］李兴业．美英法日高校跨学科教育与人才培养研究［J］．现代大学教育，2004 (5)：71 – 75.

［16］孙华峰，李清芳．美国应用型创新人才培养模式本土化研究［J］．中国职业技术教育，2014 (18)：74 – 78.

［18］朱士中．美国应用型人才培养模式对我国本科教育的启示［J］．江苏高教，2010 (5)：147 – 149.

［19］李拓宇，李飞，陆国栋．面向"中国制造2025"的工程科技人才培养质量提升路径探析［J］．高等工程教育研究，2015 (6)：17 – 23.

［20］刘广明．2015 年高等教育大事盘点［EB/OL］．中国教育新闻网，http：//gaojiao. jyb. cn/gdjyxw/201601/t20160122_ 650401. html，2016 – 01 – 22.

研究报告七　工作过程系统化课程视角下
职教师资专业素质评价对策[①]

近年来，社会经济的有机构成水平不断提升，使职业教育长期积累的人才培养的结构性矛盾更加突出，抨击职业教育质量的话题屡见报端，而教师作为"人才生产与再生产的母体性智力资源"[②] 必然会遭受诟病，其专业地位日益受到质疑。其中，重要的原因之一是，现行职业教育教师专业素质评价方式不能彰显其专业特征，以至于难以实现"以评促教、以评促学、教学相长"的评价目标。幸运的是，工作过程系统化课程开发范式具有闭环控制特性、行动导向特性、耦合特性和连续特性等重要特征，这为重构能够凸显职业教育教师专业素质特色的评价体系奠定了重要基础。

一、现行职教师资专业素质评价体系的缺陷

当前，我国职业教育领域主要采用多指标简单加和的方式对教师进行入职遴选聘任、工作绩效考核以及专业发展水平评价。然而，这样的评价方式存在心理学和统计学等方面的问题，且多数只是对教师理想的职业角色进行笼统的、静态的和横断面的结果性描述，而不是对教师专业素质的差异化、动态的和整体性的发展性评价。

（一）评价指标存在心理学悖论

现行的教师专业化发展的评价模型多数属于横向评价的范畴，并由此而形成了"冰山"素质模型、"洋葱"素质模型、"生理—心理—社会"模型[③]、整体分析模型[④]、德国劳耐尔（Prof. Dr. Felix Ranuner）的 COMET 模型[⑤]和美国 DACUM 分析模型等。据此，选聘标准层面，主要采用学历、留学经历、科研成果、荣誉和奖励、职称等作为关键指标；工作绩效方面，主要将教育教学、科研成果、社会服务以及近年来提出的创新创业等作为关键指标；专业发展水平方面，主要将知识和能力（或称才能）、技能、职业规范、职业道德、政治素养等作为关键指标。这些素质模型未能依照教师完成教学任务的整个工作过程中具有时序递进性的行为表现来建构纵向衔接的指标体系，以至于不仅肢解了教师完整的职业人格，还会造成教师专业化发展的目标分散、任务过多等问题，实践中不仅不易控制这些专业化发展目标，也不容易顺利完成这些专业化发展任务，从而导致教师的心理载荷和职业载荷过重，容易过早出现"职业高原"现象。

①本文作者：闫智勇，男，天津大学管理与经济学部管理科学与工程博士后流动站，博士后，教育学博士，副教授；吴全全，女，教育部职业技术教育中心教师资源研究室主任，研究员。

②闫智勇，周志刚，朱丽佳. 职业教育领域师生间专业能力共生发展机制研究［J］. 教育发展研究，2013（17）：48 – 54.

③李锋，闫智勇. 职业教育教师专业素质的模型建构及提升策略［J］. 教育与职业，2016（15）：23 – 27.

④周志刚，闫智勇，朱丽佳. 教师专业能力结构研究范式的源流与融合［J］. 天津大学学报（社会科学版），2013（2）：166 – 172.

⑤赵志群. 职业能力研究的新进展［J］. 职业技术教育，2013（10）：5 – 11.

（二）评价指标存在统计学谬误

当前，对教师专业化发展指标测量数据的处理，主要采用多指标评价值直接相加或者差异量数相加的办法，但是这两种计算方法都值得进一步考量。其一，指标直接加和违背代数法则，即当前教师专业化发展评价过程中，将横向划分指标测量值直接加和或者横向划分指标赋权后获得测量值后直接相加，这些指标的量纲不一致，直接加和违背代数法则，且赋权方法之间的信度并不一致，效度的差异也很大，很容易造成人为的误差甚至错误；其二，差异量数相加抹杀数据内涵，即尽管标准差和差异系数法消除了指标统计数据的量纲，使得统计数据可以进行任何代数运算，但是由于各指标测量值所指代的本质和内涵并不相同，通过差异系数法和标准差相加的合理性仅仅在于数据运算法则的合则性，并不是数据内涵的一致性。

（三）评价指标存在齐性化缺陷

总的来看，当下几乎没有能够体现"分类分层、差异评价"的职业教育教师专业素质评价指标体系，评价结果不能反映出被评价教师之间的学科、专业、类型、岗位职责、工作特点、发展阶段等真实差异。现行齐性化的职业教育教师专业素质评价指标体系存在两个严重问题：其一，评价指标的信度不高，即在评价的实践当中，使用一套评价标准对不同类型的教师进行评价，评价者根本不能够依赖评价指标本身的信度对被评价教师的专业水平作出合理的判断，而只能靠评价者的职业经验作出判断。这样，不同的评价者对同一个教师的评价结果很难一致。尽管可以通过协商或者运用肯德尔和谐系数使各个评价者的评价结果最终达成一致，然而其对评价者的依赖性还是非常明显的。其二，评价指标的效度较低，即目前暂时还没有找到更加有效且信度较好的职业教育教师专业素质评价方式，如果切实落实教师分类评价的话，某些类型的教师数量可能会比较少，从而导致分类评价的单位成本大幅增高。

（四）评价指标存在结构性风险

现行横向职业教育专业素质评价指标的结构效度较差，这就导致指标设置的人为性和随意性等风险。其一，评价指标的随意性较强。这些评价主要服务于行政管理，因此行政决策的变化常常会导致指标体系和指标的权重发生改变，人为操纵的可能性比较大，信度难免会降低。如有的观点将教师的教学素质特征界定为师德特征、个性特质、教育理论水平、教学知识和技能、教学反思和关系建立、科研能力、教学组织保障能力和关爱学生[1]八个方面，有的观点则认为教师教学能力由课堂管理能力、教学认知能力、教学操作能力和教学创新能力[2]四大要素构成，二者的术语和指标均表现出较大的差异性。其二，评价指标的结构效度较差。尽管这些横向分析式的专业素质评价方法在指标建立的初始阶段和设置一级指标的时候，也会采用工作任务分析和聚类分析等方法，如 O * NET 工作分析系统和关键事件法（Critical Incident Method，CIM）等，甚至也强调过程性评价，然而它们所采用的工作任务分析并不是从完成工作过程的时间顺序来分析各个工作任务环节中所需要的专业素质，而是按照实现这项工作任务的最佳结果所需要具备的知识、能力、情感、规范等横向划分的专业素质，这实际上是对理想化的工作结果所需要的专业素质横

①丁岚，冯绍红，王成华. 我国高校教师教学素质研究［J］. 中国大学教学，2015（6）：56–61.
②鄢显俊. 课堂教学能力是高校教师的首要职业能力［J］. 中国大学教学，2016（3）：71–75.

向结构的评价，而不是对完成工作过程的所需要的专业素质纵向结构的评价。因此，即便在指标筛选的过程中运用聚类分析方法，每个评价者的问卷的结构效度也不一致，从而导致各个评价者按照聚类分析结果所建立的指标体系的结构效度会产生较大的差异性。

二、工作过程系统化课程范式评价职教师资专业素质的价值

工作过程系统化课程的全称为"基于开放性参照系和交互耦联的双系统化工作过程的课程开发范式"，其中，双系统化工作过程指的是普适性工作过程和典型工作过程；参照系指的是工作情境或者学习情境分类的参照标准。典型工作过程是按照职业规范、生产工艺和职业资格要求等归纳的必要的和能突出工作流程典型特征的工作过程，它介于完全真实的工作过程和普适性工作过程之间，能够概括某个职业领域中同一范畴的若干工作过程，具有一定的概括性和抽象性，操作性较强。普适性工作过程则是从心理学和策略层面对各种真实的工作过程进行归纳和概括的具有普遍意义的抽象的工作行动程序，它是对各类真实工作过程的高度归纳和高度抽象，包括"资讯—计划—决策—实施—检查—评价"[①]六个工作环节，与社会大生产"生产—分配—交换—消费"四个环节类似，具有非常普遍的意义和极强的迁移性，但是操作性稍弱。可见，工作过程系统化课程通过系统化的典型工作过程和系统化的普适性的工作过程的耦合，使工作主体在工作过程成为积极主动的心理机制和策略性的行动程序相互协调运行的序列化的活动，不仅涵盖主体的工作过程中外显的、可观察到的、具体的行为程序，也涵盖其内隐的、不容易观察到的、抽象的心理机制，因而具有非常高的教育价值。它不仅能够促进学习者在完成工作任务的过程中发现知识的意义和价值，激发学习者的自主性和积极性的学习行动，还有利于师生通过协作和互动的方式形成教学相长的教育生态，促进师生关键职业素质的同步发展和全面发展。

（一）工作过程系统化课程的闭环特性，能够促进自我评价的及时性

工作过程系统化课程具有两个逻辑系统：一是按照真实工作过程执行的、面向工作过程的物化世界外显逻辑系统，为闭环控制系统；二是按照普适性工作过程执行的以工作主体为中心的"外部世界→心理世界→外部世界"（见图7－1）不断交替循环并螺旋式上升的内隐和外显耦合的闭环控制系统。二者的共同点在于：均是按照主体对客体改造的时间顺序排列的行动的集合，从工作过程启动到工作成果结束，工作结果与目标之间的差距，表征了工作绩效的高低；不同点在于，后者通过普适性工作过程与真实工作过程的耦合，实现了行动机制和心理机制的联动，工作主体能够对每个工作环节的阶段性成果进行评价，工作结束还能进行结果评价，能够实现及时的自我评价和自我反思。

图7－1　普适性工作过程的闭环控制特性

---

①姜大源，王泽荣，吴全全等．当代世界职业教育发展趋势研究——现象与规律（之三）——基于纵横维度交替发展的趋势：实然与应然［J］．中国职业技术教育，2012（24）：15－27，39．

（二）工作过程系统化课程的耦合特性，能够保证教师评价的综合性

近年来，"教师＋工程师/技师"的"双师型"教师和"理论知识（专业理论＋职教理论）＋实践能力（职业实践＋教育实践）"① 的"双师素质教师"观点逐渐成为职业教育教师专业素质的经典诠释，然而职业教育教师专业素质绝对不是"教师"和"工程师"两种角色的专业素质代数加和，它涉及文化和知识、能力和技能、道德和规范、情感和信仰等多个层面，这些素质并不是逐个展现在评价者面前，而是综合体现在工作过程当中。工作过程系统化课程通过普适性工作过程和真实工作过程相互耦合（见图 7-2），使教师在行动过程中将内隐的心理层面的认知过程和外显的身体层面的行动过程结合起来，从而可以综合性地评价职业教育教师专业素质。

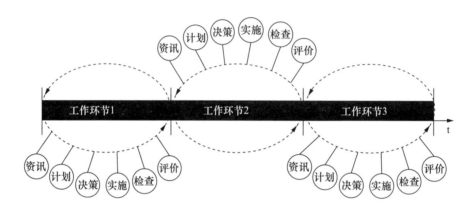

图 7-2　普适性工作过程与典型工作过程各个工作环节的耦联关系

（三）工作过程系统化课程的行动特性，能够突出教师素质的实践性

职业教育教师的特殊性就在于，他们并不是"坐而论道"的老学究，而是"起而行之"的行动者。然而，每当谈及职业教育的质量和特色的时候，总会批评职业教育教师的实践能力。而从广义上来说，工作过程系统化课程属于行动导向课程的范畴，具有鲜明的行动导向特性。详细而言，工作过程系统化课程不仅以通过典型性归纳的真实的工作过程为载体，还通过普适性工作过程的六个步骤，引导工作主体"步步为营"完成每一个工作环节，最后获得工作结果。在这个过程中每个工作环节都是将知识学习和工作主体的行动结合起来，或者将知识转化成学习者的行动，并使工作主体在行动过程中获得方法和策略。因此，工作过程系统化课程开发范式通过工学一体化的方式实现了在工作的行动中塑造教师专业素质的目的。

（四）工作过程系统化课程的连续特性，能够凸显教师素质的发展性

尽管评价者确实可以自认为自己价值无涉地观察到或者测量到了某一时刻或者某一瞬间的职业素质或者教学绩效的表现值，然而教师的专业素质不仅是"可以观察到的"各个变化层面的组合，而是包括外在的、显性的、行为层面的间歇性变化和内在的、隐性的、心理层

---

①吴全全. 职业教育"双师型"教师内涵及能力结构解读 [J]. 中国职业技术教育，2014（21）：211-215.

面的连续性变化的完整过程，可以称之为受内部或者外部刺激引起的连续性的身心发展过程。由此可见，运用当前横断面式的评价指标体系评价职业教育教师的专业素质是不合理的。工作过程系统化课程是在普适性工作过程引导下环环相扣地完成真实的工作过程的连续性的行动程序，因而可以从时间维度对教师专业进行过程性的评价，凸显了职业教育教师的专业素质的发展性。

（五）工作过程系统化课程的整体特性，能够保障教师人格的完整性

根据芝诺"飞矢不动"的哲学悖论故事的启示，尽管时空可以无限分割，但是对于运动过程而言，时空是否可以无限分割是无意义的，而应该直接用"过程"作为标准，尤其是对于日升日落、月亮盈亏、四季变换等这类周而复始的运动现象，可以以其周期性过程循环或重复的次数作为时间测量标准。因此，对职业教育教师专业素质的评价，实际上应该以普适性工作过程这个周期性的过程作为评价的标准和评价的单位，而主要不是以完成工作过程的某一个方面（如知识、技能等的习得情况）或者完成某一个工作环节的情况作为评价，这是格式塔心理学或者完形心理学的具体运用。因此，基于工作过程系统化课程的教师专业素质评价方式与一般的评价方式的本质完全不同，它是对每个完整的工作过程进行整体性评价，同时也可以兼顾对各个工作环节的评价，从而保证了教师素质的整体特性。需要注意的是，工作过程系统化课程的"整体性评价"与"结果性评价"并非同义词，前者是从工作过程开始到获得工作过程结果、从内部心理机制到外部行动机制、知识学习和技能训练等各个层面的评价，后者则仅是对最终行动结果的评价。

三、构建工作过程系统化重构职教师资专业素质评价体系

鉴于当前职业教育教师专业素质评价的缺陷和工作过程系统化课程范式对职业教育教师专业素质评价的价值，必须首先转变教师专业素质的评价观，即从评价者的主观判断转向工作主体实际行动绩效的客观测量，从当前对多种工作绩效评价结果的简单相加、感性评判和人为单向度评定转向整体考核、过程判断和更加客观的互动式协作评定，从静态的、理想的职业角色表现的评价转向动态的、完整的职业行动绩效的评价；然后以被测主体的完整的工作过程作为评价的载体，把握专业素质评价的"客观""行动"和"可测量"三个主要原则，建构基于工作过程系统化课程的思想精髓的职业教育教师专业素质评价模型和评价指标。

（一）重构职教师资专业素质评价模型

根据职业教育教师实践性和行动性等特点，以普适性工作过程这个周期性的过程作为教师专业素质评价的标准和评价的单位，并按照各种教学情境下完成教育教学过程的时间序列来评价教师专业素质，即按照完成典型工作过程的时间顺序运用普适性工作过程的六步法和雷达图相结合的办法（见图7-3），对教师工作过程的行动绩效进行系统化的评价。

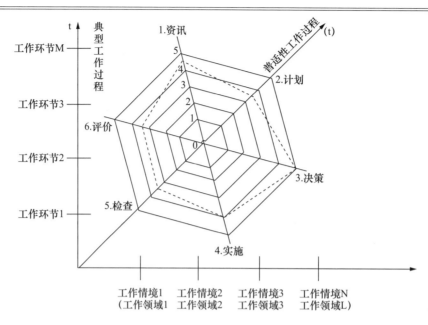

图 7 - 3　工作过程系统化专业素质评价模型

（二）构建职教师资专业素质评价指标体系

专业素质是在工作过程中表现出来的职业素质，因此脱离具体的工作过程品评专业素质是没有意义的，且即便在同一个工作岗位上，工作主体完成每个工作过程中所需要的专业素质也是不一样的；此外，专业素质是综合性的素质，而不是专业方面的知识、技能、道德和情感等方面的代数加和。因此，工作过程系统化的教师专业素质评价范式主要通过完整的工作过程来综合评价教师的专业素质，而不是从某个横断面来评价教师的文化和知识、技能和能力、道德和规范等并列关系的素质。因此，工作过程系统化的教师专业素质评价指标体系不是分级指标体系，而是按照工作流程形成的序列化指标体系（见表 7 - 1）。

表 7 - 1　　　　　某工作领域中教师专业素质评价指标体系

工作环节　＼　工作情景	工作情景 1	工作情景 2	工作情景 3	工作情景 N
工作环节 1				
工作环节 2				
工作环节 3				
工作环节 N				

工作过程系统化的教师专业素质评价范式建构评价指标体系的方式也与以往横向评价范式不同。首先，确定工作主体的职业领域，对于教师来说，就是要确定其工作岗位的类型和职责范围，所采用的方法是观察法、问卷调查法等；其次，确定工作主体的工作情景，即教师每个职责所覆盖的几种典型的工作情景，所采用的方法是观察法、问卷调查法等；最后，归纳同一职责范围内每种工作情景所具备的典型工作环节，所采用的方法是观察法、问卷调查法和聚类分析法等。

（三）处理职教师资专业素质评价的数据

工作过程系统化的教师专业素质评价范式中数据的处理主要包括抽样、数据清洗和审核、原始数据计算和统计分析四个环节。

首先是抽样。在此，抽样不是指从教师总体中抽取一定数量的教师个体，而是从被评价教师的若干工作情景中抽取适当数量的、完整的工作过程，即按照工作情景对教师的工作过程的次数进行抽样。

其次是数据清洗和审核。由于工作过程系统化课程视角下的普适性工作过程各个环节的评价主体主要是工作主体本人，因此不需要评价者花费过多的时间记录原始数据；且客观性较高，几乎没有评价者之间的信度问题，因此不需要多个评价者进行评价，即便多个评价者进行评价，也不会涉及权重的问题，从而也就不需要使用肯德尔和谐系数进行处理。但是，评价者需要对这些数据进行清洗或者审核，对错误的数据进行纠正，对缺漏的数据进行补正等。

再次是原始数据计算。从图 7－3 中可以看出，特定工作领域中的工作主体（教师）在完成某个特定工作任务的过程中（即工作情景），其每个工作环节的绩效表现可以标注在普适性工作过程雷达图经线（轴线）上，将标注在雷达图经线上的各个绩效表现的得分连接起来，就可以形成一个闭合的多边形，这个多边形所围绕的面积就是该被评价者完成这个工作环节的整体绩效的评价得分；通过计算每个工作环节所连接而成的闭合多边形的面积，即可评价各个工作环节的整体绩效；将各个工作环节的整体绩效相加后取算术平均值或者标准差，即可评价该工作主体（教师）完成这个工作情景的总体绩效。

最后是统计分析。根据对被评价教师各个抽样的工作过程（工作情景）原始数据的计算结果，可以进一步算出其方差 S2 和标准差 S，这个标准差就是该教师最终的专业素质评价得分。

（四）职教师资专业素质评价的应用方式

按照个体评价和群体评价、单项评价和整体评价、独立评价和关联评价三个维度，可以将工作过程系统化的职业教育教师专业素质评价范式划分为四个主要的应用方式，即个体或群体的单项评价、个体或群体的整体评价、个体之间的单项或整体的相关评价、群体之间的单项或整体的相关评价（见图 7－4），限于篇幅以及主要涉及常规的统计方法，以下各类应用没有逐一举实例进行展示。

首先是个体或群体的单项评价。这种应用方式主要是评价某个教师或者某类型若干教师在完成同一个工作情景的同一个工作环节的时候，其在"资讯—计划—决策—实施—检查—评价"六个步骤中每个步骤的行动绩效。如完成"工作环节 1"的时候，在"资讯"方面的行动绩效；或者其在完成整个工作过程时六个步骤中各个步骤的行动绩效，如完成"工作环节 1～工作环节 M"时在"资讯"方面的算术平均值或者标准差；或者是完成各个工作环节的总的行动绩效，如

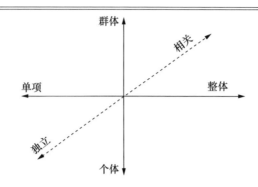

图 7 - 4　工作过程中系统化的专业素质评价范式应用方式

完成"工作环节 1"时在"资讯—计划—决策—实施—检查—评价"六个步骤的总得分（六边形所包围的面积）。这种评价方式的目的主要是从局部考量教师在工作过程中的专业素质的表现水平或者专业素质的倾向，以便对单项指标进行诊断和提升。图 7 - 3 反映出该工作主体在"决策"方面具有明显倾向。

　　其次是个体或群体的整体评价。这种应用方式主要是评价某个教师或者某类型若干教师在完成同一个工作情景的整个工作过程后，其完成各个工作环节时的总得分的算术平均值或者标准差，即完成"工作环节 1 ~ 工作环节 M"时，各个工作环节的"资讯—计划—决策—实施—检查—评价"六个步骤的总得分（六边形所包围的面积）的算术平均值或者标准差。这种评价方式的目的主要是整体考量教师在工作过程中的专业素质的表现水平。这里需要注意一个问题，对教师进行整体评价的时候，必须首先将每个工作环节的总体得分（六边形所包围的面积）计算出来，然后再计算其算术平均值和标准差，而不是对各个工作环节的"资讯""计划"等单个步骤的得分计算平均值和标准差后，再进行代数运算。其原因是，在进行整体评价的时候，每个环节所涉及的"资讯—计划—决策—实施—检查—评价"六个步骤是一个整体，因此必须将各个环节的总体得分计算出来后，再计算算术平均值和标准差。

　　再次是个体之间的单项或整体的相关评价。在教育领域，常常会认为教师的教学素质和学生的学习绩效之间存在相关关系。为此，需要分别计算学生和教师的单项或者整体行动绩效的得分，然后根据统计学方法进行相关分析。

　　最后是群体之间的单项或整体的相关评价。在职业教育领域，兼职教师是解决师资不足和学校教师实践能力不足的重要途径；教师专业发展过程中，"老中青传帮带"是提升新教师的重要方法；为了提升教学水平，学校会引进若干名师或者高学历、高职称的教师。然而，兼职教师、老教师、名师或者高学历、高职称的教师对学校教学绩效和教师专业素质的提升究竟有多大的影响呢？为此，可以分别计算各类教师的单项或者整体行动绩效的得分，然后根据统计学方法进行相关分析。除此之外，还可以将其用于领导层的管理素质对教师教学绩效的影响等领域。

四、结束语

　　基于工作过程系统化课程范式的职教师资专业素质评价范式，应该称为"双系统化工作过程耦联专业素质评价范式"，它具有较强的推广效度，不仅适用于各类应用型教育的教师专业素质和学生学习绩效的评价，实际上在任何具有程序化的工作过程的职业领域均可以以此方法对工作主体的专业素质和工作绩效进行评价。总的来看，这种专业素质评价范式是对工作主体专业素质的整体性评价，但是也可以用于工作主体的专业（职业）素质倾向测评，且其避免了横向分析取向的专业素质评价范式"对人不对事"的主观性缺陷，采用纵向整体取向的"对事不对人"的评价方式，凸显了该评价范式"客观""行动"和"可测量"三个方面的优势。然而，这种专业素质评价范式的手工计算工作量会很大，如果采用计算机技术的话，其评价的效率和优势会更加明显。

研究报告八　论高职院校教师专业素质三维结构[①]

高职院校教师的专业素质具备一般教师的普遍特征，同时又受到高职院校教育的特点及高职院校学生发展需求的影响，体现出明显的高职教育特色。基于高职院校教师的职业特点，笔者将其专业素质结构分为专业知识、专业能力和专业伦理三个维度，每个维度的构成要素既符合教师专业的一般要求，又体现着高职教育的特殊要求。

一、高职院校教师专业素质结构的知识维度

20 世纪 80 年代以来，人们对教师的知识进行了较为系统的研究，有关教师知识的理论也逐渐形成。舒尔曼把教师知识分为学科内容知识、学科教学法知识，包括学科知识的呈现和学生关于特定学科的前知识或已有知识、课程知识三类。也有学者认为教师的专业知识是"实践性知识"，如我国学者陈向明认为，教师的实践知识包括教师的教育信念、教师的自我知识、教师的人际知识、教师的情境知识、教师的策略性知识、教师的批判反思知识六类[②]。基于已有的研究成果，结合高职院校教育教学特点对教师的要求，笔者认为高职院校教师的专业知识应包括如下四种类型：

（1）社会生活的一般性知识。与其他劳动者一样，教师也是社会生活的成员，是社会的公民，应当具备作为合格公民的一般性知识。同时，教师承担着"传道、授业、解惑"的社会责任，其知识要求又高于普通的社会公民。这里的一般性知识是指"有关当代科学和人文两方面的基本知识，以及工具性学科的扎实基础和熟练运用的技能、技巧"[③]。

教师具备广博的一般性知识，"是作为人类社会中知识分子的教师所必需的，也是要与充满好奇心、随时会提出各种问题的学生共处，并能进一步激发他们的求知欲、胜任教育者角色的教师所必需的，同时还是需要随着时代、科学发展而不断学习、不断自我完善和发展的教师所必需的"。同时，随着知识更新速度的加快，个体需要具备广博的知识基础才能不断学习新知识。

（2）学科专业的理论性知识。理论性知识是"人们在实践中，借助一系列概念、判断、推理表达出来的关于事物的本质及其规律性的知识体系，是系统化了的理性认识，包括概念、原理、学说等形式"。教师拥有的学科理论性知识是其有效从事教育教学的基础。高等职业教育是高等教育的一部分，高职教育应体现"高等性"，其人才培养过程中应传授"高深专门知识"。为此，教师应熟练掌握所教学科的专业知识，熟悉所教学科的基本知识结构和本学科内各分支学科之间的内在关系，把握本学科发展的最新动向和科研成果，并及时补充到教育教学中去。

① 本文作者：苏志刚，男，宁波职业技术学院院长、教授。文章来源：《中国高教研究》2013 年第 12 期，第 73—76 页。

② 陈向明. 实践性知识：教师专业发展的知识基础 [J]. 北京大学教育评论，2003（1）：104—112.
③ 叶澜. 新世纪教师专业素养初探 [J]. 教育研究与实验，1998（1）：41—46.

（3）行业生产的实践性知识。实践性知识是教师运用学科知识于行业、企业生产实践中而获得的知识，类似于我们日常所说的个人工作经验，但高于经验，是个人作为行业专业人员，运用自己的专业知识参与行业、企业生产过程而形成的知识，具有经验性、个体性、情境性。高职教育具有很强的职业性，为了更好地培养技术技能型人才，高职院校教师需要了解行业生产实践过程中的相关知识。行业生产的实践性知识是高职院校"双师素质"的重要组成部分。

（4）高职教育的方法性知识。方法性知识是高职教育教学方法的知识，相关研究亦称其为"条件性知识"，"主要由帮助教师认识教育对象、教育教学活动和开展教育研究的专门知识构成"①。职业技术教育的目标要求其不但传授一定的知识、技能，而且还要培养学生的职业态度、职业道德，养成良好的职业习惯。因此，高职院校教师不仅要掌握理论教学方法，还要掌握实践教学方法，尤其应掌握以实践为导向的教育教学方法。

二、高职院校教师专业素质结构的能力维度

高职院校教师专业发展作为新时期教师发展的重要组成部分，其能力要求体现了时代性和实用性。

1. 高职院校教师教学能力

高职院校教师的教学能力应体现高职教育的特点，符合高职院校学生发展的需求，要以一定的实践能力为基础。

（1）基于工作过程的课程设计与实施能力。学科知识、课程等只是解决了"教什么"的问题，"怎么教"还需要教师教学能力的提高。高职院校教师需要具备职业教育教学设计的能力。教学设计就是运用系统方法分析教学中的问题，确定教学目标，建立解决问题的策略方案，试行解决方案，评价试行结果，并对方案进行修改的过程。其特征主要表现为：一是教师的课程设计必须包含职业的工作过程的内在联系并指向于独立的职业培养规格和重点；二是教师的整个课程任务要描述一个完整的劳动行为，并强调工作的计划、实施和评价之间的联系；三是教师设计及实施的课程要符合企业的整个生产和经营过程中的意义、功能和作用。

（2）实训与顶岗实习的指导与管理能力。高职教师实训与顶岗实习的指导与管理能力是指高职教师从事本专业教学工作的专业能力与按照企业生产实际管理企业能力相结合的一种综合能力。其含义包括：一是高职院校的教师既是学生理论学习的良师益友，又是学生实训实践的指导者和合作者；二是高职院校教师不仅要有精深的理论基础，还应具备指导与管理学生实训和顶岗实习的能力，即实现教师向师傅的角色转换，能按照真实的工作过程设计学生实训计划，指导学生进行生产性实习，帮助学生逐步完成由学生身份向准员工身份的转变，推动学校课堂教学与企业工厂实习之间的良性互动，从而避免放养式的实习；三是高职院校教师须具备企业人资质，要了解企业生产流程并具备管理企业的能力，或与企业指导教师配合共同完成实习指导与学习的过程。

（3）"过程—成果"导向的教学评价能力。"过程—成果"导向的教学评价能力是指高职教师依据学生的学习过程和学习结果，对学生的综合素质和复合能力进行科学评价的能力。为此，高职教师要强化以学生的综合素质为核心、以实践能力为参数的评价意识，同时应具备掌控这种评价方法并顺利实施的能力。

---

① 叶澜. 新世纪教师专业素养初探 ［J］. 教育研究与实验，1998（1）：41 - 46.

2. 高职院校教师科研能力

高职院校教师的科研主要包括应用研究和开发研究，是结合生产实践需求，将一般理论应用于生产实践的研究，致力于解决生产过程中出现的即时性问题。因此，一定意义上其开发研究属于应用研究，高职院校教师的科研能力主要体现为产品开发能力、工艺改进能力和技术成果转化能力。

（1）产品开发能力。高职院校教师的产品开发能力是指高职院校教师根据自身专业知识帮助地方企业开发新产品、创新管理模式的能力。这种能力要求教师要有精深的专业知识，熟悉企业生产流程。

（2）工艺改进能力。高职院校教师工艺改进能力包括对企业生产线的技术改造能力、对相关生产机器的革新能力等。这种能力的特征表现在：一是教师的工艺改进能力来源于对企业生产流程的全方位了解，来源于企业生产的实际需求；二是这种改进不是脱离学校教学或企业生产的单纯实验室行为，而是能直接用于生产的改进；三是这种改进可以是教师的个人行为，也可以是教师、学生或企业人员共同努力的结果。

（3）技术成果转化能力。高职院校教师技术成果转化能力是指高职教师根据专业和行业发展需要，通过直接和间接的方式推动技术成果转化的能力。

3. 高职院校教师社会服务能力

（1）服务政府决策咨询能力。高职院校教师服务政府决策咨询能力是指结合自身专业实际，通过调查研究、收集整理相关信息，及时为政府决策提供参考和借鉴的能力。该能力的构成要素包括信息整合能力、对政府决策的理解能力及建言献策能力。

（2）职业技能培训能力。高职院校教师的职业技能培训能力是指高职院校教师对培训对象的技术业务知识和实际操作进行有效指导的能力。这种能力的特点表现为：一是具有较强的实用性和针对性；二是培训及教学形式具有较强的灵活性；三是培训方法上强调理论知识教育与实践操作训练相结合，突出技能操作训练。

（3）社区文化传播能力。高职院校教师的社区文化传播能力指的是高职院校教师立足社区，深入挖掘、有效传承和适当创新社区文化的能力。高职院校属于地方性高校，是所在区域社会结构的一个重要组成部分，在文化上存在着共通性。一般高职院校都是所在社区的文化高地，引领着社区文化的发展。如何发挥高职院校的文化引领功能，教师起着至关重要的作用。

三、高职院校教师专业素质结构的伦理维度

伦理维度的教师专业素质，主要是指教师的职业道德，即教师在职业活动过程中所应遵循的、与教师职业活动特点相适应的行为准则、规范的总和①。笔者认为，教师专业素质结构的伦理维度应包括专业信念、专业情感和专业规范三个要素。

1. 高职院校教师的专业信念

教师的专业信念是指教师对"教师"职业的特点、服务群体、从业要求等有一定的认识，并在此基础上对自身劳动所产生价值的一种坚信不疑的态度，是"对教师职业的价值与意义的

---

① 朱法贞. 教师伦理学［M］. 杭州：浙江大学出版社，2001.

认识、信奉和坚守，是引导和决定其专业行为的精神力量"[1]。教师的专业信念决定着教师对于教育事业的热情度，决定着教师的师德师风，决定着教育教学工作的投入及成效，决定着师生关系，等等。

首先，高职院校的教师应坚定对高职教育发展的信念，对我国高职教育的发展特征有正确的认识和把握，能清楚地认识高职教育的类型特征，把握高职教育的人才培养特征，理解高职教育的质量标准，建立正确的高职教育质量观、学生观和人才观，并在此基础上改进自己的教育教学方法。其次，高职院校的教师应坚持"人人都能成才"的人才观。高职院校的教师所面对的学生群体，由于过往的受教育经历，存在自信心不足、自律性较差、学习力较弱等诸多问题，使得教师在人才培养中会产生困惑，传统的教育教学方式显然不适合这类学生的培养。面对这样的学生群体，高职院校的教师要有"行行出状元""人人都能成才"的坚定信念。

2. 高职院校教师的专业情感

教师的专业情感是指教师在专业活动中形成的情感，"是教师对工作的一种热情程度或者说是一种职业情绪"[2]。职业情感是一种主观心理体验，是高职院校教师对高职教育教学所持有的稳定态度及主观感受。热爱、关心高职学生是高职院校教师职业情感的核心。高职院校教师所面对的学生是传统教育中的差生，他们的学习挫败感强、学习习惯差、自律性弱，需要教师付出比普通高校更多的热情和精力，因此，具有积极的职业情感对于从事高职教育的教师而言是必备的专业素质。

勤勉的工作态度，体现在教育教学活动的一言一行中，即为一个教育者的责任感，也是高职院校教师重要的职业情感。有研究调查发现，责任感是高校学生最看重的教师应该具备的素质[3]。责任感的更高层次则体现为敬业，表现为高职教师在教育教学中发自内心地、主动地投入时间精力和智慧，力求把教育教学工作做到最好。敬业就是把职业当作事业，因对学生的付出和奉献而愉悦。

3. 高职院校教师的专业规范

教师的专业规范，"是指在教育教学活动中调节人与人之间的利益关系，判断教师教育行为是非善恶的具体标准"[4]，职业规范是高职院校教师从事专业工作的基本守则。

一方面，作为高等学校的教师应具备基本的教师职业操守。高职院校教师应正确处理好师生关系，在尊重、信任学生的同时严格要求学生，以身作则积极影响学生，向学生传递正能量，促进学生全面发展成为技能型人才。高职院校教师的行为应遵守社会公德、遵纪守法，依法履行教师职责权利。高职院校教师应处处为人师表，言语规范，举止文明，尊重他人，作风正派，在工作和社会生活中树立良好的职业形象。在学术和科技工作中，高职院校教师应严守诚信的底线，抵制学术不端和造假。另一方面，作为从事职业教育的教师应深入接触行业企业并执行行业职业规范。"双师型"教师是高职院校教师的重要特征。高职院校教师要深入行业企业一线，积累专业实践经验，提供科技和咨询服务，特别要注意守住行业企业的商业秘密，保护知识产权，根据行业企业的特殊规范来约束自己的行为。

①孙翠香. "双师型"教师专业标准构建：背景、理念及内容架构 ［J］. 国家教育行政学院学报，2012（8）：70-74.
②阳利平. 传承与嬗变：语文教师专业素质研究 ［M］. 杭州：浙江大学出版社，2010.
③赵伶俐，潘莉. 高校教师最应具备和最不具备的素质调研报告 ［J］. 重庆工学院学报，2005（2）：20-26.
④张志越. 教师专业发展与专业素质 ［M］. 太原：山西科学技术出版社，2002.

四、高职院校教师专业素质三维结构理论模型

高职院校教师专业素质三维结构的理论模型如图 8 - 1 所示。

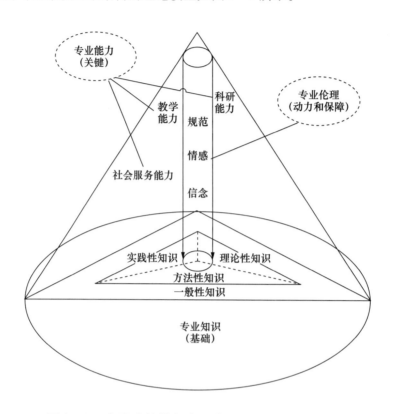

图 8 - 1　高职院校教师专业素质三维结构理论模型

专业知识在高职院校教师专业素质结构中起基础作用，笔者认为，作为高职院校教师除应具有一定的学科专业知识以外，还应特别强调行业生产的实践性知识和实施高职教育的方法性知识要求，体现高职教育"高等性"的基础和"职业性"的特点。

专业能力在高职院校教师专业素质结构中起核心作用。该能力要突出基于工作过程的课程设计与实施能力，注重应用和开发研究能力，以及为行业企业提供技术及培训的服务社会能力，体现高职教育"实践性"的基础和"技术性"的特点。

专业伦理在高职院校教师专业素质结构中起保障的作用。为此，高职院校教师必须增强遵守高职教育发展规律及学生认知规律的专业信念，必须树立承载院校发展及学生发展的专业情感，培养学生自强自立和良好的职业素养，提高职业竞争力，体现高职教育"师范性"的基础和"职教性"的特点；高职院校教师要形成明确的规范意识，既要遵守教师专业的规范，同时作为行业专家，在参与行业企业相关领域的技术实践中又要遵守相应的行业规范。

研究报告九　两个"精准服务"是职业教育现代化的关键①

　　我国的职业教育经过多年的发展，经历了从资源相对欠缺到较为丰富，硬件设施、师资力量从相对不成熟到现在比较成熟的过程，现在的关键问题在于提高质量、办出特色。如何提升社会对职业教育的关注度呢？笔者认为主要是要精准服务学生的终身发展需要。首先，要建立国家资格框架把职业教育真正变成一种教育类型，让这种类型的人觉得人生的通道从头到尾是畅通的。什么叫资格框架？比如说你要去应聘司机，并不要求你一定要中职或者高职毕业，而是只要你经过三个月、六个月或者一年的学习，取得相应驾驶证就可以从事这个工作。再如未来人工智能发展到完全可以取代司机这一个岗位了，你想换个行业，只需要再学习相应的课程取得相应的资格证便可上岗。这也可以从一定程度上改变现在一些人为了上大学而上大学，把学历当招牌的现象。其次，要更加关注、开发能够满足不同智力优势学生成长的特殊道路，关注学生的个性发展，让职业院校的学生能够更加明确地真正找到适合自己发展的道路。要让职业教育真正产生吸引力，让学生看到这条路对他们的帮助，让他们产生成就感与认同感。

　　由于中国地域辽阔，职业教育发展不平衡。目前，西部地区投入大量资金至各种各样的教育，其中包括职业教育。但是投入与产出不成正比，因为师资太少。信息可以流动，资金可以流动，但人才流动是很难的。因而我们可以考虑用先进的技术手段将优秀师资力量的成功经验移植到落后地区。把人的技能积累转化成技术，再把这些技术固化成可以传送的东西，最后把这些东西通过现代技术如虚拟现实、VR、AR 等，再加上教师书面资料一起带到西部。之前我们说技能比较难以传承，因为它的载体是人，但是现在可以运用现代技术进行传送。如果这种方法能够实现，将是很有意义的。这对提高职业教育的有效性，及其在整个中国的公平性和均衡发展是很有作用的。

　　面向未来，中国的职业教育要"走出去"，就像当年德国人在中国建立自己的企业、用他们自己的模式和教材来培养中国本土的操作工人一样，目前中国也已经在做这方面的工作，比如"鲁班工坊"传播到泰国以及东盟地区，就是"走出去"的一大体现。中国的职业教育要逐步建立自己的品牌，不仅在国内使用，也要随着"一带一路"建设等契机输出到其他国家和地区。如"孔子学院"是用以传播中国文化的，而"鲁班工坊"是职业教育方面的，我们也可以输出中国的经验。随着中国的发展，在世界上我们会越来越自信。现在增强"四个自信"非常重要，落实到职业教育，就是要树立中国特色职业教育模式的自信。我们一开始的确要学习发达国家的经验，如德国、美国、加拿大、新加坡、英国以及澳大利亚，但是今天的中国已经基本形成具有自己特色的职业教育模式，目前要解决的是完善它的问题，而不是要颠覆它。

　　我们要不断地改革，深化改革就是完善我们的模式，把我们的模式推出去。以前我们说是"对接"，现在叫"精准服务"——精准服务国家战略，精准服务学生终身发展。这两个"精准服务"，将是推动中国实现职业教育现代化的关键。

---

①本文作者：邬宪伟，男，中国职业技术教育学会副会长。

研究报告十　建设现代化经济体系，高职如何作为[①]

习近平总书记在党的十九大报告中指出："我国经济已由高速增长阶段转向高质量发展阶段，正处在转变发展方式、优化经济结构、转换增长动力的攻关期，建设现代化经济体系是跨越关口的迫切要求和我国发展的战略目标。"职业教育如何在建设现代化经济体系中展现应有作为，是高职院校学习宣传贯彻党的十九大精神、融入现代化经济建设新征程，必须读懂、弄通、做实的理论和实践问题。

一、坚持供给侧结构性改革，必须全面提升人力资源供给质量，完善职业教育和培训体系

习近平总书记指出，建设现代化经济体系"必须坚持质量第一、效益优先，以供给侧结构性改革为主线，推动经济发展质量变革、效率变革、动力变革，提高全要素生产率，着力加快建设实体经济、科技创新、现代金融、人力资源协同发展的产业体系"。

质量之魂，存于匠心。供给侧结构性改革倒逼全社会全面提升人力资源供给质量，"建设知识型、技能型、创新型劳动者大军，弘扬劳模精神和工匠精神，营造劳动光荣的社会风尚和精益求精的敬业风气"。这就需要我们切实完善和提升现代职业教育和培训体系，实现院校的职业教育和企业的员工培训跨界融合，将企业弘扬的劳模精神和工匠精神文化有机融入校园文化之中，把践行社会主义核心价值观和培育良好职业精神与职业技能培养融为一体，努力打造一支与建设现代化经济体系相适应的高素质劳动者大军。

二、深化产教融合、校企合作是职业院校精准服务建设现代化经济体系的重要保障

职业教育如何更好立足本来，面向未来，推进人力资源供给侧改革，精准服务好现代化经济体系建设？党的十九大报告从全局和战略的高度为我们指引了方向、设定了目标，也给出了实现目标的具体路径和方法。

从教育的总体要求和目标而言，党的十九大报告指出，"建设教育强国是中华民族伟大复兴的基础工程，必须把教育事业放在优先位置，深化教育改革，加快教育现代化，办好人民满意的教育"。"要全面贯彻党的教育方针，落实立德树人根本任务，发展素质教育，推进教育公平，培养德智体美全面发展的社会主义建设者和接班人"。这些重要论述为新时代中国特色社会主义教育事业提供了行动指南。

[①]本文作者：唐宁，男，厦门城市职业学院院长，厦门市广播电视大学校长，厦门大学兼职教授、会计研究生导师。文章来源：《光明日报》2018 年 2 月 1 日第 14 版。

在对职业教育的具体要求上，报告指出要"完善职业教育和培训体系，深化产教融合、校企合作"。完善职业教育和培训体系是目标。这个目标怎么实现？必须"深化产教融合、校企合作"。这要求我们在贯彻实施过程中，要注意产教融合、校企合作的系统性、整体性和协同性的制度设计，将自上而下深化改革的顶层设计和自下而上的项目带动、探索实践有机结合。高职院校要主动适应地方产业转型升级的要求，因应产业发展变化趋势，动态调整学校专业布局和专业设置，有效激励企业技术人员和学校教师协同为学生提供优质的校企合作课程项目服务，这也是深化产教融合、校企合作改革的着力点和突破口。同时，坚持以学生为中心的办学和坚持以奋斗者为本的治校，应作为高职院校内部办学治校的基本方略。

三、坚持以学生为中心的办学，承担立德树人根本任务

坚持以学生为中心的办学，要从满足学生成长成才的内在需要出发，对学生严格要求，在帮助学生养成良好的职业习惯和职业精神的同时，重点为学生提供足够多适合职业教育的优质课程教育服务。要通过形式多样的课程引导学生树立目标，静心等待学生进步提升；教师要在校园里用心陪伴学生，与学生互动成长；要在课程教学中引导学生扬长补短，并相信学生对未来的理解和对未来责任的担当。学校要全面加强专业建设，有效促进专业教育链、人才链与产业链有机衔接。要提升教师教育教学能力，及时地支撑和满足学生成长过程中对知识和技能学习的内在需要。

为此，我们认为，以工作过程系统化为导向的校企合作课程项目的开发与实施正是高职院校做实深化产教融合、校企合作的具体项目载体。课程质量支撑学生核心能力提升，课程质量决定学校未来。要构建和实施各类课程的质量保障体系，为高职学生提供足够多、好吃、有营养的课程，持续提升学生学习的成效。

坚持以学生为中心的办学，就是学校坚持把立德树人作为根本任务和教师履行教书育人神圣职责有机统一起来，从而提升学生的就业力和社会适应力，让毕业就业的学生成为有匠心、有职业尊严的社会主义劳动者。

四、坚持以奋斗者为本的治校，激励一线教师砥砺前行

以学生为中心的办学，必须坚持以奋斗者为本的治校。高职院校的奋斗者是对职业教育有信仰的教职员工，能够对职业教育倾注情感和心血，主动承担立德树人这一根本任务和履行教书育人的神圣职责。

坚持以奋斗者为本的治校，必须做好顶层设计、实施综合改革，提升学校的内部治理水平。对课程教学、专业建设、招生计划、人才工程、职称评聘、干部内部晋升、考核评价和奖励性绩效工资分配等内部管理制度进行系统化设计。把立项建设并经过评审考核的校企合作课程的数量、与企业共建的"双师型"专业师资团队水平，同优质专业评审挂钩，引导教学院系更加重视课程建设和提升师资团队的教学能力；将师德师风、课程建设、课堂教学、辅导学生竞赛和学生学习成效作为教师评聘职称最重要的依据，并分类进行考核评价，引导教师将论文写在做好教书育人的课堂上和有效支撑和服务产业上；将专业建设成效与专业招生指标分配挂钩，实现专业办学的动态调整；将奖励性绩效工资分配同专业建设成效、专业招生人数挂钩，收入向优质专业

和奋斗者倾斜，构建起激励一线教师砥砺前行的内部动力机制，营造以学生为中心的良好办学生态。

　　坚持以奋斗者为本的治校，必须坚持和完善党委领导下的校长负责制，加强和维护学校党委的集中统一领导，维护党委集体决定权威。要加快高职院校干部管理制度改革，采取公开竞岗、能上能下选拔机制，变"要我做"为"我要做"，用心服务好广大师生。要在校园里弘扬正能量，以容错纠错机制为奋斗者撑腰，以人文关怀解决奋斗者的后顾之忧。

研究报告十一　奋进新时代　创业正当时

——中国特色创新创业教育体系构建[①]

一、我国创业的发展趋势和时代特色

改革开放后我国相继出现了四次创业浪潮，并呈现出不同的时代特点。

第一波浪潮：1984 年，重在解决吃穿用，出现了一大批乡镇企业，后来只有少数人得到成功，慢慢地成为企业家，属于农民创业，代表人物鲁冠球、张瑞敏等。第二波浪潮：1992 年，邓小平南方谈话，激发了人民创业积极性。这批创业者拥有较高的教育水平和知识层次，大多数是从体制内"下海"的人，属于机会型创业，代表人物柳传志、潘石屹、史玉柱等。第三波浪潮：1999 年，互联网大时代，创业者教育层次较高，或具有海归背景，他们选择了互联网，属于模仿型创业。这次浪潮更多有风险投资的推动，代表人物马化腾、李彦宏、马云等。第四波浪潮：2015 年以来，"大众创业、万众创新"时代，特征是创意 + 公益 + 精益，主体是青年和大学生，路径是轻资本、低成本、少消耗，以社会责任感去有效解决社会问题。

二、创新创业教育的新时代共频

（一）创新创业教育需与新时代同向同行

大海中"冲浪"的诀窍是掌握"浪"的节奏，与"浪"同频。创新创业是基于需求驱动的，新时代将迎来新机遇，日益增长的美好生活需求彰显着我国创新创业促进产业发展的巨大前景。随着我国社会主要矛盾转化，创新创业实践和创新创业教育都必须顺势而为，与时代共频，正确定位，有效调整，实现新目标。

（二）新时代职业正从"谋生"向"创造"升级

我国正建立一套新秩序，让每个人都能各尽其才、各取所需，新秩序运作需要新的精神，随着新旧动能转换，我们必须主动思考并发挥自己所长，为社会和他人创造新价值，才能具有存在的价值；职教人士应由"外求"变向"内求"，坦然地面对内心最真实的一面，激发兴趣、热情、希望，一旦心有所属，就可能形成信仰追求。

[①]本文作者：李家华，男，国际劳工组织 KAB 创业教育中国研究所所长，教育部高等学校创业教育指导委员会副主任委员，中国青年政治学院原副院长、教授。

三、新时代高校创新创业教育的理念

（一）迎接"零边际成本社会"

物联网技术的发展，使零边际成本模式突破了从虚拟世界走向现实世界的"防火墙"，一旦将通讯互联网化、数字化能源网与数字化交通运输网络联系起来之后，一切都将变成数字化的经济，这种数字化的经济将带我们进入零边际的社会（C2C 模式）。市场配置资源之外，出现一种新的配置资源方式，网络可以一对一，以社会协作方式配置资源。这种方式超过了市场配置资源的效率，也为大学生创业成功提供了无限可能。

（二）借势三个机遇

第一，技术机遇，全球性科技革命不断取得突破；第二，市场机遇，现在消费者最大的消费是个性化消费；第三，公益机遇，创业不仅能够创造经济财富、商业价值，还可以创造公益价值。

（三）珍视创业提供的平等机会

熊彼得提出：创新不只是发明，而是能将技术或组织上的新颖发明推到市场上。机会是创造的，当自动化把旧工作淘汰时，就必须发明新工作，创造新产业。这正是雄心勃勃的创业家最擅长的事情，发明创造加上市场化，不只取代被淘汰的旧工作，而且开创了新产业和发展机会。我们看到中国一批批草根因创业而走向了经济和社会的中心。

（四）拓展创新创业教育范畴

1. 人才应符合各个时期和阶段的标准。当今社会急需创新创业人才。现在，学校培养的人才具备基本的知识基础，但到市场上去创业却可能完全不能适应，创新创业教育应相应扩大到职业生涯前端和后端。

2. 学校要把培养学生创新创业能力作为教育教学改革的切入点，科学构建创新创业的教育体系、服务体系、推广体系、保障体系。

3. 以创新创业教育为基础培养学生创业意识，以创新创业活动为载体培养学生创新创业素质，以创业园为实践平台提高学生创业能力，以指导服务为手段助力学生创业。

四、新时代高校创新创业教育的路径选择

（一）契合"大众创业、万众创新"的时代主旋律

1. 着力于政府政策导向

大学生创业受政府政策导向、扶持方向和支持措施影响较大，因此，高校创业教育必须教会学生全面理解和把握政府政策导向。例如，政府关于大学生创业有哪些优惠政策，哪些领域创业更能得到政府支持等。跟着政府政策导向走，大学生创业实践中就能少走弯路、降低风险，从而

顺应潮流踏上成功之路。

2. 着力于产业政策调整方向

具有创新特色的创业活动能有效开辟我国经济发展的新方向和新路径。传统制造业产能过剩、生产滞后、产品附加值低等，已难以引领经济增长，产业结构的转型升级已刻不容缓。引领新一轮经济增长的必定是新兴产业，如新能源、新材料、新技术等。高校创业教育必须让学生充分了解这些行业，为创业就业作好准备。

3. 着力于社会和市场需求

市场经济由市场调节资源分配，市场需要的，就有市场前景，否则，就遭淘汰。创业教育就需要让学生明白社会和市场需求。例如，当消费成为新时期拉动经济增长的主渠道，服务业也就成为最具发展潜力的行业之一。创业初期的大学生，就可以考虑在服务业领域寻找创业机会。

（二）增强学校的内生张力

所有的改革趋势最后的落脚点都要取决于学校有没有内生张力。从顶层设计上就要有建设创业大学的目标。第一，特色占位，找到核心竞争力；第二，借助资源优势，充分发挥互联网的复制和裂变能力，找到一个元素裂变；第三，锁定质量，最终教育用品质说话，在质量上高要求。

（三）契合大学生创业素质培养

1. 理性认识学生的自身特点和优势

传统意义上，大学生普遍缺乏社会阅历和实践经验，是创业弱势群体，没资源、没资金；但在新时代，大学生是创业强势群体，他们学习能力强，接收新信息快，有思想、有创意、有团队。90后没有经历过物资短缺，他们胆子大，闯进足，敢于和善于创新，不受条条框框的束缚，个性强——没有个性，就不会有创造性，大学生是互联网的原住民，他们对于互联网技术有着天生的应用能力，使得"互联网＋"可能成为其创业的优势领域。创业教育就必须激发大学生兴趣，让其在追寻自身兴趣的过程中发现机会，创造机会，提高创业的成功机率。

2. 激励大学生发掘创业机会

一是从专业背景中寻找创业机会；二是从实践经历中寻找创业机会；三是从兴趣特长中寻找创业机会；四是从生活经历中寻找创业机会；五是利用所在环境优势发掘机会；六是分析社会发展趋势开发机会。

3. 培育优秀创业者的特质

一是有好奇心，能够主动学习新事物、新知识和新技能；二是不甘平庸，愿意设定更高的标准；三是对不确定性保持乐观；四是不傲娇，能延迟满足感；五是对重要的选择有判断力，不被短期选择所左右。

4. 升级大学生创业能力的十步流程

了解用户需求；拥有我的创意；组建创业团队；尝试精益创业；找到初期客户；改进完善产品；扩大用户数量；进行天使融资；构架公司框架；检验商业模式。

案例篇

第一章　强化专业内涵建设，提高办学质量

专业建设是职业院校发展的核心，是学校服务于经济社会发展的有效载体，更是学校教学质量、办学水平、办学特色和办学效益的集中体现。职业院校只有牢牢抓住专业建设这个关键环节，才能更好地服务于经济和社会发展。经过多年的改革与创新，我国职业院校在加强专业内涵建设方面成效显著、成果颇丰。

案例一　天津轻工职业技术学院
——深化行校企合作　发展专业优势[①]

背景：

"中国制造2025"提出大力促进新材料、新能源、高端装备、生物产业绿色低碳发展。当前，我国光伏产业链已经形成，产业规模和技术水平都有相应提高，急需大量专业技能人才。作为天津市新能源协会常务理事单位，天津轻工职业技术学院为了响应国家战略和区域经济发展的需要，积极探索培养新能源类专业人才，通过联合各方资源，深化行校企合作，充分发挥、发展专业优势，取得了显著的成效。

一、学校概况

天津轻工职业技术学院（简称"天津轻工职院"）是2001年1月经天津市人民政府批准、国家教育部备案的公办全日制高职院校，隶属天津渤海轻工投资集团有限公司。学院坐落在天津海河教育园区，占地面积800亩，现有在岗教职员工总数464人，其中专任教师330人，高职在校生8820人。学院下设机械工程、电子信息与自动化、经济管理、艺术工程4个二级学院，建有数字化设计与先进制造、智能装备自动化、新能源与节能技术、信息化与智能技术、创意产品设计与推广、现代服务与管理6个专业组群，开设31个高职专业、1个本科专业，其中，国家重点建设专业5个，市级重点建设专业10个。学院与天津工业大学的机械工程及自动化专业（模具设计与制造方向）开展联合培养技术应用型、高端技能型人才工作；经天津市教育委员会批准与新西兰某高校在市场营销专业开展合作；与天津汽车模具股份有限公司、大连机床集团有限责任公司、天津英利新能源有限公司、菲尼克斯（中国）投资有限公司等国内、国外知名企业、行业组织有着良好的合作关系，为学生提供良好的实践、实习环境和就业岗位。

---

① 本文根据天津轻工职业技术学院官网信息以及相关研究成果等资料编撰而成。

近年来，学院紧密结合"一带一路"倡议、京津冀协同发展战略，把握天津市全面建设国家现代职业教育改革创新示范区的有利契机，坚持"以服务发展为宗旨，以促进就业为导向，走产学研结合发展道路"的办学方针，继续夯实国家骨干高职院校建设、天津市提升办学水平项目建设成果，以创新体制机制为主线，实施"一体双翼三平台"发展战略，深化教学改革，全面提高人才培养质量，打造高职院校中的"天津轻工"品牌。学院历届毕业生双证书取证率100%，就业率保持在98%以上，赢得用人单位的高度赞誉；先后被评为"国家级优秀示范性骨干高职院校""天津市职业教育先进单位""全国数控技术应用专业领域紧缺人才培养培训基地"；2016年作为天津唯一一所高职院校入选"高等职业院校服务贡献50强"，并顺利通过天津市高职院校提升办学水平建设项目验收。

二、深化行校企合作 发展专业优势

以服务行业企业为基础，天津轻工职院联合多家高职院校和行业企业，通过建立校企合作运行机制、构建专业课程体系、共建校内外实训基地以及建设教学资源库等举措，进一步发展了新能源类专业优势。

（一）建立"产教融合、校企合作"的运行机制

天津轻工职院依托行业，根据学院发展和专业建设需要，吸引与学院重点专业密切相关、与专业群建设相对应的行业协会、国内外知名或行业龙头企业，共同建成"两个层面、三级贯通"的产教融合、校企合作运行机制。其中，"两个层面"即行业层面和学校层面。在行业层面组建天津轻工职业教育集团；在学校层面成立校企合作董事会，各二级学院层面成立校企合作执行董事会，专业教研室层面组建风力发电工程技术专业建设委员会，制定专业建设委员或工作方案。"三级贯通"即董事会—校企合作执行委员会—专业建设委员会三级贯通，学院董事会、各系校企合作执行委员会、各专业建设委员会共同参与，为学校与企业的合作办学、合作育人、合作就业、合作发展，从决策到实施提供组织保障，确保了校企合作的长效运行①。

此外，天津轻工职院联合天津新能源协会、天津英利新能源有限公司，开展教学全过程的现代学徒制合作，即在师傅指导下轮岗实训，进行工艺全过程的学习，以工作任务为核心进行技能培训，将产业工人一丝不苟的工匠精神融入学生对能源类行业生产工艺过程的学习。通过推行"现代学徒制"校企协同育人模式，真正实现了专业设置与产业需求对接、课程内容与职业标准对接、教学过程与生产过程对接，提高了人才培养质量。

（二）构建"三主体联动，四层次递进"课程体系

基于光伏发电技术与应用专业，天津轻工职院联合天津英利新能源有限公司在专业建设委员会的指导下，聘请企业行业带头人、企业高级技术人员共同参与，根据光伏发电技术及应用岗位的人才规格要求，构建了"岗位引领，课证融通，实践教学相结合"的课程体系。课程体系由职业基础课、职业技术课、技能训练课、素质拓展课组成，职业技术课和技能训

---

①陈胜、周志刚：《基于高职院校的"双主体"校企合作研究——以天津轻工职业技术学院为例》，《职教论坛》2013年第36期，第13－18页。

练课是以任务驱动项目导向进行设计的"三主体联动，四层次递进"的课程体系，如图 1-1 所示。

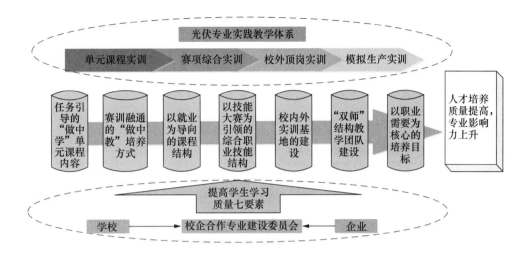

图 1-1 光伏发电技术与应用专业课程体系

同时，天津轻工职院以全国职业技能大赛为契机，增加学院与其他院校的学习及技术交流，并将大赛内容融入课程，推动专业教学改革，提高人才培养质量。如，对全国技能大赛的"风光互补发电系统安装与调试"赛项内容进行全面分析，通过典型工作任务分解与实施，把技能大赛与专业课程《应用光伏技术》《光伏发电系统实训》相融通，为技能大赛培训和专业课程建设改革提出新的途径，促进技能大赛与实际教学的深度融合。

（三）共建校内校外实训基地

天津轻工职院联合全球 500 强、具有航天技术的电子科技集团蓝天太阳科技有限公司，行业龙头企业英利集团天津英利新能源有限公司，天津津能电池有限公司，充分发挥京津冀三区域新能源协会的平台作用，遴选 3 家具有国际影响力的企业，建立校内外实训基地，提高学生就业竞争力，如表 1-1、表 1-2 所示[①]。

表 1-1 天津轻工职院校企合作共建校内实训基地表

实训基地（实训室）名称	实训项目	一次性接纳学生人数（人）
光伏系统实训室	光伏系统安调	30
LED 实训室	LED 生产	30
光伏组件加工实训室	光伏组件加工	30

①李娜：《天津轻工职业技术学院：依托资源库建设 服务行业企业 发展专业优势》，http：//www.chinazy.org/models/ade-fault/news_ detail.aspx? artid = 65957&cateid = 1539，2018 - 04 - 10。

表 1-2   **天津轻工职院校企合作共建校外实训基地表**

实训基地名称	企业名称	实训项目	一次性接纳学生人数（人）
订单培养、顶岗实习实训基地、现代学徒制试点基地	天津英利新能源有限公司	作为光伏电池生产、光伏系统集成相关课程的校外实训基地	70
订单培养、顶岗实习实训基地	天津津能电池有限公司	作为非硅电池生产原理及生产工艺相关课程的校外实训基地	70
联合建设项目实训基地	天津蓝天太阳科技有限公司	光伏电站建设工程工艺、实操实训基地	20

（四）共建专业教学资源库

2015 年，天津轻工职院联合酒泉职业技术学院、佛山职业技术学院等全国 24 家高职院校和 24 个知名企业及行业成功申报"新能源类专业教学资源库"。新能源类专业教学资源库建设以光伏发电技术与应用职业岗位能力为核心，利用现代化信息技术手段，按照光伏组件生产现场工艺和技术及光伏发电系统调试、安装与使用技术职业标准，构建虚拟现实、模拟仿真、真实生产，递进式生产环节教学模式——"未来课堂"，实现共建共享资源库信息化资源融合体系，从而使学生理解和掌握知识难点以及真实工作过程，提高学生综合素质。

新能源类专业教学资源库采用"互联网 + 资源库"的新型应用模式，面向教师、学生、企业员工、社会学习者四类用户群体，打造一个"门户网站"、一个"资源管理平台"。借助于大数据、物联网、移动互联等技术手段，采用各种数字化设备，在课堂教学、实训教学、课本学习以及课余学习四个主要职教教学场景中提高资源库的应用效力，激活师生用户有效互动、即时反馈通道，实现"能学""辅教"，从而实现"时时、处处、人人"学习。2016 年，新能源类专业教学资源库建设视频动画类资源 600 余个，实现 2 门课程线上、线下联合教学。

三、体会与思考

天津轻工职院与行业企业以及其他院校开展深度合作，共同建设专业，发展专业优势，大大提高了教学质量和人才培养质量。学生在全国、市级职业院校技能大赛中取得优异成绩；专业教师通过参与各种项目建设和培训交流，教学水平得到明显提高。

（一）与企业深入合作，提高专业人才培养质量

自 2011 年天津英利新能源有限公司成为学院校企合作董事会成员以来，与天津轻工职院光伏发电技术与应用专业合作开发了"三主体联动，四层次递进"课程体系，并付诸实施，取得了较好的社会效果。合作开发建设 20 千瓦分布式光伏发电站，为学院成为天津市新能源协会新能源培训基地、国家级新能源专业骨干教师培训基地、滨海新区新能源产业链培训基地奠定了坚实的基础。天津英利新能源有限公司重视培养学生的实际动手能力，为学生提供了光伏应用技术课程的实训基地，受到专业教师和同行专家的认可。光伏发电技术与应用专业学生连续六年参加

全国职业院校技能大赛新能源赛项，先后获得了全国一等奖 12 人次、全国二等奖 8 人次，天津市一等、二等奖 20 余人次。

（二）以资源库建设为引领，全面提升信息化水平

天津轻工职院通过应用"互联网＋教学"模式，将信息技术与教育教学深度融合，推进了专业教学资源的规范化建设，巩固与发展了示范、骨干院校及示范性专业建设的成果，大大提升了全国中高职院校新能源类专业的教学效果。同时，与天津轻工职院合作的企业均是国内甚至国际知名企业，不少企业都是行业内的领头羊，为专业教学资源库的建设以及更新完善提供了有力的支撑。天津轻工职院以资源库建设为抓手，充分挖掘教学内容并以微课、视频、动画、虚拟仿真、图片、文档等多种信息化手段呈现在网络化的教学互动平台上，既培养了教师运用信息技术的能力，又创新了教学方法和模式，使教师和学生获得更好的教学及学习体验，发挥了"互联网＋教学"对教育教学创新改革的推动作用。

案例二　海南科技职业学院

——加强专业内涵建设　培养技术技能型石油化工人才[①]

背景：

海南省是海洋大省，200 多万平方千米的海域下蕴藏着丰富的油气资源，是南海油气资源勘探开发的后勤基地和油气产品加工基地，油气产业是海南省海洋经济的四大支柱产业之一。海南科技职业学院紧密围绕海南省油气产业发展规划布局，主动适应海南区域经济发展，加强石油化工生产技术专业内涵建设，培养技术技能型石油化工人才。

一、学校概况

海南科技职业学院（简称"海科院"）是 2007 年 5 月经海南省人民政府批准、教育部备案的一所全日制普通高等院校。学院位于海南省海口市，在原中央美术学院海口校区的基础上扩建而成，有美兰和云龙两个校区，占地面积72.8 万平方米（1092.7 亩），校舍建筑总面积34.8 万平方米，教学科研仪器设备总值1.14 亿元。现有全日制在校生7400 多人，专任教师423 人，兼任教师105 人，其中专任教师中具有副高及以上职称的教师184 人，二级教授6 人，博导9 人，享受国务院政府特殊津贴的专家7 人；具有研究生学历的教师218 人；"双师型"教师237 名。学院现设有机电工程学院、信息工程学院、化学与材料工程学院、海事学院、城建学院、健康科学学院、财经学院、设计学院8 个二级学院和2 个教学部，开设有机械设计与制造、汽车检测与维修技术、计算机网络技术、石油化工技术、药品生产技术、航海技术、轮机工程技术、建筑设计、工程造价、健康管理、物流管理、艺术设计等33 个专业，其中石油化工生产技术和健康管理为"3＋2"分段培养本科专业。学院拥有校内实训中心18 个，校内实训、实验室125 个，与省内外企业共建共享的校外实训基地85 个。

海科院坚持"人才强校，质量立校，特色兴校"的办学理念，坚持以人才培养为中心，以服务海南经济社会发展为宗旨，深化专业内涵建设，推进课程体系、教学模式改革，不断创新校企合作、产教融合的育人机制，注重加强学生技术技能积累，融人文素养、职业精神、职业技能为一体的育人文化初步形成，人才培养质量不断提高。毕业生综合素质高，动手能力强，考取专业技能证书通过率达95% 以上，历年就业率均在96% 以上，用人单位对毕业生满意率保持在95% 以上。

二、加强专业内涵建设　培养技术技能型石油化工人才

海科院通过构建现代化实训基地，打造"双师型"教师队伍，建立石油化工产品检测中心，

①本文根据海南科技职业学院官网信息以及相关研究成果等资料编撰而成。

大力提升专业建设的内涵，培养了一批高素质技术技能型人才，为海南区域经济发展提供人才支撑。

（一）跟进先进技术，构建现代化实训基地

海科院根据培养技术技能型石油化工人才的要求，遵循贴近生产、贴近技术、贴近工艺的建设思路，建设设备齐全、技术先进、综合性强的化工职业教育实训基地，主要包括化工过程控制仿真实训室、DCS控制的炼油常减压仿真工厂、化工仪表实训室、油品分析检测实训室、化工单元操作实训室、化工热力学实训室等。例如，化工过程控制仿真实训室配置了90台联想计算机，通过局域网络连接，重点对化工企业生产中的一系列单元操作、典型产品的生产工艺操作，以及生产中的异常情况和处理策略进行模拟，指导学生学会化工技术应用与操作技能，解决真实教学中不具备或难以完成的实训教学项目。DCS控制的炼油常减压仿真工厂依据中石化海南洋浦炼油厂工艺条件自行设计，按10:1比例微缩，由外部真实设备和仿真系统两部分组成，采用仿真软件模拟真实生产装置的工艺，并与实物装置进行实时交互，情景化真实操作，便于学生直观地了解相关设备的流程特点，同时支持在实物装置上对各类设备的手动操作，进行故障处理操作培训（如紧急停车、重大事故处理、锁停车等），培养学生处理故障的能力。目前，海科院建设了"中央财政支持的石油化工技术专业实训基地""海南省高校石油化工技术专业特色实训教学示范中心"，实训基地总面积9600平方米，总资产达1160万元，是海南省内规模最大、设备最先进的石油化工实训基地。

（二）优化师资结构，打造双师型教师队伍

海科院石油化工生产技术专业现有教师31名，其中，教授、副教授19名，具有硕士学历教师13名，博士9名。为了进一步优化师资队伍结构，海科院通过培养与引进相结合的方式，改善了教师队伍的学历、学位及职称结构。一是通过社会招聘或在校企合作企业中培养专职教师。二是积极鼓励在职青年教师攻读硕士、博士学位，积极推进青年教师硕士工程、紧缺专业青年教师在职进修培养工程、"双师型"教师选聘和培养工程、校级和省级名师工程。目前，石油化工生产技术专业所有青年教师都通过了技师或高级技师考核，获得技师或高级技师资格证书。三是加强学科带头人、骨干教师、"双师型"教师培养。四是鼓励专业教师到企业挂职锻炼。目前，海科院石油化工生产技术专业现有教师都有在石化企业任职锻炼经历，"双师型"教师比例超60%，师资队伍结构趋于合理，教师职业能力呈"递进式"上升。

（三）发挥专业技术优势，搭建服务行业平台

为了增强专业服务社会能力，海科院依托化工专业的科技力量和条件，以石油加工生产技术专业为主，发起筹建"海南海科石油化工产品检测中心"，于2016年1月经海南省质量技术监督局行政批准，颁发了检验检测机构资质认定证书。该检测中心现有检测人员15名，能独立承担第三方检验，独立对外行文和开展业务活动。中心按照《实验室资质认定评审准则》建立了检测质量管理体系，已通过ISO17025质量管理体系认证，能保证严格按照管理体系的规定进行检测检验，确保检测结果的准确性。

检测中心已投入运营，可对石油化工产品，如汽油、柴油、航空煤油、煤炭、甲醇、液化石

油气、工业水质等十大类的60多个指标进行检验检测，为南海油气开发和利用提供服务。目前，海科院已经为海南汉地阳光石油化工有限公司、海南富山油气集团公司、海南海关等单位检测了数批样品，并与十余个单位签订了长期合作协议。

（四）校企深度合作，实现校企互利共赢

为服务海洋强国、海洋强省战略，满足南海油气资源勘探开发和石化加工产业发展的需要，石油化工生产技术专业始终坚持"急企业之所急，想企业之所想"，开展校企深度合作，培养高素质石油化工人才，为企业解决一系列技术难题，实现校企互利共赢。

1. 共同培育技术人才

学校成立由行业、企业专家参加的专业建设委员会，邀请合作企业全程参与专业建设规划和专业人才培养方案的制定。由企业为实践教学提供真实的工作环境，建立稳定的实习就业基地，使学生接触企业生产实际、体验企业文化，实现实质性的资源共享，真正做到校企合作、共育人才，实现双赢。

石油化工生产技术专业联合企业，采用企业真实案例进行教学，通过项目中的模块贯穿知识点，以"产品（项目）"为载体组织教学内容，探索教学改革创新，使教学改革落到实处。在教学上，淡化理论教学与实践教学的界限，"教、学、做"相结合，努力做到三者互相渗透、融为一体，使学生在"做"中"学"，教师在"做"中"教"；在课程设置上，以"工作过程"为导向，根据化工产品的"生产流程"确定"岗位能力"，针对岗位应具备的知识结构和职业能力结构，构建以职业基本素质、职业通用技术、职业专业技术为核心的教学内容体系；在教材开发上，以项目化教学为特色，校企共同开发教材，与海南洋浦炼化厂、海南华塑石化有限公司、海南正业中农高科有限公司等共同编写并出版《石油加工生产技术》《石油产品分析与检测技术》《化工安全技术》《分析化学实验》《无机化学实训指导教材》《有机化学实训教材》6本教材。

此外，海科院借助"化工职业技能鉴定站"平台，面向社会开展职业技能鉴定和培训。截至目前，已经为海南汉地阳光石油化工有限公司、海南黄金部队等单位培训"化学检验工"中级工30名、高级工10名，培养的学生取得"化学检验工"合格证的超过500名，2016年被评为"全国化工行业职业技能鉴定先进单位"。

2. 共建校外实训基地

海科院石油化工生产技术专业与海南本地及珠三角地区的中石油、中石化、中海油等国有企业及海南华塑石油化工公司、海南逸胜石油化工公司、海南富山油气集团、海南汉地阳光石油化工公司、惠州忠信化工公司、广西田东泰鑫石油化工有限公司、海南正业中农高科股份、临高化工等签订合作协议，共建校外实训基地，开展深层次的人才培养和专业建设，构建了具有鲜明特色的"校企合作、工学结合"的人才培养模式。

3. 共同开展技术研发

海科院石油化工生产技术专业不仅校企合作共同开展人才培养，还积极联合相关企业，共同开发石化创新项目，致力于新技术和新产品研发与推广应用，为企业提供技术支撑，如表1-3所示。

表 1-3　　　　　　　海科院石油化工生产技术专业校企联合开发石化项目

序号	开发项目	年份	合作企业	参与人员	取得效果
1	"航天牌浓缩广画颜料研究与制备"项目	2013	南昌航天文体用品有限公司	化工学院张敬畅教授、曹维良教授、史君雄教授	以该项目的技术工艺，向国家知识产权局申报了发明专利并获授权，成为产教融合、协同创新的典型案例
2	新产品"造纸用白油"	2013	海南汉地阳光石油化工有限公司	化工学院曹维良、张敬畅教授	该项目申请了 2015 年海南省科技厅"产学研一体化专项基金"
3	"双效余热回收与热泵技能技术在工业产品中生态设计"节能降耗项目	2016			获专项经费 50 万元，企业配套经费 780 万元
4	"椰子壳纤维素晶须可控制备及增强生物复合材料应用研究"	2017	海南万特制药（海南）有限公司	化工学院李桂娟教授	获专项经费 25 万元

三、体会与思考

海科院紧随行业、产业和专业科技进步发展趋势，积极探索深化专业内涵建设，使专业建设与时俱进，培养高素质技术技能型石油化工人才，切实服务行业企业发展。石油化工生产技术专业的毕业生实现高质量就业，专业对口就业率达 85%。

（一）实践教学成效显著，提高学生技术技能水平

海科院以服务海南经济发展为己任，专业建设与海南"十三五"发展规划确定的"12 + 1"重点发展产业对接，课程建设与职业标准对接，实训室建设与职业岗位技术技能培养任务对接，实训内容与职业岗位技术技能需要对接。近几年，不断加大对实践教学的投入，紧跟先进技术，建设化工职业教育实训基地，为学生提供了优质的实训资源。利用实训基地开展实践教学，一方面，检验和验证了书本上的理论知识，极大地提高了学生运用基础理论分析和解决化工生产中各种实际问题的能力；另一方面，与企业生产工艺相结合，筑牢了技术技能型人才的培养基础，使实践教学水平提高到新的层次，提高了学生竞争力和技能水平，帮助学生在国家和省技能大赛中取得优异成绩。

（二）切实服务行业企业，实现"产品检测不出岛"的目标

以洋浦开发区为中心的地区坐落着几十家炼化和化工生产企业，但这些企业生产的产品却因海南省内没有相关专业的检验检测机构，需每年跨海出岛到广东省送检，既浪费时间，又增加了生产经营成本。时任海南省委罗保铭书记为此提出"检测不出岛"的目标。海科院"海南海科石油化工产品检测中心"的建立，填补了海南省石油化工产品检测机构的空白。检测中心与省

内多家企业签订了长期合作协议，作为企业的定点检测机构，为它们提供产品检测服务。

（三）校企合作落到实处，共同育人结出硕果

海科院始终坚持走校企合作、工学结合的道路，围绕石化专业，与省内外有影响、有规模、有市场竞争力的企业建立校企合作关系，为推动"工学结合"搭建平台，通过深化校企合作，把工学结合落到实处。人才培养模式的改革创新，提高了人才培养的质量，毕业生的专业技能和综合素质得到用人单位的高度赞扬。用人单位对海科院石油化工生产技术专业四届毕业生满意度达到80%，学生平均就业率在98%以上。

案例三　宁波经贸学校
——建设"中高职"一体化专业　服务物联网产业发展

背景：

物联网的飞速发展对人类生活和生产服务的升级产生了巨大影响，已成为世界新一轮经济和科技发展的战略制高点之一。职业教育的专业建设要服务物联网产业发展，培养适应物联网产业发展需要的高素质技术技能人才。宁波经贸学校不断探索物联网专业技术人才培养，根据"中职重基础、高职重方向，中职重技能、高职重技术"的原则统筹中高等职业教育，提炼物联网专业核心技能，搭建专业学习平台，实施"项目式"教学模式，运作"订单式"应用研发项目，培养学生可持续发展的职业能力，为物联网产业发展提供人才支撑。

一、学校概况

宁波经贸学校创办于 1956 年，1984 年开始举办职业教育。学校位于宁波高教园区，占地 121 亩，建筑面积 55000 余平方米，其中实训大楼建筑面积 15000 余平方米；建有专业配套实验实训室 50 余个，实现了教学硬件配置现代化、规格化。学校设有经管、经贸、药学三大类专业，涵盖药品营销、制药技术、中药、国际贸易、物流、电子商务、财会等专业。学校师资精良，学科骨干教师、省市教坛新秀、硕士研究生占专任教师的 36%，共有硕士研究生 34 人，同时拥有一支高技能、实践型的专业师资队伍，为学校实现教育现代化提供了有力保障。学校拥有多个校内校外实训基地，在校内开办宁波时代彩虹医药零售有限公司、起点超市，设立宁波时代重要饮片厂，满足学生技能操作、职业素养的培养需求；加入医药、国际货代、物流、物业等行业协会，与浙江外运、宁波医药股份等企业联合办学，共建 30 多家校外实训基地，促使学生专业水平又好又快地发展。

从事职业教育 20 多年来，学校始终把学做人放在教育的首要位置，依托商品经营、现代物流、药学三大省示范专业的内涵引领，贯彻课改新思路，形成 100 余门选修课程库，积极构建多个专业方向、理实一体化职教专业课程体系，实行开放性的走班教学，人才培养工作成效斐然。学校于 2006 年被评为浙江省一级重点职高，2008 年 2 月成为国家级重点职业学校，并先后获得"省行风建设先进单位""宁波市文明单位""宁波市首批示范性文明学校""宁波市首批'校务公开'先进单位""宁波市职业教育先进单位"等荣誉称号。

二、融合产业需求　打造特色专业

职业院校专业设置是适应经济社会发展的重要纽带，也是职业院校生存与发展的基础。为顺应全球物联网发展潮流，助力宁波"智慧城市"的打造，宁波经贸学校从 2011 年开始联合宁波经济和信息化工作委员会与宁波市蓝源物联网科技公司筹办物联网应用技术专业。通过多年的积极探索，学校充分融合当地产业需求，形成了独具特色的物联网专业体系，服务当地产业的能力不断增强。

（一）"专业"随着"产业"转

"物联网"是继计算机、互联网之后，世界信息产业的第三次浪潮。据预测，2020 年我国物联网产业规模将突破 1.5 万亿元，产业蓬勃发展。然而，当前物联网产业人才缺口较大，尤其是技能型、应用型人才[①]。宁波作为国内物联网产业发展的先行地区之一，在技术、业务应用等方面抢占了物联网经济制高点。宁波经贸学校建设物联网专业契合了物联网产业发展的需求和企业转型升级的需要，能够为地方物联网产业发展提供高素质技能型和应用型人才，符合宁波作为 2015 中国制造唯一试点城市的特点。

在专业开办前期，学校对该专业的人才培养方向专门做了市场调研，撰写了《中职物联网专业人才培养模式调查报告》。随着物联网技术应用领域的扩展和人才需求层次的提高，学校针对物联网应用技术开展中高职一体化专业建设，实施"3 + 2"人才培养方案。中高职一体化的物联网应用技术专业指向应用系统项目的研发以及整体服务，人才培养以物联网技术的实际操作与应用为重点，对应物联网产业链应用领域的需求，对接物联网网络服务、物联网应用基础设施服务、物联网软件开发与应用集成服务、物联网应用服务四个服务大类。对于 2015 级物联网应用技术专业（3 + 2）班的学生，学校与宁波职业技术学院协同制定了《2015 级物联网应用技术专业（3 + 2）人才培养方案》，实施一体化人才培养。

（二）打造专业特色创新

1. 聚焦核心技能，校企共建专业

宁波经贸学校与蓝源物联科技有限公司深度合作，成立物联网研发中心，并把中心打造成技术创新中心、成果转化中心与创业创新人才培养中心。学校根据物联网产业人才需求特点，提炼"工艺精当的设备装接、软硬件调试及系统操作、系统故障排查与维护、C#与 Java 等程序编写、设计改进物联网应用系统"五大核心技能，根据核心技能要求进行专业人才培养。

校企协同专业建设工作包含以下几个方面：第一，学校的物联网应用技术专业设置对接企业岗位用人标准和高职能力培养目标。学校通过调研物联网企业的典型工作岗位，了解岗位职业能力与素质要求。在此基础上，学校明确中高职的培养目标和任务。其中，3 年中职重基础、强应用，帮助学生建立职业概念，掌握专业核心技能；2 年高职重实践、强创新，让学生在真实工作场景中学习。第二，学校与企业共建研发中心。学校聘请物联网公司一线技术人员担任兼职教师，引进有 3 ~ 5 年企业工作经历、技术精湛的人才，组建"双师型"研发团队，基于物联网技术和行业应用特点，精准提炼中职物联网应用技术学习的核心技能，为中职层次人才培养提供依据。第三，学校与企业共制教学方案。基于真实场景中物联网应用从开发到维护的工作任务和工作流程，以完整项目为单元组织课程内容，形成任务导向的教学方案。

2. 多元学习平台，提供分层实战

学校搭建五层级专业学习平台：第一层是学校自主研发的物联网实训平台，基于此可形成模

---

① 《万亿物联网产业人才缺口大，每年毕业生不足 10 万》，新华网，http://www.js.xinhuanet.com/2018 - 01/11/c_ 11222411
08. htm，2018 - 01 - 04。

块化和流程化的设计模式；第二层是智慧校园云平台，基于此可以开展校园水质检测、智能车位管理等系统的后台仿真模拟实训；第三层是物联网国赛实训平台，基于此可以引入国赛智慧生活系统、智能家居系统，坚持"学赛训"一体，开展"功能传感器数据采集"等项目实训；第四层是智慧校园实战平台，基于此可以维护、研发教务实训管理、后勤服务、平安校园等领域的物联网应用系统；第五层是企业"订单"平台，专业师生基于此可以组建项目组攻破企业面临的实际难题。

　　以五层级专业学习平台为依托，学校全程实施"项目引导、三段递进"的教学模式。在第一阶段，以学生身边应用的物联网系统作为项目案例，在物联网实训平台和智慧校园云平台上进行仿真模拟训练；在第二阶段，学生进行真实项目的亲身实践，通过国赛实训平台和智慧校园实战平台进行项目训练，并进行真实的智慧校园项目维护；在第三阶段，通过接受企业订单，学校可带领学生进行项目的自主研发。

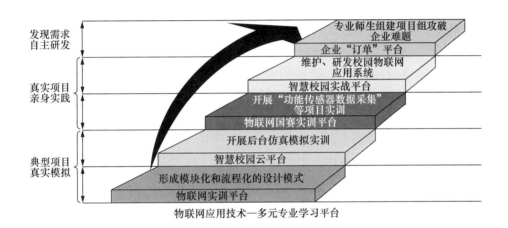

图 1-2　多元专业学习平台

3. 围绕真实任务，开展应用教学

　　宁波经贸学校物联网专业教学围绕真实的应用研发任务开展。学校将应用研发项目作为教学项目，将应用研发的内容作为教学内容，从项目中提炼专业核心技能，并把项目作为教学载体，促进教学内容的及时更新和教学方法的改革。以"物联网应用系统安装与调试"核心课程为例，该课程以"智慧校园、智能仓储、未来超市、智能家居、智能农业"五大研发项目作为教学项目，并把"辨识 10 种以上物联网传感器，掌握常用的 10 种物联网传感器的性能、功用"作为其中一项核心技能，从而夯实学生在物联网系统安装技能上的学习基础。此外，物联网专业的教学过程依托仿真、全真的实训基地和企业实际岗位的工作内容进行开发设计。整个教学活动以项目为导向，按照具体项目的"资讯、计划、决策、实施、检查、评估"六个工作过程开展，让学生在工作过程中掌握核心能力，培养职业素质。

4. 信息化建设反哺物联网专业建设

　　宁波经贸学校制定了"需求引领、自主研发、对接专业、基于物联"的信息化建设策略，学校在信息化建设的过程中将物联网、信息化与学校专业建设紧密结合起来，为专业建设和发展服务，培育出学校独特的以"物联网技术"为核心的信息化基因。学校的信息化建设反哺了专业建设，体现在以下方面：物联网专业建设成果获得浙江省名专业立项；校企合作共同培育的

"基于核心技能的中职物联网专业'诉求整合、绩效导向'的教学改革与研究"课题获宁波市职成教规划课题一等奖,并报送浙江省2016年教育科学规划课题优秀成果评审;学校物联网专业两个学生团队在宁波市中等职业学校技能(才艺)大赛中分别获得团体一等、二等奖。

三、体会与思考

作为国家级重点职业学校,宁波经贸学校积极对接社会需求、主动适应经济发展和产业升级,与宁波职业技术学院合作开办了中高职一体化的物联网专业,取得了一系列显著成果。学校成为浙江省中职物联网专业课程指导方案的制定学校,其物联网专业建设的相关举措对同类院校专业建设具有借鉴作用。

(一)中高职一体化人才培养凸显优势

中等职业教育和高等职业教育是我国职业教育的两大基地,为我国的经济建设提供生产一线的工作者。中职教育与高职教育在培养目标及培养模式上既具有一致性,又有层次上的差别。高职教育定位在高层次,强调培养应用型、管理型和高级技能型人才。与中职教育相比,物联网专业在高职教育层次的人才培养要求有更新、更广的物联网专业理论,更高、更新的技术,更强的综合素质和创新能力。宁波经贸学校中高职一体化的物联网专业建设可以统筹物联网专业中等、高等职业教育发展重点,整合资源,优势互补,合作共赢,增强物联网专业服务经济社会发展和人的全面发展的能力。中高职一体化人才培养模式是适应我国职业教育发展的必然产物,是加快培养市场紧缺的高技能人才的有效办法之一。实施中高职一体化专业建设,既能突破中职的教学机制,又发挥中职的优势所在,为职业教育发展指明新方向。

(二)专业建设服务地方产业

职业教育具有区域性,需要与当地经济发展相适应。对于正在打造"智慧城市"的宁波而言,物联网专业的技术技能人才不可或缺。随着物联网从概念到应用的推进,应用的领域越来越广泛,职业院校物联网专业学生的用武之地会越来越大。

宁波经贸学校物联网专业的开展配合当地物联网产业的发展。学校与当地物联网公司开展深度合作,打造产学研一体化的物联网应用技术研发中心,准确对接产业需求,提炼物联网应用技术所需核心能力,基于此进行物联网专业建设和人才培养。宁波市物联网应用技术研究所在宁波经贸学校成立,学校师生和企业工程师一起研发物联网应用技术。研究所的成立,一方面能为企业解决技术支撑不足、缺乏创新条件的难题,另一方面能够促使教师"走出去",引进更多的物联网研发项目。无论是专业教学方案的制定还是专业人才的培养,学校都紧跟当地产业发展和企业需求,围绕岗位需要确定人才培养目标,基于实际应用研发项目制定教学方案,实现了物联网专业核心能力的提升与企业用人标准的有效对接。

(三)教学体系适应专业特色

由于物联网专业要求学生具有较强的实践动手和应用开发能力,要根据自身专业特色实施教学方法、教学手段和评价体系改革。在教学体系构建过程中,宁波经贸学校充分考虑了物联网专业的特色。在教学组织中,根据企业的实际工作任务,采取过程化和情境模式教学,实施以工作任务为导向的仿真教学方法，达到学以致用的目的；在教学内容上，要求学生贯通校内学习的知识与市场实际工作；在人才培养上，给予学生专业、课程以及学习平台选择的自主权，让学生按照自身兴趣进行发展；在评价方式上，开展核心技能结果导向的"三方向五维度"评价，形成学生核心技能评价蛛网图，让学生在每一项技能上都看到自己的进步，为高职阶段职业能力提升夯实基础；在实践教学方面，通过派遣教师去企业锻炼学习、引进具有企业实际工程经验的"双师型"教师和聘请行业兼职教师来指导教学。

案例四　武汉市交通学校

——加强专业内涵建设　提升专业服务产业发展的能力①

背景：

武汉市交通学校积极应对汽车专业群在发展中面临的挑战，深化专业内涵建设，同时以"四业"联动促进专业建设供给侧改革，以国际合作提升供给侧水平，以实训基地和师资队伍建设为保障，从而增强专业群的整体实力，提高人才培养与产业需求的匹配度，不断提升专业服务产业发展的能力。

一、学校概况

武汉市交通学校（简称"武汉交校"）创建于 1959 年，是国家中等职业教育改革发展示范校、国家重点中专院校，是国家汽车运用与维修技术重点实训基地、湖北省电梯安装与维修重点实训基地。

校区总面积近 300 亩，建筑面积近 15 万平方米，总资产逾 3 亿元；年均学历教育及非学历教育的职业技能培训人数达 7000 余人。学校办学条件优越，拥有 53 个专业理实一体化实训室，图书馆藏书 18 万余册、电子读物 16 万余种，教学设备总量达 8200 余台（套），总价值 3181 万余元。

学校着力建设具有"大交通"特色、多元化多层次发展的国内一流示范性职业院校，形成了以汽车相关专业为主干，以电梯技术、航空服务为两翼，以物流服务、轨道交通、船舶建造、焊接技术、光电子等专业为驱动的具有"大交通"品牌特色的专业集群。学校对接行业、企业人才需求特点和新技术、新工艺、新标准、新方法的变化，同步改革课程体系，形成"纵向贯通"和"横向嵌入"式的理论与实践相融合的课程体系。

武汉交校秉承"以服务为宗旨，以就业为导向，以质量为核心，以能力为本位"的办学方针，坚持"三突出"（突出学生职业道德教育、突出学生专业实践能力的训练、突出学生专业新技术知识的学习）、"四严格"（严格要求、严格训练、严格管理、严格考核）和"五育人"（教书育人、管理育人、服务育人、环境育人、活动育人）的教育理念，坚持走产教深度融合、校企协同创新的发展道路，不断追求卓越，打造职教品牌，示范、引领和辐射带动作用十分显著，为服务交通事业发展和区域经济建设培养高素质劳动者和技术技能人才。

---

①本文根据武汉市交通学校官网及高职高专教育网官网信息等公开资料编撰而成。

二、加强专业内涵建设　提升专业服务产业发展的能力

（一）针对行业产业需求，优化人才培养结构

为准确把握人才需求状况，武汉交校联合行业、企业开展调查，形成了汽车运用与维修、汽车电子技术应用（新能源汽车方向）、汽车车身修复、汽车制造与检修等重点专业的《人才需求与专业改革调研报告》和《岗位（群）能力调研报告》，并按照相应人才培养模式修订完善了专业人才培养方案。基于武汉地区汽车机电维修人才需求趋于饱和、钣金油漆维修人才紧缺的现状，学校不断压缩3年制汽车运用与维修专业规模，在一定程度上保持该专业"3＋2"中高职衔接比例，以满足学生需求，同时扩大汽车车身修复专业规模，增加汽车制造与检修专业焊装方向。学校对接长江经济带发展战略，服务区域传统产业向高端化、低碳化、智能化、服务化发展，2015年在全省率先开办新能源汽车专业（方向）和工业机器人运行与维护专业。采取嵌入新能源课程等方式调整优化汽车运用与维修专业以及汽车制造与检修专业，契合产业的转型升级对人才复合型结构的要求，提高了人才供给与岗位需求的匹配度。

（二）深入开展校企合作，创新人才培养模式

武汉交校围绕区域汽车产业发展和职业岗位能力要求，在产业市场调研的基础上，充分发挥校企双主体资源整合和专业建设指导委员会的作用，进行培养目标定位、课程体系、人才培养模式等研讨，创新了"项目导向、双训融合"的人才培养模式。学校率先与中国轿车品牌企业——武汉神龙汽车有限公司建立校企合作关系，共建武汉市交通学校东风雪铁龙培训中心，先后启动东风雪铁龙、东风标致校企合作项目，并不断提高合作水平，探索出具有鲜明特色的校企合作运行模式，如图1-3所示。

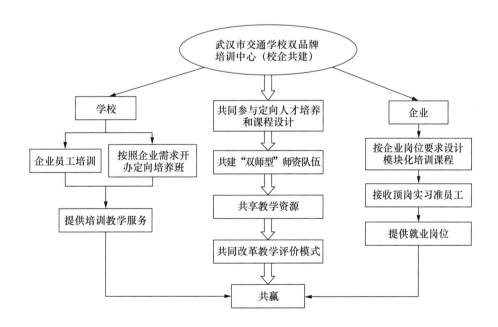

图1-3　武汉市交通学校的校企合作模式

汽车专业群各专业分别构建了"树形结构""工学结合、订单培养""校企一体、订单培养""订单驱动、校企共育、双证融通"的人才培养模式。汽车运用与维修专业通过与东风雪铁龙、东风标致、通用、丰田、博世等企业共建共管项目，建立真实任务驱动教学改革机制，实现了仿真教学—模拟实训—综合实战型的教学模式转变。汽车电子技术（新能源汽车方向）专业与合康变频（武汉）科技有限公司合作开展现代学徒制人才培养试点，校企共同设计人才培养方案，企业师傅实行一对二指导，每周进行知识与体验分享，实行 KPI（关键绩效指标）评价。汽车车身修复专业参与巴斯夫汽车维修涂装职业教育校企合作项目，由行业协会负责监督和评价项目的组织和运行情况；企业负责提供教学耗材、教学标准、教材等，协助安排学生实习和就业，对学生进行考核和评估，对专业教师进行培训和认证；学校负责学生的教育培养，共育"以产品技术为导向"的汽车涂装人才。

（三）对接课程体系改革，开发优质教学资源

武汉交校以岗位工作过程为导向，深化课程体系改革，建立了汽车运用与维修专业的"职业功能模块化"课程体系、汽车车身修复专业"素质与专业能力并重"的模块化课程体系。为对接课程体系改革，学校整合、开发优质教学资源，并引进行业、企业资源，建成一个行企共享型信息化教学资源库，包括"电子产品制造工艺"等 8 门校级精品课程资源、"电梯拖动与控制技术"等 3 门校级优质课程资源、"汽车维护技术"等 28 门课程标准和课程资源、《发动机构造与维修（机械部分）》等 8 本出版教材及《钣金基本工艺实训教程》等 12 本校本教材电子资源、汽车构造仿真教学资源、车身修复技能训练标准化作业视频资源等。

（四）建设高水平实训基地，促进实践教学提档升级

武汉交校汽车专业教学将职场融入课堂，采取项目驱动任务、任务引领情境、情境活化知识的"教、学、做"一体化模式。近几年，为全面提升学生的综合职业素养，促进实践教学能力提档升级，在国家汽车维修重点实训基地基础上，学校共投入 1500 余万元加强实训基地建设，基本建成以汽车装配实训基地为代表的武汉市汽车高水平实训基地。汽车专业群现拥有通用 AYEC 项目学习站等实训室 28 个和仿真实训室 2 个，建筑面积 6260 平方米，设备数量 2063 台（套），设备价值 2405.7 万元；拥有"东风雪铁龙·东风标致"双品牌培训中心，建筑面积 1800余平方米，企业捐赠和调入市场最新设备 209 台（套），价值 1012 万元；拥有湖北惠恒集团等22 家稳定的校外实训基地。

（五）强化"双师"素质培养，打造品牌教学团队

学校依托省市级、行业企业和校级培训项目，通过参加校际交流研讨、教学及专业技能培训、企业实践培训、教师专业技能达标及校本培训等方式，开展全员轮训和分层次重点培养，不断提升教师的"双师"素质和水平。目前，汽车专业群基本形成一支师德高尚、业务精良、结构合理、善教学、会创新、重业绩的品牌教师团队。现有专任教师 96 人，其中具有高级职称的教师 19 人、"双师型"教师 56 人；兼职教师 12 人，其中高级职称及楚天技能名师 6 人。同时，学校对国家、省、市、校级各类比赛项目进行全面梳理、科学分类，并提炼各赛事培养内涵，形成教学教研能力 PK 的赛事新格局，建立了赛事培养平台的长效机制。以赛促教的师资培养方式实现了青年教师的动态交流、能力互助、成长共进目标，进而达到以赛事项目驱动教师个体提

升、以赛事平台带动教师团队提能、以赛事格局助力教师队伍建设提速、创新教师队伍培养的目的。近三年来，学校共9人次在全国、省市职业院校技能大赛中职组比赛中荣获优秀指导教师奖；4人次在全国"创新杯"汽车类专业课比赛中荣获一等奖；7人次在湖北省及武汉市中等职业学校信息化教学设计技能大赛中获奖。

（六）兼容并包，全方位开展国际合作

学校通过"走出去"与"请进来"的方式实现与德国职业教育的交流互通，借鉴其先进职教理念，在汽车专业群其他专业的课程设置、教材开发、教学方法运用及教学管理实施等方面进行嫁接，促进了专业群建设水平和培养质量的提升。自2009年起，学校同德国汉诺威（中国）中心合作，每年开办"中德汽车机电技术国际班"，引入德国"双元制"培养模式、专业课程体系、教材和"满师证书"，并加以消化吸收，构建适应本区域交通运输发展特色的专业建设标准及教学资源，形成开放性的国际视野。派遣教师赴德进修，同时聘用德方资深专家来校授课。近3届毕业生"满师证书"平均通过率达85%，有10名学生赴德国实习，其他学生在中德合资企业就业。通过开展全方位的国际合作办学，学校为学生铺设了一条"中专学历＋国际职业资格证书"的成才之路。

三、体会与思考

武汉交校通过优化人才培养结构、创新人才培养模式、开发教学资源、建设实训基地等多种措施，积极加强汽车专业内涵建设，提升专业服务湖北汽车产业发展的能力，取得不错成效。

（一）在传承中创新，开创服务产业发展的新局面

培养综合型汽车技术人才是汽车专业群办学的历史使命。基于汽车技术体系的复杂性，专业建设除了要夯实理论基础，还应密切对接人才市场需求进行专业培养目标的制定，实现专业的持续发展。武汉交校在汽车专业群的建设过程中，充分发挥专业在地区的影响力以及较完备的实训条件，加强了围绕汽车这一现代交通工具的运用及管理的技术知识教学。同时，基于人才市场的统计分析和区域经济的发展特点，适时进行培养方向的创新，充实和完善了汽车专业群的内涵建设，能很好地服务于区域汽车产业的发展。

（二）在合作中提升，探索服务产业发展的新高度

依托企业办学，密切校企合作，是办好职业教育的必由之路，也是提高专业建设水平、提升专业服务产业发展能力的必然要求。校企合作取得良好成效的关键在于学校、企业双方都富有积极性，校企之间建立起一定的利益关系，这是双方能够长期、稳定、深入发展合作关系的基础和前提。武汉交校通过加盟职教集团、校企共建培训基地、开展企业定制培养、建设校企联合利益共同体等方式，将专业嵌入产业，不断推动校企合作向纵深发展，探索服务产业发展的新高度。

（三）在实践中融合，开启服务产业发展的新征程

校企合作带来的不仅是人才培养的合作，还有校企文化的交融。由经营哲学、产业精神、行为模式、价值观等元素构成的优秀企业文化在合作的过程中进入校园，沉淀到人才培养过程中，

如在实训教学环境建设上仿真企业氛围，在教学管理上融入企业法则，在课程项目考核评价上综合企业标准，在学生个性志趣培育上融入企业的创新研发。未来产业结构仍将不断变化，武汉市交通学校将以校企合作平台作"舟"，以人才培养质量控制作"桨"，以培训教学改革创新作"帆"，构建实用型人才培养的高效通道，开启服务产业发展的新征程。

案例五　腾冲市第一职业高级中学

——校企合作　共育良才[①]

背景：

腾冲被誉为"百年翡翠商城"和"中国翡翠第一城"，与世界著名的优质翡翠矿床所在地——缅甸克邦密支那山水相连，是全国唯一的缅甸翡翠进口通道。随着腾冲旅游业的飞速发展，玉石加工与经营成为全市的主导产业。但是长期以来，腾冲玉器加工业技术的教育发展相对落后，优秀加工人才严重缺乏，加工技术落后成了制约腾冲翡翠产业发展的主要瓶颈。腾冲市第一职业高级中学抓住政府将翡翠产业打造成全县支柱产业的机遇，利用世界银行项目，积极开展校企合作，共同培养翡翠加工和营销人才，对腾冲经济社会发展起到重要的助推作用。

一、学校概况

云南省腾冲市第一职业高级中学（简称"腾冲市第一职高"）坐落在有着"极边第一城"之誉的腾冲市，1944年由时任中国远征军54军副军长叶佩高将军、云贵监察使李根源先生及地方有识之士多方筹资创办，是国家级重点中等职业学校、第二批国家中等职业教育改革发展示范建设学校。学校占地660亩，建筑面积33万平方米，教职工355人，外聘兼职教师40人，设置有珠宝、旅游、汽车、烹饪、商务、机电、现代农业7个系，有中职在校生7021人，成人教育学员2000余人，校企合作企业97家，省内外合作办学学校14所。

建校70年来，始终坚持"兴我实业，固我边防"的办学宗旨和"人人有书读，人人有事做"的办学理念，为社会培养各类合格实用型人才。自办学以来，共向社会输送人才30000余人，毕业生就业率达98.8%。凭借超前的办学理念、超强的办学实力，学校于2007被认定为国家级重点中等职业学校；2015年被教育部、财政部、人力资源和社会保障部认定为国家中等职业教育改革发展示范学校；先后获得云南省"第二届黄炎培职业教育奖优秀学校"、云南省"机关企事业单位内部管理先进单位""全国职业教育百强院校"等殊荣。在新的历史发展时期，学校高举特色办学之旗，坚持内涵发展之路，为创建一流学校不断努力。

二、校企合作　共育良才

随着我国经济的持续发展和人民生活水平的不断提高，国内珠宝市场需求迅速增加，对珠宝专业技术人才的需求也同步增加。为满足珠宝市场需要，腾冲市第一职高采取与万福珠宝公司合作的方式共建珠宝玉石加工与营销专业，加大珠宝专业人才的培养力度，提高专业人才培养的质量。

---

①本文根据武汉市交通学校官网及高职高专教育网官网信息等公开资料编撰而成。

（一）校企共同开发专业人才培养方案

学校专业部多次与企业共同讨论确定人才培养目标、培养规格及培养方案制定与实施问题，分析探讨珠宝玉石加工与营销专业的岗位职业能力要求，将行业职业标准融入人才培养标准，共同完成《腾冲县珠宝玉石加工与营销专业人才需求分析》《腾冲一职中珠宝玉石加工与营销专业人才培养方案》，构建了校企"双场地""双教师""联合评价"的全过程合作育人体系。

（二）校企共创"3344"的人才培养模式

学校与企业共同推行"现代学徒制"培养模式，即"三元管理、三段教育、四位一体、四级递进"的"3344"模式。在管理上"政府、企业、学校"三元合一；时间上"1 年 + 1 年 + 1 年"三段推进（1 年在校学习、1 年工学交替、1 年顶岗实习）；身份上"学生→学徒→准员工→员工"四位一体；技能上"初级工→中级工→高级工→技师"四级递进。

（三）校企共建"产销学训"一体化实训基地

2012 年 7 月，学校通过"引企入校"的方式共建腾冲翡翠加工基地，学校提供了老校区土地 5153.73 平方米、房屋 6175.41 平方米，解决了企业发展的场地和永久建筑问题，企业提供了近 10000 万元的建设和流动资金，解决了学校建设资金匮乏的问题。

2013 年 1 月，基地建成并投入运营。基地采用"前店后校"的办学模式，具备实训实作与企业运营的双重功能，集教学、科研、培训、加工、展销于一体。基地每天可提供 300 个实训工位，学校安排班级到基地上课，教师跟班管理，企业提供加工材料，指派师傅教学，设立学生作品销售专柜统一销售，实现了"教室与车间合一、教师与师傅合一、学生与学徒合一、教程与工艺合一、作品与产品合一"的现代化实训基地建设模式。

（四）共同建立行业、企业专家工作室

学校与企业合作，建立由行业专家、学校专业带头人、核心骨干教师组成的行业专家工作室。其中，方国荣、方志平为省级玉雕大师，其他 10 人为省级玉雕名师。学校充分发挥工作室在专业建设、课程改革、教材开发、实训基地建设、教师培养、技术攻关、产品研发等方面的引领作用，共同实施理论教学、专业实践、顶岗实习。

（五）共同组建教学团队

校企双方共同制定了《校企人员互动交流制度》，学生到实训基地学习期间，由企业技术骨干和教师共同管理，共同开展教学。专业部不定期安排教师到企业实践学习，提高教师的教学实践指导能力，基地成了学校培养"双师型"教师的摇篮。企业根据教学需要指派优秀技术员到校兼职，指导学生进行生产性实训教学。

（六）共同开发校本教材

为使专业课程体现就业导向和专业特色，学校和企业共同开发专业课程。目前，校企共同开发的珠宝玉石加工与营销专业教材《翡翠文化通论》《珠子与手镯加工技术》《翡翠设计与加工》《翡翠鉴定与分级》已由云南教育出版社出版发行。

（七）校企共同探索实践产教结合的"五合一"教学环境建设

"五合一"教学环境，指的是"教室与车间合一、教师与师傅合一、学生与学徒合一、教程与工艺合一、作品与产品合一"。"教室与车间合一"即工厂就是学校，车间就是教室，教师与学生兼具企业管理人员和员工的双重身份。"教师与师傅合一"即专业教师既是理论的传授者，又是操作实习的师傅，克服了"理论教师灌一套，实训工作不对号"，甚至相互矛盾的问题。"学生与学徒合一"即学生也是员工，学生实践时，既是一个技能学习者，又要通过训练成为一名合格产品的生产者。学校与工厂、学生与岗位的有机结合，让学生全方位感受到学业、就业零距离。"教程与工艺合一"即在实训中学理论，在学理论的同时去操作；让学生在做中学、学中做，半工半读、工学结合。"作品与产品合一"即学生实训的作品就是为企业加工的产品，直接接受市场的检验；学生技能训练的过程，既是提高专业技能的过程，也是生产产品、创造价值的过程，既解决了实训材料费紧缺的矛盾，又练就了学生过硬的本领。

（八）校企共同落实"四个一"、抓好"三环节"、实现"两完成"

"四个一"指的是每周安排一天的生产性实训，每月组织一次生产成果检查和评比，每学期组织一次集中的学生作品展销，每学年组织一次学生现场技能大比拼。"四个一"强调的是过程的完整性和连贯性，其中既有学生的独立活动，又有对比和评价，还有成果激励，共同形成了一个完整的体验链。

"三环节"指的是课堂、车间和市场。课堂的教学、车间的实践、市场的检验三个环节连续发力，促使学生自我斗争和判断，产生求真知、办真事、做真人的巨大动力。学生通过真实的生产任务、真实的生产环境、真实的过程经历、真实的工作结果，全程参与选料、设计、加工、销售四个环节的生产实践活动，实现对基本知识、专业技能的学习，学生的综合职业能力和自主发展能力得到了明显提高。

"两完成"指的是在学习期内完成 100 件玉器的设计制作，完成 1000 幅画的绘制。绘画是基础、设计制作是技能，基础打得牢，技术水平才会提高。"两完成"是过程和结果的统一，学生要做到"两完成"，不仅要利用好课堂，而且要利用好周末及节假日休息时间。"两完成"表面看是量的积累，但要实现的是质的改变。当一个学生画完 1000 幅画之后，他对绘画的理解会发生根本性的变化，这个变化将使他重新认识很多东西，从幼稚走向成熟；当他做完 100 件玉器以后，他对玉雕艺术的理解会更上一层楼，重新定位自己的奋斗目标。"两完成"一旦实现，它所催生的巨大力量将成为支持学生终生发展的动力。

（九）校企共同组织学生技能大赛

2013 年 1 月至 2017 年 11 月，学校和企业已成功举办了五届"万福杯"学生玉雕大赛，大赛不仅是玉雕技艺交流的盛会，更是展示校企合作硕果的舞台，通过比赛涌现出了大量的优秀技能型人才。2017 年 7 月 17 日，珠宝系李艳丽主任带领周先培、武子潇、杨宗彦、赵宗瑶四名同学赴北京参加中国教育电视台青春励志栏目《少年工匠》的拍摄，武子潇被授予"优秀少年工匠"荣誉称号并拿得奖杯，其余 3 名同学被授予"少年工匠"的称号并拿得奖杯，国家级玉雕大师方志平作为特邀评委参与了此次拍摄。

三、体会与思考

珠宝玉石加工与营销专业校企协同育人模式经过 5 年多的实践，培养了一批受用人单位欢迎、满足地方经济发展的技能型人才，取得了积极成果。

（一）政企校"三方联动"，推进校企合作纵深发展

校企合作如果有政府的介入，合作的深度及效果会更好。学校在开展校企合作工作时，积极向主管教育部门及政府相关部门进行汇报，寻求支持。市委、市政府高度重视学校的校企合作工作，并将该合作项目纳入市招商引资项目建设，给予了许多政策上的帮助和支持。在校企合作委员会体制的引领下，政企校"三方联动"，实现了政府引导、企业参与、学校实践的良性机制。

（二）合作共赢，长效发展

学校与企业开展合作时，一定要多考虑对方的利益及需求，追求最优化共赢。学校在与万福珠宝公司进行合作时，充分考虑双方的利益需求点，学校提供场地、顶岗实习学生、毕业生等，万福珠宝公司提供经费、技术、经营等，学校与企业资源共享、共育人才，形成了校企"合作、对接、交融、共赢、引领"的工学结合机制。双方在合作过程中互惠互利，有利于校企长期合作。如"引企入校"，既拉近了企业与学校的空间距离，又拉近了校企双方的情感距离，双方以诚相待，缩短了人员交流互动的成本，共同付出，共同收获，使得企业和学校之间的隔阂荡然无存；校企合作建立的腾冲翡翠加工基地，在《中国教育报》上被誉为"全国中职学校'航母级'的翡翠加工实训基地"，翡翠行业专业杂志《翡翠界》《东方珠宝》《岭南荟萃》也对此做了专题报道。

（三）深度合作，共同育人

校企合作的紧密性，体现在企业全程参与学校的育人工作。学校在与万福珠宝公司合作时，通过不断探索，形成了"六共同"培养人才的全程化合作机制，即校企共同招生、共同制定教学计划、共同组织教学、共同管理、共同考核、共同开发教材。这种机制，让企业全程介入学校育人各个环节，有效地提升了合作效果，实现了"校企合一"。

（四）依靠"学校、社会、市场"三个途径

"学校是一块净土，社会是一个染缸"，这是不争的事实，但只要用心思考，就可以找到学校、社会、市场相互支撑的发力点，这就是知识、技能和成果。因为这三方面不仅是学校教育的目的，也是社会和市场最需要的东西。关起门来办学，将学校置于真空之中，这不是职业教育。围绕市场的需求，调动社会的力量搞好学校的教育，才是可行的人才培养之路。"以产促学"，充分调动了学校、社会和市场的积极力量，通过"以产促学"培养出来的劳动者，无须再经过社会的二次培训就可以直接融入社会，这是学校与企业、家长和社会的共同期望。

第二章 推进"互联网+教育"，提升现代化水平

学习方式的改革推动新一轮的教育融合创新，通过互联网手段实现教育创新，已成基本趋势。加快职业教育信息化发展，是提高职业教育质量、实现职业教育现代化的必然要求。我国职业院校应广泛、深入和有效应用信息技术，不断提升职业教育电子政务能力、数字校园水平和人才信息素养，全面加强信息技术支撑职业教育改革发展的能力，以先进教育技术改造传统教育教学，以信息化促进职业教育现代化。

案例一 深圳职业技术学院

——共建教学资源平台 提升教学质量和水平[①]

背景：

深圳职业技术学院的师资实力和水平与国内同类院校相比已经处于领先地位，但是在进一步提升教学质量和水平时，依然面临着诸多挑战和困难。为了满足教师授课和学生学习的需求，提升教学质量和水平，学院与企业合作共建教学资源平台，共享名师优课资源，一站式解决教师的教学难题。

一、学校概况

深圳职业技术学院（简称"深职院"）创建于1993年，是国内最早独立开展高等职业技术教育的院校之一，拥有留仙洞、西丽湖、官龙山、华侨城、凤凰山五个校区。学院下设电子与通信工程学院、计算机工程学院、机电工程学院等16个二级学院，开设电子信息工程技术、应用电子技术、软件技术等86个专业，共有全日制在校生23443人，专任教师1182人。

建校以来，学院秉承深圳特区改革创新精神，坚持"走高职路，举创新旗，打实力牌，以人为本"的办学方针，倡导"文化育人、复合育人、协同育人"教育理念，形成了"政校行企四方联动、产学研用立体推进"的独特办学模式，深入推进"六个融合"（产教融合、职普融合、理实融合、技术与文化的融合、教育与生活的融合、信息技术与教学的融合），致力于培养"德业并进、学思并举、脑手并用"的复合式创新型高素质高技能人才，取得了显著的办学成绩。学院在2009年成为我国高等职业教育领域首批国家级示范校，并荣获"全国职业教育先进单位""全国一流高职院校建设单位""全国职业院校就业竞争力示范校"等荣誉称号。

[①]本文根据深圳职业技术学院官网信息以及相关研究成果等资料编撰而成。

为了紧密契合"互联网+""中国制造 2025"等国家重大战略和深圳创新驱动发展战略，学院抢抓改革时代、创新时代、质量时代新机遇，为深圳经济社会发展服务、为学生健康成长成才服务，努力成为职业教育创新发展的先行者、复合式创新型高素质技术技能人才的摇篮、企业家的摇篮、深圳中小微企业技术研发中心、深圳市民终身教育学校与中国职业教育师资培训重要基地，率先建成具有中国特色、世界一流的职业院校，为世界职业教育发展贡献"深圳模式"。

二、共建教学资源平台　共享名师优课资源

为推动信息化教学的深入开展，共享优质的教学资源，深职院与深圳国泰安教育股份有限公司（以下简称"国泰安"）合作，共建教学资源平台，共享名师优课教学资源，极大地促进了教学质量的提升。

（一）明确定位，辅教助学

深职院在信息化教学方面面临着教师积极性不高、课程资源吸引力不足和网络教学平台功能不灵活等问题。为解决这些问题，学院与国泰安合作共建集平台、课程、资源为一体，定位于"辅教+助学"的"赛名师"教学资源平台，从教师、学生、管理三个方面，利用信息化技术，以应用系统为支撑，以教学资源为内涵，辅以平台管理和运作机制，实现课程教学内容建设、全过程管理学生学习行为、组织教师教学和对教师教学进行评价等功能，满足教师授课和学生学习的需求。

课前阶段，平台为教师备课和学生预习提供工具和资源；课中阶段，平台提供多种功能辅助授课，如多样化的教学资源、在线互动、名师课堂直播等，能够实现互动式教学体验；课后阶段，平台可以为教师的监督辅导和学生的复习提供必要功能，如一键发布作业、在线提交作业、在线打分等。如图 2-1 所示。

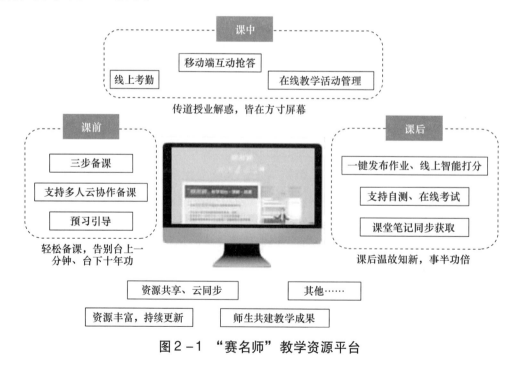

图 2-1　"赛名师"教学资源平台

（二）平台搭建，实现功能

1. 平台搭建

为实现"辅教＋助学"的功能目标，打造智能教学环境，"赛名师"教学资源平台包含教学资源平台、附件平台、推荐系统、数据中心以及基础应用平台五大部分。教学资源平台是核心，实现课程设计、资源管理等教学资源相关的业务。附件平台负责各类文件的存储，包括图片、视频、音频、课件、文档等。推荐系统负责用户行为数据的搜集和分析，完成底层数据的收集及存储。数据中心作为各类数据的集中存储地，负责完成不同子系统以及不同部署环境间的数据集中管理，并通过数据抽取、转换、加载，完成数据的集中与发布，以及完成各类服务的构建，包括统计分析、即时查询等各类数据服务的发布。基础应用平台作为构建应用系统的底层平台，负责完成公共类服务的搭建，这类服务具有较强的通用性，如人员、组织、权限、角色、菜单等绝大多数产品都需要的基本功能，将这类功能独立出来，形成相对独立的基础应用平台，使得系统具有统一的架构以及统一的视图。

2. 功能实现

在课前阶段，平台是备课助手。首先，平台为教师提供在线备课功能，使备课过程操作流畅，只需从资源库里拖拽平台智能推荐的资源或便捷上传教师自己的资源，即可完成备课。平台提供多种资源编辑工具，教师可以编辑制作个性化教学资源。另外，平台提供预习引导，教师通过平台发布预习资料，学生可以通过平台在线讨论预习内容，检测预习效果。其次，平台提供PC端和手机端，手机端可以实现扫一扫轻松签到，教师可以随时随地编辑发布课程资源，满足学生自主学习的需要。最后，平台拥有大量的课程资源和教学资源，可以方便教师参考学习，提高教师备课效率和学生预习效率。

在课中阶段，平台可以提供互动式教学体验。首先，平台教学资源形式多样，涵盖微课、视频、交互式动画、3D游戏、VR等，有助于活跃课堂气氛，提高学生的学习积极性。其次，平台提供在线互动功能，教师发布或提供习题，学生用移动终端互动抢答，平台可以快速统计答题结果，实现随堂测试，随时检测学习效果。最后，平台提供名师课堂直播功能，使学生充分享受名师资源，接受名师"面对面"的教学指导，和专家名师在网络上面对面交流。

在课后阶段，平台提供智能复习与评价功能。首先，教师在平台上可以一键发布作业，学生以小组为单位在线提交作业，使教师收集、批改作业更加便捷。其次，平台包含丰富的课后复习资源，学生可以自主复习教案、微课等，有助于提升学习效果。再次，平台可以实现教学效果可视化，教师可以直观地看到学生的作业完成度、最受学生和教师欢迎的教学资源以及教学质量数据。然后，学生在课后将笔记上传到平台，教师可以查看学生的笔记，检验学生学习成果，或者作为案例素材分享给其他师生，促进交流和学习资源共享。最后，所有的优秀学习案例、笔记、答疑均可在平台中保存，不断丰富课程资源。

（三）资源更新，持续发展

深职院不断更新和完善"赛名师"教学资源平台上的资源，现已累计上传近千份的教学资源，大大缩短了教师的备课时间，提高了教学质量。此外，深职院和国泰安还联合开发课程资源，包括教材、教学大纲、名师视频、课堂教学PPT等，实现课程资源的共建共享。双方合作开发课程资源的分工如表2－1所示。

表 2 - 1　　　　　　　　　　深职院与国泰安合作开发课程资源

课程资源内容	深职院	国泰安
教材	整体内容提供	教材排版
教学大纲	整体内容提供	排版
名师视频	讲解大纲、脚本、素材初稿、名师	拍摄、制作、素材美化
课堂教学 PPT、配套动画与案例	整体内容与素材提供	技术制作
课后习题集、答案、考核方案与题目	整体内容与素材提供	排版与美化
教师指导手册	整体内容与素材提供	排版与美化
教师培训视频	培训内容与脚本、培训讲师	拍摄与技术制作
线上学习资源	资源大纲、内容设计、拓展素材	制作、管理、收集
质量审核	内容专业性的审核	技术审核

三、体会与思考

深职院建立智能教学资源平台，实现了资源的共建共享共用，有效解决了资源持续更新的难题。教师课前通过教学资源库轻松备课，课中通过互动教学使课堂气氛更活跃，课后学生通过在线笔记使自主学习更轻松。

（一）实力辅教，帮助教师减负

当前，职业教育教师面临着备课出题辛苦耗时、资源素材无处可找、课堂教学效果不好、教学效果难以跟踪的难题，严重影响了教学质量的提升。通过"赛名师"教学资源平台，可以有效帮助教师减负。一方面，平台提供了各种工具，教师可以方便地在平台上开展各种教学活动并进行课程管理；另一方面，教师可以根据平台提供的实时教学反馈，及时调整教学方法和教学内容，增强教学效果。此外，教师可以通过平台对学生学习行为进行记录和分析，有针对性地为学生提供辅导，提高教学质量。

（二）强力助学，促进学生学习

在传统课堂教学模式下，学生处于被动状态，不能及时发现问题，即使发现了问题，也不善于表达问题。深职院利用"赛名师"教学资源平台可以为学生打造功能丰富的学习空间，方便学生课前预习、课后复习、自评自测，及时查看学习进度、制定学习计划，也能够让学生相互分享讨论，极大地提高了课堂教学的趣味性与主动性，使学生从被动学习转为主动学习。学生利用"赛名师"教学资源平台，课前可以主动预习；课中可以与教师、学生互联互动，及时掌握课堂学习的知识点；课后能够随时随地自主学习，及时查看学习进度，分享讨论资源等，巩固学习效果。

（三）科学管理，实时掌握学情

依托"赛名师"教学资源平台的可视化追踪功能，学院可以建立严格的颗粒化资源管理，加强可视化教学效果分析等。一方面，教师可以节省教学总结的时间，快速积累教学资源，丰富教学经验；另一方面，学校可以有效解决教学资源审核、管理、整合和使用等问题，积累课程资源。同时，通过使用该平台，学院能够准确掌握各班的教育教学情况，更加合理有效地分配和使用教学资源。

案例二　南京铁道职业技术学院

——共建 VR 协同创新中心　提升品牌影响力[①]

背景：

随着经济的发展和城市化建设步伐的加快，我国高铁、轨道交通建设迎来蓬勃发展时期。高铁和轨道交通的大发展，带来了轨道交通装备产业的大发展，进而对相关专业人才有了巨大的需求。南京铁道职业技术学院秉承"走合作发展之路，与中国铁路同行"的办学理念，以及为长三角地区轨道交通行业培养高技能人才的办学定位，与企业共建 VR 协同创新中心，合作开发 VR 教学资源，共育人才，开展社会培训等，取得了丰硕的成果，得到社会的广泛认可，有效提升了学校的品牌影响力。

一、学校概况

南京铁道职业技术学院（简称"南铁院"）始建于 1941 年，是江苏省人民政府举办，江苏省教育厅、上海铁路局和浦口区人民政府共建的全日制公办专科层次的普通高校，是长三角地区唯一的一所独立设置的轨道交通高等职业技术学院，也是国内轨道交通职业教育领域影响力最大的高等职业技术学校之一。截至 2016 年 8 月，学院有全日制在校学生 9372 人，设有运输管理学院、通信信号学院、机车车辆学院、电力工程学院、经贸学院、软件与艺术设计学院 6 个二级学院，思想政治理论、社会科学（素质教育中心）、体育、国际合作部（外语教学部）4 个教学部以及轨道交通综合实训中心、工程实践与创新教学中心以及继续教育学院和地铁学院。面向轨道交通行业和区域经济，学院开设了铁道交通运营管理、城市轨道交通运营管理、旅游管理、铁道通信与信息化技术、城市轨道交通通信信号技术、通信技术、电气自动化技术、城市轨道交通车辆技术、铁道车辆、铁道工程技术、国际商务、铁路物流管理等 30 多个专业。

南铁院坚持以"办学生和企业满意的学校"为目标，以"走合作发展之路，与中国铁路同行"为办学理念，创新办学体制机制，深化教育教学改革，构建了对接轨道交通产业链的特色专业体系，形成了校企、校校、国际协同育人新机制，建成了全国一流的高铁综合实训基地，打造了"铁色"鲜明的校园文化。同时，学院按照"共建共管，集成共享"的建设思路，与企业共同建成了"国内唯一、连接正线、全真设备、仿真运行"的高铁教学站场及高速铁路综合实训基地、地铁综合实训基地，是集人才培养、员工培训、技术研发、技能鉴定、技能比武为一体的综合实训基地。

多年来，南铁院立足铁路和城市轨道交通行业，面向区域经济，开放办学，特色办校，致力于培养一流高技能人才，建设长三角地区轨道交通行业高技能人才培养、应用型技术研发与成果转化以及铁路文化传播的重要基地，成为高水平、有特色、具有一定国际影响力的轨道交通高职名校。

[①] 本文根据南京铁道职业技术学院官网信息以及相关研究成果等资料编撰而成。

二、共建 VR 协同创新中心　提升品牌影响力

随着虚拟现实技术和产品的日趋成熟，这一技术在职业教育领域逐步落地。然而 VR 教学资源的匮乏严重制约了其在职业院校的深度应用，教师现有的知识体系和技术无法支撑内容的制作。南铁院依托自身在铁道和城市轨道交通领域的专业优势、资源积累，与企业合作成立虚拟现实协同创新中心，共同开发 VR 教学资源，培养 VR 人才，开展社会培训，不断创新教学模式，促进教研成果转化应用，创建示范性特色品牌。

（一）开发 VR 教学资源

基于轨道交通类专业教学设备种类多、结构复杂、体积大、价格昂贵等特点，以及学院现有的专业布局，南铁院与企业以项目式合作形式共同开发 VR 实训教学软件、课程资源和有关信息化产品（见表 2-2）。例如，基于动车组检修技术专业的实训教学现状，校企双方采用最新 Zspace VR 技术，联合开发了 CRH 动车组一级修 VR 教学系统 V1.0，该系统是一款依照 CRH380B 型动车组进行 1:1 建模，并且参考 CRH380B 型动车组一级修及相关作业的技术作业标准所开发的虚拟仿真教学软件。主要包括动车组展示、一级修认知、一级修考核三个部分。其中，动车组展示包括动车组车体、动车转向架、拖车转向架、司机室、受电弓；一级修认知包括可认知车顶、车左侧、车右侧以及车底；一级修考核包括一号、二号人员考核 01-00 车顶检车，三号人员考核 01-00 车左侧及车底检车，四号人员考核 01-00 车右侧以及车底检查，寻找故障点，并形成考核成绩单。这些 VR 教学资源将教学场景、内容在虚拟空间中展现，结合情景化学习、互动交流、沉浸式体验等多种方式，让学习更有趣、生动、高效。

表 2-2　　　　　　　　　　　　　校企双方合作具体内容

合作方向	合作内容
高铁方向	主要是动车结构原理 VR 课堂、高铁动车日常维护实训软件、动车结构检修教学实训软件等
城轨方向	主要是城轨车辆结构原理 VR 课堂、城轨车辆检修 VR 实训软件等
普通铁路方向	主要是铁路机车结构原理 VR 课堂、铁路机车检修教学实训软件等
课程开发方向	主要包括"城市轨道交通行车组织""城市轨道交通行车设备故障应急处置""城市轨道交通突发事件应急处置""动车组机械装置维护与检修""动车组制动系统维护与检修"等

（二）开展 VR 实践教学

对于教学内容抽象、实训设备损耗严重、实训操作危险等难题，VR 协同创新中心设有教学实训区，利用 VR 技术创新实施"VR 教学+探索互动+仿真实训"的一体化教育模式，有效提升实践教学效果。

1. 多功能 VR 智慧课堂

多功能 VR 智慧课堂使用桌面式虚拟现实操作平台搭配裸眼 3D 显示平台，形成全息立体 3D 课堂，学生可以从不同的角度观看到高度逼真的 VR 全息影像，将学科知识点生动真实地呈现于

课堂中。同时，学生可在课堂上跟随老师的讲解自行操作 VR 教学资源，辅助学习知识点，随堂展开模拟实训和理论探讨，将传统的授课模式升级为集师生互动式教学、启发式教学和实践式教学为一体的新型教学模式。

2. 多人互动 VR 实训中心

多人互动 VR 实训中心采用光学式动作捕捉系统，定位精准、响应迅速，通过架设在空间上方的多个高速相机捕捉反光标记点，精准识别跟踪物体的运动轨迹，实现用户在大空间范围内的自由行走及多人协同交互。大空间多人的虚拟现实体验将学生带进创意无限的虚拟教室中，让学生和教师在这个超越现实的虚拟环境中自由移动、自由观察，体验到无法用简单的图文或视频构筑的情境和教学新形态。

（三）开展 VR 技术培训

VR 协同创新中心设有 VR 开发培训区，可以为职业院校师资、学生及社会人员提供专业培训。师资培训方面，利用寒暑假组织开设师资培训班，组织学校计算机专业的相关教师学习 VR 开发技术，考核通过后，取得 VR 专业认证。学生培训方面，开设针对学生的 VR 开发技术与应用的培训班，根据学生的基础可分为基础班（针对非计算机专业的学生）和提高班（针对计算机专业的学生）。社会培训方面，开设针对社会人士的 VR 开发技术与应用的培训班，根据学员的基础可分为基础班（针对非计算机专业的人员）和提高班（针对计算机专业的人员）。由专家制定教学计划和大纲。培训教学由取得 VR 专业认证的专家担纲，学校负责组织招生、教学教务管理、考评及日常管理，合作企业为培训提供教学资源、教学工具、教学案例以及研究项目课题等支持。

三、体会与思考

南铁院以 VR 协同创新中心为依托，充分发挥校企双方的优势，协同开展 VR 资源开发、人才培养、社会培训与服务等工作，取得了丰硕的成果，实现了"产、学、研、用"的有机联动与协同发展，为中国铁路人才培养提供了强有力的支撑。

（一）品牌影响力显著提升

校企合作的成果颇受好评，获得社会广泛关注，南铁院品牌影响力得到进一步提升。在 2017（第三届）中国职业教育国际合作峰会上，南铁院在"校企合作成果发布会——面向'一带一路'人才培养"环节中正式发布了 CRH 动车组一级修 VR 教学系统，受到来自全世界参会者的注目和好评。2017 年 10 月，在江苏省教育厅举办的"2017 年江苏省高等职业院校信息化教学大赛"上，南铁院教师依托虚拟现实协同创新中心的开发项目设计的"受电弓检修与维护"信息化教学方案荣获一等奖。同年 11 月，在 2017 年全国高职高专校长联席会议年会会议期间的"首届全国职业教育虚拟仿真应用案例评选"中，"CRH 动车组一级修 VR 教学系统"从入选的 10 个专业大类 67 个应用案例中脱颖而出，获得了"优秀应用案例奖"。

（二）师资水平迈上新台阶

南铁院试用 CRH 动车组一级修教学系统后，能够采用虚拟现实技术进行教学，参与虚拟系统或者设备的设计、制作与开发，极大地提升了教师的现代教育技术应用水平。设备的结构、原理、作用以及各种常见故障都能通过 VR 技术真实再现，教师可以更直观地讲授设备相关知识，提升自身专业技能，还可以极大地提升实践教学效果。此外，依托 VR 协同创新中心，南铁院教师和企业专家深度合作，依据工作任务设计课程结构和课程内容，并开发课程资源，切实提升了教师的课程设计能力和教学能力。

（三）学生专业技能明显增强

众所周知，轨道交通类专业在职业院校实践教学中需要讲授专业设备的结构、原理、性能，以及设备的运行调度、运用维修等内容。这些专业设备型号多、体积大、结构复杂，课堂教授一般采用"文字＋图片"的方式，学生兴趣不高，学习主动性不强。CRH 动车组一级修教学系统按照 1:1 模型制作，可以让学生对 CRH380B 型动车组有个整体的认知和了解，并对动车组主要工作部件转向架、受电弓有初步认知，使学生在正式上岗作业前对一级修作业流程和工作内容更加熟悉，显著提升了学生的专业技能。

（四）社会资源利用更加合理

校企合作会给社会带来明显的经济效益，让企业资金、设备和现有的人员参与教育，再以学校在人才和技术上的优势发展企业，这是一种良性循环。校企合作共育人才能够节约国家投资，依靠企业力量投入，与企业用人机制无缝连接，降低人才培养的社会总成本，共同推动社会的发展。

案例三　广州现代信息工程职业技术学院

——构建全信息化办学机制　打造现代信息品牌[①]

背景：

以教育信息化促进教育现代化，用信息技术改变传统教育模式是教育发展的趋势。广州现代信息工程职业技术学院以体制机制创新为重点，以人才培养模式和教学改革模式为核心，以优质教育资源和信息化学习环境建设为基础，积极探索"全信息化"办学机制，全面推进教育教学改革，努力朝着具有"现代信息技术"特色的、有较大影响力的民办高职院校的目标迈进，引领高职教育改革。

一、学校概况

广州现代信息工程职业技术学院是经广东省人民政府批准、国家教育部正式备案，于2005年成立的一所民办全日制普通高等职业院校。学院以工科为主，文、经、管、艺术协调发展，2010年12月通过广东省高等职业院校人才培养工作评估。学院位于广州市天河区，邻近科学城，占地面积773亩，建筑总面积254980平方米，现有全日制在校生6768人，下设信息工程学院、机电与自动化学院、建筑与艺术学院、经济与管理学院、基础课部和思政课部6个教学单位，开设计算机应用技术、计算机网络技术、信息安全与管理、物联网应用技术、电子信息工程技术、机电一体化技术、工业机器人技术、电气自动化技术、建筑工程技术、工程造价、国际贸易实务等34个专业和专业方向。学院现有专兼职教师493人，其中专职教师423人，副高职称以上教师64人，硕士学位以上教师122人，"双师"素质教师209人。

学院坚持"知行合一，德明技长"的办学理念，倡导"乐学求是，知礼善思"的学风，注重特色办学，提出"以信息化建设促学院创新发展"的新思路，以现代信息技术为主线，打造"现代信息技术"品牌，构建以计算机应用技术、信息安全技术、工业机器人技术、机电一体化技术、电子商务等特色专业为龙头，与产业链紧密对接的特色专业群，立足广州、面向珠三角、辐射全省，为适应区域经济和社会发展培养具有现代信息素养的技能型人才。学院以突出的特色居于广东省民办高职院校前列，从2013年至2015年8月，《中国教育报》连续三年刊登了学院"全信息化办学机制推动高职教育全面改革"的相关系列报道。近几年，学院的毕业生"双证率"均达100%，就业率始终保持在99%以上，深受用人单位的欢迎。

二、构建全信息化办学机制　打造现代信息品牌

在积极开展教育教学改革的过程中，广州现代信息工程职业技术学院树立"抓职教就是抓

①本文根据广州现代信息工程职业技术学院官网信息以及相关研究成果等资料编撰而成。

经济、抓发展、抓民生、促就业"的意识，立足本校"现代信息工程技术"特色和优势，在初步试点的基础上，全力构建"全信息化办学新机制"，为推动高职教育的全面改革和发展奋勇前行，打造"现代信息技术"品牌。

（一）构建"全信息化"办学机制

学院迎着全球在线教育发展的大潮，提出高职教育要深化教育教学改革，积极创建"全信息化"办学机制，创新教育教学工作，提高学生的学习自主能力、实践能力和就业能力，真正实现"培养高端技能型人才"的目标。"全信息化"办学机制是以"信息化"为基础，通过建设全信息化课程和专业，构建在网络环境或虚拟环境下对教师开展教学及管理、对学生开展自主学习和全仿真模拟操作等相应的资源管理平台，从而实现"优质教学资源共享化，学生学习自主化，教学管理自动化，操作技术仿真化"等教学目标，是一种全新的全信息化的教学模式和办学模式。

此外，学院建立适应全信息化办学新机制的教学管理规章制度，在学生选课、网络教学、学习监控、教学评价、学习考核等方面形成制度。目前，学校全面推进了全信息化课程的实施，"以优质教育资源和信息化学习环境建设为基础，以教学模式和办学模式创新为核心"，开设了近30门全信息化课程；制定了全信息化课程教学管理暂行规定，对全信息化教学的各个环节进行管理；构建了全信息化教学资源管理平台等，彻底改变了大学教育的传统做法，提高了教学质量[①]。

（二）创建交互式校内网络自主学习模式

首先，为推进信息化教学手段在教育教学中的有效应用、冲破传统教育观念的束缚，学院在全校范围内开展"转变教育思想，更新教育观念"的讨论，并组织申报信息化教学改革的教师和各个教研室主任学习信息化教学技术。通过组织学习信息化教学的技术理论，使教师清楚地知道信息化教学是教育发展的必然趋势，是高职教育适应科技时代快速发展、创新时代教育教学手段的必然结果[②]。

其次，学院创建以学习者为中心的"交互式校内网络自主学习"教学新模式，主要通过模式创新，引导学生利用信息手段主动学习、自主学习、合作学习，培养学生利用信息技术学习的良好习惯，发展兴趣特长。学生若选择"交互式校内网络自主学习"，需要提出申请，保证完成网上课程的学时、在线作业和课程阶段性测试等内容，按要求统一参加期末考试，并且顺利通过考试后方能结束本课程的学习。任课教师要通过后台，及时掌握学生的学习进度情况，批改作业并回答学生的提问等。

（三）提高教师信息化教学技术水平

学院非常重视教师信息化教学技术，一方面，要求申报信息化教学改革的教师从基本技术学起，最终要熟练使用信息化手段进行教学；另一方面，要求管理教师熟练运用计算机各项基本操

---

①中国职业技术教育网：《以全信息化办学机制培养现代化技术人才——前进中的广州现代信息工程职业技术学院》，《中国教育报》，http：//www. zjchina. org/platform/service/zxnews/shtml/201408/5519. shtml，2011 － 08 － 14。

②吴巧兰：《高职高专院校信息化加速改革的实践——以广州现代信息工程职业技术学院为例》，《天津中德职业技术学院学报》2015 年第 4 期，第 19 － 20 页。

作事项，熟练运用网络应用技术。为提高教师信息化教学技术水平，学院采取的措施主要包括：一是多次开展教研讨论会，组织教师学习讨论，提出问题，分析问题，并聘请有经验的教师进行示范教学，现场演示，逐一解决问题，帮助教师更好地实施信息化教学；二是组织网络中心人员从制作课件、筛选教学视频以及录屏等方面，对任课教师进行培训、指导，并多次对视频质量进行评估，帮助教师解决信息化教学应用中的技术障碍，加大学校现代化教学设备在教育教学中的应用力度。

（四）建立全信息化教学资源管理中心

学院重视信息化建设工作，积极探索建立"全信息化"教学资源管理中心，为构建"全信息化办学新机制"提供坚实的基础条件[①]。

一是在高职高专院校的基本建设上，与其他职业院校一样建立了信息中心、电子阅览室、数字化图书馆、多媒体教室等，校园网主干带宽为 1000M，出口总带宽高达 4G，网络遍及教学、办公、生活区等各个区域楼宇，教室联网及多媒体比例达到 90% 以上。校园网先后配备了用户认证计费系统等网络维护管理软件，可提供 Web 服务、DNS 服务、DHCP 服务、FTP 服务等网络基础服务。

二是采购教育数字化学习中心平台等资源，构建集聚优质教学资源、集成数字学习相关应用的"全信息化教学资源管理中心"（以下简称"管理中心"）。通过"管理中心"，教师可以进行备课、网络教学、学习授权、学习进阶控制、网上测试测评、过程统计以及制作课程资源等；学生可以进行在线作业与自测、在线答疑、评教、学习笔记等多种形式的网络学习。同时，学生还可以通过手机登录"管理中心"的学习平台，随时随地开展网络学习和交流。

三是精选数十门精品共享课和视频公开课，汇集到资源管理中心平台。根据各个专业的特点，购置或协同行业、企业共同开发虚拟实训软件，建设数字化技能教室和仿真实训室，收集优质教学资源，为全信息化的课程与专业建设服务。

三、体会与思考

广州现代信息工程职业技术学院立足高职教育，站在高职教育改革前沿，高屋建瓴，在现代化高素质技能型人才的培养方面坚持不懈地实践与探索，开拓性地推行全信息化的人才培养机制，为实现高职院校人才培养目标探索出一条新的途径。

（一）全信息化办学机制，打造现代信息教育品牌

"全信息化办学新机制"是以教育理念创新为先导、以优质教育资源和信息化学习环境建设为基础、以教学模式和办学模式创新为核心、深化应用、强化管理的具体体现，也是高职院校数字化校园建设的重要组成部分，是实现优质教育资源广泛共享和提高教育质量的有效途径，是推动高职教育理念变革和培养高端技能型人才的必然要求。广州现代信息工程职业技术学院立足高职教育，充分发挥构建"全信息化办学新机制"的积极作用，以"现代信息工程技术"为特色，

---

①中国教育新闻网：《全信息化办学机制推动高职教育全面改革》，《中国教育报》，http：//paper. jyb. cn/zgjyb/html/2013 – 08/14/content_ 137505. htm? div = –1，2013 – 08 – 14。

勇于探索，敢于创新，在推动高职教育改革过程中迈出了坚实而有力的步伐，打造了现代信息化技术品牌

（二）网络自主学习模式，提高教学和学习质量

高职院校学生的学习自觉性不高，加上师资力量较为薄弱，学生的到课率与教师的教学质量问题一直困扰着学校管理者。尤其是在民办高职院校，上述问题更为突出。广州现代信息工程职业技术学院实施"交互式校内网络自主学习"的新教学模式，强调学生的"自主学习"与教师的"教学指导"交互式紧密结合，在一定程度上有效地解决了这个问题。一方面，学生的学习兴趣被激发出来，学生能够自主而科学地安排自己的理论学习和社会实践，对促进学生拓宽和巩固专业知识、提高职业素养和就业能力起到积极作用；另一方面，由于"交互式校内网络自主学习"新模式的资源管理平台汇集了优质的教学资源，很多教师，尤其是青年教师，纷纷利用这一平台学习先进的教学理念和教学方法，显著提升了教师的教学水平。

（三）培育信息化教学理念，增强教师信息化素养

信息化教育教学应用技术，在教育教学活动中起到了非常重要的作用，不仅促进了学校现代化教师队伍的建设，还促进了教师教育思想的现代化，更促进了教师教学方法的现代化，从而提高了"双师型"教师队伍的比例。广州现代信息工程职业技术学院通过在全校培育现代信息化教学理念，营造信息化教学技术环境，使教师认识到现代信息化教学在教育教学改革中的重要性，在学校组织的信息化运用技术能力培训和教育教学活动应用中表现出了很高的积极性和主动性。

案例四　成都汽车职业技术学校

——校企联合　构建产教联盟信息化平台[①]

背景：

产教联盟信息化平台的构建，是职业教育信息化的重要体现，有利于促进"产教结合、校企一体"的发展。成都汽车职业技术学校根据实用性、易用性、可行性、开放性等原则，构建汽车产教联盟信息化平台，加速中等职业教育的现代化发展，实现四川省汽车产业的可持续繁荣发展，夯实企业、产业可持续发展人才基础。

一、学校概况

成都汽车职业技术学校（简称"成都汽车职校"）坐落于国家级经济技术开发区——成都市龙泉驿区，是龙泉驿区唯一一所全日制公办省级重点中等职业技术学校，由龙泉职业技术学校、西河职业中学两所学校于 2011 年合并而成。学校占地面积 228 亩，在校学生近 6000 人，图书馆藏书 12 万余册。学校现有专职教师 346 人，其中，特级教师 2 人，市级学科带头人 5 人，硕士 26 人，市专业建设指导委员会成员 11 人，高级技师 12 人，技师 53 人，国家级考评员 125 人，"双师型"教师 142 人。学校开设数控技术应用、汽车制造与维修、旅游服务与管理、机械加工技术、计算机应用、学前教育、汽车整车与配件销售、IT 工程师定向培养班、汽车电子技术应用等专业，形成了覆盖汽车全产业链的专业格局。学校建有汽车实训中心、汽车电子实训中心、数控实训中心、机械加工中心、旅游实训中心、学前教育实训中心、计算机网络中心等 112 个一体化实验室，与一汽大众、神龙汽车、上海大众、中国重汽、吉利汽车、沃尔沃、川汽集团、江森集团、一汽国际物流等知名企业建立了合作关系，并与 100 多家企业共建校外实训基地，是四川省首批"现代学徒制"试点学校。学校与成都大学、四川理工学院、成都师范学院、四川航天职业技术学院、成都航空职业技术学院等建立合作关系，为学生学历提升搭建了"3 + 3"中高职融通、"3 + 2"五年制高职平台，在提升学历的同时，增强学生的社会竞争力。

一直以来，学校以"汽车领航、多元驱动、励志敬业、校企融通"为特色，不断提升学校品牌影响力，积极参与由政府、高校、中职学校、行业、企业组成的成都经开区汽车产教联盟，共建汽车行业人才培养体系，共享共用联盟资源，为社会、产业发展培养了一批又一批的专业技术人才。学校现已成为拥有文化特色、育人特色的高品质学校，先后被评为"四川省首批中等职业学校内务管理示范校""成都市职业教育先进单位""成都市首批特色职业院校""市级文明单位""市级校风示范校""成都市总工会授牌的职工培训基地"等。

[①] 本文根据成都汽车职业技术学校官网信息以及相关研究成果等资料编撰而成。

二、校企联合　构建产教联盟信息化平台

为了促进成都经开区汽车产业的稳步发展和产业人才的有效培养，2012 年，成都经济技术开发区联合 8 个政府部门、2 个行业协会、61 家区域内的汽车整车和零部件制造企业、14 家省内中高职院校，共同成立了汽车产教联盟。2016 年，为了实现产教联盟之间的有效沟通，成都经开区委托成都汽车职校构建高效、现代化的汽车专业产教联盟信息化平台，为学生、教师、学校和企业搭建互惠互利、共同发展的良性生态圈，实现职业教育与产业链的和谐共振与无障碍对接。

（一）构建产教联盟信息化平台

成都汽车职校结合职业教育理念、教育信息化技术，发挥 MOOC 学习多元化、终身学习、兴趣学习、互动反馈的优势，构建了"一个联盟平台、三个应用空间、五个核心应用"的产教联盟信息化平台，打造服务于学校、企业、在校学生、离校学生、在职职工的信息化体系。

1. 一个联盟平台

联盟平台展现学校、企业等联盟相关信息，体现互联网的交互特征。一是要求企业注册登记信息真实可靠，且由相关政府职能部门审批、通过；二是具有随时发布联盟最新消息的"联合会新闻"接口，增加人们对汽车技术相关信息认识的"汽车技术新闻"；三是提供联盟内所有学校优秀教师以及加盟兼职教师信息，包括教师个人信息、专业方向、研究领域、行业资质、工作经验等具体信息，构成"联盟师资库"；四是具有方便企业对学生情况进行跟踪、筛选的"联盟学生库"，学生个人也可以随时登录更改个人信息，增强自身竞争力。

2. 三个应用空间

成都汽车职校按照用户类型，在实现学生空间微创新的基础上，增设企业空间与学校空间。其中，学生空间主要包括学生基本信息、成绩查询、学生简历、学生实习记录等内容，学生可以对个人信息、参与课程、实习情况、获奖信息等进行维护并在保持学习和学习轨迹记录的基础上，链接企业的实习、实训、面试、招聘；企业空间主要包括企业风采、企业新闻、企业导师、招贤纳士等板块内容，企业可以通过企业空间对企业基本信息、企业新闻、人才需求、课程定制、招聘信息等进行维护，从而实现内部培训和继续教育，并连接学校实习、招聘、技能认证；学校空间主要包括学校风采、学校新闻、学校师资库、学校课程、学生技能评估、就业需求等板块内容，主要提供给学校领导、教师等学校教职工使用，教师可对班级学生情况、课程情况、实习情况等信息进行维护，学校领导对学校整体情况进行查询分析统计，从而通过大数据分析教学与学习效果，智能推荐人才，加强学生、教师、企业三者之间的连接关系。

3. 五大核心应用

成都汽车职校构建的产教联盟信息化平台包括实习平台管理、认证证书平台管理、招聘平台管理、联合论坛管理、定制课程管理五大核心应用管理板块，构成了五大核心应用，建立了信息化支撑体系与运维支持体系，为联盟提供公共服务支撑平台，如表 2 - 3 所示。

表2-3   产教联盟信息化平台的五大核心应用及其内容①

五大核心应用	具体内容
实习平台管理	包括学生实习管理、教师管理、企业管理、师生交流管理、统计分析管理五大模块
认证证书平台管理	统一联盟内部的认证机制，通过信息化教育资源，保证学生的培训学习效果，通过培训后的学生最终获得相应的联盟认证证书
招聘平台	主要是用于协调联盟内学校和企业的对接，具体包括简历中心、求职指导、高端招聘、招聘门户、职位发布、职位搜索、职业测评等模块
联合论坛管理	主要是为学生、教师、企业搭建论坛交流平台，通过平台可以进行学习、技能、工作等多方面探索，使得联盟内成员通过平台加深对汽车行业的认识
定制课程管理	企业可以根据市场需求以及公司发展需求，向联盟提出课程开发请求，联盟组织学校、企业联合开发课程，让学生的技能和知识可以直接和市场、企业接轨，增加就业机会，为企业培养所需的人才提供便利

（二）创新教学资源库建设

凭借微课的教学时间短、教学内容少、资源容量小、情景化教学等优势特点，成都汽车职校提出，由学校统一组织，结合教师本身，将已有的精品课程进行"微格化"处理，将课程标准所要求的知识与技能点打碎，还原成若干微小的知识点和技能点，创建一批"同质异形的积件"，运用PPT、动漫、视频等不同的展示手段，创造一批优秀的教学素材和教学视频片段，形成"药柜式资源库"，如图2-2所示。教师可以根据自己教学方案的需要，从资源库中获取所需要的各个知识点、视频、图片、PPT等资源。

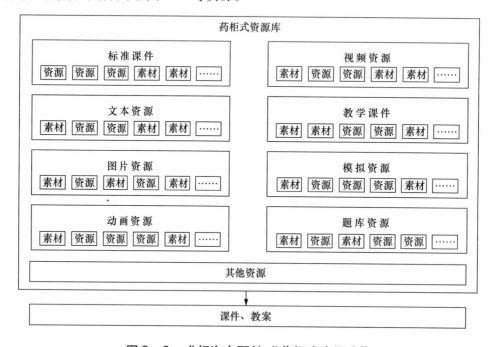

图2-2　成都汽车职校"药柜式资源库"

①刘飞：《中职学校产教联盟信息化平台构建探索——以成都汽车职业技术学校为例》，《辽宁高职学报》2017年第19卷第11期，第25-19页。

结合教学经验及平台大数据分析，成都汽车职校从学生学习态度、学习方法、学习习惯与学习风格四个方面入手，通过设计诊断题目，量化各项具体指标，建设处方式教学方案，形成从诊断、处方、应用到反馈的动态闭环。同时，成都汽车职校引入教师评价的动态机制，对学习特质进行准确、全面、动态的评价，并针对学习特质所反映出来的弱项与倾向，开发各种专门应对的专业处方，为对症下药提供方向指导与基本素材[①]。

（三）创新学习动力激励模式

针对中等职业学校的学生学习惰性较强的特性，成都汽车职校积极探索学习动力模式创新，设计了"学习动力激励系统"，从多个维度去激励学生更好地学习，衡量学生的实际学习效果。"学习动力激励系统"主要采用三种方式：一是积分体系。教师、学生或职工可以通过线上学习、考试，发布教学资源、教学课程、招聘、面试、论坛发言、参与平台活动、购买平台增值服务等方式，按照平台积分规则获取积分。产教联盟信息化平台设有积分商城，无论是学员、教师、职工均可用其所获得的积分兑换相应的物品。二是学分认证。成都汽车职校将线上学习结果直接与学分对接，联盟学校承认其有效性，且充分考虑每个人学习进度的差异性，从时间维度上给予充裕的时间，从而鼓励学生踊跃使用教学平台。三是星级评定。根据职业教育的特点，成都汽车职校采用线上线下相结合的方式，将能力标准分为五级，根据每个人的实际测评成绩，综合评定其能力等级，采用"指导教师→优秀学员→学生的师傅带师兄→师兄带师弟"的教学模式，实现学员能力均衡发展的目标。

三、体会与思考

职业教育信息化是实现中等职业教育现代化发展的重要途径。产教联盟信息化平台的构建，将职业教育信息化和产教结合、校企一体更加有效地结合在一起。成都汽车职校产教联盟信息化平台的构建，实现了企业、产业需求和学校教学的无缝衔接，有效促进中等职业学校教学改革、课程改革，大大促进中等职业教育的改革和发展，加速实现职业教育现代化之路。

（一）有效实现"产教结合、校企一体"

"产教结合"是实现企业和学校双赢的重要方式之一，可以充分将学校教学和企业、产业需求相结合。"校企一体"可以极大地调动企业参与办学的积极性，提高学校的办学质量以及教学条件，实现学校教学的实质性改革，在专业设置、课程开发、人才培养方案等方面都更加贴近企业需求。因此，"产教结合"的最好方式是"校企一体"。成都汽车职校汽车产教联盟信息化平台的构建，可以更加有效地实现学校、企业、产业之间的衔接，实现信息的及时交换以及教学、实习、课程开发的信息化。如汽车企业可以更加直接参与到专业设置和课程开发之中，让学生直接学习汽车企业、产业所需要的知识和技能，减少不必要的人才培养投入方面的成本，还可以具体掌握学生的各项情况，因材施教；联盟内开设与汽车专业相关的中等职业学校，可以实现中职学校专业设置、课程开发、人才培养方案等的精准化，直接为汽车产业的发展服务。学校、企

---

①张兴华：《一所中职学校对信息化的研究和探索》，"第十五届中国教育信息化创新与发展论坛"会议论文，2015 年 10 月 24 日，第 273－275 页。

业、产业共同培养的学生，将直接成为汽车产业发展的重要人力资源，最终促进"产教结合、校企一体"模式的健康发展，为企业、产业的可持续发展奠定坚实的人才基础，实现区域经济的繁荣发展。

（二）提高中职教师专业化水平

教师专业化水平的整体提升，是促进中职学校可持续发展以及"产教结合、校企合作"有效实施的人才基础。成都汽车职校产教联盟信息化平台，有效地实现了教师与教师之间、教师与企业之间相互交流，切实将理论知识与生产实践相结合，为中职学校教师提供了新的学习和提升专业化水平的机会，不断提升教师自身的专业素质。一方面，联盟内各学校的优质教育资源是完全开放的，教师能够学习最新的专业知识，相互交流解决教学、实际操作中存在的问题；另一方面，产教联盟信息化平台内的企业导师也可以直接为教师提供企业目前最新的技术需求动向，联合教师共同开发新专业、新课程以及进行教学方法改革。

（三）提升学生能力，增加就业机会

联盟信息化平台不仅针对在校学生，同时将联盟内学校的毕业生也纳入平台范围。成都汽车职校产教联盟信息化平台，针对学生设置了交流学习、实习申请、个人简历管理、工作申请、学校推荐、教师推荐以及企业筛选等模块，学生可以通过平台巩固自己所学的专业知识，以及在技能操作中面临的实际问题，不断提升自身能力。例如，实习申请模块为学生提供了更多的实习机会；个人简历管理模块使学生可以不断的完善自己的个人信息，为申请工作增加更多筹码。此外，企业会及时将所需岗位公布到平台上，并同步发送给联盟内的各学校，为学生提供更多就业机会，实现学生就业和企业、产业人才需求的有效对接。

第三章　打造对外开放高地，促进国际化办学

职业教育国际化水平和国际竞争力的提升是当前国际职教界聚焦的核心问题，是倒逼职业院校办学要素系统优化的重要契机，是服务国家对外战略的重要基础。职业院校应主动跟进"一带一路"倡议，探索多样的国际合作交流模式，秉承和平合作、开放包容、互学互鉴、互利共赢的理念，以适应国际交往和发展的需要，努力培养具有国际发展意识、国际交往能力和国际竞争力的高素质、高技能人才，走出一条适合我国国情和职业教育特点的国际化发展道路。

案例一　上海市南湖职业学校
——接轨国际水平　助力国际职场竞争[①]

背景：

随着世界邮轮经济的迅猛发展，邮轮旅游成为我国旅游市场新兴的一股潮流，呈现爆炸式增长。快速发展的邮轮旅游市场不断刺激着邮轮服务与管理专业人才的需求。为了培养具有国际职场竞争力的邮轮旅游专业人才，上海市南湖职业学校依托具有鲜明的国际化特色的酒店（邮轮）服务与管理专业，通过开发国际水平的专业教学标准、构建国际化的课程体系、实施与国际接轨的教学模式、培养具有国际视野的师资团队、开展国际化校企合作等一系列举措，提升专业国际化水平，帮助学生实现海外就业的梦想。

一、学校概况

上海市南湖职业学校（简称"南湖职校"）成立于2000年，是首批国家级重点、上海市现代化标志性职校，2015年10月被教育部批准为国家中等职业教育改革发展示范学校。学校占地面积137.6亩，在校生3000多人，师资400多人。学校现有艺术工程、旅游服务、财经商贸、信息技术和交通运输五大类专业群，开设艺术与科技、酒店管理、金融管理、计算机网络技术、汽车修理等十多个专业，实现了与高校中本、中高职贯通，与行业企业开展"现代学徒制"和"双证"融通培养，与海外高校合作办学等多种育人模式。学校现有国际商务、邮轮服务、汽车服务三个上海市开放实训中心，互联网金融、现代物流、电子商务、网络布线、多媒体设计、视音频制作、船舶驾驶等多个实训室，为每一个专业提供了专业教学实践场所。

学校秉承"创业创新、追求一流"的南湖精神，树立"把需要生活的人培育成生活需要的

---

①本文根据上海市南湖职业学校官网信息以及相关研究成果等资料编撰而成。

人"的办学理念，锐意进取，致力于培养"文化合格、技能过硬、素质良好"的可持续发展的技能应用型人才，成果卓越，毕业生升学率、就业率均稳定在98％以上。学校被国家人社部指定为第43、第44届世界技能大赛餐厅服务项目中国集训基地，为国家培养相关领域的顶级技能人才。

二、依托特色专业　彰显国际化办学特色

邮轮母港建设是上海市国际航运中心建设的重要组成部分，发展邮轮旅游也已经成为上海世界著名旅游城市建设的重要载体。为了提高学校的办学水平和学生国际职场的竞争力，南湖职校将酒店（邮轮）服务与管理专业着力打造为上海市精品特色专业，以具备国际视野、服务城区功能定位为基点，深化人才培养模式和教学模式改革；以培育国际化、创新型教学名师为重点，进一步优化师资队伍结构，全面提升教师的课改执行力与教学水平；以满足现代旅游服务产品发展需求为目的，优化邮轮专业实训教学的设施设备。

（一）聚焦专业建设目标，推进国际化办学进程

国际邮轮公司岗位具有高度国际化的特点，即国际化的服务对象、国际化的工作团队、国际化的工作空间。因此，南湖职校的酒店（邮轮）服务与管理专业以国际化为引擎，以接轨国际水平、探索邮轮专业能级提升作为专业建设目标，改革国际邮轮专业人才培养模式，提升学生国际职场的竞争力。同时，为了实现专业建设目标，学校还通过加强与国际邮轮公司、国际邮轮港口等国际化行业企业的合作，申请与澳大利亚新南威尔士西南悉尼 TAFE 学院合作办学，致力于构建国际化的课程体系，打通国际化的师资培训渠道，推进专业国际化的建设进程。

（二）加强专业内涵建设，提升国际化教学水平

南湖职校以酒店（邮轮）服务与管理专业为依托，研发国际水平专业教学标准，开发国际化课程教材，培养国际水平师资团队，营造全景式国际邮轮实训环境，全面提升专业国际化水平。

1. 研发国际化教学标准

紧扣邮轮企业岗位人才需求，南湖职校按照人才培养目标对接丽星、歌诗达、皇家加勒比等国际知名邮轮公司的岗位要求，职业能力标准对接国际公认的英国国家职业标准（NOS），就业岗位对接国际邮轮酒店及国际邮轮港口，积极研发国际水平的专业教学标准。2012 年 6 月，学校承担了教育部《国际邮轮乘务专业教学标准》的开发任务，研发了覆盖国际邮轮 10 大工作领域、66 项工作任务、206 个职业能力的职业能力标准，实现了国际邮轮乘务专业国际教学标准的国内首创。

2. 加强国际化课程建设

一方面，开发国际化课程教材。南湖职校以国际邮轮专业教学标准为依据，更新教学理念，依托国际开发团队和国际水平开发技术，分别从市级精品课程、校级精品课程、特色教材开发等层面进行国际化课程教材建设，更新国际适用的教材体系。目前，学校已经成立了精品课程工作室，建成"西餐服务"市级精品课程和"邮轮实务""酒吧服务""邮轮情境英语"三个校级精品课程。

另一方面，引进 TAFE 课程。南湖职校在教育部国际水平的教学标准开发的基础上，与澳大利亚新南威尔士西南悉尼 TAFE 学院合作，举办酒店（邮轮）服务与管理专业教育项目，引进完整的 TAFE 教学计划和课程。同时，结合学校同类专业所必修的相关课程，完成邮轮专业课程的资源整合。项目所有课程的教学全过程接受严格的动态监督和评估。上海南湖职校引入 TAFE 课程具体情况[①]如表 3 - 1 所示。

表 3 - 1 　　　　　　　　　　　　　　　　TAFE 课程说明

课程阶段	课程内容	授课教师	教学评价	教学研讨	教学督导	教学汇报	获得证书
第一阶段	听、说	中方教师	中、外方教师共同参与模块的考核	每周两次中、外方教师共同教学研讨，互相沟通教学方法和理念，让课程在统一的模式中进行	TAFE 学院的教学督导全程保证课程的有效	中方教师每周通过 SKYPE 向澳方学院教学督导并进行教学工作汇报	澳大利亚酒店管理四级证书和南湖职校酒店（邮轮）服务与管理专业的中职毕业证书
第一阶段	读、写	外方教师，中方教师作为观察者参与					
第二阶段	听、说	中方教师					
第二阶段	读、写	外方教师，中方教师作为观察者参与					
第三阶段	语言能力专业基础课程	外方教师和中方教师					
第四阶段	专业课程	中方教师和外方教师					

3. 培养国际化师资团队

南湖职校通过专业教师"走出去"实地考察国际邮轮相关企业、参加国内外国际邮轮公司培训，"引进来"聘请外籍教师和国际邮轮公司培训专家，充实和完善酒店（邮轮）服务与管理专业教学团队的力量，提高专业教学的国际化水平。

在"走出去"方面，一是委派专业教师、英语教师、专业班主任等前往丽星邮轮、歌诗达邮轮、皇家加勒比邮轮和公主邮轮进行海外考察学习，并选送专业教师到丽星邮轮进行岗位实践；二是组织专业教师参加国际培训，截至 2017 年 5 月，学校已组织 11 位专业教师参加由亚洲邮轮协会和英国海贸国际邮轮学院组织的邮轮专业师资培训，5 位专业教师参加澳大利亚新南威尔士西南悉尼 TAFE 学院的国际课程培训，并取得澳大利亚课程授课资格证书。

在"引进来"方面，聘请有资质的外籍教师担任专业教学任务。如引进外籍教师承担 TAFE 课程的授课任务；聘请国际邮轮公司培训专家，如聘请丽星邮轮专职培训师担任专业英语口语课程教学老师。

4. 注重国际化实践教学

一方面，建设一体化教学基地，营造全景式国际邮轮实训环境。为了满足邮轮服务与管理主要岗位群人才培养、邮轮师资培训、校企合作以及国际交流的需要，南湖职校将三维虚拟现实技术、数据库技术和网络技术有机结合，建立了一个集体验、学习、实践、校企合作、师资培训、

---

① 《上海市南湖职业学校：接轨国际水平　提升职场竞争力》，中国职业技术教育网，http：//www.chinazy.org/models/adefault/news_ detail. aspx? artid = 64033&cateid = 1539，2017 - 05 - 27。

智能化管理六大功能于一体的国际邮轮教学基地，创建了一种"让实训无处不在，为学校带来更多改变"的新型教育模式。教学基地面积约4605平方米，设有仿真豪华客舱、普通标准客舱、西餐厅、多功能餐厅、酒吧、咖啡厅、模拟免税商店、3D影院等，涵盖了国际邮轮专业毕业生就业的主要工作岗位，为学生营造了全景式、多元文化的工作场景。

另一方面，逐步深化国际校企合作。学校着力拓展国际化校企合作的单位数量和范围，从原有的与香港丽星邮轮公司的合作培养，逐步扩大到与意大利歌诗达邮轮公司、美国皇家加勒比邮轮公司的合作，同时，拓展上海国际客运中心、上海国际贵都大饭店、洲际集团浦东丽晟假日酒店等作为校外实习基地。经过学校的多方努力，国际邮轮公司首度向学生提供实际见习工作岗位。2012~2014年，南湖职校分三批组织酒店（邮轮）服务与管理专业学生赴丽星邮轮"双子星"号、歌诗达邮轮"大西洋"号、皇家加勒比邮轮"海洋水手"号等进行海外见习。

三、体会与思考

上海南湖职校为了使学生从职业精神、职业素养、服务意识等诸方面达到国际化人才标准，积极改革探索，依托酒店（邮轮）服务与管理专业，紧贴国际邮轮旅游行业的发展变化，不断创新国际合作交流思路，取得了显著成效。

（一）国际化办学，提升了学生国际职场竞争力

近两年，南湖职校明确的专业定位、有效的建设举措，培养了大批符合国际邮轮公司岗位需求的人才，提升了学生的就业竞争力。毕业生被邮轮企业录取的比例每年均有大幅提升，更多愿意从事邮轮行业的学生有了在国际职场上打拼的资格和资本。尤其是学校建成的国际邮轮一体化教学基地，几乎涵盖了酒店（邮轮）服务与管理专业毕业生就业的主要工作岗位，为学生营造了多元文化工作场景，使其能够直观地感受实际岗位的要求，形成正确的职业意识。

截至目前，学校已有181人到国际邮轮公司就业，分别就职于丽星邮轮公司（香港云顶集团）、歌诗达邮轮公司（意大利）、皇家加勒比邮轮公司（美国）等世界级邮轮公司。学生就业岗位遍及邮轮服务各部门，以丽星邮轮公司旗舰邮轮"处女星"号为例，其酒店部共有10个部门、14个服务岗位，学校有34名毕业生在该部门就职，分别担任前厅部、登船部、餐饮部主管和接待员等。

（二）TAFE课程实施，锻造了学生国际交往能力

TAFE课程的引进改变了邮轮专业的课程设置和课堂组织形式，高标准的语言训练和丰富的文化内涵极大地提升了学生的国际交往能力。南湖职校引入TAFE课程后，一改传统教学课程内容的组织形式和评价体系，安排了中方教师和外方教师同时为学生上课，使得学生沉浸在双语教学环境中，给学生创造了学习和使用第二语言的空间。以2013级邮轮专业学生为例，经过两个学期TAFE课程的学习，全班已可以独立完成全英文晚会组织与汇演、全英文活动策划与实施。

（三）国际校企合作，拓展了专业国际化发展内涵

南湖职校与国际邮轮公司广泛的合作，充分拓展了专业国际化发展的内涵和外延，使人才培养更贴近市场需求，也更具有广泛的适用性，同时为学生海外见习提供了更多机会。经过学校的

努力，邮轮公司首度向学生提供实际工作岗位见习，打破了以往以体验邮轮生活为主的传统见习模式。学生在邮轮公司的安排下，亲历邮轮前厅部、餐饮部、娱乐部等部门工作，全程全景式见习，加大了对国际文化的深层次理解，更直观地了解了国际邮轮工作内容和要求，形成了对职业的正确认知和对前景的合理预见。

案例二　石家庄铁路职业技术学院

——培养国际化技术技能人才服务中国铁路"走出去"[①]

背景：

为了更好地开拓国际市场，打造中国铁路品牌，原铁道部党组做出了"全面实施中国铁路'走出去'战略"决策，吹响了向世界铁路全面进军的号角。中国铁路"走出去"战略的实施，使得铁路行业急需大批具有技术创新能力的国际化技术技能人才。作为"中国铁路创新型技术技能人才的摇篮"的石家庄铁路职业技术学院主动对接国家战略需求，积极参与国际工程建设，努力探索国际化人才培养模式，取得了显著成效。

一、学校概况

石家庄铁路职业技术学院（以下简称"石家庄铁路职院"）始建于 1950 年 9 月，2007 年 10 月被批准为国家示范性高等职业院校立项建设单位，2010 年 5 月通过验收，被确定为国家示范性高等职业院校。学院现有全日制本专科在校生万余名。专任教师 317 人，其中教授 44 人、副教授 122 人；博士 35 人、硕士 190 人。学院设有铁道工程系、建筑系、测绘工程系、信息工程系、电气工程系、轨道交通系（机电工程系）、经济管理系、人文社科系、基础部（思想政治理论教学研究部）、体育部 10 个教学系（部）的 45 个招生专业（方向），建有河北省高校建筑结构工程应用技术、河北省高校轨道交通控制与管理应用技术两个研发中心和高速铁路建筑与安全工程、绿色智能工程两个技术中心。学院立足河北，面向行业，服务区域经济社会发展，服务铁道运输、城市轨道交通和现代服务业等领域，形成了铁道运输及土建施工类强势专业特色发展、轨道交通及机电信息类新生专业优先发展、测绘技术与经管艺术类支撑专业创新发展的专业发展格局。

近年来，石家庄铁路职院不断扩大对外合作交流，先后与美国马斯卡廷社区学院、中国香港港铁学院等境内外教育机构建立了合作关系。2016 年，石家庄铁路职业技术学院—莫斯科交大交通学院获得教育部批准，在铁道工程技术等专业联合培养学生，为中国铁路"走出去"培养国际化技术技能人才。当前，学院正在为建设有特色、国际化、创新型的国家优质校而奋斗，力争在国际化工程人才培养方面有进展、本科工程教育方面有突破、工程教育专业硕士培养方面有所探索。

二、培养国际化技术技能人才　服务中国铁路"走出去"

随着国家铁路"走出去"战略及"一带一路"倡议的实施，石家庄铁路职院积极响应国家

---

①本文根据石家庄铁路职业技术学院官网信息以及相关研究成果等资料编撰而成。

号召，不断创新国际合作交流思路，开展了多种形式的国际交流与合作。学院立足自身优势，开展国际合作办学，积极引进优质教育教学资源；内引外培，打造国际化视野的专业教学团队；借助国际化舞台，主动参与国际工程建设，取得显著成效。

（一）开展国际合作办学

俄罗斯是中国"一带一路"倡议下 15 个重点合作国家之首。"一带一路"倡议为拓展俄中大项目合作奠定了坚实的基础，推动了中国高铁向俄罗斯挺进。开展合作办学，中俄联合培养国际化铁路技术技能人才显得尤为重要。

1. 牵手莫斯科国立交通大学①

在河北省教育厅的指导下，石家庄铁路职院通过全面考察和了解，于 2015 年 4 月与莫斯科国立交通大学正式开始洽谈，双方签署了合作办学协议，共同设立石家庄铁路职业技术学院—莫斯科交大交通学院（以下简称"国际交通学院"），共同制定交通学院章程，共育国际化铁路人才。国际交通学院作为目前河北省高职院校中唯一的合作办学机构，于 2015 年 9 月获河北省人民政府正式批准，2016 年 6 月教育部核定许可，开设铁道工程技术、道路桥梁工程技术、铁道供电技术、铁道信号自动控制、城市轨道交通机电技术五个招生专业。

国际交通学院充分发挥双方在教学和科研等领域的优势，通过资源引进、资源共享和优势互补，以"立足自身优势、培育国际化人才"为办学理念，按照双方商定的人才培养方案，为服务国家铁路"走出去"战略培养能熟练运用外语，具备铁路交通运输方向的扎实专业理论知识和较强专业技能，具有国际视野和全球意识、良好的跨文化交流沟通能力的国际化技术技能人才。

2. 开展多元化的办学模式

石家庄铁路职院和俄罗斯莫斯科国立交通大学主要采用全日制专科教育"3＋0"和全日制接续本科"2＋2"两种合作办学模式。"3＋0"合作办学模式中，人才培养方案由中俄两校共同制定并执行，学生在国内学习三年。课程采用中俄教师联合执教、双语授课，1/3 专业课及专业核心课程采用俄语授课。学生完成专科三年学业并符合毕业条件者，颁发中俄双方学校的普通高等学校毕业证书。

"2＋2"合作办学模式主要针对俄语水平能够适应俄语教学环境，且满足莫斯科国立交通大学入学要求，取得赴俄签证的学生。学生先在石家庄铁路职院学习两年，从第三学年起赴俄再学习两年。在莫斯科国立交通大学两年的学习中，执行莫斯科国立交通大学的人才培养方案，俄方教师授课，课程对接，学分互认，学费按俄方标准执行。成绩合格且达到毕业和学位授予条件者，可获得莫斯科国立交通大学颁发的本科学历和学士学位。

3. 引进国外优质教学资源

俄罗斯联邦政府开发的国家资格框架是通过各主要行业的咨询委员会制定并随时更新行业职业能力标准。国际交通学院采用俄罗斯国家职业技能框架下所提供的课程菜单，并在整体引进俄罗斯职业教育优质课程资源的基础上，根据知识能力标准开发课程，制定专业基础课程与专业课程方案。同时，国际交通学院引进俄方原版教材、教学计划、课程大纲等，并对引进的俄方课程

---

①《石家庄铁路职业技术学院国际教育合作交流中心》，中国职业技术教育网，http：//www.zjchina.org/platform/service/zx-news/shtml/201711/12766.shtml，2017－11－28。

包进行本土化改造与提升，在课程内容中融入产业发展急需的专业知识与能力，形成中俄有机结合的课程体系。

（二）组织国际交流与培训

首先，石家庄铁路职院与莫斯科国立交通大学双方定期开展教师和学生互访交流。教师互访主要是了解双方学校教育教学情况，共同交流教学经验及中俄在铁路和轨道交通领域的新材料、新技术、新工艺。同时，对国际交通学院教师和莫斯科国立交通大学教师开展专业培训，改进教学方法，其中，对国际交通学院教师的培训侧重提高中国教师的俄文水平，对莫斯科国立交通大学教师培训则侧重对中国经济、文化及基础教育情况等方面的了解。学生互访主要是定期开展游学、夏令营、冬令营活动，相互参观访问、学习、旅游等，增进友谊。国际交通学院学生到莫斯科国立交通大学进行短期学习，参加冬、夏令营等文化交流活动；莫斯科国立交通大学学生到中国游学，了解中国经济、文化等。

其次，石家庄铁路职院以"铁路线"外延为突破口，大力推进师资队伍的国际化战略，先后同英国、美国、俄罗斯、德国、意大利、西班牙、瑞士、爱尔兰等国家和中国香港的院校和机构建立了合作关系，累计派教师出国研修近200人次，学习国外高等院校在职业教育管理、人才培养、专业建设等方面的经验，同时，积极开展科研合作与交流，取得了丰硕成果，推动了学院教育教学改革。

最后，石家庄铁路职院作为欧亚交通高校国际联合会成员单位、中俄交通大学联盟会员单位、中国—东盟轨道交通教育培训联盟成员单位，积极参与中俄交通大学校长论坛、中国—东盟轨道交通论坛及欧亚交通高校国际联合会等各项活动，积极与"一带一路"沿线国家开展交通领域的合作与交流，提升学院在国际上的影响力。

（三）参与国际工程建设

为了满足企业对国际化工程高技能人才的需求，石家庄铁路职院携手铁路行业企业走出国门，积极开展实践，主动参与国际工程建设任务。如与中国机械进出口总公司签订协议，师生共同奔赴菲律宾参与北吕宋铁路建设，承担北吕宋铁路的技术指导和全线施工测量任务；与合作企业北京中色测绘院有限公司一起参与国外工程施工；与中铁十五局集团合作，组建沙特阿拉伯实习班，参与沙特阿拉伯哈伊勒别墅项目。实习期间，学生吃苦耐劳，技术水平过硬，不仅出色完成了实践项目，还带领和培养了一批当地技术工人，受到用人单位的好评。大多数学生毕业后继续留在相关企业单位的国外项目部工作[1]。如表3-2所示。

表3-2   石家庄铁路职院师生主动参与的国际工程建设项目

携手企业	合作形式	服务国家	合作项目	师生建设内容
中国机械进出口总公司	签订协议	菲律宾	北吕宋铁路建设	承担北吕宋铁路的技术指导和全线施工测量任务

---

①《石家庄铁路职业技术学院国际教育合作交流中心》，中国职业技术教育网，http：//www.zjchina.org/platform/service/zx-news/shtml/201711/12766.shtml，2017-11-28。

续表

携手企业	合作形式	服务国家	合作项目	师生建设内容
北京中色测绘院有限公司	校企合作	塞拉利昂	北省铁矿普查项目	学生参与并完成了矿区1：10000航空磁测普查与1：10000地形图测绘任务
		赞比亚	—	学生参与并完成了赞比亚首都卢萨卡长达468千米的环城1：2000带状地形控制测量及地形图测绘工作
		安哥拉	首都罗安达城建项目	学生参与并完成了首都罗安达城建项目的测量控制与放线测量工作
中铁十五局集团	组建沙特实习班	沙特阿拉伯	沙特阿拉伯哈伊勒别墅项目	—

三、体会与思考

石家庄铁路职院依托校企合作大平台，与行业企业深化产教融合，携手铁路行业企业"走出去"参加生产实践，为"一带一路"沿线国家提供人才和智力支持。这既是对学院教育教学质量的考验，更为其他职业院校"走出去"发展发挥了积极的示范作用。

（一）对接企业用人要求，培养实用型、高技能人才

为了服务"一带一路"企业，石家庄铁路职院开拓国际校企合作新形式，携手铁路行业企业走出国门，主动参与国际工程建设任务，参加企业实践。参与企业国外工程项目建设的专业学生不仅出色地完成了任务，还积累了大量宝贵的国际经验，养成了良好的职业道德、创新意识，并具备了国际视野、国际理念和国际竞争力。如在与中铁十五局集团合作的沙特阿拉伯哈伊勒别墅项目中，参与项目的学生不仅熟练掌握了实习岗位的各项工作，还可以用英语与当地人交流，在专业知识和自我管理能力方面都有了较大的提升。

（二）契合国家发展战略，开创对外合作办学新局面

学院充分发挥铁道工程及轨道交通等特色专业的优势，与俄罗斯莫斯科国立交通大学的强强联合，不但增强了学院在铁道运输、城市轨道交通运输等领域的发展实力，也提高了学院在全国同行业中的知名度。为了培养适应国际环境、了解和掌握国际惯例的技术技能人才，国际交通学院引入俄方师资、课程、教材等优质教育教学资源，进一步推进石家庄铁路职院教育教学改革，为国家"一带一路"倡议和铁路"走出去"发展战略作出贡献。

随着中俄合作办学项目的继续发展，学院将继续积极开展多形式、全方位的国际交流与合作，不断拓展国际交流与合作渠道，加大力度引进和借鉴国外先进的职业教育理念和优质的教育资源，为学院教育教学改革服务，为铁路技术技能人才培养服务，提升学院国际化办学水平和核心竞争力。

案例三　常州机电职业技术学院

——实施"三引三出"计划　提升国际影响力[①]

背景：

在经济转型与全球化发展的背景下，高职院校要实现从规模扩张向品质内涵的发展，必须解放思想，放眼世界，走出封闭办学的窠臼，积极引进世界优质教育资源，努力输出高职教育品牌资源，不断提升高职教育发展水平和国际竞争力。常州机电职业技术学院实施"三引三出"计划，积极拓展国际合作交流渠道，通过合作办学、引进国际优质教育资源、促进师生互访交流、开展国际技能培训等一系列措施，推进国际化办学进程，全面提升国际影响力。

一、学校概况

常州机电职业技术学院（简称"常州机电职院"）创办于 1963 年，坐落于全国首个以高职教育为显著特色的常州科教城内，现为国家重点建设百所骨干院校之一。学校占地面积 942 亩，建筑面积 30 多万平方米，现有全日制在校生近万人，教职工近 700 人，专业教师"双师"素质比例达 90.5%，硕士以上学历或学位人数比例为 71.31%。学校根植产业，服务地方，形成了以装备制造产业类专业为核心、制造业服务类专业为支撑的专业格局，下设 7 个二级学院（机械工程学院、磨具技术学院、车辆工程学院、电气工程学院、信息工程学院、经济管理学院、艺术设计学院）、4 个部（科技部、体育部、文化基础部、专业基础部）和继续教育学院等教学部门，建有材料成型与控制技术、机械制造技术、智能装备技术、物联网与制造业信息化、工业与艺术设计、工商管理、经济贸易、车辆与农机技术、电力技术 9 大专业群，拥有 33 个专业信息资源库和 59 门课程教学子资源库，另有国家职业教育专业教学资源库课程子项目 2 个。

近年来，常州机电职院非常重视国际合作与交流工作，加快"引进来"和"走出去"的步伐，积极拓展中外合作办学项目，建立国际师资培训基地、海外学院，开展互访交流，聘请优秀外籍教师等，提升国际化办学水平。学校先后与国际知名企业开展"订单"培养，开设机电一体化技术专业中德"双元制"班，开展"中德合作机械制造专业引入胡格教学模式"项目，建立"机电—亚龙国际师资培训中心""中巴经济走廊农业机械技术中心"，开发国际合作培训项目，全面增强了学校的国际竞争力。

二、实施"三引三出"计划　提升国际影响力

常州机电职院实施"三引三出"计划，通过人才培养、专业建设与国际接轨，培养具有国际视野的技术技能型人才。其中，"三引"是指引进德国胡格教学模式、引进国际职业资格标

---

①本文根据常州机电职业技术学院官网信息以及相关研究成果等资料编撰而成。

准、引进国际专家名师；"三出"主要指"走出去"游学、访学，"走出去"传播技术文化，"走出去"参加国际竞赛。

（一）引进德国胡格教学模式

2014 年，常州机电职院与德州巴符州州立教师继续教育学院合作，以培养学生的"全人格"为目标，以手动冲压机制造项目、手动冲模项目、搬运机器人制造项目和小型机器设计项目为载体，开展"中德合作机械制造专业引入胡格教学模式"项目，推出高职院校"全人格"教育模式，致力于培养统一的健全完整人格。该模式强调职业教育的基本出发点应以学生为中心，着重于重构学习内容、变革学习模式、调整学习评价，融合综合职业能力的素养，融入教育教学全过程，并建立"立体化学习评价系统"，突出职业精神的显性化评价。2016 年，学校牵头成立中德合作职业教育教学改革专业委员会和中德职教合作教师培训基地，促成六所高职院校完成了第二批胡格教学模式改革项目签约。四年来，采用机械制造与自动化中德合作胡格模式培养的学生共计 144 名。

机械制造与自动化中德合作胡格模式，其突破主要体现在中德双方联合开发系列教学资源和引入德方基于企业生产实践的职业行动能力的考核与评价体系两个方面[①]。

1. 双方联合开发系列教学资源

常州机电职院与德国巴符州州立教师继续教育学院教师和企业人员对专业人才培养目标、行业需求、岗位素质及能力要求等进行分析，设计本专业教学的具体实施方案，实现教育资源的优化配置。常州机电职院与德方共建实训室 3 个，联合开发课程 12 门，联合开发手动冲压机制造、手动冲模、搬运机器人制造和小型机器设计 4 个教学项目。其中，教学项目由德方提供图纸，在德方专家团队培训的基础上，由常州机电职院胡格教学模式教学团队成员进行项目设计与实施。项目教学设计分为总体设计和单元设计两个部分，其中，总体设计主要是对教学项目所涉及的知识点进行充分的梳理和分解，形成"知识点树枝图"；单元设计主要指依据总体设计，团队成员通过集体研讨，将所需培养的能力进行分解，形成能力分解表，然后细化为包括教学目标、教学设计、工作技巧、辅助工具和时间安排五个部分的课堂教学流程图，内容翔实，指导性、可操作性强。

2. 引入德方的考核与评价体系

常州机电职院引入德方基于企业生产实践、以专业为载体、着力培养非专业（方法能力、社会能力）职业行动能力的考核与评价体系。常州机电职院从企业实践出发，把一个完整的项目分割成若干个子项目，制定了 6 项与学生非专业能力培养息息相关的指标，即团队协作能力、沟通交流能力、责任意识、诚实守信精神、持之以恒的态度以及批判能力，对学生进行考核、评价。同时，注重对学习过程和工作过程的考核，注重学生的自我认知，关注学生的每一点进步和成长，引导学生体验情感、体验价值、体验成就，并以考核评价与能力展示为导向，激发学生的内在潜力和需求，促进其更好地实现自我价值。

（二）引进国际职业资格标准

常州机电职院通过加强对《悉尼协议》的研究与借鉴，推进高职院校工程教育认证，与德

[①]《常州机电职业技术学院：实施"三引三出"计划　提升国际影响力》，《大学生科技报》2018 年 1 月 25 日第 4 版。

国工商协会合作，引进德国考核认证体系，于 2013 年在机电一体化专业实施中德"双元制"项目。与在华德资企业合作开设机电一体化专业中德"双元制"班，以"德国职业教育机电一体化工"国际职业资格标准，结合企业实际需求，开发课程体系，共建实训室，校企联合培养"双元制"人才。目前，机电一体化项目共培养学生 220 名，已有 53 名学生取得了德国及欧洲工业化国家普遍认可的"机电一体化工职业资格证书"，接轨国际职业标准。该项目已在学校模具技术学院模具设计与制造技术等专业全面推广，取得了较好的实效①。

（三）引进国际专家名师

为满足专业建设需求，常州机电职院与中国台湾中州科技大学、建国科技大学、东南科技大学，韩国新罗大学、全州大学，德国海外协会等境外高校、组织机构合作，引进行业国际知名的专家，共建大师工作室。其中，大师工作室实行"1 + 1"模式，1 名海外专家和 1 名本校专家指导一个专业。如与中国台湾中州科技大学共建艺术大师工作室，与中国台湾建国科技大学共建机器人专家工作室，与韩国全州大学共建物流管理专家工作室，与德国海外协会共建机械技术专家工作室，如表 3 - 3 所示；海外专家定期到校，指导人才培养方案审定、专业建设、教学改革，与校内教师共同开发教材、共同完成项目，开设专业课程和专家名师讲座，指导教师教学、科研，指导学生专业学习，全程指导人才培养工作。如 2017 年 10 月 19 ~ 31 日，德国巴符州职业教育名师 Elmar Stockhausen 受德国海外商会（AHK）委派到学校指导工作，分别为三个学院的教师作了主题为"德国双元制教育体系与教学大纲概论"和"以精密机械工课程为例的课程设计理念与方法"的报告，围绕教学方法、课程设计，进行了深入浅出的讲解，既有前沿的理论指导，又有来自一线的鲜活案例，受到了学院师生的一致好评。

表 3 - 3　　　　　　常州机电职院与境外高校、组织机构共建大师工作室

序号	境外高校、组织机构	共建大师工作室名称
1	中国台湾中州科技大学	艺术大师工作室
2	中国台湾建国科技大学	机器人专家工作室
3	韩国全州大学	物流管理专家工作室
4	德国海外协会	机械技术专家工作室

（四）"走出去"，组织合作交流互访

常州机电职院师生"走出去"，通过培训、假期游学、交换生、境外合作办学等方式，开拓师生国际视野。学校先后选派专业教师和管理人员分别赴美国、德国等教育发达国家进修和培训，开阔教师视野，更新教师的教育教学理念②；与中国台湾建国科技大学、中州科技大学、东南科技大学，韩国新罗大学，新加坡南洋理工学院，美国华盛顿湖技术学院、皮马社区学院等多所院校合作办学，开展计算机网络技术、汽车检测与维修技术、会计、工业机器人计划、机械制

---

①《常州机电职业技术学院：实施"三引三出"计划　提升国际影响力》，《大学生科技报》2018 年 1 月 25 日第 4 版。
②蔡慧：《高职院校国际化发展策略的探析——以常州机电职业技术学院为例》，《九江职业技术学院学报》2016 年第 3 期，第 7 - 9 页。

造与自动化、工业设计等专业海外本科直通车、合作办学项目，使学生接受国际化的培训，开展访学、游学、文化体验，开拓学生的国际视野。近年来，常州机电职院先后与12个国家或地区的40余所院校签署了合作协议，组织学生赴海外留学、游学526人次，教师和管理人员境外研修378人次。

表3－4　　　　　　　　　常州机电职院开展境外合作办学项目情况

专业名称	合作院校	合作形式	合作内容
计算机网络技术、物流管理	澳大利亚南岸技术学院	合作办学	学生毕业后获双专科学历
软件技术	澳大利亚南岸政府理工学院	合作办学	"3＋0"合作模式，学生三年在国内学习，三年后学生取得教学计划规定的学分，考试合格后可同时获得双专科文凭
汽车检测与维修技术	美国华盛顿湖技术学院	合作办学	学生在三年级时可赴美学习，毕业后可获两校文凭
汽车检测与维修技术、会计两个专业	美国皮马社区学院	合作办学	"2＋1"联合培养人才，学生毕业获双专科学历
工业机器人技术、机械制造与自动化、工业设计等专业	韩国新罗大学、全州大学，中国台湾中州科技大学、东南科技大学、建国科技大学等	签订合作协议	开展学生"2＋1＋2""3＋2""2＋2"升学项目以及交换生培养项目

（五）"走出去"，开展国际技能培训

常州机电职院积极组织专业教师"走出去"，开展国际合作技能培训，传播专业技术技能、技术文化等内容。与中国亚龙科技集团合作成立"机电—亚龙国际师资培训中心"，开发数控技术、工业机器人技术、自动生产线系统安装、编程以及维护等国际合作培训项目，面向老挝、新加坡、马来西亚等东南亚国家，开展国际师资培训；与日本安川机器人有限公司共建"常州机电—安川机器人培训中心"，联合开发工业机器人编程员培训项目；与北京发那科机电有限公司联合开发"FANUC数控系统PMC编程"等培训项目。通过开展对外培训项目，拓展了社会服务功能，提升了学校的社会服务能力。

（六）"走出去"，参加国际技能竞赛

常州机电职院积极引导、鼓励专业教师、专业学生"走出去"，参加国际技能竞赛，并在国际大赛中频频获奖。如2017年（新加坡）全球品牌策划大赛总决赛在新加坡举行，常州机电职院经济管理学院贾丽萍、任衡、王健、谢俊茹四位同学组成的代表队荣获大赛银质奖，并获得了中文组团队辩论亚军；2017"商业贸促杯"内地与港澳地区数字经济创新创业竞赛在香港成功举办，常州机电职院两个参赛项目——"悠乐朋高压智能降温设备""哈贝利·好空气"获本次大赛冠亚军，并分别获得最佳演讲者奖和最佳商业计划书奖；2017年"蓝桥杯"软件开发国际大赛在美国新泽西州美丽的普林斯顿大学（主赛场）和麻省理工学院（分赛点）举行，常州机电职院信息工程学院ICT创新试点1532班董成光同学荣获二等奖（总排名第12）的好成绩。

三、体会与思考

　　常州机电职院以骨干高职院校建设为契机，在国际交流与合作方面进行了许多有益的探索和实践，通过构建"开放、融合、创新"的国际合作与交流机制，拓展国际交流合作渠道，实施"三引三出"计划等，培养了国际化人才，提升了学校的国际影响力。

（一）探索胡格教学模式本土化，取得明显成效

　　常州机电职院的胡格教学模式改革本土化实践经验，打破了传统的学科体系，以项目为载体，按照行动导向教学的要求布置理论和实践场所，通过学生自主学习和小组学习，达到让学生既动脑又动手的目的，让学生在教师指导下主动融入课堂，从而激发学习兴趣，培养学生的职业精神、职业技能和创新创业能力。"胡格教学模式"实施以来，取得了明显的实效，受到欧洲及亚太地区 10 多个国家教育专家的关注。2017 年，首届胡格班的同学进入卡尔迈耶（中国）有限公司等企业顶岗实习、就业，并凭借过硬的基本功、较好的职业素养赢得了企业的一致好评。常州机电职院依托胡格项目的教学成果——《基于项目学习的高职"全人格"教育模式改革与实践》荣获 2017 年江苏省教学成果奖二等奖。

（二）拓展境外合作办学，探索培养模式国际化

　　积极开展国际合作与交流工作是常州机电职院开展国际化教育和面向世界开放办学的重要举措。学校坚持走国际化办学的道路，根据专业特点，全方位拓展国际交流与合作空间，探索中外合作的新途径、新模式，拓宽了中外合作办学项目渠道，为学生出国深造提供了多样化的选择。

（三）开展国际技能培训，助力优质产能"走出去"

　　配合国家"一带一路"倡议，扩大与"一带一路"沿线国家的职业教育合作，助力优质产能"走出去"。常州机电职院主动服务"走出去"企业的需求，与企业联合办学，面向当地员工，开展技术技能培训和学历职业教育，培养具有国际视野、通晓国际规则的技术技能人才和中国企业海外生产经营需要的本土人才。

案例四　柳州职业技术学院

——开展国际化办学　探索内涵升级转型发展之路①

背景：

"一带一路"倡议的实施，为高职院校开展国际合作与交流带来了新的机遇。柳州职业技术学院抓住机遇，顺势而为，深入推进"国际引领，内涵升级，标准国际化、贡献卓越化、团队专业化、管理现代化、服务人性化、校园精致化'六化并举'，建成特色鲜明高职名校"的发展战略，以国际先进职教标准和行业企业标准为引领，培养国际化技术技能人才，促进区域产业国际化和转型升级，取得了显著的成效并产生了深远的影响。

一、学校概况

柳州职业技术学院（简称"柳职院"）坐落在祖国西南工业重镇广西柳州市，是1998年全国首批国家批准成立的全日制综合性高等职业院校，是全国100所、广西仅有的两所国家示范性高职院校之一。学校占地面积75.3万平方米，现有全日制高职生1.2万余人，教职工683人，其中专任教师512人，"双师"素质专任教师391人，具有研究生学历或硕士学位教师249人，高级职称专任教师208人，国家级教学名师1人，自治区级教学名师6人。设有机电工程学院、汽车工程学院、电子信息工程学院、财经与物流管理学院、贸易与旅游管理学院、环境与食品工程学院、艺术设计学院、公共基础部8个教学院部，开设57个专业，拥有中央财政支持的实训基地3个，自治区示范性实训基地14个，柳州市千万元设备值生产性实训基地2个。

柳州职业技术学院紧贴区域产业升级和企业响应国家"一带一路"倡议对国际化技术技能人才的需求，引进国际先进标准，本土化实践创新，助推企业"走出去"，开展中德"双元制"、中英"现代学徒制"、中德职业教育汽车机电合作项目等多项国际化合作办学项目，与广西柳工机械股份有限公司、柳州采埃孚机械有限公司、上汽通用五菱汽车股份有限公司开展深度合作，探索形成了"先进标准引领、本土实践创新"的国际化技术技能人才培养模式，培养了一大批国际化技术技能人才，为区域企业转型升级和响应国家"一带一路"倡议提供了有力的人才支撑。学校通过不懈的努力，在发展职业教育国际化的道路上，走在了全区职业教育国际化的前列。未来，柳职院将致力于引领广西职业教育，协调合作企业，以专业集群为纽带，为提升柳州职业教育国际化水平作出新的更大贡献。

二、推动国际先进标准本土化　实现人才培养全面升级

近年来，柳职院紧紧抓住为柳州建设全国汽车生产示范基地和国家汽车及零部件出口基地培

---

①本文根据柳州职业技术学院官网信息以及相关研究成果等资料编撰而成。

养创新型、国际化技术人才这一契机，积极完善和创新人才培养模式，引入德国工商大会（AHK）技能认证标准、德国手工业协会（HWK）技能认证标准、英国国家职业资格物流三级标准和工程机械行业（柳工）先进标准、美国卓越绩效管理标准，把国际先进标准的理念与柳州和学校的实践及技术技能人才成长规律有机结合，将国际先进工艺流程、产品标准、技术标准、服务标准、管理方法等创新性地融入人才培养各要素和全过程，致力于打造与国际标准对接的教育教学、技术服务及实训平台。

（一）探索引入国际标准的人才培养模式改革

同样的零件，国外企业员工生产的被称为"原装"，而国内企业员工生产的被称为"组装"。面对这个巨大的差异，柳职院经过认真考察、研究，确定了符合国际先进标准的人才培养目标，明确提出要培养具有国际视野、通晓国际规则、掌握达到国际公认标准要求的知识和技能的高端技术技能人才。为实现这一人才培养目标，学校在"校企深度交融，工学有机结合"人才培养模式指导下，充分吸收国外人才培养思想精髓，引入国际职业标准，将本地企业用人需求与学生可持续发展相结合，校企深度融合，探索本土化人才培养模式改革。如 2015 年 9 月，柳职院启动"高职物流管理专业现代学徒制试点"项目，引入英国国家职业资格物流三级标准，不仅弥补了我国物流管理专业人才培养标准空白，还促进了本专业国际化人才的培养。同时，借鉴英国物流职业标准的"测评"模式设计学徒教学单元，采取英国现代学徒制培养模式，实行"5 + 1"教学模式，完成项目的人才培养模式和教学模式的改革，如表 3 - 5 所示。

表 3 - 5　　　　　　　　柳职院物流专业人才培养"5 + 1"教学模式

时间（天）	学习内容	学习形式	学习场所
5	企业工作	边工作边学习，企业导师现场指导	企业
1	两方会谈	评估师指导	学校或企业
	三方会谈	评估师、企业导师联合指导	企业

注：两周为一个周期。

（二）开发符合国际先进标准的专业课程体系

以培养具有国际化视野的现代职业人为出发点，柳职院通过引入国际先进标准体系，开发符合国际先进标准的课程体系。如机电类专业开发融合德国 AHK 技能标准的本土化"双元"专业课程体系；物流管理专业设计基于英国物流职业标准的"测评"模式下的雇员权利和责任（ERR）及沟通、数据处理及计算机（ESW）、物流模块（NVQ）三大教学单元；汽车类专业构建基于德国 HWK 技能标准的"分级递进"式专业课程体系；工程机械类专业参照德国双元制培养模式，按照"基础能力→专项能力→综合能力→创新能力"的职业成长规律和教学规律，构建电气、液压、发动机、底盘四个模块并进的"工学交替"专业课程体系。

以机电类专业开发的融合德国 AHK 技能标准的本土化"双元"专业课程体系为例（见表 3 - 6），柳职院通过 AHK 上海办事处，引入德国职业能力标准体系，并根据企业工作岗位需求和学生可持续发展需要，按照"新手—技术专家"的职业能力发展四阶段理论，构建学校、跨企业培训中心、企业协同实施课程教学的本土化"双元"课程体系①。如图3-1所示。

表3-6　　　　　　　机械设计与制造业"双元制"试点班专业课程体系

学校学习领域课程	跨企业培训中心培训模块课程	柳州采埃孚机械有限公司企业顶岗课程
专业认知	专业认知	劳动与安全、企业管理制度等企业生产活动认知
手动加工零部件	手动加工	零件批量生产顶岗
用普通机床加工零部件	车削加工 铣削加工 钻、磨加工	零件批量生产顶岗
用数控机床加工零部件	数控加工	
机械结构及零件设计（三维CAD）	工艺装备制作	机床保养
零部件制造工艺开发	机床装调与简单维修	企业生产工艺优化
工艺装备设计（三维CAD）	AHK毕业考试1	生产组织与管理
机床电气液控制认知	AHK毕业考试2	生产质量过程控制

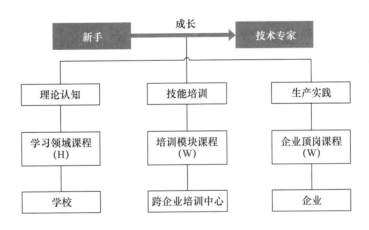

图3-1　本土化"双元"课程体系模型

（三）建设满足国际化人才培养要求的师资团队

柳职院充分利用国家示范性高等职业院校建设的机遇和资源优势，通过教育部中德职业教育汽车机电合作项目、德国柏林职业教育集团职业技能培训中心项目、新加坡南洋理工学院教学理念提升合作项目、中国台湾南台科技大学教学团队建设项目等国外（境外）合作项目，大力开

---

①韦林：《高职机电类专业中德"双元制"人才培养探索——以柳州职业技术学院为例》，《柳州职业技术学院学报》2017年10月第17卷第5期，第28-31页。

展教学团队建设，提升教学团队能力①。如机电类专业依托德国工商大会（AHK）上海办事处，组织专任教师赴上海开展"双元制"人才培养模式、课程开发流程、课程教学实施、实训基地建设、AHK 考试组织等培训，聘请德国培训师来校开展教学示范；汽车类专业选派专业教师赴德国学习"双元制"职教课程体系开发和实施；物流管理专业选派专任教师赴英国进修，邀请英方专家到校授课，重点培养教师的教学能力、学习能力、专业能力、评估能力和培训能力；工程机械类专业选派专业教师参与企业真实生产和管理过程，有针对性地改革专业课程体系和教学模式。

（四）完善对接国际先进标准的实训教学条件

柳职院加强跨企业培训中心和企业培训中心建设，完善对接国际先进标准的实训教学条件。例如，机电类专业按照"小班教学、定期轮换"教学要求及 AHK 职业考证需要，将实训设备进行"混编"，按企业"加工岛"模式布局，建设跨企业培训中心，并在企业内建设包括工艺教室、模拟生产加工岛、工艺开发室等项目的企业培训中心，确保学生到企业进行岗位技能训练工位充足、布局合理；汽车类专业根据中德汽车机电职业教育项目（SGAVE）要求，建设汽车维修专业实训室，与企业共建共享型跨企业培训中心——"汽车工匠学院"；工程机械类专业通过柳工—柳职院全球客户体验中心建设，建成集培训、教学、职业技能鉴定、技能竞赛、客户体验、咨询服务、创新创业等多项功能为一体的全国一流实训教学平台②。

（五）对接国际标准的人才培养质量评价体系

随着高职院校教育教学改革的不断深入，柳职院高度重视质量内涵建设，积极对接国际先进标准，健全人才培养质量评价体系。如机电类专业引入德国 AHK 考核认证体系，以"理论 + 实操 + 问答（情景对话）"形式从多个环节对学生进行考核，实现教考分离，全面提升学生综合职业能力；物流管理专业建立基于英国"现代学徒制"的"评估师 + 内审员 + 外审员"的三位一体三级质量监控体系，开展教学质量监控，提升教学质量，如表 3 - 7 所示；汽车类专业实施"考教分离、双元实施、多维评价"的学生职业能力测试；工程机械类专业健全工程机械服务人才培训标准、工程机械职业资格认证体系、工程机械服务人员质量保证体系。

表 3 - 7   柳职院物流管理专业的三级质量监控体系

监控环节	质量要求	监控方式
标准	正确理解标准	（1）评估师定期审核学徒证据
评估方法	个性化的评估方法	（2）内审员定期审核评估师证据及评估活动
取证	真实、有效、科学	（3）外审员审核内审员的判断结果
裁定和反馈	真实、准确、建设性、支持与发展	

---

① 瞿凡：《高职中外合作提升教学团队能力的研究——以柳州职业技术学院为例》，《柳州职业技术学院学报》2014 年第 14 卷第 3 期，第 18 - 21 页。

② 李东航、牛文科、李力：《对接国际标准 培养高端技术技能人才——柳州职业技术学院着力培养国际化人才记》，《中国教育报》2018 年 1 月 15 日第 8 版，http：//paper.jyb.cn/zgjyb/html/2018 - 01/15/content_ 493067.htm？div = - 1。

三、体会与思考

柳州职业技术学院通过开展系列合作促使学校全程引进、吸收职业教育发达国家或地区的职业教育培养体系和培养标准，吸收和推广国际化教育课程和学生考核标准，使国际行业企业先进标准贯穿人才培养全过程，培养了大量具有国际视野、通晓国际规则、能够参与国际事务和国际竞争的国际化人才。

（一）推动国外先进标准本土化，让更多学生受益

通过将国际先进技能人才培养标准和行业企业先进标准创新性地融入人才培养各要素和全过程，实现国外先进标准的本土化，使学生不用出国就能享受到先进的国际化职业教育，最大限度地给予每个学生人生出彩的机会。学校基于"柳工海外专员班"、中德"双元制"机械设计与制造专业"采埃孚"班、机电一体化专业"上通五"班、物流管理专业英国"现代学徒制"试点、中德汽车机电人才培养（SGAVE）项目实验班等国际化人才培养项目，为区域企业培养了1000多名技术骨干。同时，以点带面，将国际化职教理念、教学方法、管理模式在全校推广，累计近5万名学生受益。

（二）对接国际化标准，提高服务区域产业发展能力

柳职院对接国际标准，服务区域产业发展的能力大幅度提高。近两年，柳职院教师获得省部级等科研立项项目共计150多项；专利申请量120项，专利授权量92项，为企业开展技术服务项目70多项，有力推动企业技术升级。如"BM3汽车副车架自动点焊装置"项目在柳州福臻车体实业有限公司投入使用，使焊点虚焊、漏焊率从6%降低为零，企业产品质量得到极大提升；"自适应智能技术在双效溴化锂制冷机控制系统"每年为柳州钢铁集团焦化厂降低生产成本近500万元。2016年，学校协同创新研究院成为第五批自治区级技术转移示范机构。近3年来，学校社会培训规模累计达6万人次，技能鉴定累计达1.2万人次。

（三）深入实施国际化战略，全面提升学校办学水平

国际化战略的实施，推动了学校"校企深度交融，工学有机结合"人才培养模式升级。短短3年时间，柳职院共选派近200名教师到德国、英国等国家学习进修，一批专业教师获得英国现代学徒制内审员和评估师、德国AHK考官资格和SGAVE项目培训教师资格。近年来，学校对接国际先进标准重构5个专业的专业课程体系，开发25门专业课程或教学资源包，建成5门国家精品资源共享课；建成汽车零部件精密教学工厂和满足AHK职业考证需要的跨企业培训中心等达到国际先进标准要求的实践基地。国际化战略的深入实施大幅提升了学校的办学实力和品牌影响。2016年，柳州职业技术学院跻身中国专科（高职高专）院校竞争力排行榜第27名，全国百所示范性高职院校影响力排行榜第19名。

第四章　塑造特色校园文化，引领科学发展

校园文化是一所学校的物质财富和精神财富的总和，体现着学校的特色、品质及品位，它影响着每一位学生及教师的观念、行为。职业院校应结合学校的专业特点，以培养目标作为校园文化建设的着力点，建设具有职教特色的职业院校校园文化，引领职业教育发展。

案例一　陕西能源职业技术学院

——加强校园文化建设　彰显内涵特色[①]

背景：

校园文化是学校发展的灵魂，是凝聚人心、展示学校形象、提高学校文明程度的重要体现。积极向上的校园文化，可以陶冶学生的情操，启迪学生心智，构建学生健康人格，全面提高学生素质。陕西能源职业技术学院高度重视办学理念、专业课程理念、学院办学特色、校园文化精神的凝练和升华，逐步形成了独具能源特色的校园文化，激励一代又一代能源人奋发有为，创造新的辉煌。

一、学校概况

陕西能源职业技术学院（简称"陕能职院"）是 2001 年经陕西省人民政府批准，由原国家级重点中专陕西煤炭工业学校、省部级重点中专西安煤炭卫生学校和陕西煤炭职工大学合并组建的。学院建筑面积 21.76 万平方米，现有全日制普通在校学生 12000 余人，教学仪器设备总值 7656.63 万元，图书馆藏 512784 册。学院师资力量雄厚，现有专任教师 480 人，其中正高职称 26 人、副高职称 118 人，具有博士、硕士学位 218 人，入选省级以上人才计划教师 14 人。学院设有资源与测绘工程学院、建筑工程学院、机电与信息工程学院、化学工程学院、护理学院、医学院、经济管理学院、继续教育学院 8 个二级学院，其中，机电与信息工程学院是陕西省省级高等学校创新创业教育改革试点院（系）；开设涵盖煤炭资源勘查、煤矿开采、煤矿通风与安全、矿山机电、煤炭化工、经济管理、信息技术和医学八大类领域专业 43 个。学院的教学资源库和共享在线课程资源丰富，现有省级高等职业教育专业教学资源库建设专业 1 个，在线资源共享课程 108 门。

陕能职院坚持以服务为宗旨、以就业为导向、走工学结合的特色发展道路，坚持"质量为

---

①本文根据陕西能源职业技术学院官网信息以及相关研究成果等资料编撰而成。

本，人才强校，特色发展，服务共建"的办学理念，坚持全日制教育、继续教育、安全培训等多层次、多形式的职业教育办学格局，紧紧抓住"以质量树品牌"的人才观和"人无我有、人有我优"的发展观，实现了"人才培育有鲜明特色、专业品牌有竞争优势、社会服务有重要影响"的发展目标，在培养德、智、体、美全面发展、符合经济社会发展需要的技术技能人才的道路上迈出了坚实的步伐。经过 60 多年的发展，陕能职院的办学活力不断增强，办学水平全面提升，先后荣获"全国煤炭工业先进单位"、"陕西省职业技术教育先进单位"、"陕西省职业教育毕业生就业先进单位"、"陕西省教育系统先进单位"、"陕西省平安校园"等称号。

二、加强校园文化建设　彰显内涵特色

陕能职院立足艰苦行业，咬紧牙关艰难办学，硬是凭着一股子不怕苦、不嫌累、拼搏奉献的"太阳石"精神，励精图治、奋发图强，历经坎坷，推动学院发展壮大，凝练了独具特色的校园文化，烙着能源人的印记，散发着能源人的气息，影响着每一位能源人。

（一）凝练办学理念，确定特色

陕能职院在实现了多校区实质性合并与资源整合后，始终贯彻党的教育方针，主动适应国家加快经济发展方式转变的要求，积极推进现代职教体系建设；以立德树人为根本，以服务发展为宗旨，以促进就业为导向，走内涵式发展道路；以能力为本位，以企业需求为导向，以提高质量为核心，深化体制机制改革，密切产学研合作，大力推进合作办学、合作育人、合作就业、合作发展，增强办学活力，全面提升办学水平。建设能源和医学类特色专业集群，强化社会服务能力，实现人才培养和社会服务的双向促进与同步提升，增强学院的核心竞争力和社会服务能力。按照"质量立校、特色兴校、人才强校"的发展战略，陕能职院深化产教融合，突出办学特色，强化校企协同，以全日制高职教育为主，开展订单培养、煤矿及新能源从业人员培训、煤炭工程技术应用与服务、职业技能培训鉴定等工作，服务陕西和西部地区经济社会发展，为能源化工、医疗卫生等相关领域，培养生产、建设、服务、管理一线技术技能人才[①]。

（二）提炼文化精神，凝神聚魂

在 60 多年的发展中，几代煤校人凭着煤一般蕴含的能量，火一般燃烧的热情，克服困难，坚持办学，造就了数以万计的光和热的传播者，培养了一批又一批开发乌金墨玉的中坚力量，在自我的蜕变中不断获得新生。陕能职院把学院文化精神概括为"浴火凤凰，新生恒大"，用一个五彩斑斓的视觉符号，将学院文化精神高度艺术化、形象化。

学院概括提炼学院文化精神的同时，提出"敬学明德，远志修能"的校训、"知行相一，通变进取"的校风、"广博精微，海人不倦"的教风和"勤勉致知，启智育能"的学风。其中，"敬学明德，远志修能"是从态度、道德、理想和能力等素质层面上对学院文化精神的诠释；"知行相一，通变进取""勤勉致知，启智育能"是从方法的层面对学院文化精神的诠释；"广博精微，海人不倦"作为教风，是针对教师提出的，要求教师在有广博的知识和严谨、科学的治

---

①中青在线：《先进理念助推职教发展　优秀文化彰显内涵特色——陕西能源职业技术学院校园文化建设之路》，《中国青年报》2016 年 6 月 7 日第 6 版，http://zqb.cyol.com/html/2016 - 06/07/nw. D110000zgqnb_ 20160607_ 4 - 06. htm。

学精神的同时，还具备耐心细致、孜孜不倦的教学态度。

学院文化精神在语言表达的基础上，又设计出了二维视觉标志"校徽"和听觉标志"校歌"。校徽"浴火凤凰"隐喻学院历经磨难在坎坷中重生的奋斗精神，是"浴火凤凰，新生恒大"学院精神的化身。深厚的煤缘，依依的煤情，永恒的煤魂，是学院厚积薄发、迅速成长的文化精神动力。"敬学明德，远志修能，激励我们追求光明与健康。浴火神鸟，远引高翔，化被四方，能源人创造着新的辉煌。燃烧自己把世界照亮，我们是新时代的火凤凰。"校歌《能源之光》用象征的手法将煤炭类专业比喻为追求光明的"黑色脊梁"，将卫生类专业比喻为追求健康的"白衣梦想"，激励莘莘学子成为"燃烧自己把世界照亮"的"火凤凰"，用学院精神凝心聚魂，感染、启迪每一位学子的心灵。

（三）强化文化育人，彰显特色

1. 教煤爱煤，深化以煤为荣情结

教师队伍是传承学院文化精神的主力军。陕能职院鼓励青年教师深入煤炭企业，感受工程技术人员和校友们身上的人格魅力，增强献身煤炭教育的自觉性，深化教师"教煤爱煤，以煤为荣"的煤炭情结，增强他们对学院精神的理解，增强能源人的自豪感和忧患意识。陕能职院通过征文、演讲、撰写心得体会等多种形式学习全国优秀教师的先进事迹，引导全院教师以良好的师德师风和教风引领学生健康成长。近年来，陕能职院鼓励教师做学问著书，组织教师参加各级各类教学竞赛获得佳绩。2015 年，参加陕西省、全国煤炭行业院校和教育部主办的全国高校微课比赛，获国家级、省级和行业奖项多达 10 余个；在石化行指委、中国化工教育协会举办的"职业教育化工类及相关专业数字化教学作品大赛"、教育部信息化教学大赛陕西省选拔赛、陕西省信息化实训教学比赛中均有获奖记录。此外，陕能职院重视辅导员队伍建设，在校内开展普及性培训的基础上，通过开展"辅导员沙龙"、组织参加"陕西省辅导员培训班"等交流培训项目，帮助专兼职辅导员拓展视野，提高工作创新能力；构建辅导员队伍专业化、职业化、科学化发展的长效机制，在陕西省高校辅导员职业技能竞赛中取得良好的成绩。

2. 齐抓共管，构建文化育人格局

陕能职院坚持把人才培养目标定位为培养面向生产、建设、管理、服务一线工作的高等技术应用型人才。从学生入校起，陕能职院以校史、校情和专业教育为主题，通过参观校史展、"名师面对面"及专业介绍，用学院深厚的校史文化对学生进行熏陶；通过开展"抓教风、促学风，抓考风、促学风，抓班风、促学风，抓管理、促学风"四项合力育人机制，形成了"教师善教、学生乐学"的育人环境和学习氛围；通过项目化教学、信息化教学、分层次教学等模式，激发学生的学习热情和学习兴趣，促进学生由被动学习向主动学习、自主学习转变，锻造学生过硬的综合素质和技能；组织学生参加各级各类技能竞赛，形成了"以赛促建、以赛促改、以赛促教、以赛促学"的生动局面。

陕能职院注重加强学生心理健康教育，将安全教育、国防教育、法制宣传教育、心理健康教育制度化、常态化，建设心理咨询室、沙盘游戏室等。针对不同学生群体，利用现代手段，以电话、网络、报刊、培训班、主题活动等形式，开展个体及团体心理辅导，坚持做好新生心理健康测评工作，对存在心理问题的学生进行有效干预，引导学生形成积极向上的心理品质，助推学生健康成长。如每年 5 月开展题为"放飞心灵、拥抱自我"的心理健康月系列活动；承办陕西高校首届校园心理情景剧巡演活动；在微信公众平台上开设心理栏目"欣心向荣"，开展"爱心

杯"绿植领养、"心理游园会"等活动。

3. 形式多样，开展校园文化活动

在院党委的领导下，陕能职院团委结合学生身心发展规律和不同兴趣，积极组织学生社团开展各种文化、文体、社会公益等丰富多彩的校园文化活动，并使这种活动常态化，帮助学生树立正确的世界观、人生观和价值观，以促进学生健康成长和全面发展。一是组织大学生艺术团积极开展文艺活动，在每年重大节日、新生入学、重大庆典时，举办文艺晚会，以活跃学院的文化生活。同时，积极组织学生参加省市组织的各种文艺演出和竞赛活动，展示学院大学生的精神风貌。2015年，院团委承办咸阳市第七届高校艺术节舞蹈大赛，大学生艺术团编排的两组舞蹈分别荣获二等奖、三等奖。二是组织大学生开展各种文化活动，如学院举办校园文化艺术节，设立歌咏、书法绘画、演讲、诗歌朗诵、征文等比赛项目。三是有针对性地为大学生开展专题报告会或者讲座活动，如"励志青年大讲堂"专题讲座、心理健康专题讲座，邀请专家做"关注急救，拯救生命"公益讲座，邀请有关校友返校为学生做"煤炭企业文化""创业与就业"等专题报告。

（四）参加志愿活动，实践育人

陕能职院积极引导和鼓励在校学生深入农村、矿区、医院，广泛开展社会调查、寻访革命圣地、结对帮扶、脱贫攻坚等志愿服务活动，实践育人①。一是组织大学生举行各种捐赠、献血等公益活动。二是积极组织大学生参加各类环保宣传、文明市民宣传、公益劳动、医护服务等志愿者活动。学院现有1个青年志愿者工作部，4个志愿者实践基地，4个公益类社团，志愿服务网络覆盖全院各级团、学组织。近两年来，学院志愿者人数已达2000余人，直接参与志愿服务和社会实践的人数达到6000余人。三是利用节假日组织大学生参加各类社会实践活动，活动的范围从关中扩展到全省甚至向省外延伸，活动内容从以支农支教为主扩展到科技、文化、卫生、服务等多个方面。如2017年开展以教育帮扶、科技支农、政策宣讲、文化惠民、医疗援助等为主要内容的社会实践活动，成立精准扶贫调研小队、爱心助学支教小队、医疗健康服务小队、科技惠民小队以及"点石成金"脚丫行动小队，扎根基层，行走乡村，走访住户，深入调查，结合专业所长精准帮扶，制定"科技惠民"帮扶计划，勇当脱贫攻坚的"生力军"，给当地政府及群众留下良好印象，受到社会各界的普遍关注。

同时，陕能职院还按照"长效化、常态化、特色化"的原则，积极探索建立受助学生志愿服务活动的长效机制，调动志愿者的服务热情，实现志愿服务工作的制度化和规范化；建立健全志愿服务体系与志愿服务制度，推进志愿服务工作有层次、有重点地开展；通过网络、校内报刊、广播、宣传展板等，及时报道活动中的先进人物和事例，加大对受助学生志愿服务活动的宣传。

三、体会与思考

陕能职院注重内涵建设，不忘初心谋发展，在校园文化建设方面进行了有益的探索与实践，

---

①中青在线：《陕能院不忘初心谋发展　立德树人育英才》，《中国青年报》2017年12月20日第6版，http://zqb.cyol.com/html/2017-12/20/nw.D110000zgqnb_20171220_4-06.htm。

走出了一条独具能源特色的内涵式发展道路，为今后一段时期内进一步深化内涵、强化特色、提升人才培养质量奠定了基础。

（一）不忘初心，助推学院稳步发展

大学是引领时代文化精神的圣地，健康丰富的校园文化带给人们精神的滋养和享受。从1953年隶属于燃料工业部的西北煤矿学校开始，条件多么艰苦、经历多么曲折，"立德树人"的初心从未改变。在"敬学明德，远志修能"的校训中，"敬学明德"体现了现代大学教育以人为本的特点，"远志修能"突出了办学模式和个体价值追求，"远志"是对"明德"的升华，"修能"是"敬学"的最终体现。"知行相一，通变进取"的校风，"广博精微，诲人不倦"的教风，"勤勉致知，启智育能"的学风，影响着一届又一届学子。

（二）文化育人，彰显学校内涵特色

陕能职院从物质文化、制度文化、精神文化三个层面全面推进校园文化建设，充分发挥文化的熏陶、感染力，在潜移默化中陶冶学生的情操。优雅舒适的校园环境，丰富多彩的校园文化艺术节、运动会、科技活动、学术交流等，使学子们徜徉在广阔的知识海洋，激发了学生丰富的想象力和审美力，完善了学生的理性思维，使学生不仅掌握了科技知识，而且还具有仁爱之心和创新精神，学生综合素质全面提升。近年来，毕业生就业呈现出"竞争力强、协议就业率较高、对口就业率较高、就业层次高"的良好态势。

（三）立德树人，助力学生健康成长

青年学生从事志愿服务工作、加强社会实践活动，是校园文化建设和学生自身成长成才的必要环节。为引导学生坚定实现"中国梦"的理想信念，充分发挥社会实践活动的育人功能，三年来，陕能职院在加强改进大学生思想政治教育和组织开展的各类文化实践活动中，将"奉献、友爱、互助、进步"的志愿精神融入弘扬"雷锋精神"与暑期"科技文化卫生"三下乡活动的具体行动，将思想政治教育工作落细、落小、落实，大胆实践，积极创新，取得了良好的工作成效。

案例二　青岛胶南珠山职业学校

——以人文素质拓展为抓手　创建企业型校园文化①

背景：

　　如何在中职生中开展传统文化教育，一直以来是社会、学校、家长不断探讨的话题。青岛胶南珠山职业学校依据中等职业学校德育教育工作的现实状况，经过反复深入研究和探讨，以人文素质拓展为抓手，切实把弘扬中华民族优秀传统文化与"以人为本"教育理念相结合，创新教育形式，创建企业型校园文化，丰富教育载体，初步形成了以"文以载道、爱以化人"为基调，以"弘扬传统文化，发扬雷锋精神"为主题的具有中职特色的人文素质养成教育。

一、学校概况

　　青岛胶南珠山职业学校始建于1996年，坐落在青岛西海岸经济新区核心位置，是国家级重点中等职业学校、第三批国家改革示范学校、国家星火计划农民科技培训学校、山东省职业教育先进单位、齐鲁诗教先进单位。学校占地面积153314平方米，生均占地面积48.80平方米，建筑面积117603平方米，拥有主校区、实训中心校区和华东产学研教学基地三部分。学校现有在校生3142人，教师总数为227人，其中专任教师205人，兼职教师45人。专任教师中有高级职称教师64人，"双师型"教师136人，本科以上学历教师196人。学校共开设机电技术应用、电子商务、会计电算化、学前教育、汽车运用与维修、计算机平面设计、数控技术应用、机械加工、建筑工程施工、物流服务与管理、工程造价、旅游服务与管理、广播影视节目与制作、电子技术应用14个专业，其中机电技术应用为第三批省教育教学改革试点专业，数控技术应用和电子技术应用为青岛市第四批重点中等职业学校骨干专业。学校共有数控技术、机械加工、汽车维修、电工电子、焊接技术、钳工技术六个实训基地。

　　创新理念贯穿于学校创业发展史，创业精神饱浸学校历史积淀。学校实施依法治校、质量立校、特色兴校、人才强校的发展战略，坚定不移地走内涵发展、特色发展、和谐发展、创新发展的道路，形成文化育人机制。即：开展国学教育，以优秀传统文化育人；坚持雷锋精神教育，以红色文化育人；突出职业素养教育，以工匠精神实践育人；加强创新创业教育，以创新精神协同育人。学校人才培养质量和办学水平不断提升。

二、以人文素质拓展为抓手　创建企业型校园文化

　　经过多年的教育实践，青岛胶南珠山职业学校秉承"以文化人，知行合一"的素质教育要求，构建"三道工程"育人新模式，从物质文化、制度文化、行为文化、精神文化四个层面，

---

　　①本文根据青岛胶南珠山职业学校官网信息以及相关研究成果等资料编撰而成。

探索人文素质拓展教育途径，创建企业型校园文化。"三道"教育主要分为"知道"教育、"认道"教育、"上道"教育三个阶段，如图4-1所示。"知道"教育，了解知识，是教的过程，即让学生知道应该怎么做，不应该怎么做；"认道"教育，内化认识，是育的过程，即让学生不仅知其然，更要知其所以然，打心眼里愿意这样做，变"要我做"为"我要做"；"上道"教育，践行行为，是管理的过程，知道、认道只是认知问题，变为实际行动还需要有个漫长、艰难甚至非常痛苦的过程，这就需要通过管理去实现①。

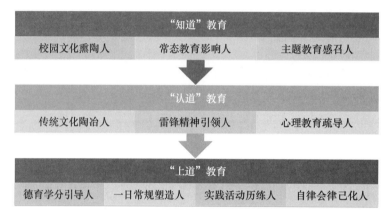

图4-1　青岛胶南珠山职业学校"三道工程"

（一）物质文化建设：注重文化传承性

青岛胶南珠山职业学校高度重视对中华优秀传统文化的学习与继承，在校园文化的硬件与基础的建设上，突出"中华民族优秀传统文化"主题，让传统文化物化为学校的系列标志，让学生身在其间、耳濡目染，内化为观念和行为。一是构建雷锋纪念馆、雷锋塑像和雷锋讲坛"三位一体"学雷锋教育基地，用雷锋精神兴校育人，引导学生自觉树立正确的人生观、世界观、价值观②。二是组建国学研修班、淑女班，讲授国学经典课程，开展礼仪与形体、琴棋书画等培训，将经典诵读纳入常规教学，让师生在教学实践中不断汲取中国优秀传统文化精髓，使学生成长为具有传统文化修养的现代中职生。三是打造经典书香校园。学校先后设立孔子塑像、建设"孔子文化长廊"、树孙中山"行姿"塑像、建设儒家"七十二贤"文化隧道，在宿舍楼、教学楼的醒目位置悬挂文明修身活动的牌匾，在全校上下掀起学习优秀传统文化的热潮，以传统文化精华创文化育人特色，用中国优秀传统文化深厚的底蕴和深邃的哲理来启迪、陶冶师生情操。

（二）制度文化建设：突出育人职业性

管理制度是广大师生员工行为规范的依据。在把握"职业性"主旋律方针的前提下，青岛胶南珠山职业学校以专业特色为主，围绕学生"技能型""应用型"培养目标，从学校、班级、学生各层次建立健全各项制度和标准，在比较完善、系统的制度下，形成浓郁的制度文化，使毕业生步入社会、走进企业岗位时形成企业文化的前期认同感，从而加速学生转变角色。一是建设教育管理常规制度，重点加强实验室、实训中心制度建设，把安全规范、操作规程张贴到实训车

①柳述海：《青岛胶南珠山职业学校"三道工程"构建育人新模式》，《中国农村教育》2015年第3期，第30-31页。
②《青岛胶南珠山职校倡导学传统文化建雷锋校园》，《职业教育》2015年2月下月刊，第38页。

间，教育学生用制度规范行为，用行为提高实践能力。二是建设班级、宿舍文化，鼓励各个班级和宿舍按照"全员参与、自主创新"的指导思想，进行特色教室和宿舍建设。比如通过开展"阳光生活"宿舍文化节，在创造平安、整洁、温馨的住宿环境的同时，达到提高自我创新、自我学习、自我教育的目的。三是企业管理制度建设。依托校企共建阿里巴巴就业创业孵化基地，借鉴比较成功的企业管理制度，对学生尝试进行"准企业管理"，为学生呈现企业文化色彩和职业氛围。

（三）行为文化建设：发展学生个性化

青岛胶南珠山职业学校非常重视学生的个性化发展，探索行为文化创新，积极将校园行为文化建设与职业生涯教育相结合，注重活动形式的创新和效用，着力宣传先进的企业文化、行业劳模和学校优秀毕业生的事迹，让学生更多地了解社会，树立正确的职业观。一是开展各种形式的校园文化育人活动，如举办中国传统曲艺巡演进校园、"孝行天下　和谐中华"道德大讲堂等活动；成立主题教育讲师团，开展爱国主义、感恩父母、心理健康、安全法制、文明礼貌等12个主题教育，使学生对道德伦常、是非曲直有明确的认识，促进学生养成优良的为人处事风格。二是深化校企融合。依托校企共建大学生就业创业孵化基地，青岛胶南珠山职业学校定期邀请企业管理人员来校做宣讲活动，让学生借鉴优秀企业管理经验，按照企业文化要求，培养与企业员工相同的行为规范。三是突破常规的德育活动。青岛胶南珠山职业学校实行德育学分制度，将德育教育纳入课程体系，开展实践教学小学期、科技作品制作、职业技能比武、职业生涯设计、技能服务社区等实践活动，让学生在活动中领悟并践行道德行为。四是实行"学生自治"。学校面对年龄参差不齐、成分复杂的学生，在学生管理工作上创造性地引进陶行知先生的"自治"教育理念，创新推行"六自能力"培养，即自我教育能力、自我管理能力、自我学习能力、自立抗挫能力、自立创新能力和自立创业能力，实行"学生自治"，利用自治教育深层挖掘学生中的榜样，发挥模范带头作用，带动学生成长，引导正确的价值观取向。

（四）精神文化建设：适应市场多变性

青岛胶南珠山职业学校注重加强学生的市场和创新意识、技能和效益意识的教育，适应市场的多变性，找准学校精神文化亮点，打造专业特色，从校风、教风、学风、课程和学校人际关系五个方面建设，形成自己的教育理念、办学精神、发展目标、经营战略，培育学生的文化心理和文化责任感[①]，如表4-1所示。

表4-1　　　　　　　青岛胶南珠山职业学校精神文化建设类型及亮点

建设类型	精神文化亮点
校风建设	以"以文化人　知行合一"为校训，把"文化立校"作为学校发展的核心战略，以社会主义核心价值观引领学校校园文化建设，把传承和弘扬中国传统文化作为校园文化建设的主题元素，充分挖掘《弟子规》思想的精髓，构建特色校园文化体系

①柳述海：《以人文素质拓展为抓手　创建企业型校园文化——青岛胶南珠山职业学校办人民满意的中职教育侧记》，中国职业技术教育网，http://www.zjchina.org/platform/service/zxnews/shtml/201501/7577.shtml，2015-01-24。

建设类型	精神文化亮点
教风建设	遵循教育"立德树人"的根本任务，在领导干部中开展"以德行政"，在广大教师中开展"以德育人"，在全校师生中开展"以德修身"，提升整体教风建设水平
学风建设	从学习、生活、卫生、行为习惯的养成教育出发，培养学生德智体美劳全面发展，完善学生的人格和品质，促进学生形成良好的学风
课程建设	以市场需求和学生就业为导向，使专业设置和课程开发对接企业岗位需求；以应用为主旨和特征，使教学内容贴近职业需求；以实践教学条件为支撑，开展暑假小学期，强化职业能力训练
学校人际关系建设	努力构建"良好的学校人际关系，达到密切合作、荣辱与共，发挥学校团结统一"的整体效应，创建和谐、向上的文明校园

三、体会与思考

校园文化是一所学校独特的精神风貌，对学生的健康成长和发展有着潜在的影响。青岛胶南珠山职业学校联合政府、行业、企业，在育人环境中实现校园文化与企业文化的对接、互动与渗透，顺利实现从学校向社会过渡，走出了一条亮丽独特的职业性校园文化品牌之路。

（一）"三道"教育，突破文化育人模式

青岛胶南珠山职业学校一改过去德育教育"头痛医头、脚痛医脚"，"雨过地皮湿"，收效甚微的局面，经过多年的教育实践总结出了行之有效的"三道工程"育人新模式。学校通过管理，不仅让学生知道怎么做、愿意去做，而且用实际行动努力去做好。"三部曲""三递进"将做人的道理内化为健康的品格，并最终转化为良好的习惯，形成了以生为本的德育教育系统，实现了育人模式的新突破。

（二）以文"化"人，引领校园文化建设

青岛胶南珠山职业学校历来把"文化立校"作为学校发展的品牌战略，以社会主义核心价值观引领学校校园文化建设，让校园文化回归教育的本位。学校全面实施"以就业为导向，以素质为核心，以能力为基础"的办学思想，秉承学校"以文化人，知行合一"的素质教育要求，从物质文化、制度文化、行为文化、精神文化四个层面，探索人文素质拓展教育途径，在培养学生职业道德的同时，提高学生自我职业生涯规划意识与专业技能，培养学习工作能力和专业技术能力。

案例三　邢台职业技术学院

——打造"邢职文化"品牌　培育核心竞争力①

背景：

　　品牌文化建设是高职院校提升软实力、培育核心竞争力的关键。高职院校越来越重视校园文化建设，实施品牌战略，赋予院校深刻而丰富的文化内涵，提升代表精神和文化力量的软实力，从而形成院校的核心竞争力。邢台职业技术学院在品牌文化建设中积极探索，在以往军队办学历史的基础上，不断深化高职教育"邢台模式"的内涵，形成独特的"邢职文化"品牌，提升了学院的综合实力与核心竞争力。

一、学校概况

　　邢台职业技术学院（简称"邢台职院"）创建于1979年，是一所以工科为主，面向全国招生，为社会培养生产、建设、管理、服务一线的应用型高技能人才的全日制普通高校。学院占地761亩（东西校区），建筑面积41.6万平方米，教学仪器设备总值10400万元，藏书105万册，建有大型图书馆、体育馆、标准运动场、千兆位校园网，全日制在校生13500余人。学院师资力量雄厚，拥有一支专兼结合、结构合理的高素质教师队伍，校内专、兼职教师628人，其中高级职称教师231人，硕士及以上学位教师420人，留学归国教师18人，从行业企业聘请232名技术专家、能工巧匠充实教师队伍，指导实践教学。学院设有汽车工程、服装工程、机电工程、电气工程、信息工程、建筑工程、艺术与传媒、经济管理、资源与环境、会计10系3部，开设服装设计（工程方向）、汽车检测与维修、数控技术、电气自动化技术、计算机应用技术、建筑装饰工程技术、建筑工程技术、市场营销、冶金技术、商务英语等52个专业，拥有汽车技术中心、服饰产业技术中心、鞋业技术中心、数控技术中心、电气技术中心、信息技术中心、艺术与传媒中心、建筑工程技术中心等13个校内实训中心，配有226个专业教室、实验实训室，校企合作建立629个校外实习实训基地。

　　邢台职院始终站在高职教育教学改革第一方阵，坚持"以服务为宗旨，以就业为导向，以质量求生存，以创新求发展，以特色创品牌"的办学指导方针，坚持"校企合作、工学结合"的人才培养模式，在以往军队办学历史的基础上，尤其在国家示范性高职院校建设中，以"校园文化建设工程"为抓手，通过开展"和谐校园""文明校园""艺术校园""创新校园""开放型校园"和"节约型校园"建设活动，使学院的办学理念、办学方针深入人心，不断深化高职教育的"邢台模式"内涵，形成独特的"邢职文化"品牌②。同时，在弘扬和实践社会主义核

---

　　①本文根据邢台职业技术学院官网信息以及相关研究成果等资料编撰而成。

　　②张国基、石爱民：《高职院校软实力的提升与核心竞争力的培育——邢台职业技术学院品牌文化建设的探索》，《邢台职业技术学院学报》2012年第29卷第5期，第20-23页。

心价值观方面，学院基本形成了"技术立校，军风育人"的办学理念，涌现出葛乃硕等大批先进个人和熊猫摄影队等爱心集体，办学文化和理念被广泛认可，学生综合职业能力明显提升，就业名列全国高校前列，在全国、省相关行业技能大赛中频获大奖。近年来，邢台职院先后荣获"全同高职院校魅力校园""全国就业力十强高职院校""全国普通高校毕业生就业工作先进集体""全国高校毕业生就业典型经验50强"等荣誉称号，并连续获得省、市文明单位称号。

二、打造"邢职文化"品牌　培育核心竞争力

基于军队院校背景和多年的办学经验，邢台职院凝练提出了"德能并蓄、敏行担当"的校训和"雷厉风行、团结奉献、实干创新、追求卓越"的学院精神，倡导军队文化、企业文化和郭守敬文化"三种文化"的深度融合，逐步形成了以"三种文化"（军队文化、企业文化、郭守敬文化）为主要标志的"邢职文化"品牌和"军人作风+职业素质"的人才培养特色，为社会培养了一批又一批高素质应用型技能人才。

（一）军风塑行，培养学生军人作风

邢台职院秉承军队优良传统，以服从命令、听从指挥、团队协作等军队精神为品牌文化建设的内核，培养学生养成职业人的良好作风，使其成为"邢职文化"的最大亮点，成为"邢职文化"的根。

1. 军队文化基因

邢台职院原是中国人民解放军军需工业学院，是一所为军队保障性企业培养人才的高校，有着20年的军队办学历史和30多年的职业教育改革历程，2006年入选教育部、财政部首批28所"国家示范性高等职业院校建设计划"立项建设单位[①]。学院党委始终将军队院校育人传统作为大学生思想政治教育工作的突破口，坚持"技术立校，军风育人"的办学理念，在校园环境建设中营造军队文化氛围，通过校训、灯杆旗、路标、文化石、宣传板等多种途径，营造传播军人作风的环境氛围，通过军队环境文化的熏陶，铸牢军魂意识，强化理想信念，让学生潜移默化地受到军营文化的感染和教育，培育和弘扬社会主义核心价值观。

2. 军风管理模式

邢台职院秉承军队院校的育人传统，推进军风塑行工程，从规章制度入手，抓校风建设，立规矩、有章法，制定出台了一整套有机联系的制度。一是充分利用辅导员队伍、学生骨干队伍，加强对学生基础文明行为的管理，强化督促与检查；二是三年一贯制严格实行"一日生活制度"，以新生入学军训教育为起点，对从起床到早操、整理内务、上课、自习，一直到晚上熄灯号响起等生活与学习的全过程进行规范要求和管理，强调时间上的秩序化，培养锻炼学生的团体意识和组织纪律观念，为学生形成良好的组织观念和职业意识打下基础。

3. 军魂育人模式

多年来，邢台职院继承军队传统，创新学生教育管理模式，在新生教育管理中坚持实行"带班员"制度，即通过层层选拔，每年从二年级、三年级在校生中选出优秀学生，经过严格训

①《邢台职业技术学院：军风塑行　立德树人》，《光明日报》2018年3月5日第15版，http：//epaper. gmw. cn/gmrb/html/2018 - 03/05/nw. D110000gmrb_ 20180305_ 4 - 15. htm。

练和集中培养，并考核合格后担任新生"带班员"，职责是完成新生军训任务和新生教育管理任务，并协助辅导员做好一年的教育管理任务和新生思想政治教育工作。经过多年的实践证明，"带班员"制度是一项比较成功的实践创新，形成了一套适合大学新生入学教育、军事训练和深入开展学生日常教育管理特点的新模式，其发挥的突出作用主要表现在：一是完全靠学院自身的力量完成军训和一年的管理任务，同时又将学院纪律严明、雷厉风行、顽强拼搏的军人作风一届届传承下去并发扬光大；二是锻炼了一批学生骨干，每年培养一批具有军人素质的优秀技能人才；三是协助各系辅导员指导一个教学班一个学期，使新生能够尽快适应新的生活及学习环境，规范秩序；四是有利于实现学生自我教育、自我管理、自我服务，尽快形成良好的班风、学风和校风。

（二）对接企业，增强学生职业素养

邢台职院坚持"学校贴近职场，教育相伴人生"的理念，重视学生的职业素养教育，让工业文化进校园，让优秀企业文化进课堂，与企业合力打造高职教育品牌，不断创新人才培养模式。

1. 人才培养方案融入企业文化

邢台职院采取"请进来""走出去"方式，请企业行业专家参与制定人才培养方案，将企业需求和优秀企业文化集中体现在学校的培养目标、课程设置、课程内容和教学实施等各个层面，定期邀请企业管理人士进校讲课，在教学过程中融入企业文化，同时轮流派出学生到企业顶岗实习，在工作中逐步培养学生遵纪守法、爱岗敬业、吃苦耐劳、团结协作的职业素养。

2. 校园文化活动融入企业文化

邢台职院通过积极探索，将企业文化融入形式多样的校园文化活动，培养学生的职业素质。一是通过开设"订单班"，设立"企业奖助学金"，校企联合组织丰富多彩的主题活动和职业技能大赛等活动，有效地将企业文化融入校园文化活动。同时，在活动中邀请企业领导和专业人士担任评委，从职业人的角度对学生进行评价，传播企业理念，促进了学生素质的提升。二是定期举办校园开放日、校企合作洽谈会、先进员工事迹报告会等活动，邀请企业优秀的工程师或技师作报告。如特邀汽车、服装、建筑、化工、电气等产业领域的技术专家或企业高管，举办了"行业专家谈职业成长"系列讲座与报告，让在校生和行业企业专家近距离接触和交流。三是将特色文化活动由校内延伸到校外，组织学生到企业开展志愿服务或文化交流活动，使学生近距离感受企业的文化内涵、价值理念等。

3. 教学实训场所融入企业文化

邢台职院通过校企互设车间、场所共建等方式，将企业工厂的布置、设施等复制到教学实训场所。一是在各种有形的载体中营造职业氛围（如在实训场所、生产车间等墙上张贴企业核心理念、形象标识等），培养学生爱岗敬业、精益求精的职业态度、职业责任，完成职业能力和职业素质的训练；二是为学生提供真实或模拟的职场环境，并在与企业的深层次合作中渗透企业文化和职业精神的培养，导入企业的核心价值观，进一步完善校园精神文化建设，使学生具备应对职场变化和人生起伏的特殊发展潜质。

（三）立德树人，培养学生工匠精神

邢台职院通过梳理区域文化资源，在品牌文化建设和人才培养中合理地融入"郭守敬文化"

资源，以郭守敬这一品牌强化"邢职文化"的品牌影响力，进一步提升校园文化的区域适应能力和企业适应能力，促进特色人才培养，着力培养大国工匠。

1. 传播郭守敬精神，培育"工匠"态度

郭守敬文化以极其鲜明的地域特征，构成了邢台文化之魂。依托邢台市郭守敬纪念馆，邢台职院着力挖掘、弘扬郭守敬身上所体现出的与高职生职业素质要求相一致的执着敬业、躬身实践、探索创新等伟大精神，将其在一系列天文、水利活动中突出体现出的服务国家造福百姓的精神，融入校园文化，激励邢台职院学子，使"郭守敬文化"深深植根于学生头脑中，熔铸在血液里。一是建设郭守敬科技园，通过雕塑、文化墙、文化石等公共文化设施，展示郭守敬的科技成果和科技精神；二是定期组织开展"郭守敬科技文化艺术节""守敬杯"职业技能大赛等系列文化活动，培育大学生追求卓越、精益求精、敢于拼搏、勇攀高峰的"科技素养 + 工匠精神"，为培养特色技术人才奠定良好的文化底蕴。

同时，邢台职院构建了"一主两辅"的思政教育体系，即以思政教育理论课为主，以思政教育实践课和融入思政教育的专业课为辅。通过灵活的组织形式，培育学生的爱岗敬业、无私奉献的"工匠精神"。一是实施以教育管理服务为载体的训练，利用理想信念教育、新生入学教育、毕业离校教育、诚信教育等主题教育活动形式，引导学生树立正确"三观"，树立实事求是、求真务实的"工匠"态度；二是利用重大庆祝日和传统节日，开展系列主题教育活动，弘扬中华民族优良文化传统；三是利用日常行为规范教育，开展文明修身教育、行为养成教育等一系列德育管理方法和手段，让学生在具体行动中体验和内化行为准则、道德规范、劳动态度、职业精神。

2. 实施实践育人，培育"工匠"精神

邢台职院将"工匠精神"融入实践育人工作，实施以实践育人基地为载体的训练，强化"工匠"职业素养的养成。一是搭建集实践教学、科技服务、创新创业、志愿服务为一体的实践育人平台，通过打造大学生寒暑期"三下乡"社会实践、品牌志愿服务、创新创业训练等项目，形成社会实践与职业素养、专业学习、就业创业、科技服务紧密结合的"四结合"社会实践育人体系，助推学子在实践中成长成才，带领学生在服务他人、奉献社会中升华对社会主义核心价值观的认知和理解，培育学生爱岗、敬业的"工匠精神"。二是依托大学生创新创业孵化园和创新创业培训基地，邢台职院常态化开展创新创业教育，每年定期组织开展"郭守敬科技文化节""创业创新大赛""技能大赛"等活动，学习郭守敬文化，弘扬"工匠精神"，提高教科研水平和社会服务能力，打造能力"创新校园"①。

三、体会与思考

问渠哪得清如许？为有源头活水来。邢台职院"军人作风 + 职业素养"的育人模式就是通过运用军队精粹、有效的育人方法和手段，同时让思政教育融入教育教学全过程，实现立德树人方法的多样性，促进高职学生职业素养的形成，从而培养了一批批德才兼备的高素质应用型技能人才。

---

① 魏继华：《"邢职文化"品牌建设与特色人才培养——邢台职业技术学院文化建设探索与实践》，《中国教育报》2017 年 8 月 10 日第 4 版，http: //paper. jyb. cn/zgjyb/html/2017 - 08/10/content_ 483400. htm? div = - 1。

（一）传承"军队文化"，培养学生军人特色素质

邢台职院有近 20 年的军队办学历程，奉献和牺牲精神、高度忠诚、敬业爱岗、团队精神、纪律和服从为内涵的军队文化已在"邢职人"心中打下深刻烙印，雷厉风行、纪律严明的军人作风已成为学院特有的校风和"邢职人"共同遵循的价值取向。多年来，学院一直坚持传承军队优良传统，以军队精神为品牌文化建设的内核，培养学生过硬的工作、学习和生活作风，使其成为"邢职文化"的亮点。

（二）融入"企业文化"，推进校企合作更加深入

以培养社会急需的高素质应用型技能人才为办学目标，推进校企融合、培养拥有较高行业企业文化素养的"职场人"是高等职业教育的内在要求。多年来，邢台职院在不断深化校企合作的过程中，更加全面地考虑企业文化对高职学生的要求，增强学生职业素质的培养，加速毕业生走向社会、适应企业的进程，把邢台职院毕业生的职业精神做成品牌，让人们一提邢台职院毕业生，就能认定这是一名合格的职业人。

（三）做强"郭守敬文化"，着力培养大国工匠

我国著名的天文学家、数学家、水利专家郭守敬，一生致力于科学研究工作。他精于观察、善于总结并能把握客观事物发展规律；他崇尚科学、勤于钻研、精益求精，富有实干和工匠精神；他敢于探索、勇于实践，富有创新精神，所以在天文、历法、水利和数学等方面都取得了卓越的成就。郭守敬一生崇尚科学、勇于探索的伟大精神形成了典型的邢台地方文化特质，而这种文化特质恰恰与以培育"科技素养＋工匠精神"为主的高等职业教育要求高度契合。

案例四　江苏食品药品职业技术学院

——彰显食品药品特色　服务"健康中国 2030"[1]

背景：

　　校园文化是高职院校教学宗旨以及办学理念的集中体现，在校园文化中融入区域文化、产业文化是塑造自身特色、提高综合实力的有效措施。江苏食品药品职业技术学院始终坚持大学文化、产业文化、地域文化互融发展，积极推进产业文化进职教、企业文化进校园、职业文化进课堂，构建以"良心、诚信、创新和包容"为核心内容的特色校园文化，进而充分发挥校园文化建设的育人功能，服务"健康中国 2030"。

一、学校概况

　　江苏食品药品职业技术学院（以下简称"江苏食药职院"）是江苏省人民政府主办、江苏省教育厅主管的全日制普通高等学校。学院坐落在秀丽宜居、人文荟萃的历史文化名城——江苏省淮安市，紧邻周恩来纪念馆、吴承恩故居等游览名胜，环境清新优雅，文化氛围浓厚。学院占地面积 1500 亩，总建筑面积近 33 万平方米，现有全日制在校生 11000 余人，教职工 610 人，校内专兼任教师 469 人，引进或聘任来自企业一线的各类兼职教师 496 人。校内专任教师中，教授 36 人、副教授 141 人，硕士及以上学位 300 人，其中博士学位 35 人。学院设有食品学院、药学院、制药工程学院、健康学院、酒店学院、财贸学院、机电工程学院、信息工程学院 8 个二级学院，开设食品、医药、健康、机械、电子、信息、旅游、烹饪、工商管理和幼儿教育等 37 个专业，涵盖了食品药品产业链中原辅材料生产、安全质量控制、贮运与营销等主要环节。学院建有国家专业教学资源库 1 个，国家精品资源共享课和国家、省精品课程 5 门，省高校重点建设专业群 4 个，省高校特色专业或建设点 5 个；建有食品生物技术、生物技术、烹饪工艺、机电控制、计算机网络、经贸物流等 11 大类实验实训室 182 个，各类实验实训设备总值近1.2 亿元以上。

　　自成立以来，学院始终秉承"立德尚能，以人为本"的育人理念，不断深化"多元融合，学做一体"的人才培养模式改革，大力推进特色办学、合作办学、开放办学、智慧办学和惠民实务，为江苏经济社会发展和行业振兴作出了突出贡献。在过去的半个多世纪中，学院为社会输送了 6 万多名合格毕业生，他们在各自的领域建功立业、成就卓著，得到了社会的广泛认可。2006 年以来，学院还先后被授予"江苏省文明单位""江苏省高校毕业生就业工作先进集体""江苏省和谐校园""江苏省平安校园建设示范高校""江苏省职业教育先进集体""江苏省德育工作先进单位""江苏省高校先进基层党组织""江苏省高校后勤工作先进单位""江苏省'六五'普法先进集体"等荣誉称号。

---

[1]本文根据江苏食品药品职业技术学院官网信息以及相关研究成果等资料编撰而成。

二、彰显食品药品特色 "服务健康中国2030"

江苏食药职院从创新办学机制体制、优化教育教学改革、服务地方产业发展等方面构建特色校园文化，打造彰显食品药品特色的优质高职院校，努力为"健康中国2030"培养更多高素质技术技能人才。

（一）创新教学文化，提升学生职业素养

江苏食药职院通过实施一系列课程改革措施，探索将素质教育融入教学文化，提升学生的现代职业素养[1]。

1. 工匠精神融入专业教学

学院通过深入研讨工匠精神实质内涵，制定《工匠精神培养实施办法》，找寻各类课程培养工匠精神着力点，探索"匠心"培育方法手段，形成"匠人"培养体系。一是邀请行业大师、技术骨干、企业标兵开设系列讲座，通过他们的实例，教育学生敬重事业、敬重师傅、敬重术业、敬重自我；二是拓展人文素质公选课，培养学生脚踏实地、专注持久、追求精优、铁杵磨针的工匠情怀；三是在专业技能实训过程中突出认真、严谨、严格和严肃的职业态度教育，使学生形成"不达极致不罢休，反复磨砺方成器"的职业信仰；四是通过兴趣小组和社团活动，培育学生的产品心追求、手艺人精神、修行者心态和偏执者气质。

2. "双创"能力培养贯穿育人全过程

学院在专业课程中融入"双创"教育理念，每年举办"双创杯"教学设计大赛，鼓励专业教师在课程教学中融入创新创业教育，设置2个课时以上的创新创业专题或模块；积极引入创新创业教育慕课、视频公开课等在线开放课程；邀请教育专家或知名企业家举行专题讲座；充分发挥大学生创业中心、食品科技创业园和苏食苑宾馆3个主体区域功能，建设创业实战区，通过具体项目锻炼学生的创业能力；加强创新创业教师专业化培训，要求必须拥有KAB创业讲师、SYB创业讲师、创业咨询师、网上创业讲师、职业指导师、生涯规划师、心理咨询师等资格证书；明确教学单位和相关职能部门对于"双创"教育的职责，形成创新创业教育协同联动机制。

3. 职业素质养成嵌入课程

学院通过培养学生"我是企业重要一环"的职业价值观，让学生认清工作的意义，学会尊重、正直、宽容和担当。例如，开展主题教育活动和《思想品德修养》课程，培养学生敬业、忠诚、良心和诚信的职场道德；开设"道德大讲堂"，开展交友、处世、礼仪、孝道等人文素养讲座，培养学生的个人、交往、办公、公务等职场礼仪；开设《演讲与口才》和《沟通技巧》等公共选修课程，培养学生的职场沟通能力；组织实践课程的分组教学和团队任务分派，培养学生的团队精神和职场协作能力；开展学生管理和养成教育活动，提升学生的时间管理能力。

此外，学院还开展素质拓展教育项目，实现基本教学过程和素质拓展相互渗透。如举办人文社会科学与自然科学讲座；开设政治、经济、军事、文学、艺术、历史、地理等人文社会科学类课程以及食品文化、餐饮文化、养生文化、茶文化、旅游文化等专业文化课；开展"读百部名著，观

---

[1] 赵军、赵慧：《江苏食品药品职业技术学院探索素质教育融入教学文化，提升学生现代职业素养》，《淮安日报》2017年10月12日第B2版，http：//szb. hynews. net/harb/html/2017 – 10/12/content_ 3828678. htm。

百部电影,唱百首名歌(曲)"活动,着力提高学生的文化品位、审美情趣和科学素养等。

(二) 融入地域文化,全面提升学生素质

淮海地域文化是地域性文化底蕴的精神力量,将其融入校园文化建设,不仅能继承传统文化、发扬优秀传统精神,还会使学校更加具有地域文化的鲜明特点。江苏食药职院为了促进学生素质的全面提升,主要从精神文化建设、物质文化建设、教学科研三个方面融入淮安地域文化。

精神文化建设方面,学院在校训、校徽中融入淮安地域文化,使历届学生了解校训与校徽的来源时,了解淮安历史文化,对学校的文化发展与区域文化底蕴有更加深刻的认知。物质文化建设方面,一是根据地域资源的特点,在校园环境硬件建设上加大资金投入,建立名人塑像、名企标识、企业文化长廊、公寓文化大厅、清廉园等校园人文景观;二是融入以"诚信、良心"为核心内容的食品文化,创新打造"一区一馆一墙一园一林"(即企业文化区、食品药品科技馆、食品文化墙、百草园、母校纪念林),使学生在校园文化的熏陶和浸染中形成健全的人格素质。教学科研方面,学院主要开展具有地域文化特色的教学科研活动,如组织竞技类的地域文化课题研究,让学生在自我探索中能够更好地了解所在地域的文化特色,进而促进人文素质的提升。

同时,学院开展区域文化特色的主题活动,让学生在校园文化活动中更加深刻地感受地域文化,培养学生的社会责任感与民族使命感,全面提升学生的思想文化素质,如组织学生欣赏淮海剧、参观历史文化遗址、研究名人故居等。

(三) 校企产教互融,彰显食品药品文化特色

1. 产业文化对接校园文化

一方面,学院通过各二级院系与相关企业、行业联合,积极鼓励"一系一品"特色创新,引导院系凝练和培育自己的特色文化和活动品牌,形成文化育人小环境,巧妙地将行业的文化要素融入到节日中,让学生在参与系列活动中受到行业文化的熏陶。如食工学院开展"食话食说"系列活动,形成"食品文化节";健康学院展示酒工业文化,形成"酒文化节";药学院以"药苑讲坛"为平台,形成"健康文化节";酒店学院开展食雕表演等系列活动,形成"美食文化节";等等。

另一方面,学院与地方政府共建江苏食品科技产业园、淮安国家农业科技产业园区,共同培养技术技能人才,推进产业文化深度融入校园文化;发挥学院作为教育部食品行指委副主任委员单位、省餐饮行业协会副会长单位的作用,弘扬食品药品行业文化;发挥江苏淮扬菜烹饪学院作用,推动淮扬菜产业化、市场化和品牌化。

2. 企业文化对接校园文化

在校企合作框架下,学院将企业工厂、车间搬进校园,将课堂建到产业园区、企业车间等生产一线,建立"校中厂""企中校";与"今世缘酒业"等企业共同兴建食品科技园,与省餐饮行业协会及有关企业合作共建校内实习宾馆,通过"校中厂"这个真实的环境,锻炼教师和学生的实战能力;建立三套远程视频教学系统,利用"互联网+课堂"实现实时直播,并通过"订单班"的方式,让学生进入企业进行顶岗实习,让学生在顶岗实习中领悟企业文化①。

---

①江苏共青团:《江苏食品药品职业技术学院创新特色校园文化》,http://www.jiangsuqt.org/gsdt/article/024fbd0.html,2016-10-31。

3. 职业文化对接校园文化

学院大力推进校友文化融入校园环境，构建"学校、企业、校友"共生态育人模式，邀请校友中的行业精英、企业专家、优秀工匠以及创业典型，开展"四百名杰出校友进校园"系列活动，主要包括"百名校友风采展""百名校友访谈录""百名校友进课堂""百名校友话创业"四个方面的内容，以杰出校友的精神激发在校生的职业信念、就业信心和创业动力。具体做法：一是遴选百名杰出校友，将其个人简历和工作成绩通过官方微博、官方微信、校报、学生宿舍区、实训场地、橱窗等平台和媒体分期进行展示；二是建立实体校史馆并创建网上校史馆，设置"校友之家"窗口；三是积极推进"百名校友进课堂"，先后邀请数十名杰出校友来母校，作专题报告，从读书深造、就业创业、理想与现实等实际话题展开与在校生座谈，给予学生们诸多启迪[①]。

此外，学院还建设工匠主题雕塑园，选取古今中外在食品、药品、健康、烹饪等领域的著名人物雕像艺术品，营造学院注重技术、崇尚技能的职业文化氛围。

三、体会与思考

近年来，江苏食药职院坚持"课堂教学"与"社会实践"相结合、"学校发展"与"服务区域经济社会发展"相结合的原则，构建校园文化，探索出一条校园文化发展的新路径[②]。

（一）地域文化，提升校园文化品位

高职教育要为培养生产、建设、管理、服务第一线急需的技术应用型人才服务。这一教育宗旨要求高职院校的教育要与区域文化以及企业文化对接。为此，在高职院校的育人过程中，建设具有地域特色的校园文化就显得尤为重要。淮安地域文化的优秀思想在江苏食药职院的校园文化建设中发挥了重要作用，对营造文化气息、提高人文素质、提升校园文化品位具有极大的促进作用。

（二）校企融合，塑造食品药品特色

高职院校独特的教育模式和培养目标要求校园文化融入更多的企业文化作为特色，感受高职校园文化与企业文化的碰撞对接与融合，以便培养出更多受企业欢迎满足社会需求的高职人才。江苏食药职院围绕核心价值目标，始终坚持大学文化、产业文化、地域文化互融发展，积极推进产业文化进职教、企业文化进校园、职业文化进课堂，通过对课堂教育与社会实践相结合的探索，共同促进具有食品药品行业特色的校园文化发展。如在学生品德教育和学生管理模式上，引进企业先进的文化理念，强化与企业文化有密切关联的教育内容；创办"订单班"，实现专业设置、课程开发、教学内容等与社会、企业零距离对接；举办企业家报告会、成功人士讲座、优秀毕业生演讲等活动，有意识地将企业文化融合渗透到学生课外活动中，实现校园文化与企业文化的互动与对接，共同推进学院校园文化建设的多元性。

---

① 赵慧、孙启迪：《江苏食品药品学院推进校友文化进校园》，《淮安日报》2017 年 10 月 26 日第 B2 版，http：//szb. hynews. net/harb/html/2017 - 10/26/content_ 3831532. htm。

② 王静：《高职院校特色校园文化建设刍议》，《学校管理》2015 年第 10 期，第 190 页。

附 录 篇

附录一　2017 年中国职业教育大事记

[1] 1 月 4 日，教育部发布《关于印发刘延东副总理在推进职业教育现代化座谈会上讲话的通知》。

[2] 1 月 5 日，人力资源社会保障部发布《关于印发进一步减少和规范职业资格许可和认定事项改革方案的通知》。

[3] 1 月 8 日，中共中央办公厅　国务院办公厅印发《关于深化职称制度改革的意见》。

[4] 1 月 9 日，教育部办公厅、中国机械工业联合会《关于遴选全国职业院校装备制造类示范专业点的通知》。

[5] 1 月 10 日，国务院印发《国家教育事业发展"十三五"规划的通知》。

[6] 1 月 12 日，教育部办公厅、国家邮政局办公室《关于遴选全国职业院校邮政和快递类示范专业点的通知》。

[7] 1 月 13 日，中共中央组织部、教育部《关于印发高等学校领导人员管理暂行办法的通知》。

[8] 1 月 13 日，教育部《关于公布 2017 年普通高等学校高等职业教育专业设置备案和审批结果的通知》。

[9] 1 月 16 日，教育部办公厅、交通运输部办公厅、民航局综合司、中国铁路总公司办公厅《关于遴选全国职业院校交通运输类示范专业点的通知》。

[10] 1 月 19 日，教育部办公厅、国家旅游局办公室《关于遴选全国职业院校旅游类示范专业点的通知》。

[11] 1 月 22 日，教育部发布《关于印发教育部 2017 年工作要点的通知》。

[12] 1 月 25 日，教育部办公厅关于印发《2017 年教育信息化工作要点》的通知。

[13] 2 月 2 日，教育部办公厅《关于启用全国高等学历继续教育专业管理和公共信息服务平台并做好 2017 年拟招生专业申报工作的通知》。

[14] 2 月 4 日，教育部《关于"十三五"时期高等学校设置工作的意见》。

[15] 2 月 10 日，教育部办公厅《关于公布 2016 年全国职业院校信息化教学大赛获奖名单的通知》。

[16] 2 月 24 日，教育部职业教育与成人教育司《关于印发职业教育与继续教育 2017 年工作要点的函》。

[17] 3 月 24 日，教育部、国家发展改革委、财政部、人力资源社会保障部关于印发《高中阶段教育普及攻坚计划（2017－2020 年）》的通知。

[18] 3 月 31 日，教育部、中央编办、发展改革委、财政部、人力资源社会保障部《关于深化高等教育领域简政放权放管结合优化服务改革的若干意见》。

[19] 3 月 31 日，教育部办公厅关于印发《职业院校教师素质提高计划项目管理办法》的通知。

〔20〕4 月 6 日，教育部办公厅《关于做好 2017 年度现代学徒制试点工作的通知》。

〔21〕4 月 13 日，中共中央、国务院印发《中长期青年发展规划（2016 ~ 2025 年)》。

〔22〕4 月 14 日，教育部职业教育与成人教育司《关于 2016 年高等职业教育创新发展行动计划（2015 - 2018 年）执行情况及有关工作完成情况的通报》。

〔23〕4 月 18 日，教育部、中央宣传部、人力资源社会保障部、工业和信息化部、共青团中央、中华职业教育社《关于做好 2017 年职业教育活动周相关工作的通知》。

〔24〕4 月 21 日，教育部《关于举办 2017 年全国职业院校技能大赛的通知》。

〔25〕5 月 5 日，中华职业教育社成立 100 周年。中共中央总书记习近平对中华职业教育社成立 100 周年致以热烈祝贺，在贺信中充分肯定了中华职业教育社的历史贡献，为中华职业教育社的发展指明了方向。

〔26〕5 月 8 日，第十届全国职业院校技能大赛在天津举行。中共中央政治局常委、国务院总理李克强对大赛作出重要批示。中共中央政治局委员、国务院副总理刘延东出席开幕式并讲话。

〔27〕5 月 22 日，教育部办公厅、国务院扶贫办综合司关于印发《贯彻落实〈职业教育东西协作行动计划（2016 - 2020 年)〉实施方案》的通知。

〔28〕5 月 27 日，教育部办公厅《关于做好职业教育专业教学资源库 2017 年度相关工作的通知》。

〔29〕6 月 1 日，教育部办公厅《关于商请推荐全国教师企业实践基地的函》。

〔30〕6 月 12 日，教育部职业教育与成人教育司《关于做好 2017 年职业院校人才培养工作状态数据采集工作的通知》。

〔31〕6 月 13 日，教育部办公厅《关于报送教育部等九部门关于进一步推进社区教育发展的意见贯彻落实情况的通知》。

〔32〕6 月 14 日，教育部关于印发《普通高等学校健康教育指导纲要》。

〔33〕7 月 4 日，国际职业技术教育大会在河北举行。国务院副总理刘延东致信大会，希望各国共同努力，把握全球趋势，立足本土实践，积极推动职业教育发展及 2030 年教育的实施，为增进人民福祉、促进全球可持续发展做出新的贡献。

〔34〕7 月 20 日，教育部职业教育与成人教育司《关于成立现代学徒制工作专家指导委员会、设立专家库（2017 - 2020 年）的通知》。

〔35〕7 月 27 日，教育部办公厅《关于举办 2017 年全民终身学习活动周的通知》。

〔36〕8 月 16 日，教育部办公厅《关于举办 2017 年全国职业院校信息化教学大赛的通知》。

〔37〕8 月 23 日，教育部办公厅《关于公布第二批现代学徒制试点和第一批试点年度检查结果的通知》。

〔38〕8 月 24 日，教育部《关于发布〈交互式电子白板〉系列两项教育行业标准的通知》。

〔39〕8 月 30 日，教育部召开第二场教育金秋系列新闻发布会，介绍职业教育国家教学标准体系建设有关情况。经过多年持续建设，我国职业教育领域基本形成了以专业目录、专业教学标准、课程教学标准、顶岗实习标准、专业仪器设备装备规范五个部分构成的国家教学标准体系。

〔40〕8 月 31 日，教育部《关于进一步推进职业教育信息化发展的指导意见》。

〔41〕9 月 4 日，教育部《关于公布 2017 年全国职业院校技能大赛（常规赛项）获奖名单的通知》。

［42］9 月 7 日，教育部办公厅关于印发《职业教育东西协作行动计划滇西实施方案（2017－2020 年）》的通知。

［43］9 月 8 日，教育部职业教育与成人教育司《关于编制和发布 2017 年度中等职业学校质量年度报告的通知》。

［44］9 月 12 日，人力资源和社会保障部《关于公布国家职业资格目录的通知》。

［45］9 月 24 日，中共中央办公厅、国务院办公厅印发《关于深化教育体制机制改革的意见》。

［46］10 月 10 日，教育部、国家统计局、财政部发布《2016 年全国教育经费执行情况统计公告》。

［47］10 月 13 日，教育部办公厅、交通运输部办公厅、民航局综合司、国家邮政局办公室、中共铁路总公司办公厅《关于公布全国职业院校交通运输大类示范专业点名单的通知》。

［48］10 月 13 日，教育部办公厅、中国机械工业联合会《关于公布全国职业院校装备制造类示范专业点名单的通知》。

［49］10 月 14 日，第 44 届世界技能大赛在阿联酋阿布扎比举行。当地时间 10 月 13 日，在阿联酋阿布扎比国家会展中心举行的世界技能组织成员大会上，中国上海正式获得 2021 年世界技能大赛举办权。当地时间 10 月 19 日落幕的世界技能大赛，我国 52 名选手在 47 个项目的比赛中取得了 15 枚金牌、7 枚银牌、8 枚铜牌和 12 个优胜奖的优异成绩，创造了我国参赛以来的最好成绩。

［50］10 月 20 日，教育部、人力资源社会保障部《关于印发高校教师职称评审监管暂行办法的通知》。

［51］10 月 23 日，教育部职业教育与成人教育司《关于编制、发布和报送高等职业教育质量年度报告（2018）的通知》。

［52］10 月 25 日，教育部、国家统计局、财政部发布了 2016 年全国教育经费执行情况统计公告。公告显示，2016 年全国教育经费总投入为 38888.39 亿元，比 2015 年的 36129.19 亿元增长 7.64%。国家财政性教育经费为 31396.25 亿元，首次超过 3 万亿元，比 2015 年的 29221.45 亿元增长 7.44%，占 GDP 的比例为 4.22%。

［53］10 月 26 日，教育部办公厅、国家旅游局办公室《关于公布全国职业院校旅游类示范专业点名单的通知》。

［54］10 月 26 日，教育部职业教育与成人教育司印发《关于进一步落实职业院校网络安全工作的通知》。

［55］11 月 20 日，在党的十九届中央全面深化改革领导小组第一次会议上，审议通过《全面深化新时代教师队伍建设改革的意见》。

［56］12 月 7 日，关于征求对《教育部关于职业院校专业人才培养方案制订工作的指导意见（征求意见稿）》意见的函。

［57］12 月 19 日，国务院办公厅印发《关于深化产教融合的若干意见》。

［58］12 月 20 日，2017 年全国职业教育与继续教育工作推进会在北京举行。会议深入学习领会党的十九大精神和习近平教育思想对职业教育与继续教育提出的新要求，分析了职业教育与继续教育领域的新形势、新任务，明确了办好新时代职业教育与继续教育的新思路、新举措。

附录二 2017年中国职业教育相关政策法规汇编

关于印发《职业教育与继续教育2017年工作要点》的函

教职成司函〔2017〕18号

各省、自治区、直辖市教育厅（教委），各计划单列市教育局，新疆生产建设兵团教育局：

经部领导同意，现将《职业教育与继续教育2017年工作要点》印发给你们，供工作中参考。

附件：职业教育与继续教育2017年工作要点

教育部职业教育与成人教育司

2017年2月24日

附件

职业教育与继续教育2017年工作要点

2017年职业教育与继续教育工作的总体要求是：全面贯彻落实党的十八大和十八届三中、四中、五中、六中全会精神，深入学习贯彻习近平总书记关于职业教育工作重要指示和全国职业教育工作会议精神，落实推进职业教育现代化座谈会、现代职业教育发展推进会部署，以优异成绩迎接党的十九大胜利召开。基本思路是：全面贯彻党的教育方针，坚持服务发展、促进就业的办学方向，保持稳中求进的工作总基调，按照"香、亮、忙、强、活、特"的要求，注重内涵建设和特色发展，着力做强中职、做优高职、做大培训、规范和创新继续教育，进一步增强职业教育与继续教育服务国家发展的支撑力，为推进教育现代化、建设学习型社会打好基础。

一、提高思想认识，增强职业教育与继续教育的影响力和吸引力

1. 深入学习贯彻习近平总书记系列重要讲话精神。指导职业教育与继续教育系统广泛开展重大主题学习宣传，积极推动习近平总书记系列重要讲话精神和党中央治国理政新理念新思想新战略进教材、进课堂、进头脑。深入学习贯彻习近平总书记关于职业教育和终身教育的重要论述，贯彻落实高校思想政治工作会议、全国职业教育工作会议精神，加强指导和引导。召开2017年度全国职业教育与继续教育工作会，落实推进职业教育现代化座谈会、现代职业教育发展推进会各项部署。

2. 营造喜迎党的十九大的良好氛围。办好职业教育活动周、全民终身学习活动周。举办全国职业院校技能大赛、"文明风采"竞赛活动。推动职业院校面向其他学校和社会开放校园、开

放课程、开展职业体验活动。推动一批国家中职示范校、重点校公布质量年度报告。发布中等职业学校毕业生就业情况报告、高等职业院校质量年度报告、社区教育发展报告。推动开展全国高校继续教育质量报告相关工作。开展职业教育、全民终身学习、继续教育重要政策、典型经验、先进事迹系列宣传活动。

二、坚持准确定位，提高服务发展促进就业的精准性

3. 围绕国家战略精准施策。研究推进高水平职业院校和骨干专业建设。服务"中国制造2025"，实施《制造业人才发展规划指南》，为制造强国建设培养多样化人才。服务脱贫攻坚，落实教育脱贫攻坚"十三五"规划、职业教育东西协作行动计划，实施职成教脱贫攻坚"百千万"行动，推进南疆职业教育对口支援全覆盖，推进南疆初中毕业生全部接受高中阶段教育或接受职业教育培训，推广四川"9+3"免费职业教育模式。服务区域发展战略，推动校企、校际合作，促进区域优质资源共建共享。服务"一带一路"建设和国际产能合作，继续推动有条件的地区和行业实施校企协同"走出去"。

4. 推动构建人才成长"立交桥"。配合做好《职业教育法》修订案的审议。印发加快推进职业教育现代化的若干意见。稳定中职招生规模，会同有关司局实施普及高中阶段教育攻坚计划，印发《关于做好 2017 年高中阶段学校招生工作的通知》。加强《高等职业教育创新发展行动计划（2015~2018 年）》落实情况监管。推动完善高等职业教育考试招生制度。大力发展职业培训。探索推进职业启蒙教育。配合研制国家资历框架。

三、着力提高质量，强化专业技能和工匠精神的培育

5. 加强和改进德育工作。贯彻《中等职业学校德育大纲（2014 年修订）》，深入开展爱国主义教育和社会主义核心价值观教育。推进德育课程改革，研究制订中等职业学校德育课课程标准。研究制订中等职业学校职业指导工作规程。引导中职学生践行《中等职业学校学生公约》。广泛开展大国工匠进校园、劳模进校园、学雷锋志愿服务等活动，利用各类仪式、典礼、纪念日开展主题教育活动，强化学生职业道德和工匠精神培养。

6. 加强专业、课程和教材建设。发布新修订的中职语文、历史、体育与健康、公共艺术等课程标准，组织修订（编写）相应的国家规划教材。修订中职数学、英语、计算机应用基础、物理、化学等课程标准。修订中等职业学校专业目录，开展高等职业教育专业增补和国控专业设置年度审批。修（制）订高职专业教学标准，发布一批职业院校专业（类）顶岗实习标准和专业仪器设备标准。发布一批行业人才需求与专业设置指导报告。公布一批对接国家重点产业的示范专业点。印发《关于职业院校制订专业人才培养方案的指导意见》。推动"十三五"职业教育教材建设，健全教材开发、编写、审定、选用、评价和研究机制。加强全国职业院校技能大赛成果在教学中的转化和应用。完善职业院校专业（类）企业生产实际教学案例库。

7. 规范职业院校管理。深入实施《职业院校管理水平提升行动计划（2015~2018 年）》，召开职业院校规范管理经验交流会。全面建立职业院校教学工作诊断与改进制度，深入推进试点。落实《职业学校学生实习管理规定》。加强职业院校安全管理制度建设。推动各地开展职业院校办学资质审查。

四、深化改革创新，激发职业教育的办学活力

8. 推进产教融合、校企合作。配合做好校企合作促进条例的审议。配合推进国有企业举办

职业教育深化改革。组织制订行指委章程，完善教指委组织机构建设。继续指导举办职业教育与产业对话活动。建设一批示范性职业教育集团。推进职业教育校企深度合作示范项目。启动第二批现代学徒制试点。召开深化校企合作推进会。

9. 深化国际合作交流。研究制定推动职业教育与企业协同"走出去"的政策措施。加强与重点国家、国际机构的政策对话与项目合作。鼓励职业院校与国外知名学校、职业培训中心开展双向合作。积极参与制定职业教育国际标准。推动职业院校教师和校长出国培训工作。

五、加强基本建设，夯实职业教育持续发展的基础

10. 加大职业教育投入。推动各地落实中等和高等职业学校生均拨款制度，实现高职院校年生均财政拨款水平不低于1.2万元的目标。推动各地中等职业教育全免学费，逐步扩大职业院校助学金覆盖面和提高补助标准。实施现代职业教育质量提升计划、职业教育产教融合工程。完成国家中职示范校验收。

11. 推进信息化建设。制定职业教育信息化创新发展指导意见。推进职业教育专业教学资源库项目、职业院校数字校园实验学校试点。推进全国中等职业学校学生管理信息系统、高等职业院校人才培养工作状态数据采集与管理系统等平台建设与应用。举办2017年全国职业院校信息化教学大赛。

六、完善体制机制，提升继续教育的服务能力

12. 加快推进学习型社会建设。深入实施《教育部等九部门关于进一步推进社区教育发展的意见》，加强社区教育实验区、示范区建设，推进社区教育规范化、制度化发展。实施《老年教育发展规划（2016～2020年）》。推动职业院校面向行业企业开展职工继续教育，实施职业院校职工继续教育品牌创建计划。开展学习型城市测评工作。召开加快学习型社会建设座谈会。推进国家级农村职业教育和成人教育示范县创建工作。做好教育部对口支援县和定点扶贫县工作。

13. 推进高等继续教育规范创新发展。实施《高等学历继续教育专业设置管理办法》，加强对高等学历继续教育专业设置的统筹规划与宏观管理。研究制订加强普通高校继续教育规范管理的政策文件。指导开放大学建设与发展，推进继续教育学习成果认证、积累与转换试点。推进实施农民工学历与能力提升行动计划。做好高等教育自学考试相关工作。启动高校学历继续教育人才培养模式改革与创新探索项目。推进专业技术人员继续教育基地建设。

七、全面从严治党，营造风清气正的工作氛围

14. 指导职业院校加强党的建设。紧紧围绕"四个合格"目标要求，坚持党建工作与业务工作同谋划、同部署、同落实、同考核。指导中等职业学校加强党建工作，把从严治党落实到学校办学和管理的全过程，充分发挥党组织的政治核心和战斗堡垒作用。指导职业院校加强社团建设，开展丰富多样的社团活动。

15. 切实加强自身建设。牢固树立"四个意识"，准确分析研判意识形态领域中的重大理论是非问题、职业教育与继续教育领域的热点难点问题，在思想上政治上行动上与党中央保持高度一致。推进"两学一做"学习教育常态化制度化。落实全面从严治党的主体责任和监督责任，强化"一岗双责"，扎实推进党风廉政建设。推进放管服改革，合力推动职业教育与继续教育改革创新。

教育部办公厅关于印发《职业教育东西协作行动计划
滇西实施方案（2017～2020 年）》的通知

教职成厅〔2017〕4 号

各省、自治区、直辖市教育厅（教委），各计划单列市教育局，新疆生产建设兵团教育局，有关单位：

自 2011 年中央确定教育部定点联系滇西扶贫工作以来，教育部与 28 个部委建立了滇西部际联系工作机制，统筹了部内司局、直属高校、直属单位、东部地区职教集团等方面力量，通过搭建平台、引进资源、开发人力等多种举措，推动滇西脱贫攻坚工作取得了重要进展。为进一步落实好中央关于打赢脱贫攻坚战的决策部署，发挥职业教育在实施"五个一批"工程中的重要作用，推动做好《职业教育东西协作行动计划（2016～2020 年）》相关工作，教育部牵头组织编制了《职业教育东西协作行动计划滇西实施方案（2017～2020 年）》。现印发给你们，请结合本地区、本部门实际情况，完成好东西职业院校协作全覆盖行动、东西协作中职招生兜底行动、职业院校参与东西劳务协作等各项工作任务。

教育部办公厅
2017 年 9 月 7 日

职业教育东西协作行动计划滇西实施方案
（2017～2020 年）

为贯彻落实《关于实施教育扶贫工程的意见》（国办发〔2013〕86 号）、《教育脱贫攻坚"十三五"规划》（教发〔2016〕18 号）和《教育部　国务院扶贫办关于印发〈职业教育东西协作行动计划（2016～2020 年）〉的通知》（教发〔2016〕15 号，以下简称《行动计划》）、《教育部办公厅　国务院扶贫办综合司关于印发〈贯彻落实职业教育东西协作行动计划（2016～2020 年）实施方案〉的通知》（教职成厅〔2017〕3 号），发挥职业教育在脱贫攻坚中的重要作用，完善滇西职业教育东西协作内容、模式和机制，加快落实滇西扶贫工作的总体目标，在教育部滇西扶贫总队前期调研、协商和论证的基础上，特制定本实施方案。

一、总体要求

（一）指导思想

全面贯彻落实党的十八大和十八届三中、四中、五中、六中全会精神，以邓小平理论、"三个代表"重要思想、科学发展观为指导，深入学习贯彻习近平总书记系列重要讲话精神，围绕"四个全面"战略布局，牢固树立并切实贯彻创新、协调、绿色、开放、共享的发展理念，以促进就业脱贫为导向，以建档立卡"两后生"（未升学的应往届初、高中毕业生）接受职业教育和滇西职业教育加快发展为重点，以全面推动东西协作为抓手，充分发挥职业教育在精准扶贫中的重要作用，建立多方联动、通力合作、精准发力、整体提升的职业教育扶贫新机制，进一步增强滇西人民脱贫致富的能力，实现滇西地区贫困人口就业脱贫与东部劳动力缺口补充的有效对接，完成好"发展教育脱贫一批"的重要任务。

（二）工作目标

落实《行动计划》实施方案，搭建上海、天津、江苏、浙江（以下简称东部四省（市））和东部10个职教集团对口帮扶滇西10州市职业教育发展的平台，精准识别和组织动员滇西地区建档立卡贫困家庭"两后生"到东部地区省（市）接受优质职业教育，完善滇西职业教育东西协作长效机制，同步提升滇西职业教育基础能力和办学质量，全面落实职业教育东西协作计划确定的工作目标和各项任务。

二、主要内容

（一）实施东部四省（市）滇西招生兜底行动计划

东部四省（市）教育行政部门要会同扶贫部门，统筹安排符合条件的中等职业学校，对口兜底式招录滇西10州市建档立卡"两后生"接受优质中等职业教育。其中，上海市对口丽江市、保山市、楚雄彝族自治州、西双版纳傣族自治州；天津市对口红河哈尼族彝族自治州、怒江傈僳族自治州；江苏省对口大理白族自治州、普洱市；浙江省对口临沧市、德宏傣族景颇族自治州。

1. 招生对象。滇西10州市建档立卡家庭所有"两后生"。

2. 招生规模。东部四省（市）每年总计招收不少于6000名。（名额分配见附表）

3. 招生及培养模式

（1）东部四省（市）统筹安排各自优质中职学校，安排3000名滇西10州市在校建档立卡贫困家庭学生，采取"2＋1"分段培养方式开展教学，毕业后根据学生意愿优先在东部四省（市）安排就业。（见附件）

（2）东部四省（市）统筹安排省（市）内优质中职学校，招收滇西10州市建档立卡贫困家庭不少于3000名"两后生"，按照现代学徒制、订单式等模式进行校企联合培养，实现入校即入企，毕业即就业。（见附件）

4. 资助政策

（1）到东部四省（市）接受中职学校教育的建档立卡贫困家庭学生，享受免学费、国家助学金及当地学生同等奖（补）政策。

（2）云南省从财政扶贫资金中按照每生每年5000元左右的标准给予资助。

（3）上海市从东西扶贫协作财政援助等资金中按照每生每年不少于1000元标准给予资助。

（4）中国教育发展基金会向接受中等职业教育的建档立卡贫困家庭学生资助每生每年1000～2000元。

（5）滇西10州市根据各自实际在地方财政中安排一定的经费对到东部接受职业教育的"两后生"予以生活和交通补贴。

（二）实施职业教育基础能力提升计划

1. 校长治校能力提升项目

每年遴选40名左右中等职业学校校长到对口支援的东部四省（市）国家或省级示范、重点等优质校，通过"影子校长"学习形式进行一学期挂职锻炼，全面参与学校教育教学和管理工作，培养校长战略思维、宏观决策、教育教学、办学治校能力，所需经费列入职业院校教师素质提高计划。

2. 新教师补充项目

2018～2020 年，每年从云南省建档立卡参加高考的优秀毕业生中选招 100 名，选择部分国家级职教师资培养基地开展滇西 10 州市职业学校紧缺专业公费师范生定向培养工作。学生毕业后定向到滇西 10 州市中等职业学校就业，所需经费和编制由云南省教育、编制、人社、财政等部门统筹解决。

3. 教师能力提升项目

在职业院校教师素质提高计划中设立滇西 10 州市教师能力提升专项，通过送培入州（市）、在线培训、驻校指导、现场学习等形式，每年帮助滇西 10 州市 400 名教师提升信息技术应用、课程开发与设计、课堂教学、心理干预技术、教科研能力和水平；每年从参加培训的优秀教师中选拔 20 名教师建立名师工作坊，指导开展工作坊工作。

4. 专业优化提升项目

东部四省（市）选择包括 10 个职教集团在内的骨干职业院校，对口帮扶滇西 10 州市各 1～2 所职业学校结合区域产业发展实际，通过托管、互派挂职干部、专业带头人和教师等团队帮扶等形式，帮助建设 1～2 个特色专业和一个示范性职业教育实训基地。同时，通过开展教师培训、专业诊断、课程体系设置、教学内容更新、中高职衔接方案指导等工作，帮助对口州（市）职业学校提升服务地方经济社会发展的能力。

5. 教科研能力提升项目

遴选滇西高等学校，建立滇西职业教育研究中心联盟，引领和辐射滇西各职业院校的教科研工作。组织相关高等学校和研究机构开展滇西职业教育发展现状和对策研究。

（三）新增劳动力东部就业计划

东部四省（市）每年统筹安排 1000 个实习或就业岗位，重点吸引滇西 10 州市建档立卡接受职业教育家庭经济困难学生到东部企业顶岗实习、参加职业培训或直接就业。

（四）推进滇西职业教育国际交流

1. 国际职教专家培训项目

聘请德国等国际职业教育方面的专家，对滇西 10 州市职业院校不少于 150 名教师进行双元制模式、专业技能和教学法等方面的培训，所需经费列入职业院校教师素质提高计划。

2. 推动滇西职业教育服务"一带一路"战略项目

发挥滇西职业教育在"一带一路"战略中的作用，举办滇西职业教育服务"一带一路"战略国际论坛，促进滇西与周边国家职业学校开展交流合作，打造滇西职业教育国际品牌，提升滇西职业教育国际影响力。

（五）加快构建滇西职业教育体系

1. 滇西建档立卡高中毕业生东部升学项目

滇西 10 州市建档立卡贫困家庭学生参加全国高考未达到云南省高职录取控制线，东部四省（市）有意愿的高职院校可适当降分录取，并在学费、生活费上给予适当补助，滇西 10 州市根据各自实际在地方财政中安排一定的经费给予生活和交通补贴。

2. 搭建应用型人才培养立交桥项目

从 2018 年起，支持滇西应用本科高校开展面向"三校生"招生考试试点，安排一定比例的本科招生计划招收职业学校毕业生，推进滇西应用型本科院校与职业学校在专业设置、课程体系等方面的衔接，为加快滇西产业转型升级与可持续发展提供人才保障。

三、保障措施

（一）组织保障

教育部、云南省、东部四省（市）和相关单位共同推进滇西职业教育东西协作计划，加强制度设计，完善工作机制，加强督导检查，确保滇西职业教育东西协作计划各项任务落到实处。

云南省、东部四省（市）教育行政部门要强化政治担当，进一步增强脱贫攻坚的紧迫感，抓紧研究制定工作方案，明确工作任务，层层传递责任，落实本实施方案的各项内容。

滇西10州市要摸清建档立卡"两后生"的底数，加强与帮扶省市和职教集团的联系，积极创造条件，切实做好招生兜底生源组织、建档立卡学生到东部实习就业动员与组织、培训教师选派等工作，不断提高帮扶效率。

（二）投入保障

充分利用中央和省级人民政府扶贫资金、职业教育专项资金、职业院校教师素质提高计划专项资金、省级人民政府各项教育经费统筹资金，积极争取中国教育发展基金会、中国扶贫基金会等公益组织，为建档立卡贫困学生提供就学就业资助。东部四省（市）从东西协作财政援助资金中给予资助，滇西10州市政府安排专项资金对项目实施进行支持。

（三）加强目标考核

云南省、东部四省（市）以及滇西10州市要做好项目的管理，加强项目实施的过程监督和考核评价。云南省要将州（市）、县人民政府落实实施方案的情况纳入扶贫攻坚考核工作目标。相关省（市）教育行政部门年底前要将方案年度执行情况报教育部发展规划司、职业教育与成人教育司。

人力资源社会保障部关于印发进一步减少和规范职业资格许可和认定事项改革方案的通知

人社部发〔2017〕2 号

各省、自治区、直辖市人民政府，国务院各部委、各直属机构：

《进一步减少和规范职业资格许可和认定事项改革方案》已经国务院同意，现印发给你们，请认真贯彻落实。

人力资源社会保障部

2017 年 1 月 5 日

进一步减少和规范职业资格许可和认定事项改革方案

职业资格制度是目前国际通行的科学评价人才的重要制度。我国自 1994 年开始推行职业资格制度，二十多年来，在促进职业教育培训发展、提高劳动者素质、加强人才队伍建设、提高人力资源配置效率等方面发挥了积极作用。但也出现了设置过多过滥、证出多门、考培不分、鉴培不分、监管不力、法律法规和技术体系滞后等突出问题。

2013 年以来，国务院将减少和规范职业资格许可和认定事项作为推进简政放权、放管结合、优化服务（以下简称放管服）改革的重要内容，先后分七批取消了 434 项国务院部门设置的职业资格许可和认定事项，削减比例达到原总量的 70% 以上，持续降低就业创业门槛，激发市场活力和社会创造力，促进创业创新。根据国务院 2016 年放管服改革工作安排，为进一步做好减少和规范职业资格许可和认定事项工作，制定本方案。

一、总体要求

（一）指导思想。

以邓小平理论、"三个代表"重要思想、科学发展观为指导，全面贯彻党的十八大和十八届三中、四中、五中、六中全会精神，深入贯彻习近平总书记系列重要讲话精神和治国理政新理念新思想新战略，统筹推进"五位一体"总体布局和协调推进"四个全面"战略布局，牢固树立和贯彻落实创新、协调、绿色、开放、共享的发展理念，按照国务院推进放管服改革的部署和要求，遵循社会主义市场经济规律和人才成长规律，大力推进减少和规范职业资格许可和认定事项工作，深化人才评价制度改革，为促进大众创业、万众创新提供支持服务。

（二）基本原则。

继续坚持经国务院同意的减少和规范职业资格许可和认定事项的"四个取消"原则，即取消国务院部门设置的没有法律、法规或国务院决定作为依据的准入类职业资格；国务院部门设置实施的有法律法规依据，但与国家安全、公共安全、公民人身财产安全关系并不密切，或不宜采取职业资格方式进行管理的准入类职业资格，按程序提请修订有关法律法规后予以取消；取消国务院部门和全国性行业协会、学会自行设置的水平评价类职业资格；取消地方各级人民政府及有关部门自行设置的职业资格。在此基础上，进一步加大清理规范治理力度，并遵循以下基本原则：

——加快简政放权。落实放管服改革措施，进一步减少和规范职业资格许可和认定事项，最大限度激发和释放就业创业创新活力；同时，加强顶层设计，规范职业资格设置，形成科学的人才评价管理体制。

——突出市场导向。发挥市场在人力资源配置中的决定性作用，分类推进人才评价制度改革，更多发挥企业、行业和社会组织在人才评价中的重要作用，保障和落实用人单位自主权。

——强化监管服务。加快转变政府职能，明确政府监管权责，加强事中事后监管，提升服务能力，为各类人才和用人单位提供优质服务。

（三）目标任务。

2017年初，基本完成集中清理职业资格许可和认定事项工作，公布实施国家职业资格目录清单。在"十三五"时期，构建起科学设置、规范运行、依法监管的国家职业资格框架和管理服务体系。

二、主要改革任务

（一）进一步加大减少取消职业资格许可和认定事项工作力度。继续加强后续清理工作，对剩余的184项职业资格许可和认定事项，除涉及国家安全、公共安全、公民人身财产安全的外，要进一步研究清理取消。对已经取消的职业资格许可和认定事项，要分类妥善处理后续工作，做好政策衔接，确保社会稳定；要加强跟踪督查，及时组织"回头看"，确保清理到位，防止反弹或变相恢复。建立职业资格许可和认定事项清理规范长效机制，对督查发现、媒体反映、群众举报的违规设置实施的职业资格许可和认定事项，发现一起，查处一起。

（二）实施国家职业资格目录清单管理。对经清理后剩余的职业资格许可和认定事项，按程序报经国务院审定后，以人力资源社会保障部名义向社会公布国家职业资格目录清单。清单之外一律不得许可和认定职业资格，清单之内除准入类职业资格外一律不得与就业创业挂钩。建立调整更新机制，对目录清单进行适时调整、动态更新。

（三）全面清理名目繁多的各种行业准入证、上岗证等。对没有法律法规依据的行业准入证、上岗证等，一律取消；对虽有法律法规依据，但与国家安全、公共安全、公民人身财产安全关系不密切的行业准入证、上岗证等，提请修订法律法规后予以取消或进行优化整合。

（四）强化对职业资格设置实施的监管服务。严格落实"考培分离""鉴培分离"，健全职业资格证书管理办法，严格证书发放管理。严肃查处职业资格证书挂靠、寻租等行为，确保职业资格证书的公信力和权威性。建设全国专业技术人员资格考试报名服务平台和全国职业技能鉴定服务监管平台，加强职业资格信息化管理和服务，畅通社会服务和公众监督渠道。

（五）完善技能人才职业技能等级认定政策，并做好与职业资格的衔接。研究完善技能人才职业技能等级认定政策，制定不同职业技能等级享受相应的职业培训、技能鉴定、就业创业等补贴政策，完善技能人才认定统计办法，促进职业培训和技能人才队伍建设。研究制定职业标准和评价规范，积极推动由企业和行业组织自主开展技能评价。做好职业资格制度与技能人才职业技能等级认定政策的衔接，建立职业资格、职业技能等级与相应的职称、学历比照认定制度，畅通技能人才职业发展通道。

（六）加强国家职业资格法治建设。研究构建与我国经济社会发展和人才队伍建设相适应、统一开放的国家职业资格框架体系。推动职业资格设置管理相关立法工作，明确职业资格法律地位、管理体制、职责分工、设置方式和监管服务等基本制度。研究制定专门管理办法，加强对涉及在我国境内开展的境外各类职业资格相关活动的管理。

三、工作措施

（一）加强组织领导。进一步提高认识，加强领导，明确责任，精心组织，周密部署，深入推进减少和规范职业资格许可和认定事项改革工作。

（二）加强沟通协调。发挥国务院推进职能转变协调小组职业资格改革组的牵头作用，加强部门间的沟通协调，形成工作合力，确保各项改革举措整体推进。

（三）加强督促指导。加强对地方的督促指导，充分发挥地方各级政府推进职能转变协调机制的作用，推动做好减少和规范职业资格许可和认定事项工作。

（四）加强宣传引导。做好改革经验总结推广和宣传引导工作，及时发布权威改革信息，及时回应社会关切，营造良好改革氛围。

中共中央办公厅　国务院办公厅印发
《关于深化职称制度改革的意见》

职称是专业技术人才学术技术水平和专业能力的主要标志。职称制度是专业技术人才评价和管理的基本制度，对于党和政府团结凝聚专业技术人才，激励专业技术人才职业发展，加强专业技术人才队伍建设具有重要意义。按照党中央关于深化人才发展体制机制改革的部署，现就深化职称制度改革提出以下意见。

一、总体要求

（一）指导思想。高举中国特色社会主义伟大旗帜，全面贯彻党的十八大和十八届三中、四中、五中、六中全会精神，以邓小平理论、"三个代表"重要思想、科学发展观为指导，深入贯彻习近平总书记系列重要讲话精神和治国理政新理念新思想新战略，紧紧围绕统筹推进"五位一体"总体布局和协调推进"四个全面"战略布局，牢固树立和贯彻落实新发展理念，立足服务人才强国战略和创新驱动发展战略，坚持党管人才原则，遵循人才成长规律，把握职业特点，以职业分类为基础，以科学评价为核心，以促进人才开发使用为目的，建立科学化、规范化、社会化的职称制度，为客观科学公正评价专业技术人才提供制度保障。

（二）基本原则

——坚持服务发展、激励创新。围绕经济社会发展和人才队伍建设需求，服务人才强国战略和创新驱动发展战略，充分发挥人才评价"指挥棒"作用，进一步简政放权，最大限度释放和激发专业技术人才创新创造创业活力，推动大众创业、万众创新。

——坚持遵循规律、科学评价。遵循人才成长规律，以品德、能力、业绩为导向，完善评价标准，创新评价方式，克服唯学历、唯资历、唯论文的倾向，科学客观公正评价专业技术人才，让专业技术人才有更多时间和精力深耕专业，让作出贡献的人才有成就感和获得感。

——坚持问题导向、分类推进。针对现行职称制度存在的问题特别是专业技术人才反映的突出问题，精准施策。把握不同领域、不同行业、不同层次专业技术人才特点，分类评价。

——坚持以用为本、创新机制。围绕用好用活人才，创新人才评价机制，把人才评价与使用紧密结合，促进专业技术人才职业发展，满足各类用人单位选才用才需要。

（三）主要目标

通过深化职称制度改革，重点解决制度体系不够健全、评价标准不够科学、评价机制不够完善、管理服务不够规范配套等问题，使专业技术人才队伍结构更趋合理，能力素质不断提高。力争通过3年时间，基本完成工程、卫生、农业、会计、高校教师、科学研究等职称系列改革任务；通过5年努力，基本形成设置合理、评价科学、管理规范、运转协调、服务全面的职称制度。

二、健全职称制度体系

（四）完善职称系列

保持现有职称系列总体稳定。继续沿用工程、卫生、农业、经济、会计、统计、翻译、新闻出版广电、艺术、教师、科学研究等领域的职称系列，取消个别不适应经济社会发展的职称系列，整合职业属性相近的职称系列。适应经济社会发展新需求，探索在新兴职业领域增设职称系列。新设职称系列由中央和国家机关有关部门提出，经人力资源社会保障部审核后，报国务院批准。各地区各部门未经批准不得自行设置职称系列。职称系列可根据专业领域设置相应专业类别。

军队专业技术人才参加通用专业职称评审按照国家有关规定执行；相近专业职称评审可参照国家有关规定；特殊专业职称评审可根据军队实际情况制定评审办法，评审结果纳入国家人才评价管理体系。

（五）健全层级设置。各职称系列均设置初级、中级、高级职称，其中高级职称分为正高级和副高级，初级职称分为助理级和员级，可根据需要仅设置助理级。目前未设置正高级职称的职称系列均设置到正高级，以拓展专业技术人才职业发展空间。

（六）促进职称制度与职业资格制度有效衔接。以职业分类为基础，统筹研究规划职称制度和职业资格制度框架，避免交叉设置，减少重复评价，降低社会用人成本。在职称与职业资格密切相关的职业领域建立职称与职业资格对应关系，专业技术人才取得职业资格即可认定其具备相应系列和层级的职称，并可作为申报高一级职称的条件。初级、中级职称实行全国统一考试的专业不再进行相应的职称评审或认定。

三、完善职称评价标准

（七）坚持德才兼备、以德为先。坚持把品德放在专业技术人才评价的首位，重点考察专业技术人才的职业道德。用人单位通过个人述职、考核测评、民意调查等方式全面考察专业技术人才的职业操守和从业行为，倡导科学精神，强化社会责任，坚守道德底线。探索建立职称申报评审诚信档案和失信黑名单制度，纳入全国信用信息共享平台。完善诚信承诺和失信惩戒机制，实行学术造假"一票否决制"，对通过弄虚作假、暗箱操作等违纪违规行为取得的职称，一律予以撤销。

（八）科学分类评价专业技术人才能力素质。以职业属性和岗位需求为基础，分系列修订职称评价标准，实行国家标准、地区标准和单位标准相结合，注重考察专业技术人才的专业性、技术性、实践性、创造性，突出对创新能力的评价。合理设置职称评审中的论文和科研成果条件，不将论文作为评价应用型人才的限制性条件。对在艰苦边远地区和基层一线工作的专业技术人才，淡化或不作论文要求；对实践性、操作性强，研究属性不明显的职称系列，可不作论文要求；探索以专利成果、项目报告、工作总结、工程方案、设计文件、教案、病历等成果形式替代论文要求；推行代表作制度，重点考察研究成果和创作作品质量，淡化论文数量要求。对职称外语和计算机应用能力考试不作统一要求。确实需要评价外语和计算机水平的，由用人单位或评审机构自主确定评审条件。对在艰苦边远地区和基层一线工作的专业技术人才，以及对外语和计算机水平要求不高的职称系列和岗位，不作职称外语和计算机应用能力要求。

（九）突出评价专业技术人才的业绩水平和实际贡献。注重考核专业技术人才履行岗位职责的工作绩效、创新成果，增加技术创新、专利、成果转化、技术推广、标准制定、决策咨询、公共服务等评价指标的权重，将科研成果取得的经济效益和社会效益作为职称评审的重要内容。取得重大基础研究和前沿技术突破、解决重大工程技术难题、在经济社会各项事业发展中作出重大贡献的专业技术人才，可直接申报评审高级职称。对引进的海外高层次人才和急需紧缺人才，放宽资历、年限等条件限制，建立职称评审绿色通道。对长期在艰苦边远地区和基层一线工作的专业技术人才，侧重考察其实际工作业绩，适当放宽学历和任职年限要求。

四、创新职称评价机制

（十）丰富职称评价方式。建立以同行专家评审为基础的业内评价机制，注重引入市场评价和社会评价。基础研究人才评价以同行学术评价为主，应用研究和技术开发人才评价突出市场和社会评价，哲学社会科学研究人才评价重在同行认可和社会效益。对特殊人才通过特殊方式进行评价。鼓励有条件的地区单独建立基层专业技术人才职称评审委员会或评审组，单独评审。采用考试、评审、考评结合、考核认定、个人述职、面试答辩、实践操作、业绩展示等多种评价方式，提高职称评价的针对性和科学性。

（十一）拓展职称评价人员范围。进一步打破户籍、地域、身份、档案、人事关系等制约，创造便利条件，畅通非公有制经济组织、社会组织、自由职业专业技术人才职称申报渠道。科技、教育、医疗、文化等领域民办机构专业技术人才与公立机构专业技术人才在职称评审等方面享有平等待遇。高校、科研院所、医疗机构等企事业单位中经批准离岗创业或兼职的专业技术人才，3年内可在原单位按规定正常申报职称，其创业或兼职期间工作业绩作为职称评审的依据。打通高技能人才与工程技术人才职业发展通道，符合条件的高技能人才，可参加工程系列专业技术人才职称评审。在内地就业的港澳台专业技术人才，以及持有外国人永久居留证或各地颁发的海外高层次人才居住证的外籍人员，可按规定参加职称评审。公务员不得参加专业技术人才职称评审。

（十二）推进职称评审社会化。对专业性强、社会通用范围广、标准化程度高的职称系列，以及不具备评审能力的单位，依托具备较强服务能力和水平的专业化人才服务机构、行业协会学会等社会组织，组建社会化评审机构进行职称评审。建立完善个人自主申报、业内公正评价、单位择优使用、政府指导监督的社会化评审机制，满足非公有制经济组织、社会组织以及新兴业态职称评价需求，服务产业结构优化升级和实体经济发展。

（十三）加强职称评审监督。完善各级职称评审委员会核准备案管理制度，明确界定评审委员会评审的专业和人员范围，从严控制面向全国的职称评审委员会。完善评审专家遴选机制，加强评审专家库建设，积极吸纳高校、科研机构、行业协会学会、企业专家，实行动态管理。健全职称评审委员会工作程序和评审规则，严肃评审纪律，明确评审委员会工作人员和评审专家责任，强化评审考核，建立倒查追责机制。建立职称评审公开制度，实行政策公开、标准公开、程序公开、结果公开。企事业单位领导不得利用职务之便为本人或他人评定职称谋取利益。建立职称评审回避制度、公示制度和随机抽查、巡查制度，建立复查、投诉机制，加强对评价全过程的监督管理，构建政府监管、单位（行业）自律、社会监督的综合监管体系。严禁社会组织以营利为目的开展职称评审，突出职称评审公益性，加强评价能力建设，强化自我约束和外部监督。

依法清理规范各类职称评审、考试、发证和收费事项，大力查处开设虚假网站、制作和贩卖假证等违纪违法行为，打击考试舞弊、假冒职称评审、扰乱职称评审秩序、侵害专业技术人才利益等违法行为。

五、促进职称评价与人才培养使用相结合

（十四）促进职称制度与人才培养制度的有效衔接。充分发挥职称制度对提高人才培养质量的导向作用，紧密结合专业技术领域人才需求和职业标准，在工程、卫生、经济、会计、统计、

审计、教育、翻译、新闻出版广电等专业领域，逐步建立与职称制度相衔接的专业学位研究生培养制度，加快培育重点行业、重要领域专业技术人才；推进职称评审与专业技术人才继续教育制度相衔接，加快专业技术人才知识更新。

（十五）促进职称制度与用人制度的有效衔接。用人单位结合用人需求，根据职称评价结果合理使用专业技术人才，实现职称评价结果与各类专业技术人才聘用、考核、晋升等用人制度的衔接。对于全面实行岗位管理、专业技术人才学术技术水平与岗位职责密切相关的事业单位，一般应在岗位结构比例内开展职称评审。对于不实行岗位管理的单位，以及通用性强、广泛分布在各社会组织的职称系列和新兴职业，可采用评聘分开方式。坚持以用为本，深入分析职业属性、单位性质和岗位特点，合理确定评价与聘用的衔接关系，评以适用、以用促评。健全考核制度，加强聘后管理，在岗位聘用中实现人员能上能下。

六、改进职称管理服务方式

（十六）下放职称评审权限。进一步推进简政放权、放管结合、优化服务。政府部门在职称评价工作中要加强宏观管理，加强公共服务，加强事中事后监管，减少审批事项，减少微观管理，减少事务性工作。发挥用人主体在职称评审中的主导作用，科学界定、合理下放职称评审权限，人力资源社会保障部门对职称的整体数量、结构进行宏观调控，逐步将高级职称评审权下放到符合条件的市地或社会组织，推动高校、医院、科研院所、大型企业和其他人才智力密集的企事业单位按照管理权限自主开展职称评审。对于开展自主评审的单位，政府不再审批评审结果，改为事后备案管理。加强对自主评审工作的监管，对于不能正确行使评审权、不能确保评审质量的，将暂停自主评审工作直至收回评审权。

（十七）健全公共服务体系。按照全覆盖、可及性、均等化的要求，打破地域、所有制、身份等限制，建立权利平等、条件平等、机会平等的职称评价服务平台，简化职称申报手续和审核环节。健全专业化的考试评价机构，建立职称评审考试信息化管理系统，开展职称证书查询验证服务。选择应用性、实践性、社会通用性强的职称系列，依托京津冀协同发展等国家战略，积极探索跨区域职称互认。在条件成熟的领域探索专业技术人才评价结果的国际互认。

（十八）加强领导，落实责任。坚持党管人才原则，切实加强党委和政府对职称工作的统一领导。各级党委及其组织部门要把职称制度改革作为人才工作的重要内容，在政策研究、宏观指导等方面发挥统筹协调作用。各级政府人力资源社会保障部门会同行业主管部门负责职称政策制定、制度建设、协调落实和监督检查；充分发挥社会组织专业优势，鼓励其参与评价标准制定，有序承接具体评价工作；用人单位作为人才使用主体，要根据本单位岗位设置和人员状况，自主组织开展职称评审或推荐本单位专业技术人才参加职称评审，实现评价结果与使用有机结合。

各地区各部门要充分认识职称制度改革的重要性、复杂性、敏感性，将职称制度改革列入重要议事日程，加强组织领导，狠抓工作落实。人力资源社会保障部要会同有关部门抓紧制定配套措施，分系列推进职称制度改革。各地区各部门要深入调查研究，制定具体实施方案，坚持分类推进、试点先行、稳步实施，妥善处理改革中遇到的矛盾和问题。加强职称管理法治建设，完善职称政策法规体系。加强舆论引导，搞好政策解读，做好深入细致的思想政治工作，引导广大专业技术人才积极支持和参与职称制度改革，确保改革平稳推进和顺利实施。

国务院关于印发国家教育事业发展"十三五"规划的通知

国发〔2017〕4号

各省、自治区、直辖市人民政府，国务院各部委、各直属机构：

现将《国家教育事业发展"十三五"规划》印发给你们，请认真贯彻执行。

国务院

2017 年 1 月 10 日

（本文有删减）

国家教育事业发展"十三五"规划

"十三五"时期是全面建成小康社会决胜阶段。为加快推进教育现代化，依据《中华人民共和国国民经济和社会发展第十三个五年规划纲要》和《国家中长期教育改革和发展规划纲要（2010～2020 年)》（以下简称《教育规划纲要》），制定本规划。

一、以新理念引领教育现代化

（一）发展环境。

"十二五"时期特别是党的十八大以来，按照党中央、国务院决策部署，我国教育改革发展取得了显著成就，社会主义核心价值观教育深入推进，立德树人根本任务有效落实，学生思想道德素质持续向好，教育现代化取得新进展，为促进经济发展、社会和谐、文化繁荣作出重要贡献。

教育总体发展水平进入世界中上行列。九年义务教育全面普及，进入均衡发展新阶段，学前三年毛入园率提前实现《教育规划纲要》2020 年目标，高中阶段教育基本普及，基本公共教育服务体系和现代职业教育体系基本确立，高等教育大众化水平显著提升，继续教育持续发展，全民终身学习的态势初步形成。教育质量稳步提升，我国学生在经济合作与发展组织开展的国际学生评估项目中表现良好，我国成为国际工程联盟本科教育互认协议成员，一批高校和学科世界排名显著提升。

教育公平取得重要进展。城乡和区域教育发展差距进一步缩小，大中城市义务教育阶段"择校热"有所缓解，国家助学制度更加完善，农村义务教育学生营养改善计划深入实施，贫困地区学生的体质健康得到改善，进城务工人员随迁子女、农村留守儿童、残疾学生受教育权利得到更好保障，中西部地区特别是农村学生接受优质高等教育的机会明显增加。

服务经济社会发展能力显著增强。职业学校每年输送近 1000 万名技术技能人才，开展培训上亿人次。普通本科高校累计输送 2000 多万名专业人才。高等学校牵头承担了一大批国家重大科学研究任务和重大工程项目，产出了一大批服务国家战略、具有国际影响力的标志性研究成果，技术转移和成果转化成效明显。

教育发展能力显著提升。教育投入实现历史性突破，2012 年首次实现国家财政性教育经费占国内生产总值4%的目标，生均拨款制度逐步建立，各级各类学校特别是农村学校办学条件有较大改善，教师队伍素质进一步提高，教育信息化全面推进。教育对外开放水平显著提升，国际影响力稳步增强。教育体制改革取得重要进展，人才培养体制、办学体制、管理体制、评价体制、保障体制改革全面深化，一些重点领域和环节取得突破性进展。考试招生制度改革全面启动，现代教育督导体系进一步完善。

总体来看，《教育规划纲要》确定的阶段性目标如期实现，教育事业发展"十二五"规划圆满收官，我国教育进入提高质量、优化结构、促进公平的新阶段。

专栏 1 教育事业发展"十二五"规划主要目标实现情况			
指标	单位	"十二五"规划目标	2015 年实现情况
学前教育			
在园幼儿数	万人	3700	4265
学前三年毛入园率	%	65.0	75.0
九年义务教育			
在校生	万人	16100	14004
巩固率	%	93.0	93.0
高中阶段教育			
在校生	万人	4500	4038
其中：中等职业教育	万人	2250	1657
毛入学率	%	87.0	87.0
高等教育			
在学总规模	万人	3350	3647
在校生	万人	3080	3452
其中：研究生	万人	170	191
毛入学率	%	36.0	40.0
人力资源开发			
新增劳动力平均受教育年限	年	13.3	13.3
主要劳动年龄人口接受高等教育的比例	%	15.0	16.9

注：1. 高等教育在校生含普通本专科、成人本专科和全日制研究生在校生。

2. 研究生数为全日制研究生在校生数。

3. 主要劳动年龄人口指 20～59 岁人口。

"十三五"时期，我国发展仍处于可以大有作为的重要战略机遇期，也面临诸多矛盾叠加、风险隐患增多的严峻挑战。有效应对各种风险和挑战，不断开拓发展新境界，对实现教育现代化提出了前所未有的新任务、新要求。

从国际看，世界多极化、经济全球化、文化多样化、社会信息化深入发展，国际金融危机深层次影响在相当长时期依然存在，新一轮科技革命和产业变革蓄势待发，互联网、云计算、大数据、智能机器人、三维（3D）打印等现代技术深刻改变着人类的思维、生产、生活和学习方式，国际竞争日趋激烈，人才培养与争夺成为焦点。优先发展教育，构建现代教育体系，建设学习型社会，培养大批创新人才，已成为人类共同面临的重大课题和应对诸多复杂挑战、实现可持续发展的关键。

从国内看，统筹推动"五位一体"总体布局和协调推进"四个全面"战略布局，贯彻落实创新、协调、绿色、开放、共享的新发展理念，实现 2020 年全面建成小康社会目标，深化供给侧结构性改革，保持经济中高速增长，深入实施创新驱动发展战略，推进大众创业、万众创新，实施"中国制造 2025"和"一带一路"建设等战略，迫切需要教育优化人才培养结构，加快培养各类紧缺人才。保障基本民生，实现全体人民共同迈入全面小康社会，迫切要求完善基本公共教育服务体系。新型城镇化加快推进，人民群众生活水平和质量普遍提高，生育政策调整，学龄人口、劳动年龄人口规模结构改变，人口老龄化速度加快，教育需求发生结构性变化，对高质量、多样化的教育需求日益增长，教育体系、结构和布局面临深刻挑战。无论从当前推进经济转型升级，还是从长远促进经济和社会协调发展看，都需要抓住教育这一最基础环节，推进优先发展，提高国家发展水平。

从教育领域看，当今世界教育正在发生革命性变化。确保包容、公平和有质量的教育，促进全民享有终身学习机会，成为世界教育发展新目标。教育与经济社会发展的结合更加紧密，以学习者为中心，注重能力培养，促进人的全面发展，全民学习、终身学习、个性化学习的理念日益深入人心。教育模式、形态、内容和学习方式正在发生深刻变革，教育治理呈现出多方合作、广泛参与的特点。要清醒地看到，我国教育改革发展虽然取得了显著成就，但尚不能完全适应人的全面发展和经济社会发展需要，仍存在一些突出问题，主要表现为：科学的教育理念尚未牢固确立，促进学生全面发展的育人模式与环境有待完善，产教融合、科教融合的协同培养机制尚未形成，学生创新创业能力的培养有待加强；教育发展还存在不平衡、不协调的问题，城乡、区域之间教育差距仍较大，优质教育资源总量不足、布局不合理，学前教育、职业教育、继续教育仍是教育体系中的突出短板，人才培养的类型、层次和学科专业结构与社会需求不够契合；教师队伍素质和结构不能适应提升质量与促进公平的新要求；学校办学活力不强，促进和规范社会力量参与举办教育的法律制度和政策体系亟待完善，多方参与教育治理和评价的体制机制还不健全；教育对外开放的水平不够高；教育优先发展地位需进一步巩固。

人才成就未来，教育成就梦想。人才和人力是国家最大的资源，今天培养的人才将是实现第二个百年奋斗目标的主力军，教育必须承担起实现中华民族伟大复兴中国梦赋予的历史使命，毫不动摇地坚持中国特色社会主义教育发展道路，不断深化对中国特色社会主义教育发展规律的认识，树立科学的教育发展观、质量观、人才观，以更加奋发有为的精神状态和踏石留印、抓铁有痕的工作作风，勇于实践，善于创新，不断实现改革新突破，迈上发展新台阶。

（二）指导思想。

全面贯彻党的十八大和十八届三中、四中、五中、六中全会精神，以马克思列宁主义、毛泽东思想、邓小平理论、"三个代表"重要思想、科学发展观为指导，深入贯彻习近平总书记系列重要讲话精神，认真落实党中央、国务院决策部署，紧紧围绕"五位一体"总体布局和"四个全面"战略布局，树立道路自信、理论自信、制度自信、文化自信，以创新、协调、绿色、开放、共享的发展理念统领教育改革发展，坚持党的领导，坚持社会主义办学方向，全面贯彻党的教育方针，全面深化教育改革，着力提高教育质量，着力优化教育结构，着力促进教育公平，加快推进教育现代化，推动创新型国家和人才强国建设，为全面建成小康社会和实现中华民族伟大复兴的中国梦作出更大贡献。

（三）基本原则。

推进教育改革发展，实现更高质量、更加公平、更有效率、更可持续的发展，完成国家赋予的历史使命和战略任务，必须遵循以下基本原则：

坚持优先发展。人是国家发展的核心要素。要坚持把教育摆在优先发展的战略地位，充分发挥教育的基础性、先导性、全局性作用，更加注重教育和人力资源开发，加大投资于人的力度，面向现代化，面向世界，面向未来，超前规划，优先发展，加速人力资本积累，为国家和民族的未来奠基。

坚持立德树人。把立德树人作为教育的根本任务，培养德智体美全面发展的社会主义建设者和接班人。要遵循教书育人规律、遵循学生成长规律，以学生为主体，以教师为主导，创新育人模式，培育和践行社会主义核心价值观，不断提高学生思想水平、政治觉悟、道德品质、文化素养，让学生成为德才兼备、全面发展的人才。

坚持服务导向。服务国家发展和人民群众是对教育改革发展的基本要求。教育发展要适应中国特色社会主义现代化建设需要，服务全面建成小康社会和中华民族伟大复兴目标，主动适应和引领经济发展新常态，为国家现代化建设厚植人才优势，培育创新动力。要不断满足广大人民群众对更高质量、更为多样教育的需求，优先解决人民群众关心的重点、热点、难点和焦点问题。

坚持促进公平。教育的公平性是社会主义本质要求，要发展社会主义，逐步实现人民共同富裕，教育公平是基础。注重有教无类，让全体人民、每个家庭的孩子都有机会接受比较好的教育，让教育改革发展成果更好地惠及最广大人民群众。突出精准扶贫，面向中西部地区特别是边远、贫困地区，加大对家庭经济困难学生帮扶力度。

坚持改革创新。改革创新是发展的根本动力。要不断深化教育综合改革，将顶层设计和实践探索有机结合，充分调动基层特别是广大学校、师生的积极性、主动性和创造性，创新体制机制和人才培养模式；要统筹利用国内国际教育资源，广泛借鉴吸收国际先进经验，进一步提升教育对外开放水平，通过改革创新和对外开放解决难题、激发活力、推动发展。

坚持依法治教。法治是实现教育现代化的可靠保障。要坚持依法行政、依法办学、依法执教，更加注重运用法治思维和法治方式推动教育改革发展，更加注重教育法律法规体系和执法体制机制建设，更加注重保障广大人民群众受教育权利和广大师生权益，更加注重保障人民群众对教育改革发展的知情权、参与权和监督权，依法推进教育治理能力现代化，为教育发展创造良好的法治环境。

坚持党的领导。办好中国特色社会主义教育事业关键在党，必须牢牢掌握党对教育工作的领导权，坚持正确的政治方向，掌握教育领域意识形态工作的主导权，着力加强教育系统党的思想建设、组织建设、作风建设、反腐倡廉建设、制度建设，增强政治意识、大局意识、核心意识、看齐意识，强化基层党组织的创造力、凝聚力、战斗力，为教育改革发展提供坚强的政治保证和组织保障。

（四）主要目标。

"十三五"时期教育改革发展的总目标是：教育现代化取得重要进展，教育总体实力和国际影响力显著增强，推动我国迈入人力资源强国和人才强国行列，为实现中国教育现代化 2030 远景目标奠定坚实基础。

全民终身学习机会进一步扩大。形成更加适应全民学习、终身学习的现代教育体系，现代职业教育体系更加完善。学前教育机会显著增加，义务教育普及成果进一步巩固提升，普及高中阶段教育，高等教育发展进入普及化阶段，继续教育参与率明显提升，学习型社会建设迈上新台阶。

教育质量全面提升。教师素质进一步提高，学校办学条件明显改善，教育信息化实现新突破，形成信息技术与教育融合创新发展的新局面，学习的便捷性和灵活性明显增强。教育教学改革取得重要进展，学生的思想道德素质、科学文化素质、身心健康素质明显提高，社会责任感、法治意识、创新精神和实践能力显著增强，学业水平和自主学习、终身学习能力全面提升。

教育发展成果更公平地惠及全民。完成教育脱贫攻坚任务，精准扶贫、精准脱贫的效果充分显现。实现家庭经济困难学生资助全覆盖，困难群体、妇女儿童平等受教育权利得到更好保障。义务教育实现基本均衡的县（市、区）比例达到95%，城乡、区域、学校之间差距进一步缩小，建成覆盖城乡、更加均衡的基本公共教育服务体系。人民群众高质量、个性化、多样化的学习需求得到更好满足。

人才供给和高校创新能力明显提升。创新型、复合型、应用型和技术技能型人才培养比例显著提高，人才培养结构更趋合理。各类人才服务国家和区域经济社会发展、参与国际竞争的能力显著增强。提高高等教育发展水平，若干所大学和一批学科进入世界一流行列，若干学科进入世界一流学科前列，在高校建成一批服务国家战略的创新基地和新型智库，创新服务能力全面提升，涌现一批重大创新成果，促进培育新动能，推动文化繁荣和社会进步，增强国家核心竞争力。

教育体系制度更加成熟定型。教育法律法规体系和执法体制机制更加健全，教育标准、监管、评价、督导、投入保障、教师队伍建设等基础性制度体系更加完善，社会力量举办教育、参与教育改革发展的制度更加完备有效。基本实现管办评分离，形成政府依法管理、学校依法自主办学、社会各界依法参与和监督的格局，教育治理体系和治理能力现代化水平明显提升。

专栏2　教育事业发展和人力资源开发"十三五"主要目标

指标	2015 年	2020 年	属性
学前教育			
在园幼儿数（万人）	4265	4500	预期性
学前三年毛入园率（%）	75.0	85.0	预期性
九年义务教育			
在校生（万人）	14004	15000	预期性
巩固率（%）	93.0	95.0	约束性
高中阶段教育			
在校生（万人）	4038	4130	预期性
其中：中等职业教育	1657	1870	预期性
毛入学率（%）	87.0	90.0	预期性

续表

指标	2015 年	2020 年	属性
高等教育			
在学总规模（万人）	3647	3850	预期性
在校生（万人）	3511	3680	预期性
其中：研究生（万人）（含全日制和非全日制研究生）	250［191］	290［230］	预期性
其中：普通本专科（万人）	2625	2655	预期性
毛入学率（％）	40.0	50.0	预期性
继续教育			
从业人员继续教育（万人次）		35000	预期性
人力资源开发			
新增劳动力平均受教育年限（年）	13.3	13.5	预期性

注：1. 高等教育在校生含普通本专科、成人本专科、全日制和非全日制研究生在校生。

2. ［ ］内为全日制研究生在校生数。

（五）主题主线。

贯彻落实新发展理念，全面实现"十三五"时期教育改革发展目标，必须紧紧围绕全面提高教育质量这个主题，把立德树人作为根本任务，全面实施素质教育，积极培育和践行社会主义核心价值观，更新育人理念，创新育人方式，改善育人生态，提高教师素质，建立健全各级各类教育质量保障体系，全面提升育人水平。

必须把教育的结构性改革作为主线，主动适应经济社会发展和人民群众的需求。统筹利用好、布局好各类教育资源，突出保基本、补短板、促公平，公共教育资源配置向薄弱地区、薄弱学校、薄弱环节和困难人群倾斜，推动区域、城乡协调发展，着力提高基本公共教育服务的覆盖面和质量水平；优化人才供给结构，加快高中阶段教育普及进程，推动高等教育分类发展，大力发展现代职业教育和继续教育，加快培养经济社会发展急需人才；创新教育供给方式，大力发展民办教育，拓展教育新形态，以教育信息化推动教育现代化，积极促进信息技术与教育的融合创新发展，努力构建网络化、数字化、个性化、终身化的教育体系，形成人人皆学、处处能学、时时可学的学习环境；改革教育治理体系，深化简政放权、放管结合、优化服务改革，落实学校办学自主权，加快现代学校制度建设；扩大社会参与，提高教育开放水平，整体提升教育服务经济社会发展的能力。

二、全面落实立德树人根本任务

（一）提升学生思想道德水平。

把思想政治工作贯穿教育教学全过程。加强系统谋划和顶层设计，以社会主义核心价值观为引领，科学制定不同年龄阶段和各级各类教育的德育工作目标，实现全员育人、全过程育人、全方位育人。充分发挥品德课、思想政治理论课主渠道作用，深入挖掘课程教材的育人作用，系统推进课程改革和教材修订，推动中国特色社会主义理论体系进教材、进课堂、进头脑，使大中小学德育和思想政治教育由浅入深、分层递进、有机衔接。积极开展少先队和党团组织教育活动。

广泛运用情境教学、现场教学、社会实践等方式，关注学生情感体验过程，引导和组织学生通过各种社会实践活动践行社会主义核心价值观，开展自我教育。加强网络环境下的德育工作，强化网络阵地建设，采取多种方式引导学生全面理解、正确对待重大理论和社会热点问题，增强是非辨别能力。充分发挥教师对学生的言传身教、行为引导作用，邀请党政领导干部到学校作形势报告，广泛聘请各行各业先进典型、优秀家长和老干部、老战士、老专家、老教师、老模范等到学校作专题报告，担任思想政治教育兼职教师，强化示范引领效应，使社会主义核心价值观内化于心、外化于行。

着力加强爱国主义教育。坚持爱国和爱党、爱社会主义相统一，创新形式，丰富载体，把爱国主义教育有机融入教育教学各环节，贯穿国民教育全过程。加强爱国主义教育基地建设，开辟爱国主义教育校外课堂，推动各级各类学校积极创造条件，开设以爱国主义为主题内容的选修课和专题讲座，发挥主题党日、团日、班会等载体作用，结合重要纪念日和传统节日开展爱国主义教育，加强国情教育、历史教育特别是党史、国史、改革开放史、社会主义发展史教育，大力推进对国旗、国歌、国徽的礼仪教育。广泛开展民族团结进步教育，强化"五个认同"和"三个离不开"思想，促进各族学生交往交流交融，筑牢各族师生中华民族共同体思想基础，引导青少年学生树立和坚持正确的国家观、民族观、宗教观、历史观、文化观，增强中华民族归属感、认同感、尊严感、荣誉感。

努力增强学生社会责任感。协同加强青少年社会公德、职业道德、家庭美德教育，努力培养学生高尚品格和担当精神。引导学生以国家富强、人民幸福为己任，树立自觉投身于中国特色社会主义伟大实践的宏伟志向。

积极开展法治教育。落实《青少年法治教育大纲》，把法治教育纳入国民教育体系，在中小学设立法治知识课程。加强法治教育实践基地建设，加强宪法教育，多种形式普及法律知识，开展法治实践教育，培养学生的法治意识和素养。

专栏3　落实立德树人根本任务

全面构建"全员育人、全过程育人、全方位育人"体系。深化课程教学改革。加强学校实践教育条件和校外实习实践基地建设。建立健全国家机关、企事业单位和社会团体接收大学生实习实训制度。完善课程、教材、教学方式和评价方法。开发多媒体课程、电子书和动画等德育资源，通过校园网站和互联网平台广为传播。提升青少年身心健康水平和学校美育工作水平。开展文明校园创建活动，实施学生志愿服务行动。加强马克思主义理论学科建设，推动马克思主义理论研究和建设工程重点教材编审和使用，实施马克思主义理论人才重点支持培养计划和青年马克思主义者培养工程。实施高校思想政治理论课建设体系创新计划。实施大学生思想政治教育质量提升工程。

（二）培养学生创新创业精神与能力。

从中小学做起，注重激发学生学习兴趣、科学兴趣和创新意识，加强科学方法的训练，逐步培养学生逻辑思维与辩证思维的能力。研究制定中小学生科学素质标准，充分利用各类社会科技教育资源，大力开展校内外结合的科技教育活动，加强对学生科学素质、信息素养和创新能力的培养。鼓励高等学校和职业学校建设学生创新创业服务平台，完善创新创业教育课程体系和管理制度，引导鼓励学生积极参与创新活动和创业实践，强化毕业论文、毕业设计的创新创业导向，开展创新创业竞赛，营造创新创业校园文化。支持本科生和研究生提前进入企业开展创新活动，鼓励高校通过无偿许可的方式向学生授权使用科技成果，引导学生创新创业。鼓励各省级政府统筹区域内高校、企业、产业园区、孵化基地、风险投资基金等资源，扶持大学生创业。

（三）强化学生实践动手能力。

践行知行合一，将实践教学作为深化教学改革的关键环节，丰富实践育人有效载体，广泛开展社会调查、生产劳动、志愿服务、公益活动、科技发明和勤工助学等社会实践活动，深化学生对书本知识的认识。加强劳动教育，充分发挥劳动综合育人功能。制定中小学生综合实践活动指导纲要，注重增强学生实践体验，鼓励有条件的地区开展中小学生研学旅行和各种形式的夏令营、冬令营活动。建设一批具有良好示范带动作用的研学旅游基地和目的地。构建学生志愿服务工作体系，把志愿服务纳入社会实践活动课程，组织学生开展志愿服务活动和其他社会实践主题活动，建立学生志愿服务记录档案，把志愿服务纳入学生综合素质评价内容。支持高校广泛开展大学生实践活动，引导大学生走出校门、深入基层，广泛宣传党的方针政策和中国特色社会主义理论，促进学生了解社会、认识国情、增长才干。

（四）塑造学生强健体魄。

加强和改进学校体育卫生工作。以全面增强学生体质和意志品质为目标，全面加强学校体育工作。将体质改善情况作为教育质量监测和教育评价的重要内容，开展健康学校创建工作，完善青少年体质健康监测体系，健全大中小学生健康体检制度。加强中小学校体育装备，改革体育教学、训练和竞赛体系，因地制宜强化体育课和课外锻炼，大力扶持校园足球、冰雪运动等各类体育社团发展，推动体育传统项目学校、体育特色学校建设，广泛开展各级学校体育联赛和民间传统体育比赛，着力推动高校加强大学生体育锻炼，广泛开展课外体育锻炼活动，大力培养学生运动兴趣、运动技能、运动习惯，基本实现学生熟练掌握一项以上运动技能的目标。全面加强幼儿园、中小学的卫生与健康工作，加大健康知识宣传力度，提高学生主动防病意识。推动各地采取针对性措施，降低学生近视发生率。注重各级各类学校心理教师队伍建设，进一步完善学生心理健康服务体系，在学校普遍开展心理健康教育，提高学生心理健康意识和心理保健能力，培养身心健康、体魄强健、意志坚强的一代新人。

（五）提高学生文化修养。

坚持以美育人、以文化人。以提高学生艺术素养、陶冶高尚情操、培育深厚民族情感、激发创新意识为导向，构建科学的美育课程体系，改进学校美育教学，鼓励特色发展，统筹整合学校与社会美育资源，健全美育评价机制，推动开齐开足艺术课程，开展艺术类第二课堂教育活动，将艺术实践活动纳入课程管理，促进每个学生形成一两项艺术特长和爱好。积极引导学生阅读欣赏中外文学艺术经典，鼓励高雅艺术进校园、非物质文化遗产进校园、民族民间优秀文化进校园。开展校训、家训育人活动。充分利用图书馆、博物馆、文化馆等各类文化资源，广泛开展中华民族优秀传统文化、革命文化、社会主义先进文化教育，培育青少年学生文化认同和文化自信。加强多元文化教育和国际理解教育，提升跨文化沟通能力。

（六）增强学生生态文明素养。

强化生态文明教育，将生态文明理念融入教育全过程，鼓励学校开发生态文明相关课程，加强资源环境方面的国情与世情教育，普及生态文明法律法规和科学知识。广泛开展可持续发展教育，深化节水、节电、节粮教育，引导学生厉行节约、反对浪费，树立尊重自然、顺应自然和保护自然的生态文明意识，形成可持续发展理念、知识和能力，践行勤俭节约、绿色低碳、文明健康的生活方式，引领社会绿色风尚。

（七）提高学生综合国防素质。

将国防教育纳入国民教育体系，充分发挥国防教育的综合育人功能，丰富学校国家安全教育和国防教育内容，创新教育形式，探索开展中小学国防教育综合社会实践和示范校创建活动试点，继续推动国防教育特色学校建设，充分发挥军营开放日、军事夏令营等平台作用，提高国防教育效果。加强高等学校军事理论教学，加强高等学校和高中阶段学校学生军事技能训练，拓展学生军训综合育人功能，提升青少年国防意识和军事素养。

三、改革创新驱动教育发展

（一）着力推进教育教学改革。

推进基础教育课程与教学改革。加强对课程教材建设的顶层设计，修订国家基础教育课程方案和课程标准，体现学生发展核心素养要求，完善教材审查审定和使用监测制度，打造具有科学性、时代性、民族性的基础教育课程教材体系。全面开展课程实施监测和管理。支持有条件的地方推行小班化教学，鼓励普通高中实行"选课制""走班制"，开设多样优质的选修课程。推动合作探究式学习，倡导任务驱动学习，提高学生分析解决问题的能力。支持有条件的普通高中与高等学校、科研院所开展有效合作，推进创新人才培养。继续推进中学生科技创新后备人才培养计划、全国青少年高校科学营等活动，积极试点探索大学先修课程。落实《幼儿园教育指导纲要》《3~6岁儿童学习与发展指南》，坚持以游戏为基本活动，培养幼儿健康体魄、良好生活与行为习惯，促进幼儿身心和谐发展。

推行产教融合的职业教育模式。坚持面向市场、服务发展、促进就业的办学方向，科学确定各层次各类型职业教育培养目标，创新技术技能人才培养模式。推行校企一体化育人，推进"订单式"培养、工学交替培养，积极推动校企联合招生、联合培养的现代学徒制。率先在大中型企业开展产教融合试点，推动行业企业与学校共建人才培养基地、技术创新基地、科技服务基地。鼓励学校、行业、企业、科研机构、社会组织等组建职业教育集团，实现教育链和产业链有机融合。建立健全对接产业发展中高端水平的职业教育教学标准体系。以增强学生核心素养、技术技能水平和可持续发展能力为重点，统筹规划课程与教材建设，对接最新行业、职业标准和岗位规范，优化专业课程结构，更新教学内容。强化课堂教学、实习、实训的融合，普及推广项目教学、案例教学、情境教学等教学模式。完善职业学校教学工作诊断与改进制度。引导行业企业深度参与专业教学、顶岗实习、岗位资格认证等方面的标准制定和教学评价。积极推行"双证书"制度，统筹相关课程考试考核与职业技能鉴定。支持在符合条件的职业学校设立职业技能鉴定所（站），完善职业学校合格毕业生取得相应职业资格证书的办法。规范职业学校办学行为，严格落实专业教学标准，防止以升学为目标组织教学。

深化本科教育教学改革。实行产学研用协同育人，探索通识教育和专业教育相结合的人才培养方式，推行模块化通识教育，促进文理交融。继续推进基础学科拔尖学生培养试验计划。推动高校针对不同层次、不同类型人才培养的特点，改进专业培养方案，构建科学的课程体系和学习支持体系。建立支持和奖励机制，激励教师面向经济社会新需求，强化课程研发、教材编写、教学成果推广，及时将最新科研成果、企业先进技术等转化为教学内容。探索建立适应弹性学习、学分制和主辅修制的教学管理制度，逐步扩大学生自主选择专业、课程和教师的权利。推行以学生为中心的启发式、合作式、参与式和研讨式学习方式，加强个性化培养。改进教学评价机制和学生考核机制。全面落实教授给本科生上课制度，建立约束激励机制，调动教师投入本科教学、不断探索教学新技术新方法新形态的积极性。推动高校统筹使用相关经费，加大对课程建设、教学改革的常态化投入，强化实验、实训、实习环节，建立高校与企业、行业、科研机构、社区等合作育人机制，全面提升高等学校教学水平。

推动研究生培养机制改革。扩大高校学术团队招收研究生的自主权，适度提高应届优秀本科毕业生直接攻读博士学位的比例，加强重大基础研究、重大科研攻关方向、重大工程领域、重大社会问题研究的博士研究生培养，紧密结合承担国家和区域重大科研任务，强化博士生原始创新能力，加快培养科技创新前沿的领军人才。支持在职人员以非全日制方式攻读专业硕士学位，鼓励跨学科攻读专业硕士学位。加强联合培养基地建设，探索专业学位研究生开放式培养模式，推行"双导师"等行业企业联合培养机制，结合承担行业企业实际科研生产项目，加快培养能够解决一线实际问题、宽口径的高层次复合型人才。健全以科学与工程技术研究为主导的导师责任制和导师项目资助制。推动高校加强研究生课程建设，强化研究生课程的系统性和前沿性，加强不同培养阶段课程的衔接，提升研究生课程教学质量。

（二）深化考试招生制度改革。

加大高校考试招生制度改革实施力度。积极创造条件，稳妥推进普通高校考试招生制度综合改革试点，逐步在全国推广实施高考综合改革方案，探索基于统一高考和高中学业水平考试成绩、参考综合素质评价的多元录取机制。完善高中学业水平考试，覆盖国家规定的所有学习科目，加强命题和考试的组织保障，确保考试安全有序、成绩真实可信。规范高中学生综合素质评价，确保学生综合素质档案真实可靠。深化考试内容改革，着重考查学生独立思考和运用所学知识分析问题、解决问题的能力。大幅减少并严格控制考试加分项目，规范并公开自主招生办法、考核程序和录取结果。创造条件淡化并逐步取消录取批次，推进并完善平行志愿投档方式。探索研究生多元化招生选拔机制。确保国家教育考试安全。深入实施高校招生阳光工程，健全分级负责、规范有效的信息公开制度。加强考试招生全程监督，加大查处违规行为力度。

推进高职院校分类考试，突出"文化素质＋职业技能"评价方式。高等职业学校招收有工作经验的学生，应当将工作实绩和能力作为重要的录取依据。健全学前教育、护理等领域和专业实行初中毕业起点、中高职贯通培养的考试招生办法。健全技能技能人才系统培养的招生制度。

完善中小学入学制度。合理设置学校或学区，保障入学需求，完善义务教育免试就近入学制度。改进高中阶段学校考试招生方式，逐步建立基于初中学业水平考试成绩、结合综合素质评价的普通高中招生录取机制，合理分配优质普通高中招生名额。进一步完善进城务工人员随迁子女就学和在流入地升学考试的政策措施。

（三）激发学校办学活力。

加快现代大学制度和各类学校管理制度建设。全面落实"一校一章程"。加强对新设立学校和升格、更名、合并、分立的高等学校的章程核准工作，建立和完善各级各类学校依章办学的管理制度和监督办法，推动学校依法依章治校。完善公办高等学校党委领导下的校长负责制和中小学、中等职业学校校长负责制，进一步明确职责分工、议事规则。深化学校管理人员职员制改革，建立符合学校特点的管理制度，鼓励高校推进内设机构取消行政级别试点，克服行政化倾向。拓展师生参与学校民主治理的渠道和途径，学校重大决策和涉及师生利益的重大政策应当经教职工代表大会民主讨论，发挥学生代表大会的桥梁纽带作用。加强中小学家长委员会建设，完善高等学校、职业学校理事会制度。切实实行学术民主，保障高等学校学术委员会、职业学校专家委员会履行职责。

落实学校办学自主权。建立健全各部门统筹推进落实学校办学自主权的会商机制。统筹推进高校综合改革，改革学位授权审核机制，落实高校学科专业设置自主权；改革高校编制及岗位管理制度，积极探索实行高校人员总量管理，落实高校岗位管理自主权；自主制定招聘条件和标准，自主公开招聘人才，根据岗位设置方案和管理办法自主做好人员聘后管理，落实高校用人自主权；下放教师职称评审权，改进教师职称评审方法，落实高校教师职称评审自主权；健全符合现代大学特点的薪酬分配制度，扩大高校薪酬分配自主权；精简对高校经费使用的考核评估，扩大项目资金统筹使用权，落实高校经费使用管理自主权；简化高校建设项目审批程序，扩大基本建设项目自主权；改进高校政府采购管理，优化进口仪器采购服务，落实高校科研仪器设备采购自主权；根据学术交流、教育教学和参与国际合作的需要，改进相关管理制度，为高校教师因公出国、参会提供便利。推动高等学校进一步向院系放权。扩大职业学校在招生、专业设置和调整、教师评聘、资源配置、收入分配、校企合作等方面的办学自主权。进一步落实和扩大中小学在教学工作、资源配置、人事管理等方面的自主权。

（四）统筹推进世界一流大学和一流学科建设。

以中国特色、世界一流为核心，以支撑创新驱动发展战略、服务经济社会发展为导向，坚持建设与改革并重，以学科为基础、以绩效为杠杆，统筹高校整体建设和学科建设，鼓励和支持不同类型的高水平大学和学科差别化发展，支持拥有多个国内领先、国际前沿高水平学科的大学，全面建设进入世界一流大学行列或前列；支持拥有若干国内前列、在国际同类院校中居于优势地位的高水平学科的大学，通过学科建设带动学校进入世界同类大学前列；支持拥有某一高水平学科的大学，通过建设进入该学科的世界一流行列或前列。支持省级政府根据国家建设布局，结合经济社会发展需求和基础条件，自主推动区域内高等学校建设高水平大学和优势学科，积极探索不同类型、不同层次高等学校的一流建设之路。

创新建设机制，鼓励公平竞争，强化目标管理，增强建设实效。创新支持方式，综合考虑建设高校基础、学科类别及发展水平等，通过不同途径给予相应经费支持，动员各方力量积极参与一流大学和一流学科建设，增强高等学校财务自主权和统筹安排经费的能力。坚持公开透明，实施动态监测，制定科学合理的绩效评价办法，开展中期评价和第三方评估，强化社会监督。建立退出机制，打破身份固化，形成激励约束机制，激发高校的建设活力。改革完善高等学校创新能力提升计划（"2011计划"）组织实施方式，推动高校面向国家重大需求多学科交叉融合、校所企协同创新。

专栏4　世界一流大学和一流学科建设

加强总体规划，引导分类发展，科学合理布局，坚持扶优扶新、扶需扶特，支持处于国内领先地位、在国际上具有较强竞争力、对经济社会发展具有重大作用、具备进入世界一流行列或前列基础和实力的大学，支持建设100个左右学科，重点支持一批接近或达到世界先进水平的学科，加强建设关系国家安全和重大利益的学科，重点布局一批国家急需、支撑产业转型升级和区域发展的学科，积极发展一批新兴学科、交叉学科，覆盖哲学社会科学、自然科学、工程技术等重点领域，努力形成支撑国家长远发展的建设体系，大力提升国家自主创新能力和核心竞争力。每五年一个建设周期，建设高校及学科实行开放竞争、动态调整。

提升高等学校创新能力。围绕国家发展重大需求，按照"国家急需、世界一流、制度先进、贡献突出"的总体要求，创新体制机制，深化高校与高校、科研院所、行业企业和国外科研机构的合作，汇聚创新资源和要素，构建协同创新的新模式，全面提升高等学校的人才、学科、科研三位一体创新能力，抢占世界科技创新制高点。

（五）强化高校创新体系建设。

全面提升高校科技创新能力。推动高等学校全面参与国家创新体系建设，在优化布局、分类整合的基础上，统筹研究建设国家级科研基地，组织和支持高校积极参加国家科技计划（专项、基金等）和国家级科技创新基地建设，承接国家重大科研项目。优化高校基础研究环境，充分发挥学科、人才优势，凝练主攻方向，聚焦重大科学问题和战略技术问题开展基础技术、前沿技术、非对称技术、"撒手锏"技术、颠覆性技术研究，以基础性的突破带动全局性的创新。支持高校根据国家对外科技合作总体部署，提出并牵头组织、深度参与国际大科学计划和大科学工程。支持高校图书馆建设知识产权信息服务中心，为促进高校创新提供服务。

深化高校科研体制改革。完善中央高校基本科研业务费制度，形成经费长效支持机制，鼓励有条件的地区设立地方高校基本科研业务费，支持研究型大学开展自由探索的基础研究。落实高校科研项目预算调整、间接费用统筹使用、劳务费分配管理、结转结余资金按规定使用等自主权。探索实行充分体现人才创新价值和特点的经费使用管理办法，进一步发挥科研项目资金的引导激励作用，明确劳务费开支范围和标准，提高间接费用比重，加大绩效激励力度。推动高校切实履行法人责任，健全科研经费内部管理办法。多种形式加强高校科研队伍建设，建立健全教师在岗兼职、离岗创业等制度。设置特定的创新科研岗位，聘用海外学者、国内同行和研究生，组织科学创新团队。改革科研评价制度，建立以创新质量、贡献、绩效为导向的分类评价体系。完善同行专家遴选机制和专家库，加强评价专家的自律和责任追究。

深化全方位协同创新。支持高校探索建立基于互联网的科研组织模式，开展跨学校、跨学科、跨领域、跨国界的协同创新。健全产学研协同创新机制，支持高校与行业企业、科研院所联合建设创新中心和创新平台，组建产业技术创新战略联盟，面向社会和企业开放科研基础设施和创新资源，开展产业关键共性技术以及核心基础零部件（元器件）、基础软件、先进基础工艺、关键基础材料和产业技术基础的开发攻关，以增强我国产业核心竞争力。支持高校加强国际合作联合实验室建设，建设世界一流实验室，推进产业技术国际创新合作，积极融入全球创新网络。继续实施高校学科创新引智计划。

完善高校哲学社会科学体系。坚持马克思主义指导地位，实施以育人育才为中心的高校哲学社会科学整体发展战略，把中国特色社会主义理论体系贯穿研究和教学全过程，构筑学生、学术、学科一体的综合发展体系，建立科学权威、公开透明的哲学社会科学成果评价体系，努力形成中国特色、中国风格、中国气派的学科体系、学术体系、话语体系。积极参与马克思主义理论研究和建设工程，通过开展合作研究等方式积极参与哲学社会科学创新工程，深入实施高校哲学社会科学繁荣计划。坚持以人民为中心的研究导向，加强对党中央治国理政新理念新思想新战略的研究阐释，深入开展重大现实问题、重大理论问题、重大实践经验总结研究。积极参与实施国家哲学社会科学人才工程，加大相关人才计划对哲学社会科学人才的支持力度。完善高校哲学社会科学研究创新平台体系，加强高校马克思主义学院建设，重点建好一批高校人文社会科学重点研究基地、专题数据库和文科实验室。推进中国特色新型高校智库建设。加强国别和区域重点研究基地建设。支持高校建立海外中国学术研究中心，参与和设立国际性学术组织，建设一批优秀外文学术网站和学术期刊。

专栏 5　　中国特色新型高校智库建设推进计划

统筹规划高校各类科研机构、人才团队和项目设置，建立形式多样、结构合理的高校智库。深化高校人文社会科学重点研究基地综合改革，重点建设一批国家急需、特色鲜明、制度创新、引领发展的专业化高端智库。建立咨政研究核心人才库，培养一批复合型智库人才和咨政研究团队。拓展成果应用渠道，支持高校举办高层智库论坛，打造智库成果发布品牌。

促进高校科技成果转化。探索完善科研成果、知识产权的归属及利益分配机制，赋予高校科技成果使用、处置和收益管理自主权，调动高校、科研机构和行业企业共同参与应用研究和成果转化的积极性。健全技术转移应用机制，鼓励有条件的高校建立知识产权运营、科技成果转化的专门队伍，形成科技成果转化和知识产权保护、应用的有效机制，推动建立完善有利于科技成果转化的评价体系。建好一批大学科技园、产业创意园和试验区，孵化和扶植一批科技与文化骨干企业。

（六）促进和规范民办教育发展。

推进民办学校分类管理。建立非营利性与营利性民办学校分类管理政策体系，实行差别化扶持，加强分类指导和规范管理，推动各类民办学校明确法人属性，明晰产权归属。建立健全政府补贴、政府购买服务、助学贷款、基金奖励、捐资激励等制度，引导社会力量举办非营利性民办学校。推动民办学校适应经济社会发展需要，更新办学理念，深化教育教学改革，提高办学质量。鼓励公办学校、民办学校开展人才交流和深度合作。保障民办学校依法自主办学，完善法人治理结构，健全收费制度、资产管理和财务会计制度，建立教育质量监测、财务监管、风险防控和退出机制，规范民办学校办学秩序，防范办学风险。

鼓励社会力量进入教育领域。拓展社会力量参与教育发展的渠道和范围。建立更加透明的教育行业准入标准，强化监测监管，鼓励社会力量和民间资本通过多种方式举办学校和教育机构，提供多样化教育产品和服务。发挥市场机制的作用，支持培育教育新业态，扩大教育需求与消费。研究制定相关规范和管理办法，鼓励教育服务外包，引导社会力量为学校提供信息化课程包、实训实习、教师培训、管理支持、质量监测、就业指导等专业化服务，作为政府教育服务的重要补充。

（七）积极发展"互联网＋教育"。

加快完善制度环境。制定在线教育和数字教育资源质量标准，推动建立数字教育资源的准入和监管机制，完善数字教育资源知识产权保护机制，鼓励企业和其他社会力量开发数字教育资源，形成公平有序的市场环境，培育社会化的数字教育资源服务市场，探索建立"互联网＋教育"管理规范，发展互联网教育服务新业态。出台教育数据管理规定，健全安全管理制度，形成教育数据资源开放共享制度机制，确保网络安全与教育资源内容安全。创建一流网络安全学院，加强国家网络安全人才和创新基地建设，形成网络安全人才培养、技术创新、产业发展的良性生态环境。

进一步改善基础条件。加快推进"宽带网络校校通"，完善学校教育信息化基础设施，加强"无线校园"建设，基本实现各级各类学校宽带网络全覆盖和网络教学环境的普及，具备条件的城镇学校实现无线网络全覆盖，鼓励具备条件的学校配置师生用教学终端。完善国家教育资源公共服务平台，推动形成覆盖全国、互联互通、协同服务的数字教育资源公共服务体系。完善国家教育管理公共服务平台，积极推动国家教育资源与教育管理平台的整合集成和协同发展。广泛应用区域教育云等模式，积极推动各级各类学校建设基于统一数据标准的信息管理平台，实现各类数据伴随式收集和集成化管理，形成支撑教育教学和管理的教育云服务体系。推动职业学校网络仿真实训环境建设。推动高校建立基于互联网、云计算技术的科研协作平台。

全力推动信息技术与教育教学深度融合。建设课程教学与应用服务有机结合的优质在线开放课程和资源库，全面推进"优质资源班班通"，鼓励教师利用信息技术提升教学水平、创新教学模式，利用翻转课堂、混合式教学等多种方式用好优质数字资源。深入推进"网络学习空间人人通"，形成线上线下有机结合的网络化泛在学习新模式。引导学校与教师依托网络学习空间记录学生学习过程，进行教学综合分析，创新教学管理方式。鼓励学校利用大数据技术开展对教育教学活动和学生行为数据的收集、分析和反馈，为推动个性化学习和针对性教学提供支持。支持各级各类学校建设智慧校园，综合利用互联网、大数据、人工智能和虚拟现实技术探索未来教育教学新模式。鼓励高等学校基于互联网开展学历与非学历继续教育。

推进优质教育资源共建共享。着力加强"名师课堂""名校网络课堂""专递课堂""在线开放课程"等信息化教育教学和教师教研新模式的探索与推广，加快优质教育资源向农村、边远、贫困、民族地区覆盖；积极鼓励高等学校和职业学校依托优势学科专业开发具有竞争力的在线开放课程，制定在线开放课程教学质量评价标准和学分认定管理办法，将在线课程纳入培养方案和教学计划。鼓励学校或地方通过与具备资质的企业合作、采用线上线下结合等方式，推动在线开放资源平台建设和移动教育应用软件研发。整合各类优质教育资源，推进资源普遍开放共享，鼓励师生共建共享优质资源，加快推动教育服务模式和学习方式的变革。

专栏 6　推进"互联网＋教育"发展

继续推进"三通两平台"建设与应用，推进数字教育资源普遍开放共享。面向教育发展落后地区和特殊人群，提供公益性数字教育资源服务。加快教育大数据建设与开放共享。发展现代远程教育和在线教育，实施"互联网＋教育培训"行动，支持"互联网＋教育"教学新模式，发展"互联网＋教育"服务新业态。

四、协调推进教育结构调整

（一）推进区域教育协调发展。

优化教育资源区域布局。科学规划、分类指导、统筹推进东部、中部、西部和东北地区教育发展。新增教育资源重点向革命老区、民族地区、边疆地区、集中连片特困地区倾斜。推动东部地区率先实现教育现代化。支持东北地区加快提升教育服务支撑老工业基地全面振兴的能力。加快中西部地区教育发展，优化顶层设计，整合工程项目，加强最薄弱环节，深入实施中西部高等教育振兴计划和中西部高校基础能力建设工程，支持中西部本科高校改善办学条件，提高办学水平，办好一批高水平大学，立足中西部经济社会发展实际，大力发展职业教育，增加中西部优质教育资源，提升教育发展综合实力，进一步缩小与东部发达地区差距。继续实施支援中西部地区招生协作计划、农村和贫困地区定向招生专项计划，扩大农村贫困地区学生接受优质高等教育机会。进一步支持赣南等原中央苏区和其他重点贫困革命老区教育发展。

支持国家重大区域发展战略实施。推动"一带一路"建设相关省区市教育合作。加大对

"一带一路"建设核心区高等教育和职业教育发展的支持力度。落实京津冀协同发展战略，探索跨行政区划的教育协同发展体制机制，推动三省市教育协同发展，有序疏解北京非首都功能。加强长江经济带教育互联互通，完善区域教育协作机制，引导高等教育、职业教育资源布局与产业由东向西梯度转移相衔接。支持国家重点改革试验区教育创新，及时总结推广试点经验并制度化。

（二）优化城乡基础教育布局。

统筹规划城乡教育发展。完善城乡教育布局规划制度和学校布局调整机制，强化省级人民政府对基础教育的统筹规划，以县为基础，建立健全与常住人口变化趋势和空间布局相适应的城乡学校布局建设机制，合理规划学校服务半径。统筹城乡学校布局和建设规模，严控超大规模学校建设，有序扩大城镇学前教育、义务教育资源。城镇新建居住区配建学校、幼儿园实行"交钥匙"工程，促进学校、幼儿园与住宅项目同步规划、同步建设、同步交付使用。加强重点小城镇、城乡结合部、新建城区和城镇危旧房改造区学校建设，增加城镇义务教育学位和乡镇学校寄宿床位，到2020年基本消除56人以上"大班额"。统筹推进县域内城乡义务教育一体化改革发展，实现常住人口基本公共教育服务全覆盖。

加强农村学校布局规划。在交通便利、公共服务成型的农村地区合理布局义务教育学校。针对地广人稀地区、山区、海岛等特殊困难地区人民群众就学需求，合理布局并办好一批寄宿制学校、边境地区学校，保留并办好必要的小规模学校和教学点，努力保障学生就近入学、接受有质量的教育。合理制定闲置校园校舍综合利用方案，优先用于教育事业发展。

（三）加快发展现代职业教育。

完善职业学校布局结构。强化地市级人民政府对中等职业教育的统筹规划，根据城镇化和产业布局调整完善职业学校布局，根据产业发展对技术技能人才的需求优化职业教育体系结构。鼓励产业经济发达地区做好县域内中等职业学校布局规划。新增高等职业学校主要向中小城市、产业集聚区布局。在人口集中和产业发展需要的贫困地区建好一批中等职业学校，重点支持贫困地区建设好符合当地经济社会发展需要的中等职业学校。根据各主体功能区的定位，推动区域内职业学校科学定位，使每一所职业学校集中力量办好当地经济社会发展需要的特色优势专业（集群）。着力建设一批服务现代产业发展和扶贫开发等重点工作领域的高水平职业学校，形成国家重点行业都有骨干职业学校支撑的技术技能人才培养格局，服务产业结构调整优化。

提升职业学校基础能力。分类制定职业学校办学标准，实施现代职业教育质量提升计划等项目，提升职业学校办学条件特别是实习实训条件和"双师型"教师队伍建设水平。鼓励社会力量参与举办职业教育。按照鼓励竞争、扶优扶强的原则，通过与行业企业合作，集中力量建设一批高水平职业学校。支持东中西部地区职业学校加强对口合作，通过联合办学、委托管理、集团化办学等形式，提升专业建设、课程开发、学校管理水平。

专栏7　高水平职业学校建设

围绕深化产教融合、校企合作、工学结合主线，支持100所左右高等职业学校和1000所左右中等职业学校建设，改善基本办学和实习实训条件，强化国家重点领域产业和区域支柱产业相关专业建设，重点提升学校服务学历教育、社区教育、职工教育培训等能力，建成一批人才培养、科技创新、专业建设与产业融合发展的高水平职业学校。

强化大国工匠后备人才培养。着力提升职业学校人才培养质量，加强职业精神培育，推进产业文化、优秀企业文化、职业文化进校园进课堂，促进职业技能和职业精神高度融合，着力培养崇尚劳动、敬业守信、精益求精、敢于创新的工匠精神。推动职业学校与行业企业共建技术工艺和产品研发中心、实验实训平台、技能大师工作室等，完善职业学校学生技能竞赛制度，统筹职业学校教学体系和竞赛体系，建立健全大国工匠优秀后备人才早期发现、选拔和培养制度。打通职业教育人才培养通道，让职业学校学生的技术技能可以通过不断深造得到发展。

（四）调整高等教育结构。

推进高等教育分类发展、合理布局。推动地方开展高等学校分类管理改革试点，以人才培养定位为基础建立高等教育分类体系，研究制定高校分类设置、分类指导、分类拨款、分类评估等制度，努力形成高等学校科学定位、特色发展的局面。改进高等院校设置和招生计划管理办法，探索建立高校办学条件预警机制和退出机制，引导地方着力办好现有高校，强化省级人民政府对高等教育的统筹规划，新增高等教育资源向新的城镇化地区、产业集聚区、边境城市延伸。优先发展应用技术类型高校、小规模有特色学院。加快建成一批为地方经济和社会发展服务的高水平应用型高等学校和高等职业学校。根据高等学校设置制度规定，将符合条件的技师学院纳入高等学校序列。

推动具备条件的普通本科高校向应用型转变。推动各地开展转型发展试点，加强对改革试点的统筹指导，加快推进配套制度改革，总结推广试点典型经验。充分发挥试点高校改革创新的主动性、积极性和示范引领作用，引导高校从治理结构、专业体系、课程内容、教学方式、师资结构等方面进行全方位、系统性的改革，把办学思路真正转到服务地方经济社会发展上来，把办学定位转到培养应用型和技术技能型人才上来，转到增强学生就业创业能力上来，把办学模式转到产教融合、校企合作上来，到"十三五"末，建成一批直接为区域发展和产业振兴服务的中国特色高水平应用型高校，形成科学合理的高等教育结构。

专栏8　应用型本科高校建设

支持一批地方应用型本科高校建设，重点加强实验实训实习环境、平台和基地建设，鼓励吸引行业企业参与，建设产教融合、校企合作、产学研一体的实验实训实习设施，推动技术技能人才培养和应用技术创新。

提高应用型、技术技能型和复合型人才培养比重。新增高等教育招生计划主要向应用型、技术技能型人才培养倾斜。稳步扩大研究生培养规模。扩大专业学位硕士研究生培养比例，积极稳妥推进博士专业学位研究生培养，新增计划主要用于紧缺人才培养。加快发展新兴学科、交叉学科。推进军民融合，改革完善依托国民教育培养军事人才的政策制度，做好普通高校国防生培养工作，扩大高等学校与军队合作培养军地两用人才规模。

（五）大力发展继续教育。

加快构建终身教育制度。制定国家资历框架，建立个人学习账号和学分累计制度。统筹协调各相关部门，建立各类继续教育基本统计制度。建立多种学习成果认证平台。探索高中后教育全面实行学分制，实行弹性学制和学习者自主选课。探索建立与完全学分制相适应的高校教育教学、课程设置、学籍管理、按学分收费等各项制度，推动各类高等学校之间以课程为基础开展学分认定和转换。创新高等教育自学考试学分认定和转换，完善不同专业、不同主考院校的学分认定和转换，推动高等教育自学考试认可高等学校课程学分，探索将高等教育自学考试学分转换为高等学校学分。探索非学历教育学习成果认定和转换，使各种非学历学习成果通过一定的标准和程序，经过高等学校和自考机构认定后，可转换成相应的课程学分，认定标准由高等学校自主制定。允许学习者通过课堂学习、在线学习、自学等方式获得学分，建立健全职业教育与普通教育、学历教育与非学历教育、职前教育与职后教育沟通衔接的机制，逐步扩大高等学校招收有实践经历人员的比例，制定不同人群接受教育的资助制度，使所有公民都有机会通过直接升学、先就业再升学、边就业边学习等多种方式不断发展。

专栏9 建立学分银行和信息化平台

完善学习成果认证制度，通过部分地区率先探索、以点带面的方式，推进国家学分银行建设，为每一位学习者提供能够记录、存储自己的学习经历和成果的个人学习账号，对学习者的各类学习成果进行统一的认证与核算，使其在各个阶段通过各种途径获得的学分可以得到积累或转换。被认定的学分，可累计作为获取学历证书、职业资格证书或培训证书的凭证。

加强继续教育平台建设。明确各类高等学校和职业学校发展继续教育的职责任务、考核标准，推动高等学校和职业学校进一步开放办学，面向城乡从业人员广泛开展教育培训服务，特别是面向行业企业，持续开展职工继续教育，重点增强职工的职业理想，提高职业道德、技术技能、管理水平以及学历层次。加强顶层设计，完善自学考试制度，办好开放大学，提供优质继续教育资源。继续办好各类成人教育机构。支持办好企业大学和企事业单位职工继续教育基地，鼓励各类社会培训机构依法开展教育培训活动。充分发挥成人、社区教育机构、县级职业教育中心、农业广播电视学校的作用，使之成为区域职业教育与培训、技术推广、扶贫开发和社会生活教育的开放平台，健全遍布城乡的继续教育网络。

统筹扩大继续教育服务。强化省级、地市级政府对继续教育的统筹规划，加快构建政府、企业、社会共同参与的终身学习激励机制，建设覆盖全国城乡、开放便捷的终身学习公共服务体系。整合继续教育资源，基于社会工作岗位需求，向学习者提供教育培训"技能包"。重视开展面向现役和退役军人的继续教育，着力落实好退役大学生士兵专项硕士研究生招生计划等政策。整合资源，健全城乡一体的社区教育办学网络，广泛开展城乡社区教育，促进学校教育资源服务社区居民。推动学习型城市建设。持续开展"全民终身学习活动周"，倡导全民阅读。推进老年教育机构逐步纳入地方公共服务体系，完善老年人学习服务体系，办好老年大学，有效扩大老年教育资源供给。

专栏10 发展继续教育

建立面向全民的终身学习成果认证、积累与转换公共服务平台。为进城定居农民工、新型职业农民、现代产业工人和退役军人等重点人群提供学历和非学历继续教育，推进实施农民继续教育，支持农民通过半工半读方式就近接受职业教育和培训。实施农民工学历与能力提升行动计划，资助150万名符合入学条件的农民工接受本、专科学历继续教育。

（六）加快培养现代产业急需人才。

加快学科专业结构调整。扩大高等学校和职业学校专业设置自主权，除对涉及国家安全、公共安全和人身安全等特殊行业的学科和专业实行国家管理外，学校依法自主设置专业。加强专业设置政策引导，及时修订中职、本专科专业目录和研究生学科目录，调减社会需求不足的长线专业。推动高校加快新兴交叉学科建设，通过专业改造等方式设置复合型专业。发挥行业协会与行业职业教育教学指导委员会作用，探索建立多部门协同的人才需求预测机制，完善资源配置机制和评估评价机制等，引导学校围绕科技创新和经济社会发展需要设置专业，形成办学特色。

专栏 11 服务现代产业的新兴学科专业集群建设

建设一大批以校企合作为基础，集人才培养、继续教育、科研创新、科技服务于一体的专业集群，校企联合开发课程和教学资源，联合培养培训师资队伍，共建实验实训实习基地。优先在北京、上海、武汉等地建设一批集成电路实训基地，构建我国集成电路人才培养学科专业集群，加快人才培养和产业关键技术研发。

大力培养现代农业人才。加大对涉农学科专业的投入力度和学生资助力度，推进涉农学科、专业现代化。深化农业人才培养模式改革，加快培养现代农业领军人才、高技能人才和新型职业农民。充分发挥农业院校在新型职业农民培育、农业科技创新、农业技术推广应用等方面的重要作用，形成与现代农业发展相适应的农业人才培养和农业技术创新推广网络。

加快培养战略性新兴产业急需人才。面向"中国制造 2025"重点领域，支持高水平大学加强制造业相关核心技术学科、专业建设，支持职业学校开设先进装备制造和基础制造相关专业。继续实施专业技术人才知识更新工程和先进制造卓越工程师培养计划，加快培养急需工程技术人才。扩大节能环保、新一代信息技术、生物、高端装备制造、新能源、新材料和新能源汽车等战略性新兴产业人才培养规模。服务国家"互联网＋"行动、大数据战略，打破传统学科、专业局限，大力发展移动互联网、云计算、大数据、物联网、智能硬件、集成电路等新兴学科专业，加快培养信息技术与产业升级、技术创新和社会服务融合发展的复合型人才。

加强现代服务业和社会管理服务人才培养。完善生产性和生活性服务业人才培养体系，加快培养研发设计、知识产权、检验检测、现代物流、电子商务、金融、涉外法律、国际交流、旅游、健康、体育以及涉老等领域的新型专业人才。完善全科医学人才培养体系，为贫困地区和农村基层定向免费培养全科医学人才。加强儿科等紧缺人才培养，支持儿科医疗资源短缺的地区在有条件的高校举办儿科学本科专业。支持建设康复大学，加快培养康复人才。加强专业社会工作人才培养。积极推动公安院校、公安专业人才招录培养制度改革，加强公安专业人才培养。

五、协同营造良好育人生态

（一）优化校园育人环境。

加强校园文化建设。加强和改进学校管理和课堂教学管理，严格课堂纪律、考试纪律、生活纪律，树立良好校风校纪。广泛开展文明校园创建，开展形式多样、健康向上、格调高雅的校园文化活动，推进"一校一品"校园文化建设，引导各级各类学校建设特色校园文化。加强校园网络内容建设，打造若干具有广泛影响的核心价值观主题教育网站和网络互动社区。整合利用资源，探索学校和社会文化基础设施共建共享。继续推进乡村学校少年宫建设。

创建平安校园。开展教育系统稳定风险评估和监测。加强教育系统防灾减灾能力建设。加快学校危旧房改造，消除校舍安全隐患。巩固高等学校后勤改革成果，健全各级各类学校后勤保障机制。完善学校重大突发事件快速反应机制，健全学校安全管理制度，推进学校公共安全视频监控建设及联网应用工作，加强人防、物防、技防设施建设，确保学校食品、人身、设施和活动安全。构建预防和惩治"校园欺凌"的有效机制，防范校园恶性安全事件。探索建立学生意外伤害援助制度，完善事故处理和涉校涉生矛盾纠纷仲裁、调解机制，依法维护学校正常教育教学秩序和师生合法权益。

（二）改善社会育人环境。

建立政府、学校、社会、家庭全面参与的协同育人工作机制。落实政府主导责任，坚持正确的舆论导向，壮大主流思想舆论，创新和改进网上宣传，把握网络传播规律，充分利用微博、微信等新媒体、新手段，为青少年提供内容健康向上、具有艺术魅力的精神产品，弘扬主旋律，激发正能量，加强教育公益宣传，引导社会树立正确的教育观、人才观，营造良好舆论环境。开展青年网络文明志愿行动，参与监督和遏制网上违法和不良信息传播，营造清朗网络空间。开展校园及周边文化环境综合治理行动，严禁经营性网吧向未成年人提供服务。促进企事业单位和社区履行教育责任，充分利用各类教育资源，积极参与举办职业教育与培训及育人活动，主动为学生实习、实训和社会实践提供条件和便利。认真执行就业准入制度，促进企业提高技术技能人才收入水平。明确家庭教育责任，强化家长教育，普及家庭教育常识，引导父母做好学生的第一任老师，促进青少年人格养成、心理健康成长。

优化语言文字环境。实施国家通用语言文字普及攻坚工程。强化对社会用语用字的监督检查和教育引导。基本普及国家通用语言文字，各级各类学校国家通用语言文字普及率达到95%，语言文字使用规范化程度全部达标。推进中国语言资源保护工程和语言文字规范标准建设。加强语言文字信息化关键技术研究与应用。推进国家手语和盲文规范化建设，加快规范和推广国家通用手语和盲文。加大中华经典资源库建设工作力度。广泛开展中华经典诵读、规范汉字书写等系列活动。继续办好弘扬传播中华优秀语言文化的品牌节目，打造中国语言文化传播品牌。

（三）构建教育诚信环境。

着力加强诚信教育，把诚信教育纳入人才培养各环节，引导学生养成诚实守信的道德品质。完善诚信考试管理体系，充实国家教育考试诚信档案数据库，将有关信用记录纳入全国信用信息共享平台，加大对考试违纪、论文抄袭、学历学位造假等失信违约行为的监督和处罚力度。建立健全定向培养学生履约情况记录与违约惩戒机制。

（四）建立科学评价体系。

充分发挥教育评价对科学育人的导向作用，把促进人的全面发展、适应经济社会发展作为评价教育质量的根本标准。全面改进各级各类教育评价体系，注重考查学生适应社会发展和终身发展的能力，防止单纯以升学率考核学校和教师、单纯以分数评价学生。探索实行利益攸关方共同参与的开放式评价，完善评价结果公开机制。

推进基础教育质量综合评价改革。面向未来，明确各学段学生发展核心素养，实施基于核心素养的教学评价，促进学生全面发展和可持续发展。构建教育质量综合评价指标体系，把学生的品德、学业、身心发展水平和兴趣特长养成等作为评价学校教育质量的主要内容。建立学业负担监测机制，切实减轻中小学生过重课业负担。

构建科学的职业教育评价制度。将学习者职业道德、技术技能水平和就业创业能力作为评价的主要内容，强化实习实训环节的评价。支持行业组织开展职业学校人才培养质量评估，完善学校、行业、企业、研究机构和其他社会组织共同参与的职业教育质量评价机制。完善职业教育质量年度报告制度。鼓励企业、用人单位开展毕业生就业质量、满意度等评价。提升人才培养和行业需求的吻合度。

改进高校人才培养质量评价。按照培养有理想、有追求、有担当、有作为、有品质、有修养大学生的目标要求，实施教学质量国家标准，规范专业领域人才培养基本要求，鼓励行业部门（协会）制定人才评价标准，推动高校制定各专业人才培养标准和评价办法。坚持思想道德修养和文化知识学习、创新思维和实践能力、全面发展和个性发展紧密结合，坚持高校学生学习过程性和结果性评价相结合，严格课程考核标准和管理，探索基于真实任务的评价方法，注重考核学生运用知识系统分析问题和解决问题的能力。

（五）建设绿色校园。

加强节约型校园建设。推动在教育系统实施能效水效领跑者引领行动。开展绿色校园建设试点。修订和落实学校建设标准，强化绿色节能环保要求。提高学校节能水平，加强节能运行管理和监督评价，探索建立学校用电、用能、用水等资源利用统计和报告公示制度，制定垃圾回收管理办法。完善评价监管措施，形成有利于节约的约束和激励机制，使学校能最大限度地节约各类资源，保护环境并减少污染。鼓励引导有条件的地区和学校应用新能源、新技术。

建设美丽校园。加强校园绿化和环境美化。完善校园环境安全标准，严格对学校土壤、水源、建筑和装修材料、教学仪器设备、体育设施器材、室内空气等的环保检测与管理，为师生提供安全、绿色、健康的教学和生活环境。

六、统筹推动教育开放

（一）优化教育对外开放布局。

实施共建"一带一路"教育行动。积极倡议"一带一路"沿线各国构建教育共同体，开展教育互联互通、人才培养培训、丝路合作机制建设等方面重点合作，对接沿线各国意愿，互鉴先进教育经验，共享优质教育资源。设立"丝绸之路"中国政府奖学金。加强与"一带一路"沿线国家学校学历互认、师生互换，建立更加密切的教育合作交流机制。支持有条件的高校和职业学校配合企业"走出去"，建立办学机构、研发机构。

分类推进教育国际合作交流。加强与大国、周边国家、发展中国家教育务实合作，形成重点推进、合作共赢的教育对外开放局面。以优质资源请进来为重点，深化与发达国家教育合作交流；以教育"走出去"为重点，扩大与发展中国家教育合作交流。加强与东南亚、非洲国家教育合作。增进新欧亚大陆桥、中国—中亚—西亚、中巴、孟中印缅、中蒙俄等重要廊道及澜湄合作机制下的区域教育合作交流。加强与有关国家语言人才培养合作，加快培养各类非通用语种人才。

打造区域教育对外开放特色。支持东部地区整体提升教育对外开放水平，率先办出中国特色、世界水平的现代教育。加大政策倾斜力度，支持中西部地区、东北地区不断扩大教育对外开放的广度和深度。引导沿边地区利用地缘优势，推进与周边国家教育合作交流。

专栏12　推进共建"一带一路"教育行动

在中国政府奖学金中设立"丝绸之路"项目。对接"一带一路"沿线国家和地区，遴选一批具备一定学科专业、国际交流和人才培养、国别研究基础的高校和职业学校，建设一批"一带一路"人才培养基地，专门培养高素质复合型人才，从"一带一路"沿线国家和地区高校吸引研究相关国家经济、文化、法律等领域的专家学者来华任教，开展"一带一路"国别教育、语言文字、经济、法律、文化、政策等决策咨询研究。实施"一带一路"建设外语非通用语种人才培养专项，支持具备条件的高校开设一批外语非通用语种新专业，培养外语非通用语种人才。

（二）提升教育开放层次和水平。

提高留学教育质量。优化出国留学服务工作，健全留学人员信息化管理服务机制，完善留学人员管理服务体系。加强统筹规划，完善派遣政策，充分发挥国家公派留学对高端人才培养的调控补给作用，加快培养国家战略急需人才。实施留学中国计划，打造"留学中国"品牌。建立来华留学质量标准和保障体系，提高师资和课程的国际化水平，加强来华留学管理与监督，提升来华留学服务水平，稳步扩大来华留学规模。更好发挥中国政府奖学金的引领作用，创新奖学金管理模式，加强精英人群培养。做好来华留学校友工作。

深化中外学校间交流与合作。支持有条件的中小学校与国外学校建立友好学校关系，开展多渠道对外文化教育交流，拓展国际视野。支持职业学校和应用型高校引进国（境）外高水平专家和优质课程资源，鼓励中外职业学校教师互派、学生互换。支持研究型大学与世界一流大学和学术机构开展高水平人才联合培养及科学联合攻关，依托优势学科举办高水平国际学术论坛，打造高端国际学术交流合作平台。完善高校教师和科研人员出国交流、国际会议、外事接待等管理制度，开展大中小学校长和骨干教师海外研修培训，鼓励支持教师更广泛更深入地参加国际学术交流与合作。

提升中外合作办学质量。加强中外合作办学管理，完善准入制度，简化审批程序，完善评估认证，强化退出机制，加强信息公开，健全质量保障体系。建立合作办学成功经验共享机制，突出合作办学对学校教学改革的推动作用。重点围绕国家急需的自然科学与工程科学类专业建设，引进国外优质教育资源，建设一批示范性合作办学机构和项目，鼓励和支持职业学校与国外一流职业学校开展合作办学，培养高水平技术技能人才，鼓励研究型大学与世界一流大学在优势学科领域合作举办非独立设置的二级学院，共建研究机构，建设一流学科，推动国内高校和职业学校提升办学水平。

（三）积极参与全球教育治理。

深化多边教育合作。推动与联合国教科文组织建立高层定期磋商机制，巩固提升合作水平。完善上海合作组织、亚太经合组织等多边教育部长会议机制，完善金砖国家教育合作机制，拓展亚太经合组织等平台的教育合作空间，以学分互认为重点，推动学生交流，深入参与相关多边教育行动。完善国际组织人才培养机制，有计划地培养推荐优秀人才到国际组织任职。

深度参与国际教育规则制定。加强对各类国际重大教育规则的研究，充分利用国际组织平台，主动在全球教育发展议题上提出新主张、新倡议和新方案。创新方式，推广我国教育评估认证标准和教育改革发展的经验，强化我国在国际教育治理中的负责任形象。

开展教育国际援助。进一步做好教育对外援助，重点投资于人、援助于人、惠及于人。统筹利用国家和民间资源，加快对外教育培训中心和教育援外基地建设，为发展中国家培养培训管理人员、教师、学者和各级各类技术技能人才。积极开展优质教学仪器设备、整体教学方案、配套师资培训一体化援助。结合我国对外援助项目，鼓励教师与青年学生到发展中国家参与项目建设和提供志愿者服务。

（四）统筹推进中外人文交流。

完善中外人文交流机制。发挥人文交流在国家对外工作大局中的支柱作用，深化中俄、中美、中英、中欧、中法、中印尼人文交流，加强部门间协同，整合凝聚社会力量，打造一批中外人文交流品牌项目，推动形成机制多层次和区域全覆盖的人文交流良好格局。整合搭建政府间教育磋商、教育领域专业人士务实合作、教师学生友好往来平台。拓展政府间语言学习交换项目，联合更多国家开发语言互通共享课程，推进与世界各国语言互通，提升讲好中国故事、传播中国理念的能力。

办好孔子学院。坚持相互尊重、友好协商、平等互利，完善孔子学院布局。大力加强中方合作院校支撑能力建设，建立健全汉语国际教育学科体系，着力打造一支高素质院长和教师专职队伍，大力培养各国本土汉语师资。办好孔子学院院长学院、示范孔子学院、网络孔子学院，鼓励中资机构、社会组织等参与孔子学院建设，不断提升孔子学院（课堂）的办学质量和水平。深入实施"孔子新汉学计划"，深化与世界各国语言文化交流，支持各国将汉语纳入本国国民教育体系，更加广泛地学习和使用汉语。

（五）深化内地和港澳、大陆和台湾地区教育合作交流。

完善内地和港澳教育合作与交流机制。支持港澳加强青少年学生中国历史文化和国情教育，加强内地与港澳在师资、课程、教材、教学、考试评价、督导等领域合作。积极创造条件大力吸引港澳学生到内地就学。提升内地与港澳教育交流合作水平，创新方式、扩大规模、加强利益关联、促进优势互补，推动内地和港澳教育共同发展。

打造大陆和台湾地区教育合作交流平台。支持两岸教育工作者交流教育发展理念。加强学生交流互访。扩大两岸高校学历互认范围。做好招收台湾学生来大陆学习和大陆学生赴台就学工作。完善两岸语言文字交流合作机制。

七、全面提升教育发展共享水平

（一）打赢教育脱贫攻坚战。

全面推进教育精准扶贫、精准脱贫。对接农村贫困人口建档立卡数据库，提高教育扶贫精准度，让贫困家庭子女都能接受公平有质量的教育，阻断贫困代际传递。进一步完善贫困县的教育扶持政策，相关教育项目优先支持贫困县。鼓励地方扩大营养改善计划试点范围，中央财政给予奖补支持，实现集中连片特困地区县、国家扶贫开发工作重点县全覆盖。免除公办普通高中建档立卡等家庭经济困难学生（含非建档立卡的家庭经济困难残疾学生、农村低保家庭学生、农村特困救助供养学生）学杂费，加大对贫困家庭大学生的资助力度。继续对农村和贫困地区学生接受高等教育给予倾斜，让更多困难家庭孩子能够受到良好教育，拥有更多上升通道。

加大职业教育脱贫力度。启动实施职教圆梦行动计划，省级教育行政部门统筹协调国家示范和国家重点中职学校，选择就业好的专业，单列招生计划，针对建档立卡贫困家庭子女招生，确保至少掌握一门实用技能，提升贫困家庭自我发展的"造血"能力。实施中等职业教育协作计划，支持建档立卡贫困家庭初中毕业生到省（区、市）外经济较发达地区接受中等职业教育。

强化教育对口支援。实施教育扶贫结对帮扶行动,推进省内城镇中小学、优质幼儿园对口帮扶农村中小学、幼儿园,实现每一所贫困地区学校都有对口支援学校。鼓励高水平大学尤其是东部高校扩大对口支援中西部高校范围,加强东部职教集团和国家职业教育改革示范校对口帮扶集中连片特困地区职业学校。继续推进定点联系滇西边境山区工作。

专栏 13　教育脱贫攻坚行动计划

省级政府统筹学前教育资金向贫困县倾斜。支持各地 2017 年底前完成贫困县全面改善农村义务教育薄弱学校基本办学条件任务。加快发展职业教育,因地制宜,分类推进,让贫困地区每个劳动者都有机会接受适应就业创业需求的职业教育和培训。实现家庭经济困难学生资助全覆盖。

(二)促进义务教育均衡优质发展。

推动县域内均衡发展。加快推进县域内城乡义务教育学校建设标准统一、教师编制标准统一、生均公用经费基准定额统一、基本装备配置标准统一和"两免一补"政策城乡全覆盖,基本实现县域校际资源均衡配置。完善校长教师轮岗交流机制和保障机制,推进城乡校长教师交流轮岗制度化、常态化。推广集团化办学、强校带弱校、委托管理、学区制管理、学校联盟、九年一贯制学校等办学形式,加速扩大优质教育资源覆盖面,大力提升乡村及薄弱地区义务教育质量。在确保 2020 年全国基本实现县域内义务教育均衡发展的基础上,推动有条件的地区实现市域内均衡发展。

缩小区域差距。省级政府加强统筹,缩小省域内义务教育发展水平差距。各地要因地制宜建立完善义务教育学校建设基本标准,科学推进城乡义务教育公办学校标准化建设,改善薄弱学校和寄宿制学校办学条件。严禁利用财政资金建设超标准豪华学校,杜绝政绩工程、形象工程。推动东中西部义务教育发展更加均衡,提高中西部地区义务教育质量和保障水平,缩小与东部发达地区的差距。

巩固提高普及水平。着力提升辍学现象比较集中的农村、边远、贫困和民族地区教育质量。建立义务教育巩固率监测系统,全面落实控辍保学责任制,建立行政督促复学机制,推动政府、学校、家庭、福利机构、共青团组织和社区联保联控。建立帮扶学习困难学生的责任制度,因地制宜促进农村初中普职教育融合,提供多种成长通道,妥善解决农村学生上学远和寄宿生家校往返交通问题。加大对贫困生帮扶力度,努力不让一个孩子掉队。加快实现义务教育学校管理标准化,整体提升义务教育质量。

(三)加快发展学前教育。

继续扩大普惠性学前教育资源,基本解决"入园难"问题。以区县为单位实施学前教育行动计划及后续行动。支持企事业单位和集体办园,扩大公办学前教育资源。完善普惠性民办幼儿园扶持政策,鼓励地方通过政府购买服务、补贴租金、培训教师等方式,加快民办普惠性幼儿园发展。发展 0 ~ 3 岁婴幼儿早期教育,探索建立以幼儿园和妇幼保健机构为依托,面向社区、指导家长的公益性婴幼儿早期教育服务模式。

提高幼儿园保育教育质量。健全学前教育管理体制,强化省级政府的统筹责任,落实县级政府发展学前教育和幼儿园监管的主体责任。加大对贫困地区、民族地区学前教育薄弱环节的扶持力度。建立学前教育质量评估监管体系,落实《幼儿园工作规程》,加强对各类幼儿园准入、安全、师资、收费、卫生保健及质量等方面的日常指导和监管，落实信息公示制度，强化社会监督。着力提升学前教育教师、保育员素质。

（四）普及高中阶段教育。

巩固提高中等职业教育发展水平。在义务教育阶段开展职业启蒙教育。保持普通高中和中等职业教育招生规模大体相当，在中西部地区以中等职业教育为重点发展高中阶段教育。加强中等职业教育基础能力建设，重点改善贫困地区和薄弱中等职业学校基本办学条件。调整优化资源配置，统筹办好一批中等职业学校。建立中等职业学校与普通高中统筹招生制度和统一招生平台，扩大优质中等职业学校招生的区域范围和招生规模。

促进普通高中多样化发展。继续支持贫困地区和民族地区普通高中建设。探索综合高中、特色高中等多种模式，促进学校特色发展，为学生提供更多选择机会。推动地方适应高考制度改革和教学改革需要，加强普通高中办学条件和师资配置，确保开齐、开足、开好相关课程。推进普通高中学生发展指导制度建设。推动地方政府制定普通高中生均拨款标准，补足公办普通高中取消"三限生"（根据限分数、限人数、限钱数政策而录取的学生）政策后的经费缺口。对已纳入存量地方政府债务清理甄别结果的普通高中债务，按照地方政府债务管理政策予以偿还。

（五）加快发展民族教育。

加快提高民族地区教育发展水平。加快民族地区普惠性幼儿园建设，民族地区学前三年毛入园率达到70%以上。着力提高民族地区义务教育均衡发展水平，努力消除辍学现象。加快发展符合民族地区实际的中等职业教育，继续在四省藏区推行"9+3"中职免费教育模式，提高民族地区高中阶段教育普及水平。改善民族地区职业学校办学条件，扶持发展民族优秀传统文化、现代农牧业等特色优势专业。适当提高东中部省市职业学校招收民族地区学生的比例。积极支持民族地区优化高等学校布局，提高高等学校办学水平，鼓励支持民族地区和东中部省市双向扩大高校招生规模，扩大高等教育入学机会。鼓励在民族地区的中央企业和对口援建项目吸纳当地普通高校、职业学校少数民族毕业生就业。继续做好教育对口支援新疆、西藏和四省藏区工作。对南疆等教育基础薄弱的民族地区给予特殊支持。

科学稳妥推行双语教育。加强民族地区国家通用语言文字教育，确保少数民族学生基本掌握和使用国家通用语言文字，提高少数民族语言文字教学水平，鼓励民族地区汉族师生学习少数民族语言文字，鼓励各少数民族师生之间相互学习语言文字。研究完善双语教师任职条件和评价标准。支持双语教师培养培训、教学研究、教材开发和出版，加强对少数民族文字教材的指导监管。建立健全双语教育督导评估和监测机制。

办好内地民族班。进一步加强内地民族班建设，改善办学条件。强化管理服务，探索推进混班教学、混合住宿，在内地民族班开展"走班制"等多种教学管理模式试点，促进内地民族班学生尽快融入当地学习、生活，严格考核标准，完善淘汰机制，不断提高内地民族班办学水平。

专栏14 支持民族教育发展

加强双语教师培养培训，建设一批双语教师培养培训基地，通过特岗计划、定向培养、引导内地民族班高校毕业生到农村中小学担任双语教师等方式，补充新疆、西藏、四省藏区双语教师。加强少数民族高端人才培养，培养一批政治素质高、学术造诣深、具有国际影响力和话语权的少数民族优秀人才。落实少数民族高层次骨干人才培养计划，相关工程计划向民族地区倾斜。继续办好内地民族班，加强教育督导评估和质量监测，健全与双语教学配套的升学、考试等政策措施。办好民族院校。

（六）保障困难群体受教育权利。

办好特殊教育。继续实施好特殊教育提升计划，完善特殊教育学校布局。完善随班就读支持保障政策体系，重点支持贫困地区和农村地区普通中小学开展随班就读，推行融合教育。以区县为单位，精准施策，全面普及残疾儿童少年义务教育。推动特殊教育学校和残疾儿童康复机构积极创造条件，开展残疾儿童学前教育。加快发展以职业教育为主的残疾人高中阶段教育。为家庭经济困难的残疾儿童和残疾青少年提供包括义务教育、高中阶段教育在内的12年免费教育。完善高等学校和职业学校招收残疾学生政策。逐步健全特殊教育课程教材体系、学校基本办学标准。实行轻中度残疾学生随班就读，中重度残疾学生在特教学校就读，为极重度残疾学生送教上门。促进教育与康复相结合，注重残疾学生潜能开发和缺陷补偿，强化职业素养和职业技能培养，加强残疾学生专业学习、就业等方面支持保障服务，促进残疾学生更好融入社会。

实现家庭经济困难学生资助全覆盖。健全更加精准的教育资助体系，确保应助尽助。建立健全以学籍为基础的全国学生资助信息管理系统，加强与人口、民政、扶贫等部门信息系统的对接。根据经济发展水平和财力状况，适时调整资助标准。优先保障特殊困难群体。逐步分类推进中等职业教育免除学杂费。不断完善国家助学金制度和助学贷款政策。

做好随迁子女教育工作。将进城务工人员随迁子女教育纳入城镇发展规划和财政保障范围。实行"两免一补"资金和生均公用经费基准定额资金随学生流动可携带。适应户籍制度改革要求，推动建立以居住证为主要依据的随迁子女入学办法，简化优化入学办理流程和证件要求，保障符合条件的随迁子女都能在公办学校或政府购买服务的民办学校就学，特大城市和随迁子女特别集中的地方可根据实际制定随迁子女入学的具体办法。实行混合编班和统一管理，帮助随迁子女融入学校和社区。进一步完善随迁子女接受义务教育后在流入地参加升学考试的政策措施。

加强对留守儿童的关爱保护。健全服务体系，突出关爱重点，建立台账，掌握情况，实行更加人性化、精细化的服务政策，重点加强对无人监护和双亲在外留守儿童的关心、照顾和救助。加大学校教育关爱力度，建立学校校长、教师联系帮扶校内农村留守儿童的机制。明确强化家庭和家长的法定教育责任，鼓励父母取得居住证的适龄儿童随父母在工作地入学。加强寄宿制学校建设，进一步改善学习生活条件，创新关爱与教育形式，加强心理辅导、法治教育和安全教育。

（七）大力促进高校毕业生就业创业。

实施高校毕业生就业创业促进计划。加强对毕业生的思想教育和就业引导，围绕国家重大发展战略拓宽就业渠道，引导鼓励毕业生面向基层就业和自主创业，做好基层就业项目、大学生征兵和大学生志愿服务西部计划等重点工作。进一步完善就业创业服务体系，充分利用"互联网＋就业"新模式，建立精准就业服务机制，提高高校就业创业指导水平和服务能力。进一步加大对就业困难毕业生帮扶力度，重点帮助家庭经济困难、少数民族、农村生源、残疾毕业生等各类就业困难群体就业创业，实现更加充分更高质量的就业创业。

专栏 15　提升基本公共教育服务能力

以中西部地区、贫困地区和民族地区为重点，补齐基本公共教育服务短板。加强普惠性幼儿园建设，重点保障中西部农村适龄儿童和实施全面两孩政策新增适龄儿童入园需求。加强义务教育学校标准化建设，全面改善贫困地区义务教育薄弱学校基本办学条件，逐步实现未达标城乡义务教育学校校舍、场所的标准化，重点支持革命老区、民族地区、边疆地区和集中连片特困地区。实施高中阶段教育普及攻坚，在中西部集中连片特困县、国家扶贫开发工作重点县、民族地区县、革命老区县新建、改扩建一批办学条件达标的普通高中和中等职业学校，增加高中阶段教育资源。30 万人口以下未建设特殊教育学校的县可根据实际需要支持接收随班就读残疾学生较多的普通学校设立特殊教育资源教室（中心）。鼓励有条件的地区试点建设孤独症儿童少年特殊教育学校（部）。依托现有特殊教育和职业教育资源，每个省（区、市）集中力量办好至少一所面向全省（区、市）招生的残疾人中等职业学校、一所盲生高中、一所聋生高中。支持招收残疾学生较多的普通学校建设资源教室，扩大特殊教育规模。

八、着力加强教师队伍建设

（一）加强师德师风建设。

落实大中小学师德师风建设长效机制。坚持教书和育人相统一、言传和身教相统一、潜心问道和关注社会相统一、学术自由和学术规范相统一，引导广大教师以德立身、以德立学、以德施教。开展多种形式的师德教育，把教师职业理想、职业道德、法治、心理健康等教育融入培养、培训和管理的全过程，推动各地各校出台具体的实施细则和办法，构筑覆盖各级各类学校的师德建设制度网络，推动学校针对师德建设突出问题开展自查自纠，学校领导干部带头，全面加强教师队伍学风、教风、作风建设，努力建设一支有理想信念、有道德情操、有扎实学识、有仁爱之心的教师队伍。

加强教师思想政治工作。创新工作手段和载体，开辟思想教育新阵地，抓好骨干教师和学科带头人培训，组织广大教师开展多种形式的社会实践活动，了解国情、社情、民情，引导广大教师带头践行社会主义核心价值观，增进对中国特色社会主义的思想认同、政治认同、理论认同和情感认同。加大对新入职教师、海外留学归国教师的国情国史教育力度。大力宣传和表彰优秀教师、师德标兵，提升教师职业的崇高感和荣誉感。

完善师德师风考评监督机制。将师德师风建设作为学校工作考核和教育质量督导评估的重要内容，把师德师风表现作为教师考评的首要内容，建立个人自评、学生测评、同事互评、单位考评等多种形式相结合的考核机制，构建学校、教师、学生、家长和社会多方参与的师德师风监督体系。完善师德表彰奖励制度，将师德表现作为评奖评优的首要条件。依法依规加大对各类违反师德和学术不端行为的查处力度，对考核不合格的教师在职称评审、岗位聘用、评优奖励等环节实行一票否决制，将表现恶劣的清除出教师队伍。建立师德事件及舆情快速反应机制，及时掌握师德师风信息动态，及时纠正不良倾向和问题。

（二）提升教师能力素质。

推进教师教育综合改革。加强教师教育体系建设，办好一批师范院校和师范专业，改进教师培养机制、模式、课程，探索建立教师教育质量监测评估制度。做好师范类专业认证试点工作。完善高校、地方政府、中小学"三位一体"的协同育人机制，加强师范生教育实践和教师教育师资队伍建设。全面推动教师教育改革创新，着力提高教师培养质量。继续实施卓越教师培养计划，扩大教育硕士招生规模，培养高层次中小学和中等职业学校教师。

完善教师校长培训体系。落实中小学教师校长五年一周期不少于 360 学时的全员培训制度，实施新一周期教师校长全员培训。建立培训学分与教师管理结合机制，构建教师校长培训学分银行，加强教师校长网络研修社区建设。加强县级教师培训机构能力建设，整合高等学校、县级教师发展中心和中小学校优质资源，建立中小学教师校长专业发展支持服务体系。加强职业学校"双师型"教师队伍建设，组织专业课教师定期参加企业实践，完善校企共建"双师型"教师培养培训体系。推进高校青年教师专业发展，加强新入职教师岗前培训，建立健全高校教师继续教育与培训制度，重点提高教育教学能力。加强特殊教育教师培养，提高特殊教育教师教育教学能力。健全和强化各级各类学校教研制度和机构，加强教研队伍建设，发挥教学名师和优秀教师的示范引领作用，鼓励青年教师参与教学团队、创新团队。开展教师信息化教育教学培训，提高教师和管理人员信息技术应用能力。全面开展依法治教和教育信息化领导力培训，提升校长和教育行政管理人员现代教育治理的意识和能力素养。注重专业培训，提高少先队辅导员和大学辅导员队伍工作水平。

培养造就教学名师。在国家和省两级认定一批教学名师，鼓励教学名师交流讲学，在全国各地带动造就一大批高水平教学人才。吸引优秀教师到中西部农村任教。鼓励教师在实践中大胆探索，创新教育模式和教育方法，形成教学特色，造就一批教育家。

（三）吸引一流人才从教。

吸引优秀毕业生从教。完善师范院校提前批次录取的办法。完善免费师范生制度体系，吸引优秀学生读师范当老师。鼓励重点高校为非师范专业学生提供教师教育课程服务，畅通非师范专业毕业生从教通道。落实完善毕业生到乡村学校服务的学费代偿政策，吸引优秀毕业生到中小学和中等职业学校特别是农村学校任教。

大力引进行业企业一流人才。允许高校和职业学校设立一定比例的流动岗位，吸引具有创新实践经验的企业家、高科技人才及各类高级专业人才兼职任教。鼓励应用型高校和职业学校聘请具有实践经验的专业技术人员、高技能人才、民族民间文化传承人担任兼职教师或专业带头人。力争到 2020 年，应用型高校和职业学校有一大批行业企业认可的领军人才。

建设高校一流人才队伍。加快推进人才发展体制机制改革，优化人才发展环境，充分激发人才创新创业活力。落实好"千人计划""万人计划"等重大人才工程，深入实施"长江学者奖励计划"。改进人才培养支持机制，大力培养引进学科领军人才、高层次科技创新人才和青年拔尖人才。实行更积极、更开放、更有效的人才引进政策，对国家急需紧缺的特殊人才，开辟专门渠道，实行特殊政策，实现精准引进。完善引才配套政策，解决引进人才的任职、社会保障、户籍、子女教育等问题。配合外国人永久居留制度改革，健全外籍教师资格认证、服务管理等制度。加大对中西部地区、人文社科领域和青年人才支持力度。

培养造就一支高素质学校领导人员队伍。坚持党管干部原则，坚持德才兼备、以德为先的用人标准，充分结合学校特点，遵循领导人员成长规律，选拔任用讲政治、懂教育、善管理、敢担当、作风正的优秀人才担任学校领导班子成员。出台高等学校领导人员管理暂行办法，严格任职资格条件，健全选拔任用制度，拓展选人用人视野；加强领导人员培养教育和后备人才队伍建设，统筹推进交流，完善激励保障机制，加强人文关怀，造就一批国内外知名的大学校长和教育家。出台中小学校领导人员管理暂行办法，明确任职资格条件，规范选拔任用工作，完善考核评价机制，加强激励保障，建立和推行中小学校长职级制；支持学校领导人员依法依规履行职责，鼓励在实践中大胆探索创新，形成教学特色和办学风格，造就一批优秀中小学校长和教育家。

（四）优化教师资源配置。

加强乡村教师队伍建设。推动省级政府建立统筹规划、统一选拔的乡村教师补充机制。逐步扩大农村教师特岗计划实施规模，鼓励地方政府和师范院校加强本土化培养，采取多种方式定向培养"一专多能"的乡村教师。探索建立新聘教师农村学校任教服务期制度，将在乡村学校或薄弱学校任教经历作为城镇中小学教师晋升高级教师的必要条件。鼓励支持教学效果好、身体健康的退休特级教师、高级教师到乡村学校支教讲学。推动地方实行城乡统一的中小学教职工编制标准，对村小学和教学点采取生师比和班师比相结合的方式核定教职工编制。全面落实集中连片特困地区乡村教师生活补助政策，依据学校艰苦边远程度实行差别化的补助标准。建立乡村教师荣誉制度，对长期在乡村学校任教的优秀教师按照国家有关规定进行表彰。

加快补充紧缺教师。推动落实幼儿园教职工配备标准，建立幼儿园教师动态补充机制，并鼓励通过政府购买岗位等方式解决幼儿园教师和保育员、保健员短缺问题，着力补足配齐幼儿园教职工。实行义务教育教师编制城乡、区域统筹和动态管理，县级教育行政部门在核定的教职工编制总额和岗位总量内，按照班额、生源等情况，充分考虑乡村小规模学校、寄宿制学校和城镇学校的实际需要，统筹分配各校教职工编制和岗位数量，并报同级机构编制部门和财政部门备案，着力解决乡村教师结构性缺员和城镇师资不足问题。配齐特殊教育教师。根据职业教育特点核定公办职业学校教职工编制，引导地方采取多种方式定向培养，加大贫困地区中等职业学校教师队伍补充力度。面向人才培养结构调整需要，优化高等学校教师结构，鼓励高等学校加大聘用具有其他学校学习工作和行业企业工作经历教师的力度。

（五）完善教师管理制度。

严格教师职业准入。健全教师专业标准，明确师德和心理健康要求，完善教师资格制度。依照科学合理、分类指导原则，依法实施中小学教师资格考试制度，进行中小学教师定期登记。幼儿园新入职教师须取得幼儿园教师资格证，深化义务教育阶段教师"县管校聘"管理改革，探索将行业企业从业经历作为取得职业学校专业课教师资格的必要条件，将新入职教师岗前培训和教学实习作为取得高等学校教师资格的必备条件。

完善教师职称制度。实行教师职称评审与岗位聘用相结合的办法，全面推开中小学教师职务（职称）制度改革，在中小学设置正高级教师职务（职称），推进中等职业学校教师职务（职称）制度改革，探索在中等职业学校设置正高级职务（职称）。建立具有职业教育特点的职业学校职务（职称）评审制度。畅通民办学校教师申报参加职务（职称）评审渠道。

改进教师考核评价制度。加快研制各级各类教师队伍建设标准。建立符合大中小学教师岗位特点的评价机制，深入推进高校教师考核评价制度改革，坚持德才兼备，以实际能力为衡量标准，注重凭能力、实绩和贡献评价人才，克服唯学历、唯职称、唯论文等倾向，引导高校教师潜心教书育人，围绕国家战略需求开展科学研究。

专栏 16　加强教师队伍建设

落实乡村教师支持计划，努力造就一支素质优良、甘于奉献、扎根乡村的教师队伍。继续实施"国培计划"，集中支持中西部乡村教师校长培训。实施中西部中小学首席教师岗位计划，遴选师德高尚、教学水平高、带动能力强的优秀教师，组织开展教育教学研究，带动当地教师整体水平提升。建设乡村教师周转宿舍，保障农村特岗教师、支教交流教师、农村寄宿制学校管理教师等必要的住宿生活条件。加强贫困地区中等职业学校教师补充，引导地方采取多种方式定向培养。加快高校高层次人才队伍建设。

九、加快推进教育治理现代化

（一）推进政府职能转变。

深化教育行政审批制度改革。建立教育行政权力清单和责任清单制度，全面公开教育及相关政府部门职能、法律依据、实施主体、职责权限、管理流程、监督方式等事项。减少教育行政审批事项，对保留的教育行政审批要简化程序，加强信息公开，方便基层和群众办事。强化事中事后监管。严格控制对各级各类学校的项目评审、教育评估、人才评价和检查事项，强化服务功能。

优化政府服务。努力为学校提供必要的专业性指导和服务，重点加强教学指导、教师培训、基建保障、校园安全纠纷调处、就业信息、质量监测评估诊断、教育涉外机构信息、教育教学基本资源等方面服务，积极探索为学校、教师、学生服务的新途径、新方式。

健全民主决策机制。把公众参与、专家论证、风险评估、合法性审查、集体讨论决定作为重大教育决策法定程序。充分发挥国家教育咨询委员会作用。多形式多渠道听取公众和社会各界对重大教育决策的意见建议。建立科研咨询支撑行政决策的机制，加强教育智库建设，提升教育科研水平，强化教育政策储备研究。

（二）构建有效监管体系。

加强教育标准工作。完善教育标准研制、审定、复审机制。加快完善国家教育标准体系，完善各级各类学校教育质量标准，健全各级各类学校建设、教育装备、教师队伍建设、教育投入、教育信息化、教育督导、学校运行、语言文字等标准。推进教育标准实施和监督。

完善教育质量监测制度。健全国家教育质量评估监测机构，继续实施国家义务教育质量监测。探索建立学前教育、特殊教育质量监测评价体系。鼓励行业企业根据职业技能标准开展职业教育质量监测，分行业定期对职业教育质量进行监测评估，建立健全职业教育质量保障体系。逐步扩大工程、医学等高等教育认证范围。分类开展普通高等学校教育教学评估工作。完善研究生教育质量评估，继续做好博士、硕士学位论文抽检，完善学位点淘汰退出机制，严肃处理论文造假行为。探索学校根据标准自定规则程序、政府监管落实情况的机制。建立基于大数据分析的质量监测机制。强化监管结果运用，建立公开承诺、权责一体、违者退出的机制。

进一步完善教育督导制度。完善督政、督学、评估监测制度体系。依法健全教育督导机构，完善督学资格准入、持证履职、聘任考核、聘期管理等制度，强化教育督导队伍建设。加强学校视导员队伍建设，建立地方政府履行教育职责督导制度，完善教育重大政策专项督导制度。完善教育督导报告发布制度，加大教育督导公开和问责力度。进一步健全督导制度，充分发挥督导促进教育改革发展的作用。

强化社会监督评价。加大信息公开力度，建立健全信息公开评议制度，推动各级教育行政部门依法、及时、全面、准确地向社会公开各项政策和重要事项，依法接受各级人大和政协监督。完善学校各类信息公开制度，保障教职工、学生、社会公众对学校重大事项和重要制度的知情权，接受社会特别是利益攸关方的监督。高校本科教学评估报告、专业评估报告、教学质量年度报告、就业质量年度报告、教学质量常态监测数据、学业质量监测结果向社会公开。充分利用全媒体拓宽信息公开的途径和范围，更充分地保证人民群众教育知情权和监督权，发挥舆论监督包括互联网监督作用，运用网络了解民意、感知社会态势、畅通沟通渠道、辅助科学决策。加强对第三方教育质量评估的监督指导，培育专业教育评价机构。鼓励行业企业、专业机构和社会组织规范开展教育评价和决策咨询，大力培育专业服务机构，委托专业机构和社会组织开展评价。

健全教育管理监测体系。加强和改进教育统计，完善教育数据信息国家服务平台，建立学生基础数据库和终身电子学籍档案等各类教育基础数据库，破除信息壁垒，构建全国教育信息资源共享体系。完善教育现代化进程监测体系和教育科学决策服务系统建设。推动各级教育行政部门和学校开展深度数据挖掘和分析，运用互联网、大数据提升教育治理水平，更好地服务公众和政府决策。

（三）全面推进依法治教。

完善教育法律法规体系。推动修订职业教育法、残疾人教育条例，加快修订教师法、学位条例，推进学前教育法、终身学习法、学校安全条例、国家教育考试条例的研究起草工作，加快制修订教育规章。

全面推进依法行政。加大教育行政执法力度，遵循法定职权与程序，运用行政指导、行政处罚、行政强制等手段，依法纠正学校和教育机构的违法违规行为，保障教育法律和政策有效实施。及时查处违反教育法律法规、侵害受教育者权益、扰乱教育秩序等行为，依法维护学校、学生、教师和举办者的权益。建立教育重大决策合法性审查机制、重大决策终身责任追究制度及责任倒查机制。

大力推进依法治校。推动学校建立章程配套制度及落实机制，健全各种办事程序、内部机构组织规则、议事规则。健全符合法治原则的教育救济制度。建立健全学校法律顾问制度。强化学校依法办学意识，健全依法治校评价指标体系，深入开展依法治校示范学校创建活动。开展学校领导干部、职能部门工作人员依法治校能力培训，全面提高教师依法执教的意识与能力。

（四）完善教育投入机制。

优先保障教育投入。坚持把教育作为各级人民政府财政支出重点领域给予优先保障，保证国家财政性教育经费支出占国内生产总值的比例一般不低于 4%。更加注重通过加强政策设计、制度设计、标准设计带动投入，健全保证财政教育投入持续稳定增长的长效机制，确保财政一般公共预算教育支出逐年只增不减，确保按在校学生人数平均的一般公共预算教育支出逐年只增不减。到 2020 年，各省要制定和落实区域内各级教育生均财政拨款基本标准。健全教育经费统计体系，推动地方建立教育经费统计监测公告制度。

完善教育经费投入机制。根据各类教育事业的不同特点和发展改革实际需要以及财力可能，进一步完善各类教育预算拨款制度和投入机制，合理确定并适时提高相关拨款标准和投入水平。义务教育全面纳入公共财政保障范围，建立城乡统一、重在农村的义务教育经费保障机制。非义务教育实行以政府投入为主、受教育者合理分担、其他多种渠道筹措经费的投入机制。改革完善高校预算拨款制度，优化项目支出与基本支出结构，支持高校内涵发展、提高质量。规范中央对地方的教育转移支付，着力加强重点地区、关键领域和薄弱环节。落实对个人和企业捐赠教育的税收优惠政策，鼓励社会资本加大教育投入力度。

完善非义务教育阶段成本分担机制。建立公办学校学费标准根据培养成本、经济发展状况和群众承受能力，按照规定程序动态调整的机制。非营利性民办学校收费，通过市场化改革试点，逐步实现市场调节价，具体政策由省级人民政府根据办学成本以及本地公办教育保障程度、民办学校发展情况等因素确定。营利性民办学校收费实行市场调节价，具体收费标准由民办学校自主确定。政府依法加强对民办学校收费行为的监管。

加强经费使用管理和国有资产管理。科学编制教育中期财政规划和年度预算，加强项目库管理，硬化预算约束，健全预算绩效管理机制，加强绩效评价结果应用，确保教育经费发挥最大效益。加强教育经费监管，推行高等学校总会计师制度，提升经费管理专业化水平。加快实施学校内部控制制度，加强内部审计，强化审计结果运用。加大学校财务信息公开力度，主动接受社会监督。加强国有资产管理，盘活各类资产存量，规范资产处置行为，提高资产使用效率。

十、加强和改进教育系统党的建设

（一）落实全面从严治党主体责任。

完善全面从严治党责任落实机制。理顺领导管理体制，明晰政治责任要求，切实把全面从严治党责任向基层延伸。推动各级党组织建立完善党建工作责任制。明确党组织主体责任和党组织书记第一责任以及分管责任人的直接责任，强化班子成员"党政同责、一岗双责"，强化问责追责，坚持党建工作与中心工作一起谋划、一起部署、一起考核，在机关和高校开展基层党组织书记抓基层党建工作述职评议考核，逐层传导压力，逐级落实责任。推动教育系统各级党组织把"三严三实"要求贯穿于党建工作始终，用好监督执纪"四种形态"，从严要求、管理和监督干部，把党要管党、全面从严治党落到实处。切实贯彻落实中央八项规定精神，持之以恒深入纠正"四风"问题和教育行风问题。强化党内监督，加强巡视工作和纪检监察工作。

（二）加强教育系统思想政治建设。

深入学习贯彻习近平总书记系列重要讲话精神和治国理政新理念新思想新战略，完善"两学一做"学习教育常态化、长效化机制，用党的最新理论成果武装头脑，始终在思想上政治上行动上同以习近平同志为核心的党中央保持高度一致。全面加强党对教育工作的领导。落实教育系统各级党委（党组）意识形态工作责任，建立完善定期研究意识形态工作机制，加强对学校意识形态工作的联系指导，开展意识形态工作专项巡视和督查，强化对重点难点问题的研究和党内情况通报，明确意识形态工作问责机制。切实加强意识形态阵地管理，在教育政策制定、教材编写审查选用、教学科研管理、教育媒体管理、对外合作交流等业务工作中，把握正确政治方向，强化思想引领，巩固壮大主流思想文化。做好党员干部教育管理和知识分子工作，着力提升党员干部师生的思想政治素质。

（三）加强基层党组织和党员队伍建设。

扩大党的组织和工作覆盖面。加大各级各类学校党组织组建力度，优化组织设置，理顺隶属关系，选好管好党组织书记，加大党务干部培训力度，定期排查整顿软弱涣散基层党组织，提升党组织政治功能和服务水平，充分发挥战斗堡垒作用。立足思想建党，深入贯彻《关于新形势下党内政治生活的若干准则》，加强和规范党内政治生活，认真落实"三会一课"、民主生活会和组织生活会、党员党性分析和民主评议、主题党日活动等制度，督促党员按规定缴纳党费，规范党员党籍和组织关系管理，引导党员增强主体意识和党性观念，严守政治纪律和政治规矩，充分发挥先锋模范作用。推进制度治党，着力构建系统完备的党的建设制度体系，从严落实教育系统机关党建工作制度，完善各级各类学校党建工作管理体制和运行机制，健全组织体系、骨干力量、党建责任制、发展党员和党员教育、管理、服务等制度，使制度规范覆盖到基层党组织建设的神经末梢。出台加强高校教师党支部建设的规范性文件和高校学生党建工作标准。注重发展优秀中青年教师和学术骨干入党，认真做好在高校学生中发展党员工作，进一步提高新发展党员的政治素质。公办高等学校以坚持和完善党委领导下的校长负责制为根本，充分发挥党委在学校改革发展中的领导核心作用。探索完善高等学校院系领导体制和运行机制，强化院系党委（党总支）的政治功能与作用。中小学校党组织要在学校各项工作中发挥政治核心作用，推进中小学校党组织和党的工作全覆盖。高度重视民办高校、中外合作办学中党的建设和思想政治工作，建立健全党组织，建立党组织参与决策和监督机制，探索党组织发挥政治核心作用的有效途径。强化党外人士思想政治引导，加强党外代表人士队伍建设，充分发挥党外知识分子作用，进一步加强和改进高校统战工作。以加强基层党建带动学校工会、共青团等群团组织和学生会组织建设。

（四）加强教育系统党风廉政建设。

落实党风廉政建设主体责任和监督责任。以尊崇《中国共产党章程》为核心，以贯彻《中国共产党廉洁自律准则》《中国共产党纪律处分条例》《中国共产党问责条例》《中国共产党党内监督条例》为重点，全面从严教育管理监督干部，坚持把纪律和规矩挺在前面。强化教育系统党员干部党章党规党纪意识，落实廉政风险防控举措，健全反腐倡廉制度，严格执行党风廉政建设责任制，加强监督执纪问责。聚焦主业、深化"转职能、转方式、转作风"，加大执纪审查力度，锲而不舍正风肃纪，以案说纪，加强警示教育作用。完善教育系统惩治和预防腐败体系，大力推进廉政文化进校园，推动构建不敢腐、不能腐、不想腐的有效机制，努力营造风清气正的良好政治生态。

十一、组织实施

（一）落实责任分工。

建立规划实施责任制。对改革和发展的重点任务，制定时间表、路线图、任务书。强化与年度计划和各级教育规划的有效衔接，科学制定政策和配置公共资源，精心组织实施重大工程项目，将规划提出的目标、任务、政策、举措落到实处。

（二）协同实施规划。

加强相关部门间的协调配合，建立各有关部门共同研究解决教育发展问题的机制。加大省级政府统筹权，推动地方各级党委政府加强对教育规划实施的统筹领导，做好发展战略、主要目标、重点任务、重大工程项目与本规划的衔接，科学制定符合本地实际的发展目标和具体政策措施，将本规划总体部署落实到本地规划和政策中。鼓励社会广泛参与规划实施。引导社会各界和广大人民群众采取多种形式和办法，支持学校建设，参与学校管理，积极为教育发展贡献力量。充分发挥群团组织、社会组织在促进青少年健康成长等方面的积极作用。加强与新闻媒体合作，及时全面向社会传递教育改革发展的信息，引导形成社会各界和广大人民群众共同关心、支持和参与教育发展与改革的局面。

（三）鼓励探索创新。

推动基层创新实施规划。完善试点改革制度，推动综合改革和专项改革相结合，加快重点领域和关键环节改革步伐。加强分类指导，建立激励机制，保护和激发基层首创精神，鼓励各地大胆实践、积极探索、创造经验。深入挖掘教育综合改革宝贵经验特别是基层创新经验，不断探索实施规划的有效机制。

（四）加强督促检查。

加强督查监测。将规划实施情况作为督促检查各级教育行政部门和学校工作的重要内容。建立规划实施监测评估机制，组织对规划实施情况开展跟踪监测和中期评估，及时发现问题，优化实施策略，出台针对性政策，调整规划目标、任务与政策措施。

加强社会监督。推动各级教育行政部门定期发布教育改革发展动态和规划实施情况，及时向社会公布规划实施进展状况，主动接受家长、社会、媒体的监督，将社会各界对规划的意见和建议作为规划调整的重要依据，确保规划总体目标任务如期完成。

教育部办公厅关于印发《2017 年教育信息化工作要点》的通知

教技厅 ［2017］2 号

各省、自治区、直辖市教育厅（教委），新疆生产建设兵团教育局，部内各司局、各直属单位：

为深入贯彻落实党的十八大，十八届三中、四中、五中、六中全会精神和习近平总书记系列重要讲话精神，根据《教育信息化"十三五"规划》的总体部署，研究制定了《2017 年教育信息化工作要点》，现印发给你们，请结合本地、本单位工作实际，认真研究，贯彻执行。

教育部办公厅

2017 年 1 月 25 日

2017 年教育信息化工作要点

一、工作思路

全面学习贯彻党的十八大及十八届历次全会和习近平总书记系列重要讲话精神，以"构建网络化、数字化、个性化、终身化的教育体系，建设'人人皆学、处处能学、时时可学'的学习型社会，培养大批创新人才"为发展方向，贯彻落实教育信息化"十三五"规划总体部署，按照"服务全局、融合创新、深化应用、完善机制"的原则，大力推动"四个提升"和"四个拓展"，充分发挥教育信息化对教育现代化的支撑和引领作用，以优异成绩迎接党的十九大胜利召开。

二、核心目标

2017 年，要坚持力度不减、抓手不软、培训不松，做到强化示范、突出效果、加强宣传，协同各方力量，加快推进各项重点工作，保证以下目标的实现：

一是基本实现具备条件的学校互联网全覆盖、网络教学环境全覆盖，接入带宽 10M 以上的中小学比例达到 70%，多媒体教室占普通教室比例达到 80%，普通教室全部配备多媒体教学设备的学校比例达到 60%。

二是基本形成国家教育资源公共服务体系框架。国家教育资源公共服务平台实现与全部省级平台及一批市县级平台、企业平台互联互通。国家教育资源公共服务体系服务用户超过 7000 万人，支持全国 200 万个以上的班级实现"优质资源班班通"。

三是资源服务供给能力进一步提升，组织开发 266 学时的农村中小学教学资源，免费播发使用。开展职业教育资源库 16 个项目立项建设和 5 个项目升级改进。270 万名教师参加"一师一优课、一课一名师"活动"晒课"，征集年度"优课"2 万堂。

四是以"一生一空间、生生有特色"为目标，力争网络学习空间开通数量超过 7500 万个，实现 90% 以上教师和 60% 初中以上的学生开通和应用网络学习空间。完成中小学、职业院校校长和骨干教师"人人通"专项培训 1 万人。

五是深入推进信息技术与教育教学深度融合。针对不同信息化教学应用模式，试点组建若干区域、学校联盟。出版教育部第一批教育信息化试点优秀案例集，在基础教育领域培育形成 30个区域和 60 个学校示范案例。

六是基本完成全国中小学教师信息技术应用能力提升工程 1000 万名中学教师的培训任务。完成教育厅局长教育信息化专题培训 800 人。

七是管理信息化水平和教育治理能力显著提升。教育管理公共服务平台进一步完善，基础数据实现有序共享。印发《教育部教育数据管理暂行办法》。

八是深入贯彻《网络安全法》，全面完成教育行业关键信息基础设施定级备案和测评整改，信息技术安全监测和检查常态化。完成网络安全综合治理行动。完成网络安全专项培训 600 人。

三、重点任务

（一）做好教育信息化统筹部署

1. 做好教育信息化统筹管理与指导

贯彻落实《国家教育事业发展第十三个五年规划》《"十三五"国家信息化规划》《教育脱贫攻坚"十三五"规划》《国务院关于统筹推进县域内城乡义务教育一体化改革发展的若干意见》等重要规划和文件关于教育信息化的战略部署，推动落实《教育信息化"十三五"规划》，组织开展实地调研、分片研讨，指导各地进一步完善教育信息化管理体制，狠抓教育信息化深化应用、融合创新。召开 2017 年度教育信息化工作会，研究部署年度重点工作。（责任单位：科技司）

落实中央网络安全和信息化领导小组和国务院有关"一带一路"、"互联网＋"、大数据、云计算、智慧城市、信息惠民、宽带中国、网络扶贫等重大战略的任务安排。（责任单位：科技司、相关业务司局）

组织交流、研讨和展示活动，多种形式指导和推动地方推进基础教育信息化应用工作。（责任单位：基础二司、中央电教馆）

开展调研指导，探索制定民族地区教育信息化推进策略和有效模式。（责任单位：民族司、民族教育中心）

印发"十三五"职业教育信息化建设指导意见，完成教育部职业院校信息化教学指导委员会换届。（责任单位：职成司）

（二）完善教育信息化基础环境建设

2. 加快推进中小学"宽带网络校校通"

结合精准扶贫、宽带中国和贫困村信息化等工作，采取有线、无线、卫星等多种形式，加快推进农村学校互联网接入，进一步提升学校网络带宽，推进"无线校园"建设。督促各地在"全面改善贫困地区义务教育薄弱学校基本办学条件"工作中重点保障农村学校信息化建设投入。推动将学校网络教学环境和备课环境建设纳入义务教育学校建设标准，鼓励具备条件的学校配备师生用教学终端。使具备条件的学校基本实现互联网全覆盖、网络教学环境全覆盖。（责任单位：科技司、财务司、督导局、中央电教馆）

3. 推动数字校园和智慧校园建设

发布中小学数字校园建设规范，继续开展中小学百所数字校园示范校项目。充分发挥地方与学校积极性与主动性，引导各级各类学校开展数字校园、智慧校园建设与应用。（责任单位：科

技司、基础一司、基础二司、职成司、高教司、中央电教馆，地方教育行政部门）

推动落实《职业院校数字校园建设规范》，继续开展"职业教育百所数字校园建设实验校"项目，完成第一批实验校的中期评估，依托国家教育资源公共服务平台，征集优秀空间，汇聚优质资源、先进技术和院校优秀教育教学成果，并进行推广应用。（责任单位：职成司、中央电教馆）

国家开放大学完成100间云教室建设，实现对中西部基层县级电大的全覆盖。启动基于VR的实验实训平台建设，完成互联网+智慧教育示范基地建设。（责任单位：国家开放大学）

（三）推动教育资源公共服务体系建设与应用

4. 规范引导教育资源公共服务体系建设

制订国家教育资源公共服务体系建设、应用与服务的指导意见，出台国家教育资源公共服务体系建设与应用"十三五"实施方案，制定适用的体系技术架构和标准规范，并为区域平台建设和应用提供指导和服务。进一步完善国家教育资源公共服务平台基础环境。完成国家科技支撑计划"教育云规模化应用示范"项目验收。（责任单位：科技司、中央电教馆）

5. 提升教育资源公共服务体系协同服务能力

持续完善国家教育资源公共服务平台资源服务。实现国家平台与全部省级平台的互联互通，加快推进与主要企业平台的对接，试点推动基于统一身份认证的网络学习空间服务模式，提升公共服务体系协同服务水平，支持全国200万个以上的班级实现"优质资源班班通"，服务教师、学生、家长总量超过7000万人。（责任单位：科技司、中央电教馆、地方各级教育行政部门）

（四）深化数字教育资源开发与应用

6. 提升中小学数字教育资源服务水平与能力

配合实施网络扶智工程，深入推进"三个课堂"的应用，大力推广"优质学校带薄弱学校、优秀教师带普通教师"模式，将优质数字教育资源输送到教育薄弱地区，通过扩大优质教育资源覆盖面助力推进教育公平。完成4~6年级英语、科学、美术、音乐1个版本共计266学时数字教育资源建设，并将开发和整合的资源依据教学进度播发到农村中小学校免费使用。（责任单位：基础二司、中央电教馆、地方各级教育行政部门）

建立样板校、示范校及实验区，应用义务教育"人教数字教材"，探索信息化环境下的有效教学应用模式。做好普通高中及"三科""人教数字教材"的开发和实验工作。（责任单位：人教社）

7. 继续推进职业教育资源建设

继续办好全国职业院校信息化教学大赛。做好职业教育资源库建设，按照"自主建设、省级统筹、择优入库、有序支持、验收监测、持续更新"的方式，组织年度备选项目遴选，立项支持16个项目建设，支持5个资源更新到位、应用效果较好、后续建设规划科学合理的项目升级改进。（责任单位：职成司）

8. 不断加强高等教育优质资源建设与应用

组织实施在线教育普惠行动，深入落实《教育部关于加强高等学校在线开放课程建设应用与管理的意见》，继续鼓励本科高校建设并开放高水平在线开放课程，认定一批国家级精品在线开放课程。遴选一批典型虚拟仿真实验项目，开展虚拟仿真实验共享平台建设。协调有关部门，推动建立部际协同监管机制。（责任单位：高教司、科技司）

9. 加强继续教育优质资源开放共享

进一步推进高校继续教育数字化资源开放与在线教育联盟建设，推动形成继续教育数字化学习资源开放共享可持续发展模式。大力推动农民工学历与能力提升行动计划"求学圆梦行动"，建立完善信息服务平台，面向农民工和社会成员开放优质网络学习资源，助推全民学习、终身学习。（责任单位：职成司）

启动建设 60 门国家开放大学网络核心课程，以及涵盖学科基础、公民素质和职业素养等 3 个类别 50 门在线通识课程。继续建设五分钟课程，累计达到 3 万门，构建基于网络自主学习和社群互动学习的新型教学模式，探索建立学分认证和累积进阶的证书制度。启动建设 50 种基于泛在学习的课程全媒体数字教材建设，探索全媒体数字教材的推广与应用模式。（责任单位：国家开放大学）

10. 开发民族双语和专题教育资源

完成新疆地区初中阶段《数学》双语数字教育资源开发并组织应用，开展蒙古语、藏语、维吾尔语和哈萨克语等少数民族学科双语教学资源建设。（责任单位：民族司、基础二司、中央电教馆、人教社）

继续做好"中国梦——行动有我"中小学生微视频、学科德育精品课程等专题资源征集展示活动。（责任单位：中央电教馆）

11. 推广中华语言文字和优秀文化

完善全球汉语普通话学习平台、国家通用语言文字测评体系。继续开展"中华经典资源库"建设，并宣传推广与使用。联合中央人民广播电台共同建设"中小学语文示范诵读库"，免费提供给西部农村和民族地区师生使用。（责任单位：语用司、人教社）

完善中国语言资源采录展示平台建设，支持各地开展本地语言文化资源展示网等开发应用。（责任单位：语信司、各地教育行政部门）

加强网络孔子学院建设，完善在线教学教师体系和课程体系，实现网站注册人数 1100 万人、注册学员 65 万人。（责任单位：国家汉办）

（五）加强网络学习空间应用广度与深度

12. 大力推进"网络学习空间人人通"

以"一生一空间、生生有特色"为目标，推动"网络学习空间人人通"从"三个率先"向普及应用发展。督促和指导各地和各级各类学校积极利用成熟技术和平台，统筹推进实名制网络学习空间的建设与应用，实现 90% 教师和 60% 初中以上的学生拥有网络学习空间。鼓励教师应用空间开展备课授课、家校互动、网络研修、学习指导等活动；鼓励学生应用空间进行预习、作业、自测、拓展阅读、网络选修课等学习活动，养成自主管理、自主学习、自主服务的良好习惯；鼓励家长应用网络学习空间与学校、教师便捷沟通、互动，关注学生学习成长过程，有效引导学生科学使用空间；鼓励学校应用空间开展教师考核管理、班级组织管理、学生综合评价、教学综合分析。（责任单位：科技司、基础二司、职成司、高教司、教师司、中央电教馆、国家开放大学）

推进"网络学习空间人人通"专项培训，继续与中国电信、中国联通合作开展中小学校长、职业院校校长和骨干教师的培训，与中国移动联合启动中小学骨干教师培训，计划全年培训职业院校校长 1000 人、骨干教师 2000 人，中小学校长 2000 人、骨干教师 5000 人。（责任单位：科技司、中央电教馆）

（六）提升管理信息化水平和教育治理能力

13. 完善教育管理公共服务平台建设与服务

修订《国家教育管理信息系统建设总体方案》。制定教育管理公共服务平台业务管理信息系统运维总体规划，推进教育部数据中心同城灾备中心集成建设，继续做好异地灾备中心运维及灾备演练工作。继续推进各教育业务管理信息系统的建设、整合和功能优化，健全覆盖全国各教育阶段的学生、教师、学校资产及办学条件的基础数据库，实现基础数据的有序共享，为政府部门、学校、师生和社会公众提供服务。（责任单位：科技司、教育管理信息中心、相关业务司局）

做好高考综合改革网上录取系统试点应用和运维工作。（责任单位：学生司）

做好学籍学历信息管理平台、中国研究生招生信息网、教育部阳光高考平台及全国征兵网的运行维护和信息服务工作，建设就业大数据平台。（责任单位：就业指导中心）

14. 加强教育行业数据管理与决策支持服务

印发《教育部教育数据管理暂行办法》，加强教育部直属机关教育数据管理工作，推进各类相关教育数据的规范管理、互联互通和共享公开、充分应用，确保数据安全，更好地服务教育改革发展。制定《教育部教育数据资源目录》，推动教育业务数据资源共享。继续推进"国家教育科学决策服务系统"建设，构建网络数据库和公众数据服务体系，全面满足社会公众的数据服务需求，加快推动省级层面的开发和应用。（责任单位：规划司、教育管理信息中心）

15. 加快电子政务建设

制定《教育电子政务"十三五"规划》，巩固完善教育电子政务内网，着力部署应用系统，加快实现与直属单位、部属高校的互联互通。加快推进电子公文安全可靠应用试点，开展教育政务信息资源库建设。（责任单位：办公厅、教育管理信息中心）

16. 推进教育系统密码应用

完善信息系统与密码保障体系同步规划、同步建设、同步运行的工作机制，建立督查和通报制度，积极推进商用密码在教育行业的应用。加强密码设备管理，完善密码管理规章制度。组织学习宣传国产密码应用，推进实施示范项目，有效降低数据泄密风险，提高安全可控性。（责任单位：办公厅、教育管理信息中心）

（七）促进信息技术与教育教学融合发展

17. 推进信息技术在教学中的深入普遍应用

深入开展"一师一优课、一课一名师"活动，激发广大教师应用信息技术推动教育理念、教学模式和教学内容创新的热情，推动中小学信息化教学常态化应用，力争参与"晒课"教师超过270万名，重点征集2万堂"优课"纳入国家教育资源公共服务平台优质资源库，做好"优课"资源的推广应用。地方各级教育部门结合网上"晒课"和"优课"推荐，组织广大中小学教师看课学课，开展网络教研，推广优秀案例，推动形成"人人用资源、课课有案例"的教学应用环境。大力推进跨学校、跨区域的网络教研活动，积极促进线上线下相结合的混合式学习模式普及。（责任单位：基础二司、中央电教馆、地方各级教育行政部门）

组织开展本科高校信息技术与教育教学深度融合的课程体系重构研究和实践探索，推动核心课程群建设与应用，助推教学改革。（责任单位：高教司）

18. 推动教育信息化应用典型示范

针对翻转课堂、网络学习空间、专递课堂、在线开放课程等不同信息化教学应用模式，试点组建若干个区域、学校联盟，探索形成一批成熟的、可推广的信息技术支持下的教学方法和教学组织形式。完成教育部第一批教育信息化试点验收工作，出版试点优秀案例集。实施"信息技术与教育教学深度融合示范培育推广计划"，加强专家调研指导和跨区、跨校协同，形成新一批30 个区域、60 所学校应用典型，出版典型经验案例集，为不同学段、不同类型的区域和学校提供参考样板。鼓励各地积极开展试点示范工作，加快推广以信息化手段促进教育公平、提高教育质量的教育教学模式。（责任单位：科技司、基础二司、中央电教馆、地方各级教育行政部门）

19. 持续做好教师和管理干部教育信息化培训

推动将教师信息技术应用能力纳入到师范生培养和学校、校长、教师的考核评价体系。全面完成"全国中小学教师信息技术应用能力提升工程"1000 万名教师的培训任务，提升中小学、幼儿园教师信息技术应用能力。完成初中 11 个学科 300 学时网络课程资源和 110 件优质培训微课程建设，启动高中 11 个学科 250 学时网络课程资源和 100 件优质培训微课程建设。（责任单位：教师司）

继续举办教育厅局长教育信息化专题培训班，以新任教育厅局长为主，计划培训 800 人。地方各级教育行政部门组织开展本地区教育信息化管理干部专题培训。（责任单位：科技司、人事司、地方各级教育行政部门）

20. 推进网络思想政治与法治教育

推动落实《关于加强中小学校党的建设工作的意见》和《中学共青团改革实施方案》，建立中小学网络党校培训平台，通过信息化方式进一步加强中小学党建团建工作。依托中小学文明校园创建工作，推动各地各校运用新兴网络技术和社交媒体、移动终端，通过班级微博、校园微信公众号等交互手段，团结和联系广大中小学生，加强校园网络文化建设。（责任单位：基础一司）

发挥全国高校校园网站联盟功能和作用。深入实施"易班"推广行动计划，实现各省（区、市）全覆盖。推进中国大学生在线引领工程。指导举办"全国大学生网络文化节"和"全国高校网络宣传思想教育优秀作品评选"；推进高校辅导员网络培训核心课程体系建设，加大网络培训力度。（责任单位：思政司）

加强普法网建设，与中国医师协会、中国律师协会等单位合作，为学校提供法律、安全预警等在线咨询服务，开展青少年法治教育教师网络培训，继续举办全国学生学宪法讲宪法活动，扩大优秀法治教育资源覆盖面。（责任单位：政法司）

21. 以区域为单位整体推进教育信息化

省级教育行政部门在统筹推进的基础上，要着力加强对本地薄弱地区、薄弱学校与教学点的支持力度。地市、区县教育行政部门要着力加强对各级各类学校信息化建设与应用的指导，加大对校长和教师的培训力度。推动各级各类学校逐步建立由校领导担任首席信息官（CIO）的制度，加强信息化专业队伍建设。地方各级教育行政部门要明确教育信息化行政职能管理部门，完善组织领导体制，将教育信息化作为重点任务，纳入年度教育工作要点，统筹推进落实。整合教研、电教、信息、装备等教育系统专业机构的力量，探索和建立便捷高效的教育信息化技术服务支撑机制。（责任单位：地方各级教育行政部门）

（八）提高教育行业网络安全保障能力

22. 加强网络安全教育与人才培养

开展贯彻落实《网络安全法》的专题培训，面向管理人员组织 3 期培训班，面向技术人员组织 2 期培训班，共计 600 人次，提高网络安全意识和重视程度，提升管理人员的管理决策水平和技术人员的技术防护能力。（责任单位：科技司、人事司、教育管理信息中心）

参与国家网络安全宣传周，办好"教育日"，开展丰富多彩的线上线下宣传教育活动。组织实施"网络教育名师培育支持计划"及"校园好网民培养选树计划"。继续开展高校网络文化建设专题培训。推进"高校校园安全管理及应急指挥系统"建设，完成 75 所部属高校全联网。（责任单位：思政司）

组织指导相关单位制定《网络空间安全研究生培养方案》。（责任单位：研究生司）

23. 开展网络安全综合治理行动

以"治乱、堵漏、补短、规范"为主要目标，面向教育行业，治理网站管理乱象，推进网站建设运行和内容发布规范化；堵塞信息系统（网站）安全漏洞，提高信息系统（网站）的安全防护能力；补齐网络安全等级保护制度短板，全面推进教育行业关键信息基础设施完成定级备案和测评整改；健全、完善网络和信息安全管理制度和标准规范。（责任单位：科技司、办公厅、教育管理信息中心、省级教育行政部门）

开展教育行业网络安全专项检查，通过单位自查、远程检测、现场抽查的方式，系统排查教育行业存在的安全隐患。（责任单位：科技司、教育管理信息中心、省级教育行政部门）

24. 增强网络安全监测预警和应急响应能力

健全教育行业信息系统名录，通过大数据的方式研究教育行业网络安全形势，探索建立教育行业态势感知工作机制；进一步加强信息系统（网站）安全监测，加强与网络安全职能部门、专业机构、高校组织和企业的合作，形成安全威胁信息共享机制，通过实时通报、限期整改、跟踪核查，确保安全威胁修复。（责任单位：科技司、教育管理信息中心、省级教育行政部门）

加强网络安全应急处置与响应，研究制定教育行业信息技术安全应急预案，开展应急演练，明确各类安全事件的处置流程和要求，切实提高安全事件的处置效率。制定重要时期网络安全保障工作方案，落实责任，保障重要时期教育行业网络安全。（责任单位：科技司、教育管理信息中心、省级教育行政部门）

（九）强化教育信息化支撑保障措施

25. 完善多元化教育信息化投入格局

协调财政部加大对义务教育阶段转移支付力度和对集中连片特困地区、国家扶贫开发重点县的支持力度，并引导各地根据实际情况，加大对教育信息化投入力度。（责任单位：财务司、督导局）

推动落实《国务院关于进一步完善城乡义务教育经费保障机制的通知》，并按照财教〔2013〕342 号、343 号和财教〔2014〕47 号文件要求，满足学校信息技术和教师培训等方面的开支需求。（责任单位：科技司、财务司、地方各级教育行政部门）

推动建立政府和市场作用相互补充、相互促进的教育信息化投入机制。持续推进与基础电信运营企业的合作，鼓励社会力量积极支持教育信息化建设与应用。（责任单位：科技司、地方各级教育行政部门）

26. 加强教育信息化专家团队和研究基地建设

充分发挥教育信息化专家组、教育管理信息化专家组等专家机构的作用，支持开展教育信息化战略研究和标准规范研制，发布《中国教育信息化发展报告（2016）》、教育信息化国际进展报告等。（责任单位：科技司）

完成义务教育阶段学校信息化发展状况监测、评估指标与方法实证研究，启动基于政府、市场、学校三个层面的教育信息化应用状况调查，形成政策建议报告。完成教育信息化专项督导评估指标体系研究。推动未来学校研究计划，筹备成立未来学校研究中心，研制未来学校评价标准，扩大试点地区和试点学校，发布《2017 年度中国未来学校发展报告》和英文版《中国未来学校白皮书》，召开"一带一路"未来学校研讨会。（责任单位：中国教科院）

研制《推进区域教育信息化建设工作指南》，实施中国和联合国儿童基金会"县级教育信息化发展水平监测"项目。完成义务教育阶段学校信息化设备配备标准与运维政策机制研究。（责任单位：中央电教馆、装备中心）

27. 拓展教育信息化国际交流与合作

深化与联合国教科文组织的合作，推进实施《青岛宣言》和 2030 年教育议程，落实教育信息化合作备忘录，做好教育信息化信托基金各项工作，开展国际项目试点，参加第二届世界开放教育资源大会。落实《亚太经合组织教育战略》，在亚太经合组织等国际组织框架下推动教育信息化合作。支持参与教育信息化相关国际会议，分享教育信息化中国理念和案例，提升我国教育信息化的国际地位和影响力。加强与英特尔、微软、IBM 等跨国公司合作，助力我国教育信息化发展。（责任单位：教科文秘书处、科技司、国际司）

28. 做好教育信息化宣传报道

加强组织策划，做强正面宣传，加大新闻发布，充分利用各类媒体，特别是新媒体手段，通过多种方式，深入宣传教育信息化工作的重要部署、重要举措、重要成就，充分展现各地各校信息化工作创新经验，《中国教育报》和中国教育电视台也进一步加大报道力度，营造良好的舆论氛围。（责任单位：科技司、新闻办、教育电视台、教育报刊社）

教育部关于进一步推进职业教育信息化发展的指导意见

教职成〔2017〕4号

各省、自治区、直辖市教育厅（教委），各计划单列市教育局，新疆生产建设兵团教育局：

为深入贯彻落实《教育信息化"十三五"规划》，全面提升信息技术支撑和引领职业教育创新发展的能力，加快推进职业教育现代化，现就进一步推进职业教育信息化发展提出如下意见：

一、准确把握进一步推进职业教育信息化发展的重要机遇与基本要求

1. "十二五"以来，职业教育信息化发展取得了较大的进展。职业教育信息化的战略部署初步形成，基础设施建设进一步加强，管理规范和技术标准不断健全，数字教育资源开发和应用持续深入，教育资源和教育管理平台建设扎实推进，教师信息化意识与能力显著增强。但从总体来看，与国家实施"互联网＋"等重大战略的需求相比，与世界数字化、网络化、智能化发展的趋势相比，与实现职业教育现代化的要求相比，职业教育信息化发展水平还亟待提升。进一步推进我国职业教育信息化发展，是适应当今教育改革和信息技术创新应用趋势，如期实现职业教育现代化，为国家经济社会发展提供有力技术技能人才支撑的必然选择和战略举措。

2. 深入学习贯彻习近平总书记系列重要讲话精神，坚持服务全局、突出特色，统筹规划、协调推进，深化应用、融合创新，完善机制、持续发展，努力改善职业教育服务供给方式，提升现代化水平。职业教育信息化工作要围绕经济社会发展大局，主动服务国家重大发展战略，加大云计算、大数据、物联网、虚拟现实/增强现实、人工智能等新技术的应用，体现产教融合、校企合作、工学结合、知行合一等职业教育特色。要适应科技革命和产业革命要求，突出行业与区域特点，注重对薄弱学校的帮扶，推动协调发展。要面向职业教育各领域、各环节，以应用促融合、以融合促创新、以创新促发展，创新教学、服务和治理模式。要探索建立共建共享、开放合作新机制，鼓励行业、企业和社会参与职业教育信息化建设。

3. 到2020年，全面完成《教育信息化"十三五"规划》提出的目标任务。基础能力明显改善，落实"三通两平台"建设要求，90%以上的职业院校建成不低于《职业院校数字校园建设规范》要求的数字校园，各地普遍建立推进职业教育信息化持续健康发展的政策机制；数字教育资源更加丰富，数字教育资源基本覆盖职业院校公共基础课程和各专业领域，政府引导、市场参与的数字教育资源共建共享平台、认证标准和交易机制初步形成；应用水平显著提高，网络学习空间全面普及，线上线下混合教学模式广泛应用，自主、泛在、个性化的学习普遍开展，大数据、云计算等现代信息技术在职业院校决策、管理与服务中的应用水平普遍提升；信息素养全面提升，信息技术应用能力提升培训实现常态化，职业教育行政管理者和院（校）长的信息化领导力、保障支撑队伍的技术服务能力、教师的信息化教学能力和学生的信息素养全面提升。

二、全面落实推进职业教育信息化发展的重点任务

4. 提升职业教育信息化基础能力。广泛宣传和落实《职业院校数字校园建设规范》，采取"政府引导、标准引领、项目示范、分步实施"的方式，推进职业院校数字校园建设。加快建设具有职业教育特色的管理服务与资源服务信息化支撑平台。推动各地建设有线、无线一体化认

证，高速、稳定、安全的校园网络，加强数字媒体制作室、数字化教室等教育信息化硬件基础建设，进一步优化职业院校信息化教学环境。在全国遴选推广一批示范性虚拟仿真实训基地，重点解决实训教学中"进不去、看不见、动不了、难再现"的难题。把信息化帮扶纳入职业教育东西协作行动计划，进一步加大政策、资金、技术、人才向中西部职业院校倾斜力度，采取送教上门、资源共享、教师结对等方式开展信息化帮扶，缩小区域间发展差距，实现职业教育信息化建设的均衡发展。

5. 推动优质数字教育资源共建共享。继续推进建设国家级职业教育专业教学资源库，引导各地各职业院校根据区域、行业特点建设和完善省级、校级资源库，突出资源库"能学、辅教"的功能定位。支持行业、企业与职业院校共同建设面向社会服务的企业信息库、岗位技能标准库、人才需求信息库、创新创业案例库等开放资源。根据需要，有序引导各地各职业院校开发基于职场环境与工作过程的虚拟仿真实训资源和个性化自主学习系统。探索建设政府引导、市场参与的数字教育资源共建共享平台，服务课程开发、教学设计、教学实施与教学评价。依托专业机构，建立健全共建共享平台的资源认证标准和交易机制，进一步扩大优质资源覆盖面，强化优质资源在教育教学中的实际应用。

6. 深化教育教学模式创新。开展信息化环境下的职业教育教学模式创新研究与实践，大力推进信息技术与教育教学深度融合。着力优化人才培养模式，建设适应信息化教学需要的专业课程体系，用信息技术改造传统教学。推进网络学习空间的建设与应用，加强教与学全过程的数据采集和效果分析。鼓励教师充分、合理运用数字教育资源开展教学，解决技能培养中的重点、难点问题。推广远程协作、实时互动、翻转课堂、移动学习等信息化教学模式，最大限度地调动学习者的主观能动性，促进教与学、教与教、学与学的全面互动，进一步提高教学质量与人才培养质量。

7. 加快管理服务平台建设与应用。鼓励职业院校建成集行政、教学、科研、学生和后勤管理于一体的信息服务平台，支持学校实施校企合作信息发布、项目管理、顶岗实习管理、人力资源信息管理、就业信息分析等。推进平安校园、节能校园平台建设，实现对校园安全、能源管理过程跟踪、精准监控和数据分析。推动职业院校加强管理信息化应用，做好信息采集、统计和更新工作，提高管理效能。统筹完善信息化管理服务平台建设，建立统一集中的基础数据库，提高全国职业教育数据共享水平。充分发挥管理信息系统在学籍管理、人员管理、资产及设备管理、日常教学、实习跟踪、流程监控等重点工作中的作用，提高教育行政部门管理、服务与决策水平，推动职业教育治理能力现代化。

8. 提升师生和管理者信息素养。将信息技术应用能力纳入教师评聘考核内容。开展以深度融合信息技术为特点的培训，帮助教师树立正确的信息化教学理念、改进教学方法、提高教学质量，提高教师信息技术应用水平。进一步完善信息化教学大赛制度，国家与地方每年举办职业院校信息化教学大赛，提高参与率，积极转化大赛成果并广泛共享。推动职业院校增加信息技术在基础类课程教学中的应用，加强学生使用信息技术的综合应用训练，提高各专业学生信息化职业能力、数字化学习能力和综合信息素养。开展管理人员教育信息化领导力培训，增强各级教育行政部门、专业机构和职业院校管理者的信息化意识，提升其规划能力、执行能力和评价能力。在职业院校推广建立校领导担任首席信息官（CIO）的制度，全面负责本校信息化工作；建立信息化部门和业务部门的分工协作机制，统筹规划、归口管理。各地要将职业教育管理部门和职业院校的信息化建设效果、信息化发展水平纳入管理者绩效考核。

9. 增强网络与信息安全管控能力。各地各职业院校要按照《网络安全法》等法律法规政策要求，建立主要负责人为第一责任人的网络安全工作体系，落实网络安全责任制。结合职业教育实际，制定并完善相关规章制度，开展多种形式的教育和培训。全面实施信息安全等级保护制度，制定方案，建立多层次网络与信息安全技术防护体系，按需配置网络与信息安全防护设备和软件，构建可信、可控、可查的网络与信息安全技术防护环境。完善各地各职业院校信息公开与发布的流程、职责及相关制度，向社会各界展示成果、提供服务，努力提升职业教育吸引力。各地要制定网络与信息安全应急预案，明确应急处置流程和权限，落实应急处置技术支撑队伍，开展安全应急演练，提高网络与信息安全应急处置能力。

三、着力完善推进职业教育信息化发展的各项保障措施

10. 明确发展责任。各地要把发展职业教育信息化纳入职业教育和教育信息化的总体规划，各地教育行政部门要加强区域统筹，组织、推动、落实、监管职业教育信息化各项工作。职业院校要深化信息技术在人才培养、技术技能传承和促进创新创业中的应用，加强优质数字教育资源的开发和使用。鼓励各类信息技术企业、专业机构、行业组织等积极有序平等参与职业教育信息化建设。支持社会组织开展战略研究，提供政策建议、决策支持和咨询评估。将教育信息化作为职业院校基本办学条件纳入办学评估指标体系并开展督导。引入第三方评测，建立科学的绩效指标体系，形成制度化的评估机制。

11. 健全工作机制。职业院校要健全信息化工作组织机构，建立信息化运维管理、安全保障、人员培训、经费保障等机制。将信息化教学研究列入职业院校科研课题，将信息化应用能力要求作为教师评聘考核的重要依据。职业院校要重视信息化专门人才的引进和培养，建立和完善信息化人才考评和激励机制，增强专业化技术支撑队伍服务能力。持续开展教育信息化专业人员能力培训，培养一批具有较强能力的信息化人才，形成结构合理的专业队伍。

12. 调动多方参与。通过生均拨款、专项经费、购买服务等方式，加大财政对职业教育信息化建设与应用的支持力度。充分发挥市场在资源配置中的决定性作用，鼓励社会资本参与职业教育信息化建设。建立健全相关信息化产品与服务的准入机制、知识产权保护机制和利益分配机制，调动参与各方的积极性。

13. 完善服务保障。鼓励各地各职业院校开展职业教育信息化的政策研究、应用研究以及相关标准规范研究，设立信息技术教育管理和教学改革专项课题，形成一批有利于职业教育信息化发展的研究成果。指导职业院校把信息化发展情况纳入年度质量报告。充分发挥信息化相关专业机构与社会组织的作用，建立信息技术交流及信息化应用推广平台，加强与行业、企业合作，定期举办职业教育信息化创新发展交流、研讨、培训以及典型应用的推广活动。

教育部

2017 年 8 月 31 日

教育部办公厅关于印发
《职业院校教师素质提高计划项目管理办法》的通知

教育厅〔2017〕3 号

各省、自治区、直辖市教育厅（教委），各计划单列市教育局，新疆生产建设兵团教育局，全国重点建设职教师资培养培训基地：

根据《教育部 财政部关于实施职业院校教师素质提高计划（2017～2020 年）的意见》（教师〔2016〕10 号）精神，经商财政部，我部按照职责分工研究制定了《职业院校教师素质提高计划项目管理办法》。现印发给你们，请遵照执行。

教育部办公厅
2017 年 3 月 31 日

职业院校教师素质提高计划项目管理办法

第一章 总则

第一条 为规范和加强职业院校教师素质提高计划（以下简称"计划"）项目管理工作，确保项目实施质量和成效，根据《教育部 财政部关于实施职业院校教师素质提高计划（2017～2020 年）的意见》（教师〔2016〕10 号）、《财政部 教育部关于印发〈现代职业教育质量提升计划专项资金管理办法〉的通知》（财教〔2015〕25 号）和国家相关法律规章制度，制定本办法。

第二条 "计划"以造就一支师德高尚、素质优良、技艺精湛、结构合理、专兼结合的高素质专业化"双师型"教师队伍为总体目标，按照中央引领、地方为主，对接需求、重点支持，协同创新、注重实效，规范管理、确保质量的实施原则，国家明确工作重点，中央财政予以经费支持，示范带动各省（区、市）根据国家要求组织实施相关项目。

第三条 "计划"设置职业院校教师示范培训、中高职教师素质协同提升、校企人员双向交流合作三项任务。具体任务是：2017～2020 年，分年度组织职业院校教师校长分层分类参加国家级培训，提高教师教育教学水平和校长办学治校能力；开展中等职业学校、高等职业学校、应用型高校教师团队研修和协同创新，创建一批教师专业技能创新示范团队；推进教师到企业实践和设立兼职教师特聘岗位，畅通校企人员双向交流合作渠道。

第四条 本办法所称职业院校是指经政府有关部门依法批准建立，实施全日制中等学历教育的各类中等职业学校、实施全日制高等学历教育的高等职业学校和高等专科学校，含高等学校附属的高职（专科）学院、中专部、中等职业学校等。

第二章 职责分工

第五条 教育部负责"计划"的总体规划、年度任务部署和绩效考评，出台项目管理制度，统筹协调区域、机构合作，推进优质资源共享共用，完善教师专业发展支持服务体系。会同财政部制订年度绩效目标和实施任务，发布项目承担单位资质标准和条件，审定地方年度项目规划方案。依托项目管理机构，完善信息管理平台，成立专家指导委员会，组织开展质量监测、督查指导和跟踪问效。

第六条　各省级教育行政部门要会同财政部门围绕五年一周期教师全员培训的整体目标，根据"计划"项目设置要求，出台本地区"计划"实施办法，开展项目需求调研，支持教师培养培训基地专业建设，开发教师培训课程资源，完善机构、人员和经费保障，分年度制定本地区项目规划方案，实施过程管理和质量监控，开展检查指导和绩效考评，全力做好年度项目组织实施工作。

第七条　项目承担单位负责组织需求调研，制订项目实施方案。整合集中本单位优质资源，申报承担相关项目任务。落实必要的设施设备、人员、经费等条件，做好后勤保障，高质量实施项目任务。支持"双师型"名师工作室、教师技艺技能传承创新平台主持人有效开展工作。加强培训教学、学员、考核结业和经费使用管理，开展项目总结评估，建立培训档案。

第八条　职业院校要制定本校教师培训整体规划，为校长、教师参加培训提供必要的支持和帮助。校长和教师制定个人专业发展规划，认真完成培训任务，坚持学以致用、重在实践，推进培训成果转化，有效改进学校教育教学工作。

第三章　组织实施

第九条　教育部会同财政部于每年5月底前确定本年度"计划"实施目标和任务要求。各省级教育行政部门根据区域产业结构转型升级、职业院校专业建设的实际需要，明确培训对象、培训形式、培训内容等要求，总结上年度实施情况，研究制订本地区年度项目规划方案，包括年度目标任务、项目安排、实施范围、管理措施、成果呈现和绩效考核标准，并报送教育部审核。教育部组织专家对各省（区、市）年度规划方案进行审核，并于每年6月底前将评审意见反馈各地。

第十条　各省级教育行政部门要积极协调财政部门，按照项目管理办法、项目实施指南等要求，加强项目总体安排和系统设计，规范项目立项程序，加快项目申报、评审与立项流程，原则上于经费下达90天内完成。

第十一条　各省级教育行政部门要严把申报项目单位的资质条件，鼓励有条件的大中型企业参与。按照公平、公正、公开原则，竞争择优、遴选确定项目承担单位，对绩效考评优良的单位实行2～3年周期遴选机制，每年度对绩效考评较差的单位进行动态调整。

（一）申报职业院校教师示范培训项目的单位一般应是全国重点建设职教师资培养培训基地、全国职业教育师资专业技能示范单位，以及承担过两年以上省级教师培训任务且2006年以来获得过中央财政重点专业建设资金支持的优质省级职教师资培养培训基地。同时，组织各省（区、市）遴选推荐具备条件的远程培训机构，供全国统筹使用，为实施示范培训项目远程培训模块提供优质课程资源。

（二）申请承担卓越校长专题研修的单位一般应是全国重点建设职教师资培养培训基地，且具有承担两年以上国家或省级职业院校校长培训任务工作经验。教育部每年公布一次项目承担单位资质名单，由参训校长自主选学。

（三）申报中高职教师素质协同提升项目的单位一般应是国家示范（骨干）高等职业院校、

国家级中等职业教育改革发展示范学校、应用型本科高校或全国重点建设职教师资培养培训基地，且具备支撑实施教师网络研修的设施设备、网络平台系统、数字化资源等条件。

（四）申报教师企业实践项目的企业一般应是国家级或省级职业教育教师企业实践基地，行业代表性强、覆盖专业面广、岗位群和产业链齐全，具有专门的职工培训机构、能够提供实践岗位和指导教师（师傅），且可以解决教师实践必需的食宿等生活条件。

第十二条　各省级教育行政部门要依托相关机构，做好项目的统筹管理、安排部署和组织实施工作，加强对项目实施过程的监管，确保达成年度项目绩效目标。开展教师教育创新示范区（校）建设，探索出国进修、自主选学等培训形式，建立地方政府、本科高校、职业院校与行业企业（职教集团）协同实施教师培训项目的长效机制，加强基地专业和课程建设，通过政府购买服务、表彰奖励、提供产品研发和技术创新服务等措施，吸引行业组织、大中型企业积极参与。

第十三条　中西部地区教师培养培训资源匮乏省份应充分利用省外资源，与资源丰富省份联合组织实施项目。东部省份要利用对口支援、合作帮扶、联合实施项目等方式，动员省内职教师资培养培训基地主动对接和服务中西部省份，在师资、课程、网络资源等方面提供支持和帮助。

第十四条　项目承担单位要严格按照批准立项的项目实施方案，认真执行培训计划，不得随意删减、压缩教师培训学时。深化校企、校际合作，与行业企业、本科高校、职业院校合作实施项目，互派师资、共享资源。创新教师培训方式方法，运用"互联网＋"信息技术手段，丰富教师培训课程资源，调动参训教师（含校长）学习的积极性和自主性。开展教师训前需求诊断、训中测评指导、训后考核跟踪，研究开发教师能力测评工具，增强培训的针对性和实效性。

第四章　过程管理

第十五条　教育部依托职业院校教师素质提高计划信息化服务平台和应用软件，对项目实施过程进行全程管理和质量监测，加强参训校长、教师统一管理，做到一人一号。组织专家适时开展抽查与指导。依托项目管理机构，对于跨区域项目实施过程中存在的问题进行协调，对项目承担单位和学员反映的情况，及时与地方教育行政部门进行沟通与反馈。

第十六条　各省级教育行政部门要建立健全项目管理和激励制度，制定项目绩效评价指标体系。加强项目信息化管理，完善参训人员遴选和资格审查制度，及时了解项目实施情况，解决实施过程中出现的问题。制定教师培训（企业实践）学时（学分）计算办法，如实记录教师培训学时（学分）。实施年度项目承担单位绩效考核结果末位淘汰制。对本地区年度"计划"实施成效进行总结，并报教育部。

第十七条　项目承担单位要建立项目管理细则，充分调动项目参与部门以及工作人员的积极性；整合优质资源，健全项目实施所需要的人员经费、设施设备等后勤保障条件；加强与地方教育行政部门的沟通与联系，及时主动处理好项目实施过程中的问题，确保项目任务顺利完成。加强对参训教师出勤、学习表现、作业、培训成果等日常情况考核，考核等级分为优秀、合格和不合格，优秀等级比例不超过 20%。按年度对项目执行情况进行总结，提炼、转化、生成课程资源成果。加强安全教育，为参训人员办理人身意外伤害保险。

第十八条　职业院校要制定激励政策，引导支持校长和教师参加培训，把先进教育教学理念、教学方法、专业技能等培训成果进行推广和应用，与本校教学工作实践相结合，切实带动学校教师能力素质和教育教学水平全面提升。

第十九条　教师参加国家级培训且考核合格的，由项目承担单位颁发教育部统一格式的培训结业证书；培训考核等级为优秀的，可优先推荐作为"双师型"名师工作室、教师技艺技能传承创新平台等项目主持人。教师培训学时（学分）全部录入全国教师管理信息系统。

第五章　经费管理

第二十条　中央财政通过现代职业教育质量提升计划专项资金渠道，采取以奖代补方式予以经费支持，带动地方建立健全教师培训经费投入长效机制。

第二十一条　各省级教育行政部门会同财政部门，根据本地区中等和高等职业学校教师国家级培训任务，统筹分配、使用中央和地方财政专项资金，明确重点支持方向、目标任务和开支范围，系统规划、科学设置"计划"项目。严格执行《现代职业教育质量提升计划专项资金管理办法》，根据当地物价水平、人力资源成本等因素，按照各地培训费管理的有关规定严格项目经费使用标准，及时足额将项目经费下拨到项目承担单位。

第二十二条　中央补助经费主要用于补助教师培训（企业实践）期间直接发生的各项费用支出。包括师资费、住宿费、伙食费、培训场地费、设备租赁费、培训资料费、交通费等。

第二十三条　职业院校要保障参训校长和教师的合法权益。校长、教师参训期间，享受学校在岗人员同等工资和福利待遇，参加培训往返及异地教学发生的城市间交通费由所在单位负担。

第二十四条　各省（区、市）、各项目承担单位要严格经费管理，落实经费审计和预决算制度，严格经费报销，确保中央财政补助资金专款专用、专账管理，不得用于弥补其他资金缺口，不得以管理费等名义截留、挪用。项目承担单位不得以任何形式向参训教师收取额外费用。严格落实中央八项规定精神等相关要求，厉行勤俭节约，提高经费使用效益。

第六章　督查评估

第二十五条　教育部对照各省（区、市）年度实施方案，采取匿名评教、专家抽评、第三方评估等多种方式，适时对各地工作开展情况进行绩效考评，不定期开展督促检查。

第二十六条　各省级教育行政部门要制定本地区、本单位绩效考评标准，提出区域绩效目标、实施期绩效目标、项目绩效目标和年度绩效目标，采取自我评估、匿名评教、专家抽评、第三方评估等多种方式，对项目承担单位进行绩效考评。建立专家视导制度，定期组织专家对项目实施情况进行指导检查，保障项目有序、有效、顺利实施。设立项目咨询与服务电话、电子邮箱，接受对项目实施情况的咨询和监督。

第二十七条　职业院校及参训教师要发挥主体作用，积极参与匿名评教、绩效评价等工作，如实反馈项目实施效果。

第二十八条　教育部按年度对各地、各项目承担单位工作绩效结果予以公示，作为下一年度任务调整、考核奖励、鼓励宣传的重要依据。

第七章　附则

第二十九条　教育部设立项目监督电话（010—66097715）、监督电子邮箱（fzc@moe.edu.cn），接受对项目实施违规情况的反映与举报。

第三十条　本办法自公布之日起施行。

国务院办公厅关于深化产教融合的若干意见

国办发〔2017〕95 号

各省、自治区、直辖市人民政府，国务院各部委、各直属机构：

进入新世纪以来，我国教育事业蓬勃发展，为社会主义现代化建设培养输送了大批高素质人才，为加快发展壮大现代产业体系作出了重大贡献。但同时，受体制机制等多种因素影响，人才培养供给侧和产业需求侧在结构、质量、水平上还不能完全适应，"两张皮"问题仍然存在。深化产教融合，促进教育链、人才链与产业链、创新链有机衔接，是当前推进人力资源供给侧结构性改革的迫切要求，对新形势下全面提高教育质量、扩大就业创业、推进经济转型升级、培育经济发展新动能具有重要意义。为贯彻落实党的十九大精神，深化产教融合，全面提升人力资源质量，经国务院同意，现提出以下意见。

一、总体要求

（一）指导思想。

全面贯彻党的十九大精神，坚持以习近平新时代中国特色社会主义思想为指导，紧紧围绕统筹推进"五位一体"总体布局和协调推进"四个全面"战略布局，坚持以人民为中心，坚持新发展理念，认真落实党中央、国务院关于教育综合改革的决策部署，深化职业教育、高等教育等改革，发挥企业重要主体作用，促进人才培养供给侧和产业需求侧结构要素全方位融合，培养大批高素质创新人才和技术技能人才，为加快建设实体经济、科技创新、现代金融、人力资源协同发展的产业体系，增强产业核心竞争力，汇聚发展新动能提供有力支撑。

（二）原则和目标。

统筹协调，共同推进。将产教融合作为促进经济社会协调发展的重要举措，融入经济转型升级各环节，贯穿人才开发全过程，形成政府企业学校行业社会协同推进的工作格局。

服务需求，优化结构。面向产业和区域发展需求，完善教育资源布局，加快人才培养结构调整，创新教育组织形态，促进教育和产业联动发展。

校企协同，合作育人。充分调动企业参与产教融合的积极性和主动性，强化政策引导，鼓励先行先试，促进供需对接和流程再造，构建校企合作长效机制。

深化产教融合的主要目标是，逐步提高行业企业参与办学程度，健全多元化办学体制，全面推行校企协同育人，用 10 年左右时间，教育和产业统筹融合、良性互动的发展格局总体形成，需求导向的人才培养模式健全完善，人才教育供给与产业需求重大结构性矛盾基本解决，职业教育、高等教育对经济发展和产业升级的贡献显著增强。

二、构建教育和产业统筹融合发展格局

（三）同步规划产教融合与经济社会发展。制定实施经济社会发展规划，以及区域发展、产业发展、城市建设和重大生产力布局规划，要明确产教融合发展要求，将教育优先、人才先行融入各项政策。结合实施创新驱动发展、新型城镇化、制造强国战略，统筹优化教育和产业结构，同步规划产教融合发展政策措施、支持方式、实现途径和重大项目。

（四）统筹职业教育与区域发展布局。按照国家区域发展总体战略和主体功能区规划，优化职业教育布局，引导职业教育资源逐步向产业和人口集聚区集中。面向脱贫攻坚主战场，积极推进贫困地区学生到城市优质职业学校就学。加强东部对口西部、城市支援农村职业教育扶贫。支持中部打造全国重要的先进制造业职业教育基地。支持东北等老工业基地振兴发展急需的职业教育。加强京津冀、长江经济带城市间协同合作，引导各地结合区域功能、产业特点探索差别化职业教育发展路径。

（五）促进高等教育融入国家创新体系和新型城镇化建设。完善世界一流大学和一流学科建设推进机制，注重发挥对国家和区域创新中心发展的支撑引领作用。健全高等学校与行业骨干企业、中小微创业型企业紧密协同的创新生态系统，增强创新中心集聚人才资源、牵引产业升级能力。适应以城市群为主体的新型城镇化发展，合理布局高等教育资源，增强中小城市产业承载和创新能力，构建梯次有序、功能互补、资源共享、合作紧密的产教融合网络。

（六）推动学科专业建设与产业转型升级相适应。建立紧密对接产业链、创新链的学科专业体系。大力发展现代农业、智能制造、高端装备、新一代信息技术、生物医药、节能环保、新能源、新材料以及研发设计、数字创意、现代交通运输、高效物流、融资租赁、电子商务、服务外包等产业急需紧缺学科专业。积极支持家政、健康、养老、文化、旅游等社会领域专业发展，推进标准化、规范化、品牌化建设。加强智慧城市、智能建筑等城市可持续发展能力相关专业建设。大力支持集成电路、航空发动机及燃气轮机、网络安全、人工智能等事关国家战略、国家安全等学科专业建设。适应新一轮科技革命和产业变革及新经济发展，促进学科专业交叉融合，加快推进新工科建设。

（七）健全需求导向的人才培养结构调整机制。加快推进教育"放管服"改革，注重发挥市场机制配置非基本公共教育资源作用，强化就业市场对人才供给的有效调节。进一步完善高校毕业生就业质量年度报告发布制度，注重发挥行业组织人才需求预测、用人单位职业能力评价作用，把市场供求比例、就业质量作为学校设置调整学科专业、确定培养规模的重要依据。新增研究生招生计划向承担国家重大战略任务、积极推行校企协同育人的高校和学科倾斜。严格实行专业预警和退出机制，引导学校对设置雷同、就业连续不达标专业，及时调减或停止招生。

三、强化企业重要主体作用

（八）拓宽企业参与途径。鼓励企业以独资、合资、合作等方式依法参与举办职业教育、高等教育。坚持准入条件透明化、审批范围最小化，细化标准、简化流程、优化服务，改进办学准入条件和审批环节。通过购买服务、委托管理等，支持企业参与公办职业学校办学。鼓励有条件的地区探索推进职业学校股份制、混合所有制改革，允许企业以资本、技术、管理等要素依法参与办学并享有相应权利。

（九）深化"引企入教"改革。支持引导企业深度参与职业学校、高等学校教育教学改革，多种方式参与学校专业规划、教材开发、教学设计、课程设置、实习实训，促进企业需求融入人才培养环节。推行面向企业真实生产环境的任务式培养模式。职业学校新设专业原则上应有相关行业企业参与。鼓励企业依托或联合职业学校、高等学校设立产业学院和企业工作室、实验室、创新基地、实践基地。

（十）开展生产性实习实训。健全学生到企业实习实训制度。鼓励以引企驻校、引校进企、校企一体等方式，吸引优势企业与学校共建共享生产性实训基地。支持各地依托学校建设行业或区域性实训基地，带动中小微企业参与校企合作。通过探索购买服务、落实税收政策等方式，鼓励企业直接接收学生实习实训。推进实习实训规范化，保障学生享有获得合理报酬等合法权益。

（十一）以企业为主体推进协同创新和成果转化。支持企业、学校、科研院所围绕产业关键技术、核心工艺和共性问题开展协同创新，加快基础研究成果向产业技术转化。引导高校将企业生产一线实际需求作为工程技术研究选题的重要来源。完善财政科技计划管理，高校、科研机构牵头申请的应用型、工程技术研究项目原则上应有行业企业参与并制订成果转化方案。完善高校科研后评价体系，将成果转化作为项目和人才评价重要内容。继续加强企业技术中心和高校技术创新平台建设，鼓励企业和高校共建产业技术实验室、中试和工程化基地。利用产业投资基金支持高校创新成果和核心技术产业化。

（十二）强化企业职工在岗教育培训。落实企业职工培训制度，足额提取教育培训经费，确保教育培训经费 60% 以上用于一线职工。创新教育培训方式，鼓励企业向职业学校、高等学校和培训机构购买培训服务。鼓励有条件的企业开展职工技能竞赛，对参加培训提升技能等级的职工予以奖励或补贴。支持企业一线骨干技术人员技能提升，加强产能严重过剩行业转岗就业人员再就业培训。将不按规定提取使用教育培训经费并拒不改正的行为记入企业信用记录。

（十三）发挥骨干企业引领作用。鼓励区域、行业骨干企业联合职业学校、高等学校共同组建产教融合集团（联盟），带动中小企业参与，推进实体化运作。注重发挥国有企业特别是中央企业示范带头作用，支持各类企业依法参与校企合作。结合推进国有企业改革，支持有条件的国有企业继续办好做强职业学校。

四、推进产教融合人才培养改革

（十四）将工匠精神培育融入基础教育。将动手实践内容纳入中小学相关课程和学生综合素质评价。加强学校劳动教育，开展生产实践体验，支持学校聘请劳动模范和高技能人才兼职授课。组织开展"大国工匠进校园"活动。鼓励有条件的普通中学开设职业类选修课程，鼓励职业学校实训基地向普通中学开放。鼓励有条件的地方在大型企业、产业园区周边试点建设普职融通的综合高中。

（十五）推进产教协同育人。坚持职业教育校企合作、工学结合的办学制度，推进职业学校和企业联盟、与行业联合、同园区联结。大力发展校企双制、工学一体的技工教育。深化全日制职业学校办学体制改革，在技术性、实践性较强的专业，全面推行现代学徒制和企业新型学徒制，推动学校招生与企业招工相衔接，校企育人"双重主体"，学生学徒"双重身份"，学校、企业和学生三方权利义务关系明晰。实践性教学课时不少于总课时的 50%。

健全高等教育学术人才和应用人才分类培养体系，提高应用型人才培养比重。推动高水平大学加强创新创业人才培养，为学生提供多样化成长路径。大力支持应用型本科和行业特色类高校建设，紧密围绕产业需求，强化实践教学，完善以应用型人才为主的培养体系。推进专业学位研究生产学结合培养模式改革，增强复合型人才培养能力。

（十六）加强产教融合师资队伍建设。支持企业技术和管理人才到学校任教，鼓励有条件的地方探索产业教师（导师）特设岗位计划。探索符合职业教育和应用型高校特点的教师资格标准和专业技术职务（职称）评聘办法。允许职业学校和高等学校依法依规自主聘请兼职教师和确定兼职报酬。推动职业学校、应用型本科高校与大中型企业合作建设"双师型"教师培养培训基地。完善职业学校和高等学校教师实践假期制度，支持在职教师定期到企业实践锻炼。

（十七）完善考试招生配套改革。加快高等职业学校分类招考，完善"文化素质＋职业技能"评价方式。适度提高高等学校招收职业教育毕业生比例，建立复合型、创新型技术技能人才系统培养制度。逐步提高高等学校招收有工作实践经历人员的比例。

（十八）加快学校治理结构改革。建立健全职业学校和高等学校理事会制度，鼓励引入行业企业、科研院所、社会组织等多方参与。推动学校优化内部治理，充分体现一线教学科研机构自主权，积极发展跨学科、跨专业教学和科研组织。

（十九）创新教育培训服务供给。鼓励教育培训机构、行业企业联合开发优质教育资源，大力支持"互联网＋教育培训"发展。支持有条件的社会组织整合校企资源，开发立体化、可选择的产业技术课程和职业培训包。推动探索高校和行业企业课程学分转换互认，允许和鼓励高校向行业企业和社会培训机构购买创新创业、前沿技术课程和教学服务。

五、促进产教供需双向对接

（二十）强化行业协调指导。行业主管部门要加强引导，通过职能转移、授权委托等方式，积极支持行业组织制定深化产教融合工作计划，开展人才需求预测、校企合作对接、教育教学指导、职业技能鉴定等服务。

（二十一）规范发展市场服务组织。鼓励地方政府、行业企业、学校通过购买服务、合作设立等方式，积极培育市场导向、对接供需、精准服务、规范运作的产教融合服务组织（企业）。支持利用市场合作和产业分工，提供专业化服务，构建校企利益共同体，形成稳定互惠的合作机制，促进校企紧密联结。

（二十二）打造信息服务平台。鼓励运用云计算、大数据等信息技术，建设市场化、专业化、开放共享的产教融合信息服务平台。依托平台汇聚区域和行业人才供需、校企合作、项目研发、技术服务等各类供求信息，向各类主体提供精准化产教融合信息发布、检索、推荐和相关增值服务。

（二十三）健全社会第三方评价。积极支持社会第三方机构开展产教融合效能评价，健全统计评价体系。强化监测评价结果运用，作为绩效考核、投入引导、试点开展、表彰激励的重要依据。

六、完善政策支持体系

（二十四）实施产教融合发展工程。"十三五"期间，支持一批中高等职业学校加强校企合作，共建共享技术技能实训设施。开展高水平应用型本科高校建设试点，加强产教融合实训环境、平台和载体建设。支持中西部普通本科高校面向产业需求，重点强化实践教学环节建设。支持世界一流大学和一流学科建设高校加强学科、人才、科研与产业互动，推进合作育人、协同创新和成果转化。

（二十五）落实财税用地等政策。优化政府投入，完善体现职业学校、应用型高校和行业特色类专业办学特点和成本的职业教育、高等教育拨款机制。职业学校、高等学校科研人员依法取得的科技成果转化奖励收入不纳入绩效工资，不纳入单位工资总额基数。各级财政、税务部门要把深化产教融合作为落实结构性减税政策，推进降成本、补短板的重要举措，落实社会力量举办教育有关财税政策，积极支持职业教育发展和企业参与办学。企业投资或与政府合作建设职业学校、高等学校的建设用地，按科教用地管理，符合《划拨用地目录》的，可通过划拨方式供地，鼓励企业自愿以出让、租赁方式取得土地。

（二十六）强化金融支持。鼓励金融机构按照风险可控、商业可持续原则支持产教融合项目。利用中国政企合作投资基金和国际金融组织、外国政府贷款，积极支持符合条件的产教融合项目建设。遵循相关程序、规则和章程，推动亚洲基础设施投资银行、丝路基金在业务领域内将"一带一路"职业教育项目纳入支持范围。引导银行业金融机构创新服务模式，开发适合产教融合项目特点的多元化融资品种，做好政府和社会资本合作模式的配套金融服务。积极支持符合条件的企业在资本市场进行股权融资，发行标准化债权产品，加大产教融合实训基地项目投资。加快发展学生实习责任保险和人身意外伤害保险，鼓励保险公司对现代学徒制、企业新型学徒制保险专门确定费率。

（二十七）开展产教融合建设试点。根据国家区域发展战略和产业布局，支持若干有较强代表性、影响力和改革意愿的城市、行业、企业开展试点。在认真总结试点经验基础上，鼓励第三方开展产教融合型城市和企业建设评价，完善支持激励政策。

（二十八）加强国际交流合作。鼓励职业学校、高等学校引进海外高层次人才和优质教育资源，开发符合国情、国际开放的校企合作培养人才和协同创新模式。探索构建应用技术教育创新国际合作网络，推动一批中外院校和企业结对联合培养国际化应用型人才。鼓励职业教育、高等教育参与配合"一带一路"建设和国际产能合作。

七、组织实施

（二十九）强化工作协调。加强组织领导，建立发展改革、教育、人力资源社会保障、财政、工业和信息化等部门密切配合，有关行业主管部门、国有资产监督管理部门积极参与的工作协调机制，加强协同联动，推进工作落实。各省级人民政府要结合本地实际制定具体实施办法。

（三十）营造良好环境。做好宣传动员和舆论引导，加快收入分配、企业用人制度以及学校编制、教学科研管理等配套改革，引导形成学校主动服务经济社会发展、企业重视"投资于人"的普遍共识，积极营造全社会充分理解、积极支持、主动参与产教融合的良好氛围。

附件：重点任务分工

国务院办公厅
2017 年 12 月 5 日

附件

重点任务分工

序号	工作任务	主要内容	责任单位
1	构建教育和产业统筹融合发展格局	同步规划产教融合与经济社会发展。	国家发展改革委会同有关部门，各省级人民政府
2		统筹职业教育与区域发展布局。	教育部、国家发展改革委、人力资源社会保障部，各省级人民政府

序号	工作任务	主要内容	责任单位
3	构建教育和产业统筹融合发展格局	促进高等教育融入国家创新体系和新型城镇化建设。	教育部、国家发展改革委、科技部，有关省级人民政府
4		推动学科专业建设与产业转型升级相适应。建立紧密对接产业链、创新链的学科专业体系。加快推进新工科建设。	教育部、国家发展改革委会同有关部门
5		健全需求导向的人才培养结构调整机制。严格实行专业预警和退出机制。	教育部会同有关部门
6	强化企业重要主体作用	鼓励企业以独资、合资、合作等方式依法参与举办职业教育、高等教育。坚持准入条件透明化、审批范围最小化，细化标准、简化流程、优化服务，改进办学准入条件和审批环节。	教育部会同有关部门
7		鼓励有条件的地区探索推进职业学校股份制、混合所有制改革，允许企业以资本、技术、管理等要素依法参与办学并享有相应权利。	有关省级人民政府
8		深化"引企入教"改革，促进企业需求融入人才培养环节。	教育部、人力资源社会保障部、工业和信息化部会同有关部门
9		健全学生到企业实习实训制度，推进实习实训规范化。	教育部、国家发展改革委、人力资源社会保障部会同有关部门
10		引导高校将企业生产一线实际需求作为工程技术研究选题的重要来源。高校、科研机构牵头申请的应用型、工程技术研究项目原则上应有行业企业参与并制订成果转化方案。完善高校科研后评价体系，将成果转化作为项目和人才评价重要内容。	教育部、科技部会同有关部门
11		继续加强企业技术中心和高校技术创新平台建设，鼓励企业和高校共建产业技术实验室、中试和工程化基地。利用产业投资基金支持高校创新成果和核心技术产业化。	国家发展改革委、教育部、科技部、财政部会同有关部门
12		强化企业职工在岗教育培训。	全国总工会、人力资源社会保障部会同有关部门
13		鼓励区域、行业骨干企业联合职业学校、高等学校共同组建产教融合集团（联盟），带动中小企业参与，推进实体化运作。	有关部门和行业协会，各省级人民政府
14		注重发挥国有企业特别是中央企业示范带头作用，支持各类企业依法参与校企合作。	国务院国资委、全国工商联
15		结合推进国有企业改革，支持有条件的国有企业继续办好做强职业学校。	国务院国资委、国家发展改革委、财政部

续表

序号	工作任务	主要内容	责任单位
16	推进产教融合人才培养改革	将工匠精神培育融入基础教育。深化全日制职业学校办学体制改革，在技术性、实践性较强的专业，全面推行现代学徒制和企业新型学徒制。	教育部、人力资源社会保障部、国家发展改革委、全国总工会会同有关部门
17		健全高等教育学术人才和应用人才分类培养体系，提高应用型人才培养比重。	教育部、国家发展改革委会同有关部门
18		加强产教融合师资队伍建设。支持企业技术和管理人才到学校任教，鼓励有条件的地方探索产业教师（导师）特设岗位计划。	教育部，各省级人民政府
19		适度提高高等学校招收职业教育毕业生比例，建立复合型、创新型技术技能人才系统培养制度。逐步提高高等学校招收有工作实践经历人员的比例。	教育部会同有关部门
20		加快学校治理结构改革、创新教育培训服务供给。	教育部会同有关部门
21	促进产教供需双向对接	强化行业协调指导、规范发展市场服务组织、打造信息服务平台、健全社会第三方评价。	国家发展改革委、教育部、有关部门和行业协会，有关省级人民政府
22		实施产教融合发展工程。	国家发展改革委、教育部、人力资源社会保障部
23	完善政策支持体系	落实财税用地等政策。	财政部、税务总局、国土资源部、国家发展改革委，各省级人民政府
24		强化金融支持。	人民银行、银监会、证监会、保监会、国家发展改革委、财政部
25		开展产教融合建设试点。	国家发展改革委、教育部会同有关部门，各省级人民政府
26		加强国际交流合作。	教育部会同有关部门

附录三 全国优质专科高等职业院校名单

地区	学校名称	入围
甘肃	兰州石化职业技术学院	优质高职院校
	兰州资源环境职业技术学院	优质高职院校
	甘肃林业职业技术学院	优质高职院校
	酒泉职业技术学院	优质高职院校
	甘肃建筑职业技术学院	优质高职院校
	甘肃农业职业技术学院	优质高职院校
	甘肃畜牧工程职业技术学院	优质高职院校
	武威职业学院	优质高职院校
	甘肃交通职业技术学院	优质高职院校
	兰州职业技术学院	优质高职院校
	甘肃工业职业技术学院	优质高职院校
	甘肃警察职业学院	优质高职院校
	甘肃机电职业技术学院	优质高职院校
陕西	陕西工业职业技术学院	优质高职院校、一流高职院校
	杨凌职业技术学院	优质高职院校、一流高职院校
	西安航空职业技术学院	优质高职院校、一流高职院校
	陕西铁路工程职业技术学院	优质高职院校、一流高职院校（培育）
	陕西国防工业职业技术学院	优质高职院校、一流高职院校（培育）
	陕西职业技术学院	优质高职院校、一流高职院校（培育）
	西安铁路职业技术学院	优质高职院校、一流高职院校（培育）
	陕西交通职业技术学院	优质高职院校、一流高职院校（培育）
	咸阳职业技术学院	优质高职院校
	延安职业技术学院	优质高职院校
	陕西能源职业技术学院	优质高职院校
	渭南职业技术学院	优质高职院校
浙江	金华职业技术学院	重点建设校
	浙江机电职业技术学院	重点建设校
	浙江金融职业学院	重点建设校
	宁波职业技术学院	重点建设校

地区	学校名称	入围
浙江	温州职业技术学院	重点建设校
	浙江经济职业技术学院	优质建设校
	浙江经贸职业技术学院	优质建设校
	浙江旅游职业学院	优质建设校
	杭州职业技术学院	优质建设校
	浙江建设职业技术学院	优质建设校
	浙江交通职业技术学院	优质建设校
	浙江商业职业技术学院	优质建设校
	浙江工贸职业技术学院	优质建设校
	浙江工商职业技术学院	优质建设校
	浙江警官职业学院	优质建设校
	浙江工业职业技术学院	优质建设校
	浙江纺织服装职业技术学院	优质建设校
	丽水职业技术学院	优质建设校
	义乌工商职业技术学院	优质建设校
	浙江艺术职业学院	优质建设校
江西	九江职业技术学院	国家优质高职院校
	江西现代职业技术学院	国家优质高职院校
	江西财经职业学院	国家优质高职院校
	江西应用技术职业学院	国家优质高职院校
	江西交通职业技术学院	国家优质高职院校
	江西外语外贸职业学院	国家优质高职院校
	江西环境工程职业学院	省级优质高职院校
	九江职业大学	省级优质高职院校
	江西工业贸易职业技术学院	省级优质高职院校
	江西旅游商贸职业学院	省级优质高职院校
	宜春职业技术学院	省级优质高职院校
	江西陶瓷工艺美术职业技术学院	省级优质高职院校
	江西工业工程职业技术学院	省级优质高职院校
	江西建设职业技术学院	省级优质高职院校
	江西工业职业技术学院	省级优质高职院校
	江西卫生职业学院	省级优质高职院校
	江西农业工程职业学院	省级优质高职院校
	江西生物科技职业学院	省级优质高职院校

续表

地区	学校名称	入围
江西	江西工商职业技术学院（民办）	省级优质高职院校
	江西师范高等专科学校	省级优质高职院校
河北	邢台职业技术学院	国家优质高职院校
	承德石油高等专科学校	国家优质高职院校
	河北工业职业技术学院	国家优质高职院校
	唐山工业职业技术学院	国家优质高职院校
	河北化工医药职业技术学院	国家优质高职院校
	秦皇岛职业技术学院	国家优质高职院校
	石家庄职业技术学院	国家优质高职院校
	河北软件职业技术学院	国家优质高职院校
	河北交通职业技术学院	国家优质高职院校
	唐山职业技术学院	国家优质高职院校
	邯郸职业技术学院	国家优质高职院校
	石家庄铁路职业技术学院	国家优质高职院校
	石家庄邮电职业技术学院	省级优质高职院校
	河北政法职业学院	省级优质高职院校
	河北女子职业技术学院	省级优质高职院校
	保定职业技术学院	省级优质高职院校
	河北机电职业技术学院	省级优质高职院校
	河北旅游职业学院	省级优质高职院校
	张家口职业技术学院	省级优质高职院校
	沧州医学高等专科学校	省级优质高职院校
	廊坊职业技术学院	省级优质高职院校
	衡水职业技术学院	省级优质高职院校
	沧州职业技术学院	省级优质高职院校
安徽	滁州职业技术学院	优质高职院校
	合肥幼儿师范高等专科学校	优质高职院校
	马鞍山师范高等专科学校	优质高职院校
	安徽机电职业技术学院	优质高职院校
	安徽商贸职业技术学院	优质高职院校
	安庆职业技术学院	优质高职院校
	合肥职业技术学院	优质高职院校
	安徽国防科技职业学院	优质高职院校
	安徽财贸职业学院	优质高职院校

续表

地区	学校名称	入围
安徽	安徽工商职业学院	优质高职院校
	安徽水利水电职业技术学院	优质高职院校
	阜阳职业技术学院	优质高职院校
	安徽职业技术学院	优质高职院校
	安徽医学高等专科学校	优质高职院校
	芜湖职业技术学院	优质高职院校
	六安职业技术学院	优质高职院校
广东	广州民航职业技术学院	一流高职院校
	广东轻工职业技术学院	一流高职院校
	广东机电职业技术学院	一流高职院校
	广东工贸职业技术学院	一流高职院校
	广东科学技术职业学院	一流高职院校
	广东交通职业技术学院	一流高职院校
	广东水利电力职业技术学院	一流高职院校
	广东食品药品职业学院	一流高职院校
	广东农工商职业技术学院	一流高职院校
	广州番禺职业技术学院	一流高职院校
	广州铁路职业技术学院	一流高职院校
	深圳信息职业技术学院	一流高职院校
	中山火炬职业技术学院	一流高职院校
	中山职业技术学院	一流高职院校
	佛山职业技术学院	一流高职院校
	顺德职业技术学院	一流高职院校
	东莞职业技术学院	一流高职院校
湖南	长沙民政职业技术学院	2015 年度卓越校
	湖南工业职业技术学院	2015 年度卓越校
	长沙航空职业技术学院	2015 年度卓越校
	湖南大众传媒职业技术学院	2015 年度卓越校
	湖南铁道职业技术学院	2015 年度卓越校
	湖南交通职业技术学院	2015 年度卓越校
	长沙商贸旅游职业技术学院	2015 年度卓越校
	湖南汽车工程职业学院	2015 年度卓越校
	湖南机电职业技术学院	2016 年度卓越校
	湖南化工职业技术学院	2016 年度卓越校

续表

地区	学校名称	入围
湖南	岳阳职业技术学院	2016 年度卓越校
	湖南工艺美术职业学院	2016 年度卓越校
	湖南铁路科技职业技术学院	2016 年度卓越校
	湖南科技职业学院	2016 年度卓越校
	湖南财经工业职业技术学院	2016 年度卓越校
	湖南生物机电职业技术学院	2016 年度卓越校（培育）
河南	黄河水利职业技术学院	国家优质高职院校
	河南工业职业技术学院	国家优质高职院校
	河南农业职业学院	国家优质高职院校
	郑州铁路职业技术学院	国家优质高职院校
	济源职业技术学院	国家优质高职院校
	河南经贸职业学院	国家优质高职院校
	商丘职业技术学院	国家优质高职院校
	平顶山工业职业技术学院	国家优质高职院校
	漯河职业技术学院	国家优质高职院校
	河南交通职业技术学院	国家优质高职院校
	河南职业技术学院	国家优质高职院校
	开封大学	国家优质高职院校
	漯河医学高等专科学校	国家优质高职院校
	三门峡职业技术学院	国家优质高职院校
	许昌职业技术学院	国家优质高职院校
	南阳医学高等专科学校	省级优质高职院校
	濮阳职业技术学院	省级优质高职院校
	河南机电职业学院	省级优质高职院校
	郑州电力高等专科学校	省级优质高职院校
	信阳职业技术学院	省级优质高职院校
	焦作大学	省级优质高职院校
	商丘医学高等专科学校	省级优质高职院校
	鹤壁职业技术学院	省级优质高职院校
	郑州旅游职业学院	省级优质高职院校
	河南医学高等专科学校	省级优质高职院校
	河南水利与环境职业学院	省级优质高职院校
	郑州幼儿师范高等专科学校	省级优质高职院校
	河南质量工程职业学院	省级优质高职院校

学校名称	入围
河南建筑职业技术学院	省级优质高职院校
河南应用技术职业学院	省级优质高职院校
郑州职业技术学院	省级优质高职院校
洛阳职业技术学院	省级优质高职院校
周口职业技术学院	省级优质高职院校
河南司法警官职业学院	省级优质高职院校
河南工业贸易职业学院	省级优质高职院校
开封文化艺术职业学院	省级优质高职院校
郑州信息技术职业学院	省级优质高职院校
漯河食品职业学院（民办）	省级优质高职院校
河南工业和信息化职业学院	省级优质高职院校
河南检察职业学院	省级优质高职院校
山东商业职业技术学院	优质高职院校（第一批）
淄博职业学院	优质高职院校（第一批）
日照职业技术学院	优质高职院校（第一批）
滨州职业学院	优质高职院校（第一批）
潍坊职业学院	优质高职院校（第一批）
山东科技职业学院	优质高职院校（第一批）
烟台职业学院	优质高职院校（第一批）
山东职业学院	优质高职院校（第一批）
青岛酒店管理职业技术学院	优质高职院校（第一批）
威海职业学院	优质高职院校（第一批）
东营职业学院	优质高职院校（第一批）
山东交通职业学院	优质高职院校（第一批）
济南职业学院	优质高职院校（第一批）
山东外贸职业学院	优质高职院校（第一批）
青岛职业技术学院	优质高职院校（第一批）
山东畜牧兽医职业学院	优质高职院校（第一批）
昆明冶金高等专科学校	优质高职院校（首批）
云南交通职业技术学院	优质高职院校（首批）
云南农业职业技术学院	优质高职院校（第二批）
云南机电职业技术学院	优质高职院校（第二批）
云南林业职业技术学院	优质高职院校（第二批）
德宏职业学院	优质高职院校（第二批）

（山东、云南为左侧分组标题）

地区	学校名称	入围
云南	云南经贸外事职业学院（民办）	优质高职院校（第二批）
	昆明工业职业技术学院	优质高职院校（第二批）
	云南体育运动职业技术学院	优质高职院校（第二批）
	云南能源职业技术学院	优质高职院校（第二批）
	曲靖医学高等专科学校	优质高职院校（第二批）
	云南国防工业职业技术学院	优质高职院校（第二批）
四川	成都纺织高等专科学校	优质高职院校
	成都航空职业技术学院	优质高职院校
	成都农业科技职业学院	优质高职院校
	成都职业技术学院	优质高职院校
	泸州职业技术学院	优质高职院校
	四川财经职业学院	优质高职院校
	四川工程职业技术学院	优质高职院校
	四川工商职业技术学院	优质高职院校
	四川航天职业技术学院	优质高职院校
	四川建筑职业技术学院	优质高职院校
	四川交通职业技术学院	优质高职院校
	四川水利职业技术学院	优质高职院校
	四川邮电职业技术学院	优质高职院校
	四川职业技术学院	优质高职院校
	宜宾职业技术学院	优质高职院校
	绵阳职业技术学院	优质高职院校（立项培育）
	广安职业技术学院	优质高职院校（立项培育）
	乐山职业技术学院	优质高职院校（立项培育）
	南充职业技术学院	优质高职院校（立项培育）
	四川化工职业技术学院	优质高职院校（立项培育）
	四川文化产业职业学院	优质高职院校（立项培育）
	四川信息职业技术学院	优质高职院校（立项培育）
	雅安职业技术学院	优质高职院校（立项培育）
黑龙江	黑龙江农业经济职业学院	高水平高职院校
	哈尔滨职业技术学院	高水平高职院校
	黑龙江职业学院	高水平高职院校
	黑龙江农业工程职业学院	高水平高职院校
	黑龙江建筑职业技术学院	高水平高职院校

地区	学校名称	入围
黑龙江	哈尔滨铁道职业技术学院	高水平高职院校
	黑龙江交通职业技术学院	高水平高职院校
	黑龙江生物科技职业学院	高水平高职院校
	黑龙江护理高等专科学校	高水平高职院校
	黑龙江农垦职业学院	高水平高职院校
	黑龙江林业职业技术学院	高水平高职院校
	哈尔滨科学技术职业学院	高水平高职院校
辽宁	辽宁省交通高等专科学校	高水平现代化高职院校
	辽宁农业职业技术学院	高水平现代化高职院校
	沈阳职业技术学院	高水平现代化高职院校
	大连职业技术学院	高水平现代化高职院校
	辽宁机电职业技术学院	高水平现代化高职院校
	辽宁石化职业技术学院	高水平现代化高职院校
	辽宁经济职业技术学院	高水平现代化高职院校
	辽宁装备制造职业技术学院	高水平现代化高职院校
	渤海船舶职业学院	高水平现代化高职院校
	辽宁建筑职业学院	高水平现代化高职院校
重庆	重庆电力高等专科学校	优质高职院校
	重庆三峡医药高等专科学校	优质高职院校
	重庆医药高等专科学校	优质高职院校
	重庆航天职业技术学院	优质高职院校
	重庆电子工程职业学院	优质高职院校
	重庆工业职业技术学院	优质高职院校
	重庆城市管理职业学院	优质高职院校
	重庆工程职业技术学院	优质高职院校
	重庆三峡职业学院	优质高职院校
	重庆工贸职业技术学院	优质高职院校
	重庆水利电力职业技术学院	优质高职院校
	重庆工商职业学院	优质高职院校
	重庆财经职业学院	优质高职院校
	重庆建筑工程职业学院	优质高职院校
	重庆商务职业学院	优质高职院校
	重庆能源职业学院（民办）	优质高职院校（立项培育）
	重庆公共运输职业学院（民办）	优质高职院校（立项培育）

地区	学校名称	入围
重庆	重庆科创职业学院（民办）	优质高职院校（立项培育）
	重庆交通职业学院（民办）	优质高职院校（立项培育）
	重庆青年职业技术学院	优质高职院校（立项培育）
江苏	南京工业职业技术学院	高水平高等职业院校
	南京交通职业技术学院	高水平高等职业院校
	江苏经贸职业技术学院	高水平高等职业院校
	南京信息职业技术学院	高水平高等职业院校
	江苏海事职业技术学院	高水平高等职业院校
	南京铁道职业技术学院	高水平高等职业院校
	无锡商业职业技术学院	高水平高等职业院校
	无锡职业技术学院	高水平高等职业院校
	江苏建筑职业技术学院	高水平高等职业院校
	徐州工业职业技术学院	高水平高等职业院校
	南通职业大学	高水平高等职业院校
	南通航运职业技术学院	高水平高等职业院校
	江苏工程职业技术学院	高水平高等职业院校
	苏州工艺美术职业技术学院	高水平高等职业院校
	苏州农业职业技术学院	高水平高等职业院校
	苏州工业职业技术学院	高水平高等职业院校
	江苏食品药品职业技术学院	高水平高等职业院校
	江苏农林职业技术学院	高水平高等职业院校
	常州信息职业技术学院	高水平高等职业院校
	常州工程职业技术学院	高水平高等职业院校
	常州机电职业技术学院	高水平高等职业院校
	江苏农牧科技职业学院	高水平高等职业院校
贵州	铜仁职业技术学院	优质高职院校（2016 年）
	贵州轻工职业技术学院	优质高职院校（2016 年）
	贵州交通职业技术学院	优质高职院校（2016 年）
	贵州电子信息职业技术学院	优质高职院校（2017 年）
	贵阳职业技术学院	优质高职院校（2017 年）
	黔东南民族职业技术学院	优质高职院校（2017 年）
	贵州工业职业技术学院	优质高职院校（2017 年）
	贵阳护理职业学院	优质高职院校（2017 年）
	遵义职业技术学院	优质高职院校（2017 年）

地区	学校名称	入围
贵州	贵州职业技术学院	优质高职院校（2017 年）
	安顺职业技术学院	优质高职院校（2017 年）
	贵州幼儿师范高等专科学校	优质高职院校（2017 年）
	贵州建设职业技术学院	优质高职院校（2017 年）
福建	黎明职业大学	示范性现代职业院校（A 类）
	福州职业技术学院	示范性现代职业院校（A 类）
	福州林业职业技术学院	示范性现代职业院校（A 类）
	福州船政交通职业学院	示范性现代职业院校（A 类）
	福州信息职业技术学院	示范性现代职业院校（A 类）
	福州卫生职业技术学院	示范性现代职业院校（A 类）
	福州水利电力职业技术学院	示范性现代职业院校（A 类）
	闽西职业技术学院	示范性现代职业院校（B 类）
	泉州幼儿师范高等专科学校	示范性现代职业院校（B 类）
	宁德职业技术学院	示范性现代职业院校（B 类）
	漳州理工职业学院（民办）	示范性现代职业院校（B 类）
	厦门城市职业学院	示范性现代职业院校（B 类）
内蒙古	内蒙古建筑职业技术学院	国家、自治区优质高职院校
	包头职业技术学院	国家、自治区优质高职院校
	内蒙古机电职业技术学院	国家、自治区优质高职院校
	内蒙古商贸职业学院	国家、自治区优质高职院校
	锡林郭勒职业学院	国家、自治区优质高职院校
	包头轻工职业技术学院	国家、自治区优质高职院校
	呼和浩特职业学院	国家、自治区优质高职院校
	内蒙古电子信息职业技术学院	国家、自治区优质高职院校
	乌兰察布职业学院	自治区优质高职院校
	内蒙古化工职业学院	自治区优质高职院校

附录四 2017 年中国高职院校排名（前 200 名）

全国排名	学校名称	等级	省市	省份排名
1	深圳职业技术学院	5 星	广东	1
2	淄博职业学院	5 星	山东	1
3	北京电子科技职业学院	5 星	北京	1
4	南京工业职业技术学院	5 星	江苏	1
5	山东商业职业技术学院	5 星	山东	2
6	无锡职业技术学院	5 星	江苏	2
7	金华职业技术学院	5 星	浙江	1
8	广州番禺职业技术学院	5 星	广东	2
9	长沙民政职业技术学院	5 星	湖南	1
10	顺德职业技术学院	5 星	广东	3
11	陕西工业职业技术学院	5 星	陕西	1
12	杨凌职业技术学院	5 星	陕西	2
13	天津市职业大学	5 星	天津	1
14	重庆工业职业技术学院	5 星	重庆	1
15	四川建筑职业技术学院	5 星	四川	1
16	宁波职业技术学院	5 星	浙江	2
17	新疆农业职业技术学院	5 星	新疆	1
18	四川工程职业技术学院	5 星	四川	2
19	芜湖职业技术学院	5 星	安徽	1
20	湖南铁道职业技术学院	5 星	湖南	2
21	辽宁省交通高等专科学校	5 星	辽宁	1
22	重庆电子工程职业学院	5 星	重庆	2
23	成都航空职业技术学院	5 星	四川	3
24	浙江金融职业学院	5 星	浙江	3
25	威海职业学院	5 星	山东	3
26	广东轻工职业技术学院	5 星	广东	4
27	大连职业技术学院	5 星	辽宁	2
28	滨州职业学院	5 星	山东	4
29	安徽职业技术学院	5 星	安徽	2

全国排名	学校名称	等级	省市	省份排名
30	浙江经济职业技术学院	5 星	浙江	4
31	日照职业技术学院	5 星	山东	5
32	江苏建筑职业技术学院	5 星	江苏	3
33	承德石油高等专科学校	5 星	河北	1
34	青岛职业技术学院	5 星	山东	6
35	江苏农牧科技职业学院	5 星	江苏	4
36	河南工业职业技术学院	5 星	河南	1
37	黄河水利职业技术学院	5 星	河南	2
38	柳州职业技术学院	5 星	广西	1
39	武汉职业技术学院	5 星	湖北	1
40	广东交通职业技术学院	5 星	广东	5
41	四川交通职业技术学院	5 星	四川	4
42	烟台职业学院	5 星	山东	7
43	北京财贸职业学院	5 星	北京	2
44	南通航运职业技术学院	5 星	江苏	5
45	河南农业职业学院	5 星	河南	3
46	江西现代职业技术学院	5 星	江西	1
47	陕西国防工业职业技术学院	5 星	陕西	3
48	重庆城市管理职业学院	5 星	重庆	3
49	深圳信息职业技术学院	5 星	广东	6
50	北京工业职业技术学院	5 星	北京	3
51	南宁职业技术学院	5 星	广西	2
52	江西财经职业学院	5 星	江西	2
53	常州信息职业技术学院	5 星	江苏	6
54	长春职业技术学院	5 星	吉林	1
55	浙江机电职业技术学院	5 星	浙江	5
56	昆明冶金高等专科学校	5 星	云南	1
57	山东职业学院	5 星	山东	8
58	内蒙古机电职业技术学院	5 星	内蒙古	1
59	常州工程职业技术学院	5 星	江苏	7
60	重庆工程职业技术学院	5 星	重庆	4
61	广东水利电力职业技术学院	5 星	广东	7
62	商丘职业技术学院	5 星	河南	4
63	江苏农林职业技术学院	5 星	江苏	8

全国排名	学校名称	等级	省市	省份排名
64	辽宁石化职业技术学院	5 星	辽宁	3
65	广东科学技术职业学院	5 星	广东	8
66	浙江工贸职业技术学院	5 星	浙江	6
67	信阳职业技术学院	5 星	河南	5
68	青岛酒店管理职业技术学院	5 星	山东	9
69	福建船政交通职业学院	5 星	福建	1
70	苏州工业园区职业技术学院	5 星	江苏	9
71	河南经贸职业学院	5 星	河南	6
72	邢台职业技术学院	5 星	河北	2
73	石家庄职业技术学院	5 星	河北	3
74	温州职业技术学院	5 星	浙江	7
75	湖南生物机电职业技术学院	5 星	湖南	3
76	南京信息职业技术学院	4 星	江苏	10
77	广西机电职业技术学院	4 星	广西	3
78	九江职业技术学院	4 星	江西	3
79	济源职业技术学院	4 星	河南	7
80	兰州资源环境职业技术学院	4 星	甘肃	1
81	保定职业技术学院	4 星	河北	4
82	安徽水利水电职业技术学院	4 星	安徽	3
83	石家庄邮电职业技术学院	4 星	河北	5
84	上海工艺美术职业学院	4 星	上海	1
85	秦皇岛职业技术学院	4 星	河北	6
86	湖北职业技术学院	4 星	湖北	2
87	海南经贸职业技术学院	4 星	海南	1
88	福建林业职业技术学院	4 星	福建	2
89	铜仁职业技术学院	4 星	贵州	1
90	青海交通职业技术学院	4 星	青海	1
91	兰州石化职业技术学院	4 星	甘肃	2
92	黄冈职业技术学院	4 星	湖北	3
93	常州机电职业技术学院	4 星	江苏	11
94	重庆工商职业学院	4 星	重庆	5
95	漳州职业技术学院	4 星	福建	3
96	黑龙江建筑职业技术学院	4 星	黑龙江	1
97	北京信息职业技术学院	4 星	北京	4

全国排名	学校名称	等级	省市	省份排名
98	浙江交通职业技术学院	4 星	浙江	8
99	浙江旅游职业学院	4 星	浙江	9
100	河北工业职业技术学院	4 星	河北	7
101	郑州铁路职业技术学院	4 星	河南	8
102	武汉电力职业技术学院	4 星	湖北	4
103	湖南汽车工程职业学院	4 星	湖南	4
104	武汉船舶职业技术学院	4 星	湖北	5
105	广州民航职业技术学院	4 星	广东	9
106	永州职业技术学院	4 星	湖南	5
107	哈尔滨职业技术学院	4 星	黑龙江	2
108	广东岭南职业技术学院	4 星	广东	10
109	长沙航空职业技术学院	4 星	湖南	6
110	山西省财政税务专科学校	4 星	山西	1
111	江苏经贸职业技术学院	4 星	江苏	12
112	湖南交通职业技术学院	4 星	湖南	7
113	沈阳职业技术学院	4 星	辽宁	4
114	河南职业技术学院	4 星	河南	9
115	平顶山工业职业技术学院	4 星	河南	9
116	襄阳职业技术学院	4 星	湖北	6
117	北京农业职业学院	4 星	北京	5
118	山东科技职业学院	4 星	山东	10
119	黑龙江职业学院	4 星	黑龙江	3
120	黑龙江农业工程职业学院	4 星	黑龙江	4
121	西安航空职业技术学院	4 星	陕西	4
122	山东旅游职业学院	4 星	山东	11
123	辽宁农业职业技术学院	4 星	辽宁	5
124	云南交通职业技术学院	4 星	云南	2
125	长春汽车工业高等专科学校	4 星	吉林	2
126	湖北生物科技职业学院	4 星	湖北	7
127	浙江建设职业技术学院	4 星	浙江	10
128	宁夏职业技术学院	4 星	宁夏	1
129	江苏工程职业技术学院	4 星	江苏	13
130	天津电子信息职业技术学院	4 星	天津	2
131	安徽商贸职业技术学院	4 星	安徽	4

全国排名	学校名称	等级	省市	省份排名
132	湖南工业职业技术学院	4 星	湖南	8
133	杭州职业技术学院	4 星	浙江	11
134	东营职业学院	4 星	山东	12
135	贵州交通职业技术学院	4 星	贵州	2
136	海南职业技术学院	4 星	海南	2
137	武汉软件工程职业学院	4 星	湖北	8
138	石家庄铁路职业技术学院	4 星	河北	8
139	南京科技职业学院	4 星	江苏	14
140	内蒙古建筑职业技术学院	4 星	内蒙古	2
141	鄂州职业大学	4 星	湖北	9
142	福建信息职业技术学院	4 星	福建	4
143	江西应用技术职业学院	4 星	江西	4
144	天津医学高等专科学校	4 星	天津	3
145	黑龙江农业经济职业学院	4 星	黑龙江	5
146	松原职业技术学院	4 星	吉林	3
147	江西交通职业技术学院	4 星	江西	5
148	云南能源职业技术学院	4 星	云南	3
149	渤海船舶职业学院	4 星	辽宁	6
150	广西职业技术学院	4 星	广西	4
151	陕西铁路工程职业技术学院	4 星	陕西	5
152	武汉铁路职业技术学院	4 星	湖北	10
153	安徽机电职业技术学院	4 星	安徽	5
154	成都纺织高等专科学校	4 星	四川	5
155	济南职业学院	4 星	山东	13
156	河北化工医药职业技术学院	4 星	河北	9
157	娄底职业技术学院	4 星	湖南	3
158	湖南大众传媒职业技术学院	4 星	湖南	10
159	乌鲁木齐职业大学	4 星	新疆	2
160	山西职业技术学院	4 星	山西	2
161	山东畜牧兽医职业学院	4 星	山东	14
162	邯郸职业技术学院	4 星	河北	10
163	江苏城市职业学院	4 星	江苏	15
164	浙江商业职业技术学院	4 星	浙江	12
165	大庆职业学院	4 星	黑龙江	6

续表

全国排名	学校名称	等级	省市	省份排名
166	武汉城市职业学院	4 星	湖北	11
167	青岛港湾职业技术学院	4 星	山东	15
168	青海畜牧兽医职业技术学院	4 星	青海	2
169	无锡商业职业技术学院	4 星	江苏	16
170	常州轻工职业技术学院	4 星	江苏	17
171	成都职业技术学院	4 星	四川	6
172	天津交通职业学院	4 星	天津	4
173	潍坊职业学院	4 星	山东	16
174	山东医学高等专科学校	4 星	山东	17
175	苏州工艺美术职业技术学院	4 星	江苏	18
176	漯河医学高等专科学校	4 星	河南	11
177	浙江纺织服装职业技术学院	4 星	浙江	13
178	浙江工商职业技术学院	4 星	浙江	14
179	上海电子信息职业技术学院	4 星	上海	2
180	南京交通职业技术学院	4 星	江苏	19
181	广东农工商职业技术学院	4 星	广东	11
182	山西建筑职业技术学院	4 星	山西	3
183	淮安信息职业技术学院	4 星	江苏	20
184	扬州市职业大学	4 星	江苏	21
185	安徽工商职业学院	4 星	安徽	6
186	包头职业技术学院	4 星	内蒙古	3
187	苏州职业大学	4 星	江苏	22
188	山西工程职业技术学院	4 星	山西	4
189	苏州经贸职业技术学院	4 星	江苏	23
190	浙江警官职业学院	4 星	浙江	15
191	南京铁道职业技术学院	4 星	江苏	24
192	甘肃林业职业技术学院	4 星	甘肃	3
193	四川邮电职业技术学院	4 星	四川	7
194	江西旅游商贸职业学院	4 星	江西	6
195	哈尔滨铁道职业技术学院	4 星	黑龙江	7
196	山东电力高等专科学校	4 星	山东	18
197	徐州工业职业技术学院	4 星	江苏	25
198	南通职业大学	4 星	江苏	26
199	绵阳职业技术学院	4 星	四川	8
200	北京劳动保障职业学院	4 星	北京	6

资料来源：中国科学评价研究中心（RCCSE）、武汉大学中国教育质量评价中心（ECCEQ）和中国科教评价网联合发布的 2017 年中国高职高专院校竞争力排行榜。